文獻通考

〔宋〕馬端臨 著
上海師範大學古籍研究所
華東師範大學古籍研究所 點校

第八册 兵 刑

中華書局

遂之軍法如六鄉，則六遂亦爲六軍。注疏謂天子六鄉、六遂，合有十二軍，而止六軍何也？蓋六鄉爲正軍，六遂爲副倅。至於大國之三鄉、三遂，次國之二鄉、二遂，小國之一鄉、一遂，莫不皆然。但以王家迭用之則常六軍爾，故止言六軍，此鄉、遂制軍之法。

小司徒：「乃會萬民之卒伍而用之。五人爲伍，五伍爲兩，四兩爲卒，五卒爲旅，五旅爲師，五師爲軍，以起軍旅，以作田役，以比追胥，以令貢賦。用，謂使民事之。伍、兩、旅、卒、師、軍，皆衆之名。兩，二十五人；卒，百人；旅，五百人；師，二千五百人；軍，萬二千五百人；此皆先王所因農事而定軍令者也。欲其恩足相恤，義足相救，服容相別〔三〕，音聲相識。作，爲也，役功力之事〔四〕。追，逐寇也。春秋：「公追戎於濟西。」胥，伺捕盜賊也。疏曰：「五人爲伍，即五家爲比，家出一人。在家爲比，在軍爲伍。五伍爲兩，即五比爲閭。閭，二十五家；兩，二十五人。四兩爲卒，即四閭爲族。族，百家；卒，百人。五卒爲旅，即五族爲黨。黨，五百家。旅，五百人。五旅爲師，即五黨爲州。州，二千五百家；師，二千五百人。五師爲軍，即五州爲鄉。鄉，萬二千五百家；軍，萬二千五百人。」管子：「內政寄軍令。在鄉，五家爲比，以營農事，比長領之；及其出軍，家出一人，五人爲伍，則伍長領之。在家，閭胥領之。閭，在軍則爲兩，司馬領之。在家爲族師，在軍爲卒長。在家爲黨正，在軍爲旅師。在家爲州長，在軍爲師帥。在鄉爲大夫，在軍爲軍將。」乃均土地，以稽其人民，而周知其數。上地，家七人，可任也者家三人；中地，家六人，可任也者二家五人；下地，家五人，可任也者家二人。均，平也。周，猶徧也。一家男女七人以上，則授之以上地，所養者衆也。男女五人以下，則授之以下地，所養者寡也。正以七人、六人、五人爲率者，有夫有婦然後爲家。自二人以至十爲九等。七、六、五者，爲其中可任謂丁强任力役之事者〔五〕出老者一人而已，其餘男女强弱相半其大數。凡起徒役者，毋過家一人，以其餘爲羨，唯田與追胥竭作。鄭司農云：「羨者，饒也。田，謂田獵也。追，謂追逐寇賊也。竭作者，盡行也。」凡國之大事，致民；大故，致餘子。大事，謂戎事也；大故，謂災寇者也。鄭司農云：「凡國有大事，乃當徵召。會聚百姓，則小司徒召聚之。餘子，謂羨也。」玄謂餘子，

〔宋〕馬端臨 著
上海師範大學古籍研究所
華東師範大學古籍研究所 點校

文獻通考

第八册 兵 刑

中華書局

卷一百四十九　兵考一

兵制

周官夏官司馬〔一〕：「凡制軍，萬有二千五百人爲軍。王六軍，大國三軍，次國二軍，小國一軍，軍將皆命卿。二千有五百人爲師，師帥皆中大夫。五百人爲旅，旅帥皆下大夫。百人爲卒，卒長皆上士。二十五人爲兩，兩司馬皆中士。五人爲伍，伍皆有長。軍、師、旅、卒、兩、伍皆衆名也。伍一比，兩一閭，卒一族，旅一黨，師一州，軍一鄉。家所出一人，將、帥、長、司馬者，其師吏也。言軍將皆命卿，則凡軍帥不特置，選於六官、六鄉之吏。自卿以下，德任者使兼官焉。春秋傳曰：「成國不過半天子之軍。」詩常武曰：「整我六師。」文王曰：「六師及之。」此周爲六軍之見於經者也。春秋傳曰：「王使虢公命曲沃伯以一軍爲晉侯。」此小國一軍之見於傳也。百人爲卒，二十五人爲兩，故春秋傳曰：「廣有一卒，卒偏之兩。」疏云：「此皆據在鄉時爲卿大夫、州長、黨正、族師、閭胥、比長時尊卑命數而言。伍長不言下士者，以衆多官卑〔二〕，故略而不言。大國、次國、小國皆以命數同者軍數則同。則上公爲大國，侯、伯爲次國，子、男爲小國。魯是侯爵，而魯頌言：『公徒三萬。』注云：萬二千五百人爲軍，三軍合三萬七千五百人，言三萬者，舉成數也。如襄公作三軍，則是前無三軍，惟僖公盛時有之。又，季武子爲三軍，叔孫昭子不可，云：『我，小侯也。』是伯禽大侯之時有之。楚之軍法：百人爲卒，五十人爲偏，二十五人曰兩。君之戎分爲二廣，廣有一卒爲承，承有偏有兩。以證此經『百人爲卒，二十五人爲兩』之意也。」一軍，則二府，六史，胥十人，徒百人。」

盱江李氏曰：「此則六鄉爲六軍。又按遂人職云：『稽其人民而授之田野，簡其兵器。』康成謂遂之軍法如六鄉，則六遂亦爲六軍。注疏謂天子六鄉、六遂，合有十二軍，而止六軍何也？蓋六鄉爲正軍，六遂爲副倅。至於大國之三鄉、三遂，次國之二鄉、二遂，小國之一鄉、一遂，莫不皆然。但以王家迭用之則常六軍爾，故止言六軍，此鄉、遂制軍之法。」

小司徒：「乃會萬民之卒伍而用之。五人爲伍，五伍爲兩，四兩爲卒，五卒爲旅，五旅爲師，五師爲軍，以起軍旅，以作田役，以比追胥，以令貢賦。用，謂使民事之。伍、兩、旅、卒、師、軍，皆衆之名。兩，二十五人；卒，百人；旅，五百人；師，二千五百人；軍，萬二千五百人；此皆先王所因農事而定軍令者也。欲其恩足相恤，義足相救，服容相別〔三〕，音聲相識。作，爲也，役功力之事〔四〕。追，逐寇也。春秋：「公追戎於濟西。」胥，伺捕盜賊也。疏曰：「五人爲伍，即五家爲比，家出一人。在家爲比，在軍爲伍。五伍爲兩，即五比爲閭。閭，二十五家；兩，二十五人。四兩爲卒，即四閭爲族。族，百家；卒，百人。五卒爲旅，即五族爲黨。黨，五百家。旅，五百人。五旅爲師，即五黨爲州。州，二千五百家；師，二千五百人。五師爲軍，即五州爲鄉。鄉，萬二千五百家；軍，萬二千五百人。」管子：「內政寄軍令。在鄉，五家爲比，以營農事，比長領之；及其出軍，家出一人，五人爲伍，則伍長領之。在家，閭胥領之。閭，在軍則爲兩，司馬領之。在家爲族師，在軍爲卒長。在家爲黨正，在軍爲旅師。在家爲州長，在軍爲師帥。在鄉爲大夫，在軍爲軍將。」乃均土地，以稽其人民，而周知其數。上地，家七人，可任也者家三人；中地，家六人，可任也者二家五人；下地，家五人，可任也者家二人。均，平也。周，猶徧也。一家男女七人以上，則授之以上地，所養者衆也。男女五人以下，則授之以下地，所養者寡也。正以七人、六人、五人爲率者，有夫有婦然後爲家。自二人以至十爲九等。七、六、五者，爲其中可任謂丁强任力役之事者〔五〕出老者一人而已，其餘男女强弱相半其大數。凡起徒役者，毋過家一人，以其餘爲羨，唯田與追胥竭作。鄭司農云：「羨者，饒也。田，謂田獵也。追，謂追逐寇賊也。竭作者，盡行也。」凡國之大事，致民；大故，致餘子。大事，謂戎事也；大故，謂災寇者也。鄭司農云：「凡國有大事，乃當徵召。會聚百姓，則小司徒召聚之。餘子，謂羨也。」玄謂餘子，卿大夫之子也，當守於王宮者也。疏曰：「此謂六鄉之內，上劑致甿，一人爲正卒，其餘皆爲羨卒也。若六遂之內，以下劑致甿，一人爲正卒，一人爲羨卒，其餘皆爲餘夫，饒遠故也。」

遂人：「以歲時稽其人民而授之田野，簡其兵器，教之稼穡。凡治野，以下劑致甿。」致，猶會也。民雖受上田、中田、下田及會之，以下劑爲率，謂可任者家二人，優遠民也。

陳氏禮書曰：「古者國有遊倅，田有餘夫，軍有羨卒，皆所以副其正也。六鄉以三劑致民：上地家七人，至毋過家一人，以其餘爲羨，則一人爲正卒，餘可任者皆羨卒也。六遂以下劑致民：上地可任者家三人，中地可任者二家五人，而皆以下地二人任之，則一人爲正卒，一人爲羨卒，其餘不預，所以優野人也。惟田與追胥、竭作，鄉、遂皆然。以田獵禽獸，人所同欲；追伺盗賊，人所同惡故也。羨卒亦謂之餘子，則餘子自私言之，羨卒自公言之。故周詩曰：『其軍三單。』先儒謂公劉始遷於豳，無羨卒是也。」

班固漢志：「殷周以兵定天下矣。天下既定，戢藏干戈，教以文德，而猶立司馬之官，設六軍之衆，因井田而制軍賦。地方一里爲井，井十爲通，通十爲成，成方十里；成十爲終，終十爲同，同方百里；同十爲封，封十爲畿，畿方千里。有稅有賦。師古曰：「稅者，田租也。賦謂發斂財也〔六〕。」稅以足食，賦以足兵。故四井爲邑，四邑爲丘。丘，十六井也，有戎馬一匹，牛三頭。四丘爲甸。甸，六十四井也，有戎馬四匹，兵車一乘，牛十二頭，甲士三人，卒七十二人，干戈備具，是謂乘馬之法。鄭氏曰：「甲士在車上也〔七〕。」一同百里，提封萬井。提，舉也，舉四封之內。除山川沈斥，城池邑居，園囿術路，三千六百井，沈斥，水田瀉鹵也。術，大道也。川，謂水之通流者。沈，謂居深水之下也。斥，鹹鹵之地。定出賦六千四百井，戎馬四百匹，兵車百乘，此卿大夫采地之大者也，采，官也。因官食地，故曰采地。是謂百乘之家。一封三百一十六里，提封十萬井，定出賦六萬四千井，戎馬四千匹，兵車千乘，此諸侯之大者也，是謂千乘之國。天子畿方千里，提封百萬井，定出賦六十四萬井，戎馬四萬匹，兵車萬乘，故稱萬乘之主〔八〕。戎馬車徒干戈素具。春振旅以蒐，夏拔舍以苗〔九〕，秋治兵以獮，冬大閱以狩，皆於農隙以講事焉。五國爲屬，屬有長；十國爲連，連有帥；三十國爲卒，卒有正；二百一十國爲州，州有牧。連帥比年簡車，卒正三年簡徒，群牧五載大簡車徒，此先王爲國立武足兵之大略也。」

薛氏曰：「一封出車千乘。以杜氏法積算，十同千乘，當有戎馬四千匹，牛一萬二千頭，甲士三千人，步卒七萬二千人，合士卒之數，可以爲六軍。然而大國不過三軍，其有六軍者，猶天子六鄉、六遂迭用之耳。記曰：『大國不過千乘。』蓋諸侯地不過百里，車不過千乘，以開方之法計之，方十里，爲方一里者百，其賦十乘；方百里者，爲方一里者萬，其賦千乘。然賦雖出千乘，而兵不過三軍，五百乘而已。則五百乘，三鄉之所出也；千乘，闔境之所出也。何則？鄉萬二千五百家，合三鄉則三萬七千五百家。凡起徒役，毋過家一人，則三軍爲三萬七千五百人矣。三軍而車五百乘，則天子六軍，爲車千乘矣。」

又曰：「周制，萬二千五百人爲軍。六軍，七萬五千人。千里之畿，提封百萬井〔一〇〕，定出賦六十四萬井。一井之田，八家耕之，總計六十四萬井之田，爲五百一十二萬家。家之一夫，爲五百一十二萬夫，以此夫衆而供萬乘之賦，是爲七家而賦一兵。孫子曰：『興師十萬，日費千金，内外騷動，怠於道路，不得操事者七十萬家。』蓋言一夫從軍，七家奉之，此亦見七家賦一兵也。自夫率之，七家相更以給軍，則王畿之内，凡七征而役方一遍焉。」

章氏曰：「司徒之可任者如此其多，司馬法之出士徒如彼其少，蓋古人之於兵不盡用之，小司徒只言其可任者，非實數也。後世反此。晉作州兵，乃是盡數調發，甚非先王之制。其他如魯成作丘甲。蘇秦謂齊宣王，臨淄之中七萬户，不下户三男子，而卒以二十一萬。曹操謂崔琰曰：『昨按户籍，可得三十萬衆，故爲大州。』是皆以實數調發。惟孔明僅有此意，以蜀之大，其兵常不過十二萬，而所用八萬，常留四萬，以爲更代。蜀之强，以孔明不盡用之故。及蜀之亡，尚有十萬二千。數年之間，所折不過二萬耳。」

成周兵制圖

王	六鄉六遂	六軍七萬五千人
大國上公	三鄉三遂	三軍三萬七千五百人
次國侯伯	二鄉二遂	二軍二萬五千人
小國子男	一鄉一遂	一軍一萬二千五百人
伍五人	伍長、公司馬，下士一軍，伍長二千五百人，六軍共一萬五千人。	
兩二十五人	兩司馬，中士一軍，兩司馬五百人，六軍共三千人。	

卒百人　　卒長，上士一軍，卒長一百二十五人，六軍共七百五十人。

旅五百人　旅師，下大夫一軍，旅師二十五人，六軍共一百五十人。

師二千五百人　師帥，中大夫一軍，師帥五人，六軍共三十人。

軍萬二千五百人　軍將，卿一軍，一人，六軍共六卿。

章氏曰：「王畿千里，近郊五十里，遠郊百里。郊爲鄉六，鄉百里。通十爲同，爲百里者十，提封九萬井，九十萬夫之地，除山川城邑之屬三萬六千井，爲六萬四千井，六十四萬夫之地。除公田九分之一，爲五十萬二千夫。又以一易、再易、三易通之，三分去一，爲三十五萬四百夫。率三百五十家賦一乘，四丘爲乘，故曰丘乘。積六鄉爲千乘而餘。率七家賦一兵，積六鄉爲七萬五千人。此六軍之制也。六遂及三等侯國，皆如鄉之法。畿方千里，爲千里者十，如鄉之除爲三百五十萬四千夫。賦車千乘，卒七十五萬人，爲六軍者十，此通畿之師也。牧野之師，紂七十萬，意通圻皆發。大司馬遞而征之，大司馬教兵，號名有縣鄙、家鄉、官野之異；旂物有諸侯、軍吏、師都、鄉、遂、郊野之別〔一一〕。此見其遞征。十年而役一遍，凡三家可任者率十有一人，則終身無過一再給公上事，蓋先王忠厚之至，更勞均逸，不欲窮民之力也。古者畿內之兵不出，所以重內也。卒有四方之役，即用諸侯人耳。或遣上公帥王賦，亦不過元戎十乘，以先啓而行也。王有四方之事，冢宰徵師於諸侯，如詩常武：「王命卿士〔一二〕，太師皇父，整我六師。」冢宰也。小宰掌戎具〔一三〕，虎賁氏奉書，以牙璋發之。而調兵諸侯，亦各從其方之便。高宗伐楚，蓋裒荊旅〔一四〕；武王克商，實用西土。至於征徐以魯，費誓。追貊以韓，韓奕。平淮夷以江、漢〔一五〕，略見於經，可考也。平王出戍，遠以見刺，當是時，周都洛矣，自洛戍申、許，無乃未甚遠，而周人已不堪，況後世有勞師萬里者哉？春秋之初，從王伐鄭，猶有蔡人、衛人。二百四十二年間，王人會伐屢矣，未嘗見師之出。唯敗績於茅戎，王師自出，春秋深譏焉。」

齊桓公問管仲行伯用師之道，仲曰：「公欲定卒伍，修甲兵，大國亦將修之，而小國設備，則難以速得志矣。」乃作內政而寓軍令焉。三分其國爲二十一鄉。工、商之鄉六，工、商各三也，二者不從戎役。士鄉十五，韋昭謂：「此士，軍士也。十五鄉合三萬人，是爲三軍。農，野處而不暱，不在都邑之數，則下云五鄙是也。」參國起案，以爲三官，臣立三宰，工立三族，市立三鄉，澤立三虞，山立三衡。作內政而寄軍令焉。五家爲軌，軌爲之長；十軌爲里，里有司；四里爲連，連爲之長；十連爲鄉，鄉有良人焉。以爲軍令：五家爲軌，故五人爲伍，軌長帥之；居則爲軌，出則爲伍，所謂寄政。十軌爲里，故五十人爲小戎，里有司帥之；小戎，兵車也。詩云：「小戎俴收。」四里爲連，故二百人爲卒，連長帥之；十連爲鄉，故二千人爲旅，鄉良人帥之；五鄉一帥，故萬人爲一軍，五鄉之帥帥之。公將其一，工、商之鄉隸公。國子帥五鄉焉，高子帥五鄉焉。三軍，故有中軍之鼓，有國子之鼓，有高子之鼓。春以蒐振旅，秋以獮治兵。是故卒伍整於里，軍旅整於郊，內教既成，令勿遷徙。夜戰聲相聞，足以不乖；晝戰目相視，足以相識。凡三軍教士，三萬人，車八百乘，周制：戎車一乘，步卒七十二人，萬二千五百人爲軍。今齊車一乘五十人，萬人爲軍。以齊法參周制，車增三百乘，徒損三萬人。吳子云：齊桓募士五萬人，未詳。蓋如鄉之法，五鄙制鄙。三十家爲邑，邑有司；制野鄙之政，此以下與郊內之政異。十邑爲卒，卒有卒帥；十卒爲鄉，鄉有鄉帥；三鄉爲縣，縣有縣帥；十縣爲屬，屬有大夫。五屬，故立五大夫，各使治一屬焉。立五正，長也。各使聽一屬焉。是故正之政聽屬，正，五正，聽大夫之治。牧政聽縣，牧，五屬大夫，聽縣帥之治。下政聽鄉。下政，縣帥，聽鄉帥之治。自邑積至於五屬，爲四十五萬家，率九家得一兵，得甲十萬；九十家一車，得車五千乘，可爲三軍者四。長勺之戰，桓公自謂有帶甲十萬，車五千乘，蓋斥地甚大，非齊舊制。蓋如遂之法，以通國之數，而遞征之率，車用六之一，士用十之三，大略依周變從輕便。當時地廣，參用王畿之制。正月之朝，鄉長復事。君親問焉，嚴蔽明蔽賢下比之罰。其賢者則鄉長進之，官長書之，公訾相之，謂之三選。國子、高子退而脩鄉，鄉退而脩連，連退而脩里，里退而脩軌，軌退而脩伍，伍退而脩家。五屬大夫復事，擇其寡過者而摘之，亦嚴蔽賢蔽明下比之罰。五屬大夫於是退而脩屬，屬退而脩縣，縣退而脩鄉，鄉退而脩卒，卒退而脩邑，邑退而脩家。政既成，以守則固，以征則强。

蘇氏曰：「嘗讀周官司馬法，得軍旅什伍之數。其後讀管夷吾書，又得管子所以變周之制。蓋王者之兵，出於不得已，而非以求勝敵也，故其爲法要以不可敗而已。至於威、文，非決勝無以定霸，故其法在必勝。繁而曲者所以爲不可敗也，簡而直者所以爲必勝也。周之制，萬二千五百人而爲軍，萬之有二千，二千之有五百，其數奇而不齊，是以知其所以爲繁且曲也。今夫天度三百六十，均之十二辰得三十者，此其正也。五日四分之一者，此其奇也。使天度而無奇，則千載之日，雖婦人孺子皆以坐而計，唯其奇而不齊，是故巧曆有所不能盡也。聖人知其然，故爲之章會統元，以盡其數，以極其變。司馬曰：『五人爲伍，五伍爲兩，萬二千五百人而爲軍。二百五十，十取三焉而爲奇，其餘七以爲正，四奇四正而八陣生焉。』夫以萬二千五百人而均之，八陣之中，宜其有奇而不齊者，是以多爲之曲折，以盡其數，以極其變，鈎聯蟠屈，各有條理。故三代之興，治其兵、農、軍賦，皆數十百年而後得志於天下。自周之亡，秦漢陣法，不復三代。其後諸葛獨識其遺制，以爲可用，以取天下，然相持數歲，魏人不敢決戰，而孔明亦卒無尺寸之功。豈八陣者先王所以爲不可敗而非以逐利勝者邪？若夫管仲之制兵，其可謂截然而易曉矣。三分其國以爲三軍。五人爲軌，軌有長；十軌爲里，里有司；四里爲連，連有長；十連爲鄉，鄉有良人。五鄉一帥，萬人爲一軍，公將其一，高、國將其二。三軍三萬人。如貫繩，如畫棋局，疏暢洞達，雖有智者，無所施其巧，故其法令簡一，而民有餘力以致其死。昔者嘗讀左氏春秋以爲丘明最好兵法，蓋三代之制至於列國猶有存者，以區區之鄭，而魚麗鵝鸛之陣，見於其書。及至管仲，陣法不少概見者，何哉？蓋管仲欲以歲月服天下，故變古司馬法而爲是簡略速勝之兵，是莫得而見其法也。其後吳、晉爭長於黃池，王孫雒教夫差以三萬人壓晉壘而戰，陣百爲行，行百爲陣，行陣皆徹，無有隱蔽，援桴而鼓之，勇怯盡應，三軍皆譁，晉師大駭，卒以得志。由此觀之，不簡而直，不可以決勝。深惟後世不達繁簡之宜，以取敗北，而三代什伍之數，與管子所以治齊之兵，雖不可盡用，而其近於繁而曲者以之固守，近於簡而直者以之決戰，則庶乎其不可敗而有所必勝矣。」

林氏曰：「如韋昭之說，則是國内無農，其六鄉爲工、商，其十五則爲兵而已。五屬之地，則皆農居之。四民之外，特有所謂士卒，則是兵農分矣。或曰齊變周制，欲速得志於天下，則釐國内之民，在十五鄉者專使之爲士卒，亦必有田以授之，第不使出租稅、供他役，庶調發雖煩，而民亦不怨。

若其工、商之六鄉，爲農之五屬，則皆不以爲兵。」

右齊兵制。

晉曲沃武公，并翼僖王，使虢公命曲沃伯以一軍爲晉侯。莊十六年。獻公之十六年，始作二軍。公將上軍，太子申生將下軍，以滅耿，滅霍，滅魏。惠公韓之敗，作州兵。僖十五年，惠公獲晉侯。呂甥言於衆曰：「征繕以輔孺子，甲兵益多，庶有益乎！」衆説。晉於是乎作州兵。五黨爲州，州二千五百家也。率一家起五人，則是一萬二千五百人，古制也。孔穎達曰：「周禮，卿大夫以歲時登其夫家之衆寡，辨其可任者，州長則否。今以州長管人既少，督察易精，故使州長治之。」文公蒐於被廬，作三軍。僖公二十七年。郤穀將中軍，郤溱佐之；狐毛將上軍，狐偃佐之；欒枝將下軍，先軫佐之。二軍則上軍爲尊，三軍則中軍爲尊。城濮之戰，賦車七百乘。五萬一千五百人。按：楚薳啓彊曰〔一六〕：「晉十家九縣，長轂九百。其餘四十縣，遺守四千。」而平公治兵邾南，甲車四千乘，則晉通國率亦五千乘。用七百乘，猶齊之法。其後作三行以禦狄，二十八年。荀林父將中行，屠擊將右行，先蔑將左行。成國不過三軍，今復置三行，以辟天子六軍之名，而實則爲六軍。按吳子「晉文公召爲前行四萬，以獲其志」，意即三行。清原之蒐，遂作五軍。三十年。蓋文公雖增置三行，自知其僭，故罷之，更爲上下新軍。襄公蒐於夷，文公六年。舍二軍以復三軍之制。景公邲之戰，宣十二年。三軍增置大夫各一人，則猶三行也。至鞌之戰，成二年。郤克請益車八百乘，始作六軍，賞鞌之功。上、中、下各增新軍，成六軍。韓厥、趙括、鞏朔、韓穿、荀騅、趙旃皆爲卿，僭更王度若此。厲公鄢陵之戰，罷新上軍。十六年。悼公初尚四軍，襄公八年，楚伐鄭，子展曰：「四軍無闕。」其後新軍無帥，公使其什吏帥其卒乘、官屬，以從於下軍，明年遂舍之。襄十四年。傳曰：「禮也，成國不過半天子之軍。」蓋自文公僭王度，至悼公方革焉。

右晉兵制。

魯自禽父封於曲阜，及僖公能復周公之宇，其詩曰「公車千乘」，說者以爲大國之賦也。又，「公徒三萬」，說者以爲大國之軍也。故知三軍，魯之舊。其曰三萬，舉成數也。實三萬七千五百人。宣公奢泰，初稅畝，什二而稅，既益民稅。及成公謀伐齊，元年。作丘甲。丘各一甲，又益民賦，率一甸而加步卒二十四人、甲士一人，三甸而加一乘。兵車之賦，非復司馬法之舊矣。

程氏曰：「周禮：『九夫爲井，四井爲邑，四邑爲丘。丘十六井，出戎馬一匹，牛三頭。四丘爲甸，甸方八里，六十四井，出長轂一乘，戎馬四匹，牛十二頭，甲士三人，步卒七十二人。』又：『成方十里，出長轂一乘。』古者或以甸爲乘，或以乘爲甸。以甸爲乘，稍人掌丘乘之政令，禮記爲社丘、乘粢盛是也。以乘爲甸，衛良夫乘甸兩牡是也。蓋乘者甸之賦，甸者乘之地。甸方八里，據地言之，成方十里，無溝洫言之，其實一也。今作丘甲者，即丘出甲一人，是一甸之中，共百人爲兵也。穀梁以爲甲非人人之所能爲，杜預以爲丘出甸賦，加四倍，誤矣。」

胡氏曰：「魯至昭公時，嘗蒐於紅，至增三之一耳。明年，戰於鞌，四卿並出。前此春秋未有累書帥師者。襄公十一年，三桓改作三軍，三分魯而各征其一：季氏使其乘之人，以其役邑入者無征，不入者倍征；孟氏使其半爲臣，若子若弟；叔孫氏使盡爲臣，不然不舍。至是中軍削矣。昭公五年，遂舍中軍，四分公室。季氏擇二，二子各一，皆盡征之，而貢於公。季氏專將一軍，而孟、仲各專一軍之半，公無軍焉。八年，蒐於紅，自根牟至於商、衛，根牟，魯東界。商，宋也，魯西南境。衛，北鄰也。革車千乘，故邾人告吳曰，魯賦八百乘，邾六百乘，蓋竭作也。考之春秋，書蒐五，皆在昭、定之世。自蒐紅之後，繼大蒐於北蒲，十一年。於昌間，二十二年。又於北蒲者再。定公十三年，十四年。獨異於他公者，用見二公在位，君不得有其國，而奪於大夫。大夫不得專其政，而制於陪臣。各恃兵威以爲强，假大蒐之名，陰擇其材力可任者以植私黨，使國人莫敢睥睨，終於不可制，蓋傷公室削弱，疾臣下恣横也。迄哀公十二年用田賦，又以夫田而賦。軍旅之征，悉變丘乘之制，民無餘力矣。」兵賦之法，因其田財。九夫爲井，十六井爲丘，通出馬一匹，牛三頭。今欲别其田及家財，各爲一賦，故言田賦。古者田以出粟爲主而足食，賦以出軍爲主而足兵。今開田而賦，軍旅之征非矣。

右魯兵制。

楚自若敖、蚡冒，篳路藍縷，以啓山林。武王始爲軍政，作荆尸以伐隨，授師孑以立陳法。莊四年，楚武王荆尸授師孑焉以伐隨。按宣十二年，隨武子論楚之兵曰：「荆尸而舉。」杜預曰：「荆，楚也。尸，陳也。楚武王始更爲此陳法〔一七〕，遂以爲名。」孑，鎗屬，亦楚陳所利。大抵陳中有利於長兵者，有利於短兵者。弓矢利遠是長兵，孑是短兵。蓋楚參用孑爲陳。成王地方千里，城濮之役，僖二十八年。子玉請戰，王怒，少與之師，唯西廣、東宮與若敖之六卒從之，大抵皆非正軍，制亦非古。子玉以若敖之六卒將中軍，蓋兵屬子玉者。子西將左，子上將右，當是西廣、東宮之兵。傳曰：「楚右師、左師潰，楚敗績。子玉收其卒而止，故不敗。」杜曰：「三軍惟中軍完，則不敗者止若敖之六卒。楚軍有兩廣，即其親軍，今曰西廣，止分其一而已。」杜注：「東宮曰太子，有宮甲分取以給之。」按：「文元年，商臣以宮甲圍成王，是東宮兵也〔一八〕。若敖，楚武王之祖父，葬若敖者，子玉之祖也。」杜預曰：「六卒，子玉宗人之兵六百人，言不悉師以益之。」於時子玉既爲令尹，而乃請戰，蓋欲增兵耳。若敖之六卒，乃子玉家兵。觀宣公四年，楚子與若敖氏戰於皋滸，敢於敵君戰，則兵强可知。穆王，按晉文、襄霸之後，楚益强大，時則嚴環衛之屬。文元年傳：「潘崇掌環列之尹。」杜注：「宫衛之官，列兵而環王宫。」又宣十二年傳：「内官序當其夜，以待不虞。」注：「官，當同環列之尹、都君子、王馬之屬〔一九〕，所以親衛於王，出入同之。」厥貉之會，陳、鄭及宋受役於司馬，以田孟諸，時則有右盂、左盂、兩甄之制。文十年，會於厥貉，宋道楚子以田孟諸，宋公爲右盂，鄭伯爲左盂，期思公復遂爲右司馬，子朱及文之無畏爲左司馬。杜注：「盂，田獵陳名。」將獵，張兩甄，故置二左司馬，蓋期思公復遂一人爲右司馬當中央，則左司馬二人爲兩甄矣。兩甄，猶言兩翼。莊王霸强，克庸以來，文十六年。無日不討國人而訓之于民生之不易；在軍，無日不討軍實而申儆之于勝之不可保。逮邲之戰，宣十二年。軍制備矣。蓋兆於武王，備於莊王，傳莫詳焉。三軍以爲正軍，傳曰：「楚子北，師次於郔。沈尹將中軍，子重將左軍，子反將右軍。」此三軍者，蓋正軍也。是時孫叔敖爲令尹秉政，不在三軍之數，如南轅反旆，軍進退皆由之，故知令尹爲兼統三軍矣。二廣以爲親軍，傳載欒武子言楚軍制曰：「其君之戎分二廣〔二〇〕，右廣初駕，數及日中；左受之，至於昏，内官序當其夜。」鄭氏曰：「廣，平横陳之車。」杜預注：「二廣，君之親兵。」按傳：「楚子分左、右廣。右廣鷄鳴而駕〔二一〕，日中而説；左則受之，日入而説。許偃御右廣，養由基爲右。彭名御左廣，屈蕩爲右。王乘左廣以逐趙旃。」杜預注：「楚王更迭載之，故各有御。」傳又曰：「王見右廣，將從之乘。屈蕩户之曰〔二二〕：『君以此始，亦必以終。』自是楚之乘廣先左。」蓋左、右二廣，爲王親軍。右廣初駕，以及日中；左廣受之，以及日入。當在王側，内官序當其夜，若今之當更，循環衛。敵安當掩襲？·親軍之制詳矣。僖二十八年，西廣從子玉時，子玉專軍政，故分西廣以屬之。今邲之戰則二廣皆以侯王迭載。其曰楚之乘廣先左，杜預雖云以乘左得勝，然實則楚人尚左，故親軍分爲二廣，而王則乘左。游闕以爲游兵。傳：「使潘黨率游闕四十乘從唐侯。」游闕，蓋游兵往來游補闕者，觀兵陳何處爲薄，則從而補之，所謂奇軍以防敗失，由正軍中逐旋分出，不係步伍之數也。廣有一卒，卒偏之兩，傳曰：「廣，有一卒，卒偏之兩。」又曰：「楚子爲乘廣三十乘，分爲左右。」司馬法：「百人爲卒，卒二十五人爲兩，車十五乘爲大偏，九乘爲小偏，其尤大者，又有二十五乘之偏。」今一廣十五乘，則古大偏之法，而曰卒偏之兩者，孔穎達謂兩廣之別，各有一卒之兵百人也。　一卒之外，復有十五乘之偏，并二十五人之兩，既言一卒，又云卒偏之兩，言卒之者，成辭婉句耳。　蓋防正軍有敗，則以偏卒易之；正卒有闕，則以偏卒補之。　於陳則分左右二拒。傳曰：「尹齊將右拒卒以逐下軍，使潘黨率游闕四十乘，從唐侯以爲左拒，以從上軍。」亦猶鄭二拒。　蓋楚子在中軍，與晉中軍相對，臨戰分此二拒，右拒當晉下軍，左拒當晉上軍，故杜預謂爲陳名。

調卒之法：商農工賈，不敗其業，卒乘輯睦，不奸於事。行軍之典：則右轅，左追蓐，前茅慮無，中權後勁，百官象物而動，軍政不戒而備。　軍行：右轅，左追蓐。凡兵車有甲士，有步卒。甲士在車，不供碎役。分步卒爲前、左、右三處。兵車一轅，服馬夾之。而言夾轅者，步卒被分在右者〔二三〕。軍行時又分之，在兩廂挾轅，以爲戰備。傳曰：「令尹南轅。」又曰：「改乘轅。」楚陳以轅爲主，以轅表車，正是挾車，嚴兵以備不虞。其應在左者〔二四〕，使之追求草蓐〔二五〕，令離道求草，不近兵車。蓐，謂卧止之草，以爲宿備。豫定左右之別，在道分使之，故云軍行。至於對陳，則在車左右。前茅慮無，正義曰〔二六〕：「茅，明也。」在前者，明爲思慮所無之事，恐卒有非常，則預告軍衆，使知而爲備，如今軍行令人遠在軍前，斥度候望，虞有伏兵。使蹋行之〔二七〕，持以絳及白爲幡，與軍人爲私號，曲禮「前有水，則載青旌」之類是也。　茅，明。釋言：「文舍人曰：『茅，味之明也。』」杜預注：「或曰：時楚以茅爲旌，義未詳。」中權是中軍大將軍進退之權，三軍之心在此。　權者，謂謀之高下輕重皆當。　後勁，以精兵爲殿。後世勁兵多在前，或被擊敗則後無應，勁兵之後，此最良法〔二八〕。　百官象物而動，物，猶類也，謂旌旗畫物類也。百官尊卑不同，象其所見之物而行動。　軍之政教，不待號令而自備。　周禮大司馬：「仲秋教治兵辨旗物之用，王載太常，諸侯載旂，軍吏載旗，師都載旜，鄉遂載物〔二九〕，郊野載旐，百官載旟。」凡旗有軍衆者畫異物，無者帛而已。　尊卑所建，各有物類，此云象物而動，謂軍行時，當指治兵之法。　行軍之翼日，則輜重至。　乙卯，王乘左廣以逐趙旃。及昏，楚師軍於邲，晉之餘師不能軍。丙辰，楚重至於邲。杜注：「輜重也。」楚輜重嘗後正軍一日，蓋楚軍有法，輜重若與正軍過遠，則有邀擊之患；過近，則重兵纔亂，正軍亦潰。　後世用兵先擊輜重取勝者多，蓋以非太近則太遠，以是知楚輜重遠大兵一日爲得宜也。凡此，皆軍政之善者也。若共王之世，公子嬰齊爲簡之師，組甲被練，皆創名之。襄三年傳：「楚子重伐吴，爲簡之師，使鄧廖帥組甲三百，被練三千。」簡，謂選擇也。杜預注：「組甲、被練，皆戰備也。組甲，漆甲成組文。被練，練袍〔三○〕。」賈逵云：「組甲，以組綴甲，車士服之。被練，帛也，以帛綴甲，步卒服之。」孔穎達曰：「甲貴牢固，練若不固，宜皆用組，何當造不牢之甲而令步卒服之？豈欲其被傷，故使甲不牢也。若練以綴甲，何以謂之被？又組是條繩，不可爲衣服，安得以爲甲裏？杜言組甲，漆甲成組文，今時漆甲有爲文者。被，練文。不言甲，必非甲名。被是被覆衣著之名，故以練袍被於身上。雖並無明證，而杜説近之。」呂祖謙曰：「組甲、被練，皆擇兵之精者。」被練，若今之軟纏之類。康王以蔿掩爲司馬，始井沃衍，牧隰皋，賦車籍馬，而有車兵、徒兵、甲楯之數。襄二十五年，楚蔿掩爲司馬，子木使庀賦〔三一〕，數甲兵。掩書上田，牧隰皋，井衍沃。量入脩賦，賦車、籍馬、賦車兵、徒兵甲、楯之數〔三二〕。既成，以授子木。靈王斥地益大，陳、蔡不羹，邑賦千乘，於是有五帥。左氏傳：「吴人敗諸豫章，獲其五帥。」平王簡上國、東國之兵，都外都師，精練有法。昭十四年，楚平王使然丹簡上國之兵於宗丘，且撫其民。使屈罷簡東國之兵於召陵，亦如之。好於邊疆，息民五年，而復用師。杜預注：「上國，在國都之西〔三三〕，西方居上流，故謂之上國。」按下云簡東國之兵，亦如此，知此是簡西國之兵也。西國、東國，皆是楚人在國之東、西者。孔穎達曰：「西爲上，則東爲下，下言東，則此是西，互見也。」至若成丁，則若申、息之子弟；僖二十八年，楚子入居於申。子玉城濮之敗，王使謂之曰：「大夫若入，其若申、息之老何？」杜預曰：「申、息二邑子弟皆從子玉而死。」士兵則若都君子；按之則若王馬之屬。昭二十七年傳：「左司馬戌帥都君子與王馬之屬以濟師。」杜注：「在都邑之士有復除者。」賈逵云：「平常免其行役，事急乃使之耳。」君子既有士，則不調發，唯吴、楚多有此，事急則從。如越有君子六千人是也。王馬之屬，王養馬官屬校人之類，凡此皆以急調役，非常法。其爲舟師以待吴寇，而卒莫能以得志，故曰吴用木也，我用革也。楚用舟師，自康王始。考之經傳，吳自成七年始入州來，暨共王卒，繼侵楚。明年，敗楚於皋舟之隘。是吳利在舟師，楚懼無以敵吳。後十年，康王始爲舟師，以略吳疆，而吳乃滅巢。昭王時，救潛之役，令尹子常以舟師及沙汭而還〔三四〕，竟無成功。其後，囊瓦伐吳，師於豫章，吳人見舟豫章，而潛師於巢，遂敗楚師。入郢之後，吳太子終纍又敗楚舟師，獲其帥。蓋楚雖以備舟，置舟師，而實莫能勝，亦地形用便有不同耳。

右楚兵制。

秦自非子爲孝王養馬汧、渭之間，封爲附庸，至秦仲始大。秦仲之孫襄公，當平王初，興兵討西戎以救周。平王東遷，遂有岐、豐之地，列爲諸侯，地與戎相錯。襄公脩其車馬，備其兵甲，武事備矣。至穆公霸西戎，始作三軍。殽之役，三師而車三百乘，又置陷陣，吳子：「秦置陷陣三萬。」魯定公五年，秦子蒲、子虎帥車五百乘救楚，兵力益以强盛。及孝公用商鞅定變法之令，令民爲什五而相收連坐，告姦者與斬敵首同賞，匿姦者與降敵同罰，民有二男以上不分異者倍其賦，有軍功者各以率音律。受上爵，爲私鬬者各以輕重被刑，宗室非有軍功論不得爲屬籍。行之十年，民勇於公戰，怯於私鬬。又以秦地曠而人寡，晉地狹而人稠，誘三晉之人耕秦地，優其田宅，而使秦人應敵於外，大率百人則五十人爲農，五十人習戰，凡民年二十三，附之疇官，給郡縣一月而謂更卒〔三五〕，復給中都一歲謂正卒，復屯邊一歲謂戍卒，凡戰獲一首，賜爵一級，自公士至大庶長十八級，後通關內、列侯，二十級。皆以戰功相君長。長平之役，年十五以上悉發，又非商鞅之舊矣。

右秦兵制。

蘇秦說燕文侯曰：「燕東有朝鮮、遼東，二水名〔三六〕。北有林胡、樓煩，樓煩屬鴈門郡，二胡國名，朔、嵐已北。

西有雲中、九原，二郡名。南有滹沱、易水，地方二千餘里〔三七〕，帶甲數十萬，車六百乘，騎六千匹，粟支數年。南有碣石、鴈門之饒，北有棗粟之利，民雖不佃作而足於棗粟矣，此所謂之天府也。」說趙肅侯曰：「當今之時，山東之建國，莫强於趙。趙地方二千餘里，帶甲數十萬，車千乘，騎萬匹，粟支數年。西有常山，南有河、漳，東有清河，北有燕國。臣竊以天下地圖按之，諸侯之地，五倍於秦，料度諸侯之卒，十倍於秦。六國爲一，併力西向而攻秦，破秦必矣。」說韓宣惠王曰：「韓，北有鞏、洛、成皋之固〔三八〕，西有宜陽、商阪之塞，東有宛、穰、二縣名。洧水，南有陘山，地方九百餘里，帶甲數十萬，天下之强弓勁弩，皆從韓出。谿子、南方谿子蠻夷柘弩皆善材。少府、時力、距來者，韓有谿子弩，又有少府所造二種之弩。按：時力，謂作之得時，力倍於常，故名時力。距來者，謂弩勢勁利，足距來敵也。見淮南子。皆射六百步之外。韓卒超足而射〔三九〕，百發不暇止，遠者括蔽洞胸，近者鏑弇心。韓卒之劍戟，皆出於冥山、冥山，在朔州北。棠谿、在豫州偃城。墨陽、淮南子曰：「墨陽之莫邪也。」合膊、戰國策〔四〇〕作合伯，春秋後語作合相。鄧師、宛馮、鄧國有工鑄劍〔四一〕，因名鄧師。宛人於馮池鑄劍，故號宛馮。在滎陽。龍淵、太阿二劍名。皆陸斷牛馬，水截鵠鴈，當敵則斬，堅甲鐵幕，革抉、吷芮，抉音決，謂以革爲射決。決，射韝也。吷音伐，謂楯也。芮，謂繫盾之紛綬也。無不畢具。以韓卒之勇，被堅甲，蹠勁弩〔四二〕，帶利劍，一人當百，不足言也。」說魏襄王曰：「大王之地，南有鴻溝、陳、汝南、許、郾、昆陽、召陵、舞陽、新都、新郪；東有淮、潁、煮棗、無胥；西有長城之界；北有河外、卷、衍、酸棗，地方千里。地名雖小，然而田舍廬廡之數，曾無所芻牧。人民之衆，車馬之多，日夜行不絕，輷輷殷殷，輷，魔宏反。殷，音隱。若有三軍之衆。臣竊量大王之國不下楚。竊聞大王之卒，武士二十萬，即魏氏武卒也。注見後班固刑法志。蒼頭二十萬，謂以青巾裹頭，以異於衆。荀子：「魏有蒼頭二十萬是也。」奮擊二十萬，廝徒十萬，廝養之卒，謂養馬賤者，亦爲兵。車六百乘，騎五千匹，此其過越王句踐、武王遠矣〔四三〕。」説齊宣王曰：「齊南有泰山，東有琅邪，西有清河，北有勃海，此所謂四塞之國也。齊地方二千餘里，帶甲數十萬，粟如丘山。三軍之良，五家之兵，五家，即五國。進如鋒矢，戰如雷霆，解如風雨，即有軍役，未嘗背泰山，絶清河，涉勃海也。言臨淄自足，齊有軍役，不用度河取二部。臨淄之中七萬户。臣竊度之，不下户三男子，三七二十一萬，不待發於遠縣，而臨淄之卒，固已二十一萬矣。」説楚威王曰：「楚，天下之强國也。王，天下之賢王也。西有黔中、巫郡，東有夏州、海陽，南有洞庭、蒼梧，北有陘塞、郇陽。地方五千餘里，帶甲百萬，車千乘，騎萬匹，粟支十年，此伯王之資也。」班固漢書刑法志曰：「春秋之後，滅弱吞小，並爲戰國。稍增講武之禮，以爲戲樂，用相夸視。師古曰：「視讀曰示。」而秦更名「角抵〔四四〕」，師古曰：「抵音丁禮反，解在武紀。」先王之禮，没於淫樂中矣。雄桀之士，因勢輔時，作爲權詐，以相傾覆，吴有孫武，齊有孫臏，師古曰：「臏音頻忍反。」魏有吴起，秦有商鞅，皆禽敵立勝，垂著篇籍。當此之時，合從、連衡，師古曰：「衡，横也。戰國時，齊、楚、韓、魏、燕、趙爲從，秦國爲衡。從音子容反，謂其地形南北從長也。秦地形東西横長，故爲衡也。」轉相攻伐，代爲雌雄，師古曰：「代，亦迭也。」齊愍以技擊彊，孟康曰：「兵家之技巧。技巧者，習手足，便器械，積機關，以立攻守之勝。」魏惠以武卒奮，師古曰：「奮，盛起。」秦昭以鋭士勝。師古曰：「鋭，勇利。」世方争於功利，而馳説者以孫、吴爲宗。時唯荀卿明於王道而非之曰：「彼孫、吴者，上埶利而貴變詐，施於暴亂昏嫚之國，君臣有間，師古曰：「言有間隙不諧和。」上下離心，政謀不良，故可變而詐也。夫仁人在上，爲下所卬，卬讀作仰。猶子弟之衛父兄，若手足之扞頭目，何可當也。扞，禦難也。鄰國望我，歡若親戚，芬若椒蘭，顧視其上，猶焚灼仇讎，人情豈肯爲其所惡而攻其所好哉？故以桀攻桀，猶有巧拙；以桀詐堯〔四五〕，若卵投石，夫何幸之有！師古曰：「言往必破碎。」詩曰：『武王載旆，有虔秉鉞，如火烈烈，則莫我敢遏。』師古曰：「殷頌長發之詩也。武王，謂湯也。虔，敬也。遏，止也。言湯建號興師，猶本仁義，雖執戚鉞，以敬爲先，故得如火之盛，無能止也。」言以仁義綏民者，無敵於天下也。若齊之技擊，得一首則受賜金。事小敵脆，則媮可用也；師古曰：「媮，與偷同，謂苟且。」事鉅敵堅，則渙然離矣，是亡國之兵也。魏氏武卒，衣三屬之甲，服虔曰：「作大甲三屬，竟人身也。」蘇林曰：「兜鍪也。盆領也，髀褌也。」如淳曰：「上身一，髀褌一，脛繳一，凡三屬也。」師古曰：「屬，聯也〔四六〕。」操十二石之弩，負矢五十个，置戈其上，冠冑帶劍，贏三日之糧，師古曰：「个讀曰箇。箇，枚也〔四七〕。冑，兜鍪也。冠冑帶劍者，著兜鍪而又帶劍也。贏，謂擔負也，音盈。」日中而趨百里，師古曰：「中，一日之中。」中試，則復其户，利其田宅。師古曰：「中試，試之而中科條也。復，謂免其賦税也。利田宅者，給其便利之處也。中音竹仲反，復音方目反。」如此，則其地雖廣，其税必寡，其氣力數年而衰，是危國之兵也。秦人，其生民也陿阸，其使民也酷烈，師古曰：「陿，地小也。阸，險固也。酷，重厚也〔四八〕。烈，猛威也。」劫之以埶，隱之以阸，鄭氏曰：「秦地多阸，藏隱其民於阸中也。」臣瓚曰：「秦政急峻，隱括其民於阸狹之法。」狃之以賞慶，道之以刑罰，師古曰：「狃，串習也，音女救反，道讀曰導。」使其民所以要利於上者〔四九〕，非戰無由也。功賞相長，五甲首而隸五家，服虔曰：「能得著甲者五人首，使得隸役五家也。」如淳曰：「役隸五家，是爲相君長。」是最爲有數，故能四世有勝於天下〔五〇〕。然皆干賞蹈利之兵，庸徒鬻賣之道耳，師古曰：「鬻音育。」未有安制矜節之理也。師古曰：「矜，持也。」故雖地廣兵彊，鰓鰓常恐天下之一合而共軋己也。蘇林曰：「鰓音慎而無禮則葸之葸。鰓，懼貌也。」張晏曰：「軋，踐轢也。」師古曰：「鰓音先祀反。軋音於黠反。」至乎齊桓、晉文之兵，可謂入其域而有節制矣，孟康曰：「入王兵之域而未盡善也〔五一〕。」然猶未本仁義之統也。故齊之技擊，不可以遇魏之武卒；魏之武卒，不可以直秦之鋭士；師古曰：「直，亦當也。」秦之鋭士，不可以當桓、文之節制；桓、文之節制，不可以敵湯、武之仁義。故曰：『善師者不陳，師古曰：「戰陳之義，本因陳列爲名，而音變耳。字則作陳，更無別體。而末代學者輒改其字旁從車，非經史之本文也。今宜依古，不從流俗也。」善陳者不戰，善戰者不敗，善敗者不亡。』若夫舜脩百僚，咎繇作士，師古曰：「士師，理官，謂司寇之職也。」命以『蠻夷猾夏，寇賊姦宄』，而刑無所用，所謂善師不陳者也。湯、武征伐，陳師誓衆，而放禽桀、紂，師古曰：「謂湯誓、泰誓、牧誓是也。」所謂善陳不戰者也。齊桓南服彊楚，使貢周室，師古曰：「謂僖四年伐楚，次於陘，責包茅不入，王祭不供也。」北伐山戎，爲燕開路，師古曰：「謂莊三十年伐山戎，以其病燕故。」存亡繼絶，功爲伯首，師古曰：「謂存三亡國，衛、邢、魯也。伯讀曰霸。」所謂善戰不敗者也。楚昭王遭闔廬之禍，國滅出亡，師古曰：「謂定四年，吴入郢，楚子出，涉睢，濟江，入於雲中也。」父老送之。王曰：『父老反矣，何患無君？』父老曰：『有君如是其賢也！』相與從之。或犇走赴秦，號哭請救，師古曰：「謂申包胥如秦乞師也。犇，古奔字。」秦人爲之出兵。師古曰：「謂秦子蒲、子虎帥車五百乘以救楚也〔五二〕。」二國併力，遂走吴師，師古曰：「謂子蒲大敗夫概王於沂，薳射之子從子西敗吴師於軍祥。」昭王返國，師古曰：「吴師已歸，楚子入郢。」所謂善敗不亡者也。若秦因四世之勝，據河山之阻，任用白起、王翦豺狼之徒，奮其爪牙，禽獵六國，以併天下，師古曰：「言如獵之取獸。」窮武極詐，士民不附，卒隸之徒，還爲敵讎，師古曰：「謂陳勝、吴廣、英布之徒也。」猋起雲合，果共軋之，師古曰：「猋，疾風也，如猋之起，言其速也；如雲之合，言其盛也。猋，音必遥反。」斯爲下矣。凡兵，所以存亡繼絶，救亂除害也。故伊、吕之將，子孫有國，與商、周並。師古曰：「言其同盛衰也。」至於末世，苟任詐力，以快貪殘。争城，殺人盈城；争地，殺人滿野。孫、吴、商、白之徒，皆身誅戮於前，而國滅亡於後。師古曰：「孫武、孫臏、吴起、商鞅、白起也。」報應之孰，各以類至，其道然矣。」

自周室以東，諸侯强大，僭侈兵法軍制，國自爲政，俱非先王之舊，晉、楚、齊、秦其尤也。魯雖弱國，而軍制亦屢變，故摭左氏内、外傳諸書，略考諸國之兵制。至戰國時，六王争强，軍政雖無可考，而略見於蘇秦之説。班孟堅西漢刑法志論兵多述春秋、戰國時事，頗有可考，故具載之。

秦始皇既并天下，分爲三十六郡，郡置材官；聚天下兵器於咸陽，鑄爲鍾鐻；講武之禮，罷爲角觝。是時北築長城四十餘萬，南戍五嶺五十餘萬，驪山、阿房之役，各七十餘萬，兵不足用而後發謫矣，其後里門之左一切發之而勝、廣起。里門左，謂閭里之左。凡居者以富强爲右，貧弱爲左。秦役戍多富者，役盡兼取貧弱而發之也。

山齋易氏曰：「始皇既併天下，北築長城，南戍五嶺，又有驪山、阿房之役，兵不足用，乃至發謫。先發弛刑之類，次發西賈人之類，次發治獄不直者之類，次以隱官刑徒者，次以嘗有市籍者，又其次則大父母、父母嘗有市籍者，先發里門之左，名閭左之戍，未及發右而二世立，復調材士五萬人以衛咸陽，民不聊生，天下騷動，而勝、廣起矣。是時楚兵百萬，而秦發近縣不及，乃赦驪山徒、奴産子以擊盗。及關東盗賊益熾，又發關中卒以擊之，而章邯三歲將兵，亡失已十數萬，坑於降楚者又二十餘萬。沛公入關而秦遂以亡。原秦之亡，皆起於兵備廢弛而倚辦於倉卒。高祖鑒其弊，而於郡國京師兵備嚴整，且内外有相制之勢，漢法之善者也。

按班史以銷鋒鏑、弛武備爲秦之所以亡，山齋因而發明其説。然愚以爲秦之亡，非關於兵弛也。當時盡吞六雄，威震六合，彼胡、越僻在裔夷，豈能爲纖芥之害，而發百萬之師以戍之。驪山、阿房之役，又復數十萬，健卒壯士，虚耗於無用之時，糜爛於不切之役，蓋側目倒戈相挺而並起者皆秦兵也。史記言，先是諸侯吏卒繇使屯戍過秦中者，秦中吏卒遇之多無狀，及章邯以秦軍降諸侯，諸侯吏卒乘勝多奴虜使之，輕折辱秦吏卒，秦吏卒多怨，竊言曰：「章將軍等詐吾屬降諸侯，今能入關破秦大善，即不能，諸侯虜吾屬而東，秦又盡誅吾父母妻子，奈何？」諸將微聞其語，以告項羽，羽乃盡坑秦卒二十餘萬人。夫此二十萬人者，即十餘年前王翦、王賁等將之以横行天下，誅滅六雄者也。國有興廢，而士心之勇怯頓殊，異哉！然章邯之降也，特以畏趙高之讒、二世之誅，而其兵固非小弱，亦未嘗甚敗衄也。而此二十萬人者，亦復弭耳解甲〔五三〕，而曾無異辭。雖明知必蹈禍機，反幸諸侯之入關以紓禍，所謂「寡助之至，親戚叛之」者歟！

校勘記

〔一〕周官夏官司馬　「夏官」原作「大」，據周禮夏官司馬改。

〔二〕以衆多官卑　「多」原作「爲」，據周禮夏官司馬疏改。

〔三〕服容相別　「服」原作「張」，據元本、慎本、馮本及周禮小司徒改。

〔四〕役功力之事　「役」原作「使」，「力」原作「令」，據元本、慎本、馮本及周禮小司徒注改。

〔五〕爲其中可任謂丁强任力役之事者　「者」下原衍「也」字，據周禮小司徒注删。

〔六〕賦謂發斂財也　「發」下原衍「賦」字，「財」原作「之賦」，據漢書卷二三刑法志删改。

〔七〕甲士在車上也　「上」原作「士」，據元本、慎本、馮本及漢書卷二三刑法志鄭氏注改。

〔八〕故稱萬乘之主　「故稱萬乘」四字原脱，據漢書卷二三刑法志補。

〔九〕夏拔舍以苗　「拔」原作「茇」，據元本、慎本、馮本及漢書卷二三刑法志改。

〔一〇〕提封百萬井　「百」字原脱，據漢書卷二三刑法志補。

〔一一〕旂物有諸侯軍吏師都鄉遂郊野之别　「旂」原作「等」，「鄉」字原脱，據群書考索後集卷三八兵門兵制類改補。

〔一二〕王命卿士　「王」上原衍「文」字，據群書考索後集卷三八兵門兵制類删。

〔一三〕小宰掌戎具　「具」原作「是」，據群書考索後集卷三八兵門兵制類改。

〔一四〕蓋裒荆旅　「荆」下原衍「之」字，據群書考索後集卷三八兵門兵制類删。

〔一五〕平淮夷以江漢　「平」原作「於」，據群書考索後集卷三八兵門兵制類改。

〔一六〕楚薳啓疆曰　「薳」原作「蔿」，據左傳昭公五年改。

〔一七〕楚武王始更爲此陳法　「爲此」二字原倒，據左傳宣公十二年注乙正。

〔一八〕商臣以宫甲圍成王是東宫兵也　「商」原作「宫」，「東宫」原作「宫中」，據左傳僖公二十八年疏改。

〔一九〕注官當同環列之尹都君子王馬之屬　左傳宣公十二年注無此文。

〔二〇〕其君之戎分二廣　「君」原作「軍」，據左傳宣公十二年改。

〔二一〕右廣鷄鳴而駕　「右廣」二字原脱，據左傳宣公十二年補。
〔二二〕屈蕩户之曰　「户」原作「尸」，據左傳宣公十二年改。
〔二三〕步卒被分在右者　「被」下原衍「主」字，「在」原作「左」，據左傳宣公十二年疏删改。
〔二四〕其應在左者　「在左」原作「左右」，據左傳宣公十二年疏改。
〔二五〕使之追求草蓐　「求」原作「步」，據左傳宣公十二年疏改。
〔二六〕正義曰　「正義曰」原作「爾雅曰」，據左傳文公十二年正義改。
〔二七〕使蹋行之　「蹋」原作「踰」，「之」原作「人」，據左傳宣公十二年疏改。
〔二八〕勁兵之後此最良法　「之」，據文義當爲「在」。
〔二九〕諸侯載旂軍吏載旗師都載旜鄉遂載物　「旂」原作「旃」，「旗」原作「旅」，「旜」原作「旌」，「物」原作「旃」，據左傳宣公十二年疏及周禮大司馬改。
〔三〇〕漆甲成組文被練練袍　「組」字原脱，「練袍」原作「之袍」，據左傳襄公三年注補改。
〔三一〕子木使庀賦　「庀」原作「莊」，據左傳襄公二十五年改。
〔三二〕徒兵甲楯之數　「兵甲」原作「甲兵」，據左傳襄公二十五年乙正。
〔三三〕在國都之西　「在」上原衍「都」字，據左傳昭公十四年删。
〔三四〕令尹子常以舟師及沙汭而還　「沙汭」原作「河内」，據左傳昭公二十七年改。
〔三五〕給郡縣一月而謂更卒　「謂更」二字原倒，據漢書卷二四食貨志上師古注乙正。
〔三六〕二水名　按史記卷六九蘇秦列傳索隱作「朝鮮音潮仙，二水名」，疑此處有脱文。

〔三七〕地方二千餘里　「餘」字原脱，據史記卷六九蘇秦列傳、戰國策燕策一補。

〔三八〕韓北有鞏洛成皋之固　「北」原作「氏」，據史記卷六九蘇秦列傳、戰國策韓策一改。

〔三九〕韓卒超足而射　「足」原作「卒」，據史記卷六九蘇秦列傳、戰國策韓策一改。

〔四〇〕戰國策　「策」原作「宋」，據史記卷六九蘇秦列傳索隱改。

〔四一〕鄧國有工鑄劍　「工」原作「功」，據史記卷六九蘇秦列傳索隱改。

〔四二〕蹠勁弩　「蹠」原作「疏」，據史記卷六九蘇秦列傳、戰國策韓策一改。

〔四三〕此其過越王句踐武王遠矣　上「王」字原脱，據元本、慎本、馮本及史記卷六九蘇秦列傳補。

〔四四〕而秦更名角抵　「名」原作「各」，據漢書卷二三刑法志改。

〔四五〕以桀詐堯　「詐」原作「攻」，據漢書卷二三刑法志改。

〔四六〕師古曰屬聯也　「師古曰」三字原脱，據漢書卷二三刑法志師古注補。

〔四七〕个讀曰箇箇枚也　「箇箇」原作「个个」，據漢書卷二三刑法志師古注改。

〔四八〕重厚也　「厚」原作「辱」，據漢書卷二三刑法志師古注改。

〔四九〕使其民所以要利於上者　「其」字原脱，據漢書卷二三刑法志補。

〔五〇〕故能四世有勝於天下　「世」原作「者」，據漢書卷二三刑法志改。

〔五一〕入王兵之域而未盡善也　「善」字原脱，據漢書卷二三刑法志孟康注補。

〔五二〕謂秦子蒲子虎帥車五百乘以救楚也　「虎」，漢書卷二三刑法志師古注作「武」，蓋避唐諱改，今據左傳定公五年改回。

〔五三〕亦復弭耳解甲　「弭耳」不辭，據文義，疑「耳」爲「兵」之誤。

卷一百五十　兵考二

兵制

漢興，踵秦而置材官於郡國。

十一年，發巴蜀材官及中尉卒三萬人爲皇太子衛〔一〕，軍霸上。　惠帝七年，發車騎、材官詣滎陽。　文帝三年，發中尉材官，屬衛將軍，軍長安。　景帝後二年，發車騎、材官屯鴈門。　武帝〔二〕，王恢擊匈奴，伏兵車騎、材官三十餘萬，匿馬邑旁谷中。　宣帝神爵元年，發三河、潁川、沛郡、淮陽、汝南材官詣金城。

易氏曰：「刑法志曰『踵秦置材官、車騎於郡國』〔三〕，特其略耳，其實不惟置材官而已。又曰『武帝外有樓船』，特言用樓船以平百粵耳，其實高祖已有樓船之制也。光武紀注所引漢官儀曰：『高祖命天下選能引關蹶張、材力武猛者以爲輕車、騎士、材官、樓船，常以秋後講肄課試，各有員數。』平地用車騎，山阻用材官，水泉用樓船。蓋三者之兵，各隨其地之所宜。以漢史考之，大抵巴蜀、三河、潁川諸處止有材官，上郡、北地、隴西諸處止有車騎，而廬江、潯陽、會稽諸處止有樓船。三者之兵，雖各隨其地之所宜，而郡國之兵，其制則一。有列郡，有王國，有侯國。郡有守，有都尉。都尉佐太守典武。其在王國，則相比郡守，中尉比都尉。侯國有相，秩比天子令長。每歲郡守、尉教兵，則侯國之相與焉。侯國之兵既屬之郡，而王國之兵亦天子所有，不可擅用，防微杜漸，皆所以尊京師也。

京師有南、北軍之屯。漢舊儀：「殿外門署衛尉，殿内郎署，屬光禄勳，南軍也。」南軍，衛主之，顔曰：「衛尉寺在宮内。」胡廣云主宮闕之門内衛士〔四〕。」掌宮城門内之兵。

百官表：「衛尉掌宮門衛屯兵。」而高后紀言周勃既入北軍，尚有南軍，乃令平陽侯告衛尉，無納吕産。時吕禄爲將軍，掌北軍。産爲相國，掌南軍。太尉已入北軍，尚有南軍，故未敢誦言誅産。已告衛尉，毋納相國産殿門。産欲入未央宮爲亂，弗得入，蓋産所將南軍，當在殿廬之内。及宣帝用張安世爲衛將軍，兩宮衛尉、城門、北軍兵屬焉。不言南軍，蓋衛即南軍也。戾太子變，時京師兵盡發，獨不聞發南軍，蓋衛士從上在甘泉故也。以此知南軍爲宮城兵，而衛尉主之。

古者環衛有二等，宮伯則領貴遊子弟，宮正則領宮徒役事。漢有衛郎、衛兵，亦此制歟！衛尉典衛兵，郎中令典衛郎。武帝更名郎中令名光禄勳〔五〕，掌宿衛宮殿門户，其屬者有諸郎，掌守門户，出充車騎。凡郎官皆上直，執戟宿衛，出充車騎，惟議郎不在直中。中郎有五官、左、右三將。車、户、騎三將見百官表。

易氏曰：「或曰，漢制有衛郎、衛兵。衛兵既屬衛尉，爲南軍，而郎中令均是宿衛，故表、志皆列於衛尉之前，而論者皆編爲南軍，若謂郎中令所領皆郎，不可以軍言，則守門户、出充車騎，孰謂其非軍也？郎而非軍，宣帝胡爲出之以擊羌哉？此説殆不其然。抑嘗考之，郎衛、兵衛，固均爲宿衛之職，而郎中令、衛尉所掌，又皆宮門内外之事。按郎中令乃秦官，武帝更其名爲光禄勳。前表，光禄勳掌宮門户〔六〕，衛尉掌宮殿門衛屯兵〔七〕；後志，光禄勳掌宿衛宮殿門户，衛尉掌宮門衛士，宫門徼巡事〔八〕。其職實有相關者。舊儀曰：『殿外門舍屬衛尉，殿内門舍屬光禄勳。』職之相關，特有内外之别耳。此正周官所謂宫正、宫伯之職。然兵衛之屬衛尉者號爲南軍，固可考而知。若遂以光禄勳列於南軍，則有所不可考者。漢光禄勳之職，屬官：中郎有五官、左、右三將，秩比二千石；郎中有車、户、騎三將，秩比千石；以下如議郎、中郎，秩比六百石；侍郎比四百石；郎中比三百石，職任固不輕矣。而當時以二千石以上子弟及明經、孝廉、射策甲科、博士弟子高第及尚書奏賦、軍功良家子充之，其後又期門、羽林皆屬焉，是皆親近天子之官，别爲一府，非可謂之南軍也。所謂守門户、充車騎者，若今之環衛出爲天子導從儀衛而已，非可以軍名也。宣帝之擊羌，特以死事之子孫、羽林孤兒用之，非謂所掌之郎而盡使之從軍。不然，文帝自代邸入未央宫，夜拜宋昌爲衛將軍領南北軍；張武爲郎中令，行殿中。以是觀之，則張武自别領郎衛之職，宋昌自兼領南北軍之職，兵衛、郎衛，分爲二職，則知郎衛非南軍明矣。」

武帝時，置期門、羽林。皆宿衛官，屬南軍。

東方朔傳：「上始微行，常用飲酎已。八九月中，與侍中常侍武騎及待詔隴西、北地良家子能騎射者期諸殿門，故有『期門』之號。」以六郡良家子選給，六郡謂隴西、天水、北地、上郡、西河也〔九〕。掌執兵送從，以材力爲官，名將多出焉。甘延壽以良家子善騎射爲羽林，投石超距，絶於等倫，嘗超踰羽林亭樓，由是遷爲郎，試弁，爲期門。霍光都肄郎羽林。

建元三年，初置比郎，無員，多至千人，有僕射，秩比千石。太初元年，初置名曰「建章營騎」，後更名「羽林騎」。又取從軍死事者之子孫養羽林，教以五兵，號曰「羽林孤兒」。少壯令從軍。羽林有令、丞。宣帝令中郎將、騎都尉監羽林，秩比二千石。蔡質漢儀曰：「羽林有左監，主羽林左騎八百。右監主右騎九百人。」又有羽林黄頭郎，枚乘傳注：「習水戰者也。」平帝又更期門爲虎賁，主宿衛，此光禄勳所領之兵。師古曰：「羽林宿衛之官，言其如羽之疾，如林之多。」吴氏能改齋漫録曰：「此説非也。按晉志：『羽林四十五星〔一〇〕，在營室星之南，一曰天軍，主軍騎。』則漢名軍以羽林，法天文耳。」

章氏曰：「南軍有郎衛、兵衛，掌天子宿衛；北軍止於護城，輕重不侔矣。漢世凡大喪，自諸郎衛皆發。而宣帝之葬霍光，光武之葬吴漢，則詔以北軍護送。章懷太子曰：『不以南軍，重之也。』又：『王國人不得宿衛，親屬犯法人不得宿衛。』如龔遂爲楚王常侍，三舉孝廉，以王國人不得宿衛；蕭望之以甲科爲郎，坐從弟犯法，則不得宿衛。季冬或正月，天子行幸曲臺，臨饗衛士，勸以農桑，令就田里，必觀以角觝而後遣，則南軍之重可知矣。」

北軍，中尉主之，掌京城門内之兵。

百官表：「中尉，秦官，掌巡徼京師，屬官有中壘、寺互、武庫、兵器所。都船四令丞。又有式道左右中候〔一一〕、候丞及左右京輔都尉、尉丞兵卒皆屬焉。」是中尉所職，乃巡徼京師，以此知北軍爲京城兵，而中尉主之也。

山齋易氏曰：「北軍徼巡京師，屬中尉，别有壘垣軍門在京城。按胡建傳云：『監軍御史穿北軍壘垣爲賈區，軍正丞胡建斬之。』而中壘校尉實掌北軍壘門内，則是北軍自有壘垣軍門。惟北軍有壘垣軍門，必有漢節而後入。高紀：『上將軍呂祿、相國呂產顓兵秉政，太尉周勃欲入北軍而不得入，迺令紀通持節，矯内勃北軍。』又武紀：『征和元年，發三輔騎士，大搜上林，閉長安城門索。』又漢帝年紀：『大搜長安中，閉城門十五日，待詔征官多餓死。』是北軍在長安城内，苟無漢節，雖以太尉之尊，軍門得以拒之，不得輒入，其法甚嚴也。然北軍之壘錯列長安城内，不近宮城。惟南宮列於宮垣，北軍亦不得入。江充傳：『貴戚近臣多奢僭，充皆舉劾，奏請没入車馬〔一二〕，令身詣北軍擊匈奴。即移書光禄勳、中黄門，逮名近臣侍中諸當詣北軍者，移劾門衛，禁止無令得出入宮殿。』又禮儀志：『先臘一日，大儺，謂之逐疫。中黄門倡〔一三〕，侲子和，持炬火，送疫出端門外。五營騎士傳火棄雒水中。』東京賦注云：『衛士千人在端門外，五營千騎在衛士外。』此衛士在内，北軍在外之證也。」

又曰：「或曰『北軍屬太尉，武帝更太尉爲大司馬，以寵大將，而北軍分八校，以中壘領之』，非也。武帝置八校，各有校尉，秩皆二千石，不相統屬。而中壘自掌北軍壘垣門事，非兼八校，此固不待辯而明矣。至謂北軍屬太尉，則尤不可以不辯。彼獨見太尉周勃入北軍之事，故舉而言之，殊不知當時勃欲入北軍，必令紀通持節矯内之，是以計誅呂氏，非謂以太尉勃領北軍而後入也。蓋北軍自屬中尉，而太尉掌武，雖本兵之任，然三公之職，初不常置。按司馬氏將相表：『高帝二年，太尉盧綰，五年罷。十一年，周勃爲太尉，攻代，後官省。高后四年，置太尉官。文帝三年罷〔一四〕。景帝三年復置〔一五〕，七年罷。武帝建元元年復置，二年罷。』後改爲大司馬。是其職之或置或罷，蓋以三公無所不統，官不必備，惟其人而已，豈專領北軍者邪！」

武帝增置八校，屬北軍。更名中尉爲執金吾。百官志：「執金吾，秦官，緹騎五百二十人〔一六〕。」光武曰「仕宦當至執金吾」，言徒役盛也。

帝用兵四夷，發中尉之卒，遠擊南粵，恐内無重兵，或致生變，於是創置七校尉，募知胡事者爲胡騎，知越人事者爲越騎。又取中尉屬官所謂中壘者進爲校尉，凡八校尉。

中壘校尉掌北軍壘門外，又外掌西域。屯騎校尉掌騎士。步兵校尉掌上林苑内屯兵〔一七〕。越騎校尉掌越騎。如淳曰：「越人内附以爲騎也。」晉灼曰：「取其材力超越也。」師古曰：「宣紀言佽飛射聲、胡越騎，又此有胡騎。如淳説是也。」長水校尉掌長水、宣曲胡騎。長水，胡名也。宣曲，觀名，胡騎屯所。胡騎校尉掌池陽胡騎，不常置。胡騎之屯池陽者。射聲校尉掌待詔射聲者。服虔曰：「工射者也，冥冥中聞聲則中之，因以名也。」應劭曰：「須詔所命而射，故曰待詔射也。」虎賁校尉掌輕車。凡八校尉，皆武帝初置，有丞、司馬，秩皆二千石。刑法志言：「武帝平南粵，内增七校。」蓋胡騎校尉不常置，故言七。外又有城門校尉掌京師城門屯兵，不在八校尉數内。有司馬，八屯各有司馬。十二城門候。門各有候。蕭望之署小苑東門候，亦其比也。城門初無兵，自戾太子事後置，以城門校尉一人領之。十二城門各有候，王商以特進，孔光以太傅領城門兵，得舉吏如五府。

山齋易氏曰：「按劉屈氂傳：『戾太子使如侯持節發長水及宣曲胡騎，皆已裝會。侍郎莽通使長安，追捕如侯，告胡人曰，節有詐，勿聽也。遂斬如侯，引騎入長安。』蓋中壘在北軍，而步兵在長林苑門，長水兼掌長水及宣曲胡騎，則在長水及宣曲，皆在長安城外。顔師古以長水在今鄠縣東長水鄉，是知八校分屯，不專在一所，雖同名北軍，而各以校尉領之，而不屬中尉之北軍。此八校尉所以自列於城門校尉之後，而中壘校尉亦別掌北軍壘門内外，不屬金吾也。蓋金吾秩中二千石，而八校皆秩二千石，其位亦重矣。光武併七校爲五營，故省虎賁入射聲，省胡騎入長水，又省中壘校尉而置北軍中候，掌監五營。自是五營屬北軍，以北軍中候監之，謂之北軍五營。」

章氏曰：「按武帝八校爲北軍，表不言屬中尉。疑中壘自專統北軍，與中尉異司，而北軍始不屬中尉矣。武帝既增校尉，恐中壘之權太重，又於光禄勳之下，旋理會增添，於是增羽林、期門，以益南軍，大概領二軍之勢均。」胡廣曰：「衛尉巡行宫中，則執金吾徼於宫外爲表裏。」唐李撰曰：「漢以南北軍相制者此也。」

又曰：「漢初南北軍亦自郡國更番調發來，何以言之？黄霸爲京兆尹，坐發騎士詣北軍，馬不適士，劾乏軍興，則知自郡國調上衛士一歲一更，更代番上，初無定兵。自武帝置八校，則募兵始此。置羽林、期門，則長從始此。」古者禁衛兵不出。漢初，猶得古意，京師之兵不以出征。高帝十一年，發中尉卒軍霸上。文帝三年，發中尉材官屬衛將軍，軍長安〔八〕，則中尉之兵未始遠出。武帝元鼎六年，發中尉卒擊吕嘉，則失之矣。至宣帝遂令羽林、佽飛諸兵遠赴金城擊羌，不亦騷動之甚乎！」

又曰：「漢兵郎無員數，虎賁千五百人，而多不過千人；羽林左八百人，右九百人；八校各七百人。至東漢不過三千五百三十六人。執金吾緹騎五百二十人，至東漢亦不過六百人。衛尉所領諸宫掖門都候、劍戟衛士，至東漢不過二千五百人。十二城門兵不見數，然亦不過門置一候，以掖門司馬領之，多至百八十人，少或三十八人，則城門領於一校，大約可見。中都兵蓋僅用四萬耳。」

南軍圖上準東漢安帝紀注〔一九〕

南

軍

光禄勳本郎中令，武帝改。

三署郎

左中郎將主左署郎

五官中郎將主五官郎

右中郎將主右署郎

車、户、騎三將

衛士八十一人

車户騎三將

武帝置期門，平帝更虎賁

虎賁郎千五百人，無常員，多至千人，主虎賁宿衛。

主殿門内

羽林郎百八十人

武帝置建章營騎、羽林騎

左監主左騎八百人

右監主右騎九百人

武

虎

主

羽

武

衛尉圖下準東漢百官志衛尉注

衛尉

主殿

公車司馬主闕門兵。

南宮衛士衛士五百三十七人。

北宮衛士衛士四百七十二人〔二〇〕。

右都候〔二一〕主劍戟，衛士四百十六人。

左都候〔二二〕主劍戟，衛士三百八十三人。

外兵

南宮南屯司馬主平城門，衛士一百二人。

北宮門蒼龍司馬主東門，衛士四十人。

玄武司馬主玄武門，衛士三十八人。

北屯司馬主北門，衛士三十八人。

北門朱雀司馬主南掖門，衛士一百二十四人。

東明司馬主東門，衛士一百八十人。

朔平司馬主北門，衛士一百十七人。

北軍圖

北軍

掌北軍

北京城兵

中壘校尉本中尉，武帝改屬光武省，置中候。

壘門

越騎校尉領士七百人，掌越騎。

北京

步兵校尉領士七百人，掌上林苑門屯兵。

長水校尉領士七百三十六人，掌長水、宣曲胡騎。

射聲校尉領士七百人，掌待詔射聲士〔一三〕。

屯騎校尉領士七百人，掌騎士。

城兵

胡騎校尉光武并長水，掌胡騎之屯池陽者，不常置。

虎賁校尉光武并射聲，號五營，掌輕軍。

章氏曰：「班孟堅志刑法而不志兵，取古者大刑用兵之義。而以兵附刑，然述之不詳，使一代之制無考焉。漢初，兵民不甚分，如馮唐謂吏卒皆家人子弟，起田中從軍。而後漢禮儀志謂罷遣衛士，必勸以農桑。由是觀之，兵農尚未分。」

山齋易氏漢南北軍始末序曰：「漢之兵制，莫詳於京師南北軍之屯，雖東西兩京沿革不常，然皆居重馭輕，而内外自足以相制，兵制之善者也。蓋是時兵農未分，南北兩軍，實調諸民，猶古者井田之遺意。竊疑南軍以衛宫城，而乃調之於郡國；北軍以護京城，而乃調之於三輔。抑何遠近輕重之不倫邪？嘗考之司馬子長作三王世家，載公户滿意之言曰：『古者天子必内有異姓大夫，所以正骨肉也；外有同姓大夫，所以正異族也。』蓋同姓，親也，於内爲逼，故處於外，而使之正異族；異姓，疏也，於親爲有間，故處於内，而使之正族屬。南北軍調兵之意，殆猶是歟！郡國去京師爲甚遠，民情無所適莫，而緩急爲可恃，故以之衛宫城，而謂之南軍；三輔距京師爲甚邇，民情有閭里、墓墳、族屬之愛，而利害必不相棄，故以之護京城，而謂之北軍。其防微杜漸之意深矣。惜夫班孟堅號一代良史，而論載獨略，范蔚宗後史於此尤闕焉，往往雜見一二於紀、傳、表、志之間。鄉者以管見而商榷之，考其始末，述以儷語，其後先沿革，悉疏於下，而猶恨未能條列漢制之詳，近猶子開得胄監學者所考南北軍，且合此二書略加參訂，遂使漢家一代軍制，與夫内外相制之意，如辨白黑，瞭然在目，誠考古之一端，於是乎書。」

又曰：「北軍番上與南軍等。南軍衛士調之郡國，而北軍兵卒調之左、右、京輔。按百官志，左、右、京輔都尉、尉丞、兵卒皆屬中尉。夫中尉爲天子北軍之統帥，而其屬乃左、右、京輔都尉等，其所調亦左、右、京輔之兵卒，何也？左即馮翊，右即扶風〔二四〕，京即京兆，謂之三輔。三輔之委寄，固重於郡國矣。而所領兵事，則非郡國之比。蓋漢太守謂之郡將，兼領武事；都尉掌佐守，典武職。在王國，則相比郡守，中尉比都尉，皆掌兵之任。若三輔，則異是矣。夾輔京邑，錯列畿甸，其勢甚逼，則兵權爲甚重，故都尉、尉丞、兵卒不屬郡卒，而特屬中尉之北軍，其番上亦然，何以明之？黃霸尹京兆，發騎士詣北軍，以『馬不適士，劾乏軍興〔二五〕，連貶秩』，則知左、右、京輔兵卒皆番上北軍，而屬中尉無疑也。」

又曰：「南軍無常在之兵，以郡國民始傅者爲之。高紀如淳注云：『律，民年二十三，傅之疇官。』傅，著也。立傅名籍，以給公家之繇役也。又，漢儀注『民年二十爲正，一歲爲衛士』，即此宮門衛士而謂之南軍者。武帝建元元年，詔：『衛士轉置送迎常二萬人，其省萬人。』鄭氏云：『去故置新，常二萬人。』是即位之初政令如此。其後期門、羽林、七校之類，增置不一，而南軍衛士實有定數，是以國無重費，而民亦不以爲病。王尊傳，常以季秋或正月行幸曲臺〔二六〕，臨饗罷衛士。蓋寬饒爲衛司馬，及歲盡交代，上臨饗罷衛卒，數千人皆叩頭自請，願復留共更一年，則當時之人情可知矣。考韋玄成傳，則寢園所用，已四萬五千一百二十九人。至元紀初元三年，隨即罷甘泉、建章宮衛士，未見其爲病民也。至光武講省兵之制，而宮掖門衛士纔二千五百餘人而已。其後又罷輕車、騎士、材官、樓船士，而後禮儀志有『饗遣故衛士儀』。是知光武雖罷郡國之兵，而南軍衛士仍番上平民也，此南宮屬衛尉而調兵郡國之證歟。」

又曰：「杜佑通典謂『漢氏重兵，悉在京師』，是殆不然。兩漢之初，正以京師無重兵。嘗以後百官志考之，衛尉衛士六千人，南宮、北宮衛士共一千八人；左、右都候衛士共七百九十九人。宮掖凡七門，每門各有司馬以領衛士。南屯七百二人，蒼龍四十人，玄武三十人。北屯三十八人，朱雀二十四人，東明百八十人，朔平百二十七人。總而計之，南軍爲九千四十六人，北軍五校所領騎士如屯騎、越騎、步兵、射聲各七百人，又中尉緹騎五百三十人。總而計之，爲四千五十人〔二七〕。惟城門屯兵數無所考，以宮掖門司馬所領者推之，多者七百二人，少者止三十人，況十二門止於一校，必非重兵所在，多不過三千人耳。總是三者，而京師之兵不滿二萬人。或曰，此光武中興之兵制也。武帝之增置，則殆不止是，然亦不過倍之云爾。若高、文之世，未有增置，則其數當益少於此也，豈得云重兵悉在京師哉？故此以萬旅言之。」

又曰：「大抵南北軍之制，在漢志爲甚略，無所考證。然雜見於紀、傳、表、志者，亦可參考其一二，其大要則無出於高后八年之紀也。考之高后紀，則見二軍之權勢，内外足以相制，表裏足以相應，高帝之法，可謂規摹宏遠矣。漢初定天下，京師之屯，惟此二軍。諸夏本根，所係甚重，故高祖於衛尉、中尉之任，皆不輕授，而必付之酈商、周昌。高帝十一年，百官表書衛尉王氏、中尉戚鰓。王氏史失其名，而蕭何傳載王衛尉之諫高帝械繫何也，其面折廷争，有似王陵，或者其陵歟？鰓者，毋乃戚夫人之族屬歟？高帝鍾愛趙王，屈周昌使相之。及莫年，則以戚氏本兵，得非陰爲保護趙王之計？而王陵固高帝付以託孤之任者，故以之主兵邪？惠帝初年，吕氏固已顓國政，劉澤，吕氏之戚屬也，實爲衛尉，而表於中尉缺焉。高后七年，澤既爲王之國。終吕后之世，二官及郎中令，皆不以除人，特以兵權分屬於吕禄、吕産而長樂衛尉亦屬之吕更始輩，兵權盡歸吕氏矣。史稱太后病困，以趙王禄爲上將軍，居北軍，梁王産爲相國，居南軍，且戒之云，我即崩，必據兵衛宫，謹無送喪，爲人所制，故史稱上將軍禄相國産顓兵秉政。齊王傳云『居長安中，聚兵以威大臣』，良有以也。陳平、周勃謀誅吕氏，太尉勃欲入北軍，乃令紀通持節矯内之。又令酈寄、劉揭説禄解將印，而以兵授太尉勃。勃既將北軍，而尚有南軍衛尉居宫中，實顓南軍之權，故令平陽侯告之，使毋内吕産殿門。按表，高后七年，劉澤爲王，衛尉不以除人，不知平陽侯所告者何人哉！産既顓軍，其權不在衛尉，審矣。恐未易以一言之故，而能使之抗平日所尊事之相國也。又按表，文二年始書衛尉足，而文帝詔封功臣，則云衛尉足等十人矣。愚謂平、勃區處南軍，宜無異於北軍，而平陽侯所告之人，得非衛尉足也邪？豈平、勃欲誅吕氏，始除足爲衛尉以奪南軍，故平陽侯得以告之，而史策省文，不詳載爾。又不然，則勃既將北軍，其勢已足以制南軍，故令平陽侯告衛尉，然南軍未附，勢未可知，衛尉守殿門，相國雖不得入，而猶得裴回往來於殿庭之次，是南軍猶縱其入，未有出力奮發而誅之者。若衛尉於是時不能久抗相國，則南軍將何如也？又安知其不有起而應之者？蓋彼皆素所服屬者也，異時陳蕃之舉是矣。平陽侯既馳告太尉，而尚恐不勝，未敢誦言誅之，乃謂朱虚侯劉章急入宫衛帝，章從勃調卒千人，入未央宫掖門，見産廷中，會天大風，從官亂，莫有鬭者，遂得殺之於郎中府吏舍。又馳斬長樂衛尉吕更始。還入北軍，報太尉勃至，於起而相賀曰：「所患獨産，今已誅，天下定矣。」蓋南軍尚存，不能爲太尉勃之憂，而呂産在宮中，勃深慮其不勝，必衛尉應於內，而後足以克敵，於此足以見南軍之可以制北軍，南軍雖存而太尉得以告衛尉而奪之權。誅産之功，竟以北軍而清宮掖，是又足以見北軍之可制南軍也。夫北軍討之於外，南軍應之於內，表裏相濟，於此可驗。然是時誅呂氏，北軍之功居多，而南軍無大功，故文帝褒賞功臣，如紀通、劉揭等皆封列侯，已侯者益封至二三千户，而衛尉足等僅四百户，或者以其功爲劣歟！當是之時，勃雖以南北軍成誅呂安劉之功，及文帝自代邸入未央宮，夜拜宋昌爲衛將軍領北軍，則勃已不與兩軍之政。其後除右丞相，亦旋歸政柄，蓋前日之以北軍制南軍者，特一時之權宜而已。南北軍本以相制，而文帝以宋昌兼領，失本意矣。然出於倉卒周防之謀，故隨即罷衛將軍，仍以其兵分屬焉，是雖出於一時權宜，而於南北軍之制，初未嘗有所更易，此漢初兵制之善者也。其後武帝內增七校，以壯翼衛之勢，又恐北軍偏重，則置期門、羽林與夫城門之兵，兵籍紛紛，而南北軍之制隳矣。」

漢調兵之制，民年二十三爲正，一歲爲衛士，二歲爲材官、騎士，習射御、騎馳、戰陳，年六十五衰老，乃得免爲庶民，就田里。如淳曰：「律，年二十三，傅之疇官，高不滿六尺二寸以下爲罷癃。」

漢民凡在官三十二年，自二十三以上爲正卒。每一歲當給郡縣官一月之役，其不役者爲錢二千入於官以雇庸者，已上，戍中都官者一年爲衛士；京師者一年爲材官、騎士、樓船；郡國者一年。三者隨其所長，於郡縣中發之，然後退爲正卒，就田里，以待番上調發。更有三品：有卒更，有踐更，有過更。古者正卒無常人，皆迭爲之，一月一更，是爲卒更也〔二八〕；貧者欲得雇更錢，次直者出錢雇之，月二千，是爲踐更也；天下人皆直戍邊三日，亦名爲更，律所謂繇戍也。雖丞相子亦在戍邊之調。不可人人自行三日戍，又行者當自戍三日，不可往便還，因便住一歲一更〔二九〕。諸不行者，出錢三百入官，以給戍者，是謂過更也。昭帝紀如淳注。

秦用商鞅之法，月更卒，已復爲正，一歲屯戍，一歲力役，三十倍於古。更卒，謂給郡縣一月而更者〔三〇〕。正卒，給中都官者也。漢興，循而未改〔三一〕，後改易，有謫乃戍邊一歲耳。

按漢書如淳注言，更有三品。竊詳其說：卒更者，正身供正役也；踐更者，以錢雇直，所直者內地，其役一月，其錢，則不行者自以雇代行者；過更者，亦以錢雇直，所直者邊疆，其役三日，其錢，則不行者輸之縣官，縣官以給代行者。但所謂一歲而更者，恐是併往回行程言之。遠戍且以兩月爲行程，則每歲當役者十月。如是踐更，則是一人替九人之役；如是過更，則是一人替九十九人之役。夫戍邊重事，而百人之中行者纔一人，則兵之在戍者無幾矣。然鼂錯傳明言遠方之卒守塞，一歲而更，則似明立此法，非是併行程及雇募而言，一歲是併行程與雇募通言之，乃如淳注說。殊與三日之說背馳。竊意一歲而更，是秦以此待謫戍者，本非正法。及其窮兵黷武，則雖無罪者及元係復除者，皆調發之而儕之謫戍矣。七科謫所謂吏有罪者〔三二〕，罪人也；所謂賈人、贅婿及有市籍者，皆無罪之人也；閭左者，已復除之人也。詳見下鼂錯疏中。漢初亦遵其法，後來乃著令有罪者乃邊戍一歲，而凡民之當戍者不過三日，若不願行者，則聽其出錢縣官以給戍者，爲過更之法耳。

如發謫徒，則有七科謫、惡少年、亡命、弛刑。選募則有勇敢、犇命、伉健之屬。此皆出於正兵之外。

高帝十一年征英布，赦天下死罪，令從軍。　武帝元鼎五年，吕嘉反，遣路博德將罪人馳，義越侯遺則將巴蜀罪人咸會番禺。　元封二年，募天下死罪擊朝鮮。　六年，赦京師亡命，令從軍。　太初元年，以李廣利爲貳師將軍，發郡國惡少年數萬人，期至貳師取善馬。　四年，發天下七科讁出朔方。張晏曰：「吏有罪，一；亡命，二；贅婿，三；賈人，四；故有市籍，五；父母有市籍，六；大父母有市籍，七；凡七科也。」

昭帝元鳳元年，武都氐人反，發三輔、太常徒皆免刑擊之。　宣帝神爵元年，發三輔中都官徒弛刑詣金城。　武帝天漢四年，發勇敢士出朔方。　昭帝始元元年，募吏民及發犍爲、蜀郡犇命擊益州。注云：「常兵不足，故權選取精勇〔三三〕。聞命奔走，謂之犇命。」　宣帝本始二年，選郡國吏三百石伉健習射者皆從軍。

文帝用鼂錯言，募民徙塞下。

錯上言：「臣聞秦時北攻胡貉，築塞河上，師古曰：「貉音莫客反。」南攻揚粵，張晏曰：「揚州之南越也。」置戍卒焉。其起兵而攻胡、粵者，非以衞邊地而救民死也，貪戾而欲廣大也，故功未立而天下亂。且夫起兵而不知其勢，戰則爲人禽，屯則卒積死。夫胡貉之地，積陰之處也，木皮三寸，冰厚六尺。文穎曰：「土地寒故也。」食肉而飲酪，其人密理，鳥獸毳毛，師古曰：「密理，謂其肌肉也。毳，細毛也。」其性能寒。師古曰：「能讀曰耐，此下能暑亦同。」揚粵之地，少陰多陽，其人疏理，鳥獸希毛，其性能暑。秦之戍卒不能其水土，戍者死於邊，輸者僨於道，服虔曰：「僨，仆也。」如淳曰：「僨音奮〔三四〕。」秦民見行，如往棄市，因以讁發之名曰『讁戍』。先發吏有讁及贅婿、賈人，後以嘗有市籍者，又後以大父母、父母嘗有市籍者，後入閭取其左。孟康曰：「秦時復除者居閭之左，後發役不供，復役之也。或云：直先發取其左也。」師古曰：「閭，里門也，居閭之左者，一切皆發之，非謂復除也。解在食貨志。」發之不順，行者深怨，有背畔之心。凡民守戰至死而不降北者，以計爲之也。師古曰：「北，謂敗退。」故戰勝守固，則有拜爵之賞，攻城屠邑，則得其財鹵以富家室，故能使其衆蒙矢石，赴湯火，師古曰：「蒙，冒犯也。」視死如生。今秦之發卒也，有萬死之害，而亡銖兩之報，死事之後，不得一算之復，師古曰：「復，復除也。音方目反〔三五〕。」天下明知禍烈及己也〔三六〕。師古曰：「猛火曰烈，取以喻耳。」陳勝行戍，至於大澤，爲天下先倡，天下從之如流水者，秦以威劫而行之之敝也。胡人衣食之業，不著於地，師古曰：「著音直略反。」其勢易以擾亂邊境。何以明之？胡人食肉飲酪，衣皮毛，非有城郭田宅之歸居也，如飛鳥走獸，放於廣埜，美草甘水則止，草盡水竭則移。以是觀之，往來轉徙，時至時去，此胡人之生業〔三七〕，而中國之所以離南畝也。今使胡人數處轉牧行獵於塞下，或當燕、代，或當上郡、北地、隴西，以候備塞之卒，卒少則入。陛下不救，則邊民絶望而有降敵之心。救之，少發則不足；多發，遠縣纔至，則胡又已去。聚而不罷，爲費甚大〔三八〕；罷之，則胡復入。如此連年，則中國貧苦而民不安矣。陛下幸憂邊境，遣將吏發卒以治塞，甚大惠也。然令遠方之卒守塞，一歲而更，不知胡人之能，不如選常居者，家室田作，且以備之。以便爲之高城深塹，具藺石，布渠答，服虔曰：「藺石，可投人石也。」蘇林曰：「渠答，鐵疾藜也。」如淳曰：「藺石，城上雷石也。墨子曰，城上二步一渠，立程長三尺，冠長十尺，臂長六尺；二步一答，廣九尺，長十二尺。」師古曰：「藺石，如說是也。渠答，蘇說是也。雷音來內反。」復爲一城其內，城間百五十步。要害之處，通川之道，調立城邑，毋下千家，師古曰：「調，謂算度之也。總計城邑之中令有千家以上也。調音徒釣反〔三九〕。」爲中周虎落。鄭氏曰：「虎落者，外蕃也。若今時竹虎落也。」蘇林曰：「作虎落於塞要下，以沙布其表，旦視其迹，以知匈奴來入，一名天田。」師古曰：「蘇説非也。虎落者，以竹蔑相連遮落之也。」先爲室屋，具田器，迺募皁人及免徒復作令居之。張晏曰：「募民有罪自首，除罪定輸作者也。復作如徒也。」臣瓚曰：「募有罪者及罪人遇赦復作竟其日月者，今皆除其罰，令居之也。」師古曰：「瓚説是也。復音扶目反。」不足，募以丁奴婢贖罪及輸奴婢欲以拜爵者〔四〇〕。不足，迺募民之欲往者。皆賜高爵，復其家。予冬夏衣，廩食，能自給而止。師古曰：「初徙之時〔四一〕，縣官且廩給其衣食，於後能自供贍乃止也。」郡縣之民，得買其爵，以自增至卿。孟康曰：「食貨志所謂樂卿者也，朝位從卿而無職也〔四二〕。」師古曰：「孟説非也。樂卿，武帝所置耳，錯之上書，未得豫言之也。然二十等爵内無有卿名〔四三〕，蓋謂其等級同列卿者也〔四四〕。」其亡夫若妻者，縣官買予之。人情非有匹敵，不能久安其處。塞下之民，禄利不厚，不可使久居危難之地。胡人入驅而能止其所驅者，以其半予之。言胡人入爲寇，驅略漢人及畜産，而他人能止得其所驅者，令其本主以半賞之。縣官爲贖張晏曰：「得漢人，官爲贖也。」師古曰：「此二句之言，謂官爲備價贖之耳。張説則非也。」其民。如是，則邑里相救助，赴胡不避死，非以德上也，師古曰：「言非以此事欲立德義於主上也。」欲全親戚而利其財也。此與東方之戍卒不習地勢而心畏胡者，功相萬也。以陛下之時，徙民實邊，使遠方亡屯戍之事，塞下之民父子相保，亡係虜之患，利施後世，名稱聖明，其與秦之行怨民，相去遠矣。」上從其言，募民徙塞下。錯復言：「陛下幸募民相徙，以實塞下，使屯戍之事益省，輸將之費益寡，如淳曰：「將，送也。或曰，將，資也。」甚大惠也。下吏誠能稱厚惠，奉明法，師古曰：「稱，副也。」存恤所徙之老弱，善遇其壯士，和輯其心而勿侵刻，使先至者安樂而不思故鄉，則貧民相募而勸往矣。臣聞古之徙遠方以實廣虚也，師古曰：「所以充實寬廣虚空之地。」相其陰陽之和，嘗其水泉之味，審其土地之宜，觀其草木之饒，然後營邑立城，製里割宅，通田作之道，正阡陌之界，先爲築室，家有一堂二內，門户之閉，張晏曰：「二內，二房也。」置器物焉。民至有所居，作有所用，此民所以輕去故鄉而勸之新邑也。師古曰：「之，往也。」爲置醫巫，以救疾病，以修祭祀，男女有昏，死生相恤，墳墓相從，種樹畜長，室屋完安，此所以使民樂其處而有長居之心也。臣又聞古之制邊縣以備敵也，使五家爲伍，伍有長；十長一里，里有假士；四里一連，連有假五百；服虔曰：「假音假借之假。五百，帥名也。」師古曰：「假，大也。音工雅反。」十連一邑，邑有假候。皆擇其邑之賢材有護，師古曰：「有保護之能者也，今流俗書本護字作讓〔四五〕，妄改之耳。」習地形知民心者。居則習民於射法，出則教民於應敵，故卒伍成於內，則軍正定於外。服習收成，勿令遷徙。師古曰：「各守其業也。」幼則同遊，長則共事，夜戰聲相知，則足以相救；晝戰目相見，則足以相識。驩愛之心，足以相死。如此而勸以厚賞，威以重罰，則前死不還踵矣。師古曰：「還讀曰旋，旋踵，回旋其足也。」所徙之民，非壯有材力，但費衣糧，不可用也，雖有材力，不得良吏，猶亡功也。陛下絶匈奴不與和親，臣竊意其冬來南也，師古曰：「意，疑之也。」壹大治之，則終身創矣。師古曰：「創，懲艾也，音初亮反。」欲立威者，始於折膠，蘇林曰：「秋氣至，膠可折，弓弩可用，匈奴常以爲候而出軍。」來而不能困，使得氣去，師古曰：「使其得勝逞志氣而去。」後未易服也。」

光武以幽、冀、并州兵定天下，始於黎陽立營，領兵騎常千人，以謁者監之，號「黎陽兵」。其後又以扶風都尉部在雍縣，以涼州近羌，數犯三輔，將兵衛護園陵，故俗稱「雍營」。而京師南北軍如故，於北軍則併胡騎、虎賁二校爲五營，以北軍中候易中壘以監之；於南軍則光禄勳省車、户、騎三將及羽林令，都尉省旅賁及衛士一丞。

建武之初，禁網尚闊，但以璽書發兵，未有虎符之信。杜詩上疏曰：「臣聞兵者，國之凶器，聖人所謹。舊制發兵，皆以虎符，其餘調發，竹使而已。符第合會，取爲大信，所以明著國命，斂持威重也。間者發兵，但用璽書，或以詔令，如有姦人詐僞，無由知覺。愚以爲軍旅尚興，賊虜未殄〔四六〕，召兵郡國，宜有重謹，可立虎符，以絶姦端。昔魏之公子，威傾鄰國，猶假兵符以解趙圍，若無如姬之仇，則其功不顯。事有煩而不可省，費而不得已，蓋謂此也。」書奏，從之。

建武六年，詔罷郡國都尉，並職太守，無都試之法，惟京師欸兵如故。七年，罷天下輕車、騎士、材官、樓船及軍假吏，悉還民伍，惟更賦如故。九年，省關都尉〔四七〕。十三年，罷左右將軍。二十二年〔四八〕，罷諸邊郡亭候吏卒。

光武罷都尉，然終建武之世，已不能守前法。罷尉省校，輒復臨時補置。七年，罷長水、射聲二校尉〔四九〕。十五年，復更增屯騎、長水、射聲三校尉〔五〇〕。九年，省關都尉。十九年，復置函谷關都尉，而天下亦往往復置都尉。

明帝以後，又歲募郡國中都官死罪繫囚出戍，聽從妻子，自占邊縣以爲常。凡徙者，皆給弓弩、衣糧，於是北胡有變則置度遼營；明帝時。南蠻或叛，則置象林兵；和帝時。羌犯王輔，則置長安、雍二尉；安帝時。鮮卑寇居庸，則置漁陽營。安帝時。其後盜作緣海，稍稍增兵，順帝時。而魏郡、趙國、常山、中山六百一十六塢，河内通谷衝要三十三塢，扶風、漢陽、隴道三百塢，西羌傳。置屯多矣。

靈帝中平五年，望氣言：「京師當有大兵。」何進於是勸帝大發四方兵，講武於平樂觀，躬擐甲冑，稱「無上將軍」以厭。始置西園八校尉〔五一〕，以小黄門蹇碩爲上軍校尉，袁紹爲中軍校尉，傳云佐軍。鮑鴻爲下軍校尉，曹操爲典軍校尉，趙融爲助軍左校尉〔五二〕，馮芳爲助軍右校尉，夏牟爲左校尉，淳于瓊爲右校尉〔五三〕，凡八人，謂之西園軍，皆統於碩。

章氏曰：「高祖之世，南北二軍不出，而民兵散在郡國，有事以羽檄召材官、騎士以備軍旅。文帝始以銅虎符代檄，當時各因其地，以中都官號將軍將之，如魏遫爲北地將軍，周竈爲隴西將軍。事已則罷。京師止南北軍爲中尉緹騎、郎中令諸郎、城門校尉屯兵。北軍屬太尉，南軍屬衛尉。武帝更太尉爲大司馬、大將軍，以中尉材官出征，恐京師無重兵而生變，於是分北軍爲八校，以中壘領之。又恐北軍之權太重，故於光禄勳增羽林、期門之兵，此武帝以南北軍相制之意。唐人蓋知之矣，時異南北軍，皆郡國番上無定在之兵也。詳見前。自武帝置八校，大抵以習知胡、越人充之，則募兵始此。期門、羽林，皆家世爲之，則長從如此。期門，父死子代；羽林孤兒乃子孫，見表、志。蓋自是有養兵之病，而京師之兵制壞矣。元狩以後，兵革數動，民多買復，調發之士益鮮，於是發及謫吏，次及謫民，次及謫戍，次及七科謫，異時以隸於都尉者充兵，故其伍符甚整也。及常兵不足，調及他衆，甲伍必紊，而郡國之兵制又壞矣。是以昭、宣以來，其弊日甚。始元元年，募民及發犇命者擊益州。元鳳元年，遣太常、三輔徒免刑擊氐〔五四〕。五年，發三輔及郡國惡少、吏有告劾亡者屯遼東。本始二年，又選郡國吏三百石伉健習騎射者從軍。神爵元年，又發三輔、中都官徒弛刑，及應募佽飛射士、孤兒，胡、越騎詣金城以益邊。夫募及奔命，調及惡少，發及刑徒，選及三百石吏，而又以羽林、佽飛、胡騎、越騎從事，是南北軍出矣。紛紛無復舊制，皆自武帝啓之。按武帝時，事越則會稽、豫章，擊朝鮮則舉遼東，開西南夷則巴蜀，南北軍猶未出，至宣帝擊羌而始出矣。及光武之一起而變之，兵制蕩然矣。光武罷黎陽兵，罷郡國都試，省都尉。明帝而後，募囚戍邊，置諸營事，並見前。自光武罷都試，而外兵不練。雖疆埸之間〔五五〕，廣屯增戍，列營置塢，而國有征伐，終藉京師之兵以出。蓋自建武迄於漢衰，匈奴之寇，鮮卑之寇，歲歲有之，或遣將出擊，或移兵留屯，如永平中伐匈奴，留兵伊吾廬城，至肅宗二年罷之之類是也。連年暴露，奔命四方，而禁旅無復鎮衛之職矣。至安帝永初間，募入錢穀，得爲虎賁、羽林、緹騎營士，而營衛之選亦衰矣。桓帝延熹間，詔減羽林、虎賁不任事者半俸，則京師之兵亦單弱矣。外之士兵不練，而内之衛兵不精，設若盜起一方，則羽檄被於三邊，興發甲卒，取辦臨時；戰非素具，每出輒北，於是羌寇轉盛，移兵赴遠，民不堪命。永和二年，交趾、九真二郡之兵至於反叛，無亦罷於奔命之過歟？此其興兖、豫之卒，擊象林萬里之寇，李固所以力争也。永建間，方且令郡舉五人教習戰射，又方募爲陷陳，羌傳：「任尚募以擊羌。」召爲積射，鮮卑傳：「鄧遠以擊鮮卑。」召爲義從，東漢有羌胡義從，蓋取西邊羌胡之願從者爲兵也。董卓正以羌胡義從兵入亂京師。大抵創立名號，蕩無良法。桓、靈之世，雖能委任段熲，盡滅諸寇，而中平元年，黄巾遂作，所在盜賊，不可勝數，於是置八關都尉〔五六〕。黄巾既殄，而蕭墻之禍作，蓋自中世以後，令出房帷，政歸臺閣，宦戚更領兵權，迭相傾奪，然五營畏服中人，陳蕃、竇武欲誅宦官，北軍不助武等而助宦官，遂又夷滅何、武。袁紹懲其事，故欲藉外兵以除之，於是内置園校，陽尊閹宦，外重州牧，實召邊將。董卓以并州牧將兵。閹宦雖除，而董卓之禍已成。義兵四起，郡牧争政，漢遂三分。原漢盛衰，皆兵之由，而光武實爲之。」光武徒見自西都之季都試，或以爲患，韓延壽以試士僭擬不道誅，而翟義之討王莽，李通之勸光武，皆因秋試之日，因勒軍旅、誅守長、號令起軍，遂罷都試之法。

昭烈初置五軍，其將校略如漢，而兵有突將無前、賨、叟、青羌散騎、武騎之别。諸葛亮卒，蜀兵耗矣。

諸葛亮傳：「街亭之敗，戮馬謖以謝衆，上疏曰：『自臣到漢中，中間期年耳，然喪趙雲、陽群、馬玉、閻芝、丁立、白壽、劉郃、鄧銅等及曲長、屯將七十餘人，突將無前、賨、叟、青羌散騎、武騎一千餘人，此皆數十年之内所糾合四方之精鋭，非一州之所有，若復數年，則損三分之二，將何以圖敵？』」

校勘記

〔一〕發巴蜀材官及中尉卒二萬人爲皇太子衛　「及中尉卒二萬人爲皇太子」十一字原脱，據漢書卷一下高帝紀下補。

〔二〕武帝　按此下所叙事見漢書卷六武帝紀元光二年六月紀事及卷五二韓安國傳，「武帝」下有脱文。

〔三〕踵秦置材官車騎於郡國　按漢書卷二三刑法志無「車騎」。

〔四〕衛尉寺在宫内胡廣云主宫闕之門内衛士　「寺」原作「等」，「衛士」二字原脱，據漢書卷一九上百官公卿表上師古注改補。

〔五〕武帝更名郎中令名光禄勳　據文義，疑下「名」字有誤。

〔六〕光禄勳掌宫門户　按漢書卷一九上百官公卿表上「宫」下有「殿掖」二字。

〔七〕衛尉掌宫殿門衛屯兵　按漢書卷一九上百官公卿表上無「殿」字。

〔八〕宫門徼巡事　「門」，後漢書百官志二作「中」。

〔九〕六郡謂隴西天水北地上郡西河也　按六郡中尚有安定郡，見漢書卷二八下地理志下，此處脱漏。
〔一〇〕羽林四十五星　「林」下原衍「軍」字，「星」字原脱，據晉書卷一一天文志上删補。
〔一一〕又有式道左右中候　「中」字原脱，據漢書卷一九上百官公卿表上補。
〔一二〕奏請没入車馬　「車」原作「軍」，據元本、慎本、馮本及漢書卷四五江充傳改。
〔一三〕中黄門倡　「中」字原脱，據後漢書禮儀志中補。
〔一四〕文帝三年罷　「罷」下原衍「屬丞相」三字，據史記卷二二漢興以來將相名臣年表删。
〔一五〕景帝三年復置　「三」原作「五」，據史記卷二二漢興以來將相名臣年表改。
〔一六〕緹騎五百二十人　按後漢書百官志四作「緹騎二百人」，點校本後漢書百官志四注據北堂書鈔設官部引應劭漢官儀補「持戟」二字，作「執金吾緹騎二百人，持戟五百二十人」。
〔一七〕步兵校尉掌上林苑内屯兵　「内」，漢書卷一九上百官公卿表上作「門」。
〔一八〕軍長安　「軍」下原衍「兵」字，據漢書卷四文帝紀删。
〔一九〕上準東漢安帝紀注　按後漢書卷五安帝紀無注，卷四和帝紀元興元年正月戊午「引三署郎召見禁中」條有注，但與此有異。
〔二〇〕衛士四百七十二人　「二」，後漢書百官志二注引漢官作「一」。
〔二一〕右都候　「右」原作「左」，據後漢書百官志二改。
〔二二〕左都候　「左」原作「右」，據後漢書百官志二改。
〔二三〕掌待詔射聲士　「聲」字原脱，據後漢書百官志四注引蔡質漢儀補。

〔二四〕左即馮翊右即扶風　原作「左即扶風，右即馮翊」，據漢書卷二八上地理志上乙正。
〔二五〕劾乏軍興　「興」原作「典」，據漢書卷八九黄霸傳改。
〔二六〕常以季秋或正月行幸曲臺　按漢書卷七六王尊傳謂正月行幸曲臺，無季秋行幸曲臺事。
〔二七〕爲四千五十人　按本節所列南北軍數字多誤，上文衛尉圖與北軍圖所載則與後漢書百官志合，當以上文二表爲準，此處訛誤不再一一出校。
〔二八〕是爲卒更也　「是」字原脱，「卒更」二字原倒，據漢書卷七昭帝紀注補乙。
〔二九〕因便住一歲一更　「住」原作「往」，據漢書卷七昭帝紀如淳注改。
〔三〇〕謂給郡縣一月而更者　「月而」二字原倒，據慎本、馮本及漢書卷二四上食貨志上乙正。
〔三一〕循而未改　「而」字原脱，據漢書卷二四上食貨志上補。
〔三二〕七科謫所謂吏有罪者　「科謫」二字原倒，「罪」原作「謫」，據史記卷一二三大宛列傳正義引張晏説乙改。
〔三三〕故權選取精勇　「權」原作「推」，據漢書卷七昭帝紀應劭注改。
〔三四〕儥音奋　「奋」原作「俺」，據漢書卷四九鼂錯傳如淳注改。
〔三五〕音方目反　「目」原作「自」，據漢書卷四九鼂錯傳師古注改。
〔三六〕天下明知禍烈及己也　「禍」下原衍「然」字，據漢書卷四九鼂錯傳删。
〔三七〕此胡人之生業　「此」字原脱，據漢書卷四九鼂錯傳補。
〔三八〕爲費甚大　原作「爲甚費」，據漢書卷四九鼂錯傳改。
〔三九〕調音徒釣反　「釣」原作「鈎」，據漢書卷四九鼂錯傳師古注改。

〔四〇〕募以丁奴婢贖罪及輸奴婢欲以拜爵者　「丁」原作「下」，據漢書卷四九鼂錯傳改。

〔四一〕初徙之時　「徙」原作「徒」，據元本、慎本、馮本及漢書卷四九鼂錯傳師古注改。

〔四二〕朝位從卿而無職也　「朝」原作「其」，據元本、慎本、馮本及漢書卷四九鼂錯傳孟康注改。

〔四三〕然二十等爵内無有卿名　「二十」原作「三」，據漢書卷四九鼂錯傳師古注改。

〔四四〕蓋謂其等級同列卿者也　「級」原作「總」，據漢書卷四九鼂錯傳師古注改。

〔四五〕今流俗書本護字作讓　「讓」原作「護」，據漢書卷四九鼂錯傳師古注改。

〔四六〕賊虜未殄　「賊」原作「賤」，據元本、慎本、馮本及後漢書卷三一杜詩傳改。

〔四七〕省關都尉　「關」下原衍「中」字，據後漢書卷一下光武帝紀下删。

〔四八〕二十二年　下「二」原作「三」，據後漢書卷一下光武帝紀下改。

〔四九〕罷長水射聲二校尉　「二」下原衍「十」字，「尉」字原脱，據後漢書卷一下光武帝紀下删補。

〔五〇〕復更增屯騎長水射聲三校尉　「長水射聲三」與「尉」六字原脱，據後漢書卷一下光武帝紀下補。

〔五一〕始置西園八校尉　「園」原作「國」，據後漢書卷八靈帝紀改。

〔五二〕趙融爲助軍左校尉　「助軍左」原作「左軍」，據後漢書卷八靈帝紀注引樂資山陽公載記改。

〔五三〕淳于瓊爲右校尉　「瓊」原作「夔」，據後漢書卷八靈帝紀注引樂資山陽公載記改。

〔五四〕遣太常三輔徒免刑擊氐　「徒」原作「徙」，據元本、慎本、馮本改。

〔五五〕雖疆埸之間　「埸」原作「場」，據群書考索後集卷三九兵門兵制類改。

〔五六〕於是置八關都尉　「關」字原脱，據群書考索後集卷三九兵門兵制類補。

卷一百五十一　兵考三

兵制

魏制略如東漢，南北軍如故。

魏武爲相國，置武衛營，相府以領軍主之。

文帝增置中營，於是武衛、中壘二營〔一〕，以領軍將軍併五校統之。是時有中、左、右、前軍各一帥，又有中護、中領軍、領護軍將軍各一人。

黄初中，復令州郡典兵，州置都督，尋加四征、四鎮將軍之號，又置大將軍，都督中外兵之柄，世在司馬氏，而魏祚移矣。

吴多舟師，而兵有解煩、敢死兩部，又有車下虎士，甘寧傳：「從攻合肥，疫疾，軍旅皆已引出，唯車下虎士千餘人。」丹陽青巾，孫皓傳〔二〕：「丹陽太守沈瑩領丹陽鋭卒刀楯五千〔三〕，號曰『青巾兵』，屢捷。」交州義士步騭傳：「權遣吕岱代騭，騭將交州義士萬人出長沙。」及健兒、武射之名。調度亦無法，健兒見凌統、甘寧傳，武射吏見駱統傳。大率强者爲兵，羸者補户，見陸遜傳。至有二百餘家輒皆料取，以他郡羸民遷補其處。陳武傳：「武子表領新安都尉。初，表所受賜復人得二百家，在會稽新安縣。表簡視其人皆堪好兵，乃上疏陳讓，乞以還官，充足精鋭。詔曰：『先將軍有功於國，國家以此報之，卿何得辭。」表乃稱曰：『今除國賊，報父之讎，以人爲本。空枉此勁鋭以爲童僕，非表志也。』皆輒料取以充部伍。所在以聞，權甚嘉之。下郡縣，料正户羸民，以補其處。」其後又以五子分將，而吴遂亡。

晉文帝置二衛，中衛、後衛。三部司馬，前驅、由基、强弩。以中領軍領之〔四〕。

武帝以伐吴，遂分左、右各一將軍，又置羽林、虎賁、上騎、異力四部，皆領於驍騎。又有左、右、前、後四軍，四護軍領之。凡二衛、左、右、前、後驍騎七軍，皆以中軍將軍羊祜領之。祜罷，改北軍中候〔五〕。

帝懲魏氏孤立，大封同姓。大國三軍，兵五千人；次國二軍，兵三千人；小國一軍，兵千五百人。

太康元年，既平吴，詔悉去州郡兵。

詔曰：「昔自漢末，四海分崩，刺史内親民事，外領兵馬。今天下爲一，當韜戢干戈，刺史分職，皆如漢氏故事，悉去州郡兵，郡置武吏百人，小郡五十人。」交州牧陶璜上言：「交、廣東西數千里，不賓屬者六萬餘户，至於服從官役纔五千餘家，二州唇齒，唯兵是鎮。又寧州諸夷，接據上流，水陸俱通，州兵未宜約損，以示單虚〔六〕。」僕射山濤亦言不宜去州郡武備，帝不聽。及永寧以後，盜賊群起，州郡無備，不能禽制，天下遂大亂，乃濤所言然，其後刺史復兵民之政，州鎮愈重矣。

元帝南渡有大將軍、都督、四鎮、四征、四平之號，然調兵不出三吴，大發毋過三萬，每議出討，多取奴兵。

自用刁協議，後皆以奴爲兵。會稽王道子發諸郡奴〔七〕，號曰「樂屬」，庾翼發六州奴北伐是也。

漢主劉聰置輔漢等十六大將軍，各配兵二千，以諸子爲之。又置左右司隸，各領户二十餘萬〔八〕，萬户置一内史。單于左、右輔，各主六夷十萬落，萬落置一都尉。趙王石虎命司冀、青、徐、幽、并、雍七州之民，五丁取三，四丁取二，合鄴城舊兵滿五十萬，興舡萬艘，自河通海，運穀千一百萬斛於樂安城，徙遼西、北平、漁陽萬餘户於兖、豫、雍、洛四州之地，興屯田，括民馬得萬餘。大閱於宛陽，欲以擊燕。又制征士五人出車一乘〔九〕，牛二頭，米十五斛，絹十疋，調不辦者斬，民至鬻子以共軍須〔一〇〕，猶不能給，死者相望。

秦王苻堅下詔大舉入寇，民每十丁遣一兵，其良家子二十以下有材勇者皆拜羽林郎。良家子至者三萬餘騎。

宋文帝元嘉二十七年，大舉伐魏，以兵力不足，悉發青、冀、徐、豫、二兖六州三五民丁〔一一〕，倩使暫行，符到十日裝束。緣江五郡集廣陵，緣淮三郡集盱眙。又募中外有馬步衆藝武力之士應科者，皆加厚賞。江南白丁輕進易退，卒以敗師。

晉氏南遷，以揚州爲京畿，所資皆出焉。以荆、江爲重鎮，甲兵所聚盡在焉。常使大將居之，三州户口居江南之半。宋孝武惡其大，故分揚州、浙東五郡，置東揚州，治會稽，分荆、湘、江、豫州之郡，置郢州，治江夏。罷南蠻校尉，遷其營於建康。

齊高祖受禪，自泰始以來，内外多虞，將帥各募部曲，屯聚建康。李安民上表請自非淮北常備，其外餘軍悉皆輸遣〔一二〕，若親近宜以隨身者聽限人數，上從之。武帝末年，魏孝文欲遷都洛陽，聲言南伐，詔發揚、徐州民丁，廣設召募以備之。

後魏明元帝置四廂大將，又倣十二時，置十二小將。詔諸州六十户出戎馬一疋，大閲於東郊〔一三〕，署將帥，以山陽侯奚斤爲前軍，衆三萬，陽平王熙等十二將各一萬騎。帝臨白登，躬自校覽。其後又詔天下户二十輸戎馬一疋，大牛一頭，六部人羊滿百口者，調戎馬一疋。

太平真君十一年〔一四〕，遣師南伐，圍盱眙，遺臧質書曰：「吾今所遣鬬兵，盡非我國人，城東北是丁零與胡，南是氐、羌。設使丁零死，正可減常山、趙郡賊；胡死，減并州賊；氐、羌死，減關中賊。卿殺之，無所不利。」

孝文帝定都洛陽，選武勇之士十五萬人爲羽林、虎賁，以充宿衛。其後詔軍士自代來者，皆以爲羽林、虎賁。司州民十二夫調一吏，以供公私力役。

宣武時，源懷奏：「邊鎮事少，而置官猥多。沃野一鎮，自將以下八百餘人，請一切五分損二。」從之。

孝明時，任城王澄以北邊鎮將選舉彌輕，恐賊虜闚邊，山陵危迫，奏求重鎮將之選，修警備之嚴。詔公卿議之。廷尉少卿袁翻議，以爲：「比緣邊州郡，官不擇人，唯論資級，或值貪汙之人，廣開戍邏，多置帥領，或用其左右姻親，或受人貨財請屬，皆無防寇之心，唯有聚斂之意。其勇力之兵，驅令抄掠，若值彊敵，即爲奴虜；如有執獲，奪爲己富。其羸弱老小之輩，微解金鐵之工，少閑草木之作，無不搜營窮壘，苦役百端。自餘或伐木深山，或芸草平陸，販貿往還，相望道路。此等禄既不多，貲亦有限，皆收其實絹，給其虚粟，窮其力，薄其衣，用其功，節其食，緣冬歷夏，加之疾苦，死於溝瀆者什常七八，是以鄰敵伺間，擾我疆埸，皆由邊任不得其人故也。愚謂自今已後，南北邊諸蕃〔一五〕，及所統郡縣、府佐、統軍至於戍主，皆令朝臣王公已下，各舉所知，必選其才，不拘階級。若稱職及敗官，並所舉之人，隨事賞罰。」太后不能用。及正光之末，北邊盜賊群起，遂逼舊都，犯山陵，如澄所慮。

李崇長史鉅鹿魏蘭根説崇曰：「昔緣邊初置諸鎮，地廣人稀，或徵發中原强宗子弟，或國之肺腑，寄以爪牙。中年以來，有司號爲府户，役同厮養，宦婚班齒，致失清流，而本來族類，各居榮顯，顧瞻彼此，理當憤怨。宜改鎮立州，分置郡縣，凡是府户，悉免爲民。入仕次叙，一準其舊，文武兼用，威恩並施。此計若行，國家無北顧之憂矣。」崇爲之聞奏，事寢不報。

廣陽王深上言〔一六〕：「先朝都平城，以北邊爲重，盛簡親賢，擁麾作鎮，配以高門子弟，以死防遏，非唯不廢仕宦，乃更獨得復除，當時人物，欣慕爲之。太和中，僕射李冲用事，凉州土人，悉免厮役，帝鄉舊門，仍防邊戍。自非得罪當世，莫肯與之爲伍。本鎮驅使，但爲虞候、白直，一生推遷，不過軍主。然其同族留京師者得上品通官，在鎮者即爲清途所隔。或多逃逸，乃峻邊兵之格，鎮人不聽，浮遊在外，於是少年不得從師，長者不得遊宦〔一七〕，獨爲匪人，言之流涕。自定鼎伊、洛，邊任益輕，唯底滯凡才，乃出爲鎮。轉相模習〔一八〕，專事聚斂。或諸方姦吏，犯罪配邊，爲之指蹤〔一九〕，政以賄立，邊人無不切齒。及阿那瓌背恩，縱掠竊奔〔二〇〕，命追之，十五萬衆度沙漠，不日而還。邊人見此援師，遂自意輕中國。尚書令臣崇求改鎮爲州，抑亦先覺，朝廷未許。而高闕戍主御下失和，拔陵殺之，遂相帥爲亂，攻城掠地，所過夷滅。王師屢北，賊黨日盛。此段之舉〔二一〕，指望銷平，而崔暹隻輪不返。臣崇與臣，逡巡復路，相與還次雲中，將士之情，莫不解體。今日所慮，非止西北，將恐諸鎮尋亦如此，天下之事，何易可量。」書奏，不省。

孝明神龜二年，征西將軍張彝子仲瑀上封事，求銓削選格，排抑武人，不使豫清品。於是諠謗盈路，立榜剋期集會，屠其家。二月，羽林、虎賁近千人，直造其第，焚殺彝父子，遠近震駭。胡太后收羽林、虎賁凶强者八人斬之，其餘不復窮治，大赦以安之。高歡時給使至洛，歸而散家財以結客，曰：「宿衛相率焚大臣之第，朝廷懼其亂而不問，爲政如此，事可知矣。」

按先儒因高歡之言，以爲當時不能伸張彝之冤酷，殲羽林之驕横，可以見魏政之不綱。然愚嘗考之，拓跋氏起自雲、朔，據有中原，兵戎乃其所以爲國也。羽林、虎賁則宿衛之兵，六鎮將卒則禦侮之兵，往往皆代北部落之苗裔，其初藉之以横行中國者。孝文詔軍士自代來者，皆以爲羽林、虎賁。自孝文定鼎伊、洛，務欲以夏變夷，遂至矯枉過正，宗文鄙武，六鎮兵卒，多擯抑之，有同奴隸，邊任浸輕，裔夷内侮，魏之衰弱，實肇於此。任城、廣陽二王之言，可見當時爲國遠慮者。正當少遵創造之規，優假介胄之士，以救其偏。而彝復欲排抑武人，不豫清品，且當時幼主尸位，政出房闈，選舉無章，賢否混雜，所謂清品，豈皆佳士？而獨欲擯羽林、虎賁，使不得預乎？軍士賊殺大臣而不能討，紀綱隳矣！然彝父子謀之不臧，固有以取死也。

北齊軍制，別爲内外，領之二曹〔三〕，外步兵曹，内騎兵曹，十八受田，二十充兵，六十免役，頗追古意。

神武王將出兵拒魏，行臺郎中杜弼請先除内賊，歡問内賊爲誰，弼曰：「諸勳貴掠奪百姓者是也。」歡不應，使軍士皆張弓注矢，舉刀按矟，夾道羅列，命弼冒出其間，弼戰慄流汗，歡乃徐諭之曰：「矢雖注，不射；刀雖舉，不擊；矟雖按，不刺。爾猶亡魂失膽。諸勳人身犯鋒鏑，百死一生，雖或貪鄙，所取者大，豈可同之常人也？」弼乃頓首謝不及。歡每號令軍人，常令丞相屬代郡張華原宣旨，其語鮮卑，則曰：「漢民是汝奴，夫爲汝耕，婦爲汝織，輸汝粟帛，令汝温飽，汝何爲陵之？」其語華人，則曰：「鮮卑是汝作客，得汝一斛粟，一疋絹，爲汝擊賊，令汝安寧，汝何爲疾之？」

周太祖輔西魏時，用蘇綽言，始倣周典置六軍，籍六等之民，擇魁健材力之士，以爲之首，盡蠲租調，而刺史以農隙教之，合爲百府。每府一郎將主之，分屬二十四軍，開府各領一軍。大將軍凡十二人，每一將軍統二開府。一柱國主二大將，將復加持節都督以統焉。凡柱國六員，衆不滿五萬人。

閔帝時，改八丁兵爲十二丁兵，率歲一月一役。

武帝既誅晉公護，始親政。初，周太祖爲魏相，立左右十二軍，總屬相府。太祖殂，皆受晉公護處分。凡所徵發，非護書不行，護第屯兵侍衛盛於宫闕。帝既親政，始收兵權，既克齊之後，併相，各置六府，而東北別爲七總管。

隋兵制大抵仍周，齊府兵之舊而加潤色，其十二衛：曰翊衛，曰驍騎衛，曰武衛，曰屯衛，曰禦衛，曰候衛，各分左右，皆置將軍，以分統諸府之兵。有郎將、副將、坊主、團主，以相統治。其外又有驃騎、車騎二府，皆有將軍。後更驃騎曰鷹揚郎將，車騎曰副郎將，別置折衝、果毅，此府兵之大略也。

文帝開皇八年，以伐陳，置淮南行省於壽春〔二三〕，以晉王廣爲尚書令。冬十月出師，凡總管九十〔二四〕，兵五十一萬八千，皆受晉王節度。

九年，平陳詔曰：「今率土大同，含生遂性，太平之法，方可流行。凡我臣民，澡身浴德，家家自修，人人克念，兵可立威，不可不戢；刑可助化，不可專行。禁衛九重之餘，鎮守四方之外，戎旅軍器，皆宜停罷。世路既夷，群方無事。武力之子，俱可學經；民間甲仗，悉皆除毀。頒告天下，咸悉此意。」

十年，詔曰：「魏末喪亂，軍人權置坊府，南征北伐，居處無定。家無完堵，地罕苞桑，朕甚愍之。凡是軍人，可悉屬州縣，墾田籍帳，一與民同。軍府統領，宜依舊式。罷山東、河南及北方緣邊之地，新置軍府。」

煬帝大業八年，敕四方兵皆集涿郡，伐高麗。左右各十二軍，凡一百一十三萬三千八百人〔二五〕，號二百萬，其餽運者倍之，帝親授節度。每軍大將、亞將各一人〔二六〕，騎兵四十隊，隊百人；十隊爲團。步卒八十隊，分爲四團，團各有偏將一人。其鎧胄、纓拂、旗旛，每團異色。受降使者一人，承詔慰撫，不受大將節制。其輜重散兵等亦爲四團，使步卒挾之而行，進止立營，皆有次叙儀法。

唐高祖初起兵，開大將軍府，以建成爲左領大都督，領左三軍；太宗爲右領大都督，領右三軍；元吉統中軍。發自太原，有兵三萬人。及諸起義以相屬，與降郡盜，得兵二十萬。武德初，始置軍府，以驃騎、車騎兩將軍府領之〔二七〕。析關中爲十二道，曰萬年道、長安道、富平道、醴泉道、同州道、華州道、寧州道、岐州道、豳州道〔二八〕、西麟州道、涇州道、宜州道，皆置府。時以天下未定，將舉關中之衆，以臨四方。三年，更以萬年道爲參旗軍，長安道爲鼓旗軍，富平道爲元戈軍，醴泉道爲井鉞軍，同州道爲羽林軍，華州道爲騎官軍，寧州道爲折威軍，岐州道爲平道軍，豳州道爲招摇軍〔二九〕，西麟州道爲苑游軍〔三〇〕，涇州道爲天紀軍，宜州道爲天節軍。軍置將、副各一人，以督耕戰，以車騎府統之。六年，以天下既定，遂廢十二軍，改驃騎曰統軍，車騎曰別將。居歲餘，十二軍復，而軍置將軍一人。軍有坊，置主一人，以檢察户口，勸課農桑。

太宗貞觀十年，更號統軍爲折衝都尉，別將爲果毅都尉。諸府總曰折衝府。凡天下十道，置府六百三十四，皆有名號，而關内二百六十有一，皆以隸諸衛。凡府三等，兵千二百人爲上，千人爲中，八百人爲下。府置折衝都尉一人，左、右果毅都尉各一人，長史、兵曹、別將各一人，校尉六人。士以三百人爲團，團有校尉；五十人爲隊，隊有正；十人爲火，火有長。火備六馱馬，凡火具烏布幕、鐵馬盂、布槽、鍤、钁、鑿、碓、筐、斧、鉗、鋸皆一，甲牀二，鎌二；隊具火鑽一，胸馬繩一，首羈、足絆皆三。人具弓一，矢三十，胡祿、横刀、礪石、大觿、氊帽、氊裝、行縢皆一，麥飯九斗，米二斗，皆自備。併其介胄戎具，藏於庫，有所征行，則視其入而出給之。其番上宿衛者，惟給弓矢、横刀而已。凡民年二十爲兵，六十而免。其能騎而射者爲越騎，其餘爲步兵、武騎、排穳手、步射。每歲季冬，折衝都尉率五校兵馬之在府者，置左右二校尉，位相距百步。每校爲步隊十，騎隊一，皆卷矟幡，展刃旗，散立以俟。角手吹大角一通，諸校皆斂人騎爲隊；二通，偃旗矟解幡；三通，旗舉，左右擊鼓，二校之人合譟而進〔三一〕。右校擊鉦〔三二〕，隊少却，左校進逐至右校立所。左校擊鉦，隊少却，右校進逐至左校立所。右校復擊鉦，隊還，左校復薄戰。皆擊鉦，隊各還。大角復鳴一通，皆卷幡、攝矢、弛弓、匣刃；二通，旗稍舉，隊皆進；三通，左右校皆引還。是日也，因縱獵〔三三〕，獲各入其人。其隸於衛也，左、右衛皆領六十府，諸衛領五十至四十，其餘以隸東宮六率。凡發府兵，皆下符契，州刺史與折衝勘契乃發。若全府發，則折衝都尉以下皆行；不盡，則果毅行；少則別將行。當給馬者，予其直市之，每匹予錢二萬五千。刺史、折衝、果毅歲閱不任戰事者鬻之，以其錢更市，不足則一府共足之。凡當宿衛者番上，兵部以遠近給番，五百里爲五番，千里七番，一千五百里八番，二千里十番，外爲十二番，皆以月上。若簡留直衛者，五百里爲七番〔三四〕，千里八番，二千里十番，外爲十二番，亦月上。

上嘗引諸衛將卒習射於顯德殿，諭曰：「戎狄侵盜，自古有之，患在邊境小安，則人主逸游忘戰。今朕不使汝曹穿池築苑，專習弓矢。居閑無事，則爲汝師，突厥入寇，則爲汝將，庶中國之民可以少安。」於是日引數百人教射於殿庭，上親臨試，中多者賞以弓、刀、帛，其將帥亦加上考。由是人思自勵，數年之間，悉爲精銳。

府兵圖

上府千二百人　　折衝都尉左果毅都尉、右果毅都尉同。長史一人。

中府千人　　折衝都尉左果毅都尉、右果毅都尉，兵曹一人，別將一人。

下府八百人　　折衝都尉左果毅都尉、右果毅都尉同。校尉一人。

坊高祖置　坊主一人　羽林軍高宗　龍武軍玄宗

團三百人　校尉　神武軍肅宗　禁軍　英武軍代宗

隊五十人　隊正　神策軍代宗

火十人　火長　天威軍順宗〔三五〕　神威軍德宗

章氏曰：「唐志言：『凡天下十道，置府六百三十四，皆有名號，而關內二百六十有一，皆以隸諸衞。』會要云：『折衝府二百八十，通計舊府六百三十三。』陸贄奏議，則以爲太宗置府八百，在關中者五百。杜牧原十六衞：『上畜養戎臣，外開折衝、果毅府五百七十有四。』其數不同，府多在關中，說者以爲固本。漢置都尉亦此意。左右衞皆領六十府，諸衞領五十至四十，其餘以隸東宮十率府，而折衝亦隸焉。太子管軍，非古制也。唐祇是折衝自教。漢都試之日，郡縣之官盡會。唐之府兵，雖散在諸道，然折衝都尉並遙隸於諸衞，乃是內任官，故官志係之於諸衞之後，不與外官同。漢都尉不隸於衞尉，乃是外任官，故表係之郡守之後，與唐異。然而領兵則太守與都尉、刺史與折衝同矣。唐以遠近分番，皆以一月，恐太紛擾。漢以二歲更代爲善。又唐在二千里外者亦不免，此法所以壞也。」

玄宗先天元年，詔曰：「往者分建府衞，計户充兵，裁足周事，二十一入募，六十一出軍，多憚勞以規避匿。今宜取年二十五以上，五十而免，屢征鎮者，十年免之。」雖有其言，事不克行。開元六年，始詔折衝府兵每六歲一簡。

自高宗、武后時，天下久不用兵，府兵之法寖壞，番役更代多不以時，衛士稍稍亡匿，至是益耗散，宿衛不能給。宰相張説乃請一切募士宿衛。十一年，取京兆、蒲、同、岐、華府兵及白丁，而益以潞州長從兵，共十二萬，號「長從宿衛」，歲一番，命尚書左丞蕭嵩與州吏共選之。明年更號曰「彍騎」。又詔：「諸州府馬闕，官私共補之。今兵貧難致〔三六〕，乃給以監牧馬。」然自是諸府士益多不補〔三七〕，折衝將又積歲不得遷，士人皆恥爲之。十三年，始以彍騎分隸十二衛，總十二萬，爲六番，每衛萬人。京兆彍騎六萬六千，華州六千，同州九千，蒲州萬二千三百，絳州三千六百，晉州千五百，岐州六千，河南府三千，陝、虢、汝、鄭、懷、汴六州各六百，内弩手六千。其制：皆擇下户白丁〔三八〕、宗丁、品子彊壯五尺七寸以上，不足則兼以户八等五尺以上，皆免征鎮賦役〔三九〕。爲四籍，兵部及州、縣、衛分掌之。十人爲火，五火爲團，皆有首長。又擇材勇者爲番頭，頗習弩射。又有羽林軍飛騎，亦習弩。凡伏遠弩自能施張，縱矢三百步，四發而二中；擘張弩二百三十步，四發而二中；角弓弩二百步，四發而三中；單弓弩百六十步，四發而二中，皆爲及第。諸軍皆近營爲堋，士有便習者，教試之，及第者有賞。自天寶以後，彍騎之法又稍變廢，士皆失拊循。八載，折衝諸府至無兵可交，李林甫遂請停上下魚書。其後徒有兵額、官吏，而戎器、馱馬、鍋幕〔四〇〕、糗糧並廢矣。故時府人目番上宿衛者曰侍官，言侍衛天子。至是〔四一〕，衛佐悉以假人爲童奴，京師人耻之，至相罵辱必曰侍官。而六軍衛皆市人，富者販繒綵，食粱肉，壯者爲角觝、拔河、翹木、扛鐵之戲，及禄山反，皆不能受甲矣。

禄山既反，安西節度使封常清入朝，上問以討賊方略，常清大言曰：「今太平積久，故人望風憚戰，然事有逆順，勢有奇變，臣請走馬詣東京，開府庫，募驍勇，挑馬箠渡河，計日斬逆胡之首。」上悅，以常清爲范陽、平盧節度使，乘驛詣東京募兵，旬日得六萬人。又出內府錢帛〔四二〕，於京師募兵十一萬，號曰「天武軍」。旬日而集，皆市井子弟也。常清屯武牢以拒賊〔四三〕，所募兵皆白徒，未更訓練，賊以鐵騎蹂之，官軍大敗。

德宗貞元二年，上與常侍李泌議復府兵，泌因爲上歷叙府兵自西魏以來興廢之由，且言：「府兵平日皆安居田畝，每府有折衝領之，折衝以農隙教習戰陳，國家有事徵發，則以符契下其州及府，參驗發之，至所期處。將帥按閱，有教習不精者罪其折衝，甚者罪及刺史。軍還，賜勳加賞，便道罷之。行者近不踰時，遠不經歲。高宗以劉仁軌爲洮河鎮守使，以圖吐蕃，於是始有久戍之役。武后以來，承平日久，府兵寖墮，爲人所賤。百姓恥之，至蒸熨手足以避其役。又，牛仙客以積財得宰相，邊將效之〔四四〕。山東戍卒，多齎繒帛自隨，邊將誘之，寄於府庫，晝則苦役，夜縶地牢，利其死而没入其財。故自天寶以後，山東戍卒，還者十無二三〔四五〕，其殘虐如此。然未嘗有外叛內侮，殺帥自擅者，誠以顧戀田園，恐累宗族故也。自開元之末，張說始募長征兵，謂之彍騎，其後益爲六軍。及李林甫爲相，奏諸軍皆募人爲之〔四六〕。兵不土著，又無宗族，不自重惜，忘身徇利，禍亂自生，至今爲梗。曏使府兵之法常存不廢，安有如此下陵上替之患哉？陛下思復府兵，此乃社稷之福，太平有日矣。」上曰：「俟平河中，當與卿議之。」

三年，上復問泌以復府兵之策。對曰：「今歲徵關東卒戍京西者十七萬人，計歲食粟二百四萬斛。

今粟斗直錢百五十，爲錢三百六萬緡。國家比遭饑亂，經費不充，就使有錢，亦無粟可糴，未暇議復府兵也。」上曰：「然則奈何〔四七〕？亟減戍卒歸之，何如？」對曰：「陛下誠能用臣之言，可以不減戍卒，不擾百姓。糧食皆足，粟麥日賤，府兵亦成。」上曰：「果能如是〔四八〕，何爲不用。」對曰：「此須急爲之，過旬日則不及矣。今吐蕃久居原、蘭之間〔四九〕，以牛運糧，糧盡，牛無所用，請發左藏惡繒染爲綵纈，因党項以市之，每頭不過二三疋，計十八萬疋，可致六萬餘頭。又命諸冶鑄農器〔五〇〕，糴麥種，分賜緣邊軍鎮，募戍卒，耕荒田而種之。約明年麥熟，倍償其種，其餘據時價五分增一，官爲糴之。來春種禾亦如之。關中土沃而久荒，所收必厚，戍卒獲利，耕者寖多。邊地居人至少，軍士月食官糧，粟麥無所售，其價必賤，名爲增價，實比今歲所減多矣。」上曰：「善。」即命行之〔五一〕。泌又言：「邊地官多闕，請募人入粟以補之，可足今歲之糧。」上亦從之，因問曰：「卿言府兵亦集，如何？」對曰：「戍卒因屯田致富，則安於其土，不復思歸。舊制，戍卒三年而代，及其將滿，下令有願留者，即以所開田爲永業。家人願來者，本貫給長牒續食而遣之。據應募之數，移報本道，雖河、朔諸帥得免更代之煩，亦喜聞矣。不過數番，則戍卒皆土著，乃悉以府兵之法理之，是變關中之疲弊爲富彊也。」上喜曰：「如此，天下無復事矣。」泌曰：「未也。臣能不用中國之兵使吐蕃自困。」上曰：「計將安出？」對曰：「臣未敢言之，俟麥禾有效，然後可議也。」上固問，不對。泌意欲結回紇、大食、雲南與共圖吐蕃，令吐蕃所備者多。知上素恨回紇，恐聞之不悦，並屯田之議不行，故不肯言。既而戍卒應募，願耕屯田者什五六。

憲宗元和中，供歲賦者浙西、浙東、宣歙、淮南、江西、鄂岳、福建、湖南八道，户百四十四萬，比天寶、開元四之一，兵食於官者八十三萬，加天寶三之一，通以二户養一兵。京西、北、河北以屯兵廣無上供，至長慶户三百三十五萬，而兵卒九萬，率三户以奉一兵。

穆宗初即位，兩河略定，宰相蕭俛、段文昌以爲天下已太平，漸宜消兵，請密詔天下軍鎮有兵處，每歲百人之中限八人逃、死。上方荒宴，不以國事爲意，遂可其奏。軍士落籍者衆，皆聚山澤爲盗。及朱克融、王庭凑作亂，一呼而亡卒皆集，詔徵諸道兵討之，諸道既少兵，臨時召募烏合之衆，又諸節度既有監軍，其領偏師者，亦置中使監陳，主將不得專號令。戰小勝則飛驛奏捷，自以爲功，不勝則迫脅主將，以罪歸之。悉擇軍中驍勇以自衛，遣羸懦者就戰，故每戰多敗。又，凡用兵舉動，皆自禁中授以方略，朝令夕改，不知所從，不度可否，惟督令速戰。中使道路如織，驛馬不足，掠行人馬以繼之，人不敢由驛路行。故雖以諸道十五萬人之衆，裴度元臣宿老，烏重允、李光顔皆當時名將，討幽、鎮萬餘之衆，屯守踰年，竟無成功，財竭力盡。崔植、杜元穎、王播爲相，皆庸才無遠略；史憲誠既逼殺田布，朝廷不能討，遂并朱克融、王庭凑以節鉞授之。由是再失河、朔，訖於唐亡，不能復取。

致堂胡氏曰：「兵不可好，好兵者必有不戢自焚之災；亦不可惡，惡兵者必有授人以柄之禍。三代藏兵於農，三時耕種，一時講武。若有征討，則命卿將之。天子六卿，大國三卿，次國二卿，小國一卿。大事則六軍盡行。又召會諸侯，諸侯之軍無王命不敢私用，内外重輕之勢如此。其不用也，舉天下皆力農桑知孝弟之民；其用也，舉萬乘皆贏股肱、決射御之士夫。豈有兵少兵多之患哉？唐自張説變革府衛，日以陵夷，李鄴侯言欲修復而不果也。憲宗中興，所宜討論舊制，而急於近效，不爲遠圖。至蕭俛、段文昌慕銷偃之美名，而不知弛張之道。既許以逃、死，則百人之中豈但八人而已？姦將貪帥利其衣糧，則軍鎮之兵，實亡而名在耳。夫兵，有國之大事也。宰相既妄奏請，穆宗聽之懵然，則以憲宗豢養其子，不知教之之過也。」

唐方鎮節度使之兵，其原皆起於邊將之屯防者。唐初，兵之戍邊者大曰軍，小曰守捉，曰城，曰鎮，而總之曰道。自武德至天寶以前，邊防之制，其軍、城、鎮、守捉皆有使，而道有大將一人曰大總管，已而更曰大都督。至太宗時，行軍征討曰大總管，在其本道曰大都督。自高宗永徽後，都督帶使持節者始謂之節度使，然猶未以名官。景雲二年，以賀拔延嗣爲涼州都督、河西節度。自此而後，接乎開元，朔方、隴右、河東、河西諸鎮皆置節度使。及范陽節度使安祿山反，犯京師，天子之兵弱不能抗，遂陷兩京。肅宗起靈武，而諸鎮之兵共起誅賊。其後祿山子慶緒及史思明父子繼起，中國大亂。肅宗命李光弼討之，號九節度之師。久之，大盜既滅，而武夫戰卒以功起行陣，列爲侯王者皆除節度使。由是方鎮相望於內地，大者連州十餘，小者猶兼三四。故兵強則逐帥，帥強則叛上，或父死子握其兵而不肯代，或取捨由於士卒，往往自擇將吏，號爲留後，以邀命於朝。天子顧力不能制，則忍恥含垢，因而撫之，號爲姑息之政。蓋姑息起於兵驕，兵驕由於方鎮，姑息愈甚，則兵將愈俱驕。由是號令自出，以相侵奪，虜其將帥，併其土地，天子熟視不知所爲，反爲和解之，莫肯聽命。始時爲朝廷患者號河朔三鎮。及其末，朱全忠以梁兵、李克用以晉兵更犯京師，而李茂貞、韓建近據岐、華，妄意喜怒〔五二〕，兵已至國門，天子爲殺大臣、罪己悔過而後去。及昭宗用崔允召梁兵以誅宦官，劫天子奔岐，梁兵圍之逾年。當此之時，天下之兵無復勤王者，向所謂三鎮，徒能始禍而已。其他大鎮，南則吳、浙、荆、湖、閩、廣，西則岐、蜀，北則燕、晉，而梁盜據其中。自國門以外，皆分裂於方鎮矣。

唐所謂天子禁軍者，南、北衙兵也。南衙，諸衛兵是也；北衙者，禁軍也。初，高祖以義兵起太原，已定天下，悉罷遣歸，其願留宿衛者三萬人。高祖以渭北白渠旁民棄腴田分給之，號「元從禁軍」。後老不任事，以其子弟代，謂之「父子軍」。及貞觀初，太宗擇善射者百人，爲二番於北門長上，曰「百騎」，以從田獵。又置北衙七營，選材力驍壯，月以一營番上。十二年，始置左、右屯營於玄武門，領以諸衛將軍，號「飛騎」。其法：取户二等以上，長六尺闊壯者，試弓馬四次上、翹關舉五〔五三〕、負米五斛行三十步者〔五四〕。復擇馬射者爲百騎，衣五色袍，乘六閑駁馬，虎皮韉，爲游幸翊衛。高宗龍朔二年，始取府兵越騎、步射置左右羽林軍，大朝會則執仗以衛階陛，行幸則夾馳道爲内仗。武后改「百騎」曰「千騎」，睿宗又改「千騎」曰「萬騎」，分左、右營。及玄宗以萬騎平韋氏，改爲左右龍武軍，皆用唐元功臣子弟，制若宿衛兵〔五五〕。是時，良家子避征戍者，亦皆納資隸軍，分日更上如羽林。開元十二年，詔左右羽林軍、飛騎闕，取京旁州府士，以户部印印其臂，爲二籍，羽林、兵部分掌之。末年，禁兵寖耗，及禄山反，天子西駕，禁軍從者裁千人。肅宗赴靈武，士不滿百，及即位，稍復調補北軍。至德二載，置左右神武軍，補元從、扈從官子弟，不足則取他色，帶品者同四軍，亦曰「神武天騎」，制如羽林。總曰北衙六軍。又擇便騎射者置衙前射生手千人〔五六〕，亦曰「供奉射生官」，又曰「殿前射生」，分左、右厢，總號曰「左右英武軍」。乾元元年，李輔國用事，請選羽林騎士五百人徼巡。李揆曰：「漢以南、北軍相制，故周勃以北軍安劉氏。

朝廷置南、北衙，文武區列，以相察伺。今用羽林代金吾警，忽有非常，何以制之？」遂罷。上元中，以北衙軍使衛伯玉爲神策軍節度使，鎮陝州，中使魚朝恩爲觀軍容使，監其軍。初，哥舒翰破吐蕃臨洮西之磨環川，即其地置神策軍，以成如璆爲軍使。及安禄山反，如璆以伯玉將兵千人赴難，伯玉與朝恩皆屯於陝。時邊土陷蹙，神策故地淪没，即詔伯玉所部兵號「神策軍」，以伯玉爲節度使，與陝州節度使郭英乂皆鎮陝。其後伯玉罷，以英乂兼神策軍節度。英乂入爲僕射，軍遂統於觀軍容使。代宗即位，以射生軍入禁中清難，皆賜名「寶應功臣」，故射生軍又號「寶應軍」。廣德元年，代宗避吐蕃幸陜，朝恩舉在陜兵與神策軍迎扈，悉號神策軍。天子幸其營。及京師平，朝恩遂以軍歸禁中，自將之，然尚未與北軍齒也。永泰元年，吐蕃復入寇，朝恩又以神策軍屯苑中，自是寖盛，分爲左、右廂，勢居北軍右，遂爲天子禁軍，非他軍比。朝恩乃以觀軍容宣慰處置使知神策軍兵馬使。大曆四年，請以京兆之好畤，鳳翔之麟游、普潤，皆隸神策軍。明年，復以興平、武功、扶風、天興隸之，朝廷不能遏。又用愛將劉希暹爲神策虞候，主不法，遂置北軍獄，募坊市不逞，誣捕大姓，没産爲賞，至有選舉旅寓而挾厚貲多横死者。朝恩得罪，以希暹代爲神策軍使。是歲，希暹復得罪，以朝恩舊校王駕鶴代將。十數歲，德宗即位，以白志貞代之。是時，神策兵雖處内，而多以裨將將兵征伐，往往有功。及李希烈反，河北盜且起，數出禁軍征伐，神策之士多鬭死者。建中四年，下詔募兵，以志貞爲使，蒐補峻切，郭子儀之婿端王傅吴仲孺殖貲累巨萬，以國家有急不自安，請以子率奴馬從軍。德宗喜甚，爲官其子五品，志貞乃請節度、都團練、觀察使與世嘗任者，家皆出子弟馬奴裝鎧助征，授官如仲孺子。於是豪富者緣爲幸，而貧者苦之，神策兵既發殆盡，志貞陰以市人補之，各隸籍而身居市肆。及涇卒潰變，皆戢伏不出，帝遂出奔。初，段秀實見禁兵寡弱，不足備非常，上疏曰：「天子萬乘，諸侯千，大夫百，蓋以大制小，十制一也，尊君卑臣、彊幹弱枝之道。今外有不廷之虜，內有梗命之臣，而禁兵不精，其數削少，後有猝故，何以待之？猛虎所以百獸畏者，爪牙也，爪牙廢，則孤豚特犬悉能爲敵〔五七〕，願少留意。」至是方以秀實言爲然。及志貞等流貶，神策都虞候李晟與其軍之他將，皆自飛狐道西兵赴難，遂爲神策行營節度，屯渭北，軍遂振。貞元二年，改神策左右廂爲左右神策軍，特置監句當左右神策軍，以寵中官，而益置大將軍以下。又改殿前射生左右廂曰殿前左右射生軍，亦置大將軍以下。三年，詔射生、神策六軍將士，府縣以事辨治，先奏乃移軍，勿輒逮捕。京兆尹鄭叔則建言：「京畿輕猾所聚，慝作不常，俟奏報，將失罪人，請非婚田，皆以時捕。」乃可之。俄改殿前左右射生軍曰左右神威軍，置監左右神威軍使。左右神策軍皆加將軍二員，左右龍武軍加將軍一員，以待諸道大將有功者〔五八〕。自肅宗以後，北軍增置威武、長興等軍，名類頗多，而廢置不一。惟羽林、龍武、神武、神策、神威最盛〔五九〕，總曰左右十軍。其後京畿之西，多以神策軍鎮之，皆有屯營。軍司之人，散處甸內，皆恃勢淩暴，民間苦之。德宗幸梁還，以神策兵有勞，皆號「興元元從奉天定難功臣」，恕死罪。中書、御史府、兵部乃不能歲比其籍，京兆又不敢總舉名實。三輔人假庇於軍，一牒至十數。長安姦人多寓占兩軍，身不宿衛，以錢代行，謂之納課户。益肆爲暴，吏稍禁之，輒先得罪，故當時京尹、赤令皆爲之斂屈。十年，京兆尹楊於陵請置挾名敕，五丁許二丁居軍，餘差以條限，繇是富彊少畏。十二年，以監句當左神策軍、左監門衛大將軍、知內侍省事竇文場爲左神策軍護軍中尉，監句當右神策軍、右監門衛將軍、知內侍省事霍仙鳴爲右神策軍護軍中尉，監右神威軍使、內侍兼內謁者監張尚進爲右神威軍中護軍，監左神威軍使內侍兼內謁者監焦希望爲左神威軍中護軍。護軍中尉、中護軍皆古官。帝既以禁衛假宦官，又以此寵之。十四年，又詔左右神策置統軍，以崇親衛，如六軍。時邊兵衣饟多不贍，而戍卒屯防，藥茗蔬醬之給最厚。諸將務爲詭辭，請遥隸神策軍，稟賜遂贏舊三倍，繇是塞上往往稱神策行營，皆內統於中人矣，其軍乃至十五萬。故事，京城諸司、諸使〔六〇〕、府、縣，皆季以御史巡囚。後以北軍地密，未嘗至。十九年，監察御史崔薳不知近事，遂入右神策，中尉奏之，帝怒，杖薳四十，流崖州。順宗即位，王叔文用事，欲取神策兵柄，乃用故將范希朝爲左右神策、京西諸城鎮行營兵馬節度使，以奪宦者權而不克。元和二年，省神武軍。明年，又廢左右神威軍，合爲一，曰天威軍。八年，廢天威軍，以其兵騎分隸左右神策軍。及僖宗幸蜀，田令孜募神策新軍爲五十四都，離爲十軍，令孜自爲左右神策十軍兼十二衛觀軍容使，以左右神策大將軍爲左右神策諸都指揮使，諸都又領以都將，亦曰「都頭」。景福二年，昭宗以藩臣跋扈、天子孤弱，議以宗室典禁兵。及伐李茂貞，乃用嗣覃王允爲京西招討使，神策諸都指揮使李鐬副之，悉發五十四軍屯興平，已而兵自潰。茂貞逼京師，昭宗爲斬神策中尉西門重遂、李周諲，乃引去。乾寧元年，王行瑜、韓建及茂貞連兵犯闕，天子又殺宰相韋昭度、李磎，乃去。太原李克用以其兵伐行瑜等，同州節度使王行實入迫神策中尉駱全瓘、劉景宣，請天子幸邠州，全瓘、景宣及繼晟與行實縱火東市，帝御承天門，敕諸王率禁軍扞之。捧日都頭李筠以其軍衛樓下，茂貞將閻圭攻筠，矢及樓扉，帝乃與親王、公主幸筠軍，扈蹕都頭李君實亦以兵至，侍帝出幸莎城、石門。

詔嗣薛王知柔入長安收禁軍，清宮室，月餘乃還。又詔諸王閱親軍，收拾神策亡散，得數萬。益置安聖、捧宸、保寧、安化軍，曰「殿後四軍」，嗣覃王允與嗣延王戒丕將之。三年，茂貞再犯闕，嗣覃王戰敗，昭宗幸華州。明年，韓建畏諸王有兵，請皆歸十六宅，留殿後兵三十人，爲控鶴排馬官，隸飛龍坊，餘悉散之，且列甲圍行宮，於是四軍二萬餘人皆罷。又請誅都頭李筠，帝恐，爲斬於大雲橋。俄遂殺十一王。及還長安，左右神策軍復稍置之，以六千人爲定。是歲，左右神策中尉劉季述、王仲先以其兵千人廢帝，幽之。季述等誅。已而昭宗召朱全忠兵入誅宦官，宦官覺，劫天子幸鳳翔，全忠圍之歲餘，天子乃誅中尉韓全誨、張宏彥等二十餘人，以解梁兵，乃還長安。於是悉誅宦官，而神策左右軍由此廢矣。諸司悉歸尚書省郎官，兩軍兵皆隸六軍，而以崔胤判六軍十二衛事。六軍者，左右龍武、神武、羽林，其名存而已。自是軍司以宰相領。及全忠歸，留步騎萬人屯故兩軍，以子友倫爲左右軍宿衛都指揮使，禁衛皆汴卒。崔胤乃奏：「六軍名存而兵亡，非所以壯京師。軍皆置步軍四將，騎軍一將。步將皆兵二百五十人，騎將皆百人，總六千六百人。番上如故事。」乃令六軍諸衛副使、京兆尹鄭元規立格募兵於市，而全忠陰以汴人應之。胤死，以宰相裴樞判左三軍，獨孤損判右三軍，向所募士悉散去。全忠亦兼判左右六軍十二衛。及東遷，唯小黄門打球供奉十數人、内園小兒五百人從。至穀水，又盡屠之，易以汴人，於是天子無一人之衛。昭宗遇弑，唐乃亡。

唐書兵志：「唐有天下二百餘年，而兵之大勢三變。其始盛時有府兵，府兵後廢而爲彍騎，彍騎又廢〔六二〕，而方鎮之兵盛矣。及其末也，强臣悍將兵布天下，而天子亦自置兵於京師，曰禁軍。

其後天子弱，方鎮强，而唐遂以滅亡者，措置之勢使然也。」蓋府兵之制，居無事時耕於野，其番上者宿衛京師而已。若四方有事，則命將以出，事解輒罷，兵散於府，將歸於朝。故士不失業，而將帥無握兵之重，所以防微杜漸，絶禍亂之原也。及府兵法壞而方鎮盛，武夫悍將雖無事時，據安險，專方面，既有其土地，又有其民人，兵甲財賦，以布列天下。然則方鎮不得不强，京師不得不弱。夫置兵所以止亂；及其弊也，適足以爲亂；又其甚也，至困天下以養亂。故兵之始重於外也，土地民賦非天子有；既其盛也，號令征伐非其有；其末也，至無尺土而不能庇其妻子宗族，遂以滅亡，可不哀哉。」

校勘記

〔一〕於是武衛中壘二營　「是」下原衍「何」字。晉書卷二四職官志、宋書卷四〇百官志下、通典卷二八職官十皆作領軍將軍「主五校、中壘、武衛三營」，據删。

〔二〕孫皓傳　按下文係裴松之注引干寶晉紀以注三國志卷四八三嗣主傳者，並非正文。

〔三〕丹陽太守沈瑩領丹陽鋭卒刀楯五千　「千」原作「十」，據三國志卷四八三嗣主傳注引干寶晉紀改。

〔四〕以中領軍領之　「領」下原衍「之」字，據晉書卷二四職官志删。

〔五〕改北軍中候　「軍中」二字原倒，據晉書卷三武帝紀乙正。

〔六〕以示單虛　「示」字原脱，據元本、慎本、馮本及晉書卷五七陶璜傳補。

〔七〕會稽王道子發諸郡奴　「會稽」二字原脱，據晉書卷六四簡文三子傳補。

〔八〕各領户二十餘萬　「十」原作「千」，據慎本及晉書卷一〇二劉聰載記改。

〔九〕又制征士五人出車一乘　「車」原作「軍」，據晉書卷一〇六石季龍載記上改。

〔一〇〕民至鬻子以共軍須　「軍」原作「車」，據馮本、局本及晉書卷一〇六石季龍載記上改。

〔一一〕悉發青冀徐豫二兖六州三五民丁　「六」原作「三」，據資治通鑑卷一二五宋紀七元嘉二十七年七月庚午條改。

〔一二〕李安民上表請自非淮北常備其外餘軍悉皆輸遣　「民」與「其」二字原脱，據南齊書卷二七李安民傳補。

〔一三〕大閲於東郊　「郊」原作「都」，據魏書卷三太宗紀、北史卷一魏本紀一改。

〔一四〕太平真君十一年　「平」原作「武」，據魏書卷四下世祖紀下、北史卷二魏本紀二、資治通鑑卷一二六宋紀八元嘉二十八年正月丁亥條改。

〔一五〕南北邊諸蕃　「蕃」原作「番」，據魏書卷六九袁翻傳、北史卷四七袁翻傳改。

〔一六〕廣陽王深上言　按「深」，魏書紀傳皆作「淵」，北史避唐諱，改「淵」为「深」。

〔一七〕長者不得遊宦　「宦」原作「官」，據魏書卷一八太武五王傳、北史卷一六太武五王傳改。

〔一八〕轉相模習　「轉」原作「將」，據元本、慎本、馮本及魏書卷一八太武五王傳、北史卷一六太武五王傳改。

〔一九〕爲之指蹤　「指」原作「損」，據魏書卷一八太武五王傳、北史卷一六太武五王傳改。

〔二〇〕縱掠竊奔　「竊」原作「發」，據魏書卷一八太武五王傳、北史卷一六太武五王傳改。

〔二一〕此段之舉　「段」原作「叚」，據局本改。

〔二二〕領之二冑　據下文「外步兵曹，内騎兵曹」，疑「冑」爲「曹」之誤。

〔二三〕置淮南行省於壽春　「行」字原脱，據資治通鑑卷一七六陳紀十長城公禎明二年十月己未條補。

〔二四〕凡總管九十　「九十」原作「卒」，據隋書卷二高祖紀下、資治通鑑卷一七六陳紀十長城公禎明二年十月甲子條改。

〔二五〕凡一百一十三萬三千八百人　「三千」原作「二千」，據馮本及隋書卷四煬帝紀下、資治通鑑卷一八一隋紀五大業八年正月壬午條改。

〔二六〕每軍大將亞將各一人　「亞將」下原衍「軍」字，據資治通鑑卷一八一隋紀五大業八年正月壬午條删。

〔二七〕以驃騎車騎兩將軍府領之　「領」原字脱，據新唐書卷五〇兵志補。

〔二八〕豳州道　「豳」原作「幽」，據新唐書卷五〇兵志改。

〔二九〕豳州道爲招摇軍　「豳」原作「幽」，據新唐書卷五〇兵志、唐會要卷七二京城諸軍改。

〔三〇〕西麟州道爲苑游軍　「苑游軍」，新唐書卷五〇兵志同，唐會要卷七二京城諸軍作「游奕軍」。

〔三一〕二校之人合譟而進　「二」下原衍「人」字，據新唐書卷五〇兵志删。

〔三二〕右校擊鉦　「鉦」原作「征」，據新唐書卷五〇兵志改。下同。

〔三三〕因縱獵　「獵」字原脱，據新唐書卷五〇兵志補。

〔三四〕五百里爲七番　「百里」二字原倒，據元本、慎本、馮本及新唐書卷五〇兵志乙正。

〔三五〕順宗　按新唐書卷五〇兵志、唐會要卷七二京城諸軍皆記，元和三年，廢左右神威軍，合爲一軍，號曰天威軍；八年，又廢天威軍。舊唐書卷一八四宦官傳、新唐書卷二〇七宦者傳上又皆記，德宗自山南還後，廢天威軍入左右神策軍。疑此處「順宗」有誤。
〔三六〕今兵貧難致　「貧」原作「資」，據新唐書卷五〇兵志改。
〔三七〕然自是諸府士益多不補　「士」原作「事」，據新唐書卷五〇兵志改。
〔三八〕皆擇下户白丁　「丁」原作「下」，據元本、慎本、馮本及新唐書卷五〇兵志改。
〔三九〕皆免征鎮賦役　「賦」字原脱，據新唐書卷五〇兵志補。
〔四〇〕鍋幕　「鍋」原作「鏑」，據新唐書卷五〇兵志改。
〔四一〕至是　「是」字原脱，據新唐書卷五〇兵志補。
〔四二〕又出内府錢帛　「帛」原作「市」，據資治通鑑卷二一七唐紀三十三天寶十四載十二月丁丑條改。
〔四三〕常清屯武牢以拒賊　「武牢」即「虎牢」，據唐諱改。
〔四四〕邊將效之　「效」字原脱，據資治通鑑卷二三二唐紀四十八貞元二年八月丙戌條補。
〔四五〕還者十無二三　「三」字原脱，據資治通鑑卷二三二唐紀四十八貞元二年八月丙戌條補。
〔四六〕奏諸軍皆募人爲之　「之」原作「兵」，據資治通鑑卷二三二唐紀四十八貞元二年八月丙戌條改。
〔四七〕然則奈何　「則」原作「將」，據資治通鑑卷二三二唐紀四十八貞元三年七月甲子條改。
〔四八〕果能如是　「是」原作「之」，據資治通鑑卷二三二唐紀四十八貞元三年七月甲子條改。「果」，同書作「苟」。
〔四九〕今吐蕃久居原蘭之間　「蘭」，資治通鑑卷二三二唐紀四十八貞元三年七月甲子條作「會」。
〔五〇〕又命諸冶鑄農器　「諸」原作「詣」，「農」字原脱，據元本、慎本、馮本及資治通鑑卷二三二唐紀四十八貞元三年七月甲子條改補。

〔五一〕即命行之 「即」下原衍「時」字，據資治通鑑卷二三二唐紀四十八貞元三年七月甲子條删。

〔五二〕妄意喜怒 「意」，新唐書卷五〇兵志作「一」。

〔五三〕翹關舉五 「關」原作「開」，據新唐書卷五〇兵志改。

〔五四〕負米五斛行三十步者 「負」原作「圓」，據新唐書卷五〇兵志改。

〔五五〕制若宿衛兵 「衛」原作「右」，據新唐書卷五〇兵志改。

〔五六〕又擇便騎射者置衙前射生手千人 「千」原作「十」，據新唐書卷五〇兵志改。

〔五七〕則孤豚特犬悉能爲敵 「孤」原作「狐」，據新唐書卷五〇兵志改。

〔五八〕以待諸道大將有功者 「將」下原衍「軍」字，據新唐書卷五〇兵志删。

〔五九〕惟羽林龍武神武神策神威最盛 「神武」二字原脱，據新唐書卷五〇兵志補。

〔六〇〕諸使 「諸」字原脱，據新唐書卷五〇兵志補。

〔六一〕彍騎又廢 「彍騎」二字原脱，據新唐書卷五〇兵志補。

卷一百五十二　兵考四

兵制

梁太祖開平元年初，帝在藩鎮，用法嚴，將校有戰没者，所部兵悉斬之，謂之「拔隊斬」。士卒失主將者，多亡逸不敢歸，帝乃命凡軍士皆文其面，以記軍號。軍士或思鄉里逃去，關津輒執之送所屬，無不死者，其鄉里亦不敢容。由是亡者皆聚山澤爲盜〔一〕，大爲州縣之患。至是詔赦其罪，自今雖文面亦聽還鄉里〔二〕，盜減什七八。

吴氏能改齋漫録曰：「五代史劉守光傳，天祐三年，梁攻滄州，仁恭調其境内凡男子年十五以上，七十以下，皆黥其面，文曰『定霸都』，士人則文其腕或臂，曰『一心事主』，得二十萬人。」故蘇明允兵制篇曰：『屯田府兵，其利既不足以及天下，而後世之君，又不能循而守之，至於五代燕帥劉守光又從而爲之黥面涅手，自後遂以爲常法，使之不得與齊民齒。』然余按陶岳五代史補乃云：『健兒文面，自梁太祖始。』梁、燕皆同時，則文面不特始於仁恭也。」

致堂胡氏曰：「伊尹曰：『臣下不匡，其刑墨。』孔氏曰：『鑿其額，以墨涅之。』吕刑曰：『苗民淫爲劓刵椓黥。』孔氏曰：『黥面也。』然則涅其顙者，乃五刑之正，而黥其面者，乃五虐之法也。顙受墨涅，若膚疾然，雖刑而不害；以字文面，則棄人矣。是法也，始於有苗，至劉仁恭、朱全忠加甚。籍民爲兵，無罪而黥之，使終身不能去，以自別於平人，非至不仁者，莫忍爲也。」

後唐莊宗同光二年，敕：「隨駕收復汴州，並扈從到洛京，南郊立仗都將官員，自檢校司空已下，宜並賜『協謀定亂匡國功臣』，自檢校僕射、尚書、常侍至大夫、中丞，宜並賜『忠勇拱衛功臣』，其初帶憲銜，並賜『忠烈功臣』，已有功臣名者，不在此限，其節級長行軍將，並賜『扈蹕功臣』。」唐玄宗平内難，賜衛士葛福順等爲「唐元功臣」，不過十數人。德宗駐蹕奉天，賜從車駕立功將校爲「奉天定難功臣〔三〕」。及僖宗、昭宗頻年播遷，功臣差多，至是徧及戍卒，非賞典也。

潞王之初發鳳翔也，許軍士以入洛人賞錢百緡。至閱實金帛，不過三萬兩疋，而賞軍之費，計用五十萬緡。帝怒，三司使王玫請率京城民財以足之。又據屋爲率，無問自居及僦者〔四〕，預借五月僦直。有司百方斂民財，僅得六萬。帝怒，下軍巡使獄〔五〕，晝夜督責，囚繫滿獄，貧者至自經、赴井，而軍士遊市肆皆有驕色，市人聚詬之。是時竭左藏舊物及諸道貢獻，乃至太后、太妃器服簪珥皆出之，纔及二十萬緡，帝患之，李專美曰：「臣竊思自長興之季，賞賚亟行，卒以是驕〔六〕。繼以山陵及出師，帑藏遂涸，雖有無窮之財，終不能滿驕卒之心，故陛下拱手於危困之中而得天下。夫國之存亡，不專繫於厚賞，亦在修法度，立紀綱，陛下苟不改覆車之轍，臣恐徒困百姓，存亡未可知也。今財力盡於此矣，宜據所有均給之，何必踐初言乎！」帝以爲然。壬辰，詔禁軍在鳳翔歸命者，自楊思權、尹暉等各賜二馬、一駝、錢七十緡，下至軍人錢二十緡，其在京者各十緡，軍士無厭，猶怨望，爲謡言曰：『除去菩薩，扶立生鐵。』以閔帝仁弱，帝剛嚴，有悔心故也。

晉初置鄉兵，號「天威軍」，教習歲餘，村民不嫺軍旅，竟不可用，悉罷之，但令七户輸錢十千，其鎧仗悉輸官，而無賴子弟不復肯復農桑，多聚山林爲盜。及契丹入汴，縱胡騎打草穀，民不堪命，所在盜起，攻陷州縣，長吏不能制。

周太祖顯德元年，軍士有流言，郊賞薄於唐明宗時。帝召諸將至寢殿，讓之曰：「朕自即位以來，惡衣菲食，專以贍軍爲念，府庫蓄積，四方貢獻，贍軍之外，鮮有贏餘，汝輩豈不知之？今乃縱凶徒騰口，不顧人主之勤儉，察國之貧乏，又不思己有何功而受賞，惟知怨望，於汝輩安乎！」皆惶恐謝罪，退，索不逞之徒戮之，流言乃息〔七〕。

世宗即位，既敗北漢兵於高平，謀肅軍政。初，宿衛之士累朝相承，務求姑息，不欲簡閲，恐傷人情。由是羸老者居多，但驕蹇不用命，實不可用，每遇大敵，不走則降，其所以失國多由此。帝因高平之戰，始知其弊，謂侍臣曰：「凡兵務精不務多。今以農夫百未能當甲士一，奈何浚民之膏澤，養此無用之物乎！且健懦不分，衆何所勸？」乃命大簡諸軍，精鋭者升之上軍，羸者斥去之。又以驍勇之士，多爲諸藩鎮所蓄，詔募天下壯士，咸遣詣闕，命太祖皇帝選其尤者爲殿前諸班；其騎、步諸軍，各命將帥選士。由是士卒精强，近代無比，征伐四方，所向皆捷，選練之力也。

宋太祖皇帝建隆元年，詔殿前、侍衛二司各閲所掌兵，揀其驍勇〔八〕，升爲上軍，老弱怯懦，置剩圓以處之。剩圓給官符宫觀、園苑、寺廟、廩庾之役。咸平五年七月，戍卒有苦寒廢支體者，真宗念其勞，不欲遽棄，令隸剩圓，廩給如故，自是率以爲例。

止齋陳氏曰：「剩圓之置，不但以仁羸卒，亦以省冗食也。熙寧十年十月，詔諸路州軍，以逐州就糧。禁軍、厢軍，通計十分立一分爲額。剩圓立額自此始。自宣和之難，養兵益衆，戰功之賞，例加官資。於是退兵重爲天下費，蓋揀汰起於紹興七年，率置添差官以處之。自諸司及州軍各有圓，參定爲節鎮一百三十圓，次州軍六十五圓，極邊節鎮二十六圓，次州軍十八圓，待闕圓數亦準此。乾道二年二月二十五日敕。而州縣之力，困於養退兵矣。」

八月，詔諸州長吏選所部兵送都下，以補禁旅之闕。又選强壯卒定爲兵樣，分送諸道。其後又以木梃爲高下之等，散給諸州軍，委長吏、都監等召募教習，俟其精練，即送闕下。京諸司庫務皆有役兵，其執杖者即不設等樣。自是師旅皆精鋭，禁衛之籍無闕矣。

止齋陳氏曰：「世多言國家養兵之費，自藝祖時增置禁軍始，考之則不然。按祥符、天聖編敕諸部郡，自騎射至牢城，凡名額二百二十三，總爲本城而已，則天下無禁兵也。所謂禁兵者，皆三司之卒，分屯而更戍，今之屯駐、駐泊之名，而鈐轄、都監、監押之官所部領者也。三邊之兵，間因事宜升爲禁軍者，則所謂四十四處禁軍是已，咸平四年，始升陝西諸州選中「保捷」。慶曆元年秋，河北教閲本城爲禁軍。是爲就糧。自元昊叛而西北有『保毅』；王倫叛而東南有『宣毅』之類〔九〕，於是列郡稍置禁軍。嘉祐中，詔東南帥司各置『威果』，凡二十五指揮，既云多矣，然亦無過九大郡〔一〇〕。熙寧按天下厢軍之籍五十萬人，而亦不足戰〔一一〕，於是教閲之法起。其後以厢軍團併爲額，則今之兩浙『崇節』、福建『保節』之類是也。教閲之兵，因别爲額而隸之將下，則今兩浙『雄節』、福建『廣節』之類是也。五年，始排立在就糧禁軍之下。元豐兵令悉以『雄節』之類升同禁軍，由是禁軍始遍天下。此不可不辨。」

自唐中葉後，營兵在諸鎮，每防秋征行，大則節將自往，小則列校董之。禁衛雖設而皆非精練，藩鎮强者得以專主判换。河北兵最强，故聲教不能及，然屯營之處，頗雜耕戰。僖、昭間，征討不息，師人疲苦，多亡命者。梁祖患之，乃令諸軍悉黥面爲字以識軍號，訖今遵其制。五代以來，境蹙兵少，然習用爲常，亦有近藩之地更迭戍守者，然方鎮列校，勢位差損。周顯德後，剋淮甸，有東南之漕，京師倉廩稍實，得以聚兵爲强幹之術。太祖、太宗以雄略英武，平一海内，懲累朝藩鎮跋扈，盡收兵於京師。於時天下山澤之利，悉入於官，帑庾充牣，得以贍給，而備時使。其邊防外，藩鎮須兵屯守者，自京而遣，故有駐泊、屯駐之名。其京畿諸州便運路者，則有就糧兵焉，許挈家屬以往，及本州兵皆更迭屯駐，代還始復舊所。舊制，除軍衛外，諸州兵上從節鎮及本軍之號，自唐末稍增其美名。國朝初平僞國，合併所得兵，别爲軍額，其願歸農者解其籍，或給以土田。其後或新經料簡，或團併有餘，則或特創名，或因舊額增指揮之數而無常焉。凡召募兵者，所在設旗給賞，長吏、都監專視之，遣吏部送闕下，至則軍頭司覆驗等第引對，使坐隸諸軍。淳化二年，詔以子弟附兵籍者除去之，願隸名者閲試而後聽。景德三年，又詔有材勇者許隸本軍。其自下軍而升入上軍者，自上軍而入諸班直者，皆臨軒親閲。諸班直新召募者，非材勇超絶，即不預焉，餘皆自下選補。大中祥符五年，詔揀閲諸軍有方壯而被斥者，委所在告諭，聽其自陳。每上軍遣戍，皆本司整比，軍頭司引對便殿，給以裝錢。代還亦入見，犒以飲食，揀拔精鋭升補之，或退其疲老者。凡大祀有賞給，每歲寒食、端午、冬至，各有特支。特支有大小之差，亦有非時給者。戍邊每季又加給銀鞋，環、慶緣邊，艱於爨給者，又有薪水錢；其役兵勞苦者，或季給錢；或川、廣而代還者，别給裝錢。川、廣遞補卒，或給時服錢屨。凡出外率有口糧。有折月糧者，有别給者。

開寶四年，祀南郊，禮畢行賞，上以御馬直扈從郊祀，特命增給錢人五千，而川班内殿直不得如例，乃相率擊登聞鼓上訴陳乞。上怒，曰：「朕所與即爲恩澤，安有例哉！」命斬妄訴者四十人，餘悉配隸許州「驍捷軍」，都校皆决杖降職，遂廢其班。

時内臣有李承進者逮事後唐，上問曰：「莊宗以英武定中原，享國不久，何也？」對曰：「莊宗好田獵，惟務姑息，將士每乘輿出，次近郊，禁兵衛卒，必控馬首告曰：『兒郎輩寒冷，望與振救。』莊宗即隨所欲以給之。如此非一，失於禁戢，因而兆亂，蓋威令不行，賞罰無節矣。」上撫髀嘆曰：「二十年夾河戰争而得天下，不能用法約束，此輩縱其無厭之求，以兹臨御，誠爲兒戲。今我撫養士卒，固不吝惜爵賞，但犯吾法無所貸耳。」

太宗選軍中勇士，教以劍舞，皆能擲劍凌空，繞身承接，妙捷如神。每契丹使至賜宴，乃出以示之，凡數百輩袒裼鼓譟，挺刃而入，各獻其技，霜鋒雪鍔，飛躍滿空，及親征太原，巡城耀武，必令劍舞前導，觀者神聳。

至道初，帝因問侍臣河渠轉漕以給軍食之事，語及屯兵利害。參知政事張洎退而講求故實，上封奏曰：「國家應圖受命，經營鴻業，懲前王之失，審形勝之地，以大梁者八方所凑，爲天下之樞，可以阜安兆人，臨制四海，故卜京邑而定都焉。昔炎漢開基，高帝云：『吾以羽檄召天下兵未有至者。』又孝武云：『吾初即位，不欲出虎符發兵郡國。』即知兵甲在外也。唯有南北軍、期門郎、羽林孤兒以備天子扈從藩衛之用。唐承隋制，置十二衛府兵，皆農夫也。及罷府兵，始置神武、神策爲禁軍，不過三數萬人，亦以備天子扈從藩衛而已。及禄山犯闕，朝廷驅市人接戰。德宗蒙塵，扈駕者四百餘騎，兵甲散在郡國，軍額存而可舉者，除河朔三鎮外，太原、青社各十萬人〔二〕，邠寧、宣武各六萬人，潞、徐、荆、揚各五萬人，襄、宣、壽、鎮、海各二萬餘人，觀察、團練據要害之地者，亦不下萬人。今天下甲卒數十萬衆，戰馬數十萬匹，萃在京師，本固兵彊，邦國之利也。」上覽而嘉之。

真宗咸平四年，開封府言：「龍武軍卒亡命捕獲，法當决徒。」帝以是軍無俸，而同禁軍例科罪太重，令改從輕法。其後又詔禁軍非征行而因役亡者，止决杖流配。時寧朔軍充役太廟而亡，法官議當斬，詔從流配。

景德元年，班臨軍賞罰之令，遣中使齎御劍赴北面，以肅軍令。

北面諸路駐泊兵馬使臣等：臨陣能率先用命殺賊者，與賊鬬戰生擒獲賊者，臨陣擒獲賊首領者，使斫營寨能驚賊令擾亂及擒獲人畜者，諸偏裨下軍士與戎人鬬能用命策應殺退賊者，戎人爲誘兵翼張受命掩擊能破走之者，賊遊騎往來或近大軍受命掩襲而能擒殺者，用命深入被傷者，臨陣用命入賊斬刺其首領分散其旗鼓者，並賞之，其擒賊首領酋渠並得旗鼓者〔三〕，加等焉。如賊已敗走，所奪車帳、人畜、財物並給與之。若剋日會戰不齊者，夜喧衆者，不俟賊稍前而亂射者，陣成列而監軍諸校使臣擅簡一卒一騎者，後馬有犯者，下行陣大寨不齊者〔一四〕，旗槍交錯隊伍者，賊至可出軍而不出者，戰鬭而觀望不救者，兵器不修至臨陣不堪施用者，巧詐以避征役者，臨陣先退者，貪争貲畜而不赴殺賊，遣入賊境而規避，既復命，言不以實者，爲斥候而不覺賊來者，臨陣不射賊及棄其餘箭者，遺失鎧甲兵器者，賊棄仗降而輒殺者，分布軍號及傳令不慎密而漏泄者，受命逐賊至某處輒過者，部署下牙隊軍校、左右指使〔一五〕、使臣、忠佐及從人使臣，軍校下押前隊圓寮、軍頭、十將並從人，臨陣輒離左右不受節度者，並斬。凡軍中皆計斬級行賞，其後頗有梟路人首以希賞者，真宗聞而詔戒之。又令緣邊凡獲蕃寇，皆須辨問得實，當行殺戮者許給賞。如其非理，即以軍法論。

二年春，以契丹通好，邊鄙無事，釋河北諸州强壯悉歸，會合鎮、定兩路部署爲一，省河北防城鎮兵十之五，緣邊三之一。

兩朝國史志：太祖、太宗平一海内，懲累朝藩鎮跋扈，盡收天下勁兵，列營京畿，以備藩衛，其分營於外者曰「就糧」。就糧者，本京師兵而便廩食於外，故聽其家往；其邊防要郡須兵屯守，即遣自京師諸鎮之兵，亦皆戍更。真宗、仁宗、英宗嗣守其法，益以完密。於時天下山澤之利，悉入縣官，以資廩賜；將帥之臣，入奉朝請，以備指蹤。獷悍之民，收隸尺籍，以給守衛。兵無常帥，帥無常師，内外相維，上下相制，等級相軋，雖有暴戾恣睢，無所厝於其間。是以天下晏然，逾百年而無犬吠之警，此制兵得其道也。制兵之額有四：曰禁兵，曰廂兵，曰鄉兵，曰蕃兵。分隸殿前、侍衛總管司，而籍藏樞密院，凡召募、廩給、訓練、屯戍、揀選補之政，皆樞密院掌之。禁兵者，天子衛兵也，總於殿前、侍衛二司，其尤親近扈從者，號「班直」。餘自龍衛而下，皆番戍諸路，有事即以征討。自景德後，兵不復試。廂兵者，諸州之鎮兵也。太祖鑒唐末方鎮跋扈，詔選州兵壯勇者悉部送京師，以備禁衛，餘留本城。本城雖或戍更，然罕教閱，類多給役而已。鄉兵者，選自户籍，或土民應募，所在團結訓練，以爲防守之兵也。國朝已來，河北、河東有「神鋭」、「忠勇」、「强壯」；河北有「忠順」、「强人」；陝西有「保毅」、「寨户」、「强人」、「强人弓手」；河東、陝西有「弓箭手」；河北、河東、陝西有「義勇」；麟州有「義軍」；川峽有「土丁」、「壯丁」；荆湖南、北有「弩手」、「土丁」；廣南東、西有「槍手」、「土丁」；邕州有「溪峒壯丁」。其本末各見郡國兵門。蕃兵者，塞下内屬諸部落，團結以爲藩籬之兵也。西北邊羌戎，種落不相統一，保寨者謂之「熟户」，餘謂之「生户」。陝西則秦、鳳、涇、原、環、慶、鄜、延，河東則石、隰、鄜、府，其大首領爲都軍主，百帳已上爲軍主，其次爲副軍主。又有以功次補者，其官職俸給有差。其兵數本末，見郡國兵門。召募之制，起於府衛之廢，蓋籍天下良民以討有罪，三代之兵與府衛是也。收天下獷悍之兵，以衛良民，今召募之兵是也。唐末士卒疲於征役，多亡命者，梁祖令諸軍悉黥面爲字，以識軍號，是爲長征之兵。初募時，先度人材，次閲走躍，試瞻視，然後爲黥面，賜以緡錢、衣屨而隸諸軍。自國初以來，其取非一途，或募土人就在所團立〔一六〕，或取營伍子弟聽從本軍，或乘歲凶募饑民補本城，或以有罪配隸給役，是以天下失職、獷悍之徒，悉收籍之。伉健者遷禁衛，短弱者爲廂軍，制以隊伍，束以法令，帖帖不敢出繩墨，平居食俸廩，養妻子，備征防之用，一有警急，勇者力戰鬭，弱者給漕挽〔一七〕，則向之天下失職、獷悍之徒，今爲良民之衛矣。廩給之制，總内外廂、禁諸軍且百萬，言國費最鉅者宜無出此。雖然，古者寓兵於民，民既出常賦，有事復裹糧而爲兵，後世兵農分，常賦之外，山澤關市之利，悉以養兵。然有警則以素所養者捍之，民晏然無預征役也。唐之時兵分，藩鎮得專租稅，天子禁衛之兵，中外不過十餘萬人。國朝收天下甲卒數十萬，悉萃京師，京師八方所湊，水陸四達，歲漕江、淮粟六百萬石，而縑帛、貨泉、齒革、百物之委，不可勝紀，是以軍儲饒羨。初，太倉纔支三二歲，承平既久，常餘數年之食，以此臨制四方，猶臂指之運也。世之議者不達，乃謂竭民賦租以養不戰之卒，糜國帑廩以優坐食之校，是豈知祖宗所以擾役强悍、銷彌争亂之深意哉！屯戍之制，凡遣上軍，軍頭司引對，賜以裝錢；代還亦入見，犒以飲食，簡拔精鋭，退其癃老。至於諸州禁、廂兵，亦皆戍更。隸州者曰「屯駐」，隸總管曰「駐泊」。揀選之制，有自廂軍升禁軍，禁軍升上軍，上軍升班直。升上軍及班直者，皆臨軒親閲，自非材勇絶群，不以應召募，餘皆自下選補云。

仁宗時，元昊反，西邊用師，多募禁軍。吏以所募多寡爲賞罰格，諸軍子弟悉聽隸籍，禁軍額闕多選本城補填〔一八〕，故慶曆中内外禁、廂軍總一百二十五萬，視祖宗時爲最多。及西師罷，天下患兵冗，帑庾不能給，樞密使龐籍奏：「世養兵務多而不精，請與中書議揀汰之法。」從之，省兵數萬人。

石林葉氏燕語：「元昊初，臣龐潁公自延州入爲樞密副使，首言關中苦餽餉，請徙沿邊兵就食内地。議者争言不可，以爲虜初伏，情僞難測，未可遽弛備。獨公知元昊已困，必不能遽敗盟，卒徙二十萬人。後爲樞密使，復言天下兵太冗，多不可用，請汰其罷老者。時論紛然，尤以爲必生變，仁宗以爲疑，公曰：『倘有一夫之呼，臣請以百口當之。』帝從其言，遂汰八萬人。

嘉祐二年，復定招軍等杖。自上四軍至「武肅」、「忠靖」皆五尺已上，差以寸分而視其奉錢之數〔一九〕。奉錢一千者以五尺八寸、七寸三分、七寸爲三等，奉錢七百者降殺有差。唯「武嚴」、御營喝探以藝精者充，諸軍執杖者不設等杖〔二〇〕。其支軍食，糧料院先進樣，三司定倉敖界分，而以年月次之。國初，諸庾分給諸營〔二一〕，營在國城西，多給糧於城東，若南北亦然。相距有四十里者，蓋恐士卒習墮，使知負擔之勤。久之，有司乃取受輸年月界分，以軍次高下給之。凡三歲大祀，有賜賚，有優賜。每歲寒食、端午、冬至有特支，特支有大小之差。亦有非時給者。戍邊，季加給銀、鞵。邠、寧、環、慶緣邊艱於爨汲者，兩月則給薪水錢，苦寒或賜絮襦袴。役兵勞苦，季給錢。戍嶺南者，增月奉。自川、廣戍還者，別予裝錢。川、廣遞鋪卒或給時服、錢、屨。屯兵州軍，官賜錢宴犒將校，謂之「旬設」，舊止待屯泊禁軍，其後及於本城。天聖七年，法寺裁定諸軍衣裝〔二二〕，騎兵春、冬衣各七事，步兵春衣七事，冬衣六事，質賣者重寘之法。

三司使程琳上疏，論：「兵在精不在衆。河北、陝西軍儲數匱，而招募不已，且住營一兵之費，可給屯駐三兵，昔養萬兵者今三萬兵矣。河北歲費芻糧千二十萬，其賦入支十之三；陝西歲費千五百萬，其賦入支十之五。自餘悉仰給京師。自咸平逮今，二邊所增馬步軍指揮百六十。計騎兵一指揮所給，歲約費緡錢四萬三千；步兵所給，歲約費緡錢三萬二千，他給賜不預。合新舊兵所費，不啻千萬緡。天地生財有限，而用無紀極，此國用所以日屈也。今同、華沿河州軍，積粟至於紅腐而不用；沿邊入中粟，價常踊貴而未嘗足。誠願罷河北、陝西募住營兵〔二三〕，勿復增置，遇闕即選厢軍精鋭者補之，仍漸徙營内郡，以便糧餉。無事時番戍於邊，緩急即調發便近。嚴戒封疆之臣，毋得侵軼生事，以覬恩賞，違令者重寘之法。如此，則疆埸無事，而國用有餘矣。」帝嘉納之。

嘉祐七年，宰相韓琦上言：「祖宗以兵定天下〔二四〕，凡有征伐則募置，事已則省併，故兵日精而用不廣。今二虜雖號通好，而西北屯邊之兵，常若待敵之至，故竭天下之力而不能給。不於此時先慮而速救之，一旦邊陲用兵，水旱相繼，駭而圖之，不可及也。又三路就糧之兵，雖勇勁服習，然邊儲貴踊，常苦難贍。若其數過多，復有尾大不掉之患。京師之兵雖雜且少精，然漕於東南，廣而易供設，其數多，乃得强幹弱枝之勢也。祖宗時，就糧之兵不甚多，邊陲有事，則以京師兵益之，其慮也深，而其費也鮮。願詔樞密院同三司量河北、陝西、河東及三司榷貨務歲入金帛之數，約可贍京師及三路兵馬幾何，然後以可贍之數立爲定額。額足罷募，闕即增補。額外數已盡而營數畸零，則省併之。既見定額，則可以定其路馬步一營以若干人爲額〔二五〕。仍請覈開寶、至道、天禧、慶曆中外兵馬之數。蓋開寶、至道之兵，太祖、太宗以之定天下服四夷也。天禧之兵，真宗所以守成備豫也。慶曆之兵，乃西師後增置之數也。以祖宗所養之兵，視今數之多少，則精冗易判，裁制無疑矣。」於是詔中書、樞密院同議。樞密院掇祖宗已來兵數以聞。蓋開寶之籍，總三十七萬八千，而禁軍馬步十九萬三千；至道之籍，總六十六萬六千，而禁軍馬步三十五萬八千；天禧之籍，總九十一萬二千，而禁軍馬步四十三萬二千；慶曆之籍，總一百二十五萬九千，而禁軍馬步八十二萬六千。視前募兵寖多，自是稍加裁制，以爲定額。

琦嘗從容議及養兵事，慨然曰：「養兵雖非古，然積習已久，勢不可廢〔二六〕，又自有利處。昔者發百姓戍邊者無虚歲，父子、兄弟、夫婦長有生離死别之苦〔二七〕。議者但云不如漢、唐調兵於民，獨不見杜甫石壕吏一詩乎？調兵於民，其弊如此，後世既取强悍無頼者養以爲兵〔二八〕，兵行，雖民間税斂良厚，而終身保骨肉相聚之樂，此豈小事？又其習練戰陣，而豪勇可使，安得與農夫同日道也？」

知諫院范鎮言：「河北連歲招兵未已，皆是坊市無頼子弟及隴畝力田之人，冒爲軍營子弟〔二九〕，求刺爲軍，况今田甚曠，民甚稀，賦斂甚重，國用甚不足者，正由兵多故也。議者必曰，以爲契丹備也。且契丹五十年不敢南入爲寇者，金繒之利厚也。就使棄利爲害，則大河以北，婦人女子皆是乘城之人，其城市無頼、隴畝力田者，又將焉用而預蓄養之以困民？况契丹貪利而不敢動？夫取兵於民則民稀，民稀則田曠，田曠則賦役重〔三〇〕，賦役重則民心離。寓兵於民則民稠，民稠則田闢，田闢則賦役輕，賦役輕則民心固。與其離民之心以備契丹，契丹未至而民力先已匱，孰若固民之心以備契丹，雖至而民力有餘，國用有備，其利害若視白黑，若數一二。而今以爲難者，臣所以深惑也。昔漢武以兵困天下者，用兵以征匈奴，空漠北，得所欲也。陛下以兵困天下者，不用兵養兵以至是也，非以快所欲也。何苦而爲是乎？五口之家尚知量入以爲出，况天下大計，其可以不校出入乎？其可以無經乎？請下臣章中書、樞密院大臣看詳。若陛下誠能罷今招兵，敕大臣使具太祖、太宗、真宗每朝賦入若干，兵若干，官若干，陛下天聖中賦入若干，兵若干，官若干，約今賦入之數與兵數、官數，約取中道，立爲經制，以賦入之數十分爲率，以七分養兵、官，給郊廟宫省諸費，三分以備水旱緩急非常，爲之十年，僅可以言治。古者國無九年之蓄曰不足，無六年之蓄曰急，無三年之蓄曰國非其國。今自京師至天下州郡，大率無儲蓄，邊城甚者或無三數月之備，不幸有連年水旱，將何以養此兵乎？此兵不足以養，則其憂不在契丹也。」

歐陽修時論原弊曰：「國家自景德罷兵，三十三歲矣。兵嘗經用者，老死幾盡，而後來者未嘗聞金鼓識戰陣也。生於無事而飽於衣食也，其勢不得不驕惰。今衛士入宿，不自持被而使人持之；禁兵給糧，不自荷而僱人荷之，其驕如此，況肯冒辛苦以戰鬬乎？前日西邊之吏，如高化軍、齊宗舉兩用兵而輒敗，此其效也。夫就使兵耐辛苦而能戰鬬，雖耗農民爲之可也。奈何有爲兵之虛名，而其實驕惰無用之人也？古之凡民長大壯健者皆在南畝，農隙則教之以戰，今乃大異，一遇凶歲，則州郡吏以尺度量民之長大，而試其壯健者招之去爲禁兵，其次不及尺度而稍怯弱者，籍之以爲廂兵。一作軍。吏招人多者有賞，而民方窮時爭投之，故一經凶荒，則所留在南畝者，惟老弱也。而吏方曰不收爲兵，則恐爲盜。噫！苟知一時之不爲盜，而不知其終身驕惰而竊食也〔三一〕。古之長大壯健者任耕，而老弱者遊惰。今之長大壯健者遊惰，而老弱者留耕也。何相反之甚邪？然民盡力乎南畝者，或不免乎狗彘之食，而一去爲僧兵〔三二〕，則終身安佚而享豐腴，則南畝之民不得不日減也。故曰有誘民之弊者，謂此也。」

又本論曰：「古之善用兵者，可使之赴水火。今廂、禁之軍，有司不敢役，必不得已而暫用之，則謂之借倩。彼兵相謂亦曰官倩我，而官之文符亦曰倩。夫賞者所以酧勞也，今以大禮之故，不勞之賞三年而一徧，所費八九百萬〔三三〕。有司不敢緩月日之期，兵之得賞不以無功知愧，乃稱多量少，比好嫌惡，小不如意，則群聚而呼，持梃欲擊天子之命吏〔三四〕。無事之時猶若此，以此知兵驕也。兵之敢驕者，以用之不得其術，而法制不立也。前日五代之亂，可謂極矣。五十三年之間，易五姓十三君〔三五〕，而亡國被弒者八〔三六〕，長者不過十餘歲，甚者三四歲而亡，其主豈皆愚邪？其心豈樂禍亂而不欲爲久安之計乎？顧其力有不能爲者〔三七〕，時也。當時東有汾、晉，西有岐、蜀，北有强胡，南有江、淮、閩、廣、吴、越、荆、潭，天下分爲十三四，四面環之，以至狹之中國〔三八〕，又有叛將强臣割而據之，其君天下者，類皆爲國日淺，威德未洽，强君武主，力而爲之，僅以自守，不幸孱子弱孫，不過一再傳而復亂敗，是以養兵如兒子之咳虎狼，猶恐不爲用，尚何敢制？天下之勢，方若敝廬，補其奥則隅壞，整其桷則棟傾，支撑扶持，苟存而已，尚何暇法象規矩而爲制度乎〔三九〕？今宋之爲宋，八十年矣，外平僭亂，無抗敵之國；内削方鎮，無强叛之臣。天下爲一，海内晏然，爲國不爲不久，天下不爲不廣也。然而兵不足以威於外而敢驕於内，制度不可爲萬世法而日益叢雜，一切苟且，不異五代之時，此甚可嘆也。」

蘇軾應詔策別，其一曰定軍制。「自三代之衰，井田廢，兵農異處，兵不得休而爲民，民不得息肩而無事於兵者千有餘年〔四〇〕，而未有如今日之極者也。三代之制，不可復追矣。至於漢、唐，猶有可得而言者。夫兵無事而食，則不可使聚，聚則不可使無事而食，此二者相勝而不可並行，其勢然也。今夫有百頃之閒田，則足以牧馬千駟，而不知費聚千駟之馬，而輸百頃之芻，則其費百倍，此易曉也。昔漢之制，有踐更之卒，而無營田之兵，雖皆出於農夫，而方其爲兵也，不知農夫之事。是故郡縣無常屯之兵，而京師亦不過有南北軍、期門、羽林而已。邊境有事，諸侯有變，皆以虎符調發郡國之兵。至於事已而兵休，則涣然各復其故，是以其兵雖不離農，而天下不至於弊者，未嘗聚也。唐有天下，置十六衛府兵，天下之府八百餘所，而屯於關中者至有五百，然皆無事則力耕而積穀，不惟以自贍養，而又足以廣縣官之儲，是以兵雖聚於京師，而天下亦不至於弊者，未嘗無事而食也。今天下之兵不耕而聚於畿輔者，以數十萬計，皆仰給於縣官，有漢、唐之患而無漢、唐之利，擇其偏而兼用之，是以兼受其弊而莫之分也。天下之財，近自淮甸，而遠至於吴、楚，凡舟車所至，人力所及，莫不盡取以歸於京師。晏然無事，而賦斂之厚，至於不可復加，而三司之用，猶苦其不給，其弊皆起於不耕之兵聚於内，而食四方之貢賦。非特如此而已，又有循環往來屯戍於郡縣者。昔建國之初，所在分裂，擁兵而不服。太祖、太宗，躬擐甲胄，力戰而取之，既降其君而籍其疆土矣，然其故基餘孽猶有存者，上之人見天下之難合而恐其復發也，於是出禁兵以戍之。大自藩府，而小至於縣鎮，往往皆有京師之兵。由此觀之，則是天下之地，一尺一寸，皆天子自爲守也。而可以長久而不變乎？費莫大於養兵，養兵之費莫大於征行。今出禁兵而戍郡縣，遠者或數千里，其月廩歲給之外，又日供其芻糧，三歲而一遷，往者紛紛，來者纍纍，雖不過數百爲輩，而要其歸，無以異於數十萬之兵。三歲而一出征也，農夫之力安得不竭？餽運之卒安得不疲？且今天下未嘗有戰鬬之事，武夫悍卒非有勞伐可以邀其上之人，然皆不得爲休息閑居無用之兵者，其意以爲爲天子出戍也。是故美衣豐食，開府庫，輦金帛，若有所負，一逆其意，則欲群起而譟呼，此何爲者也？天下一家，且數千百年矣。民之戴君，至於海隅，無以異於畿甸，亦不必舉疑四方之兵而專信禁兵也。曩者蜀之有均賊，近歲貝州之亂，未必非禁兵致之。臣愚以爲郡縣之土兵，可以漸訓而陰奪其權，則禁兵可以漸省而無用，天下武健豈有常所哉？山川之所習，風氣之所咻，四方之民一也。昔者戰國常用之矣，蜀人之怯懦，吳人之短小，皆嘗以抗衡於上國，又安得禁兵而用之〔四一〕？今之土兵所以鈍弊劣弱而不振者，彼見郡縣皆有禁兵而待之異等，是以自棄於賤隸役夫之間，而將吏亦莫訓也。苟禁兵漸省，而以其資糧益優郡縣之土兵，則彼固以歡欣踴躍出於意外，戴上之恩而願效其力，又何遽不如禁兵邪！夫土兵日以多，禁兵日以少，天子扈從、捍城之外，無所復用。如此，則內無屯聚仰給之費，而外無遷徙供億之勞，費之省者，又已過半矣。

其二曰練軍實。「三代之兵，不待擇而精，其故何也？出兵於農，有常數而無常人。國有事要，以一家而備一正卒，如斯而已矣。是故老者得以養，疾病者得以爲閑，民而役於官者莫不皆其壯子弟，故其無事而田獵，則未嘗發老弱之民；師行而餽糧，則未嘗食無用之卒，使之足輕險阻而手易器械，聰明足以赴旗鼓之節，强鋭足以犯死傷之地，千城之衆〔四二〕，而人人足以自捍，故殺人少而成功多，費用省而兵卒强。蓋春秋之時，諸侯相併，天下百戰，其經、傳所見謂之敗績者，如城濮、鄢陵之役，皆不過犯其偏師，而獵其游卒，斂兵而退，未有僵尸百萬，流血江河，如後世之戰者，何也？民各推其家之壯者以爲兵，則其勢不可得而多殺也。及至後世，兵民既分，兵不得復而爲民，於是始有老弱之卒。夫既已募民而爲兵，其妻子屋廬既已託於營伍之中，其姓名既已書於官府之籍，行不得爲商，居不得爲農，而仰食於官，至於衰老而無歸，則其道誠不可以棄去。是故無用之卒，雖薄其資糧而皆廩之終身。凡民之生，自二十以上至於衰老，不過四十餘年之間，勇鋭强力之氣，足以犯堅冒刃者，不過二十餘年。今廩之終身，則是一卒凡二十年無用而食於官也。自此而推之，養兵十萬，則是五萬人可去也；屯兵十年，則是五年爲無益之費也。民者天下之本，而財者民之所以生也。有兵而不可使戰，是謂棄財；不可使戰而驅之戰，是謂棄民。臣觀秦、漢之後，天下何其殘敗之多邪！其弊皆起於分民而爲兵，兵不得休，使老弱不堪之卒，拱手而就戮。故有以百萬之衆，而見屠於數千之兵者；有良將善用，不過爲餌，委之啖賊。嗟夫！三代之衰，民之無罪而死者，其不可勝數矣。今天下募兵至多，往者陝西之役，舉籍平民以爲兵，加以明道、寶元之間，天下旱蝗，次及近歲青、齊之饑，與河、朔之水災，民急而爲兵者日益衆，舉籍而按之，近世以來，募兵之多無如今日者，然皆老弱不教，不能當古之十五，而衣食之費，百倍於古，此甚非所以長久而不變者也。凡民之爲兵者，其類多非良民，方其少壯之時，博弈飲酒，不安於家，而後能捐其身，至其少衰而氣沮，蓋亦有悔而不復者矣。臣以謂五十以上願復而爲民者，宜聽。自今以往，民之願爲兵者，皆三十以下則收，限以十年而除其籍。民三十而爲兵，十年而復歸，其精力思慮，猶可以養生送死，爲終身之計。其應募之日，心知其不出十年而爲十年之計，則除其籍而不怨。以無用之兵終身坐食之費而爲重募，則應者必衆。如此，縣官常無老弱之兵，而民之不任戰者不至於無罪而死。彼皆知其不過十年而復爲平民，則自愛其身而重犯法，不至於叫呼無賴，以自棄於凶人。今夫天下之患，在於民不知兵。故兵常驕悍而民常怯，盜賊攻之而不能禦，戎狄掠之而不能抗。今使民得更代而爲兵，兵得復還而爲民，則天下之知兵者衆，而盜賊戎狄將有所忌。然猶有言者〔四三〕，將以爲十年而代，故者已去而新者未教，則緩急有所不濟。夫所謂十年而代者，豈舉軍而並去之？有始至者，有既久者，有將去者，有當代者，新故雜居而教之，則緩急可以無憂矣。」

英宗治平初，兵一百一十六萬二千，而禁軍馬步六十六萬三千。

治平元年，宰相韓琦上言：「古者籍民爲兵，故其數雖多而贍至薄。唐置府兵最近古。天寶以後，廢不能復。今之『義勇』，河北幾十五萬，河東幾八萬，勇悍純實，生於天性。而有物力資産、父母妻子之所係，若稍加簡練，與唐府兵何異？陝西嘗刺弓手爲『保捷』，其後揀放，所存無幾。且河北、河東、陝西三路，皆控西北，事當一體。請於陝西亦點『義勇』，止涅手背，一時不能無小擾，而終成長利。」乃遣官陝西路籍「義勇」，得十三萬八千四百六十五人〔四四〕。

知諫院司馬光上言：「昔康定、慶曆之間，朝廷以元昊犯邊，官軍不利，已曾籍陝西之民以爲鄉弓手。始者明出敕榜云：『但欲使之守護鄉里，必不刺充正軍，屯戍邊境。』榜猶未收，而朝廷盡刺充『保捷』指揮，令於邊州屯戍。當是之時，臣丁憂在陝，備見其事。民皆生長太平，不識金革，一旦調發爲兵，自陝以西，閭閻之間，如人人有喪，户户被掠，號哭之聲，彌天亘野，天地爲之慘悽，日月爲之無色，往往逃避於外，官中縶其父母妻子，急加追捕，鬻賣田園，以充購賞。暨刺面之後，兵員教頭，利其家富，百端誅剝，衣糧不足以自贍，須至取於私家。或屯戍在邊，則更須千里供送，祖、父財産，日銷月鑠，以至於盡。況其平生所習者，則惟桑麻耒耜，至於甲胄弩槊，雖日加教閱，不免生疏。而又資性戇愚，加之畏懦，臨敵之際，得便即思退走，不惟自喪其身，兼更拽動大陣。自後官中知其無用，遂大加沙汰，給與公憑，放令逐便。而惰遊已久，不復肯服稼穡之勞，兼田産已空，無所復歸，皆流落凍餒，不知所在。長老至今言之，猶長嘆出涕。其爲失策，較然可知。足以爲後來之戒，而不足以爲法也。」

又言：「祖宗平諸鎮，一天下，豈嘗有義勇哉？自趙元昊反，諸將覆師者相繼，終不能出一旅之衆，涉區脱之地，以討其罪，不免爲姑息之計。當是時，三路鄉兵數十萬，何嘗得一人之力乎！議者必曰：『河北、河東，不用衣廩，得勝兵數十萬，閲教精熟，皆可以戰。』又：『兵出民間，合於古制。』臣謂不然。彼數十萬者，虛數也；閲教精熟者，外貌也；兵出民間者，多與古同，而實異也。蓋州縣承朝廷之意，止求數多。閲教之日，觀者但見其旗號鮮明，鉦鼓備具，行列有序，進退應節，即嘆美以爲真可以戰。殊不知彼猶聚戲，若聞寇敵，則瓦解星散，不知所之矣。古者兵出民間，民耕桑之所得，皆以衣食其家，故處則富足，出則精鋭。今既賦斂農民之粟帛以贍正軍，又籍農民之身以爲兵，是一家獨任二家之事也。如此，則民之財力安得不屈？臣愚以爲河北、河東已刺之民，猶當放遣，況陝西未刺之民乎？」

又言：「臣比日以來，熟思其事，誠於民有世世之害，於國無分毫之利。何謂於民有世世之害？臣竊見河北、陝西、河東，自景祐以前，本無義勇，凡州縣諸般色役，並是上等，有物力人户支當。其鄉村下等人户，除二税之外，更無大段差徭。自非大饑之歲，則温衣飽食，父子兄弟，熙熙相樂。自寶元、慶曆之間，將陝西一路弓手，盡刺充『保捷』正軍，自此騷然愁苦矣。其河北、河東之民，比於陝西路，雖免離家去鄉戍邊死敵之患，然一刺手背之後，或遇水旱凶荒，欲分房逐熟，或典賣盡田産，欲浮游作客，皆慮官中非時點集，不敢東西。又差點之際，州縣之吏，寧無乞覓？教閱之時，軍員教頭，寧無斂掠？是以常時色役之外，添此一種科徭。云云。且今日既籍之後，州縣義勇，皆有常數，每有逃亡病死，州縣必隨而補之。然義勇之身，既羈縻以至老死，而子孫若有壯丁，又不免刺爲義勇，是使陝西之民，子子孫孫，常有三分之一爲兵，故臣曰於民有世世之害也。何謂於國無分毫之利者？曰：古之兵皆出民間，豈民兵可用於古而不用於今乎？臣對曰：三代之時，用井田之法，以出士卒車馬，居則爲比、閭、族、黨、州、鄉，行則爲伍、兩、卒、旅、師、軍。爲之長者，皆鄉士大夫也。唐初府兵各有營府，有將軍、郎將、折衝、果毅，以相統攝。是以令下之日，數萬之衆，可以立具，無敢逃亡避匿者，以其紀綱素備故也。今鄉兵則不然。雖有軍員節級之名，皆其鄉黨、族姻，平居相與拍肩、把袂、飲博、鬬毆之人，非如正軍有階級上下之嚴也。若安寧無事之時，州縣聚集教閱，則亦有行陣旗鼓，開弓彍弩，坐作叫譟，真如可以戰敵者，設若聞胡寇大入，邊兵已敗，邊城不守，則莫不望風聲奔波迸散，其軍員節級，將鳥伏鼠竄，自救之不暇，豈有一人能爲縣官率士卒以待寇乎！臣故曰於國無分毫之利也。」

韓魏公建議於陝西刺「義勇」，凡三丁刺一，每人支買弓箭錢三貫，深山窮谷無得脱者，人情驚撓，而兵紀律疏略，終不可用，徒費官錢不貲，無一人敢言其非者。司馬光時爲諫官，極言不便，持劄子至中書。魏公曰：「兵貴先聲後實，今諒祚方桀驁，使聞陝西驟益二十萬兵，豈不震慴？」光曰：「兵之貴先聲〔四五〕，爲無其實也，獨可以欺人於一日之間耳，少緩則敵知其情，不可復用矣。今吾雖益二十萬兵，然實不可用過十日，西人知其詳，不復懼矣。」魏公不能答，復曰：「君但見慶曆間陝西鄉兵初刺手背，後皆刺面充正兵，憂今復爾耳。今已降敕榜與民約，永不充軍戍邊矣。」光曰：「朝廷屢失信，民間皆憂此事未敢以敕榜爲信，雖光亦不能不疑也〔四六〕。」魏公曰：「吾在此，君無憂此語之不信。」光曰：「光不敢奉信。非獨不敢，恐相公亦不能自信耳。」魏公怒曰：「君何相輕甚邪！」光曰：「相公長在此坐，可也。萬一均逸偃藩，他人在此，因相公見成之兵，遣以運糧戍邊，反掌間耳。」魏公竟不爲止。其後不十年，義勇運糧沿邊，率以爲常，如光言。

校勘記

〔一〕由是亡者皆聚山澤爲盜　「澤」原作「谷」，據資治通鑑卷二六六後梁紀一開平元年十一月甲申條改。

〔二〕自今雖文面亦聽還鄉里　「雖」字原脱，據資治通鑑卷二六六後梁紀一開平元年十一月甲申條補。

〔三〕賜從車駕立功將校爲奉天定難功臣　「車」原作「軍」，據馮本及五代會要卷一二軍雜録改。

〔四〕無問自居及僦者　「自」原作「白」，據資治通鑑卷二七九後唐紀八清泰元年四月庚寅條改。

〔五〕下軍巡使獄　「使」字原脱，據資治通鑑卷二七九後唐紀八清泰元年四月庚寅條補。

〔六〕卒以是驕　「是」原作「自」，據資治通鑑卷二七九後唐紀八清泰元年四月庚寅條改。

〔七〕流言乃息　「乃」字原脱，據元本、慎本、馮本及資治通鑑卷二九一顯德元年正月壬午條補。

〔八〕揀其驍勇　「揀」原作「練」，據宋史卷一八七兵志一改。

〔九〕王倫叛而東南有宣毅之類　「叛」原作「判」，據元本、慎本、馮本及止齋先生文集卷一九赴桂陽軍拟奏事札子改。

〔一〇〕然亦無過九大郡　止齋先生文集卷一九赴桂陽軍拟奏事札子作「然亦無過大郡要害之處」。

〔一一〕而亦不足戰　止齋先生文集卷一九赴桂陽軍拟奏事札子作「而不知戰」。

〔一二〕太原青社各十萬人　「社」原作「杜」，據元本、慎本、馮本改。

〔一三〕其擒賊首領酋渠並得旗鼓者　「領」下原衍「有」字，據宋會要輯稿刑法七之二删。

〔一四〕後馬有犯者下行陣大寨不齊者　宋會要輯稿刑法七之三「後」下有「攔」字，「下行陣大寨」作「陣既成列而」。

〔一五〕左右指使　「使」，宋會要輯稿刑法七之三作「揮」。

〔一六〕或募土人就在所團立　「募」字原脱，據宋史卷一九三兵志七補。

〔一七〕弱者給漕挽　「挽」原作「輓」，據馮本及宋史卷一九三兵志七改。

〔一八〕禁軍額闕多選本城補填　「闕」原作「員」，據宋史卷一八七兵志一改。

〔一九〕差以寸分而視其奉錢之數　「分」原作「坊」，據宋史卷一九三兵志七改。

〔二〇〕諸軍執杖者不設等杖　「諸軍執杖者」，宋史卷一九三兵志七作「諸司管庫執杖者」，疑是。

〔二一〕諸庾分給諸營　「庾」，宋史卷一九四兵志八作「倉」。

〔二二〕法寺裁定諸軍衣裝　「寺」原作「自」，據宋史卷一九四兵志八改。

〔二三〕誠願罷河北陝西募住營兵　「住」原作「往」，據元本、慎本、馮本及宋史卷一九四兵志八、長編卷一一四景祐元年五月乙丑條改。

〔二四〕祖宗以兵定天下　「宗」下原衍「時」字，據宋史卷一八七兵志一刪。

〔二五〕則可以定其路馬步一營以若干人爲額　「其」原作「某」，據宋史卷一八七兵志一改。

〔二六〕然積習已久勢不可廢　「習已」原作「之」，「勢」字原脱，據寓簡卷五改補。

〔二七〕父子兄弟夫婦長有生離死别之苦　「夫婦」二字原脱，「長」原作「嘗」，據寓簡卷五補改。

〔二八〕後世既取强悍無賴者養以爲兵　「悍」原作「健」，據寓簡卷五改。

〔二九〕冒爲軍營子弟　「冒」原作「謂」，據長編卷一七九至和二年五月癸亥條改。

〔三〇〕田曠則賦役重　「則」字原脱，據長編卷一七九至和二年五月癸亥條補。

〔三一〕而不知其終身驕惰而竊食也　「其」字原脱，據歐陽文忠公文集卷五九原弊補。

〔三二〕而一去爲僧兵　「僧」原作「僧」，據歐陽文忠公文集卷五九原弊改。

〔三三〕所費八九百萬　「百」原作「十」，據歐陽文忠公文集卷五九本論改。

〔三四〕則群聚而呼持梃欲擊天子之命吏　原作「則持梃而呼群聚欲擊天子之命吏」，據歐陽文忠公文集卷五九本論改。

〔三五〕易五姓十三君　「三」原作「二」，據歐陽文忠公文集卷五九本論改。

〔三六〕而亡國被弑者八　「弑」原作「殺」，據歐陽文忠公文集卷五九本論改。

〔三七〕顧其力有不能爲者　「有」與「爲」二字原脱，據歐陽文忠公文集卷五九本論補。

〔三八〕以至狹之中國　「狹」原作「加」，據歐陽文忠公文集卷五九本論改。

〔三九〕尚何暇法象規矩而爲制度乎　「乎」字原脱，據歐陽文忠公文集卷五九本論補。

〔四〇〕民不得息肩而無事於兵者千有餘年　「千」原作「十」，據蘇東坡應詔集卷四策別十九改。

〔四一〕又安得禁兵而用之　「又」原作「夫」，據蘇東坡應詔集卷四策別十九改。

〔四二〕千城之衆　「千」原作「干」，據蘇東坡應詔集卷五策別二十一改。「城」，元本、慎本、馮本作「乘」。

〔四三〕然猶有言者　「猶」原作「獨」，據蘇東坡應詔集卷五策別二十一改。

〔四四〕得十三萬八千四百六十五人　宋史卷一九一兵志五作「陝西路治平初總十五萬六千八百七十三人」。

〔四五〕兵之貴先聲　「貴」原作「用」，據宋史卷三三六司馬光傳改。

〔四六〕雖光亦不能不疑也　「不能不」原作「未免」，據宋史卷三三六司馬光傳改。

卷一百五十三　兵考五

兵制

神宗即位之初，總治平之兵一百十六萬二千，而禁軍步騎六十六萬三千。帝患兵冗不繼，始議銷併，乃親制選練之法，靡不周悉。其立軍之制，非新經科簡，即團併有餘，或特創名，或因舊額增損，指揮之數無常焉。

熙寧元年，詔諸路監司察州兵揀不如法者按之，不任禁軍者降廂軍，不任廂軍者免爲民。

先是陳升之建議，衛兵四十以上稍不中程者量減請衣糧，徙之淮南。呂公弼上言，以爲既使之去本土又減其常廩，於人情未安。且事體甚大，難遽行也。司馬光亦言其不便，曰：「在京禁軍及其家屬，率皆生長京師，親姻聯布，安居樂業，衣食縣官日久。年四十五未爲衰老，尚任征役，一旦別無罪負，削廩遠徙，是横遭降配也。沙汰既多，人情惶惑，大致愁怨。雖國家既承平，紀綱素張，此屬恟恟，亦無能爲患〔一〕。然詔書一下，萬一有道路流言，驚動百姓，朝廷欲務省事，復爲收還，則頓失威重，向後不復可號令驕兵。若遂推行，則衆怨難犯，梁室分魏博之兵，致張彥之亂，此事之可鑑者也。且國家竭天下之財，養長征兵士，本欲備禦邊陲。今淮南非用武之地，而多屯禁軍，坐費衣食，是養無用之兵，實諸無用之地也。又使邊陲常無事則已，異日或小有警急，主兵之臣，必争求益兵。京師之兵既少，必須使者四出，大加召募，廣爲揀選，將數倍多於今日所退之兵。舊兵尚請衣糧，而新兵更添衣糧。是棄已教閱經戰之兵，而收市井畎畝之人，本欲減冗兵而冗兵更多〔二〕，本欲省大費而大費更廣，竊恐非計之得也。臣愚伏願朝廷且依舊法，每歲揀禁軍有不任征戰者減充小分，小分復不任執役者，放令聽其自便在京居止，但勿使老病者尚占名籍〔三〕，虚費衣糧。人情既安於所習，皆無怨嗟；國家又得其力用，不爲虚設。冗兵既去，大費自省。兹事繫國家安危，不敢不言」。右正言李常亦言其不便，從之。

七月〔四〕，手詔：「揀諸路半分年四十五以下勝甲者〔五〕，陞爲大分；五十以上願爲民者，聽之。」舊制：兵至六十一始免，猶不即許也。至是免爲民者甚衆，冗兵由是大省。

二年，詔併廢諸軍營。陝西馬步軍營三百二十七，併爲二百七十，馬軍額以三百人，步軍以四百人。其後，總兵之撥併者，馬步軍五百四十五營，併爲三百五十五。而京師之兵，類皆撥併畿甸諸路，及廂軍皆會總畸零，各定以常額。凡併營，先爲繕新其居室，給遷徙費。軍校溢員者，以補他軍之闕，或隨所併兵入各指揮〔六〕，依職高下同領。

先時，軍營皆有額。皇祐格：馬軍滿四百、步軍滿五百人爲一營。承平日久，兵制寖弛，額存而兵闕，馬一營或止數十騎，兵一營或不滿一二百〔七〕。既不成部分，而將校猥多，賜予廪給十倍士卒，遞遷如額，不敢少損。帝患之，乃詔併廢諸營。嘗謂輔臣曰：「天下財用，朝廷稍加意，則所省不可勝計。乃者銷併軍營，計減軍校十將以下三千餘人，除二節賜予及傔從廩給外，計一歲所省，爲錢四十五萬緡，米四十萬石，紬絹二十萬疋，布三萬端，馬藁二百萬。庶事若此，邦財可勝用哉！」初帝議併營，大臣皆以爲兵驕已久，遽併之，必召亂。帝不聽，獨王安石贊帝力行之。自熙寧至元豐，歲有廢併甚衆。

三年，樞密院文彥博等上在京開封府界及京東等路禁軍數，帝亦自內出治平中兵數參照，顧問久之，遂詔殿前司〔八〕：「虎翼除水軍一指揮外，存六十指揮〔九〕，各以五百人爲額，總三萬四百人。在京增廣勇五指揮，共二千人。開封府界定六萬二千人〔一〇〕，京東五萬一千二百人，兩浙四千人，江東五千二百人，江西六千八百人，湖南八千三百人，湖北萬二千人，福建四千五百人，廣南東、西各千二百人〔一一〕，川陝三路共四千四百人爲額〔一二〕。在京其餘指揮，並河東、陝西、京西、淮南路前已撥併，其河北以人數尚多，須後命〔一三〕。」是月〔一四〕，詔河北禁軍以七萬爲額。初，河北兵籍比諸路爲多，其沿邊者悉仰給三司，言事者屢請損其數，因撥併畸零，立額爲七萬。以京東土地饒沃，租賦有餘，於是增置武衛軍，嚴其訓練之法，不數年皆爲精兵。至是分隸河北四路。後又以三千人戍揚、杭州、江寧府〔一五〕，以議者言東南兵募寡〔一六〕，而盜賊多故也。其後又團結諸軍，置將分領，謂之將云。八月，帝手詔：「倉吏給軍糧，例有虧減，出軍之家，侵牟益甚，豈朕所以愛養兵卒之意？自今給糧，毋損其數。三司具爲令。」於是嚴河倉乞取減刻罪賞，而兵糧每石及十㪷，士卒歡呼。十二月，詔行保甲法。畿內之民，十家爲一保，選主户有幹力者一人爲保長；五十家爲一大保，選一人爲大保長；十大保爲一都保，選爲衆所服者爲都保正，又以一人爲之副〔一七〕。應主客户兩丁以上，選一人爲保丁。附保〔一八〕，兩丁以上有餘力，丁壯勇者亦附之，内家貲最厚、材力過人者亦充保丁。兵器非禁者聽習。每一大保夜輪五人警盜。凡告捕所獲，以賞格從事。同保犯强盜、殺人、放火、强姦、掠人、傳習妖教、造畜蠱毒，知而不告，依律伍保法。餘事不干己〔一九〕，又非敕律所聽糾，皆毋得告，雖知情亦勿坐。若於法鄰保合坐罪者乃坐之〔二〇〕。其居停强盜三人，經三日，保鄰雖不知情，科失覺罪。逃移、死絶，同保不及五家，併他保〔二一〕。有自外入保者，收爲同保，户數足則附之，俟及十家，則别爲保，置牌以書其户數姓名，遣官先行畿甸，既就緒，遂推之五路，以遍於天下。

王安石欲變募兵而行保甲，帝從其議。帝嘗言節財用，安石對以減兵最急。帝曰：「比慶曆時，數已甚減矣。」因舉河北、陝西兵數，慮募兵太少，又訓練不精。安石曰：「精訓練募兵，而鼓舞三路之民習兵，則兵可省。臣屢言，河北舊爲武人割據，内抗朝廷，外敵四鄰，亦有禦奚、契丹者，兵儲不外求而足。今河北户口蕃息，又舉天下財物奉之，常苦不足〔二二〕，以當一面之夷狄，其施設乃不如武人割據時。此無他，惟能專用其民故也。臣以爲倘不能理兵，稍復古制，則中國無富强之理。陛下若欲去數百年募兵之弊，則宜果斷，立法制令，本末備具，不然，無補也。」帝曰：「制而用之，在法當預立條制，以漸推行可也。」安石又曰：「陛下以爲柴世宗能辟土疆、服天下者，何也？」帝曰：「世宗非能果斷乎？」安石曰：「是也。世宗能使兵威復振，非但高平之戰能斬樊愛能等而已，天下盜賊、殺人亡命者，皆募以爲禁軍。史臣以爲當時孤子寡婦，見仇讎而不敢校，後悔之莫有貸者。臣以爲史官不足以知世宗，世宗非悔也。方中國兵弱，以爲非募此輩不足以勝諸僭僞之國。及所募已足，則法不可久弛，故不復貸其死，此乃定計數於前，必事功於後，豈以爲悔也？世宗募盜賊、殺人亡命者以爲禁衛，不以爲虞，誠有帝王威略故也。今當平世，發義勇入衛，有爵賞禄爲勸利，而乃更憂其爲變，豈篤論哉？大抵世人習見募兵，而不見民兵之事，故一聞此議，則不能無駭。然募兵之法不變〔二三〕，乃實可憂也。」彦博等又以爲土兵難使千里出戍。安石曰：「前代征琉球，討党項，豈非府兵乎？」帝曰：「募兵專於戰守，故或可恃；至民兵，則兵農其業相半，可恃以戰守乎？」安石曰：「唐以前未有黥兵，然亦可以戰守。臣以爲募兵與民兵無異，顧所用將帥何如爾。」

一日，帝批：「陳留縣見行保甲，每十人一小保，中三人或五人須要弓箭，縣吏督責，無者有刑。又每保令置鼓，人置一鼓，費錢不少。至有質衣而買弓箭者，可見貧乏艱於出備，可速指揮禁戢。」安石曰：「民貧宜有之。抑民使置弓箭，則法所弗許也。往者冬閱及巡檢番上，唯就用官弓矢而已，不知百姓何故至於質衣也。然自生民以來，兵農爲一，男子生則以桑弧蓬矢射四方，明弓矢者男子之所有事。蓋耒耜以養生，弓矢以免死，皆凡民所宜自具，自古未有造耒耜、弓矢以給百姓者也。然則，雖使百姓置弓矢未爲過。第陛下憂恤百姓甚至，故今立法一聽民便爾。且府界素多群盜，攻劫殺掠〔二四〕，一歲之間，至二百夥，逐夥皆有賞錢，備賞之人，即今保丁也。方其備賞之時，豈無賣易衣服以納官賞者？然人皆以爲賞錢宜出於百姓。夫出錢之多不足以止盜，而保甲之能止盜，其效已見於今日，則雖令民出少錢以置器械，未有損也。」帝曰：「賞錢，人所習慣，則安之如自然；不習慣，則不能無怨。如河決壞民產，民不怨；決河以壞民產，則怨矣。」

四年，始詔畿內保丁肄習武事。歲農隙，所隸官期日於要便鄉村都試騎步射〔二五〕，並以射中親疏遠近爲等。騎射校其用馬，有餘藝而願試者，聽之。第一等保明以聞，引見於庭，天子親閱試之，命以官使〔二六〕。第二等免當年春夫一月、馬藁四十、役錢二千。本户無可免，或所免不及，聽移他户而受其直。第三等、四等，視此有差。即藝未精願來閱試者，聽。

五年，知制誥、判司農寺曾布言：「近日保户數以狀詣縣，願分番隸巡檢司習武伎，提點司以聞朝廷及司農寺，而未敢輒議。」於是詔：「主户保丁願上番於巡檢司者，十日一更，疾故者次番代之，月給口糧、薪菜錢，分番巡警。」又詔尉司上番保丁如巡檢司之法。

始行保甲。初以捕盜賊相保任而未肄以武事也，至四年，始詔畿內保丁肄習武事，定其賞罰，然猶番上也。至五年因曾布之說，始令分番隸巡檢司、尉司云。

樞密院言：「在京繫役兵士，舊額一萬八千二百五十九人，見闕六千三百九十二人，若招揀得足，即不須外路勾抽，以免不習水土、凍餒道塗之患。欲於在京及府界、京東西、河北招少壯兵，止供在京工役，不許臣僚差占，不過期年，可使充足。却對減在外招募之數，樁管所減糧賜上京〔二七〕，應省司之用。」從之。

詔：「禁軍俸錢至五百而亡滿七日者斬。」舊制滿三日者死。初執政議更法請滿十日，帝令以七日。

六年，詔開封府界以都保置木契〔二八〕，左留司農寺，右付其縣，凡追胥、閱試、肄習則出契。是月，又詔行於永興、秦鳳、河北東、西、河東五路，唯毋上番〔二九〕。餘路止相保任，毋習武藝。内荆湖、川、廣沿邊者，可肄武事，令監司度之。後惟全邵土丁〔三〇〕、邕欽洞丁、廣東槍手改爲保甲者則肄焉。十二月，乃罷河北西路强壯、沿邊弓箭社常繫籍番上巡守者。初開封府畿、五路保甲及五萬人，二年一解發，詣京師閲試命官，開封府畿十人，五路七人。八年，詔開封府畿及一萬人、五路及一萬五千人〔三一〕，各許解發一人。

初，保甲隷司農，八年，改隷兵部，增同判一、主簿二、幹當公事官十〔三二〕，分按諸州，其政令則聽於樞密院。

七年，始詔總開封府畿、京東西、河北路兵分置將、副。自河北始，自第一將以下共十七將，在河北四路〔三三〕；自第十八將以下共七將，在府畿；自第二十五將以下共九將，在京東〔三四〕；自第三十四將以下共四將，在京西。合爲三十七。而鄜延、環慶、涇原、秦鳳、熙河又自列將。其在鄜延者九，在涇原者十一，在環慶者八，在秦鳳者五，在熙河者九，合爲四十二。

八年，又詔增置馬軍十三指揮，分京東西兩路。又募教閲忠果十指揮，在京西，額各五百人，其六在唐、鄧，其四在蔡、汝。

元豐二年，又增置土兵勇捷兩指揮於京西，額各四百人，唐州方城爲右第十一，汝州襄城爲左第十二。凡馬軍十三指揮，忠果及土軍共十二指揮。

四年，詔團結東南路諸軍亦如畿京法，共十三將。自淮南始，東路爲第一，西路爲第二，兩浙西路爲第三，東路爲第四，江南東路爲第五，西路爲第六，荆湖北路爲第七、南路潭州爲第八，全邵、永州應援廣西爲第九，福建路爲第十，廣南東路爲第十一，西路桂州爲第十二，邕州爲第十三。總天下爲九十二將，而鄜延五路又有漢蕃弓箭手，亦各附諸將而統隸焉。凡諸路將各置副一人，東南兵三千人以下唯置單將〔三五〕；凡將副皆選内殿崇班以上、嘗歷戰陣、親民者充之，亦詔監司奏舉；又各以所將兵多寡，置部將、隊將、押隊、使臣各有差；又置訓練官次諸將佐；春秋都試，擇武力士，凡千人選十人，皆以名聞〔三六〕，而待旨解發，其願留鄉里者勿强遣，此將兵之法也。

五代承唐藩鎮之弊，兵驕而將專，務自封殖，横猾難制。祖宗初定天下，懲創其弊，分遣禁旅，戍守邊地，率一二年而更，欲使往來道路，足以習勞苦，南北番戍，足以均勞佚，故將不得專其兵，而兵亦不至驕惰。及承平既久，方外郡國，合爲一家，無復如曩時之難制，而禁旅更戍，尚循其舊，新故相仍，交錯旁午，相屬於道。議者以爲更番迭戍，無益於事，徒使兵不知將，將不知兵，緩急恐不可恃。神宗即位，慨然更制，部分諸路將兵，總隸禁旅，使兵知其將，將練其士卒，平居訓厲蒐擇，無復出戍，外有事而後遣焉，謂之將兵。

元豐二年，以兖、鄆、齊、濟、濱、棣、德、博民饑，募爲兵，以補開封府界、京東西將兵之闕。又詔〔三七〕：「在京俸錢七百以下，選募馬步軍萬五千人；開封府界及本路共選募義勇保甲萬人〔三八〕；如涇原五千人不足，於秦鳳路選募。」

四年，詔：「五路義勇，悉改爲保甲。」

上曰：「河東修義勇强壯法。又令團集保甲，如何？」安石對曰：「義勇須隱括丁數。若因團集保甲，即一動而兩業就。今既遣官隱括義勇，又別遣官團結保甲，即一事分爲兩事，恐民不能無擾。」上曰：「保甲不可代正軍上番不？」安石曰：「俟其習熟，然後上番，然東兵技藝亦弗能優於義勇、保甲，臣觀廣勇、虎翼兵固然。今爲募兵者，大抵皆偷惰頑猾、不能自振之人。爲農者，皆朴力一心聽令之人。以此校之，則緩急莫如民兵可用。」馮京曰：「太祖征伐天下，豈必用農兵？」安石曰：「太祖時接五代，百姓困極，公侯多自軍中起，故豪傑以從軍爲利。今百姓安業樂生，而軍中不復有如嚮時拔起爲公侯者，即豪傑不復在軍，而應募者大抵皆偷惰不能自振之人而已。」帝曰：「兵之强弱在人。五代兵弱，至世宗而强。」安石曰：「世宗所收，亦皆天下强梁之人，此其所以强也。」帝卒從安石議。帝曰：「保甲、義勇有芻糧之費，當預爲之計。」安石曰：「當減募兵，取其費供之。所供保甲之費，纔養兵十之一二。」帝曰：「畿内募兵之數，已減於舊。强本之勢，未可悉減。」安石曰：「既有保甲代其役，即不須募兵。今京師募兵，逃死停放，一季乃數千，但勿招填，即爲可減。然今厢軍既少，禁兵亦不多。臣願早訓練民兵，民兵成，則募兵當減矣。」

是年，府界、河北、河東、陝西路會校保甲，都保凡三千三百六十六〔三九〕，正長、壯丁凡六十九萬一千九百四十五。歲省舊費緡錢一百六十六萬一千四百八十三，歲費緡錢三十一萬三千一百六十六，而團教之賞，爲錢一百萬緡有奇不與焉。凡集教、團教成，歲遣使則謂之提舉按閲〔四〇〕，率以近臣挾内侍往給賞錢〔四一〕，按格令從事。諸路皆以番次藝成者先按閲，率五六歲一遍。獨河東以金帛不足以賞，乃至十一歲。上詔晉人勇悍，俗尚武事，又介居二虜之間，講勸宜不可後，其加賜緡錢十五萬焉。其繫籍義勇、保甲及民兵，熙寧九年之數。合七百一十八萬二千二十八人。

八年四月，哲宗嗣位，宣仁太后臨朝，知陳州司馬光上疏，乞罷保甲。

光疏曰：「兵出民間，雖云古法，然古者八百家纔出甲士三人、步卒七十二人，閒民甚多，三時務農，一時講武，不妨稼穡。自兩司馬以上，皆選賢士大夫爲之，無侵漁之患，故卒乘輯睦，動則有功。今籍鄉村人民，二丁取一，以爲保甲，授以弓弩，教之戰陳，是農民半爲兵也。三四年來，又令河北、河東、陝西置都教場，無問四時，每五日一教。特置此使者比監司，專切提舉，州縣不得干預。每一丁教閱，一丁供送，雖云五日，而保正長以泥堋除草爲名，日聚教場，得賂則縱，不則留之，是三路耕耘收穫稼穡之業幾盡廢也。自唐開元以來，民兵法壞，戍守戰攻〔四二〕，盡募長征兵士，民間何嘗習兵？夫兵者凶器，聖人不得已而用之。國家承平百有餘年，四夷順服，戴白之老不識兵革，一旦畎畝之人忽皆戎服執兵，奔駈滿野，耆舊嘆息以爲不祥。事既草創，調發無法，比户騷然，不遺一家。又巡檢、指使，按行鄉村，往來如織。保正、保長，依倚弄權，坐索供給，多責賂遺，小不副意，妄加鞭撻，蠶食行伍，不知紀極。中下之民，罄家所有，侵肌削骨，無以供億，愁苦困弊，靡所投訴，流移四方，襁負盈路。又朝廷時遣使者，徧行按閱，所至犒設賞賚，糜費金帛，以巨萬計。此皆鞭撻平民銖兩丈尺而斂之，一旦用之如糞土。而鄉村之民，但苦勞役〔四三〕，不感恩澤。於農民之勞既如彼，國家之費又如此，終何所用哉？若使之捕盜賊，衛鄉里，則何必如此之多？若使之戍邊境，征戎狄，則戎狄之民〔四四〕，以騎射爲業，以攻戰爲俗，自幼及長，更無他務；中國之民，生長太平，服田力穡，雖復授以兵械，教之擊刺，在教場之中坐作進退，有似嚴整，必若使之與戎狄相遇，填然鼓之，鳴鏑始交，其奔北潰敗可以前料，決無疑也，是猶驅群羊而戰豺狼也。當是時，豈不誤國事乎？又悉罷三路巡檢下兵士及諸縣弓手，皆易以保甲〔四五〕。令主簿兼縣尉，但主城市以裏〔四六〕；其鄉村盗賊，悉委巡檢，而巡檢兼掌巡按保甲教閲〔四七〕，朝夕奔走，猶恐不辦，何暇逐捕盗賊哉？及保甲中往往有自爲盗者，亦有乘保馬行劫者。然則設保甲、保馬本欲除盗，乃更資盗也〔四八〕。自教閲保甲以來，河東、陝西、京西盗賊已多，至敢白晝公行，入縣鎮，殺官吏。官軍追討，經歷歲月，終不能制。况三路未至大饑，而盗賊已昌熾如此，萬一遇數千里之蝗旱，而失業饑寒、武藝成就之人，所在蜂起以應之，其爲國家之患，可勝言哉！此非小事，不可以忽。夫奪其衣食，使無以爲生，是驅民爲盗也；使比屋習戰，勸以官賞，是教民爲盗也〔四九〕；又撤去捕盗之人，是縱民爲盗也。謀國如此，果爲利乎，害乎？且嚮者干進之士，説先帝以征伐四夷、開邊拓土之策，故立保甲、户馬、保馬等法。近者登極赦書節文云：『應沿邊州軍，仰逐處長吏並巡檢、使臣、鈐轄、兵士及邊上人户不得侵擾外界，務要静守疆埸，勿令騷擾。』此蓋聖意欲惠綏殊方，休息中國。華夷之人，孰不歸戴，然則保甲、户馬復何所用哉？今雖罷户馬，寬保馬，而保甲猶存者，蓋未有以其利害之詳奏聞者也。臣愚以爲宜悉罷保甲使歸農，召提舉官還朝，量逐縣户口，每五十户置弓手一人，略依沿邊弓箭手法，許蔭本户田二頃，悉免其税役。除出賊地分嚴加科罰，及令出賞錢外，其賊發地分，更不立三限科校，但令捕賊給賞。若獲賊數多及能獲强惡賊人者，各隨功大小遷補職級，或補班行，務在優假弓手，使人勸募。然後募本縣鄉村户有勇力武藝者投充〔五〇〕，計即今保甲中有勇力武藝者必多願應募〔五一〕。若一人闕額〔五二〕，有二人以上争投者，即委本縣令尉選武藝高强者充。武藝衰退者，許他人指名與之比較，若武藝勝於舊者，即令充替。其被替者，更不得蔭田。如此，則不必教閲，武藝自然精熟。一縣之中，其壯勇者既爲弓手，其羸弱者雖使爲盗，亦不能爲患。仍委本州及提點刑獄常按察，令佐有取捨不公者，嚴行典憲。若召募不足，即且於鄉村户上依舊條權差，候有投名者即令充替。其餘巡檢、兵士、縣尉弓手、耆長壯丁逐捕盗賊，並乞依祖宗舊法。」

五月，以司馬光爲門下侍郎。光欲申前説，樞密院先進呈，乞罷團教。光再奏，尋蔡確執奏不行〔五三〕。監察御史王巖叟等極言之。十月，詔提舉府界、三路保甲官並罷，令逐路提刑及府界提點司兼領所有保甲，止冬教三月。又詔逐縣監教官並罷，委令佐監教。

巖叟言：「臣初以保甲之法，行之累年，朝廷固已知人情之所共苦，而前日下詔蠲疾病，汰小弱，釋第五等之田不及二十畝者，省一月之六教而爲三日之併教，甚大惠也。然其司常存，其患終在。朝廷知教民以爲兵，而不知其教之太苛而民不能堪；知别爲一司以總之，而不知擾之太煩而民以生怨。教之欲以爲用也〔五四〕，而使之至於怨，則恐一日用之有不如吾意者矣，不可不思也。民之言曰，教法之難不足以爲苦也，而羈縻之虐有甚焉；羈縻不足以爲苦也，而鞭笞之酷有甚焉；鞭笞不足以爲苦也，而誅求之無已有甚焉。方耕方耘而罷，方幹而去〔五五〕，此羈縻之所以爲苦也。其教也，保長得笞之，保正又笞之，巡檢之指使與巡檢者又交撻之，提舉司之指揮使與提舉司之幹當公事者又互鞭之〔五六〕，提舉之官長又鞭之，一有逃避，縣令又鞭之。人無聊生，每相與言曰，恨不死爾，此鞭笞之所以爲甚苦也。創袍、市巾、買弓、修箭、添絃、换包指、治鞍轡、蓋凉棚、畫象法、造隊牌、緝架、僦椅卓、團典紙墨、看聽人僱直〔五七〕、均菜緡、納楷粒之類，其名百出，不可勝數。故其父老之諺曰：『兒曹空手，不可以入教場』，非虚語也。都副兩保正、大小兩保長，平居於家，婚姻喪葬之問遺，秋成夏熟，絲麻穀麥之邀求，遇於城市，一飲一食之責望，此迫於勢而不敢不致者也。一不如意，則以藝不應法爲名，而捶辱之無所不至。又所謂巡檢者、指使者〔五八〕，多由此徒以出，貪而冒法，不顧後禍，有踰於保正、保長者，此誅求之所以爲甚苦也。又有逐養子、出贅婿、再嫁其母、而兄弟析居以求免者，有毒其目、斷其指、炙烙其肌膚以自致於殘廢而求免者，有盡室以逃而不歸者，有委老弱於家而保丁自逃者。保丁者逃，則法當督其家出賞錢十千以募之〔五九〕。使其家有所出〔六〇〕，當未至於逃；至於逃，則困窮可知。而督取十千，何可以得？故縣縣常有數十百家老弱嗟咨於道路，哀訴於公庭。如臣之愚，且知不忍，使陛下仁聖知之，當如何也？又保丁之外，平户之家，凡有一馬，皆令借供。逐場教騎，終日馳驟，往往至於饑羸殘壞而就斃〔六一〕，誰復敢言？或其主家偶因出處，一誤借供，遂有追呼笞責之苦。又或其家官逋督迫，不得已而易之，則有抑令還取之苦，故人人以有馬爲禍。此皆提舉司官吏倚法以生事，重爲百姓之擾也。臣竊惟古者未嘗不教民以戰也，而不聞其有此，何則？因人之情而爲之法耳。夫緣情以推法，則愈久而愈行；倚威以行令，則愈嚴而愈悖。此自然之理也。獸窮則搏，人窮則詐。自古及今，未有窮其下而能無危者也。臣觀保甲一司，上下官吏，無毫髮愛百姓之意，故百姓視其官司不啻虎狼，積憤銜怨，人人所同〔六二〕。比者保丁執指使，逐巡檢，攻提舉司幹當官，大獄相繼，今猶未已。雖民之愚，顧豈忘父母妻子之愛，而喜爲犯上之惡以取禍哉？蓋激之至於此極爾。臣以爲激而益深，安知其發有不甚於此者？情狀如此，不可不先事而慮〔六三〕，以保大體爲安静計。夫三時務農，一時講武，先王之通制也。臣愚以爲一月之間併教三日，不若一歲之終併教一月。農事既畢，無他用心，人自安於講武而無憾。遂可罷提舉司，廢巡教官，一以隸州縣，而俾逐路安撫司總之。每俟冬教，則安撫司旋擇教官，分詣諸邑，與令佐同教於城下〔六四〕。一邑分兩番當一月。起教則與正長論階級，罷教則與正長不相誰何。而百姓獲優游以治生，無終年遁逃之苦，無侵漁苛虐之患，無爭陵犯上之惡矣。且武事不廢，威聲亦全，豈不易而有功哉？」又乞罷三路提舉保甲錢糧司，又乞罷提舉教閱司。又乞罷每歲分保甲爲兩番，於十一、十二兩月上教，不必分作四番，且不必自京師遣官視教，只乞令安撫司差那使臣爲便。並從之。

元祐元年，殿中侍御史呂陶言：「伏見保甲之法，雖已改更，猶有二弊未便於民。其一，爲罷去二十畝已下免教指揮，却令五等户有三丁者皆赴冬教一月。緣民之貧富，不係丁之多少，而教與不教，則有幸與不幸。今田有百畝，家有二丁，則免教是謂之幸。田有十畝，家有三丁，則赴教是謂之不幸，此貧富力役大爲不均。」於是詔府界、三路保甲人户五等已下，地土不及二十畝者，雖三丁以上，並免教。

按籍民爲兵，古法也，雖唐府兵猶然。今熙寧之保甲，則無益而有害。言其無益者，則曰田畝之民，不習戰鬭，不可以代募兵；言有害者，則曰貪污之吏，並緣漁獵，足以困百姓。然民之未諳者，可以教練而能，而吏之爲姦者，則雖加之禁戢，而不能止。故元祐諸賢，議更化瑟而首欲罷此者〔六五〕，以其厲民也。今觀呂陶之言，以爲民之貧富，不係丁之多少，而教與不教，有幸與不幸，遂令人户五等以下、地土不及二十畝者，雖三丁以上並免教。然則豈貧者不堪爲兵，獨富者堪爲兵乎？蓋所取必五等以上，與田及二十畝者，非取其堪爲兵也，特以其稍有資力，堪充污吏之誅求耳。蓋介甫所行，刻核亟疾之意多，慘怛忠利之意少。故助役雖良法，保甲雖古法，而皆足以病民。元祐之初，苛刻小人用事，中外未能盡去，知保甲之當罷，而第釋五等之田不及二十畝者，是猶紾兄臂而諭以徐，日攘鷄而易以月。法既不能盡革，而又不能擯棄斥絶，其奉法之人，則姑少加末減，裁量以殺其毒，以紓久困之百姓可也。以是爲經武强兵之圖，不亦悖乎！

尚書左僕射司馬光乞罷諸路將官〔六六〕，乃詔陝西、河東、廣南將兵不出戍他路，其餘河北差近裏一將更赴河東，而諸路逐將與不隸將之兵，並更互出戍，稍省諸路鈐轄及都監員，仍以將官兼都監職事，卒不能盡罷將副。

光疏曰：「竊見國朝以來置總管、鈐轄、都監、監押爲將帥之官〔六七〕，凡州縣有兵馬者，其長吏未嘗不兼同管轄，蓋知州即一州之將，知縣即一縣之將故也。先帝欲征伐四夷，患諸州兵官不精勤訓練，士卒懈弛，於是有建議者，請分河北、陝西、河東、京東、京西等路諸軍若干人爲一將，別置將官，使之專切訓練〔六八〕。其逐州總管以下及知州、知縣，皆不得關預。及其有差使，量留羸弱下軍及剩員以充本州官白直及諸般差使。其餘禁軍，皆制在將官，專事教閱。臣愚以爲職事修舉，在於擇人，不在設官。苟得其人，雖總管等皆能訓練士卒；不得其人，雖將官亦何所爲。況今之將官，即向之爲總管等者也〔六九〕。豈爲總管等則不能舉職，爲將官乃能舉職乎？此徒變易其名，無益事實；非惟無益，兼復有害。凡設官分職，當上下相維，如身之使臂，臂之使指，紀綱乃立。今爲州縣長吏及總管等官，而於所部士卒，有不相統攝、不得差使，殆如路人者。至於倉庫守宿、街市巡邏，亦俱乏人。雖於條許差將下兵士，而州縣不能直差，須牒將官，將官往往占護不肯差撥，萬一有非常之變，州縣長吏何以號令其衆，制禦姦宄哉？」

又言：「竊見近年災傷，盜賊頗多，州郡全無武備，長吏侍衛單寡〔七〇〕，禁旅盡屬將官，將官多與州郡爭衡〔七一〕，長吏勢力遠出其下，萬一如李順、王倫、王均則之寇，乘間竊發，攻陷郡縣，豈不爲朝廷憂？又：祖宗以來，諸軍少曾在營，常分番出戍，蓋欲使之勞筋骨，知艱難，輕去其家，且習山川險阻也。自置將以來，苟非全將起發，然後與將官偕行，其餘常在本營，飲食遊嬉，養成驕惰，歲月滋久，不可復用。又：每將下各有部隊將、訓練官等一二十人，而州又自有總管、鈐轄、都監、監押，設官重複，虛費祿廩，此天下知兵者皆知其非。臣愚欲乞盡罷諸路將官，其禁軍各委本州長吏與總管、鈐轄、都監等，如未置將已前，使州郡平居武備有餘，然後緩急可責以守死。」

八年，知定州蘇軾上疏，乞存恤河北弓箭社增修條約。不報。

軾疏言：「臣竊見北虜久和，河朔無事。沿邊諸郡，軍政少弛。將驕卒惰，緩急恐不可用。武藝軍裝，皆不逮陝西、河東遠甚。雖據即目邊防事勢，三五年間必無警急。然居安慮危，有國之常備，事不素講，難以應猝。今者河朔沿邊諸軍，未嘗出征，終年坐食，理合富强。臣近遣所辟幕官李之儀、孫敏行親入諸營，按視曲折，審知禁軍大率貧窘，妻子赤露饑寒，十有六七，屋舍大壞，不庇風雨。體問其故，蓋是將校不肅，斂掠乞取，坐放債負，習以成風。將校既先違法不公，則軍政無緣修舉，所以軍人例皆飲博逾濫。三事不止，雖是禁軍，不免寒餓，既輕犯法，動輒逃亡，此豈久安之道？臣自到任，漸次申嚴軍法，逃軍盜賊，已覺衰少〔七二〕，年歲之間，庶革此風。然臣竊謂沿邊禁軍緩急終不可用，何也？驕惰既久，膽力耗憊，雖近戍短使，輒與妻孥泣別，被甲持兵，行數十里，即便喘汗。臣若加嚴訓練，晝夜勤習，馳驟坐作，使耐辛苦，則此聲先馳，北虜疑畏，或致生事。臣觀祖宗以來，沿邊要地，屯聚重兵，止以壯國威而消敵謀，蓋所謂先聲後實，形格勢禁之道耳。若進取深入，交鋒兩陣，猶當雜用禁旅。至於平日保境，備禦小寇，即須專用極邊土人。此古今不易之論也。鼂錯與漢文帝畫備邊策，不過二事：其一曰徙遠方以實空虛；其二曰制邊縣以備敵。寶元、慶曆中，趙元昊反，屯兵四十餘萬，招刺宣毅、保捷二十五萬人，皆不得其用，卒無成功。范仲淹、劉滬、种世衡等專務整輯番漢熟户弓箭手，所以封殖其家，砥礪其人者非一道。藩籬既成，賊來無所得，故元昊復臣〔七三〕。今河朔西路被邊州軍，自澶淵講和以來，百姓自相團結爲弓箭社，不論家業高下，户出一人。又自相推擇家貲武藝衆所服者爲社頭、社副、録事，謂之頭目。帶弓而鋤，佩劍而樵，出入山坂，飲食長技與北虜同。私立賞罰，嚴於官府，分番巡邏，鋪屋相望，若透漏北賊，及本土强盜不獲，其當番人皆有重罰。遇其警急，擊鼓集衆，頃刻可致千人。器甲鞍馬，常若寇至。蓋親戚墳墓所在，人自爲戰，虜甚畏之。先朝名臣帥定州者如韓琦、龐籍，皆加意拊循其人，以爲爪牙耳目之用。而籍又增損其約束賞罰，奏得仁宗皇帝聖旨，見今具存。昨於熙寧六年行保甲法，準當年十二月四日聖旨，强壯、弓箭社並行廢罷。又至熙寧七年再準正月十九日中書劄子，聖旨：應兩地供輸人户，除元有弓箭社、强壯並義勇之類並依舊存留外，更不編排保甲。看詳上件兩次聖旨，除兩地供輸村分方許依舊置弓箭社，其餘並合廢罷。雖有上件指揮，公私相承，元不廢罷，只是令弓箭社兩丁以上人户，兼充保甲，以至遂捕本界及化外盜賊，並皆驅使弓箭社人户，向前用命捉殺。見今州縣，全藉此等寅夜防托，灼見弓箭社實爲邊防要用，其勢決不可廢。但以兼充保甲之故，召集追呼，勞費失業，今雖名目具存，責其實用，不逮往日。臣竊謂陝西、河東弓箭手，官給良田，以備甲馬。今河朔沿邊弓箭社，皆是人户祖業田産，官無絲毫之給，而捐軀捍邊，器甲鞍馬，與陝西、河東無異。苦樂相遼，未盡其用。近日霸州文安縣及真定府北寨，皆有北賊驚劫人户，捕盜官吏，拱手相視，無如之何，以驗禁軍、弓手〔七四〕，皆不得力。向使州縣逐處皆有弓箭社，人户致命盡力，則北賊豈敢輕犯邊寨，如入無人之境？臣已戒飭本路將吏，申嚴賞罰，加意拊循其人，輒復拾用龐籍舊奏約束，稍加增損，別立條目。欲乞朝廷立法，少賜優異，明設賞罰，以示懲勸。今已密切會到本路極邊定保兩州、安肅廣信順安三軍，邊面七縣一寨，内管自來團結弓箭社五百八十八村〔七五〕，六百五十一夥，共計三萬一千四百一十一人。若朝廷以爲可行，立法之後，更敕將吏，常加拊循，使三萬餘人分番晝夜巡邏，盜邊小寇來即擒獲〔七六〕，不至狃忕，以生戎心。而事皆循舊，無所改作，虜不疑畏，無由生事。有利無害，較然可見。」奏上，不報。是月再奏，又不報。

右東坡所奏，元不曾施行。然疏中所言，可以知當時北邊軍政之弛。中天之禍，有由來矣。所言禁軍，大率貧窘；將校不肅，斂掠乞取，坐放債負，習以成風，則知當時雖所募長征之兵，衣食仰給於縣官者，猶不能不爲將校所漁獵，況籍民之有田畝者以爲保甲，貪官汚吏，寧無誅求乎？

紹聖初，樞密院建言：「往時軍士犯法，詔許將官一面决遣，以故事無留滯。自州縣官預軍事以來，動多牽制，不得自在。今後欲仍舊法，及諸軍除轉排補並隸將司，州縣毋得輒有所預。其非屯駐所在，當俟將副巡歷决之，餘委訓練官行焉。」詔從之。至是州縣拱手聽其所爲，兵將愈驕，無復可用矣。

元符二年〔七七〕，御史中丞安惇奏乞教習保甲月分〔七八〕，差官按試。曾布言：「保甲固當教習，然陝西、河東連年進築城寨，調發未已，河北連被水災，流民未復，以此未可督責訓練。熙寧中教保甲，臣在司農，正當此職事。是時司農官親任其事，督責檢察極精密，縣令有抑令保甲置衣裝之類非理騷擾者，亦皆衝替，故人莫敢不奉法。其後乃令上番。」至十一月，蔡卞勸上復行畿内保甲教閲法，帝屢以督曾布。是日，布進呈畿内保丁總二十六萬，熙寧中教事藝者凡七萬，因言：「此事固當講求，然廢罷已十五年，一旦復行，與事初無異，當以漸推行，則人不至驚擾。若便以元豐成法一切舉行，當時保丁存者無幾〔七九〕，以未教習之人，便令上番及集教，則人情洶洶，未易安也。熙寧中施行，亦有漸。容臣講求施行次第〔八〇〕。」退以語卞，卞殊以爲不快。

按王介甫嘗言，終始言新法便者曾布也。若保甲之事，則其時布判司農寺，條畫多出其建請，然紹聖之時，布獨不欲復行，何也？蓋其事繁擾，奉行不得其人，則徒足以困百姓，而實無益於軍實。彼章惇、蔡卞之徒[八一]，但欲假紹述之説以遂其私，略不顧生民之休戚，布在當時，視群小猶爲彼善於此者歟。

徽宗崇寧四年，樞密院言：「比者京畿保甲投八百七十一牒乞免教閲，又二百三十餘牒遮樞密張康國馬首訴焉。」乃詔京畿、三路保甲並於農隙時教閲，其月教指揮勿行。

政和時，諸路團成保甲六十一萬餘人。

十月，尚書省言：「今所在逃軍聚集至以千數，小則驚動鄉邑，大則公爲劫盗。累降指揮，許其首身，或令投換，終未革絶。神宗皇帝以將不知兵，兵不知將，故分兵隸將。統兵官司，凡兵之事，無所不總，則逃亡走死，豈得不任其責？今見行敕令，未有將官與人員任責之法，致兵將不加存恤，勞役其身，至於逃避，而任職之人，略不加罪[八二]。近日熙河一路逃者幾四萬，將副人員坐視故縱而不問，且軍中有長行節級人員、將校，什長相統，同營相依，上下相制，豈得至其逋亡，漫不省察？況招軍既立賞格，則逃走安可無禁？今參詳修立賞罰十數條。」並從之。

七月，洪中孚爲熙河蘭湟路轉運使。先是樞密院創招崇威、寧鋭兩軍，三年十月二日。中孚自河東入覲，帝問新兵教閲就緒否。中孚曰：「教閲，易事也。臣不知藝祖取天下之兵與神考所分將兵曾無減損，若未嘗減損，似不須增，蓋兵貴簡練不貴多。今遽增二軍，所費至廣。臣不知獻議者於經費之外別有措置，或只仰給朝廷也。」帝愕然曰：「初議增兵，未嘗議費，可即罷去。」中孚曰：「惰游之卒，不復安於南畝。今一旦罷遣，强者聚而爲盗，弱者轉徙，則重爲朝廷憂。不若使填諸營闕；無闕，聽於額外收管，不一二年盡矣。」帝稱善。

政和二年，廣西都鈐司奏：「廣西兩將額一萬三百餘人，事故逃亡，於湖南北、江東西寄招，緣諸路以非本職，多不用心。今兵闕六，分乞本路、鄰路有犯徒並杖以下情重之人，取問犯人，除配沙門島、廣南遠惡並犯强盗凶惡、殺人放火事干化外並依法外，餘並免决刺填。」從之。宣和三年，知婺州楊應誠言〔八三〕：「諸郡屯戍，當隸守臣。兵民之任一，然後號令不二。不然，將驕卒横，侵奪細民，氣壓州郡，有不勝其憂者。」於是詔自今令隸守臣。居無何，復詔曰：「將兵自當遵將官條教，其除前隸守臣指揮。」其後江、浙盗起，攻陷州邑，東南將兵，望風逃潰，無復能戰。又事平之後，童貫奏言：「東南三將，類皆孱弱，全不知戰，虛費糧廩，驕惰自恣。平時主領占差營私，大半皆習工藝，遂致寇盗横行〔八四〕，毒流一方，重費經畫。今事平之後，當添將增兵，鎮遏綏馭。然大抵南人怯弱，素失訓練，終不堪戰。今欲於内郡别置三將〔八五〕，並隨京畿將分接續排置〔八六〕，使陝西軍更互戍守，庶幾東南可得實戰之士，於計爲便。」詔從之。

四年三月，臣僚上言：「伏見近者招刺闕額禁軍，樞密院立限太遽，以數萬人而期一月，道路洶洶相怖，云諸軍捉人刺涅以補闕額〔八七〕，率數人驅一壯夫〔八八〕，且曳且毆，百姓叫呼，或齧指求免。日者，金明池人大和會，忽遮門大索，但長身少年，牽之而去，云『充軍』。致賣蔬茹者不敢入城，行旅市人下逮奴隸，皆藏避恐懼，事駭見聞。今國家閒暇，必欲招填禁軍，當明示法令，賚以金帛，捐財百萬，則十萬人應募矣。捉人於途，實傷國體，乞亟行禁止。有已强刺涅之人釋遣之，以釋憂疑。」詔：「如有非願之人，速行改正。」

臣僚言：「逃卒所在有之。當祖宗時，軍律甚嚴，若在戍還家，當役避事，必有轅門之戮。今既宥其罪，且許投換，不制於什伍之長。既立赦限，又特展日以寬自首之期。臣恐逃亡得計，其弊滋甚。乞除恩赦外，不輕與限，使知限之不可爲常，稍有畏懼。」從之。

五年〔八九〕，手詔：「訪聞保甲法行既久，州縣玩習弛廢，保丁開收既不以實，保長役使又不得時。如修鼓鋪、飾粉壁、守敗船、治道路〔九〇〕、給夫役、催税賦之類，科率騷擾不一，遂使寇盜奇邪，無復糾禁譏察，良法美意，浸成虚文。可令尚書省於諸路提刑或提舉常平官内〔九一〕，各路委選一員，令專一督責逐縣令佐，將繫籍人丁開收取實，選擇保正長，各更替如法，使鈐束保丁〔九二〕，遞相覺察，毋得舍無賴作過之人，遇有盜賊，晝時追捕，若有過致藏匿者，許人告首，仍具條揭示。」

欽宗靖康元年，詔：「諸路州軍二税課利，先行樁辦軍兵合支每月糧料〔九三〕、春冬衣賜，數足方許別行支散官吏請給等〔九四〕。禁軍月糧，並免坐倉。」

自藝祖兵制，内則三司，外則漕臺，歲賦禁軍錢糧之賜取足，經常廩給，皆有定數。或因屯戍之勞，調發之費，則謂之特支；或戰士有功，將吏有勞，隨事犒勞，則謂之軍賞，皆無定數。若夫諸軍闕額，未即招填，則拘其俸廩，別作樁備上供〔九五〕，入内府，隸樞密院。自祖宗以來如此，而特盛於熙寧間。其後詔内外馬步軍，自今更不封樁，而次年復依舊法封樁，大率諸軍司告乏，則暫從其請，或稍優足，則封樁如舊，久之事益譌。宰路專權，則闕額歸朝廷；樞筦勢重，則闕額復還密院，其來久矣。崇寧、大觀時，皆爲朝廷取用。政和間，鄭居中爲樞密，復爭去。然密院又自用，未始入内帑也。内帑則更無考察，兵政財用，日益淆紊，患在不能守祖宗規模而已。

詔守令募州縣鄉村土豪爲隊長〔九六〕，各自募其親識鄰里以行。及五十人以上，先與進義副尉，三百人以上與承信郎，募文武官習武勇者爲統領。行日，所發州軍授以器甲，人給糧半月，地里遠者，所至州縣接續批支。京畿輔郡兵馬制置使司言：「諸路召募敢勇、效用〔九七〕，每名先給錢三千，赴本司試驗給據訖，支散銀絹激賞。若監司、知通、令佐並應有官人，能召到敢勇、效用事藝高强及二百人以上者，乞與轉一官，每加二百人依此。或監司、郡守、州縣官以下應緣軍期事件，稍有稽緩，並依軍法。」從之。

又詔：「聞希賞之人，抑勒强募。自今並取情願，敢有違戾，當議重罰。毋得將不堪出戰及已係軍籍者一例充募。」

又詔：「募武舉及第有材武方略，或有戰功〔九八〕、曾經戰陣，及經邊任大小使臣不以罪犯已發未叙〔九九〕，及武學有方略智謀，及曾充弓馬所子弟，及諸色有膽勇敢戰之人，並許赴親征行營司。」方兵盛時，年五十以上皆汰爲民。及銷併之久，軍額廢闕，則六十以上，復收爲兵矣。

自元豐而後，民兵日盛，募兵日衰。其募兵闕額，則收其廩給，以爲民兵教閱之費。元祐以降，民兵亦衰。崇寧、大觀以來，蔡京用事，兵弊日滋，至於受逃亡、收配隸猶恐不足。政和之後，久廢蒐補，軍士死亡之餘，老病者徒費金穀，少健者又多冗占，階級既壞，紀律遂亡。童貫握兵，勢傾内外，凡遇陣敗，耻於人言，第言逃竄。河北將兵，十無二三，往往多是住招，故爲闕額，以其封樁，爲上供之用。

陝右諸路，兵亦無幾。种師道將兵入援，止得萬五千而已。靖康之初，召募益急，多市井亡賴及操瓢行乞之人，固嘗申抑招之令，明減剋之罰，重末作之禁，嚴竄亡之罪，至於畫一之詔，哀矜痛切，亦已無及。爲童、蔡者烏得不任其咎哉？

六月，河北制置使劉韐奏：「近制置副使种師中領軍到榆次〔一〇〇〕，失利，兵馬潰散，師中不知存在。奉聖旨，師中下應統制、將佐、使臣等，並與放罪。臣契勘用兵失主將，統制、將佐並合行軍法。軍法行，則人以主將爲重，緩急必須護救。若不行軍法，緩急之際，争先逃遁，視主將如路人〔一〇一〕，略不顧恤。近年以來，高永年陷歿，一行將佐及中軍將、提轄等並不曾行軍法，繼而劉法陷歿，今又种師中死軍。若兩軍相遇〔一〇二〕，勢力不加，血戰而敗，士卒痛有傷折，或失主將，亦無可言者。榆次之戰，頃刻而潰，統制、將佐、使臣走出者十已八九，中傷者十無一二，獨師中不出。或謂師中撫御少恩，紀律不嚴，然師中忠義許國，受命即行，遇敵奮不顧身，古之忠臣，未見其比。師中初聞右軍接戰已却，即自遣發軍馬傳呼應援，時召諸將，已無在者。至賊兵犯營，師中猶未肯上馬，使師中有偷生之心，聞初敗即行，亦必得出。使諸將憂失主帥受軍法，亦必戮力相救，或能破敵。今一軍纔却，諸將便不顧主帥，相繼而遁，意謂全軍潰散，必難以盡行軍法。諸將初出，猶有懼色，既聞放罪，遂皆釋然。朝廷以太原之圍未解，未欲窮治。今師旅方興，深恐無所懲艾，遇敵必不用命。欲乞特降指揮，應种師中下一行統制、將佐並先次施行，依已得指揮，令依舊軍前自效。如能用命立功，即與免罪。今後非立戰功，雖該恩赦，不得叙復。仍乞降詔優異褒贈師中，以爲忠義死事之勸。」詔：「种師中下統制、將佐並各付降五官，仍令劉韐開具職位、姓名申尚書省，餘依奏。」十月，樞密院奏：「召募有材武勇鋭及膽勇人並射獵生户。」從之。

時京城四壁共十萬人，黄旗滿市，應募者悉庸丐寒乞之人，全無鬬志。何㮚用王健募奇兵，操瓢行乞羸劣之人，皆躍然應募，倉卒未就紀律。奇兵亂，毆王健，殺使臣數十人，内前大擾。王宗濋斬渠魁數人，乃定。及出戰，爲鐵騎所衝，望風奔潰，殲焉。是時守禦司寄姓名得官者甚多，如術人柳彦輔，姓謝姓丁人皆冒故舊。小人布衣補官，不問能否，與官告數十道，使之妄用。

校勘記

〔一〕亦無能爲患　「患」字原脱，據温國文正司馬公文集卷四一乞不揀退軍置淮南札子補。

〔二〕本欲減冗兵而冗兵更多　上「兵」字原脱，據宋史卷一九四兵志八、温國文正司馬公文集卷四一乞不揀退軍置淮南札子補。

〔三〕但勿使老病者尚占名籍　「名」原作「兵」，據宋史卷一九四兵志八、温國文正司馬公文集卷四一乞不揀退軍置淮南札子改。

〔四〕七月　按宋史卷一九四兵志八、長編卷二二五、通鑑長編紀事本末卷六六議減兵雜類，是詔俱係之熙寧四年七月。

〔五〕揀諸路半分年四十五以下勝甲者　「半分」，長編卷二二五熙寧四年七月、通鑑長編紀事本末卷六六議減兵雜類俱同，宋史卷一九四兵志八作「小分」。

〔六〕或隨所併兵入各指揮　「各」原作「逐」，據宋史卷一九四兵志八改。

〔七〕兵一營或不滿一二百　下「一」字原脫，據宋史卷一九四兵志八補。

〔八〕遂詔殿前司　「司」字原脫，據長編卷二一八熙寧三年十二月壬申條、通鑑長編紀事本末卷六六議減兵雜類、太平治迹統類卷三〇兵制損益、玉海卷一三九補。

〔九〕存六十指揮　「存」字原脫，據長編卷二一八熙寧三年十二月壬申條、通鑑長編紀事本末卷六六議減兵雜類、太平治迹統類卷三〇兵制損益、玉海卷一三九補。

〔一〇〕開封府界定六萬二千人　「府」下原衍一「府」字，據長編卷二一八熙寧三年十二月壬申條、通鑑長編紀事本末卷六六議減兵雜類、太平治迹統類卷三〇兵制損益刪。

〔一一〕廣南東西各千二百人　「各」字原脫，據長編卷二一八熙寧三年十二月壬申條、通鑑長編紀事本末卷六六議減兵雜類、太平治迹統類卷三〇兵制損益、玉海卷一三九補。

〔一二〕川陝三路共四千四百人爲額　「共」字原脫，據長編卷二一八熙寧三年十二月壬申條、通鑑長編紀事本末卷六六議減兵雜類、太平治迹統類卷三〇兵制損益補。

〔一三〕須後命　「命」長編卷二一八熙寧三年十二月壬申條作「議」，通鑑長編紀事本末卷六六議減兵雜類、太平治迹統類卷三〇兵制損益、玉海卷一三九俱作「議之」。

〔一四〕是月　按長編卷二三六，詔京東武衛兵分隸河北四路事，在熙寧五年閏七月甲戌。

〔一五〕戍揚杭州江寧府　「寧」原作「軍」，據長編卷二三六熙寧五年閏七月甲戌條、宋會要輯稿兵五之七改。

〔一六〕以議者言東南兵募寡　「者」字原脱，據長編卷二三六熙寧五年閏七月甲戌條、宋會要輯稿兵五之八補。

〔一七〕又以一人爲之副　「一」字原脱，據宋史卷一九二兵志六補。

〔一八〕附保　按宋史卷一九二兵志六同。宋會要輯稿兵二之五此句作「單丁、老幼、病患、女户等不以多少，並令就近附保。」長編卷二一八熙寧三年十二月乙丑條略同。疑有脱文。

〔一九〕餘事不干己　「不」字原脱，據長編卷二一八熙寧三年十二月乙丑條、宋會要輯稿兵二之五、宋史卷一九二兵志六補。

〔二〇〕若於法鄰保合坐罪者乃坐之　「鄰」原作「類」，據長編卷二一八熙寧三年十二月乙丑條、宋會要輯稿兵二之六改。

〔二一〕併他保　「他」原作「地」，馮本及宋史卷一九二兵志六皆作「他」，長編卷二一八熙寧三年十二月乙丑條、宋會要輯稿兵二之六俱作「别」，義同，故據改。

〔二二〕常苦不足　「苦」，宋史卷一九二兵志六作「若」。

〔二三〕然募兵之法不變　「兵」字原脱，據通鑑長編紀事本末卷六六議減兵雜類補。

〔二四〕攻劫殺掠　「殺」字原脱，據宋史卷一九二兵志六、長編卷二三六熙寧五年閏七月辛酉條補。

〔二五〕所隸官期日於要便鄉村都試騎步射　「鄉」字原脱，據宋史卷一九二兵志六、長編卷二二六熙寧四年九月乙巳條注補。

〔二六〕命以官使　「使」字原脱，據宋史卷一九二兵志六、長編卷二三六熙寧五年閏七月辛酉條補。

〔二七〕椿管所減糧賜上京　「京」，宋史卷一九三兵志七作「供」。

〔二八〕詔開封府界以都保置木契　「界」原作「畿」，據長編卷二四六熙寧六年八月戊戌條注、通鑑長編紀事本末卷七一保甲改。

〔二九〕唯毋上番　「毋」原作「每」，據宋史卷一九二兵志六改。

〔三〇〕後惟全部土丁　「部」原作「部」，據宋史卷一九一兵志五、長編卷二四六熙寧六年八月戊戌條注、通鑑長編紀事本末卷七一保甲改。

〔三一〕詔開封府畿及一萬人五路及一萬五千人　「及一萬人五路」六字原脱，據宋史卷一九二兵志六、長編卷二五九熙寧八年春正月乙巳條補。

〔三二〕幹當公事官十　「官」字原脱，據宋史卷一九二兵志六補。

〔三三〕在河北四路　「四」原作「西」，據宋史卷一八八兵志二、長編卷二五六熙寧七年九月癸丑條改。

〔三四〕在京東　三字原脱，長編卷二五六熙寧七年九月癸丑條此句作「京東爲第二十五至三十三」。宋史卷一八八兵志二作「九將在京東」，故據補。

〔三五〕東南兵三千人以下唯置單將　「千」原作「十」，據宋史卷一八八兵志二、玉海卷一三九熙寧將兵改。

〔三六〕皆以名聞　「皆」字原脱，據慎本、馮本及宋史卷一八八兵志二補。

〔三七〕又詔　按宋史卷一九三兵志七、長編卷三一三元豐四年六月壬午條，是詔在元豐四年六月。

〔三八〕開封府界及本路共選募義勇保甲萬人　「勇」原作「兵」，據長編卷三一三元豐四年六月壬午條改。「萬」上原衍「四」字，據宋史卷一九三兵志七、長編卷三一三元豐四年六月壬午條删。

〔三九〕都保凡三千三百六十六　「三百」，宋史卷一九二兵志六作「二百」。

〔四〇〕歲遣使則謂之提舉按閱　「使」字原脱，據宋史卷一九二兵志六、玉海卷一三九熙寧保甲補。

〔四一〕率以近臣挾内侍往給賞錢　「給賞錢」原作「賞錢給」，據宋史卷一九二兵志六乙正。

〔四二〕戍守戰攻　「攻」原作「功」，據宋史卷一九二兵志六、長編卷三五五元豐八年四月庚寅條、温國文正司馬公文集卷四六乞罷保甲狀改。

〔四三〕但苦勞役　「苦勞」二字原倒，據宋史卷一九二兵志六、温國文正司馬公文集卷四六乞罷保甲狀乙正。

〔四四〕則戎狄之民　「則」字原脱，據宋史卷一九二兵志六、長編卷三五五元豐八年四月庚寅條、温國文正司馬公文集卷四六乞罷保甲狀補。

〔四五〕皆易以保甲　「易」字原脱，據宋史卷一九二兵志六、長編卷三五五元豐八年四月庚寅條、温國文正司馬公文集卷四六乞罷保甲狀補。

〔四六〕但主城市以裏　「城」，長編卷三五五元豐八年四月庚寅條同，慎本、馮本及宋史卷一九二兵志六作「草」。

〔四七〕而巡檢兼掌巡按保甲教閱　「而巡檢」三字原脱，據長編卷三五五元豐八年四月庚寅條、温國文正司馬公文集卷四六乞罷保甲狀補。

〔四八〕乃更資盜也　「乃」原作「又」，據宋史卷一九二兵志六、長編卷三五五元豐八年四月庚寅條、温國文正司馬公文集卷四六乞罷保甲狀改。

〔四九〕是教民爲盜也　「也」字原脱，據宋史卷一九二兵志六、長編卷三五五元豐八年四月庚寅條、温國文正司馬公文集卷四六乞罷保甲狀補。

〔五〇〕然後募本縣鄉村户有勇力武藝者投充　「然後募」三字原脱，據宋史卷一九二兵志六、長編卷三五五元豐八年四月庚寅條、温國文正司馬公文集卷四六乞罷保甲狀補。

〔五一〕計即今保甲中有勇力武藝者必多願應募 「今」字原脱，據宋史卷一九二兵志六、長編卷三五五元豐八年四月庚寅條、温國文正司馬公文集卷四六乞罷保甲狀補。

〔五二〕若一人闕額 「若」原作「者」，據宋史卷一九二兵志六、長編卷三五五元豐八年四月庚寅條、温國文正司馬公文集卷四六乞罷保甲狀改。

〔五三〕尋蔡確執奏不行 「奏」字原脱，據宋史卷一九二兵志六、長編卷三五八元豐八年秋七月甲辰條補。

〔五四〕教之欲以爲用也 「欲」字原脱，據宋史卷一九二兵志六、長編卷三六一元豐八年十一月丙午條補。

〔五五〕方幹而去 按宋史卷一九二兵志六「幹」下有「方營」二字。長編卷三六一元豐八年十一月丙午條「幹」作「斂」。

〔五六〕提舉司之指揮使與提舉司之幹當公事者又互鞭之 「使」字原脱，據長編卷三六一元豐八年十一月丙午條補。下「舉」字原脱，據宋史卷一九二兵志六、長編卷三六一元豐八年十一月丙午條補。

〔五七〕看聽人僱直 「聽」，宋史卷一九二兵志六作「定」。

〔五八〕指使者 「者」字原脱，據長編卷三六一元豐八年十一月丙午條補。

〔五九〕則法當督其家出賞錢十千以募之 「募」原作「捕」，據宋史卷一九二兵志六、長編卷三六一元豐八年十一月丙午條改。

〔六〇〕使其家有所出 「家」字原脱，據宋史卷一九二兵志六、長編卷三六一元豐八年十一月丙午條補。

〔六一〕往往至於饑羸殘壞而就斃 「饑」原作「肌」，據宋史卷一九二兵志六、長編卷三六一元豐八年十一月丙午條改。

〔六二〕人人所同　「人人」上原衍「之」字，據宋史卷一九二兵志六、長編卷三六一元豐八年十一月丙午條删。

〔六三〕不可不先事而慮　「慮」原作「處」，據宋史卷一九二兵志六、長編卷三六一元豐八年十一月丙午條改。

〔六四〕與令佐同教於城下　「城」原作「地」，據宋史卷一九二兵志六、長編卷三六一元豐八年十一月丙午條改。

〔六五〕議更化瑟而首欲罷此者　「瑟」，局本作「理」。

〔六六〕尚書左僕射司馬光乞罷諸路將官　「左」原作「右」，據宋史卷三三六司馬光傳、宋史卷一七哲宗本紀一、宋史卷二一二宰輔表三、長編卷三六八元祐元年閏二月庚寅條改。

〔六七〕監押爲將帥之官　「之」字原脱，據長編卷三五五元豐八年四月庚寅條、温國文正司馬公文集卷四七乞罷將官狀補。

〔六八〕使之專切訓練　「切」原作「功」，據長編卷三五五元豐八年四月庚寅條、温國文正司馬公文集卷四七乞罷將官狀改。

〔六九〕即向之爲總管等者也　「等」字原脱，據長編卷三五五元豐八年四月庚寅條、温國文正司馬公文集卷四七乞罷將官狀補。

〔七〇〕長吏侍衛軍單寡　「寡」原作「募」，據慎本、馮本、長編卷三五五元豐八年四月庚寅條、温國文正司馬公文集卷四七乞罷將官狀改。

〔七一〕將官多與州郡爭衡　「將官」二字原脱，據長編卷三五五元豐八年四月庚寅條、温國文正司馬公文集卷四七乞罷將官狀補。

〔七二〕已覺衰少　「衰」字原脱，據蘇軾文集卷三六乞增修弓箭社條約狀補。

〔七三〕故元昊復臣　「復」原作「服」，據宋史卷一九〇兵志四、蘇軾文集卷三六乞增修弓箭社條約狀改。

〔七四〕以驗禁軍弓手　「以」上原衍「可」字，據宋史卷一九〇兵志四、蘇軾文集卷三六乞增修弓箭社條約狀删。

〔七五〕内管自來團結弓箭社五百八十八村　「村」，蘇軾文集卷三六乞增修弓箭社條約狀同，宋史卷一九〇兵志四作「社」。

〔七六〕盜邊小寇來即擒獲　「擒」原作「搶」，據宋史卷一九〇兵志四、蘇軾文集卷三六乞增修弓箭社條約狀改。

〔七七〕元符二年　「元符」原作「紹聖」，據宋史卷一九二兵志六、長編卷五一五元符二年九月丙午條改。

〔七八〕御史中丞安惇奏乞教習保甲月分　「安」原作「章」，據慎本、馮本及宋史卷一九二兵志六、長編卷五一五元符二年九月丙午條改。

〔七九〕當時保丁存者無幾　「丁」原作「甲」，據宋史卷一九二兵志六、長編卷五一八元符二年十一月乙未條改。

〔八〇〕容臣講求施行次第　「第」字原脱，據宋史卷一九二兵志六補。

〔八一〕彼章惇蔡卞之徒　按上文，疑「章惇」當作「安惇」。

〔八二〕略不加罪　「略」，宋史卷一九三兵志七作「悉」。

〔八三〕知婺州楊應誠言　「楊應誠」原作「揚應試」，據宋史卷一八八兵志二改。

〔八四〕遂致寇盜横行　「盜」原作「恣」，據宋史卷一八八兵志二改。

〔八五〕今欲於内郡别置三將　「三將」二字原脱，據宋史卷一八八兵志二補。

〔八六〕並隨京畿將分接續排置　「並隨」二字原脱，據宋史卷一八八兵志二補。

〔八七〕云諸軍捉人刺涅以補闕額　「涅」原作「人」，據宋史卷一九三兵志七改。

〔八八〕率數人驅一壯夫　「數」原作「教」，據慎本、馮本及宋史卷一九三兵志七改。

〔八九〕五年　「五」，宋史卷一九二兵志六作「三」。

〔九〇〕治道路　「治」原作「沿」，據宋史卷一九二兵志六改。

〔九一〕可令尚書省於諸路提刑或提舉常平官內　「常平官內」四字原脫，據宋史卷一九二兵志六補。

〔九二〕使鈐束保丁　「使」、「保丁」三字原脫，據宋史卷一九二兵志六補。

〔九三〕先行椿辦軍兵合支每月糧料　「料」原作「斛」，據宋史卷一九四兵志八改。

〔九四〕數足方許別行支散官吏請給等　「足」字原脫，據宋史卷一九四兵志八補。

〔九五〕別作椿備上供　「椿備」，宋史卷一九四兵志八作「封椿」。

〔九六〕詔守令募州縣鄉村土豪爲隊長　按宋史卷一九三兵志七「詔」上有「欽宗即位」四字。

〔九七〕諸路召募敢勇效用　「諸」原作「路」，據宋史卷一九三兵志七改。

〔九八〕或有戰功　「有」字原脫，據宋史卷一九三兵志七、宋會要輯稿兵七之一四補。

〔九九〕及經邊任大小使臣不以罪犯已發未叙　「發」，宋史卷一九三兵志七同，宋會要輯稿兵七之一四作「叙」。

〔一〇〇〕近制置副使种師中領軍到榆次　「副使」二字原脫，據宋史卷二三欽宗紀、三朝北盟會編靖康元年五月九日甲戌條及注引中興姓氏録補。

〔一〇一〕視主將如路人　「視」字原脫，據宋史卷一九三兵志七補。

〔一〇二〕若兩軍相遇　「若」原作「夫」，據宋史卷一九三兵志七改。

卷一百五十四　兵考六

兵制

高宗開元帥府於南京，初募兵近萬人。王旅寡弱，至招潰卒、收群盜以補之。既即位，始置御營司，以大臣主之。

四年，以御營司併歸樞密院。詳見禁旅門。

建炎以來朝野雜記：「御前諸軍者，本高宗所收諸將部曲也。祖宗以來，內外諸軍惟廂、禁二色而已。禁軍皆隸三衙，而更戍於外；廂軍者所在有之，以守臣節制。若禁軍在邊上，則文臣爲經略使者統之，武臣但爲總管。熙寧間，內外禁旅合五十九萬人。神宗將有事於四夷，乃置百三十將，其法甚備。崇、觀後，朝廷取其闕額之數以上供，故闕而不補者幾半。軍興以來，所存無幾。上在元帥府，始招潰卒、群盜以爲五軍，後又得王淵、楊惟忠等河北之兵。建炎元年五月，以爲御營五軍，然猶未大盛也。三年四月，又更置御前五軍。劉光世所領西兵，則謂之巡衛軍，在五軍之外。是歲，又改爲神武五軍。紹興元年十二月，又改爲行營四護軍，張俊稱前軍，韓世忠稱後軍，岳飛稱左軍，劉光世稱右軍，併楊沂中中軍入殿前司，而吳玠軍如故。七年八月，光世軍叛降僞齊，於是川陜軍更以右護軍爲號。十一年四月，三宣撫司罷，乃改其部曲稱某州駐劄御前諸軍。十八年，川陜軍亦如之，其軍皆不隸三衙，由是御前軍又在禁軍之外矣。御前軍者，雖帥臣不可得而節制〔一〕，得自達於朝廷。今禁兵但供厮役〔二〕，大抵如昔之廂軍，將官雖存，亦無職事，但爲武臣差遣而已。愚謂不若併禁軍於廂籍〔三〕，而改御前軍爲禁軍，所在以帥臣節制之，而都統制之官爲之副貳，庶幾兵民權出於一，而緩急可以責成，則合祖宗制兵之意矣。」

建炎之後，諸大將之兵浸增，遂各以精鋭雄視海内，而因時制變，隨處立營，遷易靡定，駐劄未有常所。有如劉光世軍或在鎮江、池州、太平，韓世忠軍或屯江陰〔四〕，岳飛一軍或戍宜興、蔣山，惟王彦八字軍隨張浚入蜀〔五〕，而吴玠之兵多屯鳳州、大散關、和尚原，大略可考矣。當是時，合内外大軍十九萬四千餘，而川、陜不與。及楊沂中將中軍，專總宿衛，於是江東劉光世、淮東韓世忠、湖北岳飛、湖南王𤫉四軍通十二萬一千六百〔六〕，時亦未有常屯。紹興五年，王𤫉罷，以兵五千隸韓世忠，王彦以八字軍赴行在〔七〕。七年之秋，劉光世將酈瓊叛，以七萬人北降劉豫，别將王德以八千人歸張俊，由是三衙之外，惟張、韓、岳三軍爲盛。自三大將之外，八年五月，巨師古留兵三千屯太平州〔八〕，而劉錡留兵屯鎮江焉。至若四川之兵，曲端死，吴玠併將其兵，王庶、劉子羽有興元，又招集流散，立成都伍。子羽罷，玠又併將其兵，故玠之兵十萬。玠死，胡世將爲宣撫，命吴璘以二萬守興州，楊政以二萬守興元，郭浩以八千人守金州。而玠之中部三萬人分屯仙人關内外，璘併將之，是以四川之兵，獨偏重於興州。

給事中兼直學士院汪藻言：「金人爲患，今已五年。陛下以萬乘之尊，而倀然未知税駕之所者，由將帥無人，而御之未得其術也。如劉光世、韓世忠、張俊、王瓊之徒，身爲大將，論其官，則兼兩鎮之重，視執政之班，有韓琦、文彥博所不敢當者。論其家，則金帛充盈，錦衣肉食，輿臺廝養，皆以功賞補官，至一軍之中，使臣反多，卒伍反少。平時飛揚跋扈，不循朝廷法度，所至驅虜，甚於夷狄，陛下不得而問，正以防秋之時，責其死力耳。張俊明州僅能少抗，奈何敵未退數里間，而引兵先遁，是殺明州一城生靈，而陛下再有館頭之行者，張俊使之也。臣痛念自去秋以來，陛下爲宗社大計，以建康、京口、九江皆要害之地，故杜充守建康，韓世忠守京口，劉光世守九江，而以王瓊隸杜充，其措置非不善也。而世忠八、九月間已掃鎮江所儲之資，盡裝海船，焚其城郭，爲逃遁之計。洎杜充力戰於前，世忠、王瓊卒不爲用，光世亦晏然坐視，不出一兵，方與韓梠朝夕飲宴〔九〕，賊至數十里間而不知，則朝廷失建康，虜犯兩浙，乘輿震驚者，韓世忠、王瓊使之也。失豫章而太母播越、六宮流離者，劉光世使之也。嗚呼！諸將以負國家罪惡如此，而俊自明引兵至溫，道路一空，民皆逃奔山谷。世忠逗遛秀州，放軍四掠，至執縛縣宰，以取錢糧，雖陛下親御宸翰，召之三四而不來，元夕取民間子女，張燈高會，君父在難而不恤也。瓊自信入閩，所過邀索千計〔一〇〕，公然移文曰：『無使枉害生靈』，其意果安在哉？臣觀今日諸將，用古法皆當誅，然不可盡誅也。惟王瓊本隸杜充，充敗於前，而瓊不救，此不可赦，當先斬瓊以令天下。其他以次重行貶降，使以功贖過。臣愚以爲虜退之後，正大明賞罰、再立紀綱之時，莫若擇有威望大臣一人，盡護諸軍，雖陛下親軍，亦聽其節制，稍稍以法裁之。凡軍輒敢擅移屯以護駕爲名者，自主將以下，悉論如法，仍使於偏裨中，擇人才之可用者，間付以方面之權，待其有功，加以爵秩，陰爲諸將之代，此今日所最急者，惟陛下與大臣熟議，斷而行之。」

起居郎胡寅上疏言：「趙充國西漢名將，曹操三國英雄，其用兵無不屯田積粟，而今日之兵，開口待哺，此何理也？自古臨敵有用命者，有不用命者，故藝祖皇帝嘗出入行間，以劍斫士卒皮笠，記其退縮者，事定而誅之，若其摧堅陷陣，則賞不旋踵，是謂有賞有刑，旌別勇怯。而今之賞功，全隊轉授〔一二〕，未聞有以不用命被戮者，此何理也？自古行賞，其將帥勳閥尤異者則遷其官秩，或封以國邑，若其士卒則犒賜而已，或以金帛予之而已。今自長行以上，皆以真官賞之，人挾券歷請厚俸，至於以官名隊，此何理也？自古利權盡歸公上，予奪操縱，惟君所命，如李牧之軍市租、如藝祖命邊將回易之類，則衣糧器械賞設之費，皆出其中。今煮海榷酤之入〔一三〕，遇軍之所至〔一三〕，則奄而有之，闤闠什一之利，半爲軍人所取。至於衣糧，則曰仰於大農，器械則必取之武庫，賞設則盡出於縣官，此何理也？自古制兵，有事則付之將帥，無事則歸之天子。光武中興，可謂馬上取之之時矣，猶且不假將帥以久權。鄧禹取三輔，總數十萬衆，一旦無功，奪之如探囊中物。今總兵者以兵爲家，若不復肯捨者。曹操曰：『欲孤釋兵，則不可也』，無乃類此乎！自建炎以來，易置宰執凡四十餘人矣。謀慮不臧，政事不善，雖台衡之重，股肱之親，一言而去之，何獨將帥而不可進退，以均勞佚之任，拔沉滯之材乎？此又臣所未曉也。自古制兵，必有實數。戰鬬則有敗北，平居則有死亡，緩急則有散逸，此不能免也。今諸軍近者四五年，遠者八九年，未嘗開落死損逃亡之數〔一四〕，豈皆不死乎，抑隨死隨補乎？逃而不以告，敗而不以告，死而不以告，補而不以告，不可也。以補者之姓名充死者之姓名〔一五〕，以死者之妻子爲補者之妻子〔一六〕，不可也。不然，軍籍何自而無缺乎？此又臣之所未曉也。自古制兵，必去冗食，存精鋭，分爲等級，如所謂百金之士，千金之士，則戰之所恃以必勝者，其餘充聲勢、備輜重而已，則所以食之役之者，不敢與鋭卒班焉。雖其等如是，然無非軍旅之用也。今諸軍則無所不有矣，避賦役免門户者往焉，納賄賂求官爵者往焉，有過咎不得仕者往焉，犯刑憲畏逮逋者往焉，違科舉失士業者往焉，則又有鄉黨故舊之人，百工手藝之人，方技術數之人，音樂俳戲之人，彼所以輻輳雲萃者，非有勢以庇之乎？非有利以聚之乎？不然，人生各有業，何必軍之從？此又臣之所未曉也。」

按建炎中興之後，兵弱敵强，動輒敗北，以致王業偏安者，將驕卒惰，軍政不肅所致，汪彦章、胡致堂二疏，切中時弊，故備録之。

建炎四年，神武右軍都統制張俊言〔一七〕：「牙軍軍兵多係招集烏合之衆，欲將上等改刺勝捷，次等刺振華、振武，庶幾軍政歸一，易於訓練。」詔依。其後以河北人充河北振武，其餘人刺陝西振華。

紹興元年，金人留承、楚，浙西大帥劉光世守鎮江，欲携貳之，乃以金銀銅爲三色錢，其文曰「招納信寶」，獲虜人則燕餞而遣之，未幾踵至，得數千衆，皆給良馬利器，用之如華人，因創赤心、奇兵兩軍，頗得其用。二年，左僕射吕頤浩請舉兵北向以復中原，且謂：「天時人事，今皆可爲，何者？昨自維揚之變〔一八〕，兵械十亡八九，未幾，虜分三道入寇，江浙兵皆散而爲盗。自陛下專意軍政，稍汰其冗，修飭器械，今張俊軍三萬，有全裝甲萬副，刀槍弓箭皆備。韓世忠軍四萬，岳飛軍二萬三千，王𤫉軍一萬三千，雖不如俊之軍，亦皆精鋭。劉光世軍四萬，老弱頗衆，然選之可得其半。又神武中軍楊沂中、後軍巨師古皆不下萬人〔一九〕，而御前忠鋭如崔增、姚端、張守忠軍亦二萬。臣上考太祖之取天下，正兵不過十萬，況今有兵十六七萬，何憚不爲？且向者群盜四擾，朝廷枝梧不暇，今悉已定。又自虜之南牧，莫敢攖其鋒者，近歲張俊獲捷於四明，韓世忠振於鎮江，陳思恭擊於長橋，而張榮又大捷於淮甸。良由虜貪殘太甚，天意殆將悔禍。又虜以中原付之劉豫，而豫煩碎不知國體，三尺童子知其不可立國，事固可料。觀宇文虛中密奏，雖未可盡信〔二〇〕，然虜騎連年不至淮甸，必有牽制，天意蓋可見矣。今韓世忠已到行在，臣願睿斷早定〔二一〕，命世忠、張俊與臣等共議，決策北向。令世忠由宿、泗，劉光世由徐、曹以入，又於明州留海船三百隻，令范温、閻皋乘四月南風北去〔二二〕，徑取東萊。此數路皆有糧可因，不必調民饋運。大兵既集，豫必北走。所得諸郡，就擇土豪爲守，虜舉兵來争其地，則彼出我入，彼入我出，擾之數年，中原可復。況今之戰兵，其精鋭者皆中原之人，恐久而銷磨，異時勢必難舉，此可爲深惜者也。」及聞桑仲進兵，乃議大出師，身自將軍北向，且言：「近聞虜僞合兵，以窺川陝，若於未來舉兵，必可牽制陝西之急，萬一王師逐豫，則彼必震恐。」今韓世忠自京入關，此亦一奇也。

按頤浩之言美矣，然帝信其説，而頒督師之命，纔至常州，而部將叛之，竟稱疾不進，略不能北向發一矢，復還相位，功業無聞焉。以所言當時軍旅事情稍備，故録之。

四年，樞密院上言：「提舉御前軍器所申：『本所萬全雜役以五百人爲額，自户部裁減月給，盡皆逃遁。若依户部所申月米五斗五升，每日不及二升；麥四斗八升，每斗折錢二百，日支食錢一百，委是贍養不足。』」詔：「户部裁定，於月糧一石七斗，添作一石九斗。」五月，詔：「神武義軍統制王瓚下揀閲到第三等軍兵一千六百六十人，撥填諸州廂禁軍。」

軍防令：諸軍招揀等杖，天武第一軍五尺有八寸，捧日、天武第二軍、神衛五尺七寸三分，龍衛五尺七寸，拱聖、神勇、勝捷、驍捷、龍猛、清朔五尺六寸五分，驍騎、雲騎、驍勝、宣武〔二三〕、水軍五尺六寸，武騎、寧朔、步軍司虎翼等五尺五寸〔二四〕，廣捷、威勝、廣德、克勝等五尺四寸五分，克戎、萬捷、雲捷、横塞等五尺四寸，亳州雄勝、飛騎、威遠等五尺三寸五分、濟州雄勝、騎射、橋道等五尺三寸，揀中廣效、武和、武肅、忠靖、三路廂軍五尺二寸。

七年，樞密院言：「勘會累降指揮，諸軍不得互相招收及拖拽別軍官兵。訪聞昨來諸軍内，有因事走投別軍之人。竊慮互相識認，別致紛争，理宜措置。」詔：「諸軍應今日以前，收到別軍官兵，特免根究，自後更不許招誘拘截。」

十一年四月，給事中范同以諸將握兵難制，獻策於秦檜，且以柘皋之捷言於上。召張俊、韓世忠、岳飛入覲，論功行賞，皆除樞密副使。張俊首納所部兵，乃分命三大帥副校各統所部，自爲一軍，更其銜曰統制御前軍馬。罷宣撫司，遇有出師取旨，兵皆隸樞密院，依舊駐劄，而四川大將兵亦分屯就糧，曰興成階鳳文龍利閬金洋綿房西和州、太安軍、興元、隆慶、潼川府凡十七郡焉〔二五〕。故今鎮江大軍，則韓世忠之舊部；建康大軍，則張俊之舊部；鄂州大軍，則岳飛之舊部。紹興末年，荆南、江州、池州又皆新創兵籍，荆南所屯，則劉錡所招效用，益以鄂州之兵，江、池之軍，則三衙疲弱之卒屯戍者。江州一軍，大抵皆茶寇也。而興元府、興州、金州三都統司兵〔二六〕，則本曲端、吴玠、巨師古之徒〔二七〕，關西之舊部。考乾道之末，建康都統司兵約五萬人，池州都統司兵一萬二千人，鎮江府都統司兵四萬七千人〔二八〕，荆南都統司兵二萬人，興元都統司兵一萬七千人，金州都統司兵一萬一千人。其後分屯列戍，增損不常，揀練團併，分合不一。其下有統制、統領、正將、副將、準備將之目。

十三年，詔：「殿前司等處統領將官本請受外，別無供給職田之類，贍養不足，差官營運〔二九〕，侵壞軍政〔三〇〕，可與逐月支破供給：統制、副統制月一百五十貫，統領官以至準備將各支給有差，庶可贍足其家，責以後效。若諸軍仍前擅差軍兵回易興販，依私役禁軍法，所販物貨，計贓坐罪。州縣知而不舉，與犯人同罪。」

二十九年，樞密院言：「勘會内外諸軍招人，多收技藝工匠販賣之徒，致人材短小，形質怯懦，敗壞軍政。可自今並依等杖招刺壯健、堪披帶人。如違，重寘典憲。」從之。

孝宗隆興二年，殿前司言：「諸軍法，兵級年及六十，將校年六十五，減充剩圓支破請受，内有戰功，亦止半給。近年以來，僥求全支，又有年及不行減落，支費浩瀚，不免横取於民，乞令所屬遵依舊法〔三一〕，逐營置籍，鄉貫、年甲、招刺年月，悉書於籍，一留本營，一留户部，一留總領，以備開落使用。」詔依。

乾道元年，詔：「三衙及江上諸軍，今後陞差，須候年限及日，方許申請。」

遷補之制：凡諸軍校，歲月有久近，功效有優劣，或聯比其名，而加遷擢，名曰「排連」；其有戰功，或大禮郊恩，以次遷補，則曰「轉員」。惟老病過失者，不在遷補之限。

軍防令：諸軍轉補將校者，指揮使闕，以副指揮使充；副指揮使闕，以都頭充；都頭闕，以副都頭充；副都頭闕，以軍分、十將、諸禁軍將轉補〔三二〕：滿三年者，十人闕三人，七人至五人闕二人，三人闕一人；雖未滿三年者，八人闕五人，七人闕四人，五人闕三人，三人闕二人者，並行轉補。諸禁軍將校、軍頭、十將應轉補者：當職官體量依揀禁軍法，無病却乃試弓弩〔三三〕，內槍刀、標牌手各粗習爲應法，入得轉補。即有病悴，或年六十九〔三四〕，或轉補後犯贓枉法，踰濫情重以上，雖該恩，並隔下。其差出者，勾抽體量，在別州者，隨所在州體量訖，報住營處。諸就糧軍闕，將校應轉補者，逐處各於見管一等軍分通理所闕人數遞遷。如不足，申總管或安撫鈐轄，縣鎮先於本州，州於本路比州及以次州一等軍分內，選經轉補及二年者填闕。又不足，逐司報本處，隨轉補文字且奏諸禁軍轉補、排連。將校節級正管者，各依職次指揮却相壓，差管及差同管與下名將校節級一等職名者，各以補授先後爲次。諸禁軍已經轉補、排連，而有以前功賞武藝應轉資者，先於舊職上轉補，後於已轉資上轉補、排連。如無闕，即於應排轉名次下額外補。諸軍以過犯應隔，轉補、排連未經隔而有戰功及傷中者，免隔。諸廂軍應補員僚，備録所降朝旨，給牒。補節級者，給帖。諸禁軍轉補、排連，限一季內奏，廂軍十日。諸馬軍龍猛、步軍龍騎、歸遠、壯勇將校兵級，雖犯徒到營不曾犯盜，聽補轉、排連。諸都作院將校，所管工匠三百人以上闕及三人，餘遇有闕日轉補。及三年，依名次遞遷。

容齋洪氏隨筆曰：「國朝宿衛禁旅遷補之制，以歲月功次而遞進者，謂之排連。大禮後次年，殿庭較藝，乘輿臨軒，曰推垛子。其歲滿當去者，隨其本資高者，以正任團練使、刺史補外州總管、鈐轄，小者得州郡監。當留者於軍職內陞補，謂之轉員。唯推垛之日，以疾不趁赴者，爲害甚重。紹興三十二年四月，予以右史午對，時將有使事，與上介張才甫同飯於皇城司，有一老兵幞頭執黑杖子，拜辭皇城幹辦官劉知閤，泣涕哽噎，劉亦爲惻然。予問其故，兵以杖相示，滿其上皆揭記士卒姓名、營屯事件，云：『身是天武第一軍都指揮使，曾立戰功，積官至遥郡團練使。今年滿當出職，若御前呈試了，便得正任使名，而爲近郡總管。不幸小疾，遂遭揀汰，只可降移外藩將校。在身官位，一切除落，方伏事州都監，聽管營部轄。三十七年勤勞，一旦如掃，薄命不偶，至於如是。』坐者同嘆息憐之。案崇寧四年，有詔諸班直嘗備宿衛，病告滿尚可療者，殿前指揮使補外牢城指揮使，蓋舊法也。」

開禧元年，興元都統秦世輔言：「本司諸軍闕額頗多，紹興之末，管二萬九千餘人，乾道三年，以二萬七千人爲額，今管二萬五千四百餘人，所差發出戍官占實一萬一百四十三人，點閱所部堪披帶者，僅六百二十七人，欲乞許本司酌紹興末年元額招刺補填。」從之。

葉適應詔兵總論二曰：「自唐至德以後，節度專地而抗上令，喜怒叛服，在於晷刻，而藩鎮之禍，當時以爲大諱矣。然國擅於將，猶可言也。未久，而將擅於兵，將之所爲，惟兵之聽，而遂以劫制朝廷。故國擅於將，人皆知之；將擅於兵，則不知也。大曆、貞元之間，節度使固已爲士卒所立，唐末尤甚。而五代接於本朝之初，人主之興廢，皆群卒爲之，推戴一出，天下俯首聽命而不敢較。而論者特以爲其憂在於藩鎮，豈不疏哉！太祖既收節度權柄，故汰兵使極少，治兵使極嚴，所以平一僭亂，威服海内者，太祖統紀制御之力，非恃兵以爲固者也。群臣不考本末，不察事勢，忘昔日士卒奮呼專上無禮之患，而反以爲太祖之所以立國者〔三五〕，其要在兵；都於大梁，無形勢之險，而其險以兵。夫都於大梁，因周、漢之舊，而非太祖擇而都之也。使果恃兵以爲固，則連營百萬，身自增之，不待後世也。其數乃不滿二十萬，何哉？不以兵强，前世帝王之常道也。况太祖之兵不滿二十萬，其非恃兵以爲固也决矣。召募之日廣，供饋之日增，蓋端拱、雍熙以後，契丹横不可制而然耳。康定、慶曆謀國日誤，恃兵爲國之説大熾不禁，而後天下始有百萬之兵，弱天下以奉兵，而其治無可爲者矣。而上下方揚揚然自以爲得計，爲之治文書、聚財賦，盡用衰世衰刻之術，取於民以啗之而猶不足，及其不可用也，則又爲之俛首以事驕虜，而使之自安於營伍之中也。故王安石爲神宗講所以銷兵之術，知兵之不勝養，而猶不悟籍兵之不必多，教諸路保甲至四五十萬，陰欲以代正兵，正兵不可代，而保甲化天下之民皆爲兵，於是虚耗之形見，而天下之勢愈弱。元祐廢罷保甲，史臣以爲太祖設階級之法，什伍壯士以銷姦雄之心，兵制最明，而百餘年無禍亂。王安石不足以知此，實録所載，蓋當時議論之本原也。雖然，王安石則信不足以知此，而不爲王安石者，豈能知之哉！至於紹聖以後，則又甚矣。保甲復治，正兵自若，内外俱耗，本末並弱。大觀、政和中，保甲之數至六七十萬〔三六〕，一一法皆弊，名具實亡，故軍制大壞，而士卒不能被甲荷戈，平民相挺，化爲盜賊。斡離不始挾兵纔萬餘〔三七〕，長驅而至，莫有敵者，倉卒遣人召白徒以勤王，京師不守，則勤王之人寇掠遍天下矣。嗚呼，痛哉！養兵以自困，多兵以自禍，不用兵以自敗，未有甚於本朝者也。而議者猶曰恃兵之固，制兵之善，可因而不可改，可增而不可損，是厚誣太祖而重誤國家也。加以四屯駐之兵，又昔日所未有，以數倍祖宗之財用，投於四總領之巨壑，而州郡又以厢、禁兵自困，侵削民力，至於空盡。問其外禦，則曰請和不暇；問其内備，則曰倉卒可慮。統制、統領、總管、路鈐、路分鈐轄將兵之官〔三八〕，充滿天下，坐縻厚禄，而兵未嘗有一日之用。方今國未見有難治之弊，敵未見有難破之驗，徒以自困於兵，浸淫重滯，不能輕利，其一曰四屯駐大兵之患。其二曰州郡厢、禁、土兵、弓手之患。去一患則得一利，一州之兵患去，則一州利；一方之兵患去，則一方利。兵患去則兵强，惟所用之無不可者。陛下果決於此，豈有久而不革者哉？」

又論四屯駐大兵曰：「敢問四大兵者，知其爲今日之深患乎？使知其爲深患，豈有積五十年之久，而不求所以處此者？然則亦不知而已矣。自靖康破壞，維揚倉卒，海道艱難，杭越草創，天下遠者命令不通，近者横潰莫制。國家無威信以驅使强悍，而諸將自誇雄豪，劉光世、張俊、吴玠兄弟、韓世忠、岳飛各以成軍雄視海内，其玩寇養尊，無若劉光世；其任數避事，無若張俊。當是時也，廪稍惟其所賦，功勳惟其所奏。將校之禄〔三九〕，多於兵卒之數。朝廷以轉運使主餽餉，隨意誅剥，無復顧惜，志意盛滿，仇疾互生，而上下同以爲患矣。及張浚收光世兵柄〔四〇〕，制馭無策〔四一〕，吕祉以疏俊趣之，一旦殺帥，卷甲而遁。其後秦檜慮不及遠，急於求和，以屈辱爲安者，蓋憂諸將之兵未易收，浸成疽贅，則非特北方不可取，而南方亦未易定也。故約諸軍支遣之數，分天下之財，特命朝臣以總領之，以爲喉舌出納之要。諸將之兵盡隸御前，將帥雖出於軍中，而易置皆由於人主，以示臂指相使之勢。向之大將，或殺或廢，愓息俟命，而後江左得以少安。故知其爲深患者若此而已〔四二〕。雖然，以秦檜之慮不及遠也，不止於屈辱爲安，而直以今之所措置者爲大功。疲盡南方之財力，以養此四大兵，惴惴然常有不足之患，檜徒坐視而不恤也。檜久於其位，老疾而死。後來者習見而不復知，但以爲當然。故朝廷以四大兵爲命而困民財，四都、副統制因之而侵刻兵食，内臣貴倖因之而握制將權，蠹弊相承，無甚於此。而況不戰既久，老成消耗，新補惰偷，堪戰之兵，十無四五，氣勢愞弱，加以役使回易，交跛債負，家小日增，生養不足，怨嗟嗷嗷，聞於中外。昔祖宗竭天下之財，以養天下之兵，固前世之所無有；而今日竭南方之財，以養四屯駐之兵，又祖宗之所無有也。夫以地言之則北爲重，以財言之則南爲多。運吾之多財，兵强士飽，事力雄富，以此取地於北，不必智者而後知其可爲也。今奈何盡耗於三十萬之疲卒，襲五六十年之積弊，以爲庸將腐閹，賣鬻富貴之地？則陛下之遠業，將安所托乎？陛下誠奮然欲大有爲於天下，攄不可掩抑之素志，以謀夫不同覆載者之深讎，必自是始。使兵制定而減州縣之供餽，以蘇息窮民，種植基本，於是厲其兵使必鬭，厲其將使不懼，一再當虜，而勝負決矣。兵以少而後强，財以少而後富，其説甚簡，其策甚要，其行之甚易也。」

又論廂禁軍弓手土兵曰：「廂軍供雜役，禁軍教戰守，弓手爲縣之巡徼，土兵爲鄉之控扼。夫供役有兵，備戰有兵，巡徼有兵，控扼有兵，大州四五千人，中州三千人，小州二千人，計一兵之費：其正廪給之者居其一焉，因兵而置營伍將校，其上則路分鈐轄、總管者居其一焉，恩賜、閱視、借請、券食者居其一焉，緣兵之蠹弊虧公病私者又居其一焉。民之所謂第一等户，盡其賦入，不足以衣食一兵。今州郡二税之正籍盡以上供者，及其所趁辦酒税窠名盡以上供者，朝廷既自以養大兵矣〔四三〕。而州郡以其自當用度者，又盡以養厢、禁、土兵，又有配隸罪人，牢犴充塞，亦州郡所養。然則財安得不匱，而民安得不困乎？夫所以養兵者，爲其有事而戰，不爲其無事而備也。無事而備，則必有不養之兵而後可。今養之於無事，竭州郡之力以衣食之，固非所以戰也。則雖有百萬之兵，而不免自貶爲至弱之國，乃其勢之宜然耳。故不減宿衛屯駐之大兵，則國力不寬；不減厢、禁、弓手、土兵，則州郡之力不寬。夫立法定制於重滯繁擾之中，以困民爲安强，以耗國爲仁惠，以疲士大夫之精力爲用材，以人心益陋、所守益卑者爲遠識，以不可舉動爲體國〔四四〕，以養兵不戰爲消姦雄之心，遂至於忘讎恥、棄諸華、廢天命，禮壞樂失，積衆弊而莫革者，宿衛屯駐之兵困之於上，厢、禁、弓手、土兵困之於下而已。陛下思之於外，而不圖其内，竟行其所難〔四五〕，而不實爲其所易者，何哉？」

古之兵皆出於民者也，故民附則兵多，而勃然以興；民叛則兵寡，而忽焉以亡，自三代以來皆然矣。秦漢始有募兵，然猶與民兵參用也。唐之中世，始盡廢民兵而爲募兵。夫兵既盡出於召募，於是兵與民始爲二矣。兵與民爲二，於是兵之多寡，不關於國之盛衰；國之存亡，不關於民之叛服。募兵之數日多，養兵之費日浩，而敗亡之形反基於此。唐自天寶以來，内外皆募兵也。外兵則藩鎮擅之，内兵則中人擅之，其勢不相下，而其力足以相制，故安史反叛，而郭子儀、李光弼以節度之兵誅之。朱泚僭亂，而李晟、渾瑊以神策之兵誅之。及其衰也，宦官則以内兵而劫制人主，方鎮則以外兵而擅廣土地。及朱温舉兵内向，盡夷中人，廢神策，而唐之鼎祚移於内。楊行密、錢鏐、馬殷、王建、劉仁恭、李茂貞之徒，以卒伍竊據一方，而唐之土宇裂於外，而唐遂亡矣。中更五代，則國擅於將，將擅於兵。卒伍所推，則爲人主，而國興焉，非以得其民也；其所廢則爲獨夫，而國亡焉，非以失其民也。宋有天下，藝祖、太宗以兵革削平海内，暨一再傳，則兵愈多，而國勢愈弱。元昊小醜，稱兵構逆，王旅所加，動輒敗北，卒不免因循苟且，置之度外。洎女真南牧，徵召勤王之師，動數十萬。然援河北，則潰於河北；援京城，則潰於京城。於是中原拱手以授金人，而王業偏安於江左。建炎、紹興之間，驕兵潰卒，布滿東南，聚爲大盜，攻陷城邑，荼毒生靈，行都數百里外，率爲寇賊之淵藪。而所謂寇賊者，非民怨而叛也，皆不能北向禦敵之兵也。張、韓、劉、岳之徒，以輔佐中興，論功行賞，視前代衛、霍、裴、郭曾無少異，然究其勳庸，亦多是削平内寇，撫定東南耳。一遇女真，非敗則遁，縱有小勝，不能補過，而卒不免用屈己講和之下策，以成宴安江左之計。及其末也，夏貴之於漢口，賈似道之於魯港，皆以數十萬之衆，不戰自潰，於是賣降效用者非民也，皆宋之將也；先驅倒戈者，亦非民也，皆宋之兵也。夫兵既不出於民，故兵愈多而國愈危，民未叛而國已亡，唐、宋是也。噫！兵，猶手足也；國，猶身也。手足强壯則身存，手足枯槁則身廢；兵多則國存，兵少則國亡，未有以兵多而亡者。今唐兵雖多强悍而不爲用，猶病狂易之人，奮拳舉爪，自陷其膚，自屠其腸，以至於殞身也。宋兵雖多劣弱而不可用，猶病痱癖之人，恣其餵豢以養擁腫之四肢，脛如腰，指如股，而病與之俱增，以至於殞身也。然則所以覆其國者乃兵也，所以斃其身者，乃手足也。

又古者籍民爲兵，其法不過因其户田之可賦者賦之，年齒之可任者任之，民固不容於倖免，而亦不可以濫入。司馬法曰：「使智使勇，使貪使愚」，蓋言户盡爲兵，則君子小人、賢與不肖俱出其間也。自募兵之法行，於是擇其願應募者，而所謂願應募者，非游手無藉之徒，則負罪亡命之輩耳，良民不爲兵也。故世之詈人者，曰黥卒，曰老兵，蓋言其賤而可羞。然則募兵所得者，皆不肖之小人也。夫兵所以捍國，而皆得不肖之小人，則國之所存者，幸也。紀綱尚立，威令尚行，則猶能驅之以親其上、死其長，否則潰敗四出，反爲生民之禍，而國祚隨之矣。可勝慨哉！

校勘記

〔一〕雖帥臣不可得而節制　「雖」字原脱，據元本、慎本、馮本及建炎以來朝野雜記甲集卷一八御前諸軍條補。

〔二〕今禁兵但供斯役　「今」原作「令」，據元本、慎本、馮本及建炎以來朝野雜記甲集卷一八御前諸軍條改。「但供」原作「俱」，據建炎以來朝野雜記甲集卷一八御前諸軍條改。

〔三〕愚謂不若併禁軍於廂籍　「禁」字原脱，據建炎以來朝野雜記甲集卷一八御前諸軍條補。

〔四〕韓世忠軍或屯江陰　按宋史卷一八七兵志一，「江陰」上有「江州」二字。

〔五〕惟王彦八字軍隨張浚入蜀　「張浚」原作「張俊」，據宋史卷一八七兵志一、宋史卷三六八王彦傳、宋史卷三六一張浚傳改。

〔六〕湖南王瓔四軍通十二萬一千六百　「二」，建炎以來朝野雜記甲集卷一八紹興内外大軍數條同，宋史卷一八七兵志一作「九」。

〔七〕王彦以八字軍赴行在　按宋史卷三六八王彦傳、建炎以來朝野雜記甲集卷一八八字軍條，王彦以八字軍赴行在事在紹興六年。

〔八〕巨師古留兵三千屯太平州　「巨」原作「吕」，據宋史卷二九高宗紀六改。

〔九〕方與韓桕朝夕飲宴　「桕」原作「袙」，據建炎以來繫年要録卷三一建炎四年春正月庚午條、浮溪集卷一奏論諸將無功狀改。

〔一〇〕所過邀索千計　「邀索千計」，建炎以來繫年要録卷三一建炎四年春正月庚午條同，浮溪集卷一奏論諸將無功狀「索」下有「動以」二字。

〔一一〕全隊轉授　「隊」原作「陣」，據斐然集卷一〇轉對札子改。

〔一二〕今煮海榷酤之入　「入」原作「人」，據斐然集卷一〇轉對札子改。

〔一三〕遇軍之所至　「之」，斐然集卷一〇轉對札子作「屯」。

〔一四〕未嘗開落死損逃亡之數　「開」字原脱，據斐然集卷一〇轉對札子補。

〔一五〕以補者之姓名充死者之姓名　下「姓名」二字原脱，據斐然集卷一〇轉對札子補。

〔一六〕以死者之妻子爲補者之妻子　「以死者之妻子爲補者之」十字原脱，據斐然集卷一〇轉對札子補。

〔一七〕神武右軍都統制張俊言　「神」上原衍「詔」字，據宋史卷一九三兵志七删。「都」字原脱，據宋史卷三六九張俊傳、建炎以來繫年要録卷三六建炎四年八月丁丑條補。

〔一八〕昨自維揚之變　「維揚」原作「淮揚」，據建炎以來繫年要録卷六〇紹興二年十一月己巳條改。

〔一九〕後軍巨師古皆不下萬人　「巨」原作「吕」，據元本、慎本、馮本及宋史卷二六高宗紀三、宋史卷三六二吕頤浩傳、建炎以來繫年要録卷六〇紹興二年十一月己巳條改。

〔二〇〕雖未可盡信　「盡」字原脱，據建炎以來繫年要録卷六〇紹興二年十一月己巳條補。

〔二一〕臣願睿斷早定　「定」原作「起」，據宋史卷三六二吕頤浩傳、建炎以來繫年要録卷六〇紹興二年十一月己巳條改。

〔二二〕令范温閻皋乘四月南風北去　「令」原作「今」，據元本、慎本、馮本及建炎以來繫年要録卷六〇紹興二年十一月己巳條改。

〔二三〕宣武　按宋史卷一九四兵志八，「武」下有「殿前司虎翼」五字。

〔二四〕步軍司虎翼等五尺五寸　「軍司」二字原倒，據宋史卷一九四兵志八乙正。又宋史卷一九四兵志八「翼」下有「水軍」二字。

〔二五〕潼川府凡十七郡焉　「七」原作「四」，據宋史卷一八七兵志一、建炎以來朝野雜記甲集卷一八關外軍馬錢糧數條改。

〔二六〕金州三都統司兵　「司」字原脱，據建炎以來朝野雜記甲集卷一八關外軍馬錢糧數條補。

〔二七〕巨師古之徒　「巨」原作「吕」，據上文改。

〔二八〕鎮江府都統司兵四萬七千人　「七」原作「九」，據宋史卷一八七兵志一、建炎以來朝野雜記甲集卷一八乾道内外大軍數條改。

〔二九〕差官營運　「營」原作「管」，據宋史卷一九四兵志八、宋會要輯稿職官五七之七三改。

〔三〇〕侵壞軍政　「壞」原作「攘」，據宋史卷一九四兵志八、宋會要輯稿職官五七之七三改。

〔三一〕乞令所屬遵依舊法　「令」原作「今」，據元本、慎本、馮本改。

〔三二〕以軍分十將諸禁軍將轉補　按宋史卷一九六兵志一〇及下文「諸禁軍將校軍頭十將應轉補者」語，此句疑有脱誤，「軍分」疑當作「軍頭」，「禁軍將」下疑脱「校」字。

〔三三〕無病却乃試弓弩　「却」，宋史卷一九六兵志一〇作「切」。

〔三四〕或年六十九　「九」原作「上」，據宋史卷一九六兵志一〇改。

〔三五〕而反以爲太祖之所以立國者　「立」原作「正」，據元本、慎本、馮本及水心先生文集卷五兵論二改。

〔三六〕保甲之數至六七十萬　「六七十」，水心先生文集卷五兵論二作「六十七」。

〔三七〕斡離不始挾兵纔萬餘　「斡」原作「幹」，據水心先生文集卷五兵論二改。

〔三八〕總管路鈐路分鈐轄將兵之官　「總管路鈐路分鈐轄」，水心先生文集卷五兵論二作「總轄路鈐」。

〔三九〕將校之禄　「校」原作「版」，據水心先生文集卷五兵論二改。

〔四〇〕及張浚收光世兵柄　「張浚」原作「張俊」，據元本、慎本及宋史卷三六九劉光世傳、宋史卷三七〇呂祉傳改。

〔四一〕制馭無策　「馭」原作「取」，據水心先生文集卷五四屯駐兵改。

〔四二〕故知其爲深患者若此而已　「者」字原脱，據元本、慎本及水心先生文集卷五四屯駐兵補。

〔四三〕朝廷既自以養大兵矣　「矣」字原脱，據水心先生文集卷五四屯駐兵補。

〔四四〕以不可舉動爲體國　「體」原作「休」，據元本、慎本、馮本及水心先生文集卷五四屯駐兵改。

〔四五〕竟行其所難　「竟」原作「患」，據葉適集水心別集卷一一廂禁軍弓手土兵改。

卷一百五十五　兵考七

禁衛兵

周官：宮正掌王宮之戒令糾禁，以時比宮中之官府，次舍之衆寡。時，四時。比，校次其人之在否，官府之在宮中者，若膳夫、玉府内宰之屬〔一〕。次，諸吏直宿，若今部署諸廬者。舍，其所居寺也。爲之版以待，官府次舍之版圖及其人之名籍以待比。夕擊柝而比之。莫行夜以比直宿者，爲其有懈怠離部署。國有故則令宿其比亦如之。故，謂災禍。令宿，謂衛王宮也。辨内外而時禁，分別内外人，禁其非時出入。稽其功緒，糾其德行，功，吏職也。緒其志業。譏其出入，均其稍食，去其淫怠，與其奇衺之民，民，宮中吏之家人也。淫，放濫。怠，懈慢。奇衺，譎觚非常。會其什伍，而教之道藝，五人爲伍，二伍爲什，寄宿衛之令。月終則會其稍食，歲終則會其行事。行事，吏職也。

宮伯掌王宮之士、庶子，凡在版者，鄭司農云：「庶子，宿衛之官。版，名籍也。以版爲之，若今鄉户籍謂之户版。」玄謂王宮之士〔二〕，謂王宮中諸吏之適子也。庶子，其支庶也。掌其政令，行其秩叙，作其徒役之事，秩，禄秩也。叙，才等也。作徒役之事，大子所用〔三〕。授八次八舍之職事。衛王宮者，必居四角四中，於徼候便也。鄭司農云：「庶子衛王宮，在内爲次，在外爲舍。」玄謂次其宿衛所在，舍其休沐之處。若邦有大事，作宮衆則令之，謂王宮之士庶子，於邦之大事，或選當行〔四〕。月終則均秩，歲終則均叙，以時頒其衣裘，掌其誅賞。

虎賁氏虎士八百人，士徒選有勇力者。掌先後王而趨以卒伍；王出，將虎賁士居前後，雖群行，亦有局分。軍旅會同亦如之。舍則守王閑；舍，王出所止宿處。閑，梐枑也。王在國則守王宮；爲周衛。國有大故，則守王門；大喪，亦如之。及葬，從遣車而哭。適四方使，則從士大夫。虎士從使者。若道路不通，有徵事，則奉書以使於四方。不通，逢兵寇若泥水。奉書，徵師役也。

旅賁氏掌執戈盾，夾王車而趨，左八人，右八人，車止則持輪。夾王車者，其下士也。下士十有六人，中士爲之帥焉〔五〕。凡祭祀、會同賓客，則服而趨。服而趨，夾王車趨也。會同賓客，王亦齋服，服衮冕；則此士之齋服，服玄端。喪記，則衰葛，執戈盾，葛，葛絰。武士尚輕。軍旅，則介而趨。介，被甲。

司隸掌五隸之法，辨其物而掌其政令，五隸，謂罪隸，四翟之隸也。物，衣服兵器之屬。掌帥四翟之役，使之皆服其邦之服，執其邦之兵，守王宮與野舍之厲禁。野舍，王者所止舍也〔六〕。厲，遮衛也〔七〕。疏：服其邦之服〔八〕，若東方、南方衣皮帛，執刀劍；西北方衣氈裘，執弓矢。

蠻隸，在王宮者，執其國之兵以守王宮，在野外則守厲禁。

罪隸、夷隸、貉隸其守王宮，與其守厲禁者，如蠻隸之事。

林氏曰：「周廬千列，設戟百重，入守虎闈，出陪豹尾，此古人設衛所以强幹弱枝、防未然而滅不軌也。昔成周宿衛之制，居則宮正、宮伯之衛，行則虎賁氏之衛。僕從之衛，掌於太僕；守隸之衛，掌於司隸。其制蓋不一矣。宮正有宮之徒役，宮伯有公卿大夫之士、庶子，以爲環列腹心之任，居衛之制然也。虎賁氏有虎士八百人，掌先後王而趨以卒伍，視朝則在路門之右，行衛之制然也。

太僕掌奉輿馬，督扈從，視朝則在路門之左。太僕，王視朝則前正位而退〔九〕，入亦如之。王出入則左馭而前驅。太僕而下，有小臣、祭僕、隸僕、御僕皆屬焉。又司士云〔一〇〕：「太僕、大右〔一一〕、太僕從者在路門之左。」司隸掌率夷隸執兵器，服兵服〔一二〕，以衛王之門。外朝在野，外則守，内列僕從，守隸之衛制然也。由是言之，環列腹心之衛，非兵衛，在内而不出；虎士之衛爲重兵之衛，非王出亦不行；四翟之衛則環衛諸門，僕從之徒則整飾騶從，此宿衛之别詳矣。然虎賁綴衣，無非吉士，侍御僕從，罔非正人。執劉鉞而上戈刃者，皆用冠冕之士大夫，顧命四人，綦弁，執戈，上刃，夾兩階戺，一人冕，執劉，立於東堂。居虎門而詔王嬍者，乃率四夷之賤隸，師氏掌以嬍詔王，使其屬率四夷之隸。糾其德行，稽其功緒，勸以善也。掌其糾禁，嚴其誅賞，防以過也。由是言之，腹心之衛，固擇有道有德之賢而宿衛之，兵亦皆使賢士大夫爲之，其任嚴矣。而聖人防微杜漸之意，又不止是，蓋人君處内庭之時多，處外庭之時少，親侍臣之意玩，親大臣之意嚴。今宫正、宫伯之兵衛、郎衛，固爲太宰之屬，而虎賁之虎士，掌於司馬，司隸之伍隸，掌於司寇，皆聽命於太宰。内外相維，而賢否無混淆之患；事權不分，而政令無下移之漸。此周制之所以盡善也。

漢制：南軍在京城門内，衛尉主之。北軍在宫城門外，中尉主之。詳見兵制門。郎中令，秦官，掌宫殿掖門户，有丞。武帝太初元年，更名光禄勳，屬官有大夫、郎、謁者，皆秦官。又期門、羽林皆屬焉。

衛尉，秦官，掌宫門衛屯兵，有丞。景帝初，更名中大夫令，後元年，復爲衛尉，屬官有公車司馬、衛士、旅賁三令丞，衛士三丞〔一三〕。又諸屯衛候、司馬二十二官皆屬焉〔一四〕。

郎掌守門户，出充車騎，有議郎、中郎、侍郎、郎中，皆無員，多至千人。

徐氏官考曰：「謹按周之兵制，無事則散之田畝，有役則召以縣師，而宿衛常養之兵，則有虎賁之士八百人，至六軍之徒，一軍百人，大司馬之屬，徒三百有二十人，又在虎賁之外，然不常有，而虎賁之禄比下士，足以代耕，蓋庶人在官者也。漢期門千人，而秩比郎，亦古虎賁之遺意歟。」

後漢光禄勳，掌宿衛宫殿門户，典謁署郎更直執戟〔一五〕，宿衛門户，考其德行而進退之。五官中郎將，五官中郎，五官侍郎，五官郎中。凡郎官皆主更直執戟〔一六〕，宿衛諸殿門户，出充車騎。左右僕射，主虎賁郎習射。左右陛長，主直虎賁，朝會在殿中。虎賁郎、虎賁中郎將〔一七〕、羽林中郎將、羽林郎，無員，掌宿衛侍從。常選漢陽〔一八〕、隴西、安定、北地、上郡、西河凡六郡良家子弟補。

林氏曰：「漢制：南軍衛宫，衛尉主之。北軍護京，中尉主之。南軍則有郎衛、兵衛之別。如三署諸郎，羽林、期門，則皆郎衛也；如衛士令、丞，諸屯衛候，則皆兵衛也。是衛也，非南軍守衛之衛乎？北軍則有調兵、募兵之分，如三輔兵卒，則是調兵而衛；表：中尉屬官，左右京輔都尉，尉丞，有兵卒。按黄霸爲京兆尹，坐發騎士詣北軍，馬不適士〔一九〕，貶秩，則京輔兵卒番上北軍明矣。如八校、胡騎、越騎，則是募兵而衛。八校尉皆武帝初置，中壘、屯騎、步兵、越騎、長水、胡騎、射聲、虎賁。是衛也，非北軍護京之衛乎？此漢人南、北軍之制也。朱虚入衛，卒平諸吕；方朔執戟，坐折董偃；袁盎以中郎却慎夫人之坐；日磾入侍，縛莽何羅之逆。事並見本傳。王國、侯國，拘不得入；漢制：王國、侯國，不得入宿衛。龔勝爲楚王常侍，後三舉孝廉，不得宿衛。同族犯法，限不得與。漢制：同族犯法，不得宿衛。蕭望之以甲科爲郎，後坐弟犯法，不得宿衛。雖以龔勝、蕭望之之賢，寧從退免，則宿衛所任之人，固無愧於周耳。然始以南北軍皆隸三公，而太尉周勃得入北軍，以成安劉之功可也。自武帝疏遠外庭之後，衛尉之職，領於將軍，王莽以大將軍兼衛尉。城門之兵，領於司馬，成帝世，平阿侯王譚〔二〇〕、成都侯王商、紅陽侯王音皆以大司馬特進領城門軍。往往以中朝任之，而大臣皆無預焉。大司馬之任，又非向時大尉之比。豈知禁嚴之地，大臣皆不預聞？則凡可以轉移人主之心志，惑亂人主之視聽，無所不至，異日之變可見耳。至東漢以來，又舉五官郎將、羽林、虎賁以職屬。大夫、議郎、謁者僕射以文屬，後漢官志：五官中郎將、左右中郎將、羽林、虎賁中郎將、羽林監以職屬；光祿大夫、大中大夫、中散大夫、諫議大夫、議郎、謁者僕射、常侍謁者以文屬。分屬之後，政令不行於其間，而又光祿大夫不在宿直，議郎不與執戟，後志：自五官至羽林凡七署，唯議郎與光祿大夫同，不在直中。餘同後志。惟不在宿直、執戟之列，則凡爲禁衛者，皆非士人之流。而郎官三省，盡爲諸黄門之廬耳。故宦官内典門户，外與政事。竇武説太后曰：「故事：黄門常侍但當給事省内典門户耳。今乃使與政事，而任權重，子弟布列，專爲貪暴。」及何進誅宦者，太后不聽，曰：「中官領統禁省，自古及今，漢家故事，我奈何與士人共對事乎〔二一〕！」則知士人不爲郎中久矣。後盡除宦者，選三署郎入守宦官之廬，即此可見。何進傳。推原其故，皆光武不任三公，多置黄門，光武不任三公，事歸臺閣。後官：少府屬多置黄門。其流禍至是也。

唐有南、北衙兵。南衙，諸衛兵是也；北衙，禁軍是也。高祖初起兵，有元從禁軍。太宗時，置百騎。武后時，改爲千騎。中宗時〔二二〕，增至萬騎。肅宗時，有供奉射生官。代宗以後，有左、右神策軍。並詳見兵制門。

左、右監門衛掌諸禁衛門籍之法，左、右千牛衛掌衛及供御兵仗。親衛一府，勳衛二府，翊衛二府，凡有五府。每府中郎將一人，左、右中郎將各一人。五府中郎將掌領校尉、旅帥〔二三〕、親衛之屬宿衛者，而總其府事，左、右郎將二焉。番上者，以名簿上於大將軍而配以職。

武德、貞觀世重資蔭，二品、三品子，補親衛；二品曾孫、三品孫、四品子、職事官五品子若孫、勳官三品以上有封及國公子，補勳衛及率府親衛；四品孫、五品及上柱國子，補翊衛及率府勳衛；勳官二品及縣男以上子若孫〔二四〕，補諸衛及率府翊衛。王府執仗親事，執乘親事，每月番上者數千人，宿衛內廡及城門，給廩食。執扇三衛三百人，擇少壯肩膊齊、儀容整美者，本衛印臂，送殿中省肄習，仗下，每番三衛一人，爲太僕寺引輅。其後入官路艱，三衛非權勢子弟輒退番，柱國子有白首不得進者；流外雖鄙，不數年給禄廩。故三衛益賤，人罕趨之。

左右衛，上將軍各一人，大將軍各一人，將軍各二人，掌宮禁宿衛，凡五府及外府皆總制焉。凡五府三衛及折衝府驍騎番上者〔二五〕，受其名簿而配以職。

左右衛、左右驍衛〔二六〕、左右武衛、左右威衛、左右領軍、左右金吾、左右監門、左右千牛衛，凡十六。

左右千牛衛，掌侍從及供御器仗〔二七〕。以千牛備身左右執弓箭宿衛，以主仗守戎器。折衝都尉，掌領屬備宿衛，師役則總戎具、資糧〔二八〕、點習。以三百人爲團，一校尉領之。

十六衛，每衛有上將軍，有大將軍，有將軍。自左右衛至領軍，並掌宮禁宿衛。金吾掌宮中、京城巡警〔二九〕，監門掌諸門禁衛，千牛掌侍衛。凡五府、外府之番上者，十二衛受其名簿，而配以職。除監門、千牛，凡左右四衛不領，故但十二衛。五府謂親、勳、翊三衛；外府，折衝府也。五府惟左右衛兼領之，餘但翊衛二府而已。

林氏曰：「唐制有八衛，各分左右。自左右以至千牛，皆典扈從。是故宮禁宿衛是統是司，內廂儀仗是臨是職者，左右衛也。皇城四面、宮城內外諸門，置兵分助其役者，驍騎也。正衙朝會鼇鎧，旅卒兩廂列仗，唱警應蹕者，武衛也。正殿之前，隊立於階，長樂、永安，隊列於廡者，威衛也。皇城之四面，宮苑之城門，則職於領軍。京城烽堠之宜，南衙番上之數，則職於金吾。禁衛名籍，器仗出入，則職於監門。僕御兵仗，宿衛弓箭，則職於千牛。此唐人十六衛之制也。張延師之謹畏，至三十年未嘗有過。唐職林：張延師爲左衛大將軍，性謹畏，典羽林三十年，未嘗有過。阿史那忠之清謹，至四十八年無有纖隙。忠性清謹，爲右驍騎大將軍，宿衛四十八年，無纖隙，時人比之金日磾。龐玉久典宿衛，習知制度，玉久宿衛，習知朝廷制度，高祖顧諸將多不閑儀檢，故授玉領軍、武衛二大將軍〔三○〕，使衆觀以爲法。段志元衛章武門，夜不示詔。段志元爲左驍騎大將軍，文德皇后之葬，勒兵衛章武門，太宗夜遣使至，志元拒曰：「軍門不夜開。」使者示以手詔，志元曰：「夜不能辨。」比旦，帝嘆曰：「真將軍也。」則宿衛所任之人，亦無愧於周。然始以大臣兼領宿衛使，文皇有甘寢之安可也。元微之行于季友右羽林將軍制曰〔三一〕：「分八舍之衆寡，均一庚之勞逸〔三二〕，皆將軍之力也。是以李大亮上直禁中，而文皇甘寢，則心腹爪牙之任不細矣。」時李大亮以冬官兼。自六軍禁衛皆用市人，其選始輕。天寶之後，衛佐悉以假人爲童奴，京師人恥之，至相屬辱，必曰侍官，而六軍宿衛皆市人。禄山、吐蕃之變，神策禁軍，外入赴難，國家遂以倚重，悉命中人主之，其勢益横。兵志〔三三〕：「上元中，以北衙軍使衛伯玉爲神策軍節度使，鎮陝州，中使魚朝恩爲觀軍容使，監其軍。禄山反時，伯玉以磨環門軍赴難〔三四〕，即神策軍也。其後吐蕃入寇，朝恩又以神策軍屯苑，自是復益分爲左、右廂。大曆四年，請以京兆之好時，鳳翔之麟游、普閏，皆隸神策。」自是南衙日輕、北衙日重矣。夫所謂禁軍者，蓋高祖舉義兵〔三五〕。起太原，已定天下，悉罷遣歸〔三六〕，而願留宿衛者三萬人，給以渭北腴田，號曰『元從禁軍』。本爲兵立制，非爲制置兵。見唐兵志，詳已具兵制門。其後左右羽林、龍武、神武及神策、神威而總名北衙者，豈太宗初制哉？唐兵志載，詳已具兵制門。且唐之十六衛，已備漢人南、北軍之制，以衛尉護南軍，以金吾巡北軍。今十六衛已有金吾將軍掌京城巡警，是北軍已寓其間。觀白集羽林衛將軍之制，所謂國家設十六衛，猶漢之有南、北軍，其知之矣。白集：王元輔授左羽林衛將軍制：「國家設十六衛，猶漢之有南、北軍，而左右羽林尤稱親重。」而其『元從禁軍』，亦猶官制員外之置，初非禁衛正兵也。今以禁軍爲北衙，衛兵爲南衙，以備漢制，豈不過歟！北衙既横之後，外庭諸臣，莫之誰何，蕭復言之，而不見聽，蕭復言：「艱難以來，始用宦者監軍，權望太重，是曹政可委宫掖事，兵要政機，勿使參預。」不聽。高元裕言之，而不及用，本傳：「敬宗視朝不時，決事禁中，宦寺恣放，大臣不得進見。元裕諫曰：『西頭勢乃重南衙，樞密之權過宰相。』帝雖悟而不能用。」惜夫推原其故，皆外臣不預禁軍，專歸宦者，其爲患至是也。噫！漢不以中朝屬外朝，而使閹宦宿直，卒成何進之亂。見進本傳。唐不以北衙隸南衙，亦使宦官典兵，反致王叔文之亂。見唐兵志。其視周人以禁衛屬冢宰之意，又何止天淵哉。」

梁太祖始置侍衛馬步軍。

開平元年，改左右長直爲左右龍虎軍，左右内衛爲左右羽林軍，左右監鋭夾馬突將爲左右神武軍，左右親隨軍將馬軍爲左右龍驤軍。其年九月，置左右天興、左右廣勝軍，仍以親王爲軍使。

二年十月，置左右神捷軍。十二月，改左右天武爲左右龍虎軍，左右龍虎爲左右天武軍，左右天威爲左右羽林軍，左右羽林爲左右天威軍，左右英武爲左右神武軍，左右神武爲左右英武軍。前朝置龍虎等六軍，謂之衛士。至是以天威、天武、英武等六軍易其軍號，而任勳舊焉〔三七〕。

後唐長興三年三月敕：「衛軍神威、雄威及魏府廣捷以下指揮，宜改爲左右羽林，置四十指揮。每十指揮立爲一軍，每一軍置都指揮使一人兼，分爲左右廂。」應順元年三月，改左右羽林四十指揮爲嚴衛左右軍，龍武、神武四十指揮爲捧聖左右軍。清泰元年六月，改捧聖馬軍爲彰聖左右軍，嚴衛步軍爲寧衛左右軍。

晉天福六年〔三八〕，改拱宸、威和内直軍並爲興順，至八月改奉德兩軍爲護聖左右軍。周廣順元年四月〔三九〕，改侍衛馬軍曰龍捷左右軍，步軍曰虎捷左右軍。

顯德元年，詔汰簡諸軍，取武藝超絶者爲殿前諸班。見軍制門。

宋太祖皇帝建隆初，詔殿前、侍衛二司，各閲所掌兵，揀其驍勇者爲上軍〔四〇〕，老弱者爲剩員〔四一〕。又詔諸州長吏選所部兵送都下，以補禁旅之闕。詳見兵制門。禁軍，殿前、侍衛司分領之。殿前司領騎兵之額三十七，步兵之額二十六；侍衛司領騎兵之額三十五，步兵之額八十三；御前忠佐軍頭司領步騎之額四；皇城司領步兵之額二；左右騏驥院領騎兵之額二；廂軍亦内屬侍衛司。見郡國門。

仁宗天聖至寶元間，增募禁軍，陝西蕃落、廣鋭，河北雲翼，京畿廣捷、虎翼、效忠，陝西、河東清邊弩手，京西、江淮、荆湖歸遠，總百餘營。

康定初，趙元昊反，西邊用師，詔募神捷兵，既而易名萬勝，爲二十營。所募多雜市井之人，選僄不足以備戰守。是時禁兵多戍陝西，陝西並邊土兵雖不及等，然驍勇善戰，而以京師所遣戍爲東兵。東兵雖魁碩，大率不能辛苦〔四二〕，而摧鋒陷陣非其所長。又北兵戍川、陝、嶺嶠、荆湖間，多不便習水土，故建議者欲益募土兵爲就糧。於是增置陝西蕃落、保捷、定功，河北雲翼，有馬勁勇，陝西、河北振武，河北、京東武衛，陝西、京西壯勇，延州青澗，登州澄海弩手，京畿近郡亦增募龍騎、廣勇、廣捷、虎翼、步武，復升河北招收、無敵、聽子馬〔四三〕，陝西制勝，并州克戎〔四四〕，騎射，麟州飛騎，府州威遠，秦州建威，慶州有馬安塞，保州威邊，安肅軍忠鋭，嵐、府州建安，登州平海，皆爲禁兵，蓋内外馬步凡增數百營〔四五〕。

揀選之制：有自厢軍升禁軍，禁軍升上軍，上軍升班直。升上軍及班直者〔四六〕，皆臨軒親閱，自非才勇絶群，不以應召募，餘皆自下選補。仁宗嘗詔樞密院次禁軍選補之法。凡入上四軍者，捧日、天武弓以九斗，龍衛、神衛弓以七斗，天武弩以二石七斗，神衛弩以二石三斗爲中格。恩冀員僚直、驍捷軍士選中四軍，則不復閱試，自餘招揀中選者，並引對。凡員僚直闕，則以選中上軍及龍衛等樣〔四七〕、弓射七斗合格者充，仍許如龍衛例選補班直。凡選禁軍，自奉錢三百以上、弓射一石五斗、弩蹠三石五斗、等樣及龍衛者，並親閱，以隸龍衛、神衛。凡騎御馬直闕小底，則閱拱聖、驍騎少壯善射者充。凡弓手，内殿直以下選補殿前指揮使，射一石五斗；御龍弓箭直選補御龍直、御龍骨朵子直，東西班帶甲殿侍選補長入祗候，御龍諸直將、虞候選補十將，射皆一石四斗；東西班、散直選補内殿直，捧日、員僚直、天武、神衛、龍衛、親從選補諸班直，御龍骨朵子直、弓箭直將虞候選補十將，御龍諸直長行選補將、虞候，射皆一石三斗；員僚、龍御、騎御馬直小底選補散直，射皆一石二斗。

神宗初，揀罷禁軍之不如法者入併廢諸軍營。詳見兵制門。熙寧之籍，天下禁軍凡五十六萬八千六百八十八人，元豐之籍，六十一萬二千二百四十三人〔四八〕。

徽宗宣和五年，尚書省言：「昨臣僚言，古制六軍所以備王之爪牙，而羽林又禁衛之總名也。今臣僚使令兵卒所居營分曰六軍，而復有左右羽林之名〔四九〕，稱謂失當，詔令措置。今欲將揀中六軍並六軍指揮並改爲廣效，内揀中六軍作第一指揮，左龍武第二，左羽林第三，左神武第四，右龍武第五，右羽林第六，右神武第七。」從之。

高宗建炎元年五月，始置御營司。

以黄潛善、汪伯彥兼使副。國初以來，殿前、侍衛馬步司三衙禁旅合十餘萬人〔五〇〕。自高禄得用〔五一〕，軍政遂弛。靖康末，衛士僅三萬人，及城破，所存無幾。至是殿前司以左言權領，而侍衛二司猶在東京，禁衛寡弱。諸將楊惟忠、王淵、韓世忠以河北兵，劉光世以陝西兵，張俊、苗傅等以帥府及降盜兵，皆在行朝，不相統一。於是始置御營司，以總齊軍中之政令，因其所部爲五軍，以淵爲使司都統制〔五二〕，世忠、俊、傅等並爲統制，又命光世提舉使司一行事務〔五三〕，潛善、伯彥别置親兵各千人，優其廪賜，議者非之。

四年，三省言：「本府分兩府，而兵權盡付樞密院，今又置御營司，是政出於三也。」乃詔御營司併歸樞密院。紹興四年，詔改御前五軍爲神武，御營五軍爲神武副軍，並隸樞密院。既而左僕射趙鼎言，神武乃北齊舊號，且督府軍馬，今撥隸三衙，乃廢神武中軍隸殿前司，以楊沂中主管殿司公事，又以都督府兵分隸之，於是殿司之兵柄始一。

建炎以來朝野雜記：「國朝舊制，殿前、侍衛馬步三衙禁旅，合十餘萬人，宣和間，僅存三萬而已，京城之破，多死於敵。建炎元年秋，騎帥郭仲荀自東京部禁旅至南京，已而還爲副留守。三年秋，仲荀以虜逼京城〔五四〕，糧儲告竭，遂率餘兵赴行在。其冬，上將航海避狄，而衛士張寶等不欲行，因呂元直入朝，率衆圍之，出語不遜，上怒，誅十七人於明州市，除行門外，盡廢其班。明年春，上至台州，兵衛寡弱，惟中軍統制官辛永宗有衆數千，而呂元直之親軍將姚端衆獨盛，上皆優遇之〔五五〕。四月，上還會稽，乃選中軍五百人，入直殿巖，悉烏合之衆，時趙元鎮初秉政，因爲上言：『祖宗於兵政，最爲留意。今諸將各總重兵〔五六〕，不隸三衙，則兵政已壞，獨衛兵髣髴舊制，亦掃蕩不存，是因咽而廢食也。』上悟，尋復舊制。然衛兵不滿三千，識者病其單弱，數以爲言。紹興二年秋，詔三衙措置。已而上謂輔臣曰：『一衛士所給可贍三四兵，朕命楊沂中治神武中軍，此皆宿衛兵也。』遂命沂中兼提舉宿衛親兵。五年冬，廢神武中軍隸殿前司，以沂中主管殿前司公事。十二月庚子。又以都督府兵分隸三衙。是月庚戌。七年夏，復合馬司餘軍及八字軍爲六軍十二將，命劉信叔主之；四月丙申。解承宣潛典步軍如故。自是三衙始復矣。」

神武中軍，舊止三部，自楊存中職殿巖，始增爲五軍。又置護聖、踏白、選鋒、神奕、神勇馬步凡十二軍。時江海盜作，因分制諸軍控制之，如泉之左翼，贛之右翼，循之推鋒，明之水軍，皆隸殿司，總七萬人，由是殿司兵籍爲天下冠。

初，御營五軍之外，又置御前五軍〔五七〕，尋又改爲神武五軍。紹興元年，又改爲行營四護軍。張俊稱前軍，韓世忠稱後軍，岳飛稱左軍，劉光世稱右軍。楊沂中中軍，以隸殿前司，而吴玠軍如故。七年，光世軍叛降僞齊，於是川陝軍更以右護軍爲號。十一年，三宣撫罷，乃改稱某州駐劄御前諸軍。十八年，川陝諸軍亦如之。其軍皆不隸三衙，由是御前軍又在禁軍之外矣。

二十四年，殿前都指揮使楊存中劄子：「乞遵依祖宗法，在京所管捧日、天武、拱聖、驍騎、驍勝〔五八〕、寧朔、神騎、神勇、宣武、虎翼、廣勇諸指揮禁軍内，捧日、天武依條陞揀扈衛諸班直，拱聖、神勇以下陞揀捧日、天武，除逃亡事故外，有一千九百人。差使日增，人數日虧，欲乞於今年分定月分内招一千人，請給例物，並依先招人體例。」詔依。二十七年十二月，樞密院言：「殿前都指揮使楊存中劄子，準旨：三衙所招軍兵效用，權行住招。自紹興二十六年，見闕四千四百四十六人。及三十七年揀汰三千四十四人〔五九〕，見闕二千一百四十人，並已揀汰五百四十人，共闕六千七百二十六人。若不招填，兵數日有虧損。緣近來游手人陳乞情願投軍稍多，望令本司自來年正月一日爲始，依舊招募情願投軍少壯百姓，刺充效用、勝捷、吐渾、雄威填額使换，依例支破請給，所招係填名闕，即不曾添請給，照依今三衙依分定月分招填。」

孝宗隆興二年，主管步軍司公事郭振言：「本司在京日所管軍額計三萬九千五百人，今來行在，見管止一千二百一十九人。緣諸處非乏差使應副不行，乞招一千七百八十人，通作三千人爲額，刺充神衛、虎翼、飛山、床子弩雄武等指揮，其請給例物等，依則例行。」詔：「特依。」

乾道四年，樞密院言：「殿前司、步軍司内有官人子弟，多願投充效用，其間不及等杖二三寸，却有膂力强壯之人。」詔：「今後令逐司遇有闕額，除及等杖外，若低一二寸，令射八斗力弓；低三寸，令射九斗力弓。委承旨司審驗强壯，即行指試。」

六年，主管侍衛馬軍司公事李顯忠言：「本司諸軍兵將官有闕，自來遴選衆所推服之人，不以次序申乞陞差。近年以來，須自訓練官差充准備將，及二年陞副將，副將及二年陞正將，正將及三年陞統領，再及三年陞統制官。切恐無以激勸士氣。乞今後兵將官有闕，不以年限，許令本司銓量人材，膽勇過人能服衆者，保明申朝廷取旨差填。」從之。時處禁旅廷補，本末見軍制門。

七年，虞允文乞移馬司於建康，以爲出師之漸，乃以李顯忠爲都指揮使，統馬軍屯焉，元額三萬人。

乾道初，殿、步、馬司兵馬，權以七萬三千人爲額。二年，降旨馬司以三萬人，步司以二萬七千人〔六〇〕。

慶元二年，殿前都指揮使郭杲言：「南渡以來，捧日、天武已下，權以三千人爲額。今諸班直見管一千七百五十九人，併新揀中人共二千二百五十二人，請立爲定額。」詔依。

大抵此一軍乃高宗所收諸將之部曲。其殿前司則辛永宗諸軍部曲，而益以他軍也。馬軍司則合王彥部曲，而益以解潛、劉錡、田盛之兵。步軍司則本王彥所部之兵〔六一〕。其軍校之制，有殿前司都指揮使、副都指揮使、都虞候各一人；諸班有都虞候、都虞候指揮使、都知、副都知、押班；御龍諸班有四直都虞候，本直各有都虞候指揮使、都頭、十將、將、虞候。馬步軍有捧日四廂都指揮使，管舊城裏左廂烟火及殿前司馬軍。天武四廂都指揮使，管舊城裏右廂烟火及殿前司馬軍。捧日、天武左右廂各有都指揮使。每軍有都指揮使、都虞候，每指揮有指揮使、副指揮使，每都有軍使、步軍四都頭。副兵馬使、副軍四副都頭。十將、虞候、承局、押官。其下有統制官、領官、同統領、正將、副將、同副將、准備將、同准備將之分。推之侍衛司廂、禁軍皆如之。中興制：自殿前左右班、御龍直、骨朵直、内殿直、弓箭直、弩直、散員、散指揮、散都頭、散祗候、金槍銀槍班、茶酒新班、西一班、殿侍東五班、散直班、二十四班爲上軍。

校勘記

〔一〕玉府内宰之屬　「玉」原作「王」，據元本、慎本、馮本及周禮天官宮正注改。

〔二〕玄謂王宮之士　「玄」字原脱，據周禮天官宮伯注補。

〔三〕大子所用　「大」原作「天」，據元本、慎本、馮本及周禮天官宮伯注改。

〔四〕或選當行　「選當」二字原倒，據周禮天官宮伯注乙正。

〔五〕中士爲之帥焉　「中」字原脱，據周禮夏官下旅賁氏注補。

〔六〕王者所止舍也　「者」原作「行」，據周禮秋官司隸注改。

〔七〕遮衛也　「衛」，周禮秋官司隸注作「例」。

〔八〕服其邦之服　按周禮秋官司隸疏，下「服」字下有「執其邦之兵者」六字。

〔九〕王視朝則前正位而退　「前」原作「荷」，據周禮夏官下太僕注改。

〔一〇〕又司士云　「士」字原脱，據周禮夏官下司士注補。

〔一一〕大右　「右」原作「有」，據周禮夏官下司士注改。

〔一二〕服兵服　按「兵」，周禮秋官司隸，有「使之皆服其邦服，執其邦之兵」句，疑此有誤。

〔一三〕衛士三丞　「士」字原脱，據漢書卷一九上百官公卿表第七上補。

〔一四〕司馬二十二官皆屬焉　上「二」字原脱，據漢書卷一九上百官公卿表第七上補。「屬」原作「附」，據元本、慎本、馮本及漢書卷一九上百官公卿表第七上改。

〔一五〕典謁署郎更直執戟　「署」原作「書」，「更」原作「吏」，據後漢書志第二五百官志二改。

〔一六〕凡郎官皆主更直執戟　「更」原作「吏」，據後漢書志第二五百官志二改。

〔一七〕虎賁郎虎賁中郎將　按後漢書志第二五百官志二，是句作「虎賁中郎、虎賁侍郎、虎賁郎中、節從虎賁」。

〔一八〕常選漢陽　「常」原作「掌」，據後漢書志第二五百官志二改。

〔一九〕馬不適士　「馬」上原衍「調」字，據漢書卷八九黄霸傳删。

〔二〇〕平阿侯王譚　「平阿」原作「陽阿」，據漢書卷一八外戚恩澤表六、資治通鑑卷三〇漢紀二二成帝河平二年六月條改。

〔二一〕我奈何與士人共對事乎　按後漢書卷六九何進傳，「我」上有「不可廢也」四字，又「共對」作「對共」。

〔二二〕中宗時　「中宗」原作「睿宗」，據舊唐書卷四四職官志三、資治通鑑卷二〇八唐紀二四中宗景龍元年九月壬午條、通典卷二八職官典一〇改。

〔二三〕五府中郎將掌領校尉旅帥　「五」原作「凡」，「帥」原作「師」，據舊唐書卷四九上百官志四上改。

〔二四〕勳官二品及縣男以上子若孫　按新唐書卷四九上百官志四上「子」上有「散官五品以上」六字。

〔二五〕凡五府三衛及折衝府驍騎番上者　「者」字原脱，據新唐書卷四九上百官志四上補。

〔二六〕左右驍衛　「衛」原作「騎」，據新唐書卷四九上百官志四上改。

〔二七〕掌侍從及供御器仗　「供」原作「僕」，據新唐書卷四九上百官志四上改。

〔二八〕資糧　「糧」字原脱，據新唐書卷四九上百官志四上補。

〔二九〕金吾掌宮中京城巡警　「巡」字原脱，據新唐書卷四九上百官志四上補。

〔三〇〕故授玉領軍武衛二大將軍　「二」原作「一」，據新唐書卷一九三龐堅傳改。

〔三一〕元微之行于季友右羽林將軍制曰　「于」原作「子」，據元氏長慶集卷四六于季友授右羽林將軍制、新唐書卷一七二于頔傳改。

〔三二〕均一庚之勞逸　「一庚」，元氏長慶集卷四六于季友授右羽林將軍制作「一廣」。

〔三三〕兵志　「志」原作「至」，據元本、慎本、馮本改。

〔三四〕伯玉以磨環門軍赴難　「門」，新唐書卷五〇兵志作「川」。

〔三五〕蓋高祖舉義兵　「高祖」，原作「太宗」，據新唐書卷五〇兵志改。

〔三六〕悉罷遣歸　「遣」原作「還」，據新唐書卷五〇兵志改。

〔三七〕而任勳舊焉　「任」原作「無」，據五代會要卷一二京城諸軍條改。

〔三八〕晉天福六年　按五代會要卷一二京城諸軍條，「年」下有「七月」二字。

〔三九〕周廣順元年四月　「廣順」原作「廣德」，據五代會要卷一二京城諸軍條改。

〔四〇〕揀其驍勇者爲上軍　「揀」原作「練」，據宋史卷一八七兵志一改。

〔四一〕老弱者爲剩員　「剩」原作「剌」，據元本、慎本、馮本及宋史卷一八七兵志一改。

〔四二〕大率不能辛苦　「率」原作「卒」，據宋史卷一八七兵志一改。

〔四三〕聽子馬　「子」原作「予」，據元本及宋史卷一八七兵志一改。

〔四四〕并州克戎　「克」原作「充」，據宋史卷一八七兵志一改。

〔四五〕蓋内外馬步凡增數百營　「内」原作「用」，據宋史卷一八七兵志一改。

〔四六〕升上軍及班直者　「升上軍及」，宋史卷一九四兵志八作「上軍而升」。

〔四七〕則以選中上軍及龍衛等様　「則」上原衍一「人」字，據宋史卷一九四兵志八删。

〔四八〕六十一萬二千二百四十三人　「三人」原作「二人」，據元本、慎本、馮本及宋史卷一八七兵志一改。

〔四九〕而復有左右羽林之名　「羽」原作「衛」，據宋史卷一八七兵志一及下文改。

〔五〇〕侍衛馬步司三衙禁旅合十餘萬人　「衛」原作「御」，據馮本及宋史卷一八七兵志一改。

〔五一〕自高禄得用　「高禄」，疑爲「高俅」之誤。

〔五二〕以淵爲使司都統制　「統」原作「總」，據宋史卷二四高宗紀一、宋史卷三六九王淵傳改。

〔五三〕又命光世提舉使司一行事務　「司」原作「同」，據宋史卷三六九劉光世傳改。

〔五四〕仲荀以虜逼京城　「逼」原作「過」，據建炎以來朝野雜記甲集卷一八三衙廢復條改。

〔五五〕上皆優遇之　「之」字原脱，據建炎以來朝野雜記甲集卷一八三衙廢復條補。

〔五六〕今諸將各總重兵　「重」原作「衆」，據建炎以來朝野雜記甲集卷一八御前諸軍條改。

〔五七〕又置御前五軍　「五」原作「三」，據宋史卷二六高宗紀三、宋史卷一八七兵志一、建炎以來朝野雜記甲集卷一八御前諸軍條改。

〔五八〕驍勝　「驍」字原脱，據元本、慎本、馮本及宋史卷一九三兵志七補。

〔五九〕及三十七年揀汰三千四十四人　「三十七年」，疑爲「二十七年」之誤。

〔六〇〕步司以二萬七千人　「七」，建炎以來朝野雜記甲集卷一八乾道内外大軍數條作「一」。

〔六一〕步軍司則本王彦所部之兵　「王彦」，建炎以來朝野雜記甲集卷一八三衙創軍本末條作「顔漸」。

卷一百五十六　兵考八

郡國兵鄉兵

周制：大國三軍，次國二軍，小國一軍。詳見兵制門。

秦始皇併天下，列爲三十六郡，郡置材官。

漢列郡、王國、侯國，三者其兵不殊。郡有都尉，佐太守典武職甲卒。其在王國者，則以内史比郡守，中尉比都尉。侯國亦有相，秩比天子令、長。其郡國之兵，必有虎符而後可發。

齊王欲發兵誅諸呂，魏勃曰：「王欲發兵，非有漢虎符驗也。」

武帝建元三年，東甌告急，上曰：「吾新即位，不欲出虎符召兵郡國。」乃遣嚴助以節發會稽兵。會稽守欲距法，不爲發。助乃斬一司馬，諭意指〔一〕，遂發兵浮海救東甌。

七國敗，弓高侯詰膠西王卬曰：「未有詔虎符，擅發兵，王其自圖之！」卬遂自殺。至公孫戎奴爲上黨太守，發兵不以聞，免。

高祖命天下選能引關蹶張〔二〕、材力武猛者以爲輕車、騎士、材官、樓船，常以秋後講肄課試，各有員數。平地用車騎，山阻用材官，水泉用樓船。

光武以幽冀兵克定天下，始於黎陽立營，領兵騎常千人，以謁者監之，號「黎陽兵」。建武六年，詔罷郡國都尉，併職太守，無都試之法。七年，罷天下輕車、騎士、材官、樓船及軍假吏，悉還民伍。詳見兵制門。

晉武帝大封同姓。大國三軍，兵五千人；次國二軍，兵三千人；小國一軍，兵千五百人。太康元年，既平吳，詔悉去州郡兵。大郡置武吏百人，小郡五十人。

唐制：高祖武德初，始置軍府。析關中爲十二道，以驃騎、車騎兩將軍領之。太宗貞觀十年，更號統軍爲折衝都尉，別將爲果毅都尉，諸府總曰折衝府。凡天下十道，關中置府二百七十三，河南置府六十二，河東道置府百三十九，河北道置府十四，山南道置府凡十，隴右道置府二十九，淮南道置府凡六，江南道置府凡二，劍南道置府凡十，嶺南道置府凡三。共十道置府五百六十四〔三〕，皆有名號。而關中府皆以隸諸衛。凡府三等，兵千二百人爲上，千人爲中〔四〕，八百人爲下。府置折衝都尉一人，左、右果毅都尉各一人，長史、兵曹、別將各一人，校尉六人。士以三百人爲團，團有校尉；五十人爲隊，隊有正；十人爲火，火有長。

高宗、武后以來，府兵之法寖壞〔五〕，變而爲彍騎，彍騎變，而方鎮之兵熾矣。詳見兵制門。

林氏曰：「唐之府兵，折衝都尉雖遥隸於諸衛，軍、城、守捉，實散在於諸道。每歲季冬，折衝將率兵馬之在府者，置左右校，習戰陣之儀。步隊、騎隊之有其制，擊鉦伐鼓之有其節，國無不習之兵。然府兵六百三十四所，以三百六十有一在關中，固爲重本計。而諸道二百有餘，分布錯置，亦爲防外設。唐初相制之意非不善也。夫何更代法廢，諸府之籍不補，折衝之將不還？見兵制。及范陽之變，所過州縣，望風瓦解，如入無人之境，外兵蓋失於不補耳。迨至諸鎮之兵共起討賊，其後安史繼亂，中國雲擾，肅宗命李光弼等討之，號『九節度之師』。大盜既滅，而武夫戰卒以功起行陣者，皆除節度。由是方鎮相望於内地，朝廷不能制，而甘爲姑息之政。是以京師有變，藩鎮亦驅兵而至。朱、李之徒，相繼犯闕，唐祚遂以瓜裂，此亦矯重外兵之失也。嗟夫！輕則盜賊以乘隙，重則牧鎮以據兵，爲國者安可不權其勢歟！」

田承嗣鎮魏博，選募六州驍勇之士五千人爲牙軍，厚其給賜以自衛爲腹心。自是父子相繼，親黨膠固，歲久益驕横；小不如意，輒族舊帥而易之，自史憲誠以來，皆立於其手。天雄節度使羅紹威心惡之，力不能制。朱全忠之圍鳳翔也，紹威遣軍將楊利言密以情告全忠，欲借其兵以誅之。全忠以事方急，未暇如其請，陰許之。及李公佺作亂，紹威益懼，復遣牙將臧延範趣全忠。全忠乃發河南諸鎮兵七萬〔六〕，遣其將李思安將之，會魏鎮兵屯深州樂城，聲言擊滄州，討其納李公佺也。會全忠女適紹威子廷規者卒，全忠遣客將馬嗣勳實甲兵於槖中，選長直兵千人爲擔夫，帥之入魏，詐云會葬。全忠自以大軍繼其後，云赴行營，牙軍皆不之疑。庚午，紹威潛遣人入庫斷弓絃、甲襻。是夕，紹威帥其奴客數百與嗣勳合擊牙軍，牙軍欲戰而弓甲皆不可用，遂闔營殪之。凡八千家，嬰孺無遺。

宋太祖皇帝詔：「諸州長吏選所部兵送都下，以補禁旅之闕。」詳見兵制門。

宋制：軍有禁軍、廂軍二等。國初，盡選驍勇部送闕下，以補禁衛，餘留本城。其後開拓土宇，申嚴紀律；關防要害，皆設屯戍；漕輓、營繕力役之任，悉用士伍。自乾德至於乾興，召募增置，名額漸廣。凡所規畫，盡爲節制。畿甸之内，蕃服雖大，不以加也；邊防之地，堡障雖小，必有備也。廂軍者，諸州之鎮兵也，各隸其州之本城，專以給役；内總於侍衛司，而尚書兵部掌其政令。一軍之額，有分隸數州者；或一州之管兼屯數軍。其教閱者始號廂禁軍，後皆以爲丁。禁軍其給使於諸司者，亦各以其事役屬焉。禁軍月俸五百以上者，皆日閱習武技；其三百以下，有閱習或充役者；戍川、廣者不習。其後詔：「諸道騎兵，頗爲長吏之所役使，失於教習，自今止之。」禁軍，殿前、侍衛司分領。見禁衛門。廂軍總諸州騎兵之額四十八，步兵之額百八十三。又在京諸司之軍額有五，分給畜牧、繕修之役，隸宣徽院。州有屯兵者，官給錢宴犒將校，謂之旬設。凡諸州置馬、步軍都指揮使、副都指揮使、都虞候。馬軍有都指揮使、副都指揮使、都虞候，步軍亦如之。馬、步軍諸指揮各有指揮使、副指揮使；開寶中，嘗置軍教練使，在指揮使上。後廢。每都有軍使、副兵馬使、都頭、副都頭、廂軍頭、十將、將、虞候、承局、押官。置都監、監押以領之，歲時簡練焉。下州及軍監，但有牢城兵，則軍校之職隨宜裁置。其諸州都監、監押，止得典司軍旅及捕逐寇賊，不許關預州縣政事。屯駐禁軍將校，凡遥帶郡令，以客禮見長吏，餘如統攝之儀。其駐泊、就糧禁軍將校見長吏，如屯駐將校之禮。

止齋陳氏曰：「自建隆二年，以諸郡本城共百役，淳化四年十一月宣：「應馬遞鋪兵士並於本城諸指揮内輪差，候及二年替。」咸平三年九月宣：「諸路本城兵士差直馬遞鋪祗應，内有搬家者，今後並五年一替，不搬家者三年一替。」嘉祐元年九月二十七日，定州都著禮奏：「在城廂軍逐年抽上黄河執役，並修葺倉營、城池，迎送官員，擔擎往來。又自官中不招添以來，人數轉少。今來一名當著數人色。欲權宜勾抽馬遞鋪閑劇人赴州驅使。」見得自淳化，至嘉祐猶如此。或更戍他郡，又按咸平三年二月二十七日宣：「諸州本城兵士差在川陝駐泊，遇郊賞，如係屯駐、駐泊及巡檢下，即與同帶甲例，逐人三貫；歸營却同不帶例。」天禧四年十月二十三日，永州團練使錢惟濬奏：「諸州兵士差往邊上守把，及於都同巡檢下捉賊，及諸色役，多是別指揮節級軍員部轄，或有違犯，未有明文。」元豐四年七月，福建路閭邱奏：「巡檢下兵士並是諸雜攢諸指揮廂禁軍或屯駐客軍，不諳本路山川道路，差到年歲間，稍能辨認道路、人物，又却替移。」元豐八年八月宣：「福建路東南第十將下部軍六指揮年滿，令差使臣往抽衡州威果四百五十九人、道州威果四百五十一人、辰州雄略三百十八人、鄂州懷恩三百五十一人、鼎州歸遠二百六人、廣德軍教閱忠節二百六十二人替閱歸營。」見得咸平、元豐，猶更戍如此。不但以逸民户也，所以勞苦其身，違離其妻子，使習於南北風土之異，而不得坐食於本營。蓋勞之則易使，散之則易養，此藝祖神謀也。三司禁旅就糧州郡，亦不得常坐食於京師。按祥符編敕：淳化四年十二月二十六日宣：「應差發就糧禁軍，欲往軍前屯駐、駐泊、巡檢守把處及歸學指揮收管加及二三十人，便須聞奏，乞差使臣管押。」景德四年，知福州陳象輿奏：「駐泊許州騎射指揮節級兵士多缺，命抵一家三百二十疋，今揀選冒知高大依與餧養，候替換日赴京師送納。」皇祐三年宣：「差在京步軍虎翼第四指揮使唐興下五百二十二人，宋興下三百二十人至福州提轄司。如轄下州軍缺人防守緩急捉捕盜賊去處，便仰量酌差撥應付。」以上指揮甚多，不可悉載。自列郡各置禁軍，於是嚴差出占破之令。慶曆三年十月十四日宣：「置定毅指揮，即不得差出及諸般占役。」五年七月二十七日宣：「定毅兵士不得差上綱及出外諸般功役，其知州以下不得影占一名。」嘉祐四年八月宣：「置就糧禁軍，以威果爲額。」七年十月九日呂誨奏：「諸路提、轉宣諭州軍，存留兵士不得差出防護借請諸般虛占人數。」治平四年五月七日敕：「主兵之官，冗占雜使，法外重斷，仍令提、轉覺察申奏。」而壯城，元豐三年四月十二日密院劄子：「於廂軍内差壯城兵士，大城五十人。」崇寧五年五月置壯城指揮。作院，熙寧元年置作院指揮。各置指揮，由是在軍禁旅無就糧者。熙寧五年宣：「諸路教閱廂軍，備員使喚，不得奏差。」禁軍在城防托，而廂軍亦升爲禁軍，不復戍役矣。養兵之費遍天下，虜人犯闕，無或能發一矢者，以不守藝祖舊章也。」

開寶八年，發渭州平凉、潘原二縣民治城壕〔七〕，因立爲保毅軍弓箭手，分鎮戍寨，能自置馬者免役，逃死以親屬代，蓋因周廣順之制。周廣順中，點秦州稅户充保毅軍。

止齋陳氏曰：「此所謂義軍也，藝祖有志於民兵矣。咸平五年，始置營，升爲禁軍。其後寖有點差之令，而前朝名臣多言不便。咸平五年五月，命使臣分往邠、寧、環、慶、涇、原、渭、隴、鄜、延等州，於保安保毅義軍內，與逐處官吏選取有力者二萬人，各本州置營，升爲禁軍，號曰振武指揮。既而帝曰：「邊防缺兵，朝廷須爲制置，蓋不得已也。候邊鄙大寧，即可銷弭。」咸平五年，嘗於曹、單、宋、亳、汝、潁間，點集强壯五、七萬人，始降宣命，只今在本城防守；及至奏聞都數，即便押赴京師。見侍御史知雜事田錫奏。康定元年，差吴遵路等於河東點差强壯共一十四萬三千餘人，多而不精，頗防奪農事〔八〕。見河東轉運使文彦博奏。慶曆元年宣差朝臣往陝西、河東、京東西路點集强壯，弓手願充軍人，分配宣毅、保捷指揮。謹列不便事件如左。見知諫院張方平奏。治平元年十一月，差提點刑獄陳安石於本路人户三丁之内刺一萬爲充勇，如果若此，大爲非便。自寶元、慶曆之間，因趙元昊叛，遂於三路人户，不問貧富等第，但有三丁充鄉弓手及强壯。尋將陝西一路鄉弓手盡刺面充保捷指揮云云。凡六奏。韓琦爲相，嘗身歷西事，留意兵政，刺陝西義勇，知諫院司馬光至六疏争之，不聽。已而新法行，熙寧六年十月，遂罷强壯、弓箭手，而行保甲，海内騷然。要之，皆以刺配爲軍，失祖宗本意，而非民兵不可復。以臣愚見，條約弓箭社，如龐籍、蘇軾，則人情不擾，而邊備修矣。此今日所當講也。」

仁宗皇祐中，京東安撫使富弼上言：「臣頃因河北水災，農民流入京東者三十餘萬。臣既憫其濱死，又防其爲盜，遂募伉健者以爲廂兵，既而選尤壯者得九指揮，教以武技，已類禁軍。今止用廂兵俸廩而得禁軍之用，可使效死戰鬭，而無驕横難制之患，此當世大利也。」詔以騎兵爲教閱騎射、威邊，步兵爲教閱壯武、威勇，分置青、萊、淄、徐、沂、密、淮揚七州軍，征役同禁軍。初弼請刺教閱字，帝不許，止加於軍額。嘉祐四年，復詔西路於鄆、濮、齊、兖、單州置步兵指揮六，如東路法。於是東南州軍多置教閱廂軍，皆以威勇、忠果、壯武爲號，訓肄如禁軍，免其他役。

英宗治平初，遣使分募河北、河東、陝西、京東民爲本城兵，遇就糧禁軍闕，即選補。又陝西州軍悉置壯城如河北，以備繕完城壘之役。蓋景祐中，本城四十三萬八千，逮治平三年，乃五十萬矣。總諸州本城教閱騎軍之額四、步軍之額六，不教閱騎軍之額三十有五、步軍之額一百九十有五。

河北、河東神鋭、忠勇、强壯。仁宗時，神鋭、忠勇廢已久，而忠順、保毅僅有存者。康定初，詔河北、河東添籍强壯，河北凡二十九萬三千，河東十四萬四千，皆以時訓練。自夏人逆命，王師屢衄，正兵不足，乃籍陝西之民，三丁選一，以爲鄉弓手。未幾，刺充保捷軍，爲指揮一百八十五，分戍邊州。及西師罷，多揀放爲民。慶曆二年，籍河北强壯得二十九萬五千，揀十之七爲義勇，盡抄民丁，增廣其數。河東亦揀刺如河北法。其後議者論：「義勇爲河北伏兵，以時講習，無待儲廩，得古者寓兵於農之意。惜其束於列郡，遺其大用，只以爲城守之備。誠能令河北邢、冀二州分東西兩路，命二郡守臣分領，以時閱習，寇至，即兩路義勇翔集赴援，使其腹背受敵，則是河北三十餘所當伏鋭兵，群胡何恃不恐？」朝廷下其議，河北帥臣李昭亮等議曰：「昔唐澤潞留後李抱真籍户丁男，三選其一，農隙則分曹角射，歲終都試，以示賞罰，三年皆善射，舉部内得勁卒二萬。既無廩費，府庫益實，乃繕甲兵爲戰具，遂雄視山東。是時天下稱昭義步兵冠於諸軍，此則近代之顯效，而或者謂民兵祇可城守，難備戰陣，誠非通論也。但當無事時，便分義勇爲兩路，置官統領，以張用兵之勢，外使敵人疑而生謀，内亦摇動衆心，恐非寓兵之術也。姑令所在點集訓練，三二年間，武藝稍精，漸習行陣，遇有警，得將臣如抱真者統馭，制其陣隊，示以賞罰，何敵不可戰哉〔九〕？至於部分布列，量敵應機，遣用之地，繫於臨時便宜，亦難預圖。況河北、河東皆邊胡之地，自置義勇，州縣以時按閱，耳目已熟，行固無疑。」詔如所議，歲教閱，以新舊籍並闕數聞。熙寧七年，轉運判官黄好謙言：「河東强壯，前已寢廢。其募於河北者，舊給唐泊河淤之田〔一〇〕，力不足以耕，重苦番教，應募者寡。請罷强壯，以田募民耕，毋過兩頃，蠲其賦，以爲保甲。」從之。

陝西保毅。周廣順置。開寶八年因之。詳見前。咸平初，秦州極邊上置千人，分番戍守，月給米，冬賜衣。五年，點陝西近邊丁壯充保毅，凡得萬六千人〔一一〕，給資糧，與正兵分戍邊郡。慶曆初，悉刺爲保捷軍，唯秦州增置及三千人。環、慶、保安亦各置籍。時諸州總六千五百十八人，爲指揮三十一。皇祐五年〔一二〕，涇原都總管程戡上言〔一三〕：「陝西保毅，近歲止給役州縣，無復責以武技。自點刺爲保捷軍，而家猶不免保毅之籍。或折賣田産，而所售之家以分數助役〔一四〕。今秦州僅三千人，久廢農業，請罷遣。」詔自今敢私役者，計傭坐之。其後詔買保毅田承名額者，悉揀刺以爲義勇。熙寧四年，詔廢其軍。

河北忠順。自太宗朝以瀛、莫〔一五〕、雄、霸州，乾寧、順安、保定軍家户置，凡三千人。自陶河至泥姑海口九百里爲二十六寨，一百二十六鋪。沿界河分番巡徼，隸緣邊戰棹巡檢司〔一六〕。自十月悉上，人給糧二升，至二月輪半營農。慶曆七年，夏竦建議與正兵參戍。其後，以多補亡者〔一七〕，權放業農，俟歲豐如故。自後不復補。

河北、陝西强人。咸平四年，募河北民諳契丹道路、勇鋭可爲間伺者充强人，置都頭、指揮使。無事散處田野，遇虜入寇追集，給器甲、口糧、食錢，遣出塞偷斫賊壘，能斬首級奪馬者如賞格，擄獲財畜皆畀之。慶曆二年，環州亦募，涅手背，自備戎械並馬，置押官、甲頭、隊長，户四等以下免役，上番防守，月給俸廩。三年，涇原路被邊城寨悉置。環、慶二州復有寨户。天禧、慶曆間募置，番戍爲巡徼斥堠，日給糧；人賦田八十畝，能自備馬者益賦田四十畝；遇防秋，官給器甲，下番隨軍訓練。爲指揮六。

河北、河東强壯。自五代時，瀛、霸諸州已有之。咸平三年，詔河北家二丁、三丁籍一，四丁、五丁籍二，六丁、七丁籍三，八丁以上籍四，爲强壯。五百人爲指揮，置指揮使；百人爲都，置正副都頭二人，節級四人。所在置籍，擇善騎射者第補校長，聽自置馬，勝甲者蠲其户役。五年，募其勇敢，團結附大軍爲柵，官給鎧甲。景德元年，遣使分詣河北、河東集强壯，借庫兵給糧訓練，非緣邊即分番迭教，遇虜入寇，悉集守城，寇退放營農。至康定初，州縣不復閲習，多亡其籍。乃詔二路選補增廣爲伍保，迭糾游手不業農及作姦者。二十五人爲團，置押官；四團爲都，置正副都頭各一人；五都爲指揮，置指揮使。各以階級伏事。年二十係籍，六十免，取家人或他户代之。歲正月，縣以籍上州，州以籍奏兵部，按舉不如法者。慶曆二年，悉揀以爲義勇，不預者，釋之而存其籍，以備守葺城池。而强壯自此寖廢矣。

河東、陝西弓箭手。周廣順初，鎮州諸縣，十户取材勇者一人爲之，餘九户資以器甲芻糧。建隆二年，詔釋之，凡一千四百餘人。景德二年，鎮戎軍曹瑋言：「有邊民應募爲弓弩手者，請給以閒田，蠲其徭賦，有警，可參正兵爲前鋒，而官無資糧戎械之費。」詔：「人給田二頃，出甲士一人，及三頃者出戰馬一疋。設堡戍，列部伍，補軍〔一八〕，置巡檢以統之。」其後，鄜延、環慶、涇原並河東州軍亦各募置。慶曆中，諸路總三萬二千四百七十四人，爲指揮一百九十二。至和二年，韓琦奏：「昔潘美患契丹數入寇，遂驅旁邊耕民内徙，苟免一時失備之咎。其後契丹講和，因循不復許人復業，遂名禁地，歲久爲戎人侵耕，漸失疆界。今代州、寧化軍有禁地萬頃，請如草城川募弓箭手，可得四千餘人〔一九〕。」詔如其請條〔二〇〕，視山坡川原地均給，人二頃；其租秋輸，川地畝五升，坡原地畝三升〔二一〕，毋折變科徭。仍指揮即擇山險爲社〔二二〕，以便居止〔二三〕，備征防，毋得擅役。先是，麟、府、豐州亦以閑田募置，人給屋，貸口糧二石，而德順軍静邊寨壕外弓箭手尤爲勁勇。夏人利其地，數來争，朝廷爲築堡戍守。至治平末，河東七州軍弓箭手總七千五百人，陝西十州軍並寨户總四萬六千三百人。熙寧二年，兵部上河東七郡舊籍七千五百，今籍七千，陝西十郡並寨户舊籍四萬六千三百，今唯秦鳳有寨户〔二四〕。三年，秦鳳路經略使李師中言：「前年築熟羊等堡，募蕃部獻地，置弓箭手，迄今三年，所募非良民，初未嘗團結訓練，竭力田事。今當置屯列堡，爲戰守計。置屯之法，百人爲屯，授田於旁寨，置將校領農事，休即教武技。其牛具、農器、旗鼓之屬並官予。置堡之法，諸屯併力，自近及遠築爲堡，以備寇至，寇退則悉出掩擊。」從之。五年，趙卨爲鄜延，括地萬五千九百頃，募漢番弓箭手四千九百人。帝嘉卨能省募兵之費，有詔褒賞。

六年，詔熙河路以公田募弓箭手，其旁塞民强勇願自占田、出租賦、聯保伍，或義勇願應募，或民户願受蕃部地者聽。中書條例司乞五路弓箭手、寨户，除防托、巡警及緩急邊事許差發外，若修城諸役，即申經略司，如敢擅差及科配、和僱，並論違制罪。從之。八年，環慶路經略使范純仁言：「舊陝西敕弓箭手、百姓不許典買租賃蕃部田土。臣今體訪環慶諸州城寨熟户，昨因災傷，多以田土典賣與蕃部。竊恐既賣盡田土，則無顧戀之心。」詔依舊敕。元豐四年，涇原路經略司言：「本路弓箭手闕地九千七百頃，渭州隴山一帶川原陂地四千餘頃，可募弓箭手二千餘人，或不願應募，乞收其地入官。」從之。六年，鄜延經略司言：「弓箭手於近裏縣置田，兩處立户，及四丁以上，乞取一丁爲保甲，一丁爲弓箭手；有二丁至三丁，即且令充弓箭手。」詔保甲願充弓箭手者聽，其見役弓箭手與當丁役，毋得退就保甲，陝西、河東亦如之。八年，殿前副都指揮使劉昌祚奏：「根括隴山地凡一萬九百九十頃，招置弓箭手人馬凡五千二百六十二人騎。」賜敕書獎諭。紹聖元年，樞密院言：「熙河等路經略司奏，本路弓箭手以戰功補官者，遣歸所屬差使，仍以其地令親屬承刺，如無，召人承之。」崇寧元年，樞密院勘會：「陝西五路並河東，自紹聖開拓以來，疆土至廣，遠者數百里，近者不減百里。罷兵以來，未曾措置。田多膏腴，雖累降詔置弓箭手，類多貧乏，或至逃亡。州縣鎮寨污吏豪民冒占沃壤，利不及於平民，且並緣舊疆侵占新土。今遣官分往逐路提舉措置，應緣新疆土田，分定腴瘠，招置弓箭手，推行新降條法。舊弓箭手如願出佃新疆，亦仰相度施行。」詔湯景仁河東路，董采秦鳳路，陶節夫環慶路，安師文鄜延路，並提舉弓箭手。大觀二年，詔罷提舉弓箭手。四年，詔復置提舉弓箭手司〔二五〕，以武臣爲之，以前所置文臣皆養安不能親詣極邊、衝冒寒暑，經理番地故也。三年，提舉河東路弓箭手司奏〔二六〕：「本司體訪得沿邊州軍，逐處招置弓箭手，多將人户舊用工開耕之地，指射剗奪，其舊佃人遂致失業。且所出租，僅比佃户五分之一，於公私俱不便。今欲乞應係官莊屯田已有人租佃及五年者，並不在招置弓箭手請射之限。其河東路察訪司，初不以邊防民兵爲重，姑息佃户，致有此弊。欲乞應熙寧八年以前人户租佃官田，並先取問佃人，如願投刺弓箭手，每出一丁，許依條給見佃田二頃五十畝充人馬地，若不願充弓箭手及出外〔二七〕，尚有請占不盡地土，即拘收入官。」從之。提舉熙河蘭湟路弓箭手何灌申：「漢人買田尚多，比緣打量，其人亦不自安。首陳已及一千餘頃。若招弓箭手，即可得五百人；若納稅租，依條每畝三斗五升、草二束，一歲之間，亦可以得米三萬五千石、草二十萬束。今相度欲乞將漢人買置到蕃部土田願爲弓箭手者，兩頃已上刺一名，四頃已上刺兩名；如不願者〔二八〕，依條立定租稅輸納。其巧爲影占者，重爲禁止。」從之。七年三月，詔：「熙、河、鄯、湟自開拓已來，疆土雖廣，而地利悉歸屬羌，官兵吏禄仰給縣官，不可爲後計。仰本路帥臣相度，以錢糧茶綵或以羌人所嗜之物，與之貿易田土。田土既多，即招置弓箭手，入耕出戰，以固邊圉。」靖康元年，臣僚上言：「陝西恃弓箭手爲國藩籬，舊隸帥府，比年始置提舉司，其提舉官務多取數目以爲功，將舊人已給田分擘，招刺新人，貪賞欺蔽，遂至選練不精，法制浸壞。乞罷提舉司，復隸帥司，其已分擘弓箭手田土，依舊改正撥還；招到新人，依條別給地，庶得均濟。」從之。

河北、河東、陝西義勇。慶曆二年〔二九〕，選河北、河東强壯並抄民丁涅手背爲之。户三等以上置弩一，當稅錢二千〔三〇〕；三等以下官給。各營於其州，歲教練，給俸廩〔三一〕，犯罪斷比廂軍，下番比强壯。治平元年，詔陝西民除商、虢二州，餘悉籍義勇〔三二〕，凡主户家三丁選一，年二十至五十材勇者充。以五百人爲指揮，置將領。詳見兵制門。又詔秦、隴、儀、渭、涇、原、邠、寧、環、慶、鄜、延十二州義勇，遇召集防守，日給米二升，給醬菜錢三百〔三三〕。蓋慶曆初，河北路總十八萬九千二百三十一人〔三四〕，河東路總七萬七千七十九人，陝西路治平初總十五萬六千八百七十三人。熙寧元年，樞密使呂公弼請以河北義勇每指揮揀人材少壯事藝精强者百人爲上等，手背添刺「上等」二字。從之。帝言：「義勇可使分爲四番出戍。」呂公弼曰：「須先省得募兵，乃可議此。」王安石曰：「計每歲募兵所死亡之數，乃以義勇補之可也。」陳升之欲令義勇以漸戍近州，兩府共議，或以爲令一月一番，或以爲一季一番，且令近戍。文彦博等又言難使遠戍，安石辯之甚力。兵部上陝西、河北〔三五〕、河東義勇數：陝西路二十六郡舊籍十五萬三千四百，益以環、慶、延州保毅、弓箭手三千八百，總十五萬六千八百，爲指揮三百二十一；河北三十三郡舊籍十八萬九千二百，今籍十八萬六千四百，爲指揮四百三十；而河東二十郡，自慶曆後總七萬七千，爲指揮一百五十九。凡三路義勇之兵，總四十二萬三千五百人。三年，涇原經略使蔡挺言：「欲以涇、渭、儀、原四州義勇分五番，番三千人〔三六〕，防秋以八月十五日上，十月罷；防春以正月十五日上〔三七〕，三月罷，周而復始。」詔從之，行於諸路。判延州郭逵言〔三八〕：「陝西起發義勇赴緣邊戰守，今後並令自齎一月糗粱，折本户税賦。若不能自備，則就所發州軍預請一月口食。」從之。知永興軍司馬光極言分義勇四番於沿邊屯守，以爲挑敵、勞人，虚費糧餉，於是永興一路獨得免。六年，詔永興軍、河中府陝、解、同、華、鄜、延、丹、坊、邠、寧、環、耀十五州軍各依元刺義勇外，商虢、保安軍並止團成保甲。八年，諸路義勇總二十四萬七千五百人〔三九〕。元豐四年，蒲宗孟言：「乞開封府五路義勇並改爲保甲。」自此以次行於諸路，義勇寖銷，皆聯爲保甲云。

陝西護塞。慶曆元年，募土人熟山川道路、曉蕃情、善騎射者涅臂充。二百人爲指揮，自備戎械，就鄉閭習武技，季一集州閱教。無事放營農，月給鹽茗。有警召集防守，即廩給之，毋出本路。

麟州義軍。與弓箭手略同，而不給田。康定元年，詔：「麟州府募歸業人增補，俾耕本户故地，免其租税。」

荆湖義軍土丁、弩手。不見創置之始，北路辰、澧二州，南路全、邵、道、永四州皆置。蓋溪峒諸蠻，種類滋熾，保據巖嶮，或叛或服，控制陬落，須其土人，故置是軍。皆選自户籍，蠲免傜賦，番戍寨柵。大率安其土風，則罕攖瘴毒；知其區落，則可制狡獪。其校長則有都指揮使、副都指揮使、指揮使、副指揮使、都頭、副都頭、軍頭、頭首、採斫招安頭首、十將、節級，皆叙功遷補，使相綜領。施之西南，實代王師，有禦侮之備，而無饋餉之勞。其後荆南、歸、峽、鼎、郴、衡、桂陽亦置。慶曆二年，北路總萬九千四百人，南路總五千一百五十八人〔四〇〕。番戍諸寨，或以歲，或以季，或以月。上番人給口糧，有功遷補；自都、副指揮使歲給錦袍〔四一〕，月給食錢，指揮使、副指揮使給紫大綾綿袍，都頭以上率有廩給。熙寧初，籍其數凡一萬五千人。六年，諸路行保甲，司農寺請令全、邵二州土丁、弩手共爲保甲，立保正、保長以統之。元祐七年，湖南路鈐轄謝麟請以邵陽、武岡、新化等縣中等以下户選充土丁、弩手，與免科役，七年一替；排補將級，不拘替放年，分作兩番；邊寨防拓，不得募人。如有私役，依私役禁軍敕論。從之。

政和七年，募湖北辰、沅、澧州土丁爲刀弩手，授以閑山，散居邊境，教以武藝。其隸於籍者，至九千餘人。靖康初，全軍調發前往河東援太原，陷於虜，存者僅千五百人。建炎二年，罷之。紹興六年，命招募，以三千五百人爲額。淳熙三年，敕募人教閱，犒賜如禁軍例。然刀弩手舊田，諸郡已收爲省計，有司雖募人爲之，往往無田可給，但虚立姓名以應命。又土人多憚點集，甚患苦之。李燾、張栻力言其不便，栻請用見數委提刑躬行點檢，候有田設官，始令招足元額。燾復言：「如此，則提舉刀弩一司，又當復置。而欲冒賞者，必至横没民田，爲害滋大，不若以見點數爲準，專委守臣，寬以歲月，令招及。」從之。

湖南鄉社，舊制領以鄉豪，有彈壓、緝捕等名，大者統數百家，小者亦二三百家，由潭、連、道、英、韶、郴、桂皆置。淳熙七年，言者奏鄉社之擾，請罷之。帥臣辛棄疾言：「鄉社皆處深山窮谷中，忠實、狡詐，色色有之，不可盡罷。欲擇其首領使大者不過五十家，小者減半，屬之縣尉。」從之。

夔州路義軍土丁、壯丁。州縣籍税户充，或自溪峒歸投。分隸邊寨，習山川道路，遇蠻入寇，遣使襲討，官軍但據嶮策應之。其校長之名，隨州縣補置。月給衣糧，犒賜有差，有功者以次遷。熙寧初，詔：「除防托巡警外，敢擅差役及科配和僱，並科違制之罪。」

施、黔、思三州義軍土丁。總六千三百六十五人，隸都巡檢司。施州諸寨有義軍指揮使、把截將、寨將〔四二〕，並土丁總一千二百八十一人，壯丁六百六十九人。又有兩路巡防殿侍兼義軍都指揮使〔四三〕、指揮使、都頭、十將、押番、寨將。黔州諸寨有義軍正副指揮使、兵馬使、都頭、寨將、把截將，並壯丁總千六百二十五人。思州、洪杜、彭水縣，有義軍指揮使、巡檢將、寨將、糧理、旁頭、把截、部轄將〔四四〕，壯丁總千四百二十二人〔四五〕。

渝州懷化軍、溱州江津巴縣巡遏將。　皆州縣調補。其户下率有子弟客丁，遇有寇警，一切責辦主户。治平元年，詔：「懷化軍溱州巡遏、把截將歲支料鹽，襖子須三年其地內無寇警乃支。三年一比。如有失縱，或致獠寇五次，即罷給。有勞者增之，仍使分地戍守。」

涪州義軍。　舊無之。嘉祐中，始補賓化縣夷人爲義軍正都頭、副都頭、把截將、小節級〔四六〕，其請給、節制，大率如渝、溱。

廣南西路土丁。　嘉祐七年，籍稅户應常役外五丁點一爲之，凡得三萬九千八百人。分隊伍行陣，習槍、鏢牌，州縣以時按閱。紹興八年，廣西經略胡舜陟言：「數十年來，武備弛廢，土丁老弱混雜，嘗乞只就鄉村教習，更不分番入州縣。已得朝旨，於諸縣逐鄉置教場，自十一月起教，至次年正月罷教，輪差縣官檢點。今以一路人數計之，土丁五萬一千八百九十六人，保丁七萬六千一百五十九人。若帥臣不變易，更一、二年，必爲精兵。」詔依。乾道二年，詔：「土丁邕、宜、雍等州籍定姓名年甲，年五十則汰，别選户丁替。」保丁則每户一名，土丁皆父兄弟皆在其數。後以州縣因教閱之時，拘留重役，下令禁止。

廣南東路槍手。　嘉祐六年，廣、惠、梅、潮、循五州以户籍置，三等以上免身役，四等以下免户役，歲以十月集縣教閱。治平元年，詔有闕即招補；招補不足，選本鄉有武技者充。熙寧元年，詔廣州槍手十之三教弓弩手。是歲，會六郡槍手，爲指揮四十一，總一萬四千七百有奇。六年，詔户四等以上，有丁三者以一爲保甲，每百人爲一都，五都爲一指揮，輪番教閱。九年，兵部言〔四七〕：「廣東五郡槍手，請籍主户第四等以上丁壮〔四八〕，無過舊額一萬四千之數，餘以爲保甲。」奏可。

邕州溪峒壯丁。　治平二年，廣西安撫司集左、右兩江四十五溪峒知州、峒將，各占鄰迭爲救應，仍籍壯丁，補校長，給以旗號。峒以三十人爲一甲，置節級，五甲置都頭，十甲置指揮使，五十甲置都指揮使，總四萬四千五百人，以爲定額。各置戎械，遇有寇警召集之。二年一閱，察視戎械。有老疾並物故名闕，選少壯者填，三歲一上其籍。熙寧中，王安石言：「募兵未可全罷，而民兵可漸復，至於二廣尤不可緩。今中國募禁軍往戍南方，多死。陛下誠移軍職所得官十一二，鼓舞百姓豪傑，使趨爲兵，則事甚易成。」於是，蘇緘請訓練二廣峒丁〔四九〕，以利祿勸獎，使勤於閱習。從之。十年，樞密院請：「邕、欽峒丁委經略司行下訓練，第爲三等：軍功武藝出衆爲上，蠲其徭役；人材趫捷爲中，蠲其科配；餘爲下。邊盜發則酋長相報，率族衆以捍寇。」元豐元年，經略司請集兩江峒丁爲指揮，權補將校。奏可。其後又增置都巡檢使兩員。五年，詔：「廣南保甲如戎、瀘故事，自置裹頭無刃槍、竹鏢排、木弓刀、蒿矢習武技，遇捕盜則官給器械。」六年，廣西提點刑獄彭次雲言：「邕苦瘴癘，請量留兵更戍，餘用峒丁〔五〇〕，以季月番上，給禁軍錢糧。」詔從之。議者謂若以代正兵，恐妨農，請計戍兵三之一代以峒丁，季輪一千赴邕州肄習武事〔五一〕。制可。大觀二年八月，詔：「熙寧團集左、右江峒丁十餘萬衆，自廣以西賴以防守。今又二十萬衆來歸，已令依左、右江例相度聞奏，及所條法入熙河蘭湟、秦鳳路敕施行。」紹興四年，廣東宣諭明橐言：「邕州有左、右江峒丁，本防交趾，比年點差赴桂州防托。其峒官及親屬及本户丁夫，未嘗被差，科率錢糧〔五二〕，擾之無所不至。乞行下經略司，應峒丁、土丁，各仰本處防守，無得調發。」詔依。

河北弓箭社。　河北舊有之。熙寧三年，知定州滕甫言：「中國夷狄之兵，常患多寡不敵。蓋中國兵有定數，至於平民，則素不使知戰；夷狄之俗，人人能戰，舉國皆兵，此其所以多勝也。今河北州縣近山谷處，民間各有弓箭社及獵射人，習慣便利，與夷人無異。欲乞下本道逐州縣，並令募諸色公人及城郭鄉村百姓有武勇願習弓箭者，自爲之社。每歲之春，長吏就閱試之。北人勁悍，緩急可用。」從之。元祐八年，知定州蘇軾上言，欲將河北弓箭社，照河東、陝西弓箭手例，官給田以供車馬事。詳見兵制門。宣和七年，臣僚言：「京東、西兩路，昨因提刑梁揚祖奏請勸誘民户充弓箭社。原立法之意，不過使鄉民自願入社者閲習武備，爲禦賊之具爾。奈何邀功生事之人，唯以入社之民衆多爲功，厚誣朝廷而斂怨於民，督責州縣急於星火，取五等之籍甲乙而次之，家至户到，追胥迫脅，悉驅之入社，更無免者。法始行於西路，西路既已冒受厚賞，於是東路憲司前後論列，誕謾滋甚。近者東路之奏，以數計至二十四萬一千七百人，又奏武藝優長一十一萬六千餘人，且云比之西路，僅多一倍〔五三〕。陛下灼知其不然，雖命帥臣與廉訪使者覈實，彼安肯以實聞乎？今東路憲司官屬與登、淄兩州當職官，坐增秩者幾二十人〔五四〕，而縣令佐不及焉。不知出入阡陌間勸誘者誰歟？此其誕謾可知矣。審如所奏，有被甲執兵之民數十萬，按閲有方，則山東之寇，何至累月淹時未見殄滅哉？則其所奏二十四萬與十一萬，殆虚有名，不足以捍賊明矣！　大抵因緣追擾，民不堪其勞，則老弱轉徙道路，强壯起爲盜賊，此亦致寇之一端也。近者仰賴陛下遣將出師，授以方略；又命近臣持詔撫諭，至於發内庫之藏，轉淮甸之粟以賑給之，寬免其税租，蕩宥其罪戾，丁寧纖悉，罔不曲盡。方將歸伏田畝，以爲遷善遠罪之民，詎可以其所甚病擾之邪？且私家有兵器，在律之禁甚嚴。三路保伍之法，雖於農隙以講武事，然猶事畢則兵器藏於官府。今弓箭社一切兵器，民皆自藏於家，不幾於借寇也哉？望陛下斷自聖心，罷京東弓箭社之名，所藏兵器悉送之官，使民得免非時追呼迫脅之擾，以安其生。應兩路緣弓箭社推恩者並追奪改正，首議之人重賜黜責，後來奏請誕謾，亦乞特賜施行，庶幾群下悚懼，不敢妄進曲說，以肆其姦，實今日之先務也。」詔並依奏，梁揚祖落職，其禁兵器，令安撫司並拘入官，弓箭社人依已降指揮放散〔五五〕。建炎元年六月，河北、京東巡社鄉民結集以禦金賊。詔以忠義巡社爲名，隸安撫司。後樞密院立法募鄉民爲之，以忠義强壯爲名。每十人爲一甲，設甲長、隊長、部長、社長、都正〔五六〕。於鄉井便處劄寨，以時按試，不得非時追擾。

川陝土丁。熙寧七年，經制瀘州夷事熊本募土丁五千人，入夷界捕戮水路大小四十六村，蕩平其地二百四十里，募民墾耕，聯其屬夷以爲保甲。政和六年，瀘南安撫使孫羲叟奏：「邊民冒法買夷人田，依法盡拘入官，招置土丁子弟。見招到二千四百餘人，欲令番上。」從之。

福建路槍仗手。元豐元年，福建轉運使蹇周輔言〔五七〕：「廖恩爲盜，以槍仗手捕殺，乃有冒爲槍仗手之人，乘賊勢驚擾村落，患甚於恩。」詔犯者刺配。仍額定槍仗手人數，以歲閱集，依保甲法，隸提刑司。有保長、保正，具教閱、捕盜、食直等令。總一萬二百人有奇。聽自置兵械寄於官，遇捕盜乃給。元祐元年，御史上官均言：「槍仗手老弱不閑武技者十七八。監司按試，多克期呼集〔五八〕。既至，往往代名充數冒賞，徒有呼集之勞，而無校試之實。如未欲罷，乞重行考覈。」靖康元年，臣僚言：「天下步兵之精，無如福建槍仗手，出入輕捷，馭得其術，一可當十。乞選官前去召募。」從之。建炎三年六月，詔令福建初募槍仗手五十人，專一備東西捕盗，每百人差部轄一名，有功先次借補進武校尉。紹興五年，福建帥司乞將福建繫籍槍仗手並行蠲放。從之。

江西槍仗手。熙寧七年，詔籍虔、汀、漳三州鄉丁、槍手，以制置盗賊司言三州壤界嶺外，民喜販鹽且爲盗，非土人不能制故也。元豐二年，詔虔州槍仗手千五百三十六人〔五九〕，撫州建昌軍鄉丁、關軍、槍仗手〔六〇〕，各千七百七十八人爲定額。每歲農隙，按閲武藝，以備姦盗。七年，兵部言：「江西槍仗手以八千三十五人爲額。」

河東、陜西勇敢效用。亦募兵也。涇原路經略使蔡挺言：「涇原勇敢三百四十四人，季一點閲，校其騎射能否陞除補，有功者以爲隊長，募極邊塞博軍子嘗歷戰陣者補其闕。益募熟户蕃部以爲蕃勇敢，凡一千三百八十八人，騎一千一百九十四匹。」詔諸路如挺請施行之。六年，樞密院言：「勇敢效用，皆以材武應募從軍，廩賜既優，戰馬戎械之具皆出公上，平時又得以家居，以勞效賞者，凡四補而至借職，校弓箭手減十資，淹速相遠甚，非朝廷第功均賞之意。請自今河東、鄜延、秦鳳、環慶、熙河路各以三百、涇原路五百爲額。第一等，步射弓一石一斗，馬射弓九斗，俸千錢；第二等以下遞減一斗，俸七百至五百。季首閲試於經略司，射親及野戰中者有賞，全不中者削其俸，次季又不中者罷之。戰有功者以八等定賞：一給公據，二以爲隊長，三守闕軍將，四軍將，五殿侍，六三班借差，七差使，八借職。其弓箭手有功，亦以八等定賞：一押官、丞局，二將、虞將、十將，三副兵馬使、軍使，四副指揮使，五都虞候，六都指揮使，七三班差使，八借職。即以闕排連者次遷如今。」詔可，仍頒之諸路。

蕃兵者，塞下内屬諸部落團結以爲藩籬之兵也。西北邊羌戎，種落不相統一，保寨者謂之熟户，餘謂之生户。陝西則秦鳳、涇原、環慶、鄜延，河東則石、隰、麟〔六一〕、府。其大首領爲都軍主，百帳已上者爲軍主〔六二〕，其次爲副軍主，又有以功次補者，其官職俸給有差。康定二年，陝西體量安撫使王堯臣言：「涇原路熟户萬四百七十餘帳，帳之首領，各有職名。曹瑋帥本路，威令明著，常用之平西羌。其後，邊備稍懈，守將惟務姑息，寖成驕黠。自元昊反，鎮戎軍及渭州山外皆被侵擾〔六三〕，近界熟户亦遭殺虜。蕃族之情，最重酬賽，因此釁隙激怒之，可復得其用。請遣人募首領願效用者，籍姓名並士馬之數。及千人，聽自推有謀勇者一人，授以班行及巡檢之名，使將領出境。破蕩生户所獲財畜，官勿檢覈。得首級及傷者，給以賞物，仍依本族職名補遷及增俸錢。」詔如所請。慶曆二年，知青澗城种世衡奏：募蕃兵五千，涅右虎口爲「忠勇」字，隸折馬山族。上封者因請募熟户〔六四〕，給禁軍廪賜使戍邊〔六五〕，悉罷正兵。下其章四路安撫使議。環慶路范仲淹上言：「熟户戀土田，護老弱、牛羊，遇賊力鬬，可以藩蔽漢户，而不可倚爲正兵。大率蕃情黠詐，畏强凌弱，常有以制之則服從可用，如倚爲正兵〔六六〕，必至驕蹇。又今蕃部都虞候至副兵馬使俸錢止七百至三百，悉無衣廪。若長行遽得禁軍奉給，則蕃官必生觖望。况歲罕見敵，何用長與廪給？且錢入熟户，部族資市羊馬、青鹽轉入河西，亦非策也。以臣所見，不若遇有警，旋以金帛募勇猛禦賊爲便。」議遂格。治平二年，詔陝西四路駐泊兵馬鈐轄梁實等各管勾本路蕃部，團結强人、壯馬，預爲經畫，寇至則令老弱各有保存之所。仍諭實等往來族帳，受其牒訴，伸其屈抑，察其反側者羈縻之，勿令猜阻以萌邊釁。實等至蕃部召酋領，稱詔犒勞，賞以銀帛。籍城寨兵馬〔六七〕，計族望大小，分隊伍，給旗幟，使各繕堡壘〔六八〕，人置器甲，以備調發。仍約：如令下不集〔六九〕，押隊首領以軍法從事。秦鳳路：寨十三，强人四萬一千一百九十四，壯馬七千九百九十一。鄜延路：軍、城、堡、寨十，蕃兵一萬四千五百九十五，官馬二千三百八十二，强人六千五百四十八，壯馬八百十。涇原路：鎮、寨、城、堡二十一，强人一萬二千四百六十六，壯馬四千五百八十六，爲百十甲，總五百五隊。環慶路：鎮、寨二十八，强人三萬一千七百二十三，壯馬三千四百九十五，總一千一百八十二隊。

治平四年，郭逵言〔七〇〕：「秦州青鷄川蕃部願獻地，請於川南牟谷口置城堡寨，募弓箭手，以通秦州、德順二州之援，斷賊入寇之路。」閏三月，收原州九寨番官三百八十一人，總二百二十九族七千七百三十六帳蕃兵萬人，馬千匹。是歲，罷四路内臣主蕃部者，選逐路陞朝使臣諳練蕃情者爲之。熙寧元年，議者謂：「熟羌乃唐設三使所統之党項也。自還賊不臣，種落叛散，分寓南北。爲首領者父死子繼，兄死弟襲，家無正親，則又推其旁屬之强者以爲族首，多或數百，雖族首年幼，第其本門中婦女之令亦皆信服，故國家因其俗以爲法〔七一〕。其大首領，上自刺史，下至殿侍，並補本族巡檢；次首領補軍主、指揮使，下至十將，第受廩給。歲久，主客族帳〔七二〕，混淆莫紀。康定中，嘗遣蔣偕籍之〔七三〕。今踰三十年，主家或以累降失其先職族首名品，而客户或以功爲使臣〔七四〕，軍班超處主家之上。軍興調發，有司惟視職名，使號令其部曲，而衆心以非主家，莫肯爲用。請自今蕃官身殁，秩高者子孫如例降等以爲本族巡檢，其旁邊能捍賊者給俸，遠邊者如舊制限以歲月；其已降等或三班差使、殿侍身殁無等可降者，其子孫不降，充軍主、指揮使者即以爲殿侍。如此，則本族蕃官名品常在，或其部曲立功當任官者，非正親毋得爲本族巡檢，止增其俸；其軍主至十將，祖、父有族帳兵騎者，子孫即承其舊，限年受廪給；極邊及立功者不用此令。如此，則熟羌之心皆知異日子孫不失舊職，世爲我用矣。」從之。五年，王韶初納沿邊蕃部，自洮、河、武勝軍以西，至蘭州、馬銜山〔七五〕、洮、岷、疊等州，凡補蕃官、首領九百三十二人，首領給飧錢、蕃官給俸者四百七十三人〔七六〕。月計費錢四百八十餘緡，得正兵三萬，族帳數千。時詔拓熙河地千二百里，招附三十餘萬之衆〔七七〕，漸推文法〔七八〕，變其夷俗〔七九〕。然詔所募勇敢士九百餘人，耕田百頃，坊三十餘所，蕃部既得爲漢〔八〇〕，而其俗又賤土貴貨，漢人得以貨與蕃部易田，蕃人得貨，兩得所欲，而田疇墾，貨殖通，番漢爲一，其勢易以調御，請如諸路以錢借助收息，又捐百餘萬緡養馬於蕃部，且什伍其人，獎勸以武藝，使其人民富足，士馬强盛，奮而使之，則所向可有功。蕃部初附如洪荒之人，唯我所御而已。七年，詔言：「討平河州叛蕃，闢土甚廣，已置弓箭手，又以其餘地募蕃兵弓箭手〔八一〕，每寨三指揮或至五指揮，每指揮二百五十人，人給田百畝，以次蕃官二百畝，大蕃官三百畝。仍募漢弓箭手爲隊長，稍衆則補將校，暨蕃官同主部族之事。其蕃弓箭手並刺『蕃兵』字於左耳，以防漢兵之盜殺而效首者。」詔如其請。八年五月，詔李承之參定蕃兵法〔八二〕。十一月，詔選陝西蕃兵丁壯户，九丁以上取五，六取四，五取三，三取二，二取一，並年二十以上，涅手背，毋過五丁。每十人置十將一，五十人置副兵馬使一，百人置軍使一、副兵馬使一，二百人置軍使一、副兵馬使三，三百人置副指揮使一、軍使二、副兵馬使三，四百人加軍使一、副兵馬使一，五百人又加指揮使一、副兵馬使一，過五百人，每百人加軍使一、副兵馬使一。即一族三十人以上，亦置副兵馬使一，不及二十人止置十將。月受俸，仍增給錢，指揮使一千五百〔八三〕，至十將有差。熙河等路制置使李憲言：「漢蕃兵騎雜爲一軍，語言不通，居處、飲食悉不便利。昔李靖以蕃落自爲一法，請釐蕃漢爲兩軍，相參號令軍事。」從之。元祐元年，臣僚言：「舊制，諸路蕃官，不問官職高卑，例在漢官之下，所以尊中國、制夷狄也。行之既久，今忽更制，蕃漢官非相統轄者，並依官序相壓，即邊上使臣及京職官當蕃官之下者十有八九，非人情所堪。且夷狄兇驕，豈可輒啟？宜悉依舊制，並列漢臣之下。」從之。

神宗熙寧二年，詔諸揀不任禁軍者降充廂軍，不任廂軍者免爲民。詳見兵制門。

七年，分天下兵爲九十二將，各總其兵。詳見兵制門。

樞密院言：「京城役兵不足，歲取於諸路，而江、淮兵每饑凍，道斃相屬。略計歲所用外軍七千人，調發增給不貲。請募東西八作司壯役指揮，諸司雜犯罪人情輕者並配隸，以次補雜役、效役，代諸路役兵。」從之。又言：「諸路廂軍名額猥多，自騎射至牢城，其名凡二百二十三。其間因事募人，團立新額，或因工作、榷酤、水陸運送、通道、山險、橋梁、郵傳、馬牧、堤防、堰埭，若此者事在而名未可廢；及剩員直、牢城皆得有犯配隸之人；壯城專治城隍，不給他役，別爲一軍；而教閱廂軍亦自爲額。請以諸路不教閱廂軍併爲一額，餘從省廢，其移併如禁軍法。」奏可。遂下諸路轉運司，以州大小高下爲序，始自某州爲第一指揮，差次至某州，凡爲若干指揮，每指揮毋過五百人。

自五代無政，凡國之役，皆調於民，民以勞敝。宋有天下，悉役廂軍，凡役作、工徒、營繕，民無與焉。故天下民力全固，至今遵之。

元豐四年，詔陞南京、青鄧鄆曹濟濮州有馬教閱廂軍〔八四〕，及真定北寨勁勇、環州下番落未排定指揮，並爲禁軍。

河北路。騎軍之額，自騎射而下，十有一〔八五〕；步軍之額，自奉化而下，二十有六，並改號曰崇勝。凡爲一百一十二指揮，總二萬九千二百七十人。

河東路。騎軍之額，自威邊而下二；步軍之額，自左衙而下十有八〔八六〕，並改號曰雄猛。凡爲五十二指揮，總一萬二千四百一十人。

陜西路。騎軍之額，自騎射而下有六；步軍之額，自左衙而下二十有九〔八七〕，並改號曰保寧。凡爲一百一十一指揮，總二萬五百六十二人〔八八〕。

京東路。騎軍之額，自騎射而下有三；步軍之額，自左衙而下十有七，並改號曰奉化。凡爲五十四指揮，總一萬四千七百五十人。

京西路。騎軍之額，自騎射而下六；步軍之額，自奉化而下二十有五，並改號曰勁武。凡爲四十五指揮，總一萬五千一百五十人。

淮南路。騎軍之額，自威邊而下六；步軍之額，自左衙而下二十有七，並改號曰寧淮。凡爲一百二指揮，總四萬一千二百八十五人。

兩浙路。步軍之額，自捍江而下三，並改號曰崇節。凡爲五十一指揮，總一萬九千人。

江南路。騎軍之額，揀中騎射一；步軍之額，自效勇而下五，並改號曰效勇。凡爲五十三指揮，總一萬六千六百五十人。

荆湖路。騎軍之額，自騎射而下三；步軍之額，自左衙而下二十，並改號曰宣節。凡爲四十四指揮，總一萬一千三百人。

福建路。步軍之額，自水軍而下三，並號曰保節。凡爲三十三指揮，總一萬一千一百五十人。

廣南路。騎軍之額，自静山而下二；步軍之額，自水軍而下十，並改號曰清化。凡爲八十二指揮，總一萬二千七百人。

四川路。步軍之額，自開遠而下十，並改號曰克寧。凡爲一百一十一指揮，總二萬三千四百人。

元符元年九月，詔：「罪人應配五百里以上，皆配陝西、河東充厢軍。」

曾布白帝曰：「此漢徙罪人以實邊之遺法也。」

政和四年，中衛大夫童師敏奏：「竊見東南州郡，例闕厢軍，凡有役使，並是逐急和僱，於理未便。欲望指揮諸郡守臣並提刑司措置，招填數足，庶免逐急僱人之費。」從之。

高宗紹興二年，詔戍兵於本州知、通，依階級法。

言者請令後統兵官經由州縣〔八九〕，如屯駐法。從之。

中興後，熙寧所置將兵，在東南者纔十三將，淮南東路第一，淮西路第二，兩浙西路第三，浙東路第四，江南東路第五，江西路第六，荆湖北路第七，湖南路第八，而全、邵、永三州準備廣西應援第九，福建路第十，廣南東路第十一，廣西路桂州第十二，邕州第十三。慶元令諸厢軍隸尚書兵部，因事立名者隨事所屬。如清務隸户部，壯城、作院、錢監隸工部，河清、橋道、廣濟隸水部，青石場、採造務、司竹監隸虞部之類。

建炎以來朝野雜記：「四川廂軍二萬九百七十二人，禁軍二萬七千九百九十二人，土兵一千八百三十六人；已上係官軍。義士二萬六百五十二人，興元府，興、洋州，大安軍。保勝、金。忠勝、文。忠勇軍、階、成、西、和、鳳。弓箭手，西、和、階。良家子共六千三百九十九人，已上係民兵。保甲五萬五千一百七十人。關外四州。凡民兵優恤之制：忠勝軍免家業錢〔九〇〕，百五十千至二百千止。一家雙名，則更免五十千。忠勇軍則階州免家業錢，馬軍二百三十千，步軍一百七十千。成州免税賦，馬軍二頃半，步軍二頃。西、和、鳳州皆免租。馬軍六石九斗八升，步軍五石六斗六升〔九一〕。其更戍，則月給糧人七斗有半。惟忠勇軍更戍。保勝軍亦免家業。自五千至二十千止〔九二〕。弓箭手則給官田，馬軍二頃半，步軍二頃。此其大較也。大率西蜀大軍，廂禁軍、民兵、保甲總二十三萬三百六十四人，仰給縣官者十四萬餘人，而民兵、保甲不仰給者八萬餘人。此乾道之籍也。淳熙以後，土丁亦有仰給者别出於後。成都禁軍謂之飛山軍，驕懦最甚。紹興末，王時亨爲制帥，取會四川禁軍之籍二萬九千餘人，除利、夔兩路禁軍分戍沿邊城寨外，東西路一萬九千人内揀到五千五百七十三人，謂之威强將兵〔九三〕。時吴璘兵少，遂調四千人往仙人關守禦，三十二年秋也。事平復罷。

土豪。建炎四年，臣僚言：「朝廷近起鄉兵防江，召募土豪，乞責守臣止使各保鄉井。」詔依。仍詔各聽本州縣守令節制，將來防托無虞，當議推恩。紹興四年十一月，密院言，浙西沿江見在土豪民兵，無補事功。詔存留强壯，餘並放散。

八字軍。河北士人也。建炎初，王彦爲河北制置使，聚兵太行山，皆涅其面曰「誓殺金賊，不負趙王」，故號八字軍。二年，上命范瓊往山東擊虜，瓊請彥與俱。已而，彥以疾留真州，瓊並將其兵。瓊誅，復以兵還彥。時彥爲御營都統制〔九四〕。既而彥以八字軍隨張浚宣撫川、陝。六年〔九五〕，彥召爲行營前護副軍都統制，以所部八字軍萬人赴行在。與馬帥解潛不叶，兩軍交鬬，中外洶洶。詔兩罷之，以劉錡領馬司軍事〔九六〕，併王、解兩軍屬之。十年，錡爲東京副留守，將八字軍以行，至順昌，會金人兀朮入寇，錡大敗其師。十一年，復還姑孰。七月，錡罷爲荆南帥，其衆復還臨安府，今侍衛馬軍，皆其子孫也。

義兵。紹興十年，密院言：「沿淮制使劉錡申陳、蔡兩州團結鄉兵保聚，委是忠義。今以朱昌、臧成充義兵將領團集。」詔依。三十一年，「淮南官莊秉義郎陳順、忠訓郎車定方糾集義兵九百人，自備器械，不支官俸，可以守禦。」詔：「各轉官資。」乾道四年，參政陳俊卿言：「兩淮民兵，乞令諸州以户口多寡，三丁取强壯一名，籍爲義兵，於農隙授之弓弩，教之戰陣，給以錢糧。」詔依。

夔路義兵。紹興末，帥臣李師顏於夔州三縣保甲中選置，立七資職次，分上下邑，軍名團結〔九七〕。初議摘禁軍時，梁山守臣言夔環萬山，民勇過於正軍，乃募鄉兵元額三千四百餘人，師顏既去，軍無紀律，大抵夔路恭、涪、忠、萬四州皆有義軍，額或數千，而施、黔有勇敢，及思、珍田、楊等家丁〔九八〕，悉驍勇，皆鄉兵云。

義士。紹興元年，興元府帥王庶以富平兵敗後，籍興元諸縣良家子弟，兩丁取一，與免下户物力錢二百千，每二十人爲一隊，號曰「義士」。以縣令爲軍正，尉副之，守臣提舉。不半年，有兵數萬。教閱有方，則令、尉改秩。張浚言於朝。其後合梁、洋、大安三郡，至萬三千人，軍勢遂張。三十一年，戰於大散關，驅在軍前，爲虜人所敗，僅存六千人。乾道元年，悉罷之，除籍，放散其衆。三年，四川宣撫虞允文言：「興、洋、大安軍見管義士二萬六千一百四十人〔九九〕，訓練有功成效，乞移皇甫倜於興元軍專一教閲。」從之。

民兵。建炎三年，御營參議官柳約奉聖旨，沿江地分，須是民兵，每五十人爲一隊，有長、副，以田括丁，一户抽一丁，五丁抽二丁，官户不免，輕重不等，科擾太重，乞量立刑賞，委官檢視，如有老弱，則令舉劾。詔依。六年，詔立兩淮民兵賞格。淳熙十四年九月，令湖北、京西措置民兵，三丁取一。

弓箭手。建炎元年赦，應諸路蕃漢弓箭手合該承襲人，因差使出入事故，陳乞違限，限百日自陳承襲。紹興九年，京城副留守郭仲荀乞將京城外閑地，依陝西沿邊例，招弓箭手種蒔。詔依。十年，詔：「據見田招刺，不拘舊額。」

黎、雅州土丁。集沿邊農人火甲户爲之，蓋唐雄邊子弟之遺法。舊無行陣軍伍，但以甲頭總之。祖宗以來，弛酒禁，免征役，凡優恤之者無所不用。其至黎州，自乾道七年，邊釁之後，始置寨將、押隊、旗頭之類，略寓軍制。每歲農隙時，官給口食，教之武事。舊制凡千人，淳熙三年，禄粹父直閣爲守，請倍其數，又以等級籍其少壯者，月給以錢。九年春，言者乞下黎州別立優恤土丁之目，守臣龔總始奏以五十二人爲一隊，每邊二十隊，計千四十人。三邊共三千一百二十人，置教場四十九所。是時三邊土丁之籍，實爲五千一百二十六人，而東南邊，防托邛部川〔一〇〇〕。一千七百八十七；西南邊，防托吐蕃、青羌等族。一千三百九十一〔一〇一〕；正西邊，防托五部落。一千九百四十八〔一〇二〕。凡上等一千五百九十九人，歲費錢二萬八千三百七十有六緡〔一〇三〕。每人月給一千，遇閏年歲總計四萬一千五百七十四緡。而戍兵不與。議者謂土丁粗有軍律統紀，且熟知夷人情僞、地形險阻，其實可用爲鄉導，守邊鎮。言者乃乞將黎、雅二州依利路義士法措置。留丞相爲制置使，遣屬官馮傳之往二州共議，各州選二千人，上等六百，爲點集之丁，月給錢三千五百；次等千四百。爲居守之丁，月給錢千。兩郡歲費錢共八萬七千六百緡，而教閱之費不與焉，時淳熙十年矣。嘉定土丁者，惟峨眉、犍爲二縣有焉。自熙、豐以來〔一〇四〕，峨眉八寨，千四百八十人；犍爲五寨之籍，二百七十五。官既無以給之，而又多爲寨官所刻剥。紹興十三年，有言於都鈐轄司者，謂宜教試而優恤之。時方諱兵，迄不能用也。威、茂州亦有土丁，各州二百。威州之丁，月給米三斗，驍捷可用，夷人亦畏之。茂州之丁，半市人，無月給，半有爲夷人傭耕者，蓋二郡皆斗入夷腹中無省地〔一〇五〕。茂州每合教，則土丁悉從夷人假衣甲器械以爲用，事已復歸，殊爲文具。

把截將。紹興二十七年，夔路安撫使奏：「南平軍夷透漏入恭州，舊以土丁爲把截。詔帥臣相度。請以清溪寨主户逐名家業錢多少均定，合置土丁二百名，内選材勇爲把截將，依例支破請受。」從之。

保勝。紹興六年，密院言：「金、均、房三州保甲，後稱保勝。三州安撫柴武措置，結爲隊伍，分成五軍。」詔依。二十九年，開、蓬州安撫王彦申：「保勝三千，屢立戰功，錢糧不足，乞依正軍破支口券。」從之。

勇敢。紹興二年，知池州葉焕申：「招土人充守禦勇敢，乞依禁軍請給，以二千人爲額。」從之。

山水寨。 紹興四年，承、楚、泰三州各有水寨民兵，合力擊賊，詔免十年租税。 三十一年，中丞汪澈乞存恤淮南山水寨鄉豪，各收其用。 隆興元年，臣僚言：「乞行下都督府專委兩淮守臣，各括責山水寨首領姓名保明來上，量補官資，專一裒集鄉兵，俾之團結，明立賞格，一有緩急，入城守禦。 荆、襄邊郡，亦乞行下制置司，依此施行。」詔：「江淮都督府、湖北、京西制置司措置。」二年十二月十日德音，赦楚、滁、濠、廬、光州、盱眙、光化軍管内並揚、成、西和、襄陽、德安府、信陽、高郵軍應州縣山水寨首領，自備錢糧，糾集把隘，或戰鬬立功，仰逐州軍守臣保明申省，取旨推恩。 乾道五年九月辛酉，兩淮徐子寅言：「得旨將本路諸州山水寨民兵，應三丁以上選壯丁赴州教一月。」從之。 淳熙初，子寅上其數，凡一萬六千九百八十人〔一〇六〕，弩手凡一千四百二十五〔一〇七〕。 明年秋，提舉張宗元與子寅分路提督〔一〇八〕，宗元奏每郡以土豪見任官一員統轄，月增給人三十千；自十月下旬始，州帥司教二月。 淮東五郡用錢十六萬，米三萬石。 淮西倣此。 惟光、黄、濠、楚、安豐、盱眙六郡〔一〇九〕，但就本州教閲，犒設錢減半。

萬弩手。 紹興元年，沅州奏：「熙寧末，始創營田，鼎、澧、辰、沅、靖置弓弩四千人〔一一〇〕，靖康調發不存。 乞以閑田募民承佃，招弓弩手二千人。」從之。 八年，詔：「淮東西、湖北、京西沿江民兵萬弩手農隙教閲，有武藝超越、人材智勇可以服衆者，本司拍試，其名申省，以憑覆試推恩。」淳熙二年，淮南運判張士元言：「廬、舒和蘄州、無爲軍五州民兵萬弩手教閲兩月，合用錢十六萬一千餘貫，乞行科降。」從之。

壯丁民社。 乾道四年，知楚州劉舜謨言：「兩淮舊有壯丁民社，乞依陝西弓箭手法，並免戶下苗田兩頃。」從之。

良家子。紹興四年，宣撫吴玠始創興元府良家子，招兩淮、關陜流寓及陣亡主兵將子弟驍武不能存立者充〔一二〕，月給比强弓手。五十人爲一隊，休兵之後數月消減。乾道六年，本路帥臣復招募人材及五尺二寸、弓力及九斗，通者，將傳習將條法、練習弓馬者，充有官人，省司月給米麥各一石，帥司緡錢十五千。無官人，緡錢減三之一。依義士法隸帥司，御前統兵官不得與。及王剛中爲宣撫，抽帳前良家子還宣撫司。淳熙之初，宣撫司廢，後屬帥司，籍二百人，歲管錢二萬四千，管米四千八百石〔一三〕；實無所用，但充雜役。紹興五年二月庚子〔一三〕，楊嗣勳申嚴鹽計，奏本府自有義士、厢禁軍、良家子，無所損益，請罷鹽店六所，而以良家子隸都統司。

義勇。紹興中，鄂州七縣主客户六萬六千三十二〔一四〕，口三十一萬四千八百九十四，而民兵之籍總爲萬五千二百有一人。岳州義勇之籍四千四百九十九人，四邑保伍九百三十五甲，計二萬八千五百九十三人。大抵荆、鄂、岳三郡，率五家供一兵焉。三十一年，虜亮寇江，詔淮、漢等郡，籍民爲兵。時荆南守續觱乃請籍民爲義勇。其法取於主户之雙丁，每十户爲甲，五甲爲團。甲皆有長〔一五〕，擇邑豪爲總首。歲於農隙教以武藝，糧從官給。初，乾道間，舉荆南七州之籍，主客佃户凡四萬二千餘户，計十萬餘丁，除當差役人外，得義勇八千四百十九人。四年，荆湖安撫王炎言：「荆湖義勇團結教集，使之自備食用，必不能辦，乞截留本所苗米萬四千石，並漕司應副錢二萬緡，仍從都統司假甲三千，弓矢旗幟官爲造給。」旨從之。六年二月辛亥，帥司劉珙言：「荆南、湖北兩路民兵，訪問諸郡起籍民兵，有上三等户取義勇一人，亦有四等、五等户取一。家産多者可以枝梧，少者往往棄産逃走。乞充義勇者並免科役及身丁錢〔一一六〕。四等户仍免充保正長〔一一七〕，五等户又免三分税役。每七十五人爲一隊，遇教閱日，以營屯田之穀供其費。」奏可。仍以甲萬副與之。是年九月，權知荆門馮忠嘉奏：「本軍所教義勇三千五百四十八人，教閱各一月，乞添展教之三月。」詔令劉珙相度申省。七年正月，馮忠嘉又教閱本軍義勇，因舊籍增補三百人，又籍户馬得四百匹，分爲六隊。孝宗大喜，詔總領所歲以馬料千石給之，仍擢忠嘉直祕閣。淳熙初，張栻爲帥，遵修劉珙之法，義勇增多至萬五百人，分爲五軍，軍分五部。栻既去，教法浸弛。十一年冬，趙雄爲帥，舉行其政，增三百人，通舊爲萬三千八百人。大抵湖北諸郡皆有義勇，信陽有義勇，又有義士。惟澧州石門慈利不置籍，紹興末，守臣亦籍之。章穎帥湖北時，又乞義勇之應差保正者，以家業錢多寡爲限；限外之數，與官户編户輪差。從之。

忠勇。淳熙五年，四川制使胡元質言：「關外西和、階、成、鳳四州所聚民兵，謂之忠勇，皆以土兵爲之。向來虞允文團結四川忠勇軍，計二千九十四人，其後不能增募。乞令四川守臣添募，仍立賞格。」詔每州各先募五百人。

鎮淮。初，淮南運司招募邊民，號鎮淮軍，多至十萬，錢米月給視效用，惟不黥涅。久之，廪給不足，公肆劫掠。嘉定初，江淮制置邱崈恐其生變，乃以分隸諸州，聽守臣節制。續又奏淮東人數少，令帥、漕選汰歸農外，僅存八千餘人〔一一八〕，其半以充效用，又補鎮江大軍與武鋒軍闕額。淮西六萬餘人委官揀到二萬六千餘人，充御前武定軍額〔一一九〕，分爲六軍，各置統制。自是月省錢二十八萬緡，米三萬四千石，而武定亦成軍伍，淮西賴其力居多。

忠義民兵。　紹興二十八年〔二〇〕，福州帥臣沈調言：「諸縣舊有忠義社，隨鄉多寡屯結〔二一〕，推豪右衆畏服者爲長，別量置槍仗器甲，盜由是息，民賴之。後官司科率騷擾，遂失本意，令守臣覺察、憲司舉職。」旨從其請。開禧用兵，淮、襄忠義民兵有籍於官者甚衆，歲約用百六十緡以養一兵〔二二〕。及和議再成，始汰遣。時帥臣邱崈先已汰鎮淮軍五六萬。何澹繼爲制帥，始盡放遣。澹言：「本司近放散廬、濠州忠義二萬五百八十六人，各令歸業，雖費錢三十二萬七千餘緡、米六千餘石，而每歲却省錢二百十三萬〔二三〕，米十一萬三千石。有田之人，預於江南經營牛種；無田之人，多入城市開張店業。此乃本司幹官徐剪體國任事之力。」詔剪特遷一官。時二年四月戊子也。其年六月辛卯，京湖制置李大性言：「昨者大臣創招軍額，團結忠義。休兵之後，依舊支請，糜費廩給，已放散計二萬九千二百一十三人〔二四〕。」詔獎諭。繼而江淮盜起，言者謂皆前日放散之卒，請罷剪攝郡，追所遷官。旨從之。時揀汰民兵無歸，多散爲盜，大性乃命每郡擇豪首一人，授以兵官〔二五〕，使之彈壓，其後餘黨始皆帖然。

校勘記

〔一〕諭意指　「意指」原倒，據漢書卷六四上嚴助傳乙正。

〔二〕高祖命天下選能引關蹶張　「關」原作「閱」，據後漢書卷一下光武帝紀下注引漢官儀、本書卷一五〇兵考二改。

〔三〕共十道置府五百六十四　「五百六十四」，新唐書卷五〇兵志作「六百三十四」，唐會要卷七二府兵條作「六百三十三」。

〔四〕千人爲中　「千人」二字原脱，據新唐書卷五〇兵志、唐會要卷七二府兵條補。

〔五〕府兵之法寖壞　「兵」原作「衛」，據新唐書卷五〇兵志改。

〔六〕全忠乃發河南諸鎮兵七萬　「七」，資治通鑑卷二六唐紀八十一昭宣帝天祐三年正月乙丑條作「十」。

〔七〕發渭州平涼潘原二縣民治城壕　「平涼潘原」原作「平源藩源」，據宋史卷一九〇兵志四、長編卷一六開寶八年條改。

〔八〕頗防奪農事　「防」疑當作「妨」。

〔九〕何敵不可戰哉　原作「何戰敵不可哉」，據宋史卷一九〇兵志四乙正。

〔一〇〕舊給唐泊河淤之田　「淤」原作「游」，據宋史卷一九〇兵志四改。

〔一一〕凡得萬六千人　「萬六千」，宋史卷一九〇兵志四作「六萬八千」。

〔一二〕皇祐五年　按長編卷一七三載程戡於皇祐四年知益州；宋史卷二一一宰輔表載其於至和元年七月，自知益州參知政事。可見皇祐五年程戡知益州。又按長編卷一五七慶曆五年十一月庚戌條，將程戡言繫於慶曆五年，「皇祐」二字當衍。

〔一三〕涇原都總管程戡上言　「戡」原作「勘」，據宋史卷一九〇兵志四、長編卷一五七慶曆五年十一月庚戌條、宋會要輯稿兵一之四改。

〔一四〕而所售之家以分數助役　「所售之家」，宋史卷一九〇兵志四作「得産者」，宋會要輯稿兵一之五作「所買之家」。通考疑誤。

〔一五〕莫　原作「鄚」，據宋史卷一九〇兵志四、卷八六地理志二改。

〔一六〕隸緣邊戰棹巡檢司　「檢」原作「寨」，據宋史卷一九〇兵志四改。

〔一七〕以多補亡者　「補」當作「逋」，宋史卷一九〇兵志四作「以水沴，多逋亡者」。

〔一八〕補軍　按長編卷六〇景德二年五月癸丑條作「補指揮使以下，校長有功勞者，亦補軍都指揮使」，通考有脱漏。

〔一九〕可得四千餘人　「人」，宋史卷一九〇兵志四、長編卷一七八至和二年二月丙午條、群書考索後集卷四六作「户」。

〔二〇〕詔如其請條　宋史卷一九〇兵志四作「詔其爲條」。

〔二一〕坡原地畝三升　「坡」原作「均」，據長編卷一七八至和二年二月丙午條改。宋史卷一九〇兵志四作「坂」。

〔二二〕即擇山險爲社　長編卷一七八至和二年二月丙午條同，宋史卷一九〇兵志四「社」作「屋」。

〔二三〕以便居止　「便」字原脱，據宋史卷一九〇兵志四、長編卷一七八至和二年二月丙午條補。

〔二四〕今唯秦鳳有寨户　「今」字原脱，據宋史卷一九〇兵志四補。

〔二五〕詔復置提舉弓箭手司　「司」字原脱，據宋史卷一九〇兵志四、宋會要輯稿兵四之一九補。又上引兩書及宋會要輯稿職官四四之五三至五四，此事繫於「政和五年」，通考疑誤。

〔二六〕三年提舉河東路弓箭手司奏　「三年」，宋史卷一九〇兵志四作「政和五年」。

〔二七〕若不願充弓箭手及出外　宋史卷一九〇兵志四「出」下有「丁」字。

〔二八〕如不願者　「不」字原脱，據宋會要輯稿兵四之二五補。

〔二九〕慶曆二年　「二」原作「三」，據宋史卷一九一兵志五、長編卷一三五慶曆二年二月乙未條改。

〔三〇〕當税錢二千　「千」原作「十」，據慎本、宋史卷一九一兵志五改。

〔三一〕給俸廩　按宋史卷一九一兵志五同，通鑑長編紀事本末卷四三募兵作「上番給俸廩」。

〔三二〕餘悉籍義勇　「籍」字原脱，據宋史卷一九一兵志五補。

〔三三〕給醬菜錢三百　宋史卷一九一兵志五「給」上有「月」字。

〔三四〕河北路總十八萬九千二百三十一人　宋史卷一九一兵志五無「二百」二字。長編卷一三八慶曆二年十月庚戌條、通鑑長編紀事本末卷四三募兵「三十一」作「三十」。

〔三五〕河北　原作「河南」，據宋史卷一九一兵志五及本書下文「河北三十三郡」改。

〔三六〕番三千人　「番」字原涉上而脱，據宋史卷一九一兵志五、長編卷二一三熙寧三年七月丙申條補。

〔三七〕防春以正月十五日上　「日」字原脱，據宋史卷一九一兵志五、長編卷二一三熙寧三年七月丙申條補。

〔三八〕判延州郭逵言　「逵」原作「達」，據宋史卷一九一兵志五、長編卷二一七熙寧三年十一月壬辰條、宋會要輯稿兵二之七改。

〔三九〕諸路義勇總二十四萬七千五百人　按宋史卷一九一兵志五、宋會要輯稿兵二之一二「八年」皆作「九年」，「五百」作「五百三十七」。

〔四〇〕南路總五千一百五十八人　按宋史卷一九一兵志五無「八」字。

〔四一〕自都副指揮使歲給錦袍　「副」下原衍「使」字，據宋史卷一九一兵志五删。

〔四二〕施州諸寨有義軍指揮使把截將寨將　下「將」字原脱，據宋史卷一九一兵志五補。

〔四三〕又有兩路巡防殿侍兼義軍都指揮使　「兩路」，宋史卷一九一兵志五作「西路」。

〔四四〕有義軍指揮使巡檢將寨將糧理旁頭把截部轄將　「寨」下、「轄」下「將」字原脱，據宋史卷一九一兵志五補。又上引宋史「糧」作「科」。

〔四五〕壯丁總千四百二十二人　宋史卷一九一兵志五「壯」上有「並」字。

〔四六〕副都頭把截將小節級　「都頭」二字原脱，據宋史卷一九一兵志五補。又上引宋史「小節級」上有「十將」，通考脱漏。

〔四七〕兵部言　「言」字原脱，據宋史卷一九一兵志五補。

〔四八〕請籍主户弟四等以上丁壯　「四等」二字原脱，宋會要輯稿兵一之八至九載元豐二年十一月二十八日，前權廣東提點刑獄許懋、知賀州王譔上言，有「依廣惠循潮南恩五州例，於四等以上主户三丁取一爲槍仗手」句，故據補。

〔四九〕於是蘇緘請訓練二廣峒丁　「緘」原作「軾」，據宋史卷一九一兵志五改。又按宋史卷四四六忠義傳載，蘇緘於熙寧四年以皇城使知邕州，熙寧八年戰死在邕州任上。

〔五〇〕餘用峒丁　「餘」字原脱，據宋史卷一九一兵志五補。宋會要輯稿兵四之三五作「其餘盡用峒丁」。

〔五一〕季輪二千赴邕州肄習武事　「赴」原作「起」，據馮本、宋史卷一九一兵志五改。

〔五二〕科率錢糧　按宋會要輯稿兵四之三八，此句上有「其所差者率皆無勢可陵之人」，通考脱漏。

〔五三〕僅多一倍　「倍」原作「部」，據元本、慎本、馮本、宋史卷一九〇兵志四、宋會要輯稿兵一之一四改。

〔五四〕坐增秩者幾二十人　「十」原作「千」，據元本、慎本、馮本及宋史卷一九〇兵志四改。

〔五五〕弓箭社人依已降指揮放散　「箭」原作「前」，據元本、慎本、馮本及宋會要輯稿兵一之一四改。

〔五六〕設甲長隊長部長社長都正　按宋會要輯稿兵二之五一載：「每五甲爲一隊，於本隊内推擇一名爲隊長。每四隊爲一部，於本部内推擇一名爲部長。每五部为一社，於本社内推擇二人，内上名爲社長，次名爲副社長。每五社爲一都社，於内推擇二人，内上名爲都社正，次名爲副都社正。」通考删節過當。

〔五七〕福建轉運使蹇周輔言　「言」字原脱，據宋史卷一九一兵志五補。

〔五八〕多克期呼集　「克」，宋史卷一九一兵志五作「先」。

〔五九〕詔虔州槍仗手千五百三十六人　「虔」原作「處」，據宋史卷一九一兵志五、長編卷三〇一元豐二年十一月庚午條改。「千」字原脱，據上引長編補。

〔六〇〕撫州建昌軍鄉丁鬬軍槍仗手　「鬬」原作「開」，據宋史卷一九一兵志五、長編卷三〇一元豐二年十一月庚午條改。

〔六一〕麟　原作「鄜」，據宋史卷一九一兵志五改。

〔六二〕百帳已上者爲軍主　「百」原作「司」，據宋史卷一九一兵志五改。

〔六三〕鎮戎軍及渭州山外皆被侵擾　「鎮」字原脱，據宋史卷一九一兵志五補。

〔六四〕上封者因請募熟户　「熟」原作「屬」，據宋史卷一九一兵志五改。

〔六五〕給禁軍廩賜使戍邊　「軍」字原脱，據宋史卷一九一兵志五補。

〔六六〕如倚爲正兵　「倚爲」二字原作「去」，據宋史卷一九一兵志五改。

〔六七〕籍城寨兵馬　「籍」字原脱，據宋史卷一九一兵志五補。

〔六八〕使各繕堡壘　「各」原作「合」，據宋史卷一九一兵志五改。
〔六九〕如令下不集　「如」上原衍「不」字，據宋史卷一九一兵志五删。
〔七〇〕郭逵言　「郭逵」原作「郭達」，據宋史卷一九一兵志五、卷二九〇郭逵傳改。
〔七一〕故國家因其俗以爲法　「俗」原作「族」，據宋史卷一九一兵志五改。
〔七二〕主客族帳　「主」字原脱，據宋史卷一九一兵志五補。
〔七三〕嘗遣蔣偕籍之　「蔣」原作「將」，據宋史卷一九一兵志五、卷三二六蔣偕傳改。
〔七四〕而客户或以功爲使臣　「爲」字原脱，據宋史卷一九一兵志五補。
〔七五〕馬銜山　原作「馬御山」，據宋史卷一九一兵志五改。
〔七六〕蕃官給俸者四百七十三人　「三」，宋史卷一九一兵志五作「二」。
〔七七〕時詔拓熙河地千二百里招附三十餘萬之衆　按宋史卷一九一兵志五載「是時王韶拓熙河地千二百里，招附三十餘萬口」。長編卷二三三熙寧五年五月辛卯條載「韶言已拓地千二百里，招附三十餘萬口」。疑「詔」爲「韶」之誤。
〔七八〕漸推文法　「文」原作「之」，據宋史卷一九一兵志五、長編卷二三三熙寧五年五月辛卯條改。
〔七九〕變其夷俗　「俗」原作「族」，據宋史卷一九一兵志五改。
〔八〇〕蕃部既得爲漢　「蕃部」原倒，據宋史卷一九一兵志五、長編卷二三三熙寧五年五月辛卯條乙正。又上引長編「漢」下有「人」字，義長。
〔八一〕已置弓箭手又以其餘地募蕃兵弓箭手　宋史卷一九一兵志五同，長編卷二五一熙寧七年三月壬戌條作「河州近城川地招漢弓箭手外，其山坡地招蕃弓箭手」，義全。
〔八二〕詔李承之參定蕃兵法　「李承之」原作「季承之」，據宋史卷一九一兵志五、長編卷二六四熙寧八年五月乙亥條改。
〔八三〕指揮使一千五百　「一」原作「二」，據宋史卷一九一兵志五、長編卷二七〇熙寧八年十一月壬午條改。
〔八四〕詔陞南京青鄧鄆曹濟濮州有馬教閱廂軍　「濟」原作「齊」，據宋史卷一八九兵志三、長編卷三一五元豐四年八月壬午條改。又上引長編「濟」下有「洺」字。
〔八五〕自騎射而下十有一　「一」，宋史卷一八九兵志三作「二」。
〔八六〕自左衙而下十有八　「衙」原作「衛」，據宋史卷一八九兵志三改。
〔八七〕自左衙而下二十有九　「衙」原作「衛」，據元本、慎本、馮本、宋史卷一八九兵志三改。
〔八八〕總二萬五百六十二人　「六十二」，宋史卷一八九兵志三作「六十三」。
〔八九〕言者請令後統兵官經由州縣　「令」疑爲「今」之誤。
〔九〇〕忠勝軍免家業錢　「忠」上原衍「義志」二字，據建炎以來朝野雜記甲集卷一八四川廂禁民兵數條删。
〔九一〕步軍五石六斗六升　「六斗」原作「三斗」，據建炎以來朝野雜記甲集卷一八四川廂禁民兵數條改。
〔九二〕自五千至二十千止　建炎以來朝野雜記甲集卷一八四川廂禁民兵數條作「自千至五五千」。
〔九三〕謂之威强將兵　「威」原作「盛」，據馮本、建炎以來朝野雜記甲集卷一八四川廂禁民兵數改。
〔九四〕時彦爲御營都統制　按建炎以來朝野雜記甲集卷一八八字軍條無「都」字。而宋史卷三六八王彦傳載彦任「御營平寇統領」。
〔九五〕六年　按宋史卷三六八王彦傳、卷三六六劉錡傳、建炎以來朝野雜記甲集卷一八八字軍條均作「紹興六年」，通考脱書紀年。

〔九六〕以劉錡領馬司軍事　「馬司」二字原倒，據元本、慎本、馮本乙正。

〔九七〕分上下邑軍名團結　建炎以來朝野雜記甲集卷十八夔路義兵條作「分上下軍名色團結」。

〔九八〕及思珍田楊等家丁　建炎以來朝野雜記甲集卷一八夔路義兵條作「及思遵義田楊等族家丁」。按遵義隸珍州，見宋史卷八九地理志五。

〔九九〕興洋大安軍見管義士二萬六千一百四十人　「六千一百四十」，建炎以來朝野雜記甲集卷一八利路義士條作「九千九百餘」。

〔一〇〇〕防托邛部川　建炎以來朝野雜記甲集卷一八黎雅土丁條無「部」字。

〔一〇一〕一千三百九十一　「三」原作「二」，據馮本、建炎以來朝野雜記甲集卷一八黎雅土丁條改。

〔一〇二〕一千九百四十八　建炎以來朝野雜記甲集卷一八黎雅土丁條無「八」字。

〔一〇三〕歲費錢二萬八千三百七十有六緡　「二萬」，建炎以來朝野雜記甲集卷一八黎雅土丁條作「三萬」。

〔一〇四〕自熙豐以來　「熙豐」，建炎以來朝野雜記甲集卷一八黎雅土丁條作「淳熙」。

〔一〇五〕蓋二郡皆斗入夷腹中無省地　按建炎以來朝野雜記甲集卷一八黎雅土丁條「斗」作「半」，無「無」字。

〔一〇六〕凡一萬六千九百八十人　「凡」原作「弓」，據建炎以來朝野雜記甲集卷一八淮南萬弩手條改，又上引建炎以來朝野雜記「一萬」作「二萬」。

〔一〇七〕弩手凡一千四百二十五　「二十五」，建炎以來朝野雜記甲集卷一八淮南萬弩手條作「四十五」。

〔一〇八〕提舉張宗元與子寅分路提督　「元」原作「允」，據慎本、建炎以來朝野雜記甲集卷一八淮南萬弩手條改。

下同。

〔一〇九〕惟光黄濠楚安豐盱眙六郡　「六」原作「七」，據所列郡名數改。

〔一一〇〕鼎澧辰沅靖置弓弩四千人　按宋史卷一九二兵志六載「熙寧間，以鼎澧辰沅靖五郡弓弩手萬三千人」。

〔一一一〕招兩淮關陝流寓及陣亡主兵將子弟驍武不能存立者充　「兩淮」，建炎以來朝野雜記甲集卷一八興元良家子條作「兩河」。按南渡初，兩淮人口主要流寓江南，入川者不多，疑作「兩河」是。

〔一一二〕管米四千八百石　「管米」二字原倒，據上下文義乙正。建炎以來朝野雜記甲集卷一八興元良家子條「管米」作「米麥」。

〔一一三〕紹興五年二月庚子　按建炎以來朝野雜記甲集卷一八興元良家子條作「紹熙末」。

〔一一四〕鄂州七縣主客户六萬六千三十二　「客」原作「家」，據建炎以來朝野雜記甲集卷一八荆鄂義勇民兵條改。

〔一一五〕甲皆有長　按建炎以來朝野雜記甲集卷一八荆鄂義勇民兵條「甲」下有「團」字，是。

〔一一六〕乞充義勇者並免科役及身丁錢　「錢」原作「口」，據宋會要輯稿兵一之三〇改。

〔一一七〕四等户仍免充保正長　「免充」原作「差充」，據建炎以來朝野雜記甲集卷一八荆鄂義勇民兵條改，宋會要輯稿兵一之三一作「免差」。

〔一一八〕僅存八千餘人　「千」原作「十」，據元本、馮本、宋史卷一九二兵志六、建炎以來朝野雜記乙集卷一七丘宗卿創淮西武定軍條改。

〔一一九〕充御前武定軍額　「武定」二字原倒，據宋史卷一八八兵志二、愧郯録卷一三武定軍乙正。下同。

〔一二〇〕紹興二十八年　按建炎以來繫年要録卷一七七紹興二十七年五月庚午，沈調言繫於紹興二十七年。宋會要輯稿兵二之六〇繫於紹興十七年五月六日，疑宋會要輯稿脱「二」字作「十七年」，通考似誤。

〔一二一〕隨鄉多寡屯結　「屯」，建炎以來繫年要録卷一七七紹興二十七年五月庚午、宋會要輯稿兵二之六〇作「團」，是。

〔一二二〕歲約用百六十緡以養一兵　建炎以來朝野雜記乙集卷一七李伯和放散忠義民兵條無「百」字。

〔一二三〕而每歲却省錢二百十三萬　按建炎以來朝野雜記乙集卷一七李伯和放散忠義民兵條「萬」下有「餘緡」二字，是。

〔一二四〕已放散計二萬九千二百一十三人　「九」，建炎以來朝野雜記乙集卷一七李伯和放散忠義民兵條作「六」。

〔一二五〕授以兵官　「兵官」二字原倒，據建炎以來朝野雜記乙集卷一七李伯和放散忠義民兵條乙正。

卷一百五十七　兵考九

教閱

周禮大司馬：「中春，教振旅。司馬以旗致民，平列陳，如戰之陳，辨鼓、鐸、鐲、鐃之用。王執路鼓，諸侯執賁鼓，軍將執晉鼓，師帥執提，旅帥執鼙，卒長執鐃，兩司馬執鐸，公司馬執鐲，以教坐作進退疾徐疏數之節。遂以蒐田，有司表貉，誓民，鼓，遂圍禁。火弊，獻禽以祭社。中夏，教茇田，如振旅之陳。群吏撰車徒，讀書契，辨號名之用。帥以門名，縣鄙各以其名，家以號名，鄉以州名，野以邑名，百官各象其事，以辨軍之夜事。其他皆如振旅。遂以苗田，如蒐之法。車弊，獻禽以享礿。中秋，教治兵，如振旅之陳。王載太常，諸侯載旂，軍吏載旗，師都載旜，鄉遂載物，郊野載旐，百官載旟，各書其事與其號焉。其他皆如振旅。遂以獮田，如蒐田之法。羅弊，致禽以祀祊。中冬，教大閱。前期，群吏戒衆庶，修戰法。虞人萊所田之野，爲表，百步則一〔一〕，爲三表，又五十步爲一表。田之日，司馬建旗於後表之中，群吏以旗、物、鼓、鐸、鐲、鐃，各帥其民而致。質明弊旗，誅後至者，乃陳車徒，如戰之陳，皆坐。群吏聽誓於陳前。斬牲，以左右徇陳，曰：『不用命者斬之。』中軍以鼙令鼓，鼓人皆三鼓。司馬振鐸，群吏作旗，車徒皆作鼓行。鳴鐲，車徒皆行，及表乃止。三鼓摝鐸，群吏弊旗，車徒皆坐。又三鼓，振鐸作旗，車徒皆作鼓進。鳴鐲，車驟徒趨，及表乃止，坐作如初。遂以狩田，以旌爲左右和之門。群吏各帥其車徒，以叙和出。左右陳車徒，有司平之。旗居卒間，以分地前後，有屯百步，有司巡其前後。險野，人爲主；易野，車爲主。既陳，乃設驅逆之車，有司表貉於陳前。中軍以鼙令鼓，鼓人皆三鼓，群司馬振鐸，車徒皆作。遂鼓行，徒銜枚而進。大獸公之，小禽私之，獲者取左耳。及所弊，鼓皆䮾，車徒皆譟。徒乃弊，致禽饁獸於郊，入獻禽以享烝。」以上注並見田獵門，此不再録。

臧僖伯曰：「春蒐、夏苗、秋獮、冬狩，蒐，索，擇取不孕者。苗，爲苗除害也。獮，殺也，以殺爲名，順秋氣也。狩，圍守也，冬物畢成，獲則取之，無所擇也。皆於農隙以講事也。各隨時事之間。三年而治兵，入而振旅，雖四時講武，猶復三年而大習。出曰治兵，始治其事。入曰振旅，治兵禮畢，整衆而還。振，整也。旅，衆也。歸而飲至，以數軍實。飲於廟，以數車徒器械及所獲也。昭文章，車、服、旌、旗。明貴賤，辨等列，等列，行伍。順少長，出則少者在前，還則在後，所謂順也。習威儀也。」

魯桓公六年大閱。公羊曰：「大閱者何？簡車徒也。大簡閱兵車，使可任用而習之。何以書？蓋以罕書也。」比年簡徒謂之蒐，三年簡車謂之大閱，五年大簡車徒謂之大蒐。穀梁曰：「大閱者何？閱兵車也。脩教明諭，國道也。平而脩戎事，非正也。」禮，因四時田獵，以習用戎事。平，謂不因田獵無事而脩之。

莊公八年正月，師次於郎，甲午治兵。穀梁：「出曰治兵，習戰也。入曰振旅，習戰也。治兵而陳、蔡不至矣，師次於郎，以俟陳人、蔡人。兵事以嚴終。故曰善陳者不戰，此之謂也。善爲國者不師，道政齊禮，鄰國望之，歡如親戚，何師之爲。善師者不陳，師衆素嚴，不須耀兵列陳。善陳者不戰，軍陳嚴整，敵望而畏之，莫敢與戰。

善戰者不死，投兵勝地，故無死者。善死者不亡。」民盡其命，無奔敵背亡。公羊：「祠兵者何？出曰祠兵，入曰振旅，其禮一也，皆習戰也。」

楚子將圍宋，使子文治兵於睽〔二〕。子文時不爲令尹，故使之治兵習號令也。睽，楚邑也〔三〕。終朝而畢，不戮一人。子文欲委重於子玉，故略其事。子玉復治兵於蔿，蔿，楚邑。終日而畢，鞭七人，貫三人耳。國老皆賀子文，子文飲之酒。賀子玉堪其事。蔿賈尚幼，後至，不賀。子文問之，對曰：「不知所賀。子之傳政於子玉，曰以靖國也。靖諸内而敗諸外，所獲幾何？子玉之敗，子之舉也。舉以敗國，將何賀焉？子玉剛而無禮，不可以治民；過三百乘，其不能以入矣。苟入而賀，何後之有？」三百乘，二萬二千五百人。

晉文公蒐於被廬，作三軍，閔元年，晉獻公作二軍，今後大國之禮〔四〕。謀元帥，趙衰曰：「郤縠可。臣亟聞其言矣，説禮樂而敦詩書。詩書，義之府也；禮樂，德之則也。德義，利之本也。君其試之。」乃使郤縠將中軍，郤溱佐之；使狐偃將上軍，讓於狐毛而佐之；毛，偃之兄。命趙衰爲卿，讓於欒枝、先軫。使欒枝將下軍，先軫佐之。荀林父御戎，魏犨爲右。

漢承秦制，三時不講。唯十月車駕幸長安水南門，會五營士，爲八陣進退，名曰乘之。

武帝太初二年，令天下貙五日。如淳曰：「立秋貙膢。」伏儼曰：「膢音劉。劉，殺也。」師古曰：「續漢書作貙劉。膢、劉義各通耳。」漢儀注云：「立秋之日，斬牲於郊東門外，以薦陵廟，武官肄兵習戰陣之儀。」

漢制：常以九月都試。太守、都尉、令長、丞，相會都試，課殿最。

韓延壽爲東郡太守，都試騎士，治飾兵車，畫龍虎朱爵。延壽黄紈方領〔五〕，駕四馬，傅總〔六〕，建幢棨，植羽葆，鼓車歌車。功曹引車，皆駕四馬，載棨戟。五騎爲伍，分左右部，軍假司馬、千人持幢旁轂。歌者先居射室，望見延壽車，噭咷楚歌。延壽坐射室，騎吏持戟夾陛列立，騎士從者帶弓韣羅後。令騎士兵車四面營陳，被甲鞮鞪居馬上，抱弩負蘭。又使騎士戲車弄馬盜驂。及治飾車甲三百萬以上。於是蕭望之劾延壽上僭不道，坐棄市。

東漢制：以立秋之日，白郊禮畢〔七〕，始揚威武，斬牲於郊東門，以薦陵廟。其儀：乘輿御戎路〔八〕，白馬朱鬣，躬執弩射牲。牲以鹿麛。太宰令、謁者各一人，載獲車，馳駟送陵廟。還宮，遣使者齎束帛以賜武官。武官肄兵，習戰陣之儀、斬牲之禮，名曰貙劉。兵、官皆肄孫、吴兵法六十四陣，名曰乘之。立春，遣使者齎束帛以賜文官。貙劉之禮：祠先虞，執事告先虞已，烹鮮時，有司告〔九〕，乃逡巡射牲〔一〇〕，獲車畢，有司告事畢。

明帝永平元年六月，初令百官貙膢。

安帝延光二年十一月，校獵上林苑。

安帝初，鄧太后臨朝，俗儒世士以爲文德可興，武功宜廢，遂寢蒐狩之禮，息戰陣之法，故猾賊縱横，乘此無備。馬融以爲文武之道，聖賢不墜，五材之用，無或可廢。元初二年，上廣成頌以諷諫。依舊文重述蒐狩之義，作頌一篇，並封上。

靈帝中平五年，望氣者言，以爲京師當有大兵，兩宫流血。大將軍司馬許涼〔一一〕、假司馬伍宕說大將軍何進曰〔一二〕：「太公六韜，有天子將兵事，可以威厭四方。」進以爲然，入言之於帝。於是乃詔進大發四方兵，講武於平樂觀下。起大壇，上建十二重五采華蓋，高十丈。壇東北爲小壇，復建九重華蓋，高九丈。列步兵、騎士數萬人，結營爲陳。天子親出臨軍，駐大華蓋下，進駐小華蓋下。禮畢，帝躬擐甲介馬〔一三〕，稱「無上將軍」，行陳三匝而還。詔使進領兵屯於觀下。是時置西園八校尉，以小黃門蹇碩爲上軍校尉，虎賁中郎將袁紹爲中軍校尉，屯騎都尉鮑鴻爲下軍校尉；議郎曹操爲典軍校尉，趙融爲助軍校尉，淳于瓊爲佐軍校尉〔一四〕，又有左、右校尉。帝以蹇碩壯健而有武略，特親任之，以爲元帥，督司隸校尉以下，雖大將亦領屬焉。

帝自黃巾之起，留心戎事，問討虜校尉蓋勳曰：「吾講武如是，何如？」對曰：「臣聞『先王耀德不觀兵』，今寇在遠而設近陳，不足以昭果毅，祗黷武耳。」

獻帝建安二十一年，有司奏：「古四時講武。按漢西京承秦制，三時不講，唯十月都試金革。今兵戈未偃，士衆素習，可無四時講武，但以立秋擇吉日，大朝車騎，號曰治兵〔一五〕，上合禮名，下承漢制。」是冬治兵，魏王曹操親執金鼓，以令進退。

魏文帝嗣魏王位。其年秋，治兵於郊，公卿相儀，王御華蓋，親金鼓之節。

明帝太和元年十月，治兵於東郊。

晉武帝泰始四年、九年〔一六〕、咸寧元年、太康四年、六年冬，皆自臨宣武觀〔一七〕，大閱習衆軍，然不自令進退。自惠帝以後，其禮遂廢。

東晉元帝太興四年，詔左右衛及諸營教習，依大習儀。成帝咸和中，詔內外諸軍戲兵於南郊之場，其地因名鬬場。自後藩鎮相倣，諸方伯往往閱習，然朝廷無事焉。

宋文帝依故事肄習衆軍，兼用漢、魏之禮。其後以時講武於宣武堂〔一八〕。餘見田獵門。

後魏明帝永興五年，以九月、十月〔一九〕，帝親行貙劉之禮。

孝成帝和平三年，因歲除大儺，遂耀兵示武。更爲制，令步兵陳於南，騎士陳於北，各擊鐘鼓，以爲節度。其步兵所衣，青、赤、黑、黄，別爲部隊。楯稍矛戟相次周迴轉易，以相赴就。有飛龍騰蛇之變，爲函箱魚鱗四門之陣，凡十餘法。跪起前却〔二〇〕，莫不應節。陣畢，南北二軍皆鳴鼓角，衆盡大譟。各令騎將六人去來挑戰〔二一〕，步兵更進退以相拒擊，南敗北捷，以爲威觀〔二二〕。自後以爲常。

後齊常以季秋，皇帝講武於都外。有司先萊野爲場，爲三軍進止之節。又別墠於北場〔二三〕，輿駕停觀。遂命將簡士教衆，爲戰陣之法。凡爲陣，少者在前，長者在後；其還，則長者在前，少者在後。長者持弓矢，短者持旌旗。勇者持鉦鼓、刀楯爲前行，戰士次之，槊者次之，弓箭爲後行。將帥先教士目，使習見旌旗指麾之蹤，發起之意，旗卧則跪。教士耳，使習金鼓動止之節，聲鼓則進，鳴金則止。教士心，使知刑罰之苦，賞賜之利。教士手，使習持五兵之便，戰鬬之備。教士足，使習跪及行列嶮泥之塗。前五日，皆請兵嚴於場所，依方色建旗爲和門。都墠之中及四角，皆建五采牙旗。應講武者，各集於其軍。有戒鼓一通，軍士皆嚴備。二通，將士貫甲。三通，步軍各爲直陣，以相俟。大將各處軍中，立旗鼓下。有司陳小駕鹵簿，皇帝武弁，乘革輅；大司馬介冑乘，奉引入行殿。百司陪列。位定，二軍迭爲客主。先舉爲客，後舉爲主。從五行相勝法，爲陣以應之。

後周：仲春，教振旅，大司馬建大麾於萊田之所。鄉稍之官，以旗物鼓鐸鉦鐃，各帥其人而致。誅其後至者。建麾於後表之中，以集衆庶。質明，偃麾，誅其不及者。乃陳徒騎，如戰之陣。大司馬北面誓之。軍中皆聽鼓角以爲進止之節。田之日，於所萊之北，建旗爲和門。諸將帥徒騎序入其門。有司居門，以平其人。既入而分其地。險野則徒前而騎後，易野則騎前而徒後。既陣，皆坐，乃設驅逆騎，有司表貉於陣前。以太牢祭黃帝軒轅氏，於狩地爲壇，建二旗，列五兵於坐側，行三獻禮。遂蒐田致禽以祭社。仲夏，教茇舍，如振旅之陣，遂以苗田如蒐法，致禽以享礿。仲秋，教練兵，如振旅之陣，遂以獮田如蒐法，致禽以祀方。仲冬，教大閱，如振旅之陣，遂以狩田如蒐法，致禽以享烝。

隋大業七年，征遼東。衆軍將發，御臨朔宮，親授節度。每軍，大將、亞將各一人。騎兵四十隊，隊百人。百人置一纛。十隊爲一團，團有偏將一人。第一團，皆青絲連明光甲、鐵具裝、青纓拂〔二四〕，建狻猊旗。第二團，絳絲連珠犀甲、獸文具裝、赤纓拂，建貔貅旗。第三團，白絲連明光甲、鐵具裝、素纓拂，建辟邪旗。第四團，烏絲連玄犀甲、獸文具裝、黑纓拂，建六駁旗〔二五〕。前部鼓吹一部，大鼓、小鼓及鞞、長鳴、中鳴等各十八具〔二六〕，棡鼓、金鉦各二具。後部鐃吹一部，鐃二面，歌簫及笳各四具，節鼓一面，篳篥、橫笛各四具，大角十八具。又步卒八十隊，分爲四團。團有偏將一人。第一團，每隊給青隼蕩幡一。第二團，每隊黃隼蕩幡一。第三團，每隊蒼隼蕩幡一〔二七〕。第四團，每隊烏隼蕩幡一〔二八〕。長槊楯弩及甲鍪等，各稱兵數。受降使者一人，給二馬軺車一乘，白獸幡及節每一，騎吏三人，車輻白從十二人。承詔慰撫，不受大將制。戰陣則爲監軍。軍將發，候大角一通，步卒第一團出營東門，東向陣。第二團出營南門，南向陣。第三團出營西門，西向陣。第四團出營北門，北向陣。陣四面團，然後諸團嚴駕立。大角三通，則鐃鼓俱振。第一團引行，隊間相去各十五步。次第二團，次前部鼓吹、弓矢一隊，合二百騎。建蹲獸旗、飑槊二張，大將在其下〔二九〕。次誕馬二十匹〔三〇〕，次大角，次後部鐃吹，次第四團〔三一〕，次受降使者。次及輜重戎車散兵等，亦有四團。第一輜重出，收東面陣，分爲兩道，夾以行。第二輜重出，收南面陣，夾以行。第三輜重出，收西面陣，夾以行。第四輜重出，收北面陣，夾以行。亞將領五百騎，建騰豹旗，殿軍後。至營，則第一團騎陣於東面，第二團騎陣於南面，鼓吹翊大將軍居中〔三二〕，駐馬南面。第三團騎陣於西面〔三三〕，第四團騎陣於北面，合爲方陣。四面外向，步卒翊輜重入於陣內，以次安營。營定〔三四〕，四面陣者，引騎入營〔三五〕。亞將率驍騎遊奕督察。其安營之制，以車外布，間設馬槍，次施兵幕，內安雜畜。事畢〔三六〕，大將、亞將等就牙帳。馬步隊與軍中散兵〔三七〕，交爲兩番，五日而代。於是每日遣一軍發，相去四十里，連營漸進。二十四日續發而盡。首尾相繼，鼓角相聞，旌旗亘九百六十里。天子六軍次發，兩部前後先置，又亘八十里。通諸路合三十軍，亘千四十里。諸軍各以帛爲帶，長尺五寸，闊二寸，題其軍號爲記。御營內者，合十二衛、三臺、五省、九寺〔三八〕，並分隸內外前後左右六軍，亦各題其號，不得自言臺省。王公以下，至於兵丁私隸〔三九〕，悉以帛爲帶綴於衣領，名「軍記帶」〔四〇〕。諸軍並給幡數百，有事〔四一〕，使人交相去來〔四二〕，執以行。不執幡而離本軍者〔四三〕，他軍驗軍記帶〔四四〕，知非部兵〔四五〕，則所在斬之。

唐太宗嘗引諸衛將卒習射於顯德殿。詳見兵制。

高宗顯慶二年十一月，講武於滍水之南〔四六〕，行三驅之禮，上設次於尚書臺以觀之〔四七〕。漢南郡太守馬融講尚書於其地，因以得名，後改講武臺。

五年三月八日〔四八〕，又講武於并州城北，上御飛閣〔四九〕，引群臣臨觀之〔五〇〕。左衛大將軍張延師爲左軍〔五一〕，左右驍武等六衛、左羽林騎士屬焉；左武候大將軍梁建方爲右軍〔五二〕，左右威領武候等六衛、右羽林騎士屬焉。一鼓而誓衆〔五三〕，再鼓而整列，三鼓而交前。左爲曲直圓鋭之陣，右爲方鋭直圓之陣。三挑而五變，步退而騎進，五合而各復位。

武太后聖曆二年，欲以季冬講武，有司請延至孟春。王方慶上疏曰：「謹按禮記月令：『孟冬之月，天子命將帥講武，習射御角力。』此乃三時務農，一時講武，蓋王者常事，安不忘危之道也。『孟春之月，不可以稱兵』。兵者，金也。金性克木，春盛德在木，金氣以害盛德，逆生氣。『孟春行冬令，則水潦爲敗，雪霜大摯，首種不入。』按蔡邕月令章句：『太陰休，少陽尚微，而行冬令以導水氣，故水潦至而敗生物也。雪霜大摯，摧傷物也〔五四〕。太陰干時，雨雪而霜，故傷首種。』種謂宿麥也〔五五〕。麥以秋種，故謂之首種。入，收也。爲沍寒所傷〔五六〕，故至夏不長〔五七〕。今月令首種稷，非麥。今孟春講武，是行冬令，以陰政犯陽氣〔五八〕，害發生之德。臣恐水潦敗物，雪霜損稼，宿麥不登，無所收入也。請至明年孟冬教習，以順天道。」從之。

玄宗先天二年十月，講武於驪山之下，徵兵二十萬，戈鋌金甲，照耀天地。列大陣於長川，坐作進退，以金鼓之聲節之。帝親擐戎服，持大槍，立於陣前。以虧失軍容坐兵部尚書郭元振於纛下，將斬之。宰臣劉幽求、張説跪於馬前諫曰：「元振推戴上皇，有大功，雖違軍令，不可加刑。」乃捨之，流新州。給事中、知禮儀唐紹以草軍儀有失〔五九〕，斬之。薛訥爲左軍節度。衆以元帥及禮官得罪，諸節部頗亦失序，唯訥及解琬軍不動。上令輕騎召訥等，至軍門，不得入。禮畢，特加慰勞。

唐開元禮

皇帝講武儀注

仲冬之月，講武於都外。前期十有一日，所司奏請講武，兵部承詔，遂命將帥簡軍士。有司先芟萊除地爲場，方一千二百步，四出爲和門；又於其内墠地爲步騎六軍營域處所，左右厢各爲三軍〔六〇〕，皆上軍在北，中軍次之，下軍在南。東西相向，中間相去三百步。五十步立表一行，凡立五行。表間前後各相去五十步，爲三軍進止之節。又別墠地於北厢南向，爲車駕停觀之處。前三日，尚舍奉御設大次及御座於其中，如常儀。前一日，講武將帥及士卒集於墠所，禁止諠譁。依方色建旗爲和門。於都墠之中及四角，皆建以五綵牙旗。旗鼓甲仗，威儀悉備於墠所。大將以下，各有統帥，如常式。步軍大將被甲冑乘馬〔六一〕，教騎大將亦乘馬，教習士衆爲戰陣之法。凡教爲陣，少者在前，長者在後。其還，則長者在前，少者在後。長者持弓矢，短者持戈矛，力者持旌旗，勇者持鉦鼓。刀楯爲前行，持矟者次之，弓箭爲後行。將帥先教士衆，使習見旌旗指麾之蹤〔六二〕，旗卧即跪，旗舉即起。金鼓動止之節〔六三〕，聲鼓即進，鳴金即止。知刑罰之害、賞賜之利，持五兵之便、戰鬭之備，習串跪起，及行列險隘之路。講武日，未明十刻，軍士皆嚴備。五刻，將士皆貫甲。步軍各爲直陣，以相俟。將軍依儀，各依格備物。大將軍各依格處分軍中，立於旗鼓之下。凡六軍，各鼓一十二、鉦一、角四〔六四〕，並止於其軍後表之下〔六五〕。

車駕出宮如常式。 講武日，未明七刻，搥一鼓爲一嚴。三嚴時節，前一日侍中奏裁出宮以剛日。侍中奏，開宮殿門及城門。 未明五刻，搥二鼓爲再嚴，侍中版奏，請中嚴，文武官應從者俱先至〔六六〕。文武官皆公服，所司爲小駕，依圖陳設。 未明二刻，搥三鼓爲三嚴。 諸衛各督其隊與鈒戟，以次入陳於殿庭；諸侍衛之官，各服其器服；諸侍臣俱詣西階下奉迎。侍中負璽如式。乘黄令進革輅於太極殿前。 皇帝服武弁之服，餘並如圜丘儀。 駕至墠所，兵部尚書介冑乘馬奉引，至講武所，入自都墠北和門，至兩步軍之北〔六七〕，當空南向。 黄門侍郎奏稱請降輅；還，侍位。 皇帝降輅，入大次而觀。 兵部尚書停於東廂，西向立〔六八〕，三仗小退，以通觀路。 領軍減小駕，騎士立於都墠之四周。 侍臣依左右廂，立於大次之前東、西面〔六九〕，北上。 文武九品以上皆公服，文東武西，在侍臣之外十步〔七〇〕，重行北上。 諸州使人及蕃客先集於都墠北和門外，東方、南方立於道東；西方、北方立於道西，皆向輅而立，於北爲上。 駕至和門，奉禮曰：「可拜。」〔七一〕在位者皆再拜。 皇帝入次，謁者引諸州使入，鴻臚卿引蕃客，東方、南方立於大次東、北，南向，以西爲上；西方、北方立於大次西、北，南向，以東爲上。 若有觀者，立於都墠騎士仗外四周，任意，然後講武。 諸州使人及蕃客立定，吹大角三通。 中軍將各以鞞令鼓，二軍俱擊鼓。 三鼓，有司偃旗，步士皆跪。 二軍諸帥果毅以上，各集於中軍大將旗鼓之下。 左廂中軍大將立於旗鼓之東，西面，諸軍將立旗鼓之南，北面，東上；右廂中軍大將立於旗鼓之西，東面，諸軍將立於旗鼓之南，北面，西上，以聽誓。 大將誓曰：「今行講武，以教人戰，進退左右，一如軍法。 用命有常賞，不用命有常刑，可不勉之。」誓訖，左右三軍，各長史二人振鐸分循以警衆。 諸果毅各以誓詞遍告其所部，遂聲鼓。 有司舉旗，士衆皆起，騎徒皆行〔七二〕。及表，擊鉦，騎徒乃止。又擊三鼓，有司偃旗，士衆皆跪。又擊鼓〔七三〕。有司舉旗，士衆皆起，騎驟徒趨，及表乃止，整列位定〔七四〕。東軍一鼓，舉青旗，爲直陣；西軍亦鼓，而舉白旗，爲方陣以應之。次南軍亦鼓，舉赤旗，爲鋭陣；北軍亦鼓，而舉黑旗，爲曲陣以應之。次東軍鼓而舉黄旗爲圓陣，西軍亦鼓而舉青旗爲直陣以應之。次西軍鼓而舉白旗爲方陣，東軍亦鼓而舉赤旗爲鋭陣以應之。次東軍鼓而舉黑旗爲曲陣，西軍亦鼓而舉黄旗爲圓陣以應之。凡陣迭爲主客，先舉者爲客，後舉者爲主，從五行相勝之法爲陣以應之。每變陣，二軍各選刀楯之士五十人，挑戰於兩軍之前。第一、第二挑戰迭爲勇怯之狀，第三挑戰爲敵均之勢，第四、第五挑戰爲勝敗之形。每將變陣，先鼓而爲直陣，然後變從餘陣之法。五陣畢，兩軍俱爲直陣。又擊三鼓，有司偃旗，士衆皆起。又聲鼓舉旗，士衆皆起，騎馳徒走〔七五〕。左右軍俱至中表，相擬擊而還。每退至一行表，跪起如前，遂復其初。侍中跪奏請觀騎軍。又侍中稱制曰：「可。」侍中俛伏興，二軍吹角擊鼓，士衆俱進，及表乃止，皆如步軍，唯無起跪耳。騎軍東西迭爲主客，爲相勝之陣〔七六〕，皆如步軍之法。每陣各八騎，挑戰於兩陣之間，如步軍法。五陣畢，俱大擊鼓而前，盤馬相擬擊而罷，遂振旅而還。凡步騎二軍之士〔七七〕，備則滿數，省則減之；損益隨時，唯不得減將帥〔七八〕。凡相擬擊，皆不得以刃相及。凡步士逐退，限過中表二十步而止〔七九〕，不得過也。騎士不在此例。若因田狩，則令講武軍士之外，先期爲圍。觀訖，乘馬鼓行親禽，如別禮。狩訖，乘輅振旅而還，如常儀。講武罷，侍中跪奏稱：「侍中臣某言：『講武禮畢，請還。』」俛伏興。皇帝降御輿，侍衛如常儀。皇帝升輅，太僕卿立，授綏。升訖，敕車右升，千牛將軍升輅陪乘。黄門侍郎奏：「請鑾駕發引。」以下如圜丘還宮儀，唯不作鼓吹，不撞蕤賓。解嚴訖，將士各還。明日群官奉參起居，如別儀。

開元八年八月敕：「四方雖安，不可忘戰。故周禮以軍禁糾邦國，以蒐狩習戎旅。不教人戰，是謂棄之。宜差使於兩京及諸州簡取十萬人，務求灼然驍勇，不須限以蕃漢，皆放番役差科，唯令團伍教練，辨其旗物，簡其騎徒，攻取進退之方，陳威儀貴賤之等，俾少長有禮，疾徐有節，將以伐叛懷服，保大定功，協於師貞，以弘武備。」

肅宗至德二年八月，御鳳翔府門大閱。

五年正月，御翔鸞閣習武。自後遂廢。

宣宗大中六年五月敕〔八〇〕：「天下軍府有兵馬處，宜選會兵法能弓馬人充教練使，每年依禮教習，仍於其時申兵部。」

梁開平元年十月，駕幸繁臺講武，至二年七月改爲講武臺。按地理志：本西漢梁孝王所築，謂之吹臺。其後有繁氏居其側，故里人呼之爲繁臺。

宋太祖皇帝建隆三年十一月，講武於近郊，六軍之容甚盛。

帝每御講武殿，親臨教閱，其法刻木爲箭鏃，裹以氈罽，命强者兩兩相射，避即捶之，取其不避者。又以木挺爲馬撾，施韋鞘，俾馳騎相擊，取其尤勝者，各分等級以遷隸之。自是師旅皆精鋭。

太宗太平興國二年，將伐太原，詔築講武臺於西郊〔八一〕，九月，大閱，上與從官登而觀焉。是冬，又觀飛山兵射連弩發機石於臺下。

帝循太祖舊制，親閱武藝，御便坐，時召上軍，觀步射擊刺，列爲行伍，或召宰相親王臨觀，間亦幸殿前班閱馬射。行幸池苑，亦令諸軍衛士騎射雕盤，截柳枝，或於庭中令射毛毬。淳化五年八月，召天武士卒教射於殿庭，弓力有至石三斗，以引強平射者爲上等，艱於引滿者別爲一等，其諸淺軟者又爲一等，各量其材力而遷隸之。至道元年九月，又閱禁旅。有挽强至一石五斗，連三十發而有餘力〔八二〕。又令騎兵、步兵各數百東西列陣，挽强彀弩，視其進退，發矢如一，容止中節。上曰：「此殿庭間數百人耳，猶兵威可觀，况堂堂之陣數萬成列者乎？」

真宗咸平二年八月，大閱諸軍於東郊，其儀最備。詔有司擇地於含暉門外之東武村爲廣場。乙丑，夜三鼓，殿前侍衛馬步軍二十萬分出諸門。丙寅，上乘馬以出，宗室、近臣、尚書、侍郎、御史中丞、給諫、上將軍、節度、觀察、防禦、團練、刺史並別駕從，賜以窄袍。上至行宮，諸軍陣於臺前，左右相向，步騎交屬，諸班衛士，翼侍於臺後。有司奏成列，上升臺，東向，召從臣坐而觀之。殿前都指揮使王超執方旗，以節進退，又於兩陣中起候臺相望，使人執旗以應之。初舉黃旗，則諸軍旅拜。舉赤旗則騎進，舉青旗則步進。每旗動則鼓作，鼓作則士進，皆三挑而後退。次舉白旗，則諸軍復再拜，呼萬歲。有司奏陣堅而整，士勇而厲，欲再舉。上曰：「可止矣。」遂舉黑旗以振旅。軍於左者略右陣以還，由臺前出西北隅；軍於右者略左陣以還，由臺前出西南隅以歸。御東華門閱諸軍還營。翌日，近臣、諸軍將校以內職皆賜飲〔八三〕。其後，又幸飛山教場，觀發機石連弩。及便坐日閱召募新軍，時令習戰陣之狀，率如兩朝舊規，其事悉見兵志。

仁宗時，案閲訓練之制，禁軍月奉五百以上，皆日習武技；三百以下，或習或給役。其後別募厢軍，亦閲武技，號教閲厢軍。戍川、廣者，舊不訓練，嘉祐以後稍習焉。凡諸營日習之法，以鼓聲爲節，騎兵五習，步兵四習，以教坐作進退，非施於兩軍相當者然。自祖宗已來，中外諸軍皆用之。

明道二年，樞密使王曙上言〔八四〕：「天下厢軍，止給役而未嘗習以武技，宜取材勇者訓肄，升補禁軍。」天子可其奏。

康定元年，帝御便殿，閲諸軍陣法。上封者言諸軍止教坐作進退，雖整肅可觀，然臨敵難用，請自今遣官閲陣畢，令解鐙以弓弩射。營置弓三等，自一石至八斗；弩四等，自二石八斗至二石五斗，以次閲習。詔行之陝西、河東、河北路。是歲，詔：「教士不衽帶金甲，緩急不足以應敵。自今諸軍各予鎧甲十、馬甲五，令迭披帶。」又命諸軍班聽習雜武技，勿輒禁止。

神宗熙寧三年，初置保甲。

四年，始詔以時肄習武事。詳見兵志門。

五年，詔以涇原路蔡挺衙教陣隊於崇政殿引見，仍頒行於諸路。

其法：五伍爲隊，五隊爲陣〔八五〕，陣横列。騎兵二隊亦五伍列之。其出皆以鼓爲節，束草象人而射焉，中則有賞。馬步皆前三行槍刀，後二行弓弩，附隊以虎蹲弩、床子弩各一，射與擊刺迭出，皆聞金即退。預籍人馬之强者隱於隊中，遇可用，則別出爲奇。帝以其點閲周悉，常有出野之備，故令頒行。

六年，帝初置内教法，旬一御便殿閲武技，程其能否而勸沮之。

元豐元年，詔立在京校試諸軍技藝格〔八六〕，第爲上、中、下三等。步射，六發而三中爲一等，二中爲二等，一中爲第三等。馬射，五發驟馬直射三矢、背射二矢，中數、第如步射法。弩射自六中至二中，床子弩及砲自三中至一中，爲及等。並賞銀有差。槍刀並標排手角勝負，計所勝第賞。其弓弩墜落，或縱矢不及垛，或挽弓破體，或局而不張，或矢不滿，或弩蹠不上牙，或護不發，或身倒足落，並爲不合格。即射已中賞，餘箭不合格者，降一等。無可降者，罷之。十一月，京西將劉元上言：「馬軍教習不成，請降補步軍；又不成，降厢軍。」詔下令諸軍，約一季不能學者，如所請降之。

二年，立府界集教大保長法，以昭宣使、入内侍省副都知王中正、東上閤門使狄諮兼提舉府界教保甲大保長。總二十二縣，爲教場十一所，大保長凡二千八百二十五人，每十人一色事藝，置教頭一。凡禁軍教頭二百七十，都教頭三十，使臣十。弓以八斗、九斗、一石爲三等，弩以二石四斗、二石七斗、三石爲三等，馬射九斗、八斗爲二等，其材力超拔者爲出等。當教時，月給錢三千，日給食，官予戎械、戰袍，又具銀楪、酒醪以爲賞犒。三年，大保長藝成，乃立團教法，以大保長爲教頭，教保丁焉。凡一都保以相近者分爲五團，即本團都、副保正所居空地聚教之〔八七〕。以大保長藝成者十人衮教，五日一周之。五分其丁，以其一爲騎，二爲弓，三爲弩。府界法成，乃推之三路，各置文武官一人提舉。

三年，内出教法格並圖其象頒行之〔八八〕，步射執弓、發矢、運手、舉足、移步，及馬射、馬上使蕃槍〔八九〕、馬上野戰格鬭，步用鏢排皆有法象，凡千餘言，使軍士習誦焉。

趙禼言：「今欲大閱漢蕃陣隊，且以萬二千五百人爲法，旌旗麾幟各隨方色。戰國時，大將之旗以龜爲飾，蓋取前列先知之義。今中軍亦宜以龜爲號〔九〇〕。其八隊旗，別繪天、地、風、雲、龍、虎、鳥、蛇。天、地則狀其方圓，風、雲則狀其飛揚，龍、虎則狀其猛厲〔九一〕，鳥、蛇則狀其翔盤之勢，以備大閱。」而樞密院以爲陣隊旗號若繪八物，慮士衆難辨，且其間亦有無形可繪者。遂詔大閱旗幟止依方色〔九二〕，仍異其形制，令勿雜而已。

詔樞密院曰：「唐李靖兵法，世無全書，雜見通典，離析譌舛。又官號物名與今稱謂不同，武人將佐多不能通其意。令樞密院檢詳官與王震、曾旼〔九三〕、王白、郭逢原等校正、分類、解釋，令今可行。」

帝諭近臣曰：「黃帝始置八陣法，敗蚩尤於涿鹿。諸葛亮造八陣圖，於魚復平沙之上累石爲八行。晉桓温見之曰『常山蛇勢也』，文武皆莫能識之。此即九軍陣法也。後至隋，韓擒虎深明其法，以授其甥李靖。靖以時遇久亂，將臣通曉其法者頗多，故造六花陣，以變九軍之法，使世人不能曉之。大抵八陣即九軍，九軍者方陣也。六花陣即七軍，七軍者圓陣也。蓋陣以圓爲體，方陣者内圓而外方，圓陣即内外俱圓矣。故以圓物驗之，則方以八包一，圓以六包一，此九軍、六花陣之大體也。六軍者，左右虞候軍各一，爲二虞候軍，左右廂各二，爲四廂軍；與中軍共爲七軍。八陣者，加前後二軍，共爲九軍。本朝祖宗以來，置殿前、馬、步軍三帥，即中軍、前、後軍帥之別名；四馬、步軍都虞候是爲二虞候軍〔九四〕，天武、捧日，龍、神衛四廂是爲四廂軍也。中軍帥總制九軍，即殿前都虞候專總中軍一軍之事務，是其名實與古九軍及六花陣相符而不少差也〔九五〕。今論兵者俱以唐李筌太白陰經中所載陣圖爲法，失之遠矣。朕嘗覽近日臣僚所獻陣圖，皆妄相眩惑，無一可取。果如此輩之説，則兩敵相遇，必須遣使豫約戰日，擇一寬平之地，仍夷阜塞壑，誅草伐木，如射圃教場，方可盡其法耳。以理推之，知其不可用也決矣。今可約李靖法爲九軍營陣之制。然李筌之圖乃營法，非陣法也。朕採古之法，酌今之宜，曰營曰陣，本出於一法而已。止曰營，行曰陣。在奇正言之，則營爲正，陣爲奇也。」於是以八月大閱九軍陣於城南荆家陂。已事，姢營回軍，賜遂等下指揮、馬步諸軍銀絹有差〔九六〕。

哲宗元祐元年，高翔上言乞依舊教閱御陣與新陣法相兼，從之。

元豐七年，詔：「已降五陣法，令諸將教習，其舊教陣法並罷。」蓋九軍營陣爲方、圓、曲、直、鋭，凡五變，是爲五陣。至是復令與舊教御陣互教。

四月〔九七〕，右司諫蘇轍上言：「諸道禁軍自置將以來，日夜按習武藝，將兵皆早晚兩教，新募之士或終日不得休息。今平居無事，朝夕虐之以教閱，使無遺力以治生事，衣食殫盡，憔悴無聊，緩急安得其死力〔九八〕！請使禁軍，除新募未習之人，其餘日止一教。」朝請郎任公裕言：「軍中誦習新法，愚懵者頗以爲苦。夫射志於中，而擊刺格鬭期於勝，豈必盡能如法？」樞密院亦以爲元降教閱新法自合教者指授，不當令兵衆例誦。詔從之。

徽宗政和八年〔九九〕，詔州軍禁軍出戍外，常留五分在州教閱。

高宗建炎元年，始頒密院教閱格法，專習制禦鐵騎摧鋒破敵之藝，習全副執帶出入、短椿神臂弓、長柄䏶刀、馬射穿甲、施用棍棒。並每年比擬春秋教閱法，别立新格行下。一日短椿神臂弓給箭十隻〔一〇〇〕，射親去垜一百二十步。長柄䏶刀謂長一丈二尺以上，用氊皮裹爲頭者，餘教閱振華軍稱䏶刀準此，引鬭五十次，不令刀頭低墜至地。並每營揀選二十人閱習，放砲、打親，旨長柄膊刀手本色相鬭，並短椿神臂弓手、長柄膊刀手施用棍棒，各擊虛三十次。砲手閱習，施放七稍大砲，排日就營教閱。凡經兩閱者每五十人爲一隊，全副執帶，教習分合一次。教習分合，隨隊多少，分隸五軍；謂如五百人，每隊五人，人即每軍兩隊之類，人多依此。每軍各置旗號，以顏色樣制物號爲别，謂前軍用緋旗，以飛鳥爲號；後軍用皂旗，以龜爲號；左軍用青旗，以蛟爲號；右軍用白旗，以虎爲號；中軍用黄旗，以神人爲號。又别以顏色樣制物號錯招旗、分旗〔一〇一〕，差教頭掌之。舉招旗，則五軍以旗相應，合而成陣；舉分旗，則五軍以旗相應，分而成隊。左右前却，或分藏爲伏，或分出爲奇，並舉旗爲號，並更鳴小金應鼓爲號〔一〇二〕，以備瞻望旗號不及。預約伏藏之處，慢打小金即伏，急打應鼓即奇兵出陣趨戰，急打小金即伏兵出。所有春秋大教推賞，自依海行格法。詔依。

孝宗乾道二年十一月，詔以二十四日幸白石教場大閲。其日，上幸候潮門外大教場，進早膳，次幸白石教場，登臺。上御甲冑，三衙統制、統領官等起居畢，舉黄旗，諸軍皆三呼萬歲，拜訖，三衙合教爲三陣〔一〇三〕，馬軍上馬打圍教場〔一〇四〕。舉白旗，三司馬軍首尾相接；舉紅旗，向臺合圍，聽一金止。軍馬各就圍地作圓形排立。射生官兵隨鼓聲出馬射獐兔，再一金止。叠金，射生官兵各歸陣隊。舉黄旗，射生官兵就御臺下獻所獲。是日，有將校能隻手運大刀者數人，刀皆重數十斤，賞賚諸將及士卒有差。

四年十月四日，殿前司言：「準已降旨，令三司祗備教閲。今躬親相視龍王堂北、江岸以東茅灘一帶平地，可作教場，已修築將壇。將來三司馬步軍並各全裝，披帶衣甲，執色器械。至日，先赴教場下方營排辦，候聖駕升臺，聽金鼓起居畢，依資次變陣教閲。所有聖駕出郊，除禁衛所稟差儀衛外，欲於本司入陣馬軍内摘差護聖馬軍八百人騎，執槍旗、帶弓箭軍器，作十六隊，於儀衛前後各分八隊，隊各五十人。往回沿路，各動隨軍鼓笛大樂〔一〇五〕。及摘差本司入教陣隊内諸軍步親隨一千人、統領將官三員，執弓槍、帶刀斧軍器，至日先赴將臺下，各分左右，於後壁周圍留空地三十步，以容禁衛。外作三重環立，依已降旨稟差入教及從駕往回，並圍臺擺齪二千人騎外，有用不足千一百十三人。又兩忠毅軍寨馬軍共二百十人騎，欲於内撥三百人騎，前一日於赭山以來打圍射獐兔，俟教陣畢，以射到獐兔至御臺下進獻。」從之。十六日，上幸茅灘，抽摘諸軍人馬全裝執仗，前一日於教場東列幕宿營。是日，三衙管軍與各軍統制統領將佐，全裝披帶，導駕乘馬，至護聖步軍大教場亭，更御甲冑到灘。上登臺，三衙起居畢，權主管殿前司王逵奏三司人馬齊〔一〇六〕，舉黄旗，諸軍呼拜者三〔一〇七〕。王逵奏請以次變陣教閲。中軍鳴角，倒門角旗出營，馬步軍簇隊成〔一〇八〕，收鼓訖。連三鼓，馬軍上馬，步人撮起旗槍。四鼓，舉白旗，中軍鼓聲旗應，變方陣爲備敵之形。別高一鼓，步軍四向作禦敵之勢，且戰且前，馬軍出陣作戰鬭之勢。別高一鼓，各分歸地分。五鼓，舉黄旗，變圓陣爲自環内固之形，如前節次訖。三鼓，舉赤旗，變鋭陣，諸軍相屬，魚貫斜列，前利後張，爲衝敵之形。亦依前節次訖。王逵奏人馬教絶，取旨擺當頭。舉青旗，變放教直陣，收鼓訖，一金止。重鼓三，馬軍下馬、步人齪落旌坐、擊刺〔一〇九〕，無不中節。上大悦，犒賞倍之，士卒歡呼謝恩如儀。鳴角簇隊訖，放教拽隊。步人分東西引拽，馬軍交頭於御臺下，隨隊呈試驍鋭大刀武藝，繼而進呈車砲、烟槍。及赭山打圍射生，馬步軍統制蕭鷓巴以所獲獐鹿等就御臺下進獻，人馬拽絶。

大閱儀注。其日，皇帝至祥曦殿，行門、禁衛等並戎服迎駕常起居。皇帝至，知閤門官以下修注、御帶、環衛官等並戎服常起居，宰執以下並戎服常起居，訖。皇帝乘馬出，從駕官從駕至候潮門大教場御幄殿下馬，入幄更衣訖。依已降旨，惟宰執、管軍、知閤、御帶、環衛官從駕，侍從已下免從駕。皇帝被金甲出幄，行門、禁衛等迎駕奏萬福。從駕官、應奉臣僚並免奏萬福。皇帝乘馬皇太子、親王並自大教場帶全裝甲乘馬從駕，宰執、使相、正任、管軍、知閤、御帶、環衛官並戎服從駕。至教場臺下馬，升臺入幄。從駕官、宰執、親王、使相、正任、知閤、御帶、環衛官升臺，於幄殿分東西相向立。管軍並令全裝衣甲，帶御器械執骨朵升臺，於幄殿稍南面西立，俟入内官喝排立。皇帝出幄，行門、禁衛等迎駕奏萬福。皇帝出〔一〇〕，閤門分引殿前馬步三司統制、統領官常起居訖。次三司將佐以下，聽鼓聲常起居。次殿帥執骨朵赴御座前奏教直陣。俟教閱畢，再赴御座前奏教圓陣。俟教閱畢，再赴御座前奏教鋭陣。俟教閱畢，再赴御座前奏教閱畢，歸侍立。内侍傳旨，與殿前太尉某，諸軍謝恩承旨訖，轉與撥發官引三司統制、統領、將佐再拜謝恩訖，各歸本軍。皇帝起，入幄更衣訖，皇帝出幄。皇帝坐，舍人引宰執整後立，俟進御茶床。舍人贊「就坐」，宰執躬身應喏訖，直身立，就座。進第一盞酒，起立整後，俟皇帝飲酒訖，舍人贊「就座」，躬身應喏訖，直身立。俟宰執酒至，接盞飲酒訖，盞付殿侍〔一一〕。次舍人贊「喫食」，並如儀。至第四盞，傳旨宣勸訖，御藥傳旨不拜，舍人承旨贊「不要拜」。贊「就座」。第五盞宣勸如第四盞儀。酒食畢，舉御茶床。舍人分引宰執於幄殿重行立。御藥傳旨不拜，舍人承旨訖，揖宰執躬身贊「不要拜」，各祗候直身立，降踏道歸幕次。皇帝起乘馬，至車子院下馬。皇帝出幄，至車子院門樓上，親王、使相、正任，並戎服俟駕，至車子院門樓上相向立。得旨宣管軍、知閤、御帶、環衛官飲酒，並戎服於御座前相向立。出賜親王酒，再拜謝訖。次賜使相、正任並管軍、知閤、御帶、環衛官酒訖。逐班再拜謝，訖，依舊相向立。次親王執盞進皇帝酒，皇帝飲酒訖，一班再拜謝訖。俟皇帝觀看畢，起降車子院門樓歸幄，親王已下退。從駕臣僚免奏萬福，乘馬從駕。皇帝乘馬出車子院門，行門、禁衛等迎駕奏萬福。皇帝乘馬至候潮門外大教場，應從駕臣僚免奏萬福。應從駕官並戎服乘馬從駕回。皇帝乘馬入和寧門，至祥曦殿上下馬還宮。餘倣此。

淳熙四年十二月大閱殿、步兩司諸軍於茅灘。

十年十一月，上幸龍山教場大閱。

淳熙間，立定槍手及射射鐵簾賞格〔一二〕。槍手以竄刺多寡爲十二等支銀兩，高下有差。殿、步行司江上諸軍亦如之。射射鐵簾以步數遠近犒賞緡錢亦有差。江南西路安撫司將領陳植言：「軍中陞加添進事藝的在硬弓勁弩，有如弓弩手百步取勝，使敵人不敢輕進，而謂之長兵者是也。萬一弓弩射不及遠，致敵人衝突我陣之前，則與無矢同矣。今所在按拍，唯務持滿爲合格，殊不知不過垜者爲不應法。既不應法，雖合格復何所用？乞自今以往，弓手以六十步爲額，弩手止以一百步爲額，庶幾彎拾有力，施放和易，按拍之時，必期於滿鏃合格、過垜應法。如是則朝廷可以得實效而無濫賞矣。望以弓弩手降付有司重別參校，擇而行之。」詔令承旨司同殿前步軍司看詳申樞密院。

十六年，光宗即位，詔以十月内擇日幸城南大教場大閱。

紹熙二年〔一三〕，樞密院言：「殿、步司諸軍弓箭手，帶甲六十步射，一石二斗力，箭十二隻，六箭中垜爲本等。弩手，帶甲一百步射，射四石力，箭十二隻，五箭中垜爲本等。槍手，駐足舉手擫刺，以四十竄並爲本等。令各處主帥委統制、統領官精加比較。本等外取陞加最多人，每軍五千五百人以上，弓手取一十五名，弩手取一十五名，槍手取一十五名，保明解赴主帥審實，解密院取旨再試。各選取出等高强二名，特與補轉兩官資。其餘元解到比試不中人，令各司每名犒設錢五貫，候將來衮同再試。如事藝一同，弓弩手令射遠射親比較，槍手令格鬭勝負比較。殿步軍司就來春拍試一次，校、副尉以下，至白轉至承信郎住拍，軍兵自長行轉至副都頭住拍。」詔從之。

寧宗慶元二年，詔以今冬幸茅灘教閱。

嘉泰二年十月，上幸候潮門外教場大閱。

校勘記

〔一〕百步則一　「一」字原脱，據周禮大司馬補。

〔二〕使子文治兵於睽　「睽」原作「暌」，據春秋左傳僖公二十七年改。下注同。

〔三〕楚邑也　「楚」原作「樊」，據春秋左傳僖公二十七年注改。

〔四〕今後大國之禮　「後」原作「復」，據春秋左傳僖公二十七年注改。

〔五〕延壽黄紈方領　「紈」原作「袍」，據漢書卷七六韓延壽傳改。

〔六〕傳總　「傳」原作「傳」，據漢書卷七六韓延壽傳改。

〔七〕白郊禮畢　「白」原作「自」，據後漢書禮儀志中改。

〔八〕乘輿御戎路　「輿」字原脱，據後漢書禮儀志中補。

〔九〕有司告　「告」字原脱，據後漢書禮儀志中補。

〔一〇〕乃逡巡射牲　「射」原作「躬」，據後漢書禮儀志中改。

〔一一〕大將軍司馬許涼　「許」字原脱，據後漢書卷六九何進傳補。

〔一二〕假司馬伍宕説大將軍何進曰　「伍宕」原作「伍岩」，據後漢書卷六九何進傳改。

〔一三〕帝躬擐甲介馬　「馬」原作「焉」，據後漢書卷六九何進傳改。

〔一四〕趙融爲助軍校尉淳于瓊爲佐軍校尉　後漢書卷六九何進傳同。按後漢書卷八孝靈帝紀注引樂資山陽公載記，趙融爲「助軍左校尉」，淳于瓊爲「右校尉」。

〔一五〕號曰治兵　「治」原作「閲」，據宋書卷一四禮志一改，下幾處「治兵」同。

〔一六〕泰始四年九年　「泰始」原作「太始」，「九年」原作「九月」，據宋書卷一四禮志一改。

〔一七〕皆自臨宣武觀　「觀」原作「親」，據宋書卷一四禮志一改。

〔一八〕其後以時講武於宣武堂　「宣」原作「講」，據宋書卷一四禮志一改。

〔一九〕以九月十月　按通典卷七六軍禮一「十月」下有「之交」二字。

〔二〇〕跪起前却　「跪」，魏書卷一〇八之四禮志四作「跽」。

〔二一〕各令騎將六人去來挑戰　「六」下原衍「千」字，據魏書卷一〇八之四禮志四删。

〔二二〕以爲威觀　「威」，魏書卷一〇八之四禮志四作「盛」。
〔二三〕又別墠於北場　「場」原作「陽」，據隋書卷八禮儀志三改。
〔二四〕皆青絲連明光甲鐵具裝青纓拂　「明」字原脱，據隋書卷八禮儀志三補。
〔二五〕建六駮旗　「駮」原作「駭」，據隋書卷八禮儀志三改。
〔二六〕大鼓小鼓及鼙長鳴中鳴等各十八具　「具」原作「其」，據隋書卷八禮儀志三改。
〔二七〕每隊蒼隼蕩幡一　「蒼」，隋書卷八禮儀志三作「白」。
〔二八〕每隊烏隼蕩幡一　「烏」，隋書卷八禮儀志三作「蒼」。
〔二九〕大將在其下　「下」字原脱，據隋書卷八禮儀志三補。
〔三〇〕次誕馬二十匹　「誕」原作「韃」，據隋書卷八禮儀志三改。
〔三一〕次第四團　按隋書卷八禮儀志三，其上有「次第三團」，是。
〔三二〕鼓吹翊大將軍居中　「吹」字原脱，據隋書卷八禮儀志三補。
〔三三〕第三團騎陣於西面　「西」下原衍「南」字，據隋書卷八禮儀志三删。
〔三四〕營定　「營」原涉上而脱，據隋書卷八禮儀志三補。
〔三五〕引騎入營　「騎」字原脱，據隋書卷八禮儀志三補。
〔三六〕事畢　「畢」字原脱，據隋書卷八禮儀志三補。
〔三七〕馬步隊與軍中散兵　「隊」原作「陣」，據隋書卷八禮儀志三改。
〔三八〕合十二衛三臺五省九寺　「二」字原脱，據隋書卷八禮儀志三補。

〔三九〕至於兵丁私隸　「丁」原作「馬」，據隋書卷八禮儀志三改。
〔四〇〕悉以帛爲帶綴於衣領名軍記帶　「帛爲帶」三字原脱，又「名」原作「各」，據隋書卷八禮儀志三補改。
〔四一〕有事　「有」下原衍「餘」字，據隋書卷八禮儀志三刪。
〔四二〕使人交相去來　「去」原作「云」，據隋書卷八禮儀志三改。
〔四三〕不執幡而離本軍者　「不」字原脱，據隋書卷八禮儀志三補。
〔四四〕他軍驗軍記帶　下「軍」字原脱，據隋書卷八禮儀志三補。
〔四五〕知非部兵　「非」下原衍「本」字，據隋書卷八禮儀志三刪。
〔四六〕講武於滻水之南　「滻」原作「涟」，據通典卷七六軍禮一、唐會要卷七六講武改。
〔四七〕上設次於尚書臺以觀之　「上」字原脱，據通典卷七六軍禮一、唐會要卷七六講武補。
〔四八〕五年三月八日　通典卷七六軍禮一同，唐會要卷七六講武「八」作「二十八」。
〔四九〕上御飛閣　通典卷七六軍禮一同，唐會要卷七六講武「飛」下有「龍」字。
〔五〇〕引群臣臨觀之　「引」字原脱，據舊唐書卷四高宗紀上、唐會要卷二六講武補。
〔五一〕左衛大將軍張延師爲左軍　「左軍」二字原脱，據通典卷七六軍禮一、唐會要卷七六講武補。
〔五二〕左武候大將軍梁建方爲右軍　「左」原作「右」，據舊唐書卷一九四下突厥傳下、通典卷七六軍禮一、唐會要卷二六講武改。
〔五三〕一鼓而誓衆　通典卷七六軍禮一同，唐會要卷七六講武「誓」作「示」。
〔五四〕摧傷物也　舊唐書卷八九王方慶傳作「折陽者也」，通典卷七六軍禮一、唐會要卷二六講武皆作「折傷者也」，

「傷」似應作「陽」。

〔五五〕種謂宿麥也　通典卷七六軍禮一同，舊唐書卷八九王方慶傳、唐會要卷二六講武「種」上有「首」字。

〔五六〕爲沍寒所傷　通典卷七六軍禮一同，舊唐書卷八九王方慶傳、唐會要卷二六講武「爲」上有「春」字，是。

〔五七〕故至夏不長　「夏」原作「春」，據舊唐書卷八九王方慶傳、唐會要卷二六講武改。

〔五八〕以陰政犯陽氣　「政」原作「故」，據舊唐書卷八九王方慶傳、唐會要卷二六講武改。

〔五九〕給事中知禮儀唐紹以草軍儀有失　「草」，舊唐書卷八五顧臨傳作「修」，唐會要卷二六講武作「董」。

〔六〇〕左右廂各爲三軍　「各」原作「名」，據馮本、大唐開元禮卷八五軍禮改。

〔六一〕步軍大將被甲冑乘馬　「大」原作「入」，據馮本、大唐開元禮卷八五軍禮改。

〔六二〕使習見旌旗指麾之蹤　「使」字原脱，據大唐開元禮卷八五軍禮補。

〔六三〕金鼓動止之節　「動」原作「進」，據大唐開元禮卷八五軍禮改。

〔六四〕各鼓一十二鉦一角四　「各鼓」二字原倒，據大唐開元禮卷八五軍禮乙正。

〔六五〕並止於其軍後表之下　「止」字原脱，據大唐開元禮卷八五軍禮補。

〔六六〕文武官應從者俱先至　「至」原作「置」，據大唐開元禮卷八五軍禮改。

〔六七〕至兩步軍之北　「至」字原脱，據大唐開元禮卷八五軍禮補。

〔六八〕西向立　「西」字原脱，據大唐開元禮卷八五軍禮補。

〔六九〕立於大次之前東西面　「面」字原脱，據大唐開元禮卷八五軍禮補。

〔七〇〕在侍臣之外十步　大唐開元禮卷八五軍禮「步」下有「所」字。

〔七一〕奉禮曰可拜　「可」，大唐開元禮卷八五軍禮作「再」。
〔七二〕騎徒皆行　「徒」原作「從」，據大唐開元禮卷八五軍禮改。下「騎徒乃止」同。
〔七三〕又擊鼓　「鼓」字原脱，據大唐開元禮卷八五軍禮補。
〔七四〕整列位定　「位」，大唐開元禮卷八五軍禮作「立」。
〔七五〕騎馳徒走　「馳」原作「從」，據大唐開元禮卷八五軍禮改。
〔七六〕爲相勝之陣　「相勝」，大唐開元禮卷八五軍禮作「五變」。
〔七七〕凡步騎二軍之士　「騎」原作「軍」，據大唐開元禮卷八五軍禮改。
〔七八〕唯不得減將帥　「帥」原作「節」，據大唐開元禮卷八五軍禮改。
〔七九〕限過中表二十步而止　「限」字原脱，據大唐開元禮卷八五軍禮補。
〔八〇〕宣宗大中六年五月敕　「宣」原作「文」，據馮本改。
〔八一〕詔築講武臺於西郊　「臺」原作「堂」，據長編卷一八太平興國二年九月丁未條、宋會要輯稿禮九之五改。
〔八二〕連三十發而有餘力　「三」，宋史卷一八七兵志一作「二」。
〔八三〕近臣諸軍將校以内職皆賜飲　按宋史卷一一一禮志二四、宋會要輯稿禮九之七作「又賜近臣飲於中書，諸軍將校飲於營中，内職飲於軍器庫，諸班將士飲於殿門下」。
〔八四〕樞密使王曙上言　「王曙」原作「王曉」，據宋史卷一九五兵志九改。又按宋史卷一〇仁宗本紀二、卷二一一宰輔表二載至道二年十月庚午，「王曙爲樞密使」。
〔八五〕五隊爲陣　「五隊」二字原脱，據宋史卷一九二兵志六、長編卷二三三熙寧五年五月丁未條補。

〔八六〕詔立在京校試諸軍技藝格　「京」下原衍「秋」字，據宋史卷一九五兵志九、長編卷二九三元豐元年十月庚戌條刪。

〔八七〕即本團都副保正所居空地聚教之　「空地」二字原脱，據宋史卷一九二兵志六、長編卷三〇一元豐二年十一月癸巳條注文補。

〔八八〕内出教法格並圖其象頒行之　「出」字原脱，據長編卷三〇〇元豐二年九月壬辰條注引本志補。

〔八九〕馬上使蕃槍　「上」字原脱，據長編卷三〇〇元豐二年九月壬辰條注補。

〔九〇〕今中軍亦宜以龜爲號　「軍」字原脱，據長編卷二四七熙寧六年九月壬寅條補。

〔九一〕龍虎則狀其猛厲　「龍」原作「熊」，據宋史卷一九五兵志九改。

〔九二〕遂詔大閲旗幟止依方色　「止」原作「上」，據宋史卷一九五兵志九、長編卷二四七熙寧六年九月壬寅條改。

〔九三〕曾旼　原作「曾皎」，據長編卷二六〇熙寧八年二月戊寅條改。宋史卷一九五兵志九作「曾收」。

〔九四〕四馬、步軍都虞候是爲二虞候軍　「四」，長編卷二六〇熙寧八年二月戊寅條作「而」，是。

〔九五〕是其名實與古九軍及六花陣相符而不少差也　「古」原作「右」，據馮本、宋史卷一九五兵志九、長編卷二六〇熙寧八年二月戊寅條改。

〔九六〕賜遂等下指揮馬步諸軍銀絹有差　按宋史卷一九五兵志九作「賜遂而下至指使、馬步軍銀絹有差」，通考脱漏。又按上引宋史，「遂」指「楊遂」，通考應補「楊」字。

〔九七〕四月　原作「四年」，據元本、慎本、馮本、宋史卷一九五兵志九、長編卷三七六元祐元年四月戊申條改。

〔九八〕緩急安得其死力　「力」字原脱，據宋史卷一九五兵志九、長編卷三七六元祐元年四月戊申條補。

〔九九〕徽宗政和八年　「政和」原作「宣和」，據宋史卷一九五兵志九改。

〔一〇〇〕一日短樁神臂弓給箭十隻　「十」，宋史卷一九五兵志九作「二十」。

〔一〇一〕又別以顔色樣制物號錯招旗分旗　按宋史卷一九五兵志九作「又別以五色物號制招旗」。

〔一〇二〕並更鳴小金應鼓爲號　「更」原作「便」，據元本、慎本、馮本、宋史卷一九五兵志九改。

〔一〇三〕三衙合教爲三陣　宋史卷一二一禮志二四、宋會要輯稿禮九之一一作「三衙管軍奏報取旨」。

〔一〇四〕馬軍上馬打圍教場　「圍」原作「團」，據宋史卷一二一禮志二四、宋會要輯稿禮九之一一改。

〔一〇五〕各動隨軍鼓笛大樂　宋會要輯稿禮九之一三同，宋史卷一二一禮志二四「動」作「奏」。

〔一〇六〕權主管殿前司王逵奏三司人馬齊　「主」原作「玉」，「王逵」原作「王達」，據宋史卷一二一禮志二四、宋會要輯稿禮九之一五改。下「王逵」同。

〔一〇七〕諸軍呼拜者三　「三」字原脱，據宋會要輯稿禮九之一五補。

〔一〇八〕馬步軍簇隊成　「成」字原脱，據宋史卷一二一禮志二四、宋會要輯稿禮九之一五補。

〔一〇九〕馬軍下馬步人齪落旌坐擊刺　「下」原作「上」，據宋史卷一二一禮志二四、宋會要輯稿禮九之一五改。上引宋史、宋會要輯稿「旌坐」作「旗槍」。

〔一一〇〕皇帝出　宋史卷一二一禮志二四同，宋會要輯稿禮九之一六「出」作「坐」，疑是。

〔一一一〕盞付殿侍　「盞」字原脱，據宋史卷一二一禮志二四、宋會要輯稿禮九之一七補。

〔一一二〕立定槍手及射射鐵簾賞格　按宋史卷一九五兵志九少一「射」字。

〔一一三〕紹熙二年　「紹熙」原作「紹興」，據宋史卷一九五兵志九、宋會要輯稿禮九之二四改。

卷一百五十八　兵考十

車戰

周武王戎車三百兩，兵車，百夫長所載。車稱兩。一車步卒七十二人，凡二萬一千人，舉全數。虎賁三百人，勇士稱也，若虎賁獸，言其猛也。皆百夫長。與受戰於牧野。

詩：「與爾臨、衝，以伐崇墉。臨，臨車也；衝，衝車也。孔氏曰：「臨者，在上臨下之名；衝者，從傍衝突之稱〔一〕。二車不同。」牧野洋洋，檀車煌煌。檀，木之堅者，以爲兵車。煌煌，明也。駟騵彭彭，騮馬白腹曰騵。彭彭，强盛也。維師尚父。時維鷹揚，涼彼武王，肆伐大商，會朝清明。」

六韜：武王問於太公曰：「以車與騎步所當幾何〔二〕？」公曰：「車者，軍之羽翼也，所以陷堅陣，要强敵，遮走北也〔三〕。易戰之法：一車當步卒八十人，八十人當一車；一車當六騎，六騎當一車；十乘敗千人，百乘敗萬人，此其大數也。置車之吏數，五車而一長，十車而一吏，五十車而一率，百乘而一將。易戰之法：五車爲列，前後相去四十步，左右十步。險戰之法：車必循道。十車爲聚，二十車爲屯，前後相去二十步，左右六步，隊間三十六步。五車一長，縱横相去一里，各返故道。選車士之法：取年四十以下，長七尺五寸已上，走能逐奔馬及馳而乘之〔四〕，前後左右，上下周旋，能超乘旌旗，力彀八石，弩射前後左右皆便習者，名曰武車之士〔五〕，不可不厚也。車戰之地：凡車之死地有十，其勝地有八。往而無還者，車之死地也；越絶險阻乘敵遠行者，車之竭地也；前易後險者，車之困地也；陷之險阻而難出者，車之絶地也；圮下漸澤、黑土黏埴者，車之勞地也；左險右易、上陵抑阪者，車之逆地也；殷草橫畝、犯歷深澤者〔六〕，車之拂地也；車少地易、與步不敵者，車之敗地也；後有溝瀆，左有深水〔七〕，右有險阪者〔八〕，車之壞地也；日夜霖雨，旬日不止，道路潰陷，前不能進，後不能解者，車之陷地也。此十者，車之死地也。敵之前後，行陣未定即陷之；旌旗擾亂，人馬數動即陷之；士卒前後相顧，前往而疑，後恐而怯即陷之；三軍卒驚皆薄而起即陷之；戰於易地暮不能解即陷之；遠行而暮舍，三軍恐懼即陷之。此八者，車之勝地也。」

西麓周氏曰：「古者戰陳，士卒必與車乘相麗。左傳云：『卒乘輯睦。』『公乘無人，卒列無長』，『車馳卒奔，乘晉師』。『先偏後伍』，亦爲卒乘列，故毁車崇卒，必有自來，而古書未有記戰騎者，要之升陑入隧，山澗稠阻，非車所能用，其必藉卒以濟，而未嘗不屬於車乘耳。武王革車三百兩〔九〕，虎賁三百人。自百夫長以上皆乘車，非車外又有虎賁之士也。六韜均兵分車、步、騎，各有屬。險戰之法：十車爲聚，二十車爲屯，前後相去二十步，左右六步。夫險形豈有相似者？乃與平地一概區截，已是虛談。易戰：一車當步卒八十人，一騎當步卒八人，一車當十騎。險戰：一車當步卒四十人，一騎當步卒四人，一車當六騎。夫車，步騎相當，得勢者勝，安有定形？不然，車之所蹂，騎之所馳，何止當幾人而已？徒以易險兩字對相裁減，不待知兵者知其謬也。戰騎出匈奴，所謂控絃引弓。管子載騎寇始服，專指北狄。唐太宗謂蕃兵唯勁馬奔衝者。六國時，燕、趙邊胡始用之。秦遂有騎卒將。曹操始爲戰騎、陷騎、遊騎之法，且云車徒常教以正，騎隊常教以奇。此書論戰騎翼其兩傍，掩其前後，全是後代裹陣拐子馬事，非古法也。」

周禮巾車：「革路，龍勒，條纓五就，建大白以即戎，以封四衛。」革路，鞔之以革而漆之，無他飾。龍，駹也，以白黑飾，韋雜色爲勒。條，讀爲絛。其樊及纓，以絛絲飾之而五戎，不言樊字蓋脱耳。大白，殷之旗，猶周大赤，蓋象正色也。即戎，謂兵事。四衛，四方諸侯守衛者，蠻服以内是也。

車僕掌戎路之萃，廣車之萃，闕車之萃，苹車之萃，輕車之萃。萃，猶副也。此五者皆兵車，所謂五戎也。戎路，王在軍所乘也。廣車，横陳之車也。闕車，所謂補闕之車也。苹，猶屏也，所用對敵自蔽隱之車也。輕車，所用馳敵致師之車也。春秋傳曰：「公喪戎路」，又曰：「其君之戎，分爲二廣。」則諸侯戎路廣車也。又曰：「帥斿闕四十乘〔一〇〕。」孫子：「八陳，有苹車之陳。」又曰：「馳車千乘，五者之制及萃數，未盡聞也。」書曰：「武王戎車三百兩。」故書苹作平〔一一〕。杜子春云：「苹車當爲軿車，其字當爲萃。書亦或爲萃。」凡師，共革車，各以其萃。五戎者共其一，以爲王優尊者所乘也，而萃各從其元焉〔一二〕。會同亦如之。疏：王雖乘一路，四路皆從〔一三〕，以優尊也。此戎路即巾車所謂革車也〔一四〕。巾車所掌五戎之正，此所掌五戎之倅。巡守及兵車之會，則王乘戎路，乘車之會，王雖乘金路，猶共以從，不失備也。

考工記：「車有六等之數：車軫四尺，謂之一等；戈柲六尺有六寸〔一五〕，既建而迆，崇於軫四尺，謂之二等；人長八尺，崇於戈四尺，謂之三等；殳長尋有四尺，崇於人四尺，謂之四等；車戟常，崇於殳四尺，謂之五等；酋矛常有四尺，崇於戟四尺，謂之六等。」此所謂兵車也。軫，輿後横木。崇，高也。八尺曰尋，倍尋曰常。殳長丈二。戈、殳、戟、矛，皆插車輢，輢，車傍也〔一六〕。鄭司農云：迆讀爲倚〔一七〕，移從風之移，謂著戈於車邪倚也〔一八〕。酋發聲。直，謂矛。疏：有刃曰戈、矛、戟，無刃曰殳，殳主擊，戈、矛、戟主刺。兵車圖曰：車有六等，戈崇於軫，人崇於戈，殳崇於人，戟崇於殳，矛崇於戟，此六數也。車之六建：夷矛建於酋矛之前，酋矛建於戟之前，戟建於殳之前，殳建於戈與人之前。此六建也，而軫則不與焉。八尺曰尋，倍尋曰常，凡兵無過三其身，過而無已，則不能用，又害人也。戈建而迆，取止戈爲武之意，入必後其刃，不以刃向國焉。不及弓矢者，以人佩故也。

詩：「元戎十乘，以先啓行。戎車既安，如輊如軒。」元，大也。夏后氏曰鉤車，先正也。殷曰寅車，先疾也。周曰元戎，先良也。軍前曰啓，後曰殿。元戎十乘以先，軍行之前者，所謂選鋒也。輊車之覆而前也，軒車之卻而後也。戎車既安正矣，從後視之如輊，從前視之如軒，是適調也。元戎甲士三人同載，左持弓，右持矛，中御。戈殳戟矛插於輢〔一九〕，上建鳥章白旆。鳥章，畫急疾之鳥，張逸云：隼是也。白旆繼旐者，謂繼帛猶通帛爲旆。亦是絳也。此旗而言旐者，散則通名。「小戎俴收，五楘梁輈，游環脅驅，陰靷鋈續，文茵暢轂，駕我騏馵。」小戎，兵車也。天子戎車謂之元戎，諸侯謂之小戎。俴，淺也。收，軫也。謂車前後兩端橫木〔二〇〕，所以收斂所載，故名收焉。凡車之制，廣皆六尺六寸，其平地任載者爲大車，則軫深八尺；兵車則軫深四尺四寸。比之爲淺，故曰俴收。五，五束也。楘，歷録也。梁輈，輈上句衡也。一輈五束，束有歷録。輈，轅也。梁輈，輈上曲鉤。衡，衡者，軛也。輈從軫以前稍曲而上，至衡則居衡之上而向下鉤之，衡則橫於輈下，而輈形穹窿，上曲如屋梁然。又以皮革五處束之，其文章歷録然也。游環，靷環也。游在背上，所以禦出也。脅驅，謹駕其所以出入也。靷環，以皮爲之。引兩驂馬之外轡，貫其中而執之，所以制驂，使不得外出也。此環當兩服馬之背上游移，前却無定處，故謂之游環，亦謂之靳。左傳曰：「如驂之有靳」，脅驅，亦以皮爲之，前係於衡之兩端，後係軫之兩端，當服馬兩脅外，以驅驂馬，使不得內入也。陰揜軌也。靷，所以引也。鋈，白金也。續，續靷也。揜軌，謂輿下三面材，以板木橫側車前，所以陰映此軌也。輈在軌前，橫木映軌，故鄭氏云，揜軌在軾前，垂輈上，謂陰板垂輈上也。此車衡之長，唯六尺六寸，止容二服。驂馬頸不當衡，別以皮爲二靷，係於陰板之上，令驂馬引。引，亦謂之靷；左傳曰：「兩靷將絶」，是橫軌之前，別有驂馬二靷也。文茵，車中所坐之褥，用虎皮，有文采也。暢，長也。轂，所以貫車輪者，大車之轂一尺有半，兵車之轂三尺三寸，比大車爲長，故曰暢轂。騏，騏文也。馬左足白曰馵。「四牡孔阜，六轡在手，騏騮是中，騧驪是驂，龍盾之合，鋈以觼軜。」孔阜，甚肥大也。騏，馬青黑色。騮，赤身黑鬣。中，中服也。騧，黃馬黑喙。驪，黑色。驂，兩騑也。車駕四馬，內兩馬謂之服，外兩馬謂之騑。盾，干也。畫龍於盾，合而載之，以爲車上之衛，必載二者，備破毀也。觼，環之有舌者。軜，驂內轡也。置觼於軾前以繫軜，故謂之觼軜，亦銷沃白金以爲飾也。驂之外轡，則御者執之。「俴駟孔群，厹矛鋈錞，蒙伐有苑。虎韔鏤膺，交韔二弓，竹閉緄縢。」俴駟，四馬皆以淺薄之金爲甲，欲其輕而易於馬之旋習也。孔群，言甚調和也。厹矛，三隅刃也，刃有三角。鋈錞，矛之下端平底者，亦以白金沃之。蒙，雜色。伐，中干也，盾之別名。苑，文貌，畫雜羽之文於盾上也。虎，虎皮。韔，弓室也。鏤，刻金飾也。膺，馬帶也。鏤金以飾馬當胸帶也。交二弓於韔，備折毀也。閉，弓檠也，儀禮作柲。緄，繩。縢，約也。以竹爲閉而以繩約之，於弛弓之裏，檠弓體使正也。

陳氏禮書曰：「古者之用兵也：險野，人爲主；易野，車爲主。則險野非不用車而主於人，易野非不用人而主於車。車之於戰，動則足以衝突，止則足以營衛。將卒有所芘，兵械衣裘有所齎。詩曰：『君子所依，小人所腓。』則車之爲利大矣〔二一〕。昔周伐鄭，爲魚麗之陳〔二二〕。先偏後伍，伍承彌縫。桓五年〔二三〕。邲之戰，楚君之戎，分爲二廣。廣有一卒，卒偏之兩。宣十二年。楚巫臣使於吳，以兩之一卒適吳，舍偏兩之一焉。成十年〔二四〕。考之周禮，五伍爲兩，四兩爲卒。司馬法：二十五人爲兩，百人爲卒。卒、兩，則人也。偏，則車也。杜預以十五乘爲大偏〔二五〕，九乘爲小偏。其尤大者，又有二十五乘之偏。則周魚麗之偏，二十五乘之偏也；楚二廣之偏，十五乘之偏也；巫臣所舍之偏，九乘之偏也。先偏後伍，伍從其偏也；卒偏之兩，兩從其偏也。先其車，足以當敵；後其人，足以待變。則古者車戰之法，略可知也。或者謂晉人以什共車必克，房琯以車戰取敗，遂以爲用車不若用人與騎之愈，是不知晉人之克，非什之利，用什之幸也；房琯之敗，非車之不利，用車之罪也。古者教民以射御爲藝，君子以射御爲能，故孔子曰：『吾執射乎？執御乎？』詩稱叔段之多才，則曰：『叔善射忌，又良御忌。』古人相率以射如此〔二六〕。則登車而不能御，參乘而不能射，鮮矣。房琯之用車，有是人乎？不然，巫臣教吳以乘車而能取勝於楚何也？戎車之制，不可以考，姑倣小戎以見之。」

又曰：「祥車曠左，所以虛神位也；乘君之乘，車不曠左，不敢虛君位也；左必式，不敢安君位也。蓋乘車之禮：君處左，車右處右，僕處中，故造車者必慎於左。考工記所謂『終日馳騁，左不楗』是也〔二七〕；乘車者不敢曠左，戎右所謂『會同充革車』是也；器物不敢措之於左，月令所謂『載耒耜於參保介之御間』是也。後世魏公子虛左以迎侯生，秦王虛左以迎太后〔二八〕，皆古之遺制耳。此特乘車爲然。若兵車則馭者在左，戎右在右，將帥居中。昔晉伐齊，郤克將中軍，解張御，鄭緩爲右。郤克傷矢，流血及屨，鼓音未絶，曰：『余病矣！』解張曰：『自始合而知貫余手及肘〔二九〕，余折以御，左輪朱殷，豈敢言病？』夫郤克傷矢而未絶鼓音，則將在鼓下矣；解張傷手而血殷左輪，則御在車左矣。然此將帥所乘也。若士卒所乘，則左人持弓，右人持矛，中人御。故書戒左不攻於左，右不攻於右，御非馬之正，言左右而又言御，則御在中可知也。左傳稱秦師過周北門，左右免冑而下，言左右下，則御在中，不下可知也。僖三十三年。楚樂伯曰：『致師者左射以菆』，是左人持弓也。

宣十二年。欒鍼爲晉侯右，曰：『寡君使鍼持矛焉。』成十六年。衛太子爲簡子禱，曰：『蒯聵不敢自佚，備持矛焉。』是右人持矛也。襄二年〔三〇〕。蓋御無定位，右有常處，故將帥車則御在左，士卒車則御居中，右人之持矛，雖將帥士卒之車不同，而所居常在右，所職常持矛也。凡此，皆三人乘車之法也。太僕：『凡軍旅田役〔三一〕，贊王鼓。』王之乘車，有御與戎右，又有太僕，則駟乘矣〔三二〕。春秋之時，侯叔夏御莊叔，綿房甥爲右，富父終甥駟乘〔三三〕。杜預曰：『駟乘，四人乘車。』

北戎侵鄭。鄭伯禦之，患戎師，曰：「彼徒我車，懼其侵軼我也。」徒，步兵也。軼，突也。公子突曰：「使勇而無剛者，嘗寇而速去之，嘗，試也。勇則能往，無剛則不恥退。君爲三覆以待之。覆，伏兵也。戎輕而不整，貪而無親〔三四〕，勝不相讓，敗不相救。先者見獲，必務進；進而遇覆，必速奔。後者不救，則無繼矣。乃可以逞。」從之。戎人之前遇覆者奔，祝聃逐之，衷戎師，前後擊之，盡殪。爲三部伏兵。祝聃率勇而無剛者，先犯戎而速奔，以遇二伏兵，至後伏兵起，戎還走，聃反逐之。戎前、後及中三處受敵，故曰衷戎師。殪，死也。戎師大奔。後駐軍不復繼也。十一月甲寅，鄭人大敗戎師。晉城濮之戰，車七百乘，韅、靷、鞅、靽。五萬二千五百人。在背曰韅，在胸曰靷，在腹曰鞅，在後曰靽，言駕乘修備也。邲之戰，欒武子曰：「楚君之戎，分爲二廣。君之親兵。廣有一卒，卒偏之兩。十五乘爲一廣。司馬法：百人爲卒，二十五人爲兩，車十五乘爲大偏。今廣十五乘亦用舊偏法，復以二十五人爲承副。右廣初駕，數及日中；左則受之，以至於昏；內官序當其夜，內官，近官。序，次也。以待不虞，不可謂無備。」楚子爲乘廣三十乘，分爲左右廣。雞鳴而駕，日中而說；說，舍也。左則受之，日入而說。許偃御右廣，養由基爲右；彭石御左廣，屈蕩爲右。楚王更迭載之，故各有御右。

章氏曰：「車戰之法，每車用甲士三人，步卒七十二人。行則以車爲衛，居則以車爲營。一車之間，又有倅車。見周禮車僕。春秋：如韓原之戰，輅秦伯，將止之。鞌之戰，韓厥中御而從齊侯。鄢陵之戰，郤至遇楚子韓厥從鄭伯。邲之戰，楚子乘廣以逐趙旃。用車以戰，而使敵人使得與吾元帥相接，則是環衛之車不設也。蓋古者車戰之法，前後整齊，必有護衛，前後行列，元帥未易動揺也。至春秋列國用之，往往軍伍不整，而元帥每以車逐利，混然左右，率無定法，故敵人得以及之。終春秋之世，致敗者未有不由車戰之無法而輕動揺也。惟繻葛之戰，二拒用事，若原繁、高渠彌以中軍奉公，未嘗輕動揺，深得古法。」

晉申公巫臣使於吴，以兩之一卒適吴〔三五〕，舍偏兩之一焉。司馬法：百人爲卒，二十五人爲兩，車九乘爲小偏，十五乘爲大偏，蓋留九乘車及一兩二十五人，令吴習之也。與其射御，教吴乘車，教之戰陣，教之叛楚，寘其子狐庸焉〔三六〕，使爲行人於吴。晉中行穆子敗無終及群狄於太原，即大鹵也。無終，山戎。崇卒也。崇，尚也〔三七〕。將戰，魏舒曰：「彼徒我車，所遇又阸。地險不便車。以什共車，必克。更增十人，以當一車之用。困諸阸，又克。車每困於阸道，今去車，故爲必克。請皆卒，去車爲步卒。自我始。」乃毀車以爲行，魏舒先自毀其屬車爲步陣。五乘爲三伍〔三八〕。乘車者車三人，五乘，十五人。今改去車，更以五人爲五，分爲三伍五〔三九〕。荀吴之嬖人不肯即卒，斬以徇。魏舒輒斬之，荀吴不恨，所以能立功。爲五陳以相離，兩於前，伍於後，專爲右角，參爲左角，偏爲前拒，皆臨時處置之名。以誘之，翟人笑之。未陳而薄之，大敗之。傳言荀吴能用善謀。

按：兵雖曰凶器，然古之以車戰，其坐作進退，整暇有法，未嘗掩人之不備而以奇取勝也。故韓厥遇齊侯則奉觴加璧，郤至遇楚子則免冑趨風。可以死，則爲于犫之請矢；可以無死，則爲庾公之叩輪；所謂殺人之中又有禮焉。雖春秋伯國之君臣，其志在於争城争地，然於勍敵之人，初不迫於險固如此。至戎狄之侵中國，則雲合鳥散，輕進易退，於是車之雍容，不足以當其徒之慓疾，遂至捨車而用徒。然彼長於徒，我長於車。今捨吾之長技而與之搏，是以兵予敵也。故必設覆以誘之，未陳而薄之，然後可以取勝，而車戰之法廢矣。秦漢以後之用兵，其戰勝攻取者，大概皆如鄭之禦戎，晉之敗狄耳，何嘗有堂堂正正之舉乎！

漢夏侯嬰破李由軍於雍邱，以兵車趣戰疾，破之。灌嬰以御史大夫將車騎別追項籍，至東城〔四〇〕，破之。

武帝時，衛青軍出塞擊匈奴，以武剛車自環爲營，張晏曰：兵車也。而縱五千騎往當匈奴。霍去病少侍中貴不省士，其從軍，上爲遣太官齎數十乘，既還，重車餘棄粱肉而士有饑者。李陵擊匈奴，與單于相值，圍陵軍。陵居兩山間，以大車爲營。引士出營外爲陳，連戰，士卒中矢傷〔四一〕，三創者載輦，兩創者將車，一創爲持兵戰。陵曰：「吾士氣少衰而鼓不起，何也？軍中豈有女子乎？」乃搜車中，得隨軍妻婦，皆斬之，復戰。

按：先儒因考西漢書，此數條以爲車戰之制，漢尚用之，然詳考其辭，則是以車載糗糧器械，止則環以爲營耳。所謂「甲士三人，左持弓，右持矛，中執綏」之法，已不復存矣。

後漢光武造戰車，可駕數牛，上作樓櫓，置於塞上以拒匈奴。

靈帝時，陽璇爲零陵守，制車數十乘以禦賊。

魏武帝新書：攻車七十五人，守車一隊，共二十五人。田豫與虜戰，亦用車而戰。

晉馬隆擊鮮卑，樹機能以衆數萬據險拒之，隆以山陿隘，乃作扁箱車，地廣則爲鹿角車營，路狹則爲木屋施於車上，轉戰而前，行千餘里，殺傷甚衆，遂平凉州。劉裕伐南燕，以車四千乘爲左右翼，方軌徐進，與燕兵戰於臨朐，敗之。裕伐秦，假道於魏，魏遣軍儌之。裕遣白直隊主丁旿帥仗士七百人，車百乘，渡北岸〔四二〕，去水百餘步，爲却月陣，兩端抱河，車置七仗士，事畢，使豎一白旄。魏人不解其意，皆未動。裕先命寧朔將軍朱超石戒嚴。白旄既舉，超石率二千人馳往赴之，齎大弩百張，一車益二十人，設彭排於轅上。魏人圍之，超石以大鎚及矟千餘張禦之，魏師奔潰。

魏太武真君四年，北征柔然，騎十萬、車十五萬兩，旌旗千里，遂度大漠。柔然怖畏，不復敢南向。

隋遣諸將與突厥戰，皆戎車，步騎相參，與鹿角爲方陳。

唐高宗調露元年，突厥阿史德温傳反，以裴行儉爲定襄大總管，統兵討之。先時，饋糧數爲虜鈔，軍餒死。行儉乃詐爲糧車三百乘，車伏壯士五輩〔四三〕，齎陌刀、勁弩，以羸兵挽進，又伏精兵踵其後〔四四〕，虜果掠車，羸兵走險，賊驅就水草，解鞍牧馬。方取糧車中，而壯士突出，伏兵至，殺獲幾盡。自是糧車無敢近者。

玄宗時，哥舒翰節度隴右，造戰車，蒙以狻猊。

肅宗至德初，李光弼守太原，史思明來攻，光弼徹民屋爲檑石車。車二百人挽之，石所及輒數十人，死賊〔四五〕，傷十二。房琯將兵復兩京，至便橋、陳濤斜，琯效春秋時戰法，以牛車二千乘、馬步夾之〔四六〕。既戰，賊乘風譟，牛悉辟栗，賊縱火焚之，人畜大亂，官軍死傷者四萬人〔四七〕。馬燧爲河東節度使，爲戰車，冒以狻猊象，列戟於後，行以載兵，止則爲陣，遇險則制衝冒。討田悦，推火車焚其將楊朝光柵，進擊〔四八〕，大破之。

宋真宗咸平四年，吴淑請復古車戰之法，曰：「衛青、李陵、劉裕、馬隆皆用車而勝〔四九〕。近符彦卿破虜陽城，亦以拒馬爲行寨〔五〇〕。夫匈奴所長者騎兵也，苟非聯車以制之〔五一〕，則何以禦其奔突哉？故用車戰爲便。其制：取常用車，接其衡軛〔五二〕，駕以牛，車上置槍，以刃外向。列士卒於車外，賊至射之，乃出騎兵擊之，此制虜要術也。戰之用車，一陣之鎧甲也，故可以行止爲營陣，賊至則斂兵附車以拒之，賊退則乘勝出兵以擊之，出則藉此爲所歸之地〔五三〕，入則以此爲所居之宅，故人心有依據〔五四〕，不懼胡騎之陵突也。」景德初，契丹入寇，大將李繼隆以澶淵不足守〔五五〕，命士卒掘濠塹，以大車數十乘重壘環之，步騎處中，戎馬數萬來攻其營，禦之，遁去。

仁宗至和二年，韓琦言：「郭固就民車約古制爲兵車，臨陣禦敵〔五六〕，緩急易集。其車前鋭後方，上置七槍，爲前後二拒，此馬燧戰車，行載兵甲〔五七〕，止爲營陣也。又以民車之箱，增爲重箱，高四尺四寸，用革輓之，吴起所謂『革車掩户〔五八〕，輓輪籠轂』是也。臣以爲可用於平川之地，臨陣以折奔衝，下營以爲寨脚。今令固自賫車式詣闕進呈〔五九〕。」試之，以固爲衛尉寺丞。

范仲淹上議攻云：延安之西，慶州之東，有賊界百餘里侵入漢地。唐馬燧造戰車，行載兵甲，止爲營陣。此路山坡大車難進，當用小車二千兩〔六〇〕。銀絹錢二十萬，賞有功將吏。

神宗時，以北虜將入寇，遣中貴人取兩河民車爲備，民大驚擾。上問沈括曰：「卿知籍車之事乎？」括曰：「車戰之利，見於歷世。但古人所謂輕車者兵車也。今之民車重大，以牛挽之，日不能行三十里，少蒙雨雪，跬步不進，故俗謂之太平車，恐兵間不可用耳。」上喜曰：「無人如此語朕。」遂罷籍車之令。

徽宗時，涇原邢恕建兵車之議，下令創造，買牛以駕，凡數十乘〔六一〕。已而蔡碩又請河北置五十將兵器，仍爲兵車萬乘。蔡京主其説，行之，姦吏旁緣，即日散行郡縣，掠民緡錢矣。崇寧三年，河北、陝西都轉運司皆奏：「兵車用許彥圭所定式，則車大而費財，實多依往年二十將兵車式，輕小易用，復可省費。」詔卒用許彥圭式行下。時熙河轉運副使李復先奏曰：「古者師行，固嘗用車，然井田法廢已久。且今之用兵，與古不同。古者兵不妄加，征戰有禮，不爲詭遇，動皆有法，又多在平原易野，故車可以行而敵人不敢輕犯。今之用兵，盡在極邊，下寨駐車，各以保險爲利，車不能上。又戰陣之交，一進一退，車不能及，或爲虜所襲，逐車又不及收。臣於戎馬間觀之屢矣，乃至糧糗、衣服、器械有不能爲用者，而況於車乎？臣聞此議，出於許彥圭。彥圭因姚麟上其説爲身謀，朝廷但以麟邊人，熟邊事，遂然之。而不知彥圭輕妄，麟立私恩以誤國計。昔唐房琯用車戰，大敗於陳濤斜，當時在畿邑，平地尚如此，況今欲用於峻阪溝谷之間乎？且戰車比常法闊六七寸〔六二〕，運不合轍，昨東來者牽挽不行，致兵夫典賣衣物，自賃牛具，終日而進六七里，率多逃亡，戰車棄於道路。未造，則有配買物材、僱差夫匠之擾；既成，又艱於運致。然則其爲諸路之患，其費不知其幾千萬矣。彥圭苟望一官之進，上欺朝廷，下害百姓，此而不誅，何以懲後！臣今乞便罷造，已造者不復運來，以寬民力。」

其後彥圭卒得罪。

欽宗靖康末，樞密將官劉浩在河北募兵創造戰車，其法有左右角、前後拒，各用卒二十五人，每車計百人。

高宗建炎初，宗澤造戰車法：運車者十有一，執器械輔車者四十有四，每車計五十五人。李綱造戰車法：兩竿雙輪，上設皮籬以捍矢石，下施鐵裙以衛人足，旁施鐵索，聯可爲營，四人推竿以運車，一人登車以發矢，二十人執軍器發車之兩旁，每車用二十五人。其法竟不及施，蓋自渡江後，東南沮洳之區，險隘之地，不以車爲主也。

高宗紹興二年，布衣王大智獻車式，上命爲樞密計議官。明年，車成而不可用，罷之。

上謂輔臣曰：「車制雖古，然用各有宜，况其物料多南方所無。且古人用車，亦或不利，如驂絓而止之類。蓋用車於戰陣間，亦非利器也。」席益曰：「古人之戰，彼此皆用車。至於彼徒我車，已有侵軼之慮〔六三〕，而後人每以車敵騎，其敗固宜，房琯陳濤斜是也。」

孝宗隆興初，宰臣進呈陳敏軍中措置教習車陣。陳康伯曰：「數年前，陳敏增製造，行下三衙相度，有車樣陣圖見在。」上曰：「車戰古法，平原曠野，可以備馳突爾。」亦卒不用。

寧宗開禧初，中郎將厲仲方者爲歷陽守，嘗造戰車九牛弩，未及用而罷去。周虎繼之，或謂虎用其戰車敗虜於清水鎮，不知其詳何如也。

舟師水戰

魯襄公二十四年，楚子爲舟師以伐吳，舟師，水軍。不爲軍政，不設賞罰之差。無功而還。

昭公十七年，吳伐楚。陽匄爲令尹，戰於長岸，大敗吳師，獲其乘舟餘皇，舟名。使隨人後至者守之，環而塹之及泉〔六四〕。環，周也。盈其隧炭，陳以待命。隧，出入道。吳公子光請於衆曰：「喪先王之乘舟，豈唯光之罪，衆亦有焉。請藉取之以救死。」衆許之，使長鬣者三人，長鬣多髭〔六五〕，與吳人異形，詐爲楚人。潛伏於舟側，曰：「我呼皇則對〔六六〕。」師夜從之。三呼皆迭對。楚人殺之。楚師亂，吳人大敗之，取餘皇以歸。昭公二十四年，楚子爲舟師，以略吳疆。沈尹戌曰〔六七〕：「此行也，楚必亡邑，不撫民而勞之，吳不動而速之。速，召也。吳踵楚，躡楚踵迹。而疆埸無備，邑能無亡乎？」越大夫胥犴勞王於豫章之汭，汭，水曲。越公子倉歸王乘舟，歸，遺也。倉及壽夢帥師從王，壽夢，越大夫。王及圉陽而還。圉陽，楚地。吳人踵楚，而邊人不備，遂滅巢及鍾離而還。

定公四年，蔡侯、吳子、唐侯伐楚，舍舟於淮汭，吳乘舟從淮水過蔡而舍之〔六八〕。舍，置也。自豫章與楚夾漢。豫章，漢東江北地名。左司馬戌謂子常曰：「子沿漢而與之上下，沿漢上下，遮勿令渡〔六九〕。我悉方城外以毀其舟，以方城外人毀吳所舍舟。還塞大隧、直轅、冥阨。三者，漢東之隘道。子濟漢而伐之，我自後擊之，必大敗之。」既謀而行。武城黑謂子常黑，楚武城大夫〔七〇〕。曰：「吳用木也，我用革也，用重器。不可久也，不如速戰。」史皇謂子常：「楚人惡子而好司馬，若司馬毀吳舟於淮，塞城口而入，城口，三隘道之總名。是獨克吳也，子必速戰，不然不免。」乃濟漢而陳。自小別至於大別，二別，在江夏界。三戰皆敗。

哀公九年〔七一〕，吴城邗溝通江淮。於邗江築城穿溝，東北通射陽湖〔七二〕，西北至宋口入淮，通糧道也。今廣陵韓江是。

漢武帝時，東越數反覆，朱買臣因言：「東越王居保泉山，一人守險，千人不得上。今聞東越王更徙南行〔七三〕，去泉山五百里，居大澤中。今發兵浮海，直指泉山，陳舟列兵，席卷南行，可破滅也。」上乃拜買臣爲會稽太守。詔買臣到郡治樓船，備糧食，水戰具。歲餘，買臣受詔與韓説俱擊破東越。元鼎五年，南粤相國吕嘉反，詔粤人及江淮以南樓船十萬師往討之。衛尉路博德爲伏波將軍，出桂陽，下湟水；主爵都尉楊僕爲樓船將軍，出豫章，下横浦〔七四〕；故歸義粤侯二人爲戈船，下瀨將軍出零陵，或下離水，或抵蒼梧，使馳義侯因巴蜀罪人，發夜郎兵，下牂牁江，咸會番禺。

武帝時，有樓船，有戈船，張晏曰：「越人於水中負大舟〔七五〕，又有蛟龍之害，故置戈於船下，因以爲名。」臣瓚曰：「伍子胥書有戈船，以載干戈〔七六〕，因謂之戈船也。」有下瀨，瀨，湍也。吴越謂之瀨，中國謂之磧，伍子胥書有下瀨船。有横海。江淮青齊皆有樓船軍，擊南粤，救東甌則用江、淮、會稽樓船，滅朝鮮則用齊樓船。又開昆明池以習水戰。元狩三年，發謫吏穿昆明池。臣瓚曰：「西南夷傳有越巂、昆明國，有滇池，方三百里。漢使求身毒國，而爲昆明所閉。今欲伐之，故作昆明池象之，以習水戰。在長安西南，周迴四十里。」

後漢光武建武九年，公孫述遣其將翼江王田戎等據荆門〔七七〕、虎牙，横江水起浮橋、關樓〔七八〕，立攢柱以絶水道，結營跨山以塞陸路，距漢兵。岑彭屯津鄉，數攻田戎，不克。十一年，帝遣吴漢率誅虜將軍劉隆等三將，發荆州兵凡六萬餘人、騎五千匹，與彭會荆門。彭裝戰船數千艘〔七九〕，吴漢以諸郡棹卒多費糧穀，欲罷之。彭以蜀兵盛，不可遣，上書言狀。帝報彭曰：「大司馬習用步騎，不曉水戰。荆門之事，一由征南公爲重而已。」彭令軍中募攻浮橋，偏將軍魯奇應募而前。時東風狂急，奇船逆流而上，直衝浮橋〔八〇〕，而攢柱有反把鈎，奇船不得去。奇等乘勢殊死戰，因飛炬焚之，風怒火盛，橋樓崩燒。彭悉軍順風並進，所向無前，蜀兵大亂，溺死者數千人。

獻帝建安十三年，曹操南擊劉表，取荆州，追劉備於當陽。備遣諸葛亮求救於孫權。操遺權書曰：「今治水軍八十萬衆，方與將軍會獵於吴。」長史張昭曰：「將軍大勢可以拒操者，長江也；今操得荆州，奄有其地，劉表治水軍，蒙衝鬭艦乃以千數，操悉浮以沿江，此爲長江之險已與我共之矣，不如迎之。」周瑜曰：「今北土未平，而操舍鞍馬，仗舟楫，與吴、越爭衡。又今盛寒，馬無稾草，驅中國士衆遠涉江湖之間，不習水土，必生疾病。此數者用兵之患，而操皆犯之。瑜請得精兵數萬人，保爲將軍破之。」權從之。遣兵三萬人，令瑜拒操。與操遇於赤壁。時操軍已有疾疫，初一交戰不利，引次江北。瑜部將黄蓋曰：「今寇衆我寡，難與持久。操軍方連船艦〔八一〕，首尾相接，可燒而走也。」乃取蒙衝鬭艦十艘，載燥荻、枯柴，灌油其中，裹以帷幕，上建旌旗，豫備走舸，繫於其尾〔八二〕。先以書遺操，詐云欲降。時東南風急，蓋以十艦最著前，中江舉帆，餘船以次俱進。操軍吏士皆出營立觀〔八三〕，指言蓋降。去北軍二里餘，同時發火，火烈風猛，船往如箭，燒盡北船，延及岸上營落。頃之，烟焰障天，人馬燒溺死者甚衆。瑜等率輕鋭繼其後，靁鼓大震，北軍大壞。操引軍從華容道步走，引軍北還〔八四〕。二十四年，孫權使吕蒙襲關羽於江陵。蒙至潯陽，盡伏其精兵𦪇䑶中，使白衣摇櫓，作商賈人服，晝夜兼行，羽所置江邊屯候，盡收縛之，是故羽不聞知〔八五〕。至江陵，羽將士悉以城降。

晉武帝謀伐吴，詔王濬修舟艦，乃作大船連舫，方百二十步〔八六〕，受二千餘人。以木爲城，起樓櫓，開四出門，其上皆得馳馬往來。又畫鷁首怪獸於船首，以懼江神。舟楫之盛，自古未有。時造船木柹，蔽江而下，吴建平太守吴彦取以白吴主〔八七〕，曰：「晉必有攻吴之計，宜增建平兵。」皓不從。

太康元年，王濬伐吴，攻丹陽，克之。吴人於江險磧要害之處〔八八〕，並以鐵鎖横截之；又作鐵錐長丈餘，暗置江中，以逆距船。濬乃作大筏數十，方百餘步，縛草爲人，被甲持仗，令善水者以筏先行，遇鐵錐，輒著筏而去。又作火炬〔八九〕，長十丈，大數十圍，灌以麻油，在船前，遇鎖，然炬燒之，須臾融液斷絶，於是船無所礙，順流徑造三山。孫皓遣游擊將軍張象率舟師萬人禦濬，象軍望旗而降〔九〇〕。濬兵甲滿江，旌旗燭天，吴人大懼。

安帝義熙六年，盧循因劉裕北伐，乘虚襲建康，率衆數萬，方艦而下〔九一〕。裕引兵南還拒之，出輕利鬭艦，躬提幡鼓〔九二〕，衆軍騰踴争先。軍中多萬鈞神弩，所至摧陷。裕自中流蹙之，因風水之勢，賊艦悉泊西岸。岸上軍先備火具〔九三〕，悉焚之，賊衆大敗。太尉劉裕率師伐秦，王鎮惡請率水軍自河入渭，直至渭橋。鎮惡所乘皆蒙衝小艦，行船者悉在艦内，泝渭而進，艦外不見有行船人，北土素無舟楫，莫不驚異以爲神。

宋文帝時，垣護之從王玄謨攻魏滑臺，護之以百舸爲前鋒，玄謨既敗，魏軍悉牽玄謨水軍大艚，連以鐵鏁三重斷河，以絶護之還路，河水迅急，護之中流而下，每至鐵鏁，以長柯斧斷之，魏人不能禁。惟失一舸，餘並全。

梁韋叡拒魏軍，魏人先於邵陽洲兩岸爲兩橋，立栅數百步，跨淮通道。叡裝大艦，使梁郡太守馮道根等爲水軍。會淮水暴漲，叡即遣之，鬬艦競發，皆臨魏壘。以小船載草，灌之以膏，焚其橋。風怒火盛，敢死之士拔栅斫橋，水又漂疾，倏忽之間，橋栅盡壞。道根等身自搏戰，軍人奮呼，無不一當百，魏人大潰。

孝元帝承聖元年，湘東王繹遣王僧辯等討侯景。景使侯子鑒拒之，使人戒子鑒曰：「西人善水戰，勿與争鋒；若步騎一交，必當可破。汝但結營岸上，引船入浦以待之。」子鑒乃捨舟登岸，閉營不出。僧辯等停軍蕪湖十餘日，景大喜，以爲西師畏之，乃復命子鑒爲水戰之備。僧辯至姑熟，子鑒帥步騎萬餘人渡洲〔九四〕，於岸挑戰，又以鵃舸千艘載戰士。僧辯麾細船皆令退縮，留大艦夾泊兩岸。子鑒之衆謂水軍欲退，争出趨之。大艦斷其歸路，鼓譟大呼，合戰江中〔九五〕。景兵大敗。

陳武帝時，徐嗣徽引齊人渡江據蕪湖，帝詔文育還都。嗣徽等乃列艦於青墩，至於七磯，以斷文育歸路。及夕，文育鼓譟而發，嗣徽等不能制。而文育反攻之，嗣徽驍將鮑砰獨以小艦殿軍〔九六〕，文育乘單舴艋與戰〔九七〕，跳入砰艦，斬砰〔九八〕。仍牽其艦而還，賊衆大駭。

梁王琳引合肥、巢湖之衆，舳艫相次而下。陳侯瑱率軍進屯虎檻洲〔九九〕，明日合戰，琳軍少却。及夕，東北風吹其舟艦，並壞，夜中有流星墜於賊營。及旦，風静，琳入浦治船〔一〇〇〕，以鹿角繞岸，不敢復出。時西魏將史寧躡其上流，瑱聞之，知琳不能持久，收軍却據湖浦，以待其斃。及史寧至，圍郢州，琳恐衆潰，乃率船東下，去蕪湖十里而泊。明日，齊人遣兵助琳。瑱令軍士晨炊蓐食，頓蕪湖尾以待之〔一〇一〕。將戰，有微風至自東南，衆軍施拍縱火，定州刺史章昭達乘平虜大艦中江而進〔一〇二〕，琳軍大敗，脱走以免者十二三。

歐陽紇據嶺南反，陳將章昭達督衆軍討之，紇乃出頓涯口，多聚沙石，盛以竹籠，置於水柵之外，用遏船艦。昭達居其上流，裝艦造拍，以臨賊柵。又令其軍人銜刀，潛行水中，斫竹籠，籠篾皆解。因縱大艦隨流突之〔一〇三〕，賊衆大敗。

隋文帝將伐陳，命楊素造戰艦。大艦名「五牙」，上起樓五層，高百餘尺，左右前後置六拍竿，並高五十尺，容戰士八百人；次曰「黄龍」，置兵百人。自餘平乘、舴艋等各有差〔一〇四〕。開皇八年，伐陳。素親帥「黄龍」數千艘，銜枚而下，舟艦被江，旌甲曜日。素坐平乘大船，容貌雄偉，陳人望之皆懼曰：「清河公即江神也。」

唐趙郡王孝恭及李靖擊蕭銑，帥戰艦二千餘艘東下，大破銑軍，乘勝直抵江陵，入其外郭。又攻水城，拔之。大獲舟艦，靖命盡散之江中。諸將皆曰：「破敵所獲，當籍其用，奈何棄之以資敵〔一〇五〕？」靖曰：「蕭銑之地，南出嶺表，東距洞庭。吾懸軍深入，若攻城未拔〔一〇六〕，援兵見之，必謂江陵已破，未敢輕進，往來窺伺，動踰旬月，吾取之必矣。」銑援兵見舟艦，果疑不進。靖進圍之，銑内外阻絶，乃降。

梁王彦章攻晉，晉人以鐵鎖斷德勝口。彦章陰遣人具舟於楊村〔一〇七〕，命甲士六百人皆持巨斧，又令舟載韝炭燒斷之，因以巨斧斬浮橋，遂破南城。

吴越王錢鏐大舉伐吴，以錢傳瓘爲諸軍都指揮使〔一〇八〕，帥戰艦五百艘，自東洲以進。吴遣彭彦章、陳汾拒之。傳瓘命每船皆載灰、豆及沙，戰於狼山江。吴船乘風而進，傳瓘引舟避之，既過，自後隨之。吴回船與戰，傳瓘使順風揚灰，吴人不能開目。及船舷相接，傳瓘使散沙於己船而散豆於吴船，豆爲戰血所漬，吴人踐之皆僵仆。傳瓘因縱火焚吴船，吴兵大敗。

梁賀瓌攻德勝南城，以竹笮聯艨艟十餘艘，蒙以牛革，設睥睨、戰格如城狀，横於河流，以斷晉之救兵，使不得渡。晉王引兵救之，陳於北岸，不得進。遣善游者入南城，守將言矢石將盡，陷在頃刻。晉王募能破艨艟者〔一〇九〕，親將李建及應募，選效節敢死士得三百人，被鎧操斧，帥之乘舟而進。將至艨艟，流矢雨集，建及使操斧者入艨艟間，斧其竹笮，又以木罌載薪〔一一〇〕，沃油然火，於上流縱之，隨以巨艦實甲士，鼓譟攻之。艨艟既斷，隨流而下，梁兵焚溺者殆半〔一一一〕。

周顯德三年，攻唐之壽州。唐人大發樓船，蔽川而下，泊於濠泗。周師頻不利，唐將林仁肇水陸並進，又以船載薪蒸，乘風縱火，將焚浮梁。周將張永德使習水者俟其船下，縻以鐵鎖，急引輕船擊之。唐人既不得近，溺者甚衆，奪艦數十。四年，帝還自壽春，以南方水軍敏鋭，乃於京城汴水側開地造船艦數百艘，招誘南卒教習北人水戰。數月之後，縱横出没，殆勝唐兵。命右驍衛大將軍王環將水軍數千自閔河沿潁入淮，唐人見之大驚。帝乃將騎循北岸，諸將循南岸追唐兵，水軍自中流而下，唐兵戰溺死及降者殆四萬人，獲戰船糧仗十萬數，遂克壽州。

帝自攻濠州，王審琦拔其水寨。唐人屯戰船數百於城北，植巨木於淮水以限周兵。帝命水軍攻之，拔其木，焚戰艦七十餘艘，斬首二千餘級。又聞唐有戰船數百艘，在渙水東，欲救濠州，將兵夜發水陸擊之，大破唐兵於洞口〔一二〕，克泗州。又聞唐戰船數百艘泊洞口，上自將親軍自淮北進〔一三〕，命太祖皇帝自淮南進，諸將以水軍自中流進〔一四〕，兵迫唐兵〔一五〕，乘勝爭進，且戰且行，金鼓聲聞數十里，追至楚州西北，大破之，所獲戰船燒沉之餘，得三百餘艘；士卒殺溺之餘，得七千餘人。唐之戰船在淮上者，於是盡矣。

五年，上欲引戰艦自淮入江，阻北神堰，不得渡；欲鑿楚州西北鸛水以通其道〔一六〕，遣使行視，還言地形不便，計功甚多。上自往視之，授以規畫，發楚州民夫浚之，旬日而成，用功甚省，巨艦數百艘皆達於江，唐人大驚，以爲神。

宋太祖皇帝乾德初，鑿大池於京城之南，引蔡水以注之。造樓船百艘，選精兵，號「水虎捷」，習戰池中。開寶六年，詔以新池爲講武池。七年，將有事於江南。是歲凡五臨幸，觀習水戰。九年四月，幸金明池習水戰。上御水心殿，命從臣列坐以觀戰艦角勝，鼓譟以進，往來馳突爲迴旋擊刺之狀，顧謂侍臣曰：「兵棹之技，南方之事也。今已平定，固不復用，但時習之不忘武功耳。」訖真宗朝，歲習不輟。

高宗建炎元年，右僕射李綱言，當於沿河沿淮沿江帥府置水兵二軍，要郡别置水兵一軍，次要郡别置中軍〔一七〕，招集善波操舟便利之人，擬立軍號曰「凌波樓船軍」。從之。四年夏四月，兀朮入寇，自明州回歸。韓世忠先屯焦山，以邀其歸路。兀朮遣人約日會戰，世忠伏兵擊之，俘獲甚衆，及其舟千餘艘，虜終不得濟，復使致詞，願還所掠，益以名馬，求假道。世忠不從，與相持於黄天蕩。世忠以海艦進泊金山下，將戰，世忠預命工鍛鐵相連爲長綆，貫一大鈎，以授士之驍捷者。平旦，虜以舟譟而前。世忠分海舟爲兩道，出其背，每縋一綆則曳一舟而入〔一一八〕，虜竟不得濟。乃求與世忠語，世忠酬答如響，時於所佩金鳳瓶傳酒縱飲示之。兀术見世忠整暇，色益沮，乃求假道甚恭。世忠曰：「是不難，但迎還兩宮，復舊疆土，歸報明主，足相全也。」兀术既爲世忠所阨，欲自建康謀北歸，不得去。或教以蘆場地鑿大渠二十餘里，上接江口，在世忠之上流〔一一九〕。遂傍治城西南隅鑿渠，一夜渠成。次日早出舟〔一二〇〕，世忠大驚，金人悉趨建康，世忠尾擊敗之，虜終不得濟。乃揭榜募人獻所以破海舟之策，有教其於舟中載土〔一二一〕，以平版鋪之，穴船板以擢槳，候風息則出江，有風則勿出，海舟無風，不可動也，以火箭射其篛蓬，則不攻自破矣。一夜造火箭成，是日引舟出江，其疾如飛，天霽無風，海舟皆不能動，以火箭射海舟篛蓬，世忠軍亂，焚溺而死者不可勝數。世忠與餘軍至瓜步棄舟而陸，奔還鎮江。

紹興三十一年，虜亮渝盟入寇，李寶以舟師禦之，至東海縣。時虜兵已圍海州，寶麾兵登岸，虜驚出意外，亟引去。於是魏勝出城迎寶，寶遣辯士四人，招納降附。時山東豪傑王世隆輩〔一二二〕，皆各以義旗聚衆，争爲應援〔一二三〕。寶與子公佐引舟師至密之膠西石臼島〔一二四〕，而虜舟已出海口，泊唐島，相距止一山，候風即南，不知王師之猝至也。寶伺虜未覺，遣其將曹洋、黄端禱於石臼神〔一二五〕，祈風助順，忽風自南來，衆喜，争奮，引帆握刃，俄頃，過山薄虜，鼓聲震蕩〔一二六〕，虜驚失措。虜帆皆以錦纈爲之〔一二七〕，彌亘數里，忽爲波濤捲聚一隅，窘促摇兀，無復行次。寶命以火箭射之，烟焰隨發，延燒數百。火不及者猶欲前拒，寳命健士躍登其舟，以短兵擊刺，殪之舟中，其餘簽軍皆中原舊民，脱甲而降者三千餘人，獲酋首完顔鄭家奴等六人，斬之。惟統軍韓保衡未發舟〔二八〕，不可獲。旋聞自經死，得獻議造船人倪詢等〔二九〕，皆淮浙姦民，且爲虜鄉導者。又獲其統軍印與僞詔、文書、器甲、糧斛以萬計。寳欲乘勝以進，而聞逆亮已濟淮，遂旋師，駐東海，視緩急爲援，遣小舟奏捷。既至，上命降詔獎之，除寳靖海節度、沿海制置使。十一月，亮親統細軍駐和州之鷄籠山。臨江築壇，刑馬祭天，必欲由采石而渡。朝廷詔王權赴行在以李顯忠代之，命虞允文趣顯忠交權兵。時顯忠未至，權聽留水軍舟船咸在。允文督軍士決戰，於是統制張振、王琪等列江岸以待之，而以海鰍船載精兵駐中流迎敵。布陣甫畢，亮以小紅旗麾舟絶江而來，諸將盡伏山崦，虜未之覺，一見大驚，欲退不可。虜舟皆旋爲之，底極不平，舟中之人皆不能施，盡爲官軍所殺。明日，允文又命戚新引舟師直楊林河口〔三〇〕，駐舟江心，齊力射虜。虜見舟無歸路，於下流縱火自焚，官軍亦於上流焚其舟，凡百八十，虜引去。

誠齋楊氏海鰌賦後序曰：「采石戰艦：曰『蒙衝』，大而雄；曰『海鰌』，小而駛。其上爲城堞屋壁，皆堊之。紹興辛巳，逆亮至江北，掠民船，指麾其衆欲濟。我舟伏於七寳山後，令曰：旗舉則出江。先使一騎偃旗於山之頂，伺其半濟，忽山上卓立一旗，舟師自山下河中兩旁突出大江。人在舟中，踏車以行船，但見船行如飛，而不見有人，虜以爲紙船也。舟中忽發一霹靂礮，蓋以紙爲之，而實之以石灰硫黄，礮自空而下落水中，硫黄得水而火作，自水跳出，其聲如雷。紙裂而石灰散爲烟霧，眯其人馬之目，人物不相見。吾舟馳之，壓賊舟，人馬皆溺，大敗之云。」

孝宗隆興元年九月，詔諸州召募水手，於手上刺某州水軍字，以革冒代之敝。 四年，樞密院言：潮州守臣傅自修欲於本軍禁軍闕額人數内撥三指揮二百人，專防海道，以諳識水勢人充。

建炎以來朝野雜記：「平江許浦水軍，本明州定海縣水軍也〔三〕。舊隸沿海制置司，防扞海道。乾道中，改隸殿前司，以三千人爲額。五年冬，又改爲御前水軍。八年春，併歸許浦鎮，置副都統制統之。淳熙四年冬，詔以七千人爲額。五年秋，又增額五百人。江陰水軍，舊自泉州調發。乾道三年，陳正獻在樞筦，以其勞費，奏留屯二千人於江陰軍，而沿海制置司又别屯千人。逮淳熙末，累增至四千人，分三將。此外左翼軍亦有水軍三千人，摧鋒軍二千人，福州延祥寨千人。而鎮江建康府、池江鄂州御前諸帥〔三〕，亦各有水軍，多者數千人，少者千餘人。其後殿前又有澉浦水軍〔三〕，而淮陰、靖安、唐灣、采石諸水軍則皆冠以御前之號。

校勘記

〔一〕臨者在上臨下之名衝者從傍衝突之稱　原脱「之」字及下「衝」字，「從」訛「在」，據毛詩皇矣孔疏補改。

〔二〕以車與騎步所當幾何　按六韜卷六均兵作「以車與騎戰，一車當幾騎，幾騎當一車」。恐此處有脱誤。

〔三〕遮走北也　「走北」原倒，據六韜卷六均兵乙正。

〔四〕走能逐奔馬及馳而乘之　「奔」字原脱，據六韜卷六武車士補。

〔五〕弩射前後左右皆便習者名曰武車之士　原脱「左右」、「名曰」四字，據六韜卷六武車士補。
〔六〕般草橫畝犯歷深澤者　按「深澤者」，六韜卷六戰車作「浚澤者」。
〔七〕左有深水　「深」原作「新」，據六韜卷六戰車改。
〔八〕右有險阪者　按「險阪者」，六韜卷六戰車作「峻阪者」。
〔九〕武王革車三百兩　「百」原作「千」，據元本、慎本、馮本及上文「武王戎車三百兩」改。
〔一〇〕帥斿闕四十乘　「帥」原作「師」，據周禮車僕改。
〔一一〕故書苹作平　「苹」原作「革」，據周禮車僕改。
〔一二〕而萃各從其元焉　「萃」原作「卒」，據上文及周禮車僕改。
〔一三〕四路皆從　「四」原作「田」，據周禮車僕改。
〔一四〕此戎路即巾車所謂革車也　下一「車」字原脱，據周禮車僕補。
〔一五〕戈柲六尺有六寸　「柲」原作「秘」，據周禮考工記改。
〔一六〕皆插車輢輢車傍也　兩「輢」原皆作「騎」，據周禮考工記鄭注改。
〔一七〕鄭司農云迤讀爲倚　「倚」字原脱，據周禮考工記鄭注補。
〔一八〕謂著戈於車邪倚也　「倚」原作「傍」，據周禮考工記鄭注改。
〔一九〕戈殳戟矛插於輢　「矛」原作「殳」，「輢」原作「騎」，據上文及馮本改。
〔二〇〕謂車前後兩端橫木　「謂」原作「軫」，據詩秦風小戎改。
〔二一〕則車之爲利大矣　「矣」字原脱，據陳祥道禮書卷一三九車戰之法補。

〔二二〕爲魚麗之陳　「爲」，禮書卷一三九車戰之法作「有」。
〔二三〕桓五年　「五」，禮書卷一三九車戰之法作「八」。
〔二四〕成十年　「十」，禮書卷一三九車戰之法作「七」。
〔二五〕杜預以十五乘爲大偏　「以」字原脱，據禮書卷一三九車戰之法補。
〔二六〕古人相率以射如此　「以射如此」，禮書卷一三九車戰之法作「以給御如此」。
〔二七〕左不楗是也　「楗」原作「揵」，據周禮考工記、禮書卷一四六祥車改。
〔二八〕秦王虚左以迎太后　「王」原作「皇」，據禮書卷一四六祥車改。
〔二九〕自始合而知貫余手及肘　「知」字原脱，據禮書卷一四六祥車補。
〔三〇〕襄二年　「襄」，禮書卷一四六祥車作「哀」。
〔三一〕凡軍旅田役　「軍」原作「車」，據周禮太僕、禮書卷一四六祥車改。
〔三二〕則駟乘矣　「則」下原衍「四」字，據禮書卷一四六祥車删。
〔三三〕富父終甥駟乘　「甥」原作「生」，據左傳文公十一年條改。
〔三四〕貪而無親　「無」原作「不」，據左傳隱公九年條改。
〔三五〕以兩之一卒適吴　「一」字原脱，據左傳成公七年條補。
〔三六〕寘其子狐庸焉　「狐」原作「孤」，據元本、慎本及左傳成公七年條改。
〔三七〕崇尚也　「尚」原作「聚」，據左傳昭公元年條改。
〔三八〕五乘爲三伍　「伍」原作「位」，據左傳昭公元年條及下文改。

〔三九〕以五人爲五分爲三伍五　按左傳昭公元年條作「每乘三人，五乘十五人，改編爲三個伍，伍乃戰鬭之最小組織」。

〔四〇〕灌嬰以御史大夫將車騎別追項籍至東城　「將」下原衍「軍」字，又「東城」二字原倒，據元本、慎本、馮本及史記卷七項羽本紀、資治通鑑卷十一高帝五年條删正。

〔四一〕士卒中矢傷　「中」字原脱，據漢書卷五四李陵傳補。

〔四二〕渡北岸　按宋書卷四八朱超石傳作「於河北岸上」。

〔四三〕車伏壯士五輩　「車」字原脱，據新唐書卷一〇八裴行儉傳補。

〔四四〕又伏精兵踵其後　「踵」原作「銜」，據新唐書卷一〇八裴行儉傳改。

〔四五〕死賊　二字原倒，據新唐書卷一三六李光弼傳乙正。

〔四六〕以牛車二千乘馬步夾之　按新唐書卷一三九房琯傳作「以車二千乘繚營，騎步夾之」。恐此處有脱誤。

〔四七〕人畜大亂官軍死傷者四萬人　按新唐書卷一三九房琯傳作「人畜焚燒，殺卒四萬」。

〔四八〕進擊　按新唐書卷一五五馬燧傳作「急擊」。

〔四九〕劉裕馬隆皆用車而勝　「用」原作「以」，據長編卷五〇咸平四年十一月辛巳條改。

〔五〇〕亦以拒馬爲行寨　「以」字原脱，據長編卷五〇咸平四年十一月辛巳條補。

〔五一〕苟非聯車以制之　「聯」原作「連」，據長編卷五〇咸平四年十一月辛巳條改。

〔五二〕接其衡軛　「衡」原作「衝」，據長編卷五〇咸平四年十一月辛巳條、玉海卷一四六咸平吴淑車戰法改。

〔五三〕出則藉此爲所歸之地　「歸」原作「居」，據長編卷五〇咸平四年十一月辛巳條改。

〔五四〕故人心有依據　「據」字原脱，據長編卷五〇咸平四年十一月辛巳條補。
〔五五〕大將李繼隆以澶淵不足守　「李繼隆」原作「李德隆」，據宋史卷二五七李繼隆傳、玉海卷一四六咸平吴淑車戰法改。
〔五六〕臨陣禦敵　按宋會要輯稿兵二六之二四同原刊。長編卷一七八至和二年二月壬辰條作「臨陣遇敵」。
〔五七〕行載兵甲　「行」字原脱，據長編卷一七八至和二年二月壬辰條補。
〔五八〕革車掩户　「車」原作「兵」，據長編卷一七八至和二年二月壬辰條改。
〔五九〕今令固自賫車式詣闕進呈　「詣闕」二字原脱，據長編卷一七八至和二年二月壬辰條補。
〔六〇〕當用小車二千兩　「千」原作「十」，據范文正公集卷五上攻守兩策狀、長編卷一三四慶曆元年十一月條改。
〔六一〕凡數十乘　「十」原作「千」，據宋史卷一九七兵志十一改。
〔六二〕且戰車比常法闊六七寸　「法」原作「車」，據宋史卷一九七兵志十一改。
〔六三〕已有侵軼之慮　「慮」，建炎以來繫年要録卷六七紹興三年秋七月壬申條作「惧」。
〔六四〕環而塹之及泉　「而塹」二字原脱，據左傳昭公十七年補。
〔六五〕長鬣多髭　原訛作「長髭鬣」，據左傳昭公十七年補乙正。
〔六六〕我呼皇則對　「皇」原作「艅艎」，據左傳昭公十七年改。
〔六七〕沈尹戌曰　「戌」原作「戍」，據左傳昭公二十四年改。
〔六八〕吴乘舟從淮水過蔡而舍之　「水」，左傳定公四年作「來」。
〔六九〕遮勿令渡　按左傳定公四年作「遮使勿渡」。
〔七〇〕楚武城大夫　「楚」字原脱，據左傳定公四年補。

〔七一〕哀公九年　「九」原作「十」，據左傳哀公九年改。
〔七二〕東北通射陽湖　「湖」原作「潮」，據馮本、左傳哀公九年改。
〔七三〕今聞東越王更徙南行　「東」字原脱，據漢書卷六四上朱買臣傳補。
〔七四〕下横浦　按漢書卷六武帝紀、資治通鑑卷二〇漢紀武帝元鼎五年均作「下湞水」。
〔七五〕越人於水中負大舟　「大舟」，漢書卷六武帝紀作「人船」。
〔七六〕伍子胥書有戈船以載干戈　「船」字原脱，「干」原作「於」，據資治通鑑卷二〇漢紀武帝元鼎五年補改。
〔七七〕公孫述遣其將翼江王田戎等據荆門　「翼江」二字原脱，據後漢書卷一三公孫述傳補。
〔七八〕關樓　「關」原作「開」，據資治通鑑卷四二後漢紀光武帝建武九年改。
〔七九〕彭裝戰船數千艘　「千」原作「十」，據資治通鑑卷四二後漢紀光武帝建武九年改。
〔八〇〕直衝浮橋　「衝」原作「衡」，據元本、慎本、馮本及資治通鑑卷四二後漢紀光武帝建武九年改。
〔八一〕操軍方連船艦　「連」原訛「進」，據資治通鑑卷六五後漢紀獻帝建安十三年改。
〔八二〕繫於其尾　「繫」原訛「擊」，據資治通鑑卷六五後漢紀獻帝建安十三年改。
〔八三〕操軍吏士皆出營立觀　「營立」原倒，據資治通鑑卷六五後漢紀獻帝建安十三年乙正。
〔八四〕引軍北還　「還」原作「敗」，據資治通鑑卷六五後漢紀獻帝建安十三年改。
〔八五〕是故羽不聞知　「是」字原脱，據資治通鑑卷六八後漢紀獻帝建安二十四年補。
〔八六〕方百二十步　「方」字原脱，據晉書卷四二王濬傳補。
〔八七〕吴建平太守吴彦取以白吴主　「吴彦」，元本、慎本及晉書卷四二王濬傳均作「吾彦」。

〔八八〕吴人於江險磧要害之處　「險」字原脱，據晉書卷四二王濬傳補。
〔八九〕又作火炬　「火」原作「大」，據晉書卷四二王濬傳改。
〔九〇〕象軍望旗而降　「軍」原作「衆」，據晉書卷四二王濬傳改。
〔九一〕方艦而下　按宋書卷一武帝紀上同。資治通鑑卷一一五晉紀安帝義熙六年作「大艦」，又作「兵艦」。
〔九二〕躬提幡鼓　「躬」原訛「射」，據宋書卷一武帝紀上改。
〔九三〕岸上軍先備火具　「火」下原衍「萬」字，據宋書卷一武帝紀上、南史卷一宋本紀上删。
〔九四〕子鑒帥步騎萬餘人渡洲　「渡」原作「度」，據資治通鑑卷一六四梁紀元帝承昭元年改。
〔九五〕合戰江中　按資治通鑑卷一六四梁紀元帝承昭元年作「合戰中江」。
〔九六〕嗣徽驍將鮑砰獨以小艦殿軍　「軍」字原脱，據陳書卷八周文育傳補。
〔九七〕文育乘單舴艋與戰　「單」原作「軍」，「與戰」二字原脱，據陳書卷八周文育傳改補。
〔九八〕斬砰　「斬」原訛「斬」，據馮本及陳書卷八周文育傳、南史卷六六周文育傳改。
〔九九〕陳侯瑱率軍進屯虎檻洲　「虎」字原脱，據南史卷六六侯瑱傳、陳書卷九侯瑱傳補。
〔一〇〇〕琳入浦治船　「治船」二字原脱，據陳書卷九侯瑱傳補。
〔一〇一〕頓蕪湖尾以待之　按陳書卷九侯瑱傳作「分槌蕩頓蕪湖洲尾以待之」。南史卷六六侯瑱傳無「分槌蕩」三字。恐「分槌蕩」三字衍。或衍「槌蕩」二字。陳書卷九侯瑱傳後附舊校云或本作「分頓」，是曾鞏等所見本有作「分頓蕪湖洲尾」者。又，此處似脱「洲」字。
〔一〇二〕定州刺史章昭達乘平虜大艦中江而進　「章昭達」原作「章昭遠」，「乘」原訛「采」，據南史卷六六侯瑱傳及章昭達傳改。

〔一〇三〕因縱大艦隨流突之　「大」原作「火」，據陳書卷一一章昭達傳改。

〔一〇四〕自餘平乘舴艋等各有差　「等各有差」原倒「各有等差」，據隋書卷四八楊素傳乙正。

〔一〇五〕奈何棄之以資敵　「奈」原訛「奔」，「以資敵」三字脱，據元本、慎本、馮本及資治通鑑卷一八九唐紀高祖武德四年改補。

〔一〇六〕若攻城未拔　「未拔」原作「而下」，據資治通鑑卷一八九唐紀高祖武德四年改。

〔一〇七〕彦章陰遣人具舟於楊村　「於楊村」三字原脱，據新五代史卷三二王彦章傳補。

〔一〇八〕以錢傳瓘爲諸軍都指揮使　「錢傳瓘」原作「錢傳權」，據資治通鑑卷二七〇均王貞明五年改。下同。

〔一〇九〕晉王募能破艨艟者　「者」原訛「若」，據馮本、資治通鑑卷二七〇均王貞明五年改。

〔一一〇〕又以木罌載薪　「薪」原訛「新」，據慎本、馮本及資治通鑑卷二七〇均王貞明五年改。

〔一一一〕梁兵焚溺者殆半　「者」字原脱，據資治通鑑卷二七〇均王貞明五年補。

〔一一二〕大破唐兵於洞口　「洞口」原作「渦口」，據資治通鑑卷二九三周世宗顯德四年十一月改。下同。

〔一一三〕上自將親軍自淮北進　「淮」原作「灌」，據資治通鑑卷二九三周世宗顯德四年十一月改。

〔一一四〕諸將以水軍自中流進　「將」原作「軍」，據資治通鑑卷二九三周世宗顯德四年十一月改。

〔一一五〕兵迫唐兵　「兵迫」，資治通鑑卷二九三周世宗顯德四年十一月作「共迫」。

〔一一六〕欲鑿楚州西北鸛水以通其道　「鸛」原作「濠」，據馮本及舊五代史卷一一八周書世宗紀改。

〔一一七〕次要郡別置中軍　「次」原作「須」，據建炎以來繫年要録卷六、宋史卷二一四高宗紀改。

〔一一八〕每縋一綆則曳一舟而入　上「一」原脱，據建炎以來繫年要録卷三三補。

〔一一九〕在世忠之上流　「流」字原脱，據建炎以來繫年要録卷三三補。

〔一二〇〕次日早出舟　「日」字原脱，據建炎以來繫年要録卷三三補。

〔一二一〕有教其於舟中載土　按建炎以來繫年要録卷三三作「有福州人王某者，居建康，教金人於舟中載土」。似文意爲長。

〔一二二〕時山東豪傑王世隆輩　「王世隆」原作「王世修」，據宋史卷三七〇李寶傳、中興小紀卷四〇及三朝北盟會編卷一三七改。

〔一二三〕争爲應援　「爲應」原倒，據宋史卷三七〇李寶傳、中興小紀卷四〇乙正。

〔一二四〕寶與子公佐引舟師至密之膠西石臼島　「佐」原作「佑」，據宋史卷三七〇李寶傳改。

〔一二五〕黄端禱於石臼神　「黄端」，中興小紀卷四〇作「黄端禮」。

〔一二六〕鼓聲震蕩　「蕩」，宋史卷三七〇李寶傳、中興小紀卷四〇作「疊」。

〔一二七〕虜帆皆以錦纈爲之　「錦纈」，宋史卷三七〇李寶傳、續資治通鑑卷一三五高宗紹興三十一年十一月作「油纈」。

〔一二八〕惟統軍韓保衡未發舟　「韓保衡」，宋史卷三七〇李寶傳、中興小紀卷四〇均作「蘇保衡」。

〔一二九〕得獻議造船人倪詢等　「船」字原脱，據中興小紀卷四〇補。又，「倪詢」作「倪茍」。

〔一三〇〕允文又命戚新引舟師直楊林河口　「戚新」，續資治通鑑卷一三五高宗紹興三十一年十一月作「盛新」。

〔一三一〕本明州定海縣水軍也　「縣」字原脱，據建炎以來朝野雜記甲集卷一八平江許浦水軍補。

〔一三二〕池江鄂州御前諸帥　「帥」原訛「神」，據建炎以來朝野雜記甲集卷一八平江許浦水軍改。

〔一三三〕其後殿前又有澉浦水軍　「前」原作「司」，據上文及建炎以來朝野雜記甲集卷一八平江許浦水軍改。

卷一百五十九　兵考十一

馬政 祭馬祖

周官：「校人掌王馬之政，政，謂差擇養乘之數也。月令曰：「班馬政〔一〕。」辨六馬之屬。種馬一物，戎馬一物，齊馬一物，道馬一物，田馬一物，駑馬一物。種，爲上善似母者，以次差之。玉路駕種馬，戎路駕戎馬，金路駕齊馬，象路駕道馬，田路駕田馬，駑馬給宫中之役。凡頒良馬而養乘之乘馬一師四圉，三乘爲皂，皂一趣馬；三皂爲繫，繫一馭夫；六繫爲廄，廄一僕夫；六廄成校，校有左右。駑馬三良馬之數，麗馬一圉，八麗一師，八師一趣馬，八趣馬一馭夫。良，善也。善馬，五路之馬。鄭司農云：「四匹爲乘，養馬爲圉，故春秋傳曰：『馬有圉，牛有牧』。」玄謂二耦爲乘。師趣馬，馭夫、僕夫，師之名也。趣馬下士。馭夫中士，則僕夫上士也。自乘至廄，其數二百一十六匹。易乾爲馬，此應乾之策也。至校變爲言成者，明六馬各一廄，而王馬小備也。校有左右，則良馬一種者，四百三十二匹。五種，合二千一百六十匹。駑馬三之，則爲千二百九十六匹。五良一駑，凡三千四百五十六匹。然後王馬大備。詩云：『騋牝三千』，此王馬之大數，與麗耦也。駑馬自圉至馭夫，凡馬千二十四匹，與三良馬之數不相應，八皆宜爲六字之誤也。師十二匹，趣馬七十二匹，則馭夫四百三十二匹矣。然後而三之，既三之無僕夫者，不駕於五路，卑之也。」天子十有二閑，馬六種；邦國六閑，馬四種；家四閑，馬二種。降殺之差，每廄爲一閑，諸侯有齊馬、道馬、田馬，大夫有田馬，各一閑，其駑馬則皆分爲三焉。凡馬，特居四之一。欲其乘之性相似也，物同氣則心一。鄭司農云：「四之一者，三牝一牡。」疏：「使三牝各産其一，通牡爲四，共駕一車，取同氣一心之義。」春祭馬祖，執駒；馬祖，天駟也。孝經説曰：「房爲龍馬。」鄭司農云：「執駒毋令近母，猶攻駒也。二歲曰駒，三歲曰駣。」玄謂執猶拘也。春通淫之時，駒弱血氣未定，爲其乘匹傷之。」夏祭先牧，頒馬攻特；先牧，始養馬者。其人未聞夏通淫之後，攻其特，爲其蹄齧，不可乘用。鄭司農云：「攻特，謂騬之。」秋祭馬社，臧僕；馬社，始乘馬者。世本作曰：「相士作乘馬。」鄭司農云：「臧僕，謂簡練馭者，令皆善也。」玄謂僕馭，五路之僕。」冬祭馬步，獻馬，講馭夫。馬步，神，爲災害馬者。獻馬，見成馬於王也。馭夫，馭貳車、從車、使車者。講，猶簡習。疏云：「春時通淫，求馬蕃息，故祭馬祖。夏草茂求肥充，故祭先牧。是放牧之先。秋時馬肥盛可乘，故祭始乘馬者。冬時萬物成，故教僕使善也。」凡軍事，物馬而頒之。物馬齊其力。

趣馬掌贊正良馬，而齊其飲食，簡其六節，贊，佐也。佐正者，謂校人臧僕講馭夫之時。簡，差也。節，猶量也。差擇王馬以爲六等。掌駕説之頒，用馬之次第。辨四時之居治，以聽馭夫。居，謂牧庌所處。治，謂執駒攻特之屬。

巫馬掌養疾馬而乘治之，相醫而藥攻馬疾，受財於校人。乘，謂驅步以發其疾，知所疾處，乃治之相助也。疏：「財謂共祈其及藥直〔二〕。」

牧師掌牧地，皆有厲禁而頒之。頒馬授圉者所牧處。孟春焚牧，焚牧地，以除陳生新草。中春通淫，中春陰陽交，萬物生之時，可以合馬之牝牡也〔三〕。月令：「季春乃合累牛騰馬，遊牝於牧」，秦時書也。秦地寒涼，萬物後動也。掌其政令，凡田事贊焚萊。焚萊者，山澤之虞。

庾人掌十有二閑之政，教以阜馬佚特，教駣，攻駒，及祭馬祖。祭閑之先牧，及執駒散馬耳，圉馬。九者皆有政教焉。阜，盛壯也。杜子春云：「佚，當爲逸。」鄭司農云：馬三歲曰駣，二歲曰駒，散，讀如中散大夫之散〔四〕，謂聒馬耳毋令善驚也。玄謂逸者用之，不使甚勞，安其血氣也。教駣，始乘習之也。攻駒，制其蹄齧者〔五〕。閑之先牧，制閑者。散馬耳，以竹括押其耳。頭動摇，則括中物，後遂串習不復驚。正校人員選，校人，謂師圉也。正員選者，選擇可備員者平之。馬八尺以上爲龍，七尺以上爲騋，六尺以上爲馬。大小異名。爾雅曰：「騋牝驪牡，玄駒褭驂。」鄭司農云：「以月令曰駕蒼龍。」

圉師掌教圉人養馬。春除蓐，釁廄，始牧；夏庌馬，冬獻馬。射則充椹質，茨墻則剪闔。蓐，馬兹也。馬既出而除之，新釁焉，神之也。春秋傳曰：「凡馬日中而出，日中而入」，故字。庌，爲訝。鄭司農云：「當爲庌。玄謂庌，廡也。廡所以芘馬者也〔六〕。充，猶居也。茨，蓋也。闔，苫也。椹質剪闔，圉人所習也。」杜子春讀椹爲齊人言鐵椹之椹。椹質，所射者習射處。

圉人掌養馬芻牧之事，以役圉師。役者，圉師使令焉。

馬質掌質馬，馬量三物：一曰戎馬，二曰田馬，三曰駑馬，皆有物賈。此三馬，買以給官府之使無種也。鄭司農曰：「皆有物色及賈直。」疏：馬有六種，此三馬無種〔七〕，買以入官府者。種，謂馬上善似母者。綱惡馬，鄭司農云：綱讀爲「以亢其讐」之亢。書亦或爲亢。亢，御也，禁也，禁去惡馬不畜也。玄謂綱以縻索維綱狎習之也〔八〕。凡受馬於有司者，書其齒毛與其賈，馬死則旬之内更；旬之外，入馬耳，以其物更其外否。鄭司農云：「更，謂償也。玄謂旬之内死者，償以齒毛與賈，受之日淺，養之惡也。旬之外死，入馬耳，償以毛色，不以齒賈任之，過其任也。其外否者，旬之外。踰二十日而死，不任用，非用者罪。疏：旬之内，日少，若養之善，未能致死也，故更。旬之外，日多，任之過，馬力既竭，雖養之善，容得致死，故不償。馬及行，則以任齊其行。識其所載輕重及道里〔九〕，齊其勞逸，乃復用之。若有馬訟，則聽之。訟，謂買賣之言相負。禁原蠶者。原，再也。天文辰爲馬，蠶書：「蠶，爲龍精，月直大火，則浴其種。」是蠶與馬同氣，物莫能兩大，禁再蠶者爲傷馬與〔一〇〕。

陳氏禮書曰：「先王之時，國馬足以行軍，公馬足以稱賦，則周禮鄉師以時辨其馬牛之物，均人均牛馬之力政，縣師辨其六畜車輦之稽，遂人、遂師以時登其六畜車輦，遂大夫以時稽其六畜，而牛馬與焉，及其用之，則司馬法甸出長轂一乘、牛三頭、馬四匹，此國馬也。校人掌王馬之政，辨種、戎、齊、道、田、駑之六馬，此公馬也。蓋天子十二閑，馬六種。每馬一圉，每乘一師。三乘，馬十二匹。三皂爲繫，三十六匹。六繫爲廄，二百一十六匹。六廄成校，校有左右，則十二廄合三千四百五十六匹。種各一廄，廄有左右，則一種四百三十二匹。良馬五種，則合二千一百六十匹。又駑馬一種，三良馬一種之數，則爲千二百九十六匹。五良一駑，凡三千四百五十六匹。邦國六閑四種，家四閑二種，蓋諸侯及大夫廄無左右，則良馬三，居三廄，合六百四十八匹。駑馬三，良馬一種之數，居三廄，亦六百四十八匹，凡千二百九十六匹。家四閑二種，一良居一廄，二百一十六匹。駑三之居三廄，爲六百四十八。凡八百六十四匹。春秋之時，晉悼公使程鄭爲乘馬，御六騶屬焉。諸侯六閑之制〔一一〕，成十八年。彼衛文公之騋牝三千，齊景公之馬千，駟三千，則近於天子十二閑之數，而千駟又過之，是皆僭侈而違禮者也。校人：駑馬、麗馬一圉。八麗一師，八師一趣馬，八趣馬一馭夫。鄭氏謂八宜爲六者，蓋自圉至馭夫，以八計之，則爲千二十四匹，與三良馬之數不合。以六計之，則適四百三十二匹矣。然後而三之，既三之，無僕夫，以駑馬不駕五路〔一二〕，卑之也。然則周天子之馬〔一三〕，不過三千四百五十六匹而已。漢之養馬有五監、六廄，而武帝之時，馬至四十萬匹。唐置八使、五十六監。麟德間，馬至七十萬，開元間，至四十五萬匹，而與周之馬數相遠者，蓋周制凡軍之馬出於民〔一四〕，而校人所養者，特給公家之用而已。漢唐則不然，行軍之馬，一出於公，此多寡所以異也。」

秦之先，有造父以善御得幸於周繆王，得驥、温驪、温，一作「盜」，鄒誕生本作「駣」〔一五〕，音陶。音義云：盜驪，竊也。竊，淺青色。駰馬，細頸。驪，黑色。驊騮、色如華而赤。今名馬驃赤爲棗騮。騮，赤也。騄耳之駟，索隱曰：「按：穆天子傳：八駿曰赤驥、盜驪、白義、渠黃、驊騮、騟騟、騄耳、山子〔一六〕。」西巡狩，樂而忘歸。徐偃王作亂，造父爲繆王御，長驅歸周，以救亂。繆王以趙城封造父。其後又有非子，居犬丘，好馬及畜，善養息之。犬丘人言之周孝王，孝王召使主馬於汧渭之間，馬大蕃息。於是孝王曰：「昔柏翳爲舜主畜，畜之多息〔一七〕，故有土，賜姓嬴。今其後世亦爲朕息馬，朕其分土爲附庸。」邑之秦，使復續嬴氏之祀。

魯僖公務農重穀，牧於坰野。坰，遠野也。邑外曰郊，郊外曰野，野外曰林，林外曰坰。箋云：「必牧於坰野者，辟民居與良田也。」周禮曰：「以官田牛田賞田牧田任遠郊之地。」

駉駉牡馬，在坰之野。駉駉，良馬腹幹肥張也。薄言駉者，有驈有皇，有驪有黃，以車彭彭。驪馬白跨曰驈，黃白曰皇，純黑曰驪，黃騂曰黃。諸侯六閑馬四種，有良馬，有戎馬，有田馬，有駑馬。彭彭，有力有容也。箋云：「坰坰，牧地水草既美，牧人又良，飲食得其時，則自肥健耳。」思無疆，思馬斯臧。臧，善也。僖公之思，遵伯禽之法，反復思之，無有竟已，乃至於思馬斯善，多其所及廣博〔一八〕。駉駉牡馬，在坰之野。薄言駉者，有騅有駓，有騂有騏，以車伾伾。蒼白雜毛曰騅，黃白雜毛曰駓，赤黃曰騂，青黑曰騏。伾伾，有力也。思無期，思馬斯才。才，多材也。駉駉牡馬，在坰之野。薄言駉者，有驒有駱，有駵有雒，以車繹繹。青驪驎曰驒，白馬黑鬛曰駱，赤身黑鬛曰駵，黑身白鬛曰雒。繹繹，善走也。思無斁，思馬斯作。作，始也。箋云：斁，厭也。作，謂牧之使可乘駕也。駉駉牡馬，在坰之野。薄言駉者，有駰有騢，有驒有魚，以車祛祛。陰白雜毛曰駰，彤白雜毛曰騢，足豪骭曰驒〔一九〕，二目白曰魚。祛祛，强健。思無邪，思馬斯徂。徂，猶行也。

晉惠公與秦師戰於韓，乘小駟，鄭入也。鄭所獻馬，名小駟。慶鄭曰：「古者大事，必乘其產。生其水土，而知其人心；安其教訓，而服習其道。唯所納之，無不如志。今乘異產以從戎事，及懼而變，將與人易。變易人意〔二〇〕。亂氣狡憤，陰血周作，張脈僨興，外强中乾，狡，戾也。僨，動也。氣狡憤於外，則血脉必周身而作，隨氣張動。外雖有强形，而中實乾竭也。進退不可，周旋不能。君必悔之。」弗聽。及戰，晉戎馬還濘而止。濘，泥也。還，便旋也。小駟不調，故墮泥中。秦獲晉侯以歸。

林氏曰：「成周以民牧者，如邱甸歲取馬四匹之類，前刑法志：「四邱爲甸，四甸爲縣，有戎馬一匹。」平時則官給芻秣，有警則民供召發。然而在天子之都，諸侯之國，士大夫之家，未嘗不自畜焉，此蓋在官養之爾。何以知之？如周禮以天子有十二閑，先儒論數不過三千餘匹。衛文公承夷狄所滅之後，新造之國，末年亦至騋牝三千，若以制度論之，衛以諸侯之國，又當殘亂之餘，其他固未及論，安得遽如成周全盛乘馬之數？蓋所謂天子十有二閑，是養之於官者，衛文公詩：『騋牝三千』，舉官民通數而言之，此成周官民通牧之制也。阡陌開，井田廢，兵車不取之田賦，戎馬各從官給，於是馬政日廢，而外患生矣。」

漢制：太僕掌輿馬。屬官有大廄、未央、家馬三令；又車府、路軨、騎馬、駿馬四令丞；又龍馬、閑駒、橐泉、騊駼、承華五監長丞。

徐氏曰：按漢舊儀云：「天子六厩：未央、承華、騊駼、騎馬、路軨、大厩，馬皆萬匹。」三輔黃圖：「都厩，天子車馬所在；中厩，皇后車馬所在。」

漢初，鑄莢錢，馬至匹百金。自天子不能具鈞駟。無純色之駟，謂駟馬雜色。而將相或乘牛車。至孝武時，衆庶街巷有馬，阡陌之間成群。謂田中之阡陌也。乘牸牝者，擯而不得會聚。言時富饒，恥乘牸牝。

文帝二年，詔太僕見馬遺財足，餘皆以給傳置。又令民有車騎馬一匹者，復卒三人。

景帝時〔二一〕，造苑馬以廣用。苑馬，謂爲苑以牧馬。

四年，御史大夫綰奏禁馬高五尺九寸以上〔二二〕，齒未平，不得出關。綰，衛綰。馬十歲，齒下平。

六年，匈奴入鴈門，至武泉，入上郡，取苑馬。

漢儀注：太僕牧師諸苑三十六所，分布北邊、西邊。以郎爲苑監，官奴婢三萬人，養馬三十萬匹。

師古曰：「武泉，雲中之縣也。養鳥獸者通名爲苑，故謂牧馬處爲苑。」

武帝建元元年，罷苑馬，以賜貧民。師古曰：「養馬之苑，舊禁百姓不得芻牧采樵，今罷之。」是時，大將軍衛青比歲十餘萬衆擊胡，漢軍士馬死者十餘萬。天子爲伐胡故，盛養馬，馬之往來食長安者數萬匹，卒牽掌者關中不足〔二三〕，乃調旁近郡，而胡降者數萬人皆得厚賞，衣食仰給縣官，縣官不給，天子乃損膳，解乘輿駟，出御府禁藏以贍之。兩軍之出塞〔二四〕，塞閱官馬及私馬凡十四萬匹，而後入塞者不滿三萬匹〔二五〕，自衛青圍單于以後，以漢馬少，故久不伐胡。

元鼎元年〔二六〕，令民得畜邊縣，得畜牧於邊縣也。官假馬母，三歲而歸，及息什一，以除告緡，用充入新秦中。李奇曰：「邊有官馬，今令民能畜官母馬者，滿三歲歸之，十母馬還官一駒，此爲息什一也。」師古曰：「官得母馬之息，以給用度，得充實秦中人，故除告緡之令也。」明年，車騎乏馬，縣官錢少，買馬難得，迺著令，令封君以下至三百石吏以上，差出牝馬天下亭〔二七〕，亭有畜字馬，歲課息。

金日磾輸黄門養馬，牽馬過殿下，馬又肥好，拜爲馬監。

上官桀遷未央廐令，武帝嘗體不安，及愈，見馬，馬多瘦，上大怒曰：「以我不復見馬邪！」欲下吏。桀曰：「臣聞聖體不安，日夜憂懼，誠不在馬。」因泣數行，上以爲忠。

匈奴渾邪王帥衆來降，漢發車二萬乘。縣官無錢，從民貰馬。賒買也。民或匿馬，馬不具。上怒，欲斬長安令。汲黯曰：「令亡罪，獨斬臣黯，民乃肯出馬。且匈奴畔其主而降漢，徐以縣次傳之，何至令天下騷動，罷中國，甘心夷狄之人乎！」上默然。

四年，馬生渥洼水中，李斐曰〔二八〕：「南陽新野有暴利長，遭刑，屯田敦煌界，數於此水旁見群野馬有奇者，與凡馬異。利長先作土人持勒靽於水旁。後馬玩習，久之，代土人持勒靽收得，獻之。欲神異此馬，云從水中出也。」作天馬之歌。

太初元年，遣貳師將軍李廣利將兵前後十餘萬人伐大宛。時宛别邑七十餘城，多善馬。馬汗血，言其先天馬子也。孟康曰：「大宛國有高山，其上有馬不可得，因取五色母馬置其下與集，生駒，皆汗血，因號曰天馬子云。」張騫始爲帝言之，上遣使者持千金及金馬，以請宛善馬。宛王以漢絶遠，大兵不能至，愛其寶馬不肯與。漢使妄言，謂辱詈宛王。宛遂攻殺漢使，取其財物。天子乃遣兵伐之，連四年，宛人斬其王毋寡首，獻馬三千匹，漢軍乃還。其後與漢約，歲獻天馬二匹。

二年，籍吏民馬，補車騎馬。籍者，總入籍録之。

征和中，上下詔，深陳既往之悔，禁苛暴，止擅賦，力本農，修馬復令，孟康曰：「先是令長吏以秩養馬，亭有牝馬，民養馬皆復不事〔二九〕，後馬多乏絶，至此復修之也。」師古曰：「此説非也。馬復，因養馬以免徭賦也。復，音房目反。」以補缺，毋乏武備而已。郡國二千石各上進畜馬方略補邊狀，與計對。師古曰：「與上計者同來起對也。」

徐氏曰：「按鼂錯疏言，民有車騎馬一匹者，復卒三人，即馬復令也。」

昭帝始元四年，詔：「往時令民共出馬，其止勿出。諸給中都官者，且減之。」

五年，罷天下亭馬母及馬弩關。應劭曰：「武帝令天下諸亭養母馬〔三〇〕，今罷之。」孟康曰：「舊馬高五尺九寸以上〔三一〕，齒未平，弩十石以上者，皆不得出關。今不禁也。」

昭帝元鳳二年〔三二〕，詔：「朕閔百姓未贍，前年減漕三百萬石〔三三〕，頗省乘輿馬及苑馬，以補邊郡三輔傳馬。其令郡國毋斂今年馬口錢。」

元帝初元元年，省苑馬以賑困乏。九月，詔太僕減穀食馬。

二年，罷黄門乘輿狗馬〔三四〕。

五年，詔乘輿秣馬毋乏正事而已。

貢禹奏言：「高祖、孝文、孝景皇帝，循古節儉，厩馬百餘匹。方今厩馬食粟將萬匹。今民大饑，而厩馬食粟，苦其太肥，氣盛怒至，乃日步作之。願減損乘輿服御，厩馬亡過數十匹。」天子納，善其忠，乃下詔太僕，減穀食馬。

成帝建始二年，減乘輿廄馬。

林氏曰：「漢初，民出善賦，以備車馬。武帝於口賦錢人增三錢，以補車騎馬。昭帝元鳳二年，令郡國毋斂今年馬口錢。又稍復古制，勸民養馬有一匹者復卒三人，蓋居閑則免三人之算，有事則當三人之卒，此内郡之制也。至於邊塞，則縱民畜牧，而官不禁。烏氏居塞，則馬數千群。橋桃居塞，則致馬千匹。貨殖傳。於時内郡之盛，則衆庶有馬，阡陌成群。食貨志。邊郡之盛，則三十六苑，分置西北。漢儀注。武帝初年，單于入塞，見馬布野而無人牧者。征伐四夷，而馬往來，食長安者數萬匹。既數出師，馬大耗乏，乃行一切之令，自封君而下至三百石吏，以次出馬。則内郡庶民之有馬者，欲望復卒難矣。又令民得畜邊者從官假馬母而歸，其息十一，則邊郡之欲廣畜牧者難矣。又匿馬者有罪，有以列侯匿馬而腰斬者。功臣表黎頃侯召奴。有以民或匿馬，馬不具，而長安令幾坐死者。汲黯傳。故内郡不足，則籍民馬以補車騎，邊郡不足，則發酒泉騾驢，負石至玉門關。武帝太初三年。輪臺之恨，始修馬令。吁！亦晚矣。」

後漢制：太僕掌車馬，屬官未央廄令一人，主乘輿及廄中諸馬。舊有六廄，中興省約，但置一廄。後置左駿廄令，別主乘輿御馬，後或併省。又有牧師苑，皆令官，主養馬，分在河西六郡界中，中興皆省，唯漢陽有流馬苑，但以羽林郎監領。

馬援好騎射，善別名馬，於交趾得駱越銅鼓，乃鑄爲馬式，還上之。因表云：「夫行天莫如龍，行地莫如馬。馬者，甲兵之本，國之大用。安寧則以別尊卑之序，有變則以濟遠近之難。昔有騏驥，一日千里，伯樂見之，昭然不惑。近世有西河子輿，亦明相法。子輿傳西河儀長孺，長孺傳茂陵丁君都，君都傳成紀楊子阿，臣援嘗師事子阿，受相馬骨法。考之於行事，輒有驗效。臣愚以爲傳聞不如親見，視景不如察形。今欲行之於生馬，則骨法難備具，又不可傳之於後。孝武皇帝時，善相馬者東門京鑄作銅馬法獻之，有詔立馬於魯班門外，則更名魯班門曰金馬門。臣謹依儀氏羇，中帛氏口齒，謝氏脣鬐，丁氏身中，備此數家骨相以爲法。」馬高三尺五寸，圍四尺五寸。有詔置於宣德殿下，以爲名馬式焉。馬援傳：援銅馬相法曰：「水火欲分明，水火在鼻孔兩間也。上脣欲急而方，口中欲紅而有光，此馬千里。頷下欲深，下脣欲緩。牙欲前向，牙欲去齒一寸，則四百里；牙劍鋒，則千里。目欲滿而澤，腹欲充，膁欲小，季肋欲長，垂薄欲厚而緩〔三五〕。垂薄，股也。腹下欲平滿，汗溝欲深長，而膝本欲起，肘腋欲開，膝欲方，蹄欲厚三寸，堅如石。」羇音居奇反。劉攽曰：「牙欲去齒一寸。按文多一『欲』字。又汗溝欲深長，而按文『而』當在『長』字上。」

和帝永元五年，詔有司省減外廄及涼州諸苑馬〔三六〕。

安帝永初元年，詔廄馬非乘輿所御者，減半食。

六年，詔越嶲置長利、高望、始昌三苑，又令益州置萬歲苑，犍爲置漢平苑。

順帝漢安元年，始置承華廄〔三七〕。東觀記曰：「時以遠近獻馬衆多，園廄充滿，故置。」

按：當時隱士魏桓被徵不出，謂人曰：「廄馬萬匹，其可減乎。」蓋當時畜馬未嘗以資軍國之用，徒侈服御，縻廩粟而已。

靈帝光和四年，初置騄驥廄丞，領受郡國調馬。豪右辜榷，馬一匹至二百萬。辜，障也。榷，專也。謂障餘人買賣而自取其利。

中平元年，詔公卿出馬、弩，廐馬非郊祭之用，悉出給軍。

任尚代班雄屯三輔，臨行，虞翊説尚曰：「今討逐寇賊，三州屯兵二十萬，棄農桑，疲征役，而未有功。兵法：弱不攻强，走不逐飛，自然勢也。今虜皆騎馬，日行數百里，來如風雨，去如離絃，以步追之，勢不相及，今莫如市馬。」尚即上言，用其計，以輕騎鈔擊，斬首四百級，獲牛馬甚衆。

晉制：太僕，統典牧、乘黄廐、驊騮廐、龍馬廐等令。太僕，自元帝渡江之後，或省或置。太僕省，故驊騮爲門下之職。

後魏明元帝時，詔天下户二十輸戎馬一匹、大牛一頭。又制：六部人滿百口者調戎馬一匹。

太武幸梱陽，驅野馬於雲中，置野馬苑。

孝文敕後軍將軍宇文福行牧地，福表石濟以西、河内以東，距河凡千里〔三八〕。帝自代徙雜畜置其地，使福掌之，畜無耗失，以爲司衛監。初，世祖平統萬及秦凉，以河西水草豐美，用爲牧地，畜甚蕃息，馬至二百餘萬匹，橐駞半之，牛羊無數。及高祖置牧於河陽，常畜戎馬十萬匹，每歲自河西徙牧并州，稍復南徙，欲其漸習水土，不至死傷，而河西之牧愈更蕃滋。及正光以後，皆爲寇盜所掠，無孑遺矣。

爾朱榮有馬十二谷，色别爲群。

北齊太僕寺統驊騮、掌御馬及諸鞍乘。左右龍、左右牝。掌駞馬。驊騮署，又有奉乘直長二人。左龍署，有左龍局。右龍署，有右龍局。左牝署，有左牝局。右牝署，有右牝局。

隋太僕寺有獸醫博士員。一百二十人。統驊騮、乘黄、龍厩等署，各置令。其後減驊騮署，入殿内尚乘局，改龍厩曰典厩署，有左右馭皂二厩，加置主乘、司庫、司廪官。

隋制：常以仲春，用少牢祭馬祖於大澤，諸預祭官〔三九〕，皆於祭所致齋一日〔四〇〕，積柴於燎壇〔四一〕，禮畢，就燎。仲夏祭先牧，仲秋祭馬祖，仲冬祭馬步，並於大澤，皆以剛日，牲用少牢，如祭馬祖，埋而不燎。

唐之初起，得突厥馬二千匹，又得隋馬三千於赤岸澤，徙之隴右，監牧之制始於此。其官領以太僕；其屬有牧監副監；監有丞、有主簿、直司、團官、牧尉、排馬、牧長、群頭，有正有副；凡群置長一人，十五長置尉一人，歲課功，進排馬。又有掌閑，調馬習上〔四二〕。又以尚乘掌天子之御，左右六閑：一曰飛黄，二曰吉良，三曰龍媒，四曰騊駼，五曰駃騠，六曰天苑。總十有二閑爲二厩，一曰祥麟，二曰鳳苑，以繫飼之。其後禁中又增置飛龍厩。初，用太僕少卿張萬歲領群牧〔四三〕。自貞觀至麟德四十年間，馬七十萬六千。置八坊：岐、豳、涇、寧間，地廣千里，一曰保樂，二曰甘露，三曰南普閏，四曰北普閏〔四四〕，五曰岐陽，六曰太平，七曰宜禄，八曰安定。八坊之田，千二百三十頃，募民耕之，以給芻秣。八坊之馬，爲四十八監，而馬多地狹不能容，又析八監，列布河西豐曠之野〔四五〕。凡馬五千爲上監，三千爲中監，餘爲下監。監皆有左右，因地爲之名。方其時，天下以一縑易一馬，萬歲掌馬久，恩信行於隴右。後以太僕少卿鮮于匡俗檢校隴右監牧。儀鳳中，以太僕少卿李思文檢校隴右諸牧監使，監牧有使自是始。後又有群牧都使，有閑厩使。使皆置副，有判官。又立四使：南使十五，西使十六，北使七，東使九。諸坊若涇川、亭川、闞水、洛、赤城，南使統之；清泉、温泉，西使統之；烏氏，北使統之；木硤、萬福，東使統之。他皆失傳。其後置八監於鹽州，三監於嵐州。鹽州使八，統白馬等坊。嵐州使三，統樓煩、玄池、天池之監。凡征伐而發牧馬，先盡强壯，不足則取其次。録色、歲、膚第印記〔四六〕、主名送軍，以帳馱之，數上於省。自萬歲失職，馬政頗廢，永隆中，夏州牧馬之死失者十八萬四千九百九十。景雲二年，詔群牧歲出高品，御史按察之。開元初，國馬益耗。太常少卿姜晦乃請以空名告身市馬於六胡州〔四七〕，率三十匹讎一游擊將軍。命王毛仲領内外閑廐。九年又詔：「天下之有馬者，州縣皆先以郵遞軍旅之役，定户復緣以升之。百姓畏苦，乃多不畜馬，故騎射之士減曩時。自今諸州民勿限有無蔭，能家畜十馬以上〔四八〕，免帖驛郵遞征行〔四九〕，定户無以馬爲貲。」毛仲既領閑廐，馬稍稍復，始二十四萬，至十三年，乃四十三萬。其後突厥款塞，玄宗厚撫之，歲許朔方軍西受降城爲互市，以金帛市馬於河東、朔方、隴右牧之〔五〇〕。既雜胡種，馬乃益壯。天寶後，諸軍戰馬動以萬計。王侯〔五一〕、將相、外戚牛駝羊馬之牧布諸道，百倍於縣官，皆以封邑號名爲印自別；將校亦備私馬。議者謂秦、漢以來，唐馬最盛，天子又鋭志武事，遂弱西北蕃。十一載，詔二京旁五百里，勿置私牧。十三載，隴右群牧都使奏：牛馬駝羊總六十萬五千六百，而馬三十二萬五千七百。安禄山以内外閑廐都使兼知樓煩監，陰選勝甲馬歸范陽，故其兵力傾天下而卒反。肅宗收兵至彭原，率官吏馬抵平凉，蒐監牧及私群，得馬數萬，軍遂振。至鳳翔，又詔公卿百僚以後乘助軍。其後邊無重兵，吐蕃乘隙陷隴右，苑牧畜馬皆没矣。乾元後，回紇恃功，歲入馬取繒，馬皆病弱不可用。永泰元年，代宗欲親擊虜，魚朝恩乃請大搜城中百官、士庶馬輸官，曰「團練馬」。

下制禁馬出城者，已而復罷。德宗建中元年，市關輔馬三萬實内厩。貞元三年，吐蕃、羌、渾犯塞，詔禁大馬出潼、蒲、武關者。元和十年伐蔡，命中使以絹一萬市馬河曲〔五二〕。其始置四十八監也，據隴西、金城、平涼、天水，員廣千里，繇京度隴，置八坊爲會計都領，其間善水草腴田厩，旋以給貧民及軍吏，間及賜佛寺、道館幾千頃〔五三〕。十二年，閑厩使張茂宗舉故事，盡收岐陽坊地，民失業者甚衆〔五四〕。十三年，以蔡州牧地爲龍陂監。十四年，置臨漢監於襄州，牧馬三千二百，費田四百頃。穆宗即位，岐人叩闕訟茂宗所奪田〔五五〕，事下御史按治，悉予民。太和七年，度支鹽鐵使言：「銀州水甘草豐，請詔刺史劉源市馬三千，河西置銀川監，以源爲使。」襄陽節度使裴度奏停臨漢監。開成二年，劉源奏：「銀川馬已七千，若水草乏，則徙牧綏州境。今綏南二百里，四隅險絶，寇路不能通，以數十人守要，畜牧無他患。」乃隸銀川監。其後闕，不復可紀。

林氏曰：「唐府兵之制，當給馬者，官與其直市之，每匹錢二萬五千。刺史、折衝、果毅歲周不任戰者鬻之，以其錢更市，不足則府供之，此給錢以市也。至府兵漸壞，兵貧難致，乃給以監牧之馬，此給馬以用也。大抵唐之馬政，皆給於官，民無與焉。唐兵志：自高宗、武后府兵之法更號曰「彍騎」，詔諸州府馬闕乏，官私共補之。今兵貧難致，乃給以監牧馬。餘見兵志。始唐接周、隋亂離之後，承天下征伐之餘，鳩括殘騎，僅得壯牝三千匹於赤岸澤，徙之隴右，始命太僕張萬歲葺其政焉。」

肇貞觀訖麟德四十年間，馬至七十萬餘匹。於時天下以一縑易一馬，秦、漢之盛，未之有也。垂拱以後，馬耗大半。開元始命王毛仲爲内外閑厩，使牧養有法，雲錦成群，復與麟德馬數相等爾。

此唐牧於官而給於民之制也。

唐開元禮

仲春祀馬祖儀

將祀，有司筮日如別儀。以下先牧、馬社、馬步皆筮日。前祀三日，應享之官散齋二日〔五六〕、致齋一日如別儀。前祀二日，守宮設祀官次於東壝外道南，北向西上，陳饌幔於内壝外。郊社令積柴於燎壇，方高五尺。太官令具特牲之饌。其日未明二刻〔五七〕，太史令、郊社令升設神座於壇上〔五八〕，席以莞，南向。奉禮、設獻官位於壇東南，西向；執事位又於東南〔五九〕，俱西向北上。設奉禮位於獻官西南，贊者二人在南差退。又設奉禮贊者位於燎壇東北，俱西向北上。設望燎位當柴壇北〔六〇〕，南向。設祀官等門外位於東壝外道南，西上。郊社令設酒罇於壇上東南隅，北向。洗於壇東南，北向，執罇篚者如常，幣篚於罇所。未明一刻，太祝、獻官等各服其服，郊社令與良醞令入實罇罍及幣。質明，謁者引獻官以下俱就門外位。奉禮郎帥贊者先入就位。贊引引太祝與執罇罍篚冪者入〔六一〕。當壇南重行，北面西上。立定，奉禮曰：「再拜。」贊者承傳，太祝以下俱再拜。太祝與執罇者升東階，至罇所，執罍、洗、篚、冪者各就位。謁者引獻官以下入就位。立定，奉禮曰：「再拜。」在位者俱再拜。謁者進獻官之左，白：「有司謹具，請行事。」退復位。太官令出詣饌所，太祝跪取幣於篚，興，立罇所。謁者引獻官詣神座前，北面立。

太祝奉幣東向授獻官，獻官受幣，進，北面跪奠於神座，俛伏，興，少退，北面再拜，謁者引獻官還本位。太官令引饌入，升南陛，太祝迎，引於壇上，設於神座前訖，太官令以下降復位〔六二〕，太祝還罇所。謁者引獻官詣罍洗，盥手洗爵訖，謁者引獻官升自南陛，詣酒罇所，執罇者舉冪，獻官酌酒，謁者引獻官進神座前，北向跪奠爵，俛伏，興，少退北向立。太祝持版進於神座之右，東面跪讀祝文曰：「維某年歲次月朔日，天子謹遣具官臣姓名，昭告於馬祖天駟之神：爰以春季，遊牝於牧，祗薦制幣犧齊，粢盛庶品，明薦於馬祖天駟之神，尚饗。」訖，興。獻官再拜。太祝進，跪奠版於神座，俛伏，興，還罇所。太祝以爵酌福酒，進獻官之右，西向立。獻官再拜，受爵，跪祭酒，遂飲卒爵。太祝進受爵，復於坫〔六三〕。獻官俛伏，興。太祝帥齋郎進俎，減神前胙肉，以授獻官。獻官受以授齋郎〔六四〕。謁者引獻官降自南陛，還本位。太祝進，跪徹豆，俛伏，興，還罇所。奉禮曰：「再拜。」在位者皆再拜。已飲福受胙者不拜。奉禮又曰：「再拜。」在位者俱再拜〔六五〕。謁者引獻官就望燎位，南向立。奉禮又帥贊者退立於燎壇東北位。太祝進神座前，跪取制幣、祝版、爵酒，又以俎載牲體、稷黍飯〔六六〕、興，降自南陛南行〔六七〕，當柴壇東南行，自南陛登柴壇，以幣、酒、祝版、饌置柴上訖。奉禮曰：「可燎。」東西面各二人以炬燎，火起〔六八〕，以炬投壇上。火半柴，謁者進獻官之左，曰：「禮畢。」遂引獻官以下出。奉禮帥贊者還本位〔六九〕。贊引引太祝以下俱復執事位。立定，奉禮曰：「再拜。」太祝以下皆再拜，贊引引出。

仲夏享先牧儀仲秋祭馬社，仲冬祭馬步附〔七〇〕。

前享三日，應享之官散齋二日於正寢，致齋一日於享所。右校掃除壇之内外，爲瘞埳於壇之壬地，方深取足容物。衛尉設享官次於東壝外道南，北向西上。太官令具特牲之饌。其日未明一刻，以下至設贊者位於瘞埳西南〔七一〕，同馬祖儀。設瘞埳位於壇之西南，北向。設享官以下門外位，以下至讀祝文，如馬祖儀。祝文曰：「昭告於先牧之神，肇開牧養，厥利無窮，式因頒馬，爰以制幣」云云，尚饗。訖，興，獻官再拜。太祝進跪徹以下，至燔版，如馬祖儀。其埳寘土東西各二人。祭馬社祝文曰：「惟神肇教人乘，用賴於今，式因肆僕，爰以制幣云云，尚饗。」馬步祝文曰：「惟神爲國所重，在於閑牧，神其屏兹隱慝〔七二〕，使無有害，載因獻校，爰以制幣云云，尚饗。」

後梁開平四年，頒奪馬令，冒禁者罪之。先是，梁師攻戰，得敵人之馬必納官，故出令命獲者有之。

後唐同光三年，詔下河南、河北諸州和市戰馬〔七三〕，官吏除一匹外，匿者有罪。時將伐蜀。

長興四年，敕：「沿邊藩鎮，或有蕃部賣馬，可擇其良壯者給券，具數以聞。」

先是，上問見管馬數，樞密使范延光奏：「天下常支草粟者近五萬匹，見今西北諸蕃賣馬者往來如市，其郵傳之費，中估之直，日以四五十貫〔七四〕。以臣計之，國力十耗其七，馬無所使，財賦漸銷，朝廷甚非所利。」上善之，故有是敕。

清泰三年，敕：「諸道州府縣鎮，賓佐至録事參軍、都押衙、教練使已上，各留馬一匹乘騎。及鄉村士庶有馬者，無問形勢，馬不以牝牡，盡皆抄借。但勝衣甲，並仰印記，差人管押送納。其小弱病患者，印退字，本道收管〔七五〕。節度防禦團練等使、刺史，除自己馬外，不得因便影占。管軍都將，除出軍及隨駕外，見逐處屯駐者，都指揮使舊有馬許留五匹，小指揮使兩匹，都頭一匹，其餘凡五匹取兩匹，十匹取五匹，更多有者，並依此例抽取。在京文武百官、主軍將校、內諸司使已下、隨駕職員，舊有馬者任令隨意進納，不得影占人私馬。各下諸道，准此。」

按：清泰之距長興纔數年耳。長興時，樞密使范延光奏陳方患官馬太多，芻秣耗用，曾幾何年，而括馬之令復如此。豈長興之馬，已俱不復存邪？

晉天福九年，發使於諸道州府，括取公私馬。以備禦契丹。

校勘記

〔一〕班馬政　「班」原作「頒」，據禮記月令鄭注及周禮校人鄭注改。

〔二〕財謂共祈其及藥直　「其」原作「具」，據周禮巫馬賈疏改。

〔三〕可以合馬之牝牡也　「合」原作「會」，據周禮牧書鄭注改。

〔四〕散讀如中散大夫之散　「大夫」二字原脱，據周禮廋人鄭注補。

〔五〕制其蹄齧者　「制」原作「騬」，據周禮廋人鄭注改。

〔六〕廡所以芘馬者也　「者」原作「凉」，據周禮圉師鄭注改。
〔七〕此三馬無種　「馬」，周禮馬質賈疏作「者」。
〔八〕玄謂綱以縻索維綱狎習之也　「玄」原作「綱」，據周禮馬質鄭注改。
〔九〕識其所載輕重及道里　「識」原訛「職」，據周禮馬質鄭注改。
〔一〇〕禁再蠶者爲傷馬與　原訛「禁原蠶爲其傷馬歟」，據周禮馬質鄭注、賈疏改。
〔一一〕諸侯六閑之制　按禮書卷一四七馬無「之制」二字。
〔一二〕以駑馬不駕五路　「馬」字原脱，據禮書卷一四七馬補。
〔一三〕然則周天子之馬　「則」原作「後」，據禮書卷一四七馬改。
〔一四〕蓋周制凡軍之馬出於民　「凡」原作「八」，據禮書卷一四七馬改。
〔一五〕鄒誕生本作駣　「生」字原脱，據史記卷五秦本紀補。
〔一六〕八駿曰赤驥盜驪白義渠黄驊騮騟騟騄耳山子　「義」原作「犧」，「騟騟」原作「踰輪」，據史記卷五秦本紀改。
〔一七〕昔柏翳爲舜主畜畜之多息　上「畜」原作「蓄」，下「畜」原脱，據史記卷五秦本紀改補。
〔一八〕乃至於思馬斯善多其所及廣博　「多」字原脱，據毛詩魯頌駉補。
〔一九〕足豪骭曰驔　按毛詩魯頌駉無「足」。
〔二〇〕變易人意　「易」原作「化」，據左傳僖公十五年注改。
〔二一〕景帝時　「時」，西漢會要卷五九兵作「始」。
〔二二〕御史大夫綰奏禁馬高五尺九寸以上　「五尺九寸」原作「九尺五寸」，據漢書卷五景帝紀、西漢會要卷五九兵改。

〔二三〕卒牽掌者闕中不足　「牽」字原脱，據史記卷三〇平準書補。

〔二四〕兩軍之出塞　「兩」下原衍「將」字，據漢書卷五五霍去病傳删。

〔二五〕塞閲官馬及私馬凡十四萬匹而後入塞者不滿三萬匹　「四」字原脱，下「萬」訛「百」，據漢書卷五五霍去病傳、西漢會要卷五九兵補改。

〔二六〕元鼎元年　按西漢會要卷五九兵作「元鼎四年」。

〔二七〕差出牝馬天下亭　「牝」原作「壯」，據漢書卷二四下食貨志、西漢會要卷五九兵改。

〔二八〕李斐曰　「斐」原訛「非文」，據漢書卷六武帝紀李斐注改。

〔二九〕民養馬皆復不事　「事」原作「可」，據資治通鑑卷二二漢紀武帝征和四年改。

〔三〇〕武帝令天下諸亭養母馬　「母馬」二字原倒，據漢書卷七昭帝紀、西漢會要卷五九兵乙正。

〔三一〕舊馬高五尺九寸以上　「九」，漢書卷七昭帝紀作「六」。

〔三二〕昭帝元鳳二年　原作「宣帝五鳳二年」，據漢書卷七昭帝紀、西漢會要卷五九兵改。

〔三三〕朕閔百姓未贍前年減漕三百萬石　此十四字原脱，據漢書卷七昭帝紀補。

〔三四〕罷黄門乘輿狗馬　「門」原訛「馬」，「狗」原訛「駒」，據元本、慎本、馮本及漢書卷九元帝紀改。

〔三五〕垂薄欲厚而緩　「垂」，東漢會要卷三三兵作「懸」。

〔三六〕詔有司省減外廐及涼州諸苑馬　按東漢會要卷三三兵同。後漢書卷四和帝紀「減」下有「内」字。

〔三七〕始置承華廐　「始」，東漢會要卷三三兵作「故」。又下文注引東觀記亦作「故置」，恐是。

〔三八〕福表石濟以西河内以東距河凡千里　「表」，魏書卷四四宇文福傳作「規」，又「千」原訛「十」，據改。

〔三九〕諸預祭官　「預」原作「合」，據隋書卷八禮儀志改。

〔四〇〕皆於祭所致齋一日　「皆」字原脱，據隋書卷八禮儀志補。

〔四一〕積柴於燎壇　「燎」字原脱，據隋書卷八禮儀志補。

〔四二〕調馬習上　「馬習」二字原倒，據元本、馮本及新唐書卷五〇兵志乙正。

〔四三〕用太僕少卿張萬歲領群牧　「太僕少卿」，唐會要卷六六同。通典卷二五職官作「太僕卿」。

〔四四〕三曰南普閏四曰北普閏　二「閏」原脱，據新唐書卷五〇兵志補。

〔四五〕列布河西豐曠之野　「河西」，文苑英華卷八六九張説隴右監牧頌德碑及通典卷二五職官均作「河曲」。

〔四六〕虜第印記　「第」原作「地」，據元本、慎本、馮本及新唐書卷五〇兵志改。

〔四七〕太常少卿姜晦乃請以空名告身市馬於六胡州　「姜」原訛「善」，據舊唐書卷五九姜謨傳、新唐書卷五〇兵志改。

〔四八〕能家畜十馬以上　「上」原訛「不」，據新唐書卷五〇兵志改。

〔四九〕免帖驛郵遞征行　「帖」原訛「站」，據元本、慎本、馮本及册府元龜卷六二一、全唐文卷二八禁差民馬詔改。

〔五〇〕以金帛市馬於河東朔方隴右牧之　「市」原訛「軍」，「隴」原訛「左」，據元本、慎本、馮本及新唐書卷五〇兵志改。

〔五一〕王侯　「王」原訛「五」，據新唐書卷五〇兵志改。

〔五二〕命中使以絹一萬市馬河曲　「一」，新唐書卷五〇兵志作「二」。

〔五三〕其間善水草腴田厩旋以給貧民及軍吏間及賜佛寺道館幾千頃　按新唐書卷五〇兵志作「其間善水草腴田皆隸之。後監牧使與坊皆廢，故地存者一歸閑厩，旋以給貧民及軍吏，間又賜佛寺、道館幾千頃」。恐此處有脱誤。

〔五四〕民失業者甚衆　「民」字原脱，據新唐書卷五〇兵志補。

〔五五〕岐人叩闕訟茂宗所奪田　「闕」原訛「關」，據新唐書卷五〇兵志改。

〔五六〕應享之官散齋二日　「應享之官」，通典卷一三三禮同。開元禮卷八九作「諸與祀之官」。

〔五七〕其日未明二刻　「其日」二字原脱，據開元禮卷八九、通典卷一三三禮補。

〔五八〕郊社令升設神座於壇上　按通典卷一三三禮同原刊。開元禮卷八九「設」下有「馬祖」二字，或是。

〔五九〕執事位又於東南　通典卷一三三禮同原刊。開元禮卷八九作「執事位于獻官東南」，或是。

〔六〇〕設望燎位當柴壇北　「設」字原脱，據開元禮卷八九、通典卷一三三禮補。

〔六一〕贊引引太祝與執罇罍篚冪者入　「祝」原訛「祀」，據開元禮卷八九、通典卷一三三禮改。下同。

〔六二〕太官令以下降復位　「令」字原脱，據開元禮八九、通典卷一三三禮補。

〔六三〕復於坫　「復」字原脱，據開元禮卷八九、通典卷一三三禮補。

〔六四〕獻官受以授齋郎　「獻官」二字原脱，據開元禮卷八九、通典卷一三三禮補。

〔六五〕奉禮又曰再拜在位者俱再拜　此十二字原脱，據開元禮卷八九、通典卷一三三禮補。

〔六六〕稷黍飯　「稷」字原脱，據開元禮卷八九、通典卷一三三禮補。

〔六七〕降自南陛南行　「南陛」二字原脱，據開元禮卷八九、通典卷一三三禮補。

〔六八〕火起　「起」原訛「者」，據開元禮卷八九、通典卷一三三禮改。

〔六九〕奉禮帥贊者還本位　「帥」字原脱，據開元禮卷八九、通典卷一三三禮補。

〔七〇〕仲冬祭馬步附　「附」原作「同」，據開元禮卷八九、通典卷一三三禮改。

〔七一〕以下至設贊者位於瘞埳西南　按通典卷一三三禮同原刊。開元禮卷八九無「以下至」三字。下同。

〔七二〕神其屏兹隱慝　「隱慝」，通典卷一三三禮作「凶慝」。

〔七三〕詔下河南河北諸州和市戰馬　「詔」字原脱，據五代會要卷一二馬補。

〔七四〕日以四五十貫　「以」字原脱，「五十」二字原倒，據五代會要卷一二馬補正。

〔七五〕本道收管　「收」原訛「以」，據馮本、五代會要卷一二馬改。

卷一百六十　兵考十二

馬政

宋初，有左、右飛龍二院，以左、右飛龍使各二人分掌之。時諸州監牧多廢，國馬無復孳息。太祖始置養馬二務，又興葺舊馬務四，以爲放牧之地。分遣中使詣邊州，歲市馬，自是閑厩之馬始備矣。

先是，兩河之民入虜界盜馬〔一〕，邊吏籍數以聞，官給其直。上方鎮撫，不容私掠，乃詔禁之，悉還所盜馬，戎人悦服。

太宗太平興國四年，詔市吏民馬十七萬匹，以備征討。是歲，平太原，觀兵於幽州，得汾、晉、燕、薊之馬四萬二千餘匹。國馬增多，内皂充牣，始分置諸州牧養之。

國子博士李覺上言曰：「夫冀北燕代，馬之所生，胡戎之所恃也。故制敵之用，實兵騎爲急。議者以爲欲國之多馬，在乎啗戎以利，使重譯而至焉。然市馬之費，歲益而厩牧之數不加者，蓋失其生息之理也。且戎人畜牧轉徙，旅逐水草，騰駒游牝，順其物性，由是寖以蕃滋也。暨乎市易之馬至於中國，則縶之維之，飼以枯藁，離析牝牡，制其生性，玄黄虺隤，因而減耗宜然矣。又有不同中國之馬，服習成性，食枯芻，處華廄，率以爲常，故多生息而無耗失。古者田賦之法，六十四井出戎馬四匹，兵車一乘，牛十二頭。天子畿方千里，提封百萬井。除山川、城池、邑居、苑囿，凡三十六萬井不輸賦外，六十四萬井出戎馬四萬匹，兵車萬乘，此賦馬之數也。諸侯大者馬四千匹，兵車千乘，故稱千乘之國。卿大夫者馬四百匹，兵車百乘，故稱百乘之家。則天下之廣，諸侯之衆，戎馬之賦多矣。是以唐堯暨晉，皆處河北，而北虜不能爲患，由馬之多也。此並取於田賦，不聞市馬於戎也。洎秦壞井田，漢興阡陌，兵車不取田賦，戎馬悉從官給，是以匈奴歷年爲患，由馬之少也。故鼂錯說文帝勸農功，令民有車騎，馬一匹者復卒三人，謂免三人甲卒之賦也。至武帝七十年間，衆庶街巷有馬，阡陌之間成群，乘牸牝者擯而不得會聚，此則馬皆生於中國，不聞市之於戎也。今軍伍中牝馬甚多，而孳息之數尤鮮者，何也？皆云官給秣飼之費不充，又馬多産則羸弱，駒能食則侵其芻粟，馬母愈瘠，養馬之卒有罪無利，是以駒子生，乃驅令齅灰而死。其後官司知有此蠹，於是議及養駒之卒，量給賞緡，其如所賜無幾，而尚習前弊。今竊揣量國家所市戎馬，直之少者匹不下二十千，往來資給賜與，復在數外，是貴市於外夷，而賤棄於中國，非理之得也。國家縱未暇別擇之牝馬，以分畜牧，宜且減市馬之半直，賜畜駒之將卒，增爲月給，俟其納馬則止焉。則是貨不出國，而馬有滋也。大率牝馬二萬，而駒收其半，亦可歲獲萬匹。況復牝以生牝，駒以生駒，十數年間，馬必倍矣。昔猗頓，窮士也，陶朱公教以畜五牸，乃適西河，大畜牛羊於猗氏之南〔二〕，十年之間，其息無算。況以天下之馬而生息乎？」上覽奏，嘉之。

淳化二年，通利軍上十牧草地圖。上慮畜牧之地，多侵民田，乃遣中使檢視，畫其疆界。又從內侍趙守倫之請，於諸州牧龍坊畜牝馬萬五千匹，逐水草放牧，不費芻秣，所生駒子，可資用。自是諸牧馬頗蕃息。

真宗咸平元年，别置估馬司〔三〕，掌戎人驅馬至京師，辨其良駑，平直以市，分給諸監牧養。

三年，置制置群牧使，以内臣勾當制置群牧司，京朝官爲判官。

景德二年，改諸州牧龍坊悉爲監，賜名，鑄印以給之。

四年，以知樞密院陳堯叟爲群牧制置使，又置群牧使、副、都監，增判官爲二員。凡廐牧之政，皆出於群牧司，自騏驥院而下，皆聽命焉。其二院所管坊監仍舊。諸州有牧監，知州通判兼領之〔四〕，諸監各置勾當官二人。又有左、右廂提點，並以三班爲之。其修創規制，纖悉備具。其後又詔左、右騏驥院諸坊監監官〔五〕，自今並以三年爲滿，如習知馬事欲留者，群牧司保薦以聞，當徙莅他監。

議者言罷兵之後，頗以國馬煩耗，歲費縑繒，雖市得尤衆，而損失亦多。堯叟謂群牧之設，國家巨防。今愚淺之説，以馬爲不急之務，則士卒亦當遣而還農也。作監牧議以獻〔六〕，勒石大名監。自是率以樞臣專領，以重其事。

凡市馬之處，河東則府州岢嵐軍，陜西則秦渭涇原儀環慶階文州鎮戎軍，川峽則益黎戎茂雅夔州永康軍，皆置務遣官以主之。歲得五千餘匹，以布帛茶他物準其直〔七〕。舊運銅錢給之。太平興國八年，有司言戎人得錢，悉銷鑄爲器，乃定此制。其後諸州市畜馬，給直漸高，務增數以爲課績。景德中，戎事已息，因詔條約之。招馬之處，秦渭階文之吐蕃、回紇，麟府之党項，豐州之藏才族，環州之白馬、鼻家、保家、名市族，泊涇儀延鄜火山保安軍唐龍鎮制勝關之諸蕃。每歲皆給以空名敕書，委沿邊長吏擇牙吏入蕃招募，給券詣京師，至則估馬司定其直，自三十五千至八千〔八〕，凡二十三等。舊選三歲至十七歲者，景德二年詔止市四歲至十三歲者，餘聽私市。其蕃部又有直進者，自七十五千至十七千，凡三等。有獻尚乘者，自百一十千至六十千，亦三等。

凡畜馬處有兩院，曰左、右騏驥；四監，曰左、右天駟第一、第二〔九〕；二坊，曰左、右天厩，皆在京師。在外有十四監：大名、大名。廣平、洺州。淇水、衛州。並分第一第二，洛陽、河南。原武、鄭州。沙苑、同州。安陽、相州。鎮寧、澶州。安國、邢州。淳澤、中牟。單鎮。許州。又有牧養上下監，以養療京城諸坊、監病馬。

其孳生之所，即大名、洺、衛、相州凡七監，多擇善馬爲種，牝牡爲群，歲遣判官一人巡行點印，二歲已上者歲約八千餘匹，凡京城諸州飼馬兵校一萬六千三十八人，坊監及諸軍馬二十餘萬匹〔一〇〕，每歲京城草六十六萬六千圍，麩料六萬二千二百四石，鹽、藥、油、糖九萬五千餘斤、石、枚〔一一〕，諸州諸軍不預焉。左右騏驥院、六坊監止留馬二千餘匹〔一二〕，皆季春出就放牧，至秋冬而入。其尚乘之馬，唯備用者在焉。諸班不自出馬，寄兩院。其牧地始自畿田及於近郡，皆遣使分行水草善地而標占之。諸坊監總四萬九千四百餘頃，諸班諸軍又三萬九百九十頃，皆有涼棚井泉，所屬縣令檢校之外，坊監亦有四時逐水草以肆遊牝者。

凡御馬有三等，其次給用，又有十五等〔一三〕，曰簡中馬，曰不得支使馬，曰添價馬，曰國信馬，曰臣僚馬，景德四年，詔群臣常賜厩馬者，命中使簡定六十匹賜之。賜畢復增，常足其額。又内職受命出使者多求賜馬，大中祥符三年，以其例或不均，詔樞密院定群臣出使賜馬條例。曰諸班馬，曰御龍直馬〔一四〕，曰捧日、龍衛馬〔一五〕，曰拱聖馬，曰驍騎馬，曰雲武騎馬〔一六〕，曰天武龍猛馬〔一七〕，曰配軍馬〔一八〕，曰雜使馬，曰馬鋪馬。國初諸州厩置，闕馬取民馬補之。開寶五年，詔罷。自恩賜外，皇族及内臣伎術官要司職掌皆給借之。凡馬以府州爲最，蓋生於子河汊有善種，次環、慶，次秦、渭，雖骨格稍大，而蹄薄多病，文、雅諸州爲下，止給本處兵。契丹馬骨格頗多河北孳生，謂之本群馬，蓋因其水土服習而少疾焉。又泉福州、興化軍亦有洲嶼馬，皆低弱不勝具裝，第以給本道廂軍及江浙驛置之用。福州四牧：曰水峭、龍胡、瀝崎、海澶。泉州二牧：曰浯州、列嶼。興化軍二牧：曰東越、侯嶼。舊十一牧。大中祥符二年廢湄州、嶠嶼、南匿三牧，每牧置群頭、牧户以主之，每歲孳育，本縣籍其數，以使臣一人提點。

大中祥符元年，立牧監賞罰之令。外監息馬，一歲終以十分爲率，死一分以上勾當官罰一月俸，餘等第决杖。牧倍多而死少者，給賞緡有差。凡生駒一匹，兵校而下賞絹一疋。

是歲於京師置賣馬務，掌受退馬而出市之。

天禧初，宰相向敏中言：「國馬之數，方先朝倍多，廣費芻粟，若令群牧司度數出賣，散於民間，緩急取之，猶外厩耳。」是秋，乃詔十三歲以上配軍馬估直出賣。

仁宗景祐二年，詔民間無以馬數升户等。

康定初，陝西用兵，馬騎不足，詔京畿、京東西、淮南、陝西路括市戰馬〔一九〕，自四尺六寸至四尺二寸，其直自五十千至二十千，凡五等，敢輒隱者重寘之法。

皇祐五年，丁度上言：「天聖中，牧馬至十餘萬，其後言者以爲天下無事，而事虚費，遂廢八監，然而秦渭環階麟府州、大山、保德、岢嵐軍歲市馬二萬二百，纔能補京畿塞下之闕。自用兵四年，而所市馬纔三萬，况河北、河東、京東、京西、淮南籍丁壯爲兵？請下令有能畜一戰馬者免二丁，仍不升户等，以備緩急，如此國馬蕃矣。」言不果行。

至和二年，群牧使歐陽修言：「今之馬政，皆因唐制。而今馬多少與唐不同者其利病甚多，不可概舉。至於唐世牧地，皆與馬性相宜，西起隴右金城、平凉、天水，外暨河曲之野〔二〇〕，内則岐、豳、涇、寧，東接銀、夏，又東至於樓煩，此唐養馬之地也。以今考之，或陷没夷狄，或已爲民田，皆不可復得。惟聞今河東路嵐石之間，山荒甚多；及汾河之側，草地亦廣，其間草軟水甘，最宜牧養，此乃唐樓煩監地也。可以興置一監臣。以爲推迹而求之，則樓煩、元池、天池三監之地，尚冀可得。又臣往年奉使河東，嘗行威勝以東及遼州、平定軍，見其不耕之地甚多。而河東一路山川深峻〔二一〕，水草甚佳，其地高寒，必宜馬性。及京西路唐汝之間，久荒之地其數甚廣，請下河東、京西轉運司，遣官訪草地有可以興置監牧，則河北諸監有地不宜馬處〔二二〕，可行廢罷。至於估馬一司，利害易見，若國家廣捐金帛，則券馬利厚，來者必多。若有司惜費，則蕃部利薄，馬來寖少。然而招誘之方，事非一體，請遣群牧司或禮賓院官一人至邊，訪蕃部券馬利害。以此三者參酌商議，庶不倉卒輕爲改更。」天子下其奏相度，牧馬所奎等請如修奏。

神宗即位，留意馬政。於是樞密副使邵亢請以牧馬餘田修稼政，以資牧養之利。而群牧司言：「馬監草地四萬八千餘頃，今以五萬馬爲率〔二三〕，一馬占地五十畝。大名、廣平四監餘田無幾，宜且仍舊。

而原武、單鎮、洛陽、沙苑、淇水、安陽、東平等監，餘良田萬七千頃，可賦民以收芻粟。」從之。又詔河南、北分置監牧使，以劉航、崔台符爲之。又置都監各一員，其在河南者爲孳生監〔二四〕。凡外諸監並分屬兩使，各條上所當施行者。諸監官吏若牧田縣令、佐，並委監牧使舉劾，專隸樞密院，不隸於群牧制置。

二年，詔括河南北監牧司總牧地〔二五〕。舊籍六萬八千頃，而今籍五萬五千，餘數皆隱於民。自是，請以牧田賦民者紛然，而諸監尋廢。是歲，天下應在馬凡十五萬三千六百有奇。

五年，廢太原監。

七年，廢東平、原武監，而合淇水兩監爲一。

八年，廢河南、北八監，惟存沙苑一監〔二六〕，而兩監牧司亦罷。沙苑監先以隸陝西提舉監牧，至是復屬之群牧司云。

時諸監牧田，大抵皆寬衍，爲人所冒占。故議者争請收其餘資，以佐芻粟。言利者乘之，始以增廣賦入爲務。始議廢監時〔二七〕，群牧制置使文彦博言：「議者欲賦牧地與民而斂租課，散國馬於編户而責孳息，非便。」詔元絳、蔡確較其利害上之。於是中書、樞密院言：「河南、北十二監，起熙寧二年至五年，歲出馬一千六百四十四，可給騎兵者二百六十四，餘僅足配郵傳。而兩監牧吏卒雜費及所占地租，歲爲緡錢五十三萬九千有奇，計所出馬爲錢三萬六千四百餘緡而已。今九監見馬三萬，若不更制〔二八〕，則日就損耗。」於是卒廢之，以其善馬分隸諸監，餘馬皆斥賣，收其地租，給市易茶本錢之外〔二九〕，寄籍常平出子錢，以爲市馬之直。監兵五千，以爲廣固指揮，修治京城焉。後遂廢高陽、真定、太原、大名、定州五監。凡廢監錢歸市易之外〔三〇〕，又以給熙河歲計。諸監既廢，淤田司請廣行淤溉〔三一〕，增課以募耕者。而河北制置牧田所繼言：牧田没於民者五千七百餘頃，乃嚴侵冒之法，而加告獲之賞，自是利入增多〔三二〕。元豐三年，收廢監租錢，遂至百十六萬，自群牧使而下，賜賚有差。河北察訪使者曾孝寬言：「慶曆中，嘗詔河北民户以物力養馬，備非時官買，乞參考申行之。」而户馬法始此。

自諸監既廢，仰給市馬，而義勇保甲馬復從官給，議者常患國馬未備。元豐三年春，以王拱辰之請，乃召開封府界、京東西、河北、陝西、河東路州縣户，各計資産市馬，坊郭家産及三千緡，鄉村五千緡。若坊郭鄉村通及三千緡以上者，各養一馬，增倍者馬亦如之，至三匹止。馬以四尺三寸以上齒以八歲以下爲斷。齒及十五歲，則更市如初，提舉司籍記之。於是諸道各以其數來上。開封府界四千六百九十四，河北東路六百一十五，西路八百五十四，秦鳳等路六百四十二，永興路一千五百四十六，河東路三百六十六，京東東路七百一十七，西路九百二十二，京西南路五百九十九〔三三〕，北路七百一十六。時初立法，帝慮商賈乘民期會高馬直以專利，命出群牧司驍騎以上千匹與養馬户交市，以平其價。先是熙寧中，嘗令德順軍蕃部養馬，帝問其利害。王安石對：「今坊、監以五百緡乃得一馬，若委之熙河蕃部，決當不至重費。蕃部以畜牧爲生，且其地宜馬，誠爲便利。」既而得駒庳劣，亡失者責償。蕃部苦之，其法尋廢。至是環慶路經略司復言已誘勸諸蕃部令養馬。詔閲實及格者，一匹支五絏，鄜延秦鳳涇原路准此。養馬之令，復行於蕃部矣。已而西方用兵，頗調户馬以給戰騎，借者給還，死者償直。七年六月，遂詔河東鄜延環慶路，各發户馬二千以給正兵〔三四〕，河東就給本路，鄜延益以永興軍等路及京西坊郭馬，環慶益以秦鳳等路及開封府界馬。户馬既配兵〔三五〕，後遂不復補。京東、西既更爲保馬，而諸路養馬指揮至八年四月乃罷。然其後行給地牧馬，則猶本於户馬之意云。

五年五月，詔開封府界諸縣保甲願養馬者聽，仍以陝西所市馬選給之。六年，又詔司農寺立養馬法。於是曾布等上其條約，凡五路義勇保甲願養馬者，户一匹，物力高者願養二匹者聽，皆以監牧見馬給之，或官予其直令自市，毋或强予。府界毋過三千匹，五路無過五千匹，襲逐盜賊之外，乘越三百里者皆有禁。在府界者，免輸糧草二百五十束，加給以錢布；在五路者，歲免折變緣納錢。三等以上，十户爲一保；四等以下，十户爲一社，以待病斃補償者。保户馬斃，馬户獨償之〔三六〕；社户馬斃〔三七〕，社人半償之〔三八〕。歲一閱其肥瘠，禁苛留者。凡十有四條，先從府界頒焉。五路委監司、經略司、州縣更度之。於是保甲養馬行於諸路矣。

先是中書、樞密院議保甲養馬事〔三九〕，文彦博、吴充言：「三代有丘乘出馬，有國馬，國馬宜不可闕。且今法欲令馬死備償〔四〇〕，恐非民願。」而王安石以爲令下之初，京畿百姓，多自以爲便，願投牒者已千五百户，决非有所驅迫，力請行之。時河東騎軍有馬萬一千餘匹，歲蕃戍邊，率十年而一周，議者以爲費廪食而多亡失，乃行五路義勇保甲養馬法。繼而兵部言：「河東正軍馬九千五百匹，請權罷官給，以義勇保甲馬五千補其闕，合萬匹爲額，俟正軍不及五千始行給配。」事下中書、樞密院〔四一〕。

樞密院以爲：「車騎，國之大計，不當專以一時省費，輕議廢置。且官養一馬，歲爲錢二十七千。民養一馬，纔免折變緣納錢六千五百。計折米而輸其直，爲錢十四千四百，餘皆出於民決，非所願。若芻秣失節，或不善調習，緩急無以應用，況減軍馬五千匹〔四二〕，即異時當減軍正數九千九百人，又減分數馬三千九百四十匹，邊防事宜，何所取備？若存官軍馬如故，漸令民間從便牧養，不必以五千匹爲限，於理爲可。」而中書謂：「官養一馬，以中價率之，爲錢二十三千〔四三〕；募民養牧，可省雜費八萬餘緡。且使入中，芻粟之家無以邀厚利。計前二年官馬死，倍於保甲馬。而保甲有馬，可以習戰禦盜，公私兩利。」上竟從樞密院議。河東騎軍得不減耗，而民馬不至甚病者，由帝獨斷之審也。

八年，置熙河路買馬場六〔四四〕，而原、渭、德順諸場皆廢。又以麟府所市馬羸直多，罷之。岢嵐、火山軍所産馬，亦以敵境言邊人多盜馬越界趨利，尋皆罷之。自是，國馬專仰市於熙河、秦鳳矣。

九年，提舉開封府界蔡確言：「比賦保甲以國馬，免所輸草，賜之錢布，民以畜馬省於輸稿，雖不給錢布，而願爲官養馬者甚衆。請增馬數，歲止免輸稿二百五十束〔四五〕。」詔：「毋過五千匹。」於是京畿罷給錢布而增馬數矣。

元豐六年，提舉河東路保甲王崇拯言：「請令本路保甲十分取二，以教騎戰。每官給二十五千，令市一馬，限以五千，當得馬六千九百十有八匹，爲緡錢十七萬二千九百有五十。」詔以京東鹽息錢給之，令崇拯月上所買數。於是保甲皆兼市馬矣。

七年，京東提刑霍翔請募民養馬，蠲其賦役。乃詔京東、西路保甲免教閱，每一都保養馬五十匹，匹給十千，限以京東十年、京西十五年而數足。置提舉保馬官，京西呂公雅，京東霍翔並領其事，而罷鄉村先以物力養馬之令，尚養户馬者免保馬，凡養馬免大小保長、税租、支移，每歲春夫、催税、甲頭、盜賊、備賞、保丁、巡宿，凡七事。於是京東、西户馬更爲保馬矣。

公雅、翔又請以常平息錢賞馬之充肥及孳生者，且請願以私馬印爲保馬者聽。養馬至三匹〔四六〕，蠲除之外，每匹各次丁一人許贖杖罪〔四七〕。公雅又令每都歲市二十匹，初限十五年者乃促爲二年半。京西地不產馬，民又貧乏，甚苦之。翔又奏本路馬已及萬匹，請令諸縣弓手各養馬一匹〔四八〕，聽贖失捕盜之罪〔四九〕。

按：熙寧五年所行者户馬也，元豐七年所行者保馬也，皆是以官馬責之於民，令其字養。户馬則是蠲其科賦，保馬則是蠲其征役。史志言户馬之將行也，王介甫以爲京畿百姓投牒，願應募者已千五百户；保馬之將行也，霍翔以爲禹城一縣，願應募者爲馬已四百四十八。蓋法行之初，民皆樂從，初非官府抑逼。夫樂從之説，出於建議者之口，未必有是事實。然所謂投牒應募之數，未必全虚，蓋民本非樂爲官養馬也。當時科賦征役必是繁重，故苟有一役於官而得以自免，則亦不暇詳慮却顧而靡然從之。正柳子厚所謂「吾蛇尚存，則弛然而卧，時而獻之，退而甘食其土之所有，以盡吾齒」是也。及其久也，馬之斃者賠償不訾，且奉行之吏，務爲苛峻，於是數之少者增之，期之寬者促之，始重爲民病矣。

八年，提舉茶場李杞言：「賣茶易馬，固爲一事，乞同提舉買馬。」詔如其請。其後群牧判官郭茂恂言：「承詔議專以茶市馬，以金帛市穀〔五〇〕，而併茶馬爲一司。臣聞頃時以茶市馬，兼用金帛者，亦聽其便。近歲事局既分，始專用銀絹錢鈔〔五一〕，非蕃部所欲，且茶馬二事，事實相須。」乃詔專以雅州之名山茶爲易馬之用。自是蕃馬之至者稍衆。久之，買馬司復罷兼茶事。自李杞建議，始於提舉茶事兼買馬，其後二職分合不一。

哲宗嗣位，議者争言新法保馬之不便，乃下詔以兩路保馬分配諸軍，餘數發赴太僕寺，不堪支配者斥還民户而責官給元價。翔、公雅皆得罪，保馬遂罷。

元祐初，朝廷方議興廢監，復祖宗之舊。於是詔陝西、河東相視所當置監。又下河北、陝西按行河、渭、并、晉之間牧田以聞。時已罷保甲，教騎兵，而還户馬於民。左司諫王岩叟上疏〔五二〕，極言其事。自是洛陽、單鎮、原武、淇水、東平、安陽等監皆復〔五三〕。

岩叟疏言：「兵所恃在馬，而能蕃息馬者，牧監也。昔廢監之初，識者皆知十年之後天下當乏馬。已而不待十年，其弊已見，此甚非國之利也。乞收還户馬三萬，復置監如故，監牧事委之轉運官，而不專置使。今鄆州之東平，北京之大名、元城，衛州之淇水，相州之安陽，洛州之廣平監，以及於瀛、定之間，棚基草地疆畫具存〔五四〕，使臣牧卒大半猶在，稍加招集，則指顧之間措置可定，而人免納錢之害，國收牧馬之利，豈非計之得哉？又廢監以來，牧地之賦民者〔五五〕，處處爲害，愚民利於一時請地之易，不虞後日輸送之難，投牒之初，争立高課，有司復重估其價，計租爲錢，力皆不勝，歲益增欠，轉運司迫於群牧督責之嚴，雖水旱不在蠲放，禁錮鞭撻，無日無之，設欲還官，豈復聽許？今若因復置監牧，收地入官，則百姓戴恩如釋重負矣。」

紹聖三年，始行給地牧馬之政。

先是知任城縣韓筠等建議，於邢州請以牧田募民受田一頃者，爲官牧一馬而蠲其租。縣籍其所養之高下、老壯、毛色，歲一閱，亡失者備償，已佃人願養馬者除其租。於是知州張赴上其說，且以爲陝西沿邊弓箭手授田不過一頃〔五六〕，既養一馬，又役一丁，備邊之日，歲居其半。今但牧一馬而無身丁之役，若試之一監或一縣，當有利而無害。樞密院是其請，乃言：「赴等所陳受田養馬，既蠲其租，不責以孳息，而不願之家無所抑勒。又限以尺寸，則緩急皆可用之馬矣。」乃具爲條畫，下太僕寺，應監牧州縣悉施行之〔五七〕。

殿中侍御史陳次升言：「近者募人給牧田養馬，若牧田鄰於居民，地復膏腴，宜有願者。相去稍遠，難就耕牧，則必非所願。且一頃之地，所直不多，馬或亡失，乃償錢四五十千，恐人之非願。」言竟不行。

徽宗崇寧元年，有司較諸路田養馬之數〔五八〕，凡一千八百匹有奇，而河北西路占一千四百，他路自二百匹以下，至河東路僅九匹〔五九〕，而開封府界、京西南路、京東東路皆無應募者。蓋法雖已具，而猶未力行也。

大觀元年，尚書省言：「元祐置監，馬不蕃息，而費用不貲。今沙苑最號多馬，然占牧田者九千餘頃〔六〇〕，芻粟、官曹之費歲爲緡錢四十餘萬，而牧馬止及六千。自元符元年至二年，亡失者三千九百。

且素不調習，無以任騎乘。以九千頃之田，四十萬緡之費，養馬六千而不適於用，又亡失如此，利害灼然可見。今以九千頃之田，計其瘠磽者三分去一，猶得良田六千頃。以見直計之，頃爲錢五百餘緡。若以一頃募養一馬，則人得地利，馬得所養，可以紹述先帝隱兵於農之意。請下永興軍路提點刑獄司及同州詳度以聞。俟見實利，六路新邊閑田，當以次施行。」時熙河蘭湟路牧馬司又請兼募願養牝馬者，每收三駒，以其二歸官，而一充賞。詔行之。是歲，臣僚言岷州應募養馬者至萬餘匹，於是自守貳而下，遞賞有差。宣和二年，手詔曰：「給地牧馬，議者本以蕃息國馬爲言，今損失動以千計，而自法行至今，皆無出駒之數，歲糜賞賚，蠲除租稅科調，而賦斂日以不均，爲害非一，其罷政和二年以來給地牧馬條令，收見馬以給軍，應牧馬及置監處並如舊制〔六一〕。」於是又復東平監。凡諸監興罷不一，而沙苑監獨不廢。自給地牧馬之法既罷，三年而復行。時牧田已多所給占，乃詔見管及已拘收牧田，如官司輒復請占者，以違御筆論。雖奉御筆者，皆許執奏。六年，又詔立賞格，應養馬通一路及三千匹，州通縣及一千，縣及三百，其提點刑獄、守令各遷一官，倍之者更減磨勘年。於是諸路應募牧馬者爲户八萬七千六百有奇，爲馬二萬三千五百。既推賞如上詔，而兵部長貳亦以兼總八路馬政遷官。然北方用兵，而馬政益急矣。

蔡條國史補：「政和二年，詔於京東西、河北以舊牧地募人牧馬，以次推行於諸路，其制以在官逃田若天荒凡二頃至三四頃度高下肥磽而授之，蠲其一頃之賦，而牧一馬，牝則三年而出一駒，牧五年者詣官再易馬，盡括澤潞、京西、山東、河北等田，即陝右軍蕃羌馬一分給之。魯公既罷，於是詔以所牧馬盡給賜童貫及補陝右諸軍之闕馬者，凡九萬餘匹，既不加恤，道斃者十八九，遂盡收田以賜諸苑囿及道宫，若復苑八作、書藝局、艮嶽、擷芳園、上清寶籙宫、龍德太一宫、祐神觀各一千或八百頃，他以差給賜。其後北事興，郭藥師在燕山，乃盡發河北諸軍及係官馬，聽其所擇，而國馬盡矣。宣和末，金人且寒盟，始悟闕馬，乃復給地牧馬，既無馬以給民，又不得元田。州縣强民出馬以牧取文具而已。屬金人犯闕，詔盡括内外馬，及取於在京騎軍不及二萬，且授内臣梁方平扼大河於濬州，至則大敗，馬復殲焉。」

政和五禮新儀：仲春祀馬祖，仲夏享先牧，仲秋祭馬社，仲冬祭馬步，並擇日。馬祖、先牧、馬社、馬步壇各廣九步，高三尺四，出陛一，壝二十五步。中興後，以紹興三十一年於行在昭慶寺設位行祭。

高宗渡江以來，無復國馬。紹興二年，始命措置馬監。後置於饒州，以守倅領之。擇官田爲牧地，復置提舉，俄廢。四年，又置監於臨安之餘杭、南蕩。

上曰：「輔臣進呈廣馬，幾似代北所生。春秋列國不相通，所用之馬皆取於其國中而已。中公巫臣使於吴，與其射御，教吴乘車，則是雖吴亦自有馬。今必産馬處求之，則是馬政不修也。」

十九年夏，詔：「馬五百匹爲一監，牡一而牝四。監分四群〔六二〕。歲生産駒三分及斃二分以上，有賞罰。」先是川路所買馬，歲付鎮江軍中養牧。至是上以未見孳生之數，遂分送江上諸軍〔六三〕。後又置監於郢、鄂之間，牡牝千餘。十有餘年纔生三十駒〔六四〕，而又不可用，乃已。故凡戰馬悉仰川、秦、廣三邊焉。

川、秦馬　秦馬舊二萬匹。乾道間，川、秦買馬之額，歲爲萬有一千九百匹有奇。川司六千，秦司五千九百。益、梓、利三路漕司，歲應副博馬紬絹十萬四千疋。成都、利州路十一州，産茶二千一百二萬斤，茶馬司所收，大較若此。其後文州復隸秦司，而川司增珍州之額，共爲四千八百九十六；秦司六千一百二十。合兩司爲萬有一千十有六匹，此慶元初之額也。嘉泰末，川司五場又增爲五千一百九十六匹，秦司三場增爲七千七百九十八匹，合兩司爲萬有二千九百九十四〔六五〕。然累歲所市，多不及額。蓋祖宗時所市馬分而爲二：其一曰戰馬，生於西邊，强壯闊大，可備戰陣，今宕昌、峰貼峽、文州所産是也。其二曰羈縻馬，産於西南諸蠻，格尺短小，不堪行陣，今黎、叙等五州軍所産是也〔六六〕。羈縻馬每綱五十匹，其間良駟不過三五匹，中等十許匹，餘皆下等〔六七〕，不可服乘。守貳貪於賞格，以多爲貴。起綱遠來，或死道路，其僅至者但存皮骨。茶馬司以其將斃者責付諸路鬻之，至則隨死。而計綱赴江上者，又爲押綱卒校竊其芻粟，道斃相望焉。成都府馬務，每年排發江上諸軍馬五十八綱，一月券食錢米二百貫，五十八綱，一年總計一萬一千六百貫。押馬官五十三員，每員六百貫，共計三萬一千八百貫。興元府馬務，每年排養三衙馬一百十二綱〔六八〕，所費稱此。率未嘗如數，蓋茶馬司靳吝錢帛，蕃蠻馬至，多不即償故也。或爲守倅兵官有市馬賞，茶司屬官亦有，而都大主管官獨無之，故至此。舊蕃蠻中馬，高下良駑各有定價。紹興中，張松爲黎倅，欲馬溢額以幸賞，高其直以市之。自是夷人所欲無厭，愈肆邀索。癸巳變故之後，邛部川蠻邀功，趙彦博始以細茶、錦與之。至今夷人常以博馬，茶錦不堪籍口。淳熙中，龔總爲黎守，又與邛部蠻設席於倅廳之副階，犒以酒食，夷人益肆，稍不如欲，則詆訶官吏，牽馬出場。宕昌馬舊止三千，淳熙中始增其數。慶元中，金人既爲蒙國所侵，冀之北土遂失，由是馬至秦司者差罕矣。舊川、秦市馬赴密院多道斃者。紹興二十四年，始撥秦馬付三衙，命小校往取之。三司取馬，一歲再往，反用精甲四百四十人，州縣頗憚其費。二十七年秋，又詔川馬不赴行在，分隸江上諸軍，鎮江、建康、荆、鄂軍各七百五十，江、池軍各五百，殿前司二千五百，馬步司各千，而以川馬良者二百進御。凡以川、秦綱馬皆遵陸。乾道初，吴璘爲宣撫使，始議馬綱勞費。又均、房一帶多峻嶺亂石，馬多傷蹄道斃，請以舟載馬而東。上命夔路造舟。明年，夔路轉運司主管文字任續上言：「造舟已畢，工役遂事，山程灘險，利害相當，在所不論，惟欲撥陸路之芻秣，以免沿流之煩費，輟四路之軍兵，以免篙梢之追擾，四路廂禁軍數目不少，若各輟五千人於沿流十郡充水軍，其衣糧令元來處科撥，馬綱行則迎送舟船，馬綱住則訓習水戰，莫此爲便。」上大喜，令制置司撥廂禁軍三千五百人如其請。王十朋、虞允文力論其擾人。其後言者又謂馬綱所至，騷擾江村，而商販米斛之舟，尤被其毒，況水路馬數較之陸行存亡相若，而於糴場大有妨碍，乃詔川路馬船日下廢罷。蓋自璘建請之後，利、夔兩路沿江十餘郡之被其害者，三載而後得免焉。淳熙八年，新興國軍朱晞顔朝辭，奏：「四川茶馬司歲於宕昌、黎、文、階、叙、南州、珍州等處買馬一萬二千餘匹〔九〕，並四尺二寸以上，十歲以下，方許起綱。不合格者，雖骨相驍駿，馳驟超逸者，亦不收買，又不許民間私買。臣愚以爲棄之於化外，不若養之民間，緩急收之，實朝廷之外廐，況沿邊之地，去西北不遠，風土水草相類，養之易以蕃息。而有願中賣於官者，依所直之數與之，孰不樂歸於官者？是則民間之馬，皆吾廐中物。乞於茶馬司所買馬外不堪排發起綱之馬，令官用退印，不拘軍民，並聽從便收買，則不惟得夷人懽心，且俾沿邊牧馬，日以蕃息，可爲緩急之備，是一舉而數利也。」從之。信陽軍守臣言：「秦司排撥綱馬、兵士已至，而馬數未足，官司每以多支日券爲憂。馬數已登，而兵士未至，官司復以多費草料爲念。幸而人馬俱集，則督促發遣，一不暇顧。且馬産於深蕃，涉遠而至，力猶未充，不問羸病，遽責之以經涉險阻，沿路倒斃，皆此之由。乞下秦司，今後綱馬有羸瘠病患者，且須醫療飼養十分克壯，然後撥發。」從之。

廣馬　建炎末，廣西提舉峒丁李棫始請市戰馬赴行在。紹興初，隸經略司。三年春，即邕州置司提舉，市於羅殿、自杞、大理諸蠻。其後，又廢買馬司〔七〇〕，以帥臣領其事。七年，胡舜陟爲帥，歲中市馬二千四百匹，詔賞之。其後馬益精，歲費黄金五鎰，中金二百五十鎰，錦四百端，絁四千疋，廉州鹽二百萬斤〔七一〕，而得馬千五百。馬必四尺二寸以上乃市之，其直爲銀四十兩，每高一寸，增銀十兩，有至六七十兩者。土人云，其尤駔駿者，在其出産處，或博黄金二十兩，日行四百里，但官價有定數，不能致此耳。然自杞諸蕃本自無馬，蓋又市之南詔。南詔，今大理國也。去自杞國可二十程，而自杞至邕州横山寨二十二程，横山寨至静江府又二十餘程，羅殿國又遠如自杞十程。宜州溪峒巡檢常恭赴闕，持南丹州莫延甚表來，乞就宜州市馬，比之横山可省三十餘程〔七二〕。産馬地至南丹十程，南丹至静江府十三程。張説在樞筦，欲從其説，或謂：邕遠宜近，人孰不知，前迂其塗，豈無意？况莫氏方横乃欲爲之除道，而擅以互市之饒，誤矣。小吏妄作，將啓邊釁。乃止。廣馬例以五十匹爲一綱〔七三〕，每年過三十綱許推賞〔七四〕，然吏爲姦博馬銀多雜以銅，每銀一兩爲握臂釧撲〔七五〕。鹽百斤爲一畚，朘減至六十，所羸皆官吏共盜之。蠻覺知，不肯以良馬來。所市率多老病駑下，且不能登數。帥范成大善爲約束，增足鹽畚，逮其去官之歲，市馬乃六十綱，前此未有也。嶺南自產小駟，匹直十餘千，與淮、湖所出無異。大理地連西戎，故多馬，雖互市於廣南，其實猶西馬也。每選其良者赴三衙，而其他則付建康、鎮江府，池、鄂、太平州軍中，皆有常數。　舊廣西十州民運鹽至横山寨，民甚苦之。紹興十九年，陳璹爲經略使，以官錢募小校運送家屬，遇闕失則部良馬至行在以酬之，至今爲例。

淮馬　隆興初，張浚爲江、淮都督，即淮上市之。浚言：「川、廣市戰馬，每匹不下三四百千，又道遠多斃，今淮馬每匹通不滿二百千，且軍中即日可得。」上從之。逮督府廢乃止。然淮南馬矮小，實不可用，其可用者，乃取之淮北耳。乾道以後，又詔於淮郡市馬，於是多有越淮盜馬來市者。時曾昭守濠州，至以其馬起綱至行在，北人以爲言。淮西帥臣趙善俊奏其事，大臣欲下令還之。孝宗以爲失體，乃諭善俊執死罪囚付昭，令斬之。曰：此盗馬者也。於是一綱已至，御馬院命濠州以死損報，而次綱未至者，皆遣還之。昭坐追官放罷〔七六〕。自是不復買淮馬矣。

淳熙十五年，侍衛步軍都虞候梁師雄言：「三衙每年取押綱馬，全藉馬驛辦其草料，以時養飼。竊聞沿路驛舍，例皆損弊，及將合支草料，離驛安頓，每遇綱馬到程，旋令官兵般擔，以此失時，多致羸瘦，蓋因提點驛程官吏，失於檢察。乞行下所隸州縣，相視驛舍，量加修葺，及時合用草料常切，應辦各就馬驛附近樁頓，綱馬到日，隨即支給，更乞令沿路都統司分定驛程，各差素有心力將官一員，從各司量給盤費，責令與諸州軍所委官同共提點。　自宕昌至興州十五驛屬興州都統司；自大桃至漢陰十五驛屬興元府都統司；自衡口至干平十三驛屬金州都統司；自梅溪至石墻十四驛屬鄂州都統司；自邊城至梅溪十一驛屬江州都統司；自紫宕至廣德軍十二驛屬池州都統司；自段村至臨安府餘杭門六驛屬殿前步軍司。各令所差將官，往來用心巡視，務要館舍草料應辦齊整，違從提點將官申所差將官歲一更替，如見實有勞效，即支犒賞。」從之。

嘉定六年，臣僚言：「將佐之馬，往往取之馬軍，則馬軍雖合請三百，止得一百食錢，而主軍者密收其三分之二〔七七〕。又統制官占馬至四十五匹〔七八〕，名爲料馬〔七九〕，豈特占請馬料，每一匹必有一卒以頂其名〔八〇〕，而盗取其食錢以入己者〔八一〕。今措置立爲定額，詔統制官止許差破戰馬六匹，統領官差破四匹，馬步軍正副準備將各止差破兩匹，其減下馬拘收從公，撥付入隊，官兵如法養餵約束，自後不得輒於官兵名下差撥換易。」從之。

容齋洪氏隨筆曰：「國家買馬南邊於邕、管，西邊於岷、黎，皆置使提督，歲所綱發者蓋踰萬匹，使臣將校得遷秩轉資，沿道數十州，驛程、券食、廄圉、薪芻之費，其數不貲。而江淮之間，本非騎兵所能展奮，又三衙遇暑月，放牧於蘇、秀，以水草亦爲逐處之患，因讀五代舊史云：『唐明宗問樞密使范延光内外馬數，對曰：「三萬五千匹。」帝嘆曰：「太祖在太原，騎軍不過七千；先皇自始至終，馬纔及萬。今有鐵馬如是，而不能使九州混一，是吾養士練將之不至也。」延光奏曰：「國家養馬太多，計一騎士之費，可贍步軍五人，三萬五千騎，抵十五萬步軍。既無所施，虛耗國力。」帝曰：「誠如卿言，肥騎士而瘠吾民，民何負哉！」』明宗出於蕃戎，猶能以愛民爲念，李克用父子以馬上立國制勝，然所蓄只如此，今蓋數倍之矣。尺寸之功不建，可不惜哉！且明宗都洛陽，正臨中州，尚以爲騎士無所施，然則今雖純用步卒，亦未爲失計也。」

校勘記

〔一〕兩河之民入虜界盜馬　「之民」二字原脱，據宋史卷一九八兵志十二、宋會要輯稿兵二四之四補。

〔二〕大畜牛羊於猗氏之南　「氏」原作「頓」，據馮本、歷代名臣奏議卷二四二改。

〔三〕別置估馬司　「估」原作「佑」，據馮本、宋史卷一九八兵志十二改。

〔四〕知州通判兼領之　「州」字原脱，據宋史卷一九八兵志十二補。

〔五〕其後又詔左右騏驥院諸坊監監官　「監監官」，宋史卷一九八兵志十二作「監官」，宋會要輯稿兵二一之二作「監馬官」。

〔六〕作監牧議以獻　「監」，長編卷六六景德四年八月、群書考索後集卷四四作「群」。

〔七〕以布帛茶他物準其直　「他」原作「物」，據宋史卷一九八兵志十二、宋會要輯稿兵二四之一改。

〔八〕自三十五千至八千　「五千」原作「五十」，「八」字原脱，據元本、慎本、馮本及宋會要輯稿兵二四之二改補。

〔九〕曰左右天駟第一第二　「左右天駟」四字原倒，據宋史卷一九八兵志十二乙正。

〔一〇〕坊監及諸軍馬二十餘萬匹　「匹」字原脱，據宋史卷一九八兵志十二補。

〔一一〕鹽藥油糖九萬五千餘斤石枚　按宋史卷一九八兵志十二無「枚」字。

〔一二〕六坊監止留馬二千餘匹　「監」字、「匹」字原脱，「止」原作「上」，據宋史卷一九八兵志十二、宋會要輯稿兵二四之一補改。

〔一三〕又有十五等　「五」原作「六」，據宋史卷一九八兵志十二、宋會要輯稿兵二一四之三改。

〔一四〕曰諸班馬曰御龍直馬　「諸」下原衍「軍」字，據宋史卷一九八兵志十二、宋會要輯稿兵二一四之三删。

〔一五〕曰捧日龍衛馬　「曰」字原脱，據宋史卷一九八兵志十二、宋會要輯稿兵二一四之三補。

〔一六〕曰雲武騎馬　「騎」字原脱，據宋史卷一九八兵志十二、宋會要輯稿兵二一四之三補。

〔一七〕曰天武龍猛馬　「曰」字原脱，據宋史卷一九八兵志十二、宋會要輯稿兵二一四之三補。

〔一八〕曰配軍馬　「配」上原衍「雜」字，據宋史卷一九八兵志十二、宋會要輯稿兵二一四之三删。

〔一九〕詔京畿京東西淮南陜西路括市戰馬　「東」字原脱，據宋史卷一九八兵志十二、長編卷一一六仁宗康定元年二月甲午條補。

〔二〇〕外暨河曲之野　「暨」原作「洎」，據宋史卷一九八兵志十二、長編卷一九二仁宗嘉祐五年八月甲申條改。

〔二一〕而河東一路山川深峻　「峻」原作「峽」，據歐陽文忠公文集卷一一二論監牧劄子、歷代名臣奏議卷二四二改。

〔二二〕則河北諸監有地不宜馬處　「處」字原脱，據歐陽文忠公文集卷一一二論監牧劄子、歷代名臣奏議卷二四二補。

〔二三〕今以五萬馬爲率　「馬」字原脱，據宋史卷一九八兵志十二補。

〔二四〕其在河南者爲孳生監　「南」，宋史卷一九八兵志十二作「陽」，依上下文義，作「陽」是。

〔二五〕詔括河南北監牧司總牧地　「北」字原脱，據宋史卷一九八兵志十二補。

〔二六〕惟存沙苑一監　「沙苑」原作「河苑」，據宋史卷一九八兵志十二、宋會要輯稿兵二一之二〇改。下同。

〔二七〕始議廢監時　「廢」字原脱，據宋史卷一九八兵志十二補。
〔二八〕若不更制　「不」字原脱，據宋史卷一九八兵志十二補。
〔二九〕給市易茶本錢之外　「茶」字原脱，據宋史卷一九八兵志十二、長編卷二六二神宗熙寧八年四月條補。
〔三〇〕凡廢監錢歸市易之外　「易」字原脱，據宋史卷一九八兵志十二補。
〔三一〕淤田司請廣行淤溉　上「淤」字原作「游」，據宋史卷一九八兵志十二改。
〔三二〕自是利入增多　「自」字原脱，據宋史卷一九八兵志十二補。
〔三三〕京西南路五百九十九　按宋史卷一九八兵志十二作「五百九十」。
〔三四〕各發户馬二千以給正兵　「正」原作「止」，據馮本、宋史卷一九八兵志十二改。
〔三五〕户馬既配兵　「馬」字原脱，據宋史卷一九八兵志十二補。
〔三六〕馬户獨償之　「馬」，宋史卷一九八兵志十二作「保」。
〔三七〕社户馬斃　「斃」下原衍「者」字，據宋史卷一九八兵志十二删。
〔三八〕社人半償之　「人」，宋史卷一九八兵志十二作「户」。
〔三九〕先是中書樞密院議保甲養馬事　「議」字原脱，據宋史卷一九八兵志十二補。
〔四〇〕且今法欲令馬死備償　「備」，宋史卷一九八兵志十二作「責」。
〔四一〕事下中書樞密院　「樞密院」三字原脱，據宋史卷一九八兵志十二補。
〔四二〕況減軍馬五千匹　「軍馬」二字原倒，據宋史卷一九八兵志十二乙正。
〔四三〕爲錢二十三千　「三」字，宋史卷一九八兵志十二作「七」。

〔四四〕置熙河路買馬場六　「場」原作「坊」，據宋史卷一九八兵志十二、宋會要輯稿兵二二之八改。
〔四五〕歲止免輸稿二百五十束　「二」原作「一」，據馮本、長編卷二七八熙寧九年冬十月辛亥條改。
〔四六〕養馬至三匹　「馬」字原脱，據宋史卷一九八兵志十二補。
〔四七〕每匹各次丁一人許贖杖罪　「丁」原作「下」，據宋史卷一九八兵志十二改。
〔四八〕請令諸縣弓手各養馬一匹　「一匹」二字原脱，據宋史卷一九八兵志十二補。
〔四九〕聽贖失捕盜之罪　「失」原作「非」，據宋史卷一九八兵志十二改。
〔五〇〕以金帛市穀　「金」，宋史卷一九八兵志十二作「物」。
〔五一〕始專用銀絹錢鈔　「鈔」原作「錢」，據宋史卷一九八兵志十二改。
〔五二〕左司諫王岩叟上疏　「左」，宋史卷一九八兵志十二、宋會要輯稿兵二四之二六作「右」。
〔五三〕淇水東平安陽等監皆復　「安」字原脱，據宋史卷一九八兵志十二補。
〔五四〕棚基草地疆畫具存　「基」，宋史卷一九八兵志十二作「塞」。
〔五五〕牧地之賦民者　「賦」原作「在」，據宋史卷一九八兵志十二改。
〔五六〕且以爲陝西沿邊弓箭手授田不過一頃　「手」字原脱，據宋史卷一九八兵志十二補。
〔五七〕應監牧州縣悉施行之　「應」下原衍「有」字，據宋史卷一九八兵志十二删。
〔五八〕有司較諸路田養馬之數　「馬」字原脱，據宋史卷一九八兵志十二補。
〔五九〕至河東路僅九匹　「河東路」三字原脱，據宋史卷一九八兵志十二補。
〔六〇〕然占牧田者九千餘頃　「田」原作「馬」，據宋史卷一九八兵志十二改。

〔六一〕應牧馬及置監處並如舊制　「馬」，宋史卷一九八兵志十二作「田」。

〔六二〕監分四群　「監」上原衍「之」字，據宋史卷一九八兵志十二刪。又「分」作「爲」。

〔六三〕遂分送江上諸軍　「送」字原脱，據宋史卷一九八兵志十二、玉海卷一四九補。

〔六四〕十有餘年纔生三十駒　「三」，宋史卷一九八兵志十二作「二」。

〔六五〕合兩司爲萬有二千九百九十四　按宋史卷一九八兵志十二無「九百」二字。

〔六六〕今黎叙等五州軍所産是也　按宋史卷一九八兵志十二無「軍」字。

〔六七〕餘皆下等　「下」原作「不」，據宋史卷一九八兵志十二改。

〔六八〕每年排養三衙馬一百十二綱　「十二綱」，宋史卷一九八兵志十二作「二十綱」。

〔六九〕珍州等處買馬一萬二千餘匹　「二」原作「子」，據馮本改。

〔七〇〕又廢買馬司　「廢」原作「置」，據宋史卷一九八兵志十二、宋會要輯稿兵二三之一一、建炎以來朝野雜記甲集卷十八改。

〔七一〕廉州鹽二百萬斤　「二」原作「三」，據宋史卷一九八兵志十二、宋會要輯稿兵二三之一一、建炎以來朝野雜記甲集卷十八改。

〔七二〕比之横山可省三十餘程　「餘」字原脱，據宋會要輯稿兵二三之一一、建炎以來朝野雜記甲集卷十八補。

〔七三〕廣馬例以五十匹爲一綱　「馬」原作「州」，據建炎以來朝野雜記甲集卷十八改。

〔七四〕每年過三十綱許推賞　「過三十」三字原脱，據建炎以來朝野雜記甲集卷十八補。

〔七五〕每銀一兩爲握臂釧撲　按建炎以來朝野雜記甲集卷十八「每」上有「蠻人交易」四字，「撲」下有「以爲率」三字。

〔七六〕昭坐追官放罷　按建炎以來朝野雜記甲集卷十八「追」下有「三」字。

〔七七〕而主軍者密收其三分之二　「二」原作「一」，據宋會要輯稿兵二一六之二一改。

〔七八〕又統制官占馬至四十五匹　「四十五匹」，宋會要輯稿兵二一六之二一作「四五十匹」。

〔七九〕名爲料馬　「爲」字原脱，據宋會要輯稿兵二一六之二一補。

〔八〇〕每一匹必有一卒以頂其名　「一匹」原作「二匹」，據馮本、宋會要輯稿兵二一六之二一改。

〔八一〕而盜取其食錢以入己者　「食」字原脱，據宋會要輯稿兵二一六之二一補。

卷一百六十一　兵考十三

軍器

周官：鼓人掌教六鼓四金之音聲，以節聲樂〔一〕，以和軍旅，以正田役，以鼖鼓鼓軍事。大鼓謂之鼖，長八尺。凡軍旅，夜鼓鼜，鼜，夜戒守鼓也。司馬法曰：「昏鼓四通爲大鼜，夜半三通爲晨戒〔二〕，旦明五通爲發昫〔三〕。」昫，伏其反。軍動則鼓其衆。動旦行〔四〕。

司常掌九旗之物名，各有屬，以待國事。日月爲常，交龍爲旂，通帛爲旜，雜帛爲物，熊虎爲旗〔五〕，鳥隼爲旟，龜蛇爲旐，全羽爲旞，析羽爲旌。物名者，所畫異物則異名也。屬，謂徽識也。大傳謂之徽號，今城門僕射所被及亭長著絳衣，皆其舊象。通帛爲大赤，從周正色〔六〕，無飾。雜帛者，以帛素飾，其側白，殷之正色。全羽、析羽，皆五采，繫之於旞旌之上，所謂注旄於干首也。凡九旗之帛，皆用絳。及國之大閱，贊司馬頒旗物，王建太常，諸侯建旂，孤卿建旜，大夫士建物，師都建旗，州里建旟，縣鄙建旐，道車載旞，斿車載旌。仲冬教大閱，司馬主其禮，自王以下治民者，旗畫成物之象。王畫日月，象天明也〔七〕。諸侯畫交龍，一象其升朝，一象其下復也。孤卿不畫，言奉王之政教而已。大夫士雜帛，言以先王正道佐職也。師都，六鄉六遂大夫也〔八〕。謂之師都，都，民所聚也。畫熊虎者，鄉遂出軍賦，象其守猛莫敢犯也。州里、縣鄙、鄉遂之官〔九〕，互約言之。鳥隼象其勇捷也，龜蛇象其扞難辟害也。道車，象路也，王以朝夕燕出入。斿車，木路也，王以田以鄙。全羽、析羽，五色象其文德也。大閱，王乘戎路〔一〇〕，建太常焉。玉路、金路不出。皆畫其象焉。官府各象其事，州里各象其名，家各象其號。事、名、號者，徽識所以題別衆臣，樹之於位，朝各就焉。覲禮曰：「公、侯、伯、子、男，皆就其旂而立，此其類也。或謂之事，或謂之名，或謂之號，異外内也。三者，旌旗之細也。」士喪禮曰：「爲銘各以其物，亡則以緇長半幅，赬末，長終幅，廣三寸，書名於末，此蓋其制也。徽識之書，則云某某之事，某某之名，某某之號。今大閱禮，象而爲之。兵凶事，若有死事者，亦當以相識也。」杜子春云：「畫當爲書。」玄謂畫，畫雲氣也。異於在國軍事之飾。疏云：上云旌旗之大者，此言旌旗之細者，官府在朝，是内。州里家在外，故云異外、内也。某某之事，如天官太宰之下，某甲之事，某某名，如某鄉之下，某甲之名某某號，如某家之下，某甲之號也，在朝及在軍綴之於身，亦如此。今大閱禮象而爲之，此在軍之旌綴其身，大小象銘旌及在朝者爲之也。

司兵掌五兵、五盾，各辨其物與其等，以待軍事。五盾，干櫓之屬。其名未盡聞也。等，謂功治上下。鄭司農云：「五兵者，戈、殳、戟、酋矛、夷矛。」疏曰：「祭統：朱干、玉戚，以舞大武。」秦詩：「蒙伐有苑。」注云：「伐，中干。」左氏傳：「建大車之輪以爲櫓。」而當一隊，則有朱干、中干及櫓，聞其三者，二者未聞。功謂善爲上等〔一一〕，治謂麤惡者爲下等。及授兵，從司馬之法以頒之。及其受兵輸，亦如之。及其用兵，亦如之。從司馬之法令，師、旅、卒、兩，人數所用多少也。兵輸，謂師還，有司還兵也。用兵，謂出給衛守。軍事，建車之五兵，會同亦如之。車之五兵，鄭司農所云是也。步卒之五兵，則無夷矛，而有弓矢。

司戈盾掌戈盾之物而頒之。分與授用。祭祀，授旅賁殳，故士戈盾，授舞者兵亦如之。亦頒之也。故士，王族故士也，與旅賁當事則衛王也。殳如杖，長尋有四尺。軍旅會同，授貳車戈盾，建乘車之戈盾，授旅賁及虎士戈盾。乘車，王所乘車也。軍旅則革路，會同則金路。及舍，設藩盾，行則斂之。舍，止也。藩盾，盾可以藩衛者，如今扶蘇歟。

司弓矢掌六弓四弩八矢之法，辨其名物，而掌其守藏與其出入。法曲直長短之數。中春獻弓弩，中秋獻矢箙。弓弩成於和，矢箙成於堅。箙，盛矢器也，以獸皮爲之。及其頒之，王弓、弧弓，以授射甲革椹質者；夾弓、庾弓，以授射豻侯鳥獸者；唐弓、大弓，以授學射者、使者、勞者，王、弧、夾、庾、唐、大六者，弓異體之名。往體寡、來體多曰王、弧；往體多、來體寡曰夾、庾；往來體若一曰唐、大。甲革，革甲也。春秋傳曰：「蹲甲而射之。」質，正也。樹椹以爲射正。射甲與椹，試弓習武也。豻侯五十步，及射鳥獸，皆近射也。近射用弱弓，則射大侯用王、弧，射參侯用唐、大矣。學射者弓用中，後習强弱則易也。使者、勞者弓，亦用中，遠近可也。勞者勤勞王事，若晉文侯、文公受弓矢之賜者。椹，張林反。庾，或作庚。其矢箙皆從其弓。從弓數也。每弓一箙百矢。凡弩，夾、庾利攻守，唐、大利車戰、野戰。攻城壘者與其自守者相迫近，弱弩發疾也，車戰野戰進退非强則不及。弩無王、弧，王、弧恒服絃〔三〕。往體少者使矢不疾。疏曰：「服絃：若弓用則服絃，不用則弛絃，惟弩則用與不用，一張之後竟不弛，故云常服絃也。若然常服絃，用弱者以其强，弓久不弛則就絃，弱則隨體不就絃也，又王、弧往體少，使之常服絃，則使矢不疾，故不用也。」凡矢：枉矢、絜矢利火射，用諸守城車戰，殺矢、鍭矢用諸近射田獵，矰矢、茀矢用諸弋射，恒矢、庳矢用諸散射。此八矢者，弓弩各有四焉。枉矢、殺矢、矰矢、恒矢，弓所用；絜矢、鍭矢、茀矢、庳矢，弩所用也。枉矢者，取名變星，飛行有光，今之飛矛是也，或謂之兵矢。絜矢象焉，二者皆可結火以射敵。守城、車戰，前微重，後微輕，行疾也。殺矢，言中則死，鍭矢象焉，鍭之言候也。二者皆可以司候。射敵之近者及禽獸，前尤重，中深而不可遠也。結繳謂矢之矰。矰，高也。茀矢象焉。茀之言，刜也。二者皆可以弋飛鳥。刜，羅之也。前微重，後微輕，行不低也。詩云：「弋凫與雁。」恒矢，安居之矢也，庳矢象焉。二者皆可以散射也，謂禮射及習射也，前後訂其行平也。凡矢之制：枉矢之屬，五分二在前，三在後。殺矢之屬，參分一在前，二在後。矰矢之屬，七分三在前，四在後。恒矢之屬，軒輖中所謂志也。鄭司農云：「庳矢讀爲人罷短之罷。」玄謂庳讀如痺病之痺，庳之言倫比。疏曰：「枉矢之屬，以變星取名飛行有光也。絜矢同五分者，以物稱笴鏃在前重而後輕，故二在前，三在後。其發遠，利火射，亦曰兵矢。田矢同殺矢之屬，中而必斃。鍭矢同。三分一在前，二在後，前尤重而發遲，利射近。矰矢之屬，以弋高七分，三分在前，而四分在後，前雖重，後微輕。故發必高，利弋射。恒矢之屬，以常服，茀矢庳矢同，四分適均，其發必平，散射用之矣。」天子之弓，合九而成規；諸侯之弓，合七而成規；大夫合五而成規；士合三而成規。句者謂之弊弓。體往來之衰也。往體寡，來體多則合多；往體多，來體寡則合少而圜。弊，猶惡也。句者惡，其直者善矣。疏曰：「此皆據角弓及張不被絃而合之。從合九、合七、合五、合三，降殺以兩，故言衰也。多合者，往體寡，來體多。據王、弧，合少而圜者，往體多，來體寡。據夾、庾、唐、大，在此二者中間，故不言。句之至極無過合三。合三之外，雖別言句者，還指合三者言耳。」凡師役、會同，頒弓弩，各以其物從授兵甲之儀。物，弓弩、矢箙之屬。田弋，充籠箙矢。共矰矢。籠，竹箙也。矰矢不在箙者，爲其相繞亂，將用乃共之。凡亡矢者，弗用則更〔一三〕。更，償也。用而棄之則不責償。

繕人掌王之用弓、弩、矢、箙、矰、弋、抉、拾，鄭司農云：「抉者，所以縱絃也。拾者，所以引絃也。詩云：『抉拾既次。』」玄謂抉挾矢時所以持絃飾也，著右手巨指。士喪禮曰：「抉用正王棘，若檡棘〔一四〕，則天子用象骨與韝扞著左臂裏〔一五〕，以韋爲之。疏曰：「弓矢選大善者入，繕人以共王用。大射禮：大射正授弓，小臣授矢，天子禮繕人授受之。掌詔王射，告王當射之節。贊王弓矢之事。授之，受之。凡乘車，充其籠箙，載其弓弩，充籠箙以盛矢。既射則斂之，斂藏之也。無會計。亡敗多少〔一六〕，不計，以王所用也。

稾人掌受財於職金，以齎其工。齎工者，給市財用之直。齎音咨，後同。弓六物，爲三等；弩四物，亦如之。三等者，上、中、下。人各有所宜，弓人職曰：「弓長六尺六寸謂之上制，上士服之；弓長六尺三寸謂之中制，中士服之；弓長六尺謂之下制，下士服之。」弩及矢箙長短之制未聞。矢八物，皆三等；箙亦如之。春獻素，秋獻成。矢箙，春作秋成。書其等以饗工。鄭司農云：「書工功拙高下之等以制其饗食也。」玄謂饗酒肴勞之也。上工作上等，其饗厚；下工作下等，其饗薄。勞，力報反。乘其事，試其弓弩，以下上其食而誅賞。鄭司農云：「乘，計也，計其事之成功也，故書試爲考。」玄謂考之而善，則上其食尤善，又賞之。否者反此。試音考，出注下。上，時掌反，注同也。乃入功於司弓矢及繕人。功，成。凡齎財與其出入皆在稾人，以待會而考之，亡者闕之。皆在槀人者，所齎工之財及弓弩、矢箙出入，其簿書槀人藏之。闕，猶除也。弓弩、矢箙棄亡者除之，計今見在者。

考工記：車有六等之數。車軫四尺，謂之一等；戈柲六尺有六寸，既建而迆，崇於軫四尺，謂之二等；人長八尺，崇於戈四尺，謂之三等；殳長尋有四尺，崇於人四尺，謂之四等；車戟常崇於殳四尺，謂之五等；酋矛常有四尺，崇於戟四尺，謂之六等。此兵車之制。注，見車戰門。

冶氏爲殺矢，刃長寸，圍寸；鋌十之，重三垸。殺矢與戈戟異齊而同其工，似補脱誤在此也。殺矢，用諸田獵之矢也。鋌，讀如「麥秀鋌」之鋌。鄭司農云：「鋌，箭足入槀中者也。」垸，量名，讀爲丸。鋌，徒頂反。垸音丸。齊，才細反。槀，古老反。戈廣二寸，内倍之，胡三之，援四之。戈，今句孑戟也。或謂之鷄鳴，或謂之擁頸。内，謂胡以内接柲者也，長四寸〔一七〕。胡六寸，援八寸。鄭司農云：「援，直㓊也〔一八〕。」胡，其孑，句，古侯反〔一九〕。下，句兵同。柲音祕。已倨則不入，已句則不決，長内則折前，短内則不疾。戈，句兵也，主於胡也。已倨，爲胡微直而邪多也，以啄人則不入。已句，爲胡曲多也，以啄人則創不決。胡之曲直，鋒本必横，而取圜於磬折。前，謂援也。内長則援短，援短則曲於磬折。曲於磬折，則引之與胡並鈎。内短則援長，援長則倨於磬折。倨於磬折，則引之不疾。邪，自嗟反。啄，丁角反。横，劉華孟反，又如字。折，之設反。是故倨句外博，博，廣也。倨之外，胡之裏也。句之外，胡之表也。廣其本以除四病而便用也，俗謂之曼胡，似此。便，婢面反。曼，莫干反。重三鋝，鄭司農云：「鋝，量名也。讀爲刷〔二〇〕。」玄謂許叔重説文解字云：鋝，鍰也，今東萊稱或以大半兩爲鈞。十鈞爲環，環重六兩大半兩，鍰、鋝似同矣，則三鋝爲一斤四兩。刷，色劣反，又音劣，或音環。鍰，户關反，又於眷反。稱，尺證反。戟廣寸有半寸，内三之，胡四之，援五之，倨句中矩，與刺重三鋝。戟，今三鋒戟也。内長四寸半，胡長六寸，援長七寸半。三鋒者〔二一〕，胡直中矩〔二二〕，言正方也。鄭司農云：刺，謂援也。玄謂刺者，著柲直前，如鐏者也[二三]。戟胡，橫貫之胡。中矩，則援之外句磬折。與，音余。疏云：「戈，二刃刺兵也。」鄭云：「句兵者，言其句曲廣二寸者，據胡寬狹；内倍之者，據胡下柄入處之長；胡三之據胡之長；援四之，據最上刺刃之長。」林云：「廣者，戈之通身必徑二寸也。内者，胡以下接柄者也，其長四寸。胡者，旁出之一鋒也，其長六寸。援者，刃之向上者也，其長八寸。」凡戟而無刃。秦晉間謂之孑[二四]。漢時戈戟爲一，故鄭以戟解戈，以其胡之勢曲似鷄鳴，故謂之鷄鳴，以其曲故謂之擁頸，此經論戈之所用主於胡，故言胡之四疾之事。已句，太直也，已倨，太曲也。皆論胡之勢。已，皆爲太。胡之下曰內。戈鐏處太長，則胡以上之援與胡句相病，如磬之折，則不可以刺也。前，即上也。胡之上亦曰前，故謂之折前，言其前，磬折不可用也。內若太短，則胡以上之援必過長，過長則胡縮而援出多，下重上輕，則用之不快便。倨言胡之上，句言胡之下。倨與句皆有外廣，上下近本處皆增之，使寬廣自然合於磬折，而無上四疾矣。戟，鐵身，廣一寸半，内長四寸半，胡四之，則六寸，援五之，則七寸半。

桃氏爲劍，臘廣二寸有半寸，臘，謂兩刃。臘，力闔反。疏：「兩面各有刃也。」兩從半之。鄭司農云：謂劍脊兩面殺趨鍔[二五]。疏云：「劍面通廣二寸半，其兩從中分各一半也。從自脊中而分兩邊也。」以其臘廣爲之莖圍，長倍之。鄭司農云：「莖，謂劍夾，人所握鐔以上也。」玄謂莖在夾中者，莖長五寸。中其莖，設其後，鄭司農云：「謂穿之也。」玄謂從中以郤，稍大之也，後大則於把易制。參分其臘廣，去一以爲首，廣而圍之。首圍，其徑一寸，三分寸之二。疏云：「莖，劍夾中人所把處，其圍五寸，長一尺，以一尺莖之中分之，下一半稍大也。後者下一半也。首，劍把接刃處。其圍得一寸，三分寸之二，首不圓，故曰廣而圍之。」身長五其莖長，重九鋝，謂之上制，上士服之；身長四其莖長，重七鋝，謂之中制，中士服之；身長三其莖長，重五鋝，謂之下制，下士服之。上制：長三尺，重三斤十二兩；中制[二六]：長二尺五寸，重二斤十四兩，三分兩之二；下制：長二尺[二七]，重二斤一兩，三分兩之一，今七首也。人各以其形貌大小帶之。此士，謂國勇力之士[二八]，能用五兵者也。疏：「身者去劍柄而言之也。莖長一尺，上制之劍長五尺，中制長四尺，下制長三尺，上、中、下士，以人材之短長言之，非命士也。隨人之短長服，欲人與器相得也。」

函人爲甲，犀甲七屬，兕甲六屬，合甲五屬。屬，讀如灌注之注，謂上旅下旅札續之數也。革堅者札長。鄭司農云：「合甲，削革裏肉，但取其表合以爲甲。」屬，之樹反，及注同〔二九〕。合，如字，舊音閤，注同。犀甲壽百年，兕甲壽二百年，合甲壽三百年。革堅者又支久。凡爲甲，必先爲容，服者之形容也。鄭司農云：「容，謂象式〔三〇〕。」然後制革，裁制札之廣袤。權其上旅與其下旅，而重若一。鄭司農云：「上旅，謂要以上；下旅，謂要以下。」要，於遥反，下亦同。以其長爲之圍。圍，謂札要廣厚。凡甲，鍛不摯則不堅，已敝則橈。鄭司農云：「鍛，鍛革也。摯，謂質也。鍛革大熟，則革敝無强，曲橈也。」玄謂摯之言，致也。鍛，丁亂反。摯音至，大音太。劉，菀餓反。致，直置反，下同。凡察革之道，眡其鑽空，欲其惌也；鄭司農云：「惌，小孔貌，惌，讀爲『宛彼北林』之宛。」鑽，作官反。空音孔，又如字，下同。惌，於阮反。或云：司農云「鬱」。眡其裏，欲其易也；無敗蔑也。易，以豉反，下同。蔑音襪，本或作襪。眡其朕，欲其直也；鄭司農云：「朕謂革制。」朕，直忍反。櫜之，欲其約也；鄭司農云：「謂卷置櫜中也。春秋傳曰：『櫜甲而見子南〔三一〕』。」櫜音羔。劉，古道反。卷，眷勉反。下文同。」舉而眡之，欲其豐也；豐，大。衣之，欲其無齘也。鄭司農云：「齘，謂如齒齘。」衣，於既反。齘，户界反。眡其鑽空而惌，則革堅也；眡其裏而易，則材更也；眡其朕而直，則制善也；櫜之而約，則周也；舉之而豐，則明也；衣之無齘，則變也。周，密緻也。明，有光耀。鄭司農云：「更，善也。變，隨人身便利。」更，音庚。便，婢面反。疏曰：屬，如注，取注著之意。上旅之中及下旅之中，皆有札續。一葉爲一札。七節、六節、五節其數也。革堅者札長，即下文五屬之合。甲壽三百年者也。老學曰：革脆則札短而節多，七屬是也。革堅則札長而節少，五屬是也。壽之長短亦如之。疏：凡造衣甲，須稱形大小長短而爲之，故爲人形容以制革也。上旅，腰以上爲甲衣；下旅，腰以下爲甲裳。據一札之上，先量上下之長。乃以長中央圍之一匝〔三二〕。如此，則長短廣狹相稱。摯，謂熟之至極。革惡則孔大，革善則孔小。人之齒齘，前却不齊，札葉參差，與之相似，故以爲喻。鍛，鍊皮不至於熟，則不堅韌也。太熟，則橈曲軟弱也。鑽孔者，鑽穿而爲孔，孔小，則堅而難壞也。易者，皮裏治去得淨潔也。朕，縫也。縫路皆直，則制作之善也。櫜，藏也。卷而藏之，約束易緊，則是制作密緻而周也。舉，舉起也。豐，大也。卷時小，舉起時大，札葉相續處皆分明可觀也。衣之無齵齺不齊處，則於人便利也。變，便也。

矢人爲矢，鍭矢參分，茀矢三分：一在前，二在後。參訂而平者，前有鐵，重也。司弓矢職：「茀當爲殺。」鄭司農云：「一在前，謂箭稾中鐵莖居三分殺一以前。」兵矢、田矢五分：二在前，三在後。鐵差短小也。兵矢，謂枉矢、絜矢也。此二矢亦可以田。田矢謂矰矢。殺矢七分：三在前，四在後。鐵又差短小也。司弓矢職：「殺當爲茀。」參分其長而殺其一，矢稾長三尺，殺其前一尺，令趣鏃也。疏曰：「三分其矢之前，以衡平之。一分在前，二分在後，則得其半。所以如此者，以鏃在笴首，差重也。此欲鏃頭輕重得宜。或太重太輕，則於射時有節病也。以此推之，則鏃箭之重，正得笴之重三分之一也。鍭矢、茀矢皆然。兵矢、田矢以五分均之，其鏃鐵比鍭矢、殺矢又少輕，殺矢比鍭鐵又差短小，笴之入鏃處必減削少許，所謂殺其一也。」五分其長而羽其一，羽者六寸。以其笴厚，爲之羽深。笴讀爲稾，謂矢幹，古文假借字，厚之數未聞。水之，以辨其陰陽，辨，猶正也。陰沈而陽浮。夾其陰陽，以設其比，夾其比以設其羽，夾其陰陽者，弓矢比在稾兩旁，弩矢比在稾上下，設羽於四角。鄭司農云：「比謂括也〔三〕。」參分其羽以設其刃，刃二寸。則雖有疾風，亦弗之能憚矣。鄭司農云：「謂風不能驚憚箭也。」疏曰：「『五分其長羽其一』，以下，論箭幹也。笴長三尺，設羽處六寸。笴爲矢幹，其厚能幾？況羽又設之四旁？若謂其深必如其厚，則無可容之處，亦言大略而已。竹有上下，上陽下陰。以水試之，浮者爲上，沈者爲下。比者，笴之兩旁。陽左陰右，比在其左右。比必左上有一綫稍高，羽有四夾，其比而置之四角也。比，括也。在稾之末，羽則設於四角，弓弩矢同。注：中分比之兩旁上下者，以用時有橫竪之別也。弓用時竪，則比見其兩旁；弩用時橫，則比見其上下，此就絃言之也。」刃長寸，圍寸，鋌十之，重三垸。刃長寸，脱二字。鋌一尺。鋌，直頂反。前弱則俛，後弱則翔，中弱則紆〔三四〕。中强則揚，羽豐則遲，羽殺則趮。言幹羽之病，使矢行不正。俛，低也。翔，迴顧也。紆，曲也。揚，飛也。豐，大也。趮，旁掉也。是故夾而摇之，以眡其豐殺之節也；今人以指夾矢儛衛是也。橈之，以眡其鴻殺之稱也。橈，搦其幹。橈，乃孝反。稱，尺證反。搦，女角反。凡相笴，欲生而搏。同搏，欲重；同重，節欲疏；同疏，欲稟。相，猶擇也。生，謂無瑕蠹也。搏，謂圜也。鄭司農云：「欲稟，欲其色如稟也。」疏：「注：刃長脱二字。知脱二字者，據上三分其羽以設其刃。若刃一寸，則羽三寸，矢一尺五寸，便太短，明知脱二字也。」老學曰：「刃長寸之脱二字，即上文設其刃注云刃上二寸也。鋌十之，注爲一尺，即上文經云三分其長而殺其一，故爲一尺也。」自俛至趮，既言羽與幹之病，故欲以兩手指夾其羽而摇之，以知羽之病狀；以手搦其幹，以知幹之病狀。相笴，生則不用枯竹，搏則欲其圓。圓同，則擇其重者用之；重同，則擇其節之疏者用之；疏同，則擇其堅栗者用之。此擇笴之法也。

廬人爲廬器，戈柲六尺有六寸，殳長尋有四尺，車戟常，酋矛常有四尺，夷矛三尋。柲，猶柄也。八尺曰尋，倍尋曰常。酋、夷，長短名。酋之言遒也。酋近夷長也。廬，力吴反。下同。柲音祕。殳音殊。酋，在由反，或子由反。沈，慈有反〔三五〕。凡兵無過三其身，過三其身弗能用也〔三六〕，而無已，又以害人。人長八尺與尋齊。進退之度三尋，用兵力之極也。而無已，不徒止耳。故攻國之兵欲短，守國之兵欲長。攻國之人衆，行地遠，食飲饑，且涉山林之阻，是故兵欲短；守國之人寡，食飲飽，行地不遠，且不涉山林之阻，是故兵欲長。言罷羸宜短兵，壯健宜長兵。罷音皮，羸，劣皮反。凡兵，句兵欲無彈，刺兵欲無蜎，是故句兵椑，刺兵搏。句兵，戈戟屬。刺兵，矛屬。故書彈，或作但。蜎或作絹。鄭司農云：「但讀爲彈丸之彈。彈，謂掉也〔三七〕。絹，讀爲悁邑之悁。悁，謂橈也。椑讀爲鼓鼙之鼙。」玄謂蜎亦掉也，謂若井中蟲蜎之蜎。齊人爲柯斧柄爲椑，則椑，隋圜也。搏，圜也。毄兵同强，舉圍欲細，細則校；刺兵同强，舉圍欲重，重欲傅人，傅人則密，是故侵之。改句言毄，容殳無刃。同强，上下同也。舉，謂手所操。鄭司農云：「校讀爲絞而婉之絞。重欲傅人，謂矛柄之大者在人手中者，侵之，能敵也。」玄謂校，疾也。傅，近也。密，審也，正也。人手操細以毄則疾，操重以刺則正。然則爲矜，句兵堅者在後，刺兵堅者在前。凡爲殳，五分其長，以其一爲之被而圍之。參分其圍，去一以爲晉圍。五分其晉圍，去一以爲首圍。凡爲酋矛，參分其長，二在前、一在後而圍之。五分其圍，去一以爲晉圍。參分其晉圍，去一以爲刺圍。被，把中也。圍之，圜之也，大小未聞。凡矜，八觚。鄭司農云：「晉，謂矛戟下銅鐏也。刺，謂矛刃胸也。」玄謂晉讀如王搢大圭之搢。矜，所捷也。首，殳上鐏也〔三八〕，爲戈戟之矜。所圍如殳。夷矛如酋矛。凡試廬事，置而摇之，以眡其蜎也；灸諸墻，以眡其橈之均也，横而摇之，以眡其勁也。置，猶樹也。灸，猶柱也。以柱兩墻之間，輓而内之，本末勝負可知也。正於墻，墻歰。柱，如主反，下同。歰，所立反，本又作澀，又作翌同。六建既備，車不反覆，謂之國工。六建，五兵與人也。反覆，猶軒輖。覆，芳復反，注同。輖音周。疏曰：此經所云柄之長短，皆通刃爲尺數。八尺曰尋，殳長尋有四尺，一丈二尺也。倍尋曰常。車戟常，一丈六尺也。酋矛常有四尺，倍尋爲一丈六尺，加四尺爲二丈也。夷矛三尋，三八二丈四尺也。夷爲長，開口引聲；酋爲短，合口促聲，害人自累也。句兵，戈戟之屬，太長則執之而戰掉也。刺兵，矛之屬。欲無蜎，蜎者橈弱而易折也。摶，訓圜。摶訓隋圜，謂側方而去楞也。毄，以殳長丈二而無刃可以擊打人。同强者，本末俱堅也。舉者，手執處，其圍欲細，細即小，而滑用之快疾也。刺兵，手執處欲稍重，重，則大於上下矣，必上下稍輕，用之附人，附人則可侵刺也。殳長丈二尺五分，取一得二尺四寸，爲把處而圜之也。殳於手把處，其柄之下有銅鐏，是爲晉。三分被之，圍去一取二，爲銅鐏之圍以插地而立也。首圍，謂上頭。上頭宜稍細也。刺圍，刺刃之圍，二前一後，言其長也。柄之大小，則不可知。三分其下，鐏之四寸而去其一，則刺圍有二寸六分以上也。矜，即柄。凡矜皆八觚，即柄也。植而摇之，則知其蜎橈與否也，柱之墻，則知其强弱均與不均也。平執而摇之，知其勁與否也。六建，五兵與人建在車上。

弓人爲弓，取六材必以其時。取幹以冬，取角以秋，絲漆以夏，筋膠未聞。疏曰：「仲冬斬陽木。」月令：「仲冬，伐木取竹箭。」注云：「堅成之極」，冬善於夏也。角，秋殺者厚，故用秋。夏時絲熟，夏漆猶良。」六材既聚，巧者和之。聚，猶具也。疏曰：「聚，巧者，弓人之工也。」和，則液角治筋之類。」幹也者，以爲遠也；角也者，以爲疾也；筋也者，以爲深也；膠也者，以爲和也；絲也者，以爲固也；漆也者，以爲受霜露也。六材之力，相得而足。疏曰：「幹善則射可遠，角善則去速。筋傳束之則深固，非淺深之深；和者欲得其宜；固欲其不壞；受霜露則易壞，故漆必欲盡其善也。」凡取幹之道七：柘爲上，檍次之，檿桑次之，橘次之，木瓜次之，荆次之，竹爲下。鄭司農云〔三九〕：「檍讀如億。」爾雅曰：『杻檍，又曰檿桑，山桑。』國語曰：『檿弧箕服。』」疏曰：「檍音益，今人不識此木。」凡相幹，欲赤黑而陽聲，赤黑則鄉心，陽聲則遠根。陽，猶清也。木之類近根者奴。疏曰：「赤黑之色則不嫩，向心，不近皮也。陽聲則清，近根則老，其聲必不清；叩之而清，必不老也。」凡析幹，射遠者用埶，射深者用直。鄭司農云：「埶，謂形勢。假令木性自曲，則當反其曲以爲弓，故曰審曲面勢。」玄謂曲勢則宜薄，薄則力少；直則可厚，厚則力多。疏曰：「析幹以下，説弓力多少之事。弓弱則宜射遠，若夾庾之類，用勢者弓弱也；弓直則宜射深，若王弧之類，用直者弓直也。」居幹之道，菑栗不迆，則弓不發。鄭司農云：「菑栗，謂以鋸剖析幹。迆讀爲移。謂邪行絶理者，弓發之所從起。」玄謂栗讀爲裂。疏云：「居幹，謂居處解析弓幹之法。菑栗，皆謂以鋸剖析弓幹之時不邪迆失理，則弓後不發傷也。菑，鄭司農謂如菑畬之菑，菑，即耕也，取破之義。栗，鄭謂如榛栗之栗，亦取破之義。」凡相角，秋繝者厚，春繝者薄，稺牛之角直而澤，老牛之角紾而昔。鄭司農云：「紾讀爲抮，徒展反，昔讀爲錯，謂牛角觕理交錯也。」繝，色黠反。疢疾險中，牛有久病，則角裏傷。瘠牛之角無澤，少潤氣。角欲青白而豐末。豐，大也。夫角之本，蹙於䐉而休於氣，是故柔。柔故欲其埶也，白也者〔四〇〕，埶之徵也。蹙，近也。休讀爲煦。鄭司農云：「欲其形之自曲，反以爲弓。」玄謂色白則埶。䐉，萬老反，本又作腦。疏云：「凡相角：以秋對春，以老對稺。秋殺者角厚肉少，春殺者角薄肉多。稺牛角直而潤澤，老牛角理粗錯，然不潤澤也。角欲青白而豐末者，此説角之勢也。角之本近於䐉，則得和煦之義於䐉，是故柔，柔故欲其形之自曲，反是爲埶也，然後以爲弓。夫角之中，恒當弓之畏。畏也者必橈，橈，故欲其堅也。青也者，堅之徵也。故書畏〔四一〕，或作威。杜子春云：「威，謂弓淵。角之中央，與淵相當。」玄謂畏讀如限，烏回反。疏曰：「此説角之堅也。畏爲曲限之義。角之中央其用於弓也，常在曲限處。限處，張時必橈動也。若不堅則易折，故欲其色青。」夫角之末，遠於刲而不休於氣，是故脆。脆，故欲其柔也。豐末者，柔之徵也。末之大者，刲氣及煦之。脆，七歲反。角長二尺有五寸，三色不失理，謂之牛戴牛。三色，本白、中青、末豐。鄭司農云：「牛戴牛，角直一牛。」疏云：「末不豐則柔，柔則不脆。性生氣所不及，則其角末尖小而脆矣。二尺五寸，大牛之角也。其三色不失常理，則此角之直又有一牛之用也，故曰牛戴牛。」凡相膠：欲朱色而昔。昔也者，深瑕而澤，紾而摶廉。摶，圜也。廉，瑕嚴利也。鹿膠青白，馬膠赤白，牛膠火赤，鼠膠黑，魚膠餌，犀膠黄。皆謂煮用其皮，或用角。餌，色如餌。凡昵之類不能方〔四二〕。鄭司農云：「謂膠善戾。」昵，或爲䵒。䵒，黏也。疏曰：「朱色，則惟牛膠火赤，自餘非純赤，則牛膠爲善。紾者，有紾理也。摶廉者，膠之性段，段皆摶圜也。廉、瑕二者，俱是嚴利之狀。諸膠惟鹿用皮，亦用角，自餘皆用皮。凡黏昵之物，皆不能比，此六膠，言他膠皆不可用也。比，方也。」凡相筋：欲小簡而長，大結而澤。小簡而長，大結而澤，則其爲獸必剽，以爲弓，則豈異於其獸？剽，疾也。鄭司農云：「簡讀爲撊然登捭之撊。」玄謂讀如簡札之簡，謂筋條也。筋欲敝之敝，嚼之當熟。漆欲測，測，猶清也。絲欲沉，如在水中時色。得此六材之全，然後可以爲良。全，無瑕病。良，善也。疏云：「小簡者，竹簡一片爲一札，此筋條亦有簡別也。此筋之獸剽疾，爲弓亦剽疾，故云豈異於其獸。筋之椎竹嚼齧，欲得勞敝，故熟。測，從水，義取漆爲良也。絲之乾燥時，還如在水涷之色爲善。」凡爲弓，冬析幹，而春液角，夏治筋，秋合三材。三材：膠、絲、漆。液，讀爲醳〔四三〕。寒奠體，奠，讀爲定。至冬膠堅，内之檠中。定，往來體。檠音景。冰析灂。大寒中，下於檠中復納之。灂，子召反。冬析幹則易，理滑致。易，以豉反。春液角則合，合讀爲洽。夏治筋則不煩，煩，亂。秋合三材則合。合，堅密也。寒奠體則張不流，流，猶移也。冰析濬則審環，審，猶定也。春被紘，則一年之事，期歲乃可用。析幹必倫，順其理也。析角無邪，亦正之。斵目必荼，荼，讀爲舒。舒，徐也。目，幹節目。斵目不荼，則及其大脩也，筋代之受病。脩，猶久也。夫目也者必强，强者在內而摩其筋。夫筋之所由幨，恒由此作。摩，猶隱也。幨，讀爲車幨之幨。玄謂幨，絶起也，昌廉反。疏曰：「上言弓之材，此言爲弓之道。冬時堅凝，可取幹而分析之，破削以爲用。春氣融和，則漬液其角。夏氣熱則筋易柔，故以治之。幹、角、筋，須膠、漆、絲之三材乃合，則秋是作弓之時，故以合膠、漆、絲之三材也。冬寒膠堅而牢，故納之檠中，定往來體。又以大寒冰盛之時析濬，而納於檠中。濬，漆也。冰寒凝之時，辨析其漆，雖其乾稍遲，而漆愈堅，則堅固也。體勢既定，則張而用之，必不流動，猶諺云：『作走作審。』環者，漆其四邊，可以回環而審定也。自冬析幹，至寒定體、冰析濬之後，次年之春，方可被紘。則一弓之成，整整一年事也。如攻堅木，先其易者，後其節目，必徐之義也。筋在弓皆爲角爲力，必須筋相得。今弓幹有節目，角力不得其所，則幹不用力，故筋代角受病。凡幹有節目必堅强，削治不得其道，而以筋束之。在堅者在筋之內必摩動之，筋被摩動，則必絶起矣。幨音苫，猶車之幨帷，筋之絶起似之。」故角三液，而幹再液。重醳治之，使相稱。厚其帤則木堅，薄其帤則需。需謂不充滿。帤，讀爲襦，謂弓中裨。是故厚其液而節其帤，厚，猶多也。節，猶適也。約之不皆約，疏數必侔；不皆約，纏之繳不相次也，皆約則弓帤。侔，猶均也。斵摯必中，膠之必均；摯之言致也。中，猶均也。斵摯不中，膠之不均，則及其大脩也，角代之受病。夫懷膠於內而摩其角，夫角之所由挫，恒由此作。幹不均，則角蹴折也。疏曰：「帤爲弓中裨者，造弓之法。弓幹雖用整木，仍於幹上裨之，乃得調適也。其裨助者厚，則其幹木愈堅；其裨助者薄，則幹木易弱，視之亦不肥滿也。約之，謂以絲膠橫纏之，不次比爲之。疏數必侔，約之多少，須稀疏必均也。斵犇厚薄，必調均爲之。施膠亦均，不得偏厚也。自此以下，說弓之隈裏施膠之事。云摩其角，謂幹不均而有高下則摩其角。大脩甚久。若斵摯不得中，用膠不均節，則角常代一弓之材，而先受病也。膠在角內，若有厚薄，則角必爲之摩動。角被摩動，則必挫折其角，蹴折常常因此而起也。」凡居角，長者以次需。當弓之限也，長短各稱其幹，短者居簫。恒角而短，是謂逆橈，引之則縱，釋之則不校。恒，讀爲絙，或作栕，古鄧反。栕，竟也。竟其角而短於淵幹，引之，角縱不用力者，若欲反撓然。校，疾也。既不用力，放之又不疾。校，古卯反。恒角而達，譬如終紲，非弓之利也。達，謂長於淵幹，若達於簫頭。紲，弓䩙。角過淵接，則送矢太疾，若見紲於䩙矣。弓有䩙者，爲發絃時備頓傷。詩云：「竹䩙緄縢。」紲，息列反。疏曰：「角長二尺二寸爲善，則造弓之工，必以次需而用之。需，求也。長短各稱其幹。若短者，居簫。簫，謂兩頭，則長者自然在隈内。恒，竟也。竟角而短者，謂充滿弓之兩傍，而不及兩端，則橈其弓，而勢必逆。挽弓之人欲引此弓，則其角縱而不受力，弛放而去，則不能校疾也。竟其角而充滿淵幹之兩旁，又達過於簫頭，是角太長也。角既過長，則引發之時，譬於此弓長在紲中放不去也。紲，弓䩙，藏弓之物也。」疏云：「以竹爲䩙，發絃時，裨於弓之背上，又繩橫繫之，使相著䩙，與弓爲力，備頓傷也。」送矢太疾之説，疏無此義。今夫茭解中有變焉，故校；鄭司農云：「茭，讀爲敫，謂弓檠也。校，讀爲絞。」玄謂茭讀爲骹，户卯反。茭解，謂接中也。變，謂簫臂用力異。校，疾也。於挺臂中有柎焉〔四〕，故剽。挺，直也。柎，側骨。剽，亦疾也。鄭司農云：「剽，讀爲漂。」柎，方輔反。恒角而達，引如終紲，非弓之利。重明達角之不利，變譬爲引，字之誤。疏曰：「今夫，記人别起義端也。茭解中，謂弓隈與弓簫角接之處。變者，異也，謂弓簫與臂用力之異也。引之則臂中用力，放矢則簫用力，其用力各異，則矢去疾爲絞，挺爲直。直臂中，謂弓把處。有柎，柎謂側骨在弓把處兩傍，與弓爲力，以骨堅强，故剽疾也。下文重明達角之不利。紲，藏弓者，别作一片竹向上，札以助弓，只短在弓隈間，不滿兩頭。林云：上言角短者只四句，下言角長，則紬繹發明，且重言之，謂茭解中之用力異。挺中之有附，皆人用力處。若角長過於簫，則人用力，而弓爲之引放之，如終年在弓紲之上爲所牽制，而不可用，非弓之利也。故終紲非弓之利，凡再言之。撟幹欲孰於火而無贏，撟角欲孰於火而無燂，引筋欲盡而無傷其力，鬻膠欲孰而水火相得，然則居旱亦不動，居濕亦不動。贏，過孰也。燂，炙爛也。不動者，謂弓也。橋，居兆反。燂，音潛。鬻，音章吕反。苟有賤工，必因角幹之濕以爲之柔。善者在外，動者在内。雖善於外，必動於内。雖善亦弗可以爲良矣。苟，偷也。濕，猶生也。偷，吐侯反。疏曰：「撟幹以下，明料理幹、角、筋、膠四者得與不得所之事，不言漆絲者，用力少故不言也。撟，矯揉也。筋以束縛之，牽引必盡者，謂其緊也。又不可至於傷損，損則無力也。煮膠於水，不可過多；火不可過猛。幹、角、筋、膠用火盡善如此，則弓在燥濕，皆不可傷動也。因角幹之濕者，謂其用火未熟也。未熟則角幹外雖乾，而内猶濕，即矯揉而用之，以此爲柔而易揉也。善在外者，謂皮乾也。動在内者，裏未熟也。外雖乾而易損，動者在内，雖弓成亦若盡善，而用之必易敗，故曰弗可以爲良也。」凡爲弓，方其峻而高其柎，長其畏而薄其敝，宛之無已，應。宛，謂引之也。引之不休止，常應絃，言不罷需也。峻，謂簫也〔四五〕。敝，讀爲蔽，謂弓人所握持者。畏，烏回反。宛，於阮反。應讀如應對之應。下柎之弓，末應將興。末，猶簫也。興，猶動也，發也。弓柎卑，簫應絃，則柎將動。卑音婢。爲柎而發，必動於閷。閷，接中〔四六〕，色界反。弓而羽閷，末應將發。羽，讀爲扈。扈，緩也。接中動則緩，緩簫應絃〔四七〕，則角幹將發。疏曰：「峻者，弓之簫頭也。柎者，手之中手把處也。簫頭必方，手把處必高。畏者，弓之曲隈處也，必須稍長。敝與蔽同。手把處有物蔽之，不可太厚，故欲其薄。宛者，引而放之也。峻方柎高，隈長敝薄，則隨引而應，其應無已，謂其愈射愈好也。其不便利者，弓之柎處若下而不高，則簫頭每引而起。興者，起也。弓隈未應，而簫頭先應，則用之不便利也。弓之簫爲柎不高而先發，則於弓之接處必有傷動。閷者，弓之接中也。弓之接中若有傷動，則必有緩弱之病。接中既緩弱，所以引之則簫頭常先應而發也。末，簫頭也。上言將興，此言將發。發，亦興也。」弓有六材焉，維幹强之，張如流水。無難易也。維體防之，引之中參。體，謂内之於檠中。定其體，防，深淺所止，謂體者定。張之絃居一尺，引之又二尺。維角堂之，欲宛而無負絃，引之如環。釋之無失體，如環。負絃，辟戾也。負絃則不如環，如環，亦謂無難易。鄭司農云：「堂讀如牚距之牚。」音直庚反。材美，工巧，爲之時，謂之參均；角不勝幹，幹不勝筋，謂之參均。量其力有三均，均者三，謂之九和。有三，讀爲又參，量其力。又，參均者，謂若幹勝一石，加角而勝二石，被筋而勝三石，引之中三尺。假令弓力勝三石，引之中三尺。弛其絃，以繩緩擐之，每加物一石，則張一尺，故書勝或作稱。鄭司農云：「當言稱，謂之不參均。」玄謂不勝無負也。勝音升。九和之弓，角與幹權，筋三侔，膠三鋝，絲三邸，漆三斞，上工以有餘，下工以不足。權，平也。侔，猶等也。角幹既平，筋三而又與幹等也〔四八〕。鋝，鍰也。邸、斞，輕重未聞。鋝音劣。斞，羊主反。鍰音環。疏曰：「六材惟以幹爲强。幹外五材，當依幹而有，以幹爲本，故指幹爲强。幹得所，則以制五材，故强弱得所，而張如流水也。體，謂納之檠中，而往來體定也。防，淺深所止者，王、弧，往體寡，來體多。弛之五寸，張之一尺五寸。夾庾，往體多，來體寡。弛之一尺五寸，張之五寸。唐、大往來體若一。弛之一尺，張之亦一尺也。此是防之深淺所止。云體定張之，絃居一尺，引之又二尺，此據唐、大中者而言。餘四者弛之張之雖多少不同，及其引之皆三尺，以其矢長三尺，須滿故也。棠，正也。置角於隈中，既正，則引之，而弓體不辟戾，無負絃，而如環也。放矢後，無失體，得如環然。林云：「前言引之如環者，張開時也。此言體如環者，既弛之後，弓之全體復如環也。」參均注：「弓未成時，幹未有角，稱之勝一石後，又按，角勝二石後，更被筋稱之，即勝三石。引之中三尺者，初空幹後加角，後被筋。一石、二石、三石，引之皆三尺也。若不張之，别以一條繩繫兩簫，乃加物一石，張一尺，二石張二尺，三石張三尺〔四九〕，則與前三幹、角、筋，力各一石也。九和之弓，輕重相參，不可妄加減。鐶與鋝爲一物，皆是六兩太半兩也。」林云：「角、幹、筋三者，并材美工巧爲之，得三時，各有三均，爲九和。角與幹和，即角不勝幹之意，角、幹、筋、膠、絲、漆等物，工之巧者用之而有餘，拙者物具而不足也。」爲天子之弓，合九而成規；爲諸侯之弓，合七而成規；大夫之弓，合五而成規；士之弓，合三而成規。材長則句少也。弓長六尺有六寸，謂之上制，上士服之；弓長六尺有三寸，謂之中制，中士服之；弓長六尺，謂之下制，下士服之。人各以其形貌大小服此弓。疏曰：「此據角弓形不張而言。六弓爲三等：王、弧往寡來多，當天子弓；唐、大往來若一，當諸侯弓；夾、庾往多來寡，當大夫弓。若士合三成規，則六弓之外，獘惡之弓也。通有四等：然大射與鄉射，大夫、士同射，五十步侯又同用夾、庾，無事用合。三成規者，材良則句少，據王、弧及唐、大以上而言之也。以弓有長短三等，人亦有長短三等而言，取其弓與人稱之事，長者爲上士，次者爲中士，短者爲下士，非命士也。」凡爲弓，各因其君之躬，志慮血氣。又隨其人之情性。豐肉而短，寬緩以荼，若是者爲之危弓，危弓爲之安矢；骨直以立，忿埶以奔，若是者爲之安弓。安弓爲之危矢。言損羸濟不足。危、奔，猶疾也。骨直，謂强毅。茶，讀爲舒，假借字。肉如字。埶，音勢。其人安，其弓安，其矢安，則莫能以速中，且不深。速，疾也。三舒不能疾而中，言矢行短也，中又不能深。中，音丁仲反。其人危，其弓危，其矢危，則莫能以愿中。愿，慤也。三疾不能慤而中，言矢行長也。長，謂過去。疏曰：「此經以下説君之躬與志慮，弓之所宜者也。危弓則夾、庾，爲弱者而言；安弓王、弧之類，爲强者而言。危矢據恒矢，安矢據殺矢者也。豐肉、寬緩是不足，則危弓濟之；危弓爲羸，則以安矢損之。骨直、忿埶是羸，則安弓損之。安弓是不足，則以危矢濟之。以安危損益，即於射事爲可。此三安而無損益固不可，三危無損益亦不可。矢行長謂去者，危弓、危矢謂夾、庾恒矢之屬，皆射遠，兼人且危躁，故矢行長過去也。上文據人形爲弓，此據人性志慮，據在心血氣，據言與舉動。」林云：「制弓而隨人之身可也。今欲隨其性之緩急而分之，此古人之事，其意未可曉。今無此法也。」往體多，而來體寡，謂之夾、庾之屬，利射侯與弋。射遠者用埶。夾、庾之弓，合五而成規，侯非必遠。顧執弓者材必薄，薄則弱，弱則矢不深中，侯不落。大夫士射侯，矢落不獲。弋，繳射也。繳，諸若反。往體寡，來體多，謂之王弓之屬，利射革與質。射深者用直。此又直焉，於射堅宜也。王弓合九而成規，弧弓亦然。革，謂干盾。質，木椹。天子射侯，亦用此弓。大射曰：「中離維綱，揚觸梱復，君則釋獲，其餘則否。」椹，張林反。往體來體若一，謂之唐弓之屬，利射深。射深用直，唐弓合七而成規，大弓亦然。疏曰：「射遠者用埶，謂審曲面埶。夾、庾反張〔五〇〕，多隨曲勢向外，弱則射遠不能深，射近亦不能深，故射近侯用之，但射侯不落而已，弓材弱故也。按大射云：『中離維綱，揚觸梱復，君則釋獲，衆則否』，是以大夫士矢落不獲，故不得用唐、大之等也。司弓矢云：『夾、庾以授射豻侯鳥獸者』，豻侯鳥獸，則射侯與弋也。彼注近射用弱弓。如此，則射大侯者用王、弧。射大侯，天子諸侯用之；射參侯者，用唐、大，大夫用之；射豻侯者，用夾、庾，士用之。射深者，用直，此即司弓矢王、弧之弓，以授射甲革椹質者。注云：天子射侯，亦用此弓，不言者舉射革與質，有上文弱弓射近可參考，故不言可知也。中，謂中侯也。離維綱，離，猶過也，麗也。維，謂射侯與左右舌一幅。兩相及角，亦以綱維持之，而繫於柱。綱，謂左右舌上畔下畔，以一大綱繩各繫於其柱上以射侯。其綱皆出布一幅一尋，謂之爲綱。揚觸，謂中他物揚而觸侯。

梱復，謂矢至不著而還復之反也。如此五者，君則釋獲，餘則否。臣不得獲，惟中乃可釋獲。射深用直。此即司弓矢唐、大之屬以授學射者，使者，勞者。」林曰：「往者，弛放時也；來者，開張時也。夾、庾，往體多者弛時直，來體寡者張時甚曲也。此弓必勁，故可射棲鵠之侯，而射鳥雀。往寡，弛時曲也；來多，張時絃長也。此弓性不勁，只可射革質而已。往來若一，則張弛之時，勾曲之體相似，不勁不緩。」老學曰：「今按：注疏家以夾、庾爲弱弓，林乃以爲勁弓，不可曉。蓋注疏解往來體不明，今詳上疏語，往體多處爲夾、庾反張，多隨曲勢向外，弱則射遠不能深，如此，則反張謂往體也，多謂曲多也。今林氏乃謂往體多者弛時直，正與疏説相反，並與經文夾、庾之本説而反之。上注云，材良則句少，亦謂勁弓也。今林於王弓之屬章内，以爲此弓不勁，如此，則天子射王弓，而反得不材之弱弓也，可乎？當考。愚意：往謂向外，來謂向内。多寡恐是曲之多寡，凡弓向外曲多，則向内曲少，必不能滿引及矢之長三尺爲弱弓矣。是謂往體多、來體寡。其强者反是。未知然否。」大和無灂，其次，筋角皆有灂而深〔五一〕；其次，有灂而疏；其次，角無灂。大和，尤良者也。深，謂灂在中央〔五二〕，兩邊無也。角無灂，謂隈裏。合灂，若背手文。弓表裏灂合處，若人合手，背文相應。鄭司農云：「如人手背文理也。」背，補内反。角環灂，牛筋蕡灂，麋筋斥蠖灂。蕡，枲實也。斥蠖，屈蟲也。疏曰：「九和之弓，六材俱善，其體適，故無灂，不用漆也。其次，筋角有灂而深者，筋在背，角在隈，皆有灂，但深在中央，兩邊無也。其次，有灂而疏者，以上參之，此謂兩邊亦有，但疏之不皆有也。其次，角無灂，謂隈裏無灂，簫頭及背有之。合灂，謂弓表裏灂漆相合之處，若人合手，背上文理相應。角環灂，謂隈裏灂文如環然。牛筋蕡灂者，謂弓背用牛筋之漆如麻子文，若用麋筋，其灂文一如斥蠖也。和弓轂摩，和，猶調也。轂，拂也。將用弓，必先調之，拂之，摩之。大射禮曰：「小射正授弓，大射正以袂順左右隈，上再下一。」上，時掌反。覆之而角至，謂之句弓。句，於三體材敝惡，不用之弓也。覆，猶察也，謂用射而察之。至，猶善也。但角善則矢雖疾而不能遠。覆，孚服反。句，九具反，或音鉤。覆之而幹至，謂之侯弓。射侯之弓也。幹又善，則矢疾而遠。覆之而筋至，謂之深弓。射深之弓也。筋又善，則矢既疾而遠又深。疏曰：「和弓，大射云：『大射正以袂順左右隈』，謂以左手橫執之時，上隈向右，下隈向左，而上再下一，拂去塵乃授與君也。覆弓，謂弓有六材，角、幹、筋，用力多，特言之。若三者全善〔五三〕，則爲尤良。若一善者爲敝，二善者爲次，今此先察一善者。至謂若幹幹筋不善，直角可以爲句弓，此敝惡不用之弓，弓尤弱，雖疾不能射遠也。察次弓者，非直角至兼幹善謂之射侯之弓，則上。夾、庾利近，射與弋言矢疾而遠，對上句弓疾而不遠以及侯者也筋至則三善者也。上文，唐、大射深，王、弧三善亦射深，舉中以是上也。」

秦始皇二十六年，初併天下，收天下兵聚咸陽，銷以爲鐘鐻、金人十二。

漢高帝時，蕭何治未央宮，立武庫，以藏兵器。

中尉屬官有武庫令丞，少府屬官有若盧、考工室令丞。百官表注云：「若盧，主藏兵器；考工，主作器械。」武庫精兵所聚，故以丞相子爲令。

地理志：「河南、南陽、濟南、泰山、潁川、河内、蜀、廣漢等郡皆有工官。」

徐氏曰：「按漢時工官雖在外郡，而所作器械，實輸京師，故武帝邊兵不足，乃發武庫工官兵以贍之也。」

八年，令賈人毋得操兵乘騎馬。

文帝時從鼂錯之説，募民徙塞下，以便爲之高城深塹，具藺石〔五四〕，布渠答。如淳曰：「藺石，城上雷石也。」蘇林曰：「渠答，鐵蒺藜也。」

錯言兵事曰：「今匈奴地形技藝與中國異，上下山阪，出入溪澗，中國之馬弗與也；險道傾仄，且馳且射，中國之騎弗與也；風雨罷勞，饑渴不困，中國之人弗與也：此匈奴之長技也。若夫平原易地，輕車突騎〔五五〕，則匈奴之衆易撓亂也；勁弩長戟，射疏及遠，則匈奴之弓弗能格也；堅甲利刃，長短相雜，遊弩往來，什伍俱前，則匈奴之兵弗能當也；材官騶發，矢道同的，則匈奴之革笥木薦弗能支也；下馬地鬬，劍戟相接，去就相薄，則匈奴之足弗能給也；此中國之長技也。匈奴之長技三，中國之長技五。陛下又興數十萬之衆，以誅數萬之匈奴，衆寡之計，以一擊十之術也。雖然，兵，凶器；戰，危事也。以大爲小，以强爲弱，在俛仰之間耳。夫以人之死爭勝，跌而不振，則悔之亡及也。帝王之道，出於萬全。今降胡、義渠、蠻夷之屬來歸誼者，其衆數千，飲食長技與匈奴同，可賜之堅甲絮衣，勁弓利矢，益以邊郡之良騎。令明將能知其習俗和輯其心者，以陛下之明約將之。即有險阻，以此當之；平地通道，則以輕車材官制之。兩軍相爲表裏，各用其長技，衡加之以衆，此萬全之術也。」

武帝征伐，邊兵不足，乃發武庫工官兵以贍之。

丞相公孫弘奏言，禁民不得挾弓弩。侍中吾邱壽王言其不便，上從之。

弘奏言：「民不得挾弓弩。十賊彍弩，百吏不敢前，張晏曰：「彍音郭。」師古曰：「引滿曰彍。」盜賊不輒伏辜，免脱者衆，害寡而利多，此盜賊所以蓄也。禁民不得挾弓弩，則盜賊執短兵，短兵接則衆者勝。以衆吏捕寡賊，其勢必得。盜賊有害無利，則莫犯法，刑錯之道也。臣愚以爲禁民毋得挾弓弩便。」上下其議。壽王對曰：「臣聞古者作五兵，非以相害，以禁暴討邪也。師古曰：「五兵，謂矛、戟、弓、劍、戈。」安居則以制猛獸而備非常，有事則以設守衛而施行陣。秦兼天下，廢王道，立私議，滅詩、書而首法令，師古曰：「以法令爲首。」去仁恩而任刑戮，師古曰：「去，除也。」墮名城，殺豪桀，師古曰：「墮，毁也，音火規反。」銷甲兵，折鋒刃。其後，民以耰鉏箠梃相撻擊，師古曰：「耰摩田之器也，箠馬檛梃大杖也。」耰音憂，箠之累反，梃音大鼎反。犯法滋衆，盜賊不勝，師古曰：「滋，益也。不勝，言不可勝也。」至於赭衣塞路，群盜滿山，卒以亂亡。故聖王務教化而省禁防，知其不足恃也。禮曰：『男子生，桑弧蓬矢以舉之，明示有事也。』師古曰：「有四方扞禦之事也。」孔子曰：『吾何執？執射乎？』大射之禮，自天子降及庶人，三代之道也。詩云：『大侯既抗，弓矢斯張，射夫既同，獻爾發功。』抗，舉也。射夫，衆射者也。同，同耦也。言既舉大侯，又張弓矢，分耦而射，則獻其發矢中的之功也。言貴中也。愚聞聖王合射以明教矣，未聞弓矢之爲禁也。且所爲禁者，爲盜賊之以攻奪也。攻奪之罪死，然而不止者，大姦之於重誅固不避也。臣恐邪人挾之而吏不能止，良民以自備而抵法禁，是擅賊威而奪民救也。竊以爲無益於禁姦，而廢先王之典，使學者不得習行其禮，大不便。」書奏，上以難丞相弘。弘詘服焉。

昭帝始元五年，罷天下馬弩關。注：漢法：弩十石以上不得出關。

成帝陽朔三年，潁川鐵官徒申屠聖等殺長吏，盜庫兵。

鴻嘉三年〔五六〕，廣漢男子鄭躬等攻官寺，篡囚徒，盜庫兵。

永始三年，山陽鐵官徒蘇令等反，盜庫兵。

哀帝發武庫兵，前後十輩，送董賢及乳母王阿舍。母將隆奏言：「武庫兵器，天下公用。國家武備，繕治造作，皆度大司農錢。漢家邊吏職在拒寇，亦賜武庫兵，皆任其事，然後蒙之。臣請收還武庫。」

漢制：諸侯王不得私作兵器。江都王建聞淮南、衡山王陰謀，恐一日發，爲所併，遂作兵器〔五七〕，鑄將軍、都尉印，遣人通越。膠東康王聞淮南王謀反，私作兵車、鏃矢戰守之備。燕王旦反，詐言受武帝詔，得領庫兵〔五八〕，飭武備。

後漢：武庫令主兵器，屬執金吾。考工令主作兵器弓弩刀鎧之屬，成則傳執金吾入武庫〔五九〕。魏、晉一遵漢制。

武帝泰始五年，鮮卑樹機能攻陷凉州，令司馬督馬隆往討之。隆請自至武庫選仗，武庫令與忿争。御史中丞劾奏隆，隆曰：「臣將畢命戰場，武庫令乃給以魏時朽仗，非陛下所以使臣之意也。」帝乃命惟隆所取。

夏主赫連勃勃以叱干阿利領將作大匠〔六〇〕。阿利性巧而殘忍，凡造兵器成呈之工人，必有死者。射甲不入則斬弓人，入則斬甲匠，凡殺工匠數千，由是器物皆精利。

唐府兵之法：人具弓一，矢三十，刀一，其介胄戎具，皆藏於庫，有所征行則給之〔六一〕。番上宿衛者，給弓矢横刀而已。

太宗嘗謂太子少師蕭瑀曰：「朕少好弓矢，得良弓十數，自謂無以加，近以示弓工，乃曰：『皆非良材。』朕問其故，工曰：『木心不正，則脉理皆斜，弓雖勁而發矢不直。』朕始悟向者辨之未精也。朕以弓矢定四方，識之猶未能盡，况天下之務，其能徧知乎。」

唐初，置軍器監。貞觀六年廢〔六二〕，併入少府監。開元初，以軍器使爲監，領弩、甲二坊。其後又罷，隸少府監，加少監一員以統之。以後廢併不常。

開元十一年，置北京軍器庫〔六三〕，二十六年廢〔六四〕，依舊爲甲坊。玄宗天寶末，天子以中原太平，修文教，廢武備，銷鋒鏑，以弱天下豪傑。於是挾軍器者有辟，畜圖讖者有誅，習弓矢者有罪。不肖子弟爲武官者，父兄擯之不齒。唯邊州置重兵，中原乃包其戈甲，示不復用，人至老不聞戰聲。六軍諸衛之士皆市人白徒，富者販繒綵，食粱肉，壯者角抵，拔河，翹木，扛鐵，日以心鬭。及北方盜起，股慄不能受甲〔六五〕。

德宗貞元元年，詔槍甲之屬，不畜私家。

憲宗元和元年，敕京城内無故於街衢中帶戎仗及聚射者治罪。

六年，京兆尹王播奏：「諸縣、軍、鎮放牧人等不得帶弓、箭、刀、劍器仗。」從之。

晉天福二年，敕禁諸道不得擅造器甲。

開運元年，命諸道州、府點集鄉兵，率以税户七家共出一卒，兵仗器械，共力營之。

宋太祖皇帝開寶三年，詔：「京都士庶之家，不得私畜軍器。軍士素能自備技擊之器者，寄掌於本軍之司，俟出征，則陳牒以請〔六六〕。品官準法聽置禦盜之用。」

八年，將平江南，頗以簡稽軍實爲務，京師所造兵器，十日一進，謂之旬課。上親閲之，制作精絶，尤爲犀利。其國工之署有南北二作坊，弓弩院，諸州有作院，皆役工徒，限其常課。南、北作坊，歲造塗金脊鐵甲、素甲、渾銅甲、墨漆皮甲、鐵身皮副甲、鎖襜兜鍪、金錢朱漆皮馬具裝、鐵鋼朱漆皮馬具裝、錢劍、大劍、手劍、金槍、根槍、檮木槍、掉刀鍽、銀花皮器械箭鞾、弩箭箶簏、弓箭袋、皮立弩、椿床子弩，凡三萬二千。弓弩院歲造角色弓〔六七〕、白樺弓、虎翼弩、馬黄弩、牀子弩、白皮器械、水獺皮器械、旗幟弩、椿鎧弓、弩箭、紘鏃等凡千六百五十餘萬。諸州歲造黄樺黑漆弓弩、麻背弓、素皮器械、環子背槍、素木槍、黑漆木槍、朱紅木槍、金漆竹槍，銀裝、銅裝等劍，竹笴箭、木笴箭、皮甲、兜鍪、鐵甲葉、箭鏃等凡六百二十餘萬〔六八〕。又南、北作坊及諸州别造兵幕、甲袋、椶衫、鉦鼓、炮砂、鍋鍘、行槽、鍬、钁、鎌、斧等謂之什物，以備軍行之用。凡諸兵器置五庫以貯之。嘗令試牀子弩於近郊外，矢及七百步。又令别造千步弩試之，矢及三里，戎具精勁，近古未有。

王氏揮塵録：「承平時，揚州郡治之東廡，扃鎖屋數間，上有建隆元年朱漆金書牌云：『非有緩急，不得輒開。』宣和元年，盗起浙西，詔以童貫提師討之。道出淮南，見之，焚香再拜，啟視之，乃弓弩各千，愛護甚至，儼然如新。貫命紘以試之，其力比之後來過倍，而製作精妙，不可跂及。士卒皆嘆服。施之於用，以致成功，此蓋太祖皇帝親征李重進時所留者。仰知經武之略，明見於二百年之前，聖哉帝也。」

仁宗天聖四年，詔減諸路歲造兵器之半。又詔作坊造錐槍一萬五千〔六九〕，給秦、渭、環、慶、延州、鎮戎軍。

康定元年，詔江南、淮南州、軍，造紙甲三萬，給陝西坊域弓手〔七〇〕。又詔河東强壯習弩者聽自置，户四等以下官給之。

慶曆二年，賜河北義勇兵弓弩箭材各一百萬。

四年，賜鄜延路緫管風羽子弩箭三十萬。

五年，詔諸路所儲兵械悉報三司，三司歲具須知以聞，仍約爲程式預頒之。

嘉祐八年〔七一〕，詔：「士庶之家，所藏兵器，非法所許者，限一月送官。敢匿，聽人告捕。」

神宗熙寧元年，命入内副都知張若水等料簡弓弩而增修之〔七二〕。若水進所造神臂弓。

神臂弓，弩類也。始民李宏獻之，以檿爲身〔七三〕，檀爲弰，以鐵爲橙子槍頭，銅爲馬面牙發，麻繩札絲爲絃。弓之身三尺有二寸，絃長二尺五寸，箭木羽長數寸。帝閲試之，射二百四十餘步，入榆木半笴。帝甚善之。於是神臂弓始用，而他弓矢弗能及。

二年，命河北州、軍凡戎器分三等奏聞。其後詔諸路各遣官分州庫藏甲兵器亦爲三等如沿邊三路，而川、陝不與。

六年，置軍器監，總内外軍器之政。置判一人，同判一人。屬有丞、主簿，有管當公事。先時，軍器領於三司，至是罷之，一總於監。凡産材州，置都作院。凡天下知軍器利害者〔七四〕，聽詣監陳述，於是吏民獻器械法式者甚衆。是歲，又置内弓箭南庫，而軍器監奏，遣使以利器頒諸路作院爲式焉。

時帝頗欲利戎器，而患有司苟簡。王雱探知帝意，奏疏曰：「漢宣帝號中興賢主，而史官所敘，獨以爲技巧工匠精於元、成之時。然則此雖有司之事，而上繫朝廷之政。方今外禦兩邊之患，内虞盗賊之變，而天下歲課弓弩、甲冑之類，入充武庫之積以千萬數，乃無一堅好精利實可以爲武備者。臣嘗觀於諸州作院，至有兵匠乏少〔七五〕，而拘市人以備役，所作之器，但形質具而已矣。武庫吏亦唯計其多寡之數藏之，未有責其實用者，故所積雖多，大抵敝惡耳。夫爲政如此，而猶欲抗威決勝，外懾夷狄之强獷，内沮姦凶之竊發，臣愚未見其可也。臣私計其便，莫若更制法度，斂數州之作，而聚以爲一處，若今錢監之比。每監擇知工事之臣，使專於其職。且募天下之良工散爲匠師，而朝廷内置工官以總制其事，察其精窳而賞罰之，則人人務勝，不加責而皆精矣。聞今武庫太祖時所爲弓尚有可紘如新者，而近世所造，往往不可用，有以見法禁之張弛異也。昔者垂爲共工，而歷代資其竹矢，然則所以爲至治，此其一事也。」帝納雱說。

時軍器監製器不一，材用滋耗，於是詔不以常制選官馳往州縣〔七六〕，根括牛皮角筋〔七七〕，能令數羡，次第加獎。是歲，始造箭曰狼牙箭、鴨嘴箭、出尖四楞箭、一插刃鑿子箭，凡四色推行之。

哲宗元祐元年，詔：「三路既罷保甲團教，其器甲各送官即收之〔七八〕，勿得以破損拘民整治。」又詔太僕少卿高遵惠會工部及軍器監内外作坊及諸州都作院工器之數，以要切軍器立爲歲課，務得中道。非要切，並權住勿造〔七九〕。於是數年之間，督責少弛，不復以戎器爲事矣。

徽宗崇寧初，臣僚言，元祐以來，因循廢弛，兵不犀利。詔復令諸路都作院創造修治，官吏考察，一如熙寧之時。又有都大提舉内外製造軍器所之名。

宣和時，歲歲督責軍器，率用御筆處分，工造不已，而較數常闕，繕修無虚歲，每稱敝壞。大抵中外相應，一以虚文，上下相蒙，馴致靖康之禍。靖康洶洶，兵仗皆缺，詔書屢下，嚴立刑賞，而卒亦無補。勤王之兵，經過郡縣，隨身軍器若馬甲、神臂弓、箭槍牌之屬，於市肆飯邸博易熟食，或名寄頓，其實棄遺逃役。

高宗建炎初〔八〇〕，内庫造作，累年兵械山積，而諸軍各除戎器。

祖宗時，御前軍器所役兵有萬〔八一〕，全軍匠三千七百人，東、西作坊工匠五千人。紹興初，役兵纔千人。久之，增至千六百餘人，又於諸道增差二千九百餘人。二十六年，詔見役工匠宜減免，江、浙、福建諸州所發物料皆蠲之。有司奏，物料以三分爲率，減一分。工匠以二千人、雜役以五百人爲額。建炎中，以大閹董愨提舉軍器，未踰年，罷之。紹興五年，始隸工部，後復以中人典領。其調度程品，工部軍器監有不得預聞者。三十年，工部侍郎言，非祖宗建官正名之意，請得隸屬稽考之。詔依條檢察。孝宗初，復以内省都知李綽爲之。張震爲御史，力論其不然，乃命復隸工部。

紹興四年，提舉軍器所言：「得旨，依御寶封樣造甲。每季進呈訖，送納樞密院。甲樣係四等，甲葉計用一千八百二十五片，表裏磨鋥一般光細。内一等披膊葉五百四片，每片重二錢六分；一等甲身葉子三百三十二片，每片重四錢七分；一等腿裙鶻尾葉子六百七十九片，每片重四錢五分；一等頭鍪簾葉子三百一十片，每片重二錢五分。並頭鍪一，盔子、眉子共重二斤一兩〔八二〕，及皮綫結頭事件重五斤一十二兩五錢一分。每副共重四十九斤一十二兩。今若須葉子每個依元定分兩，如或重或輕，若皆不用，恐枉費鐵炭工力，乞將上件新降樣甲葉子分兩輕重品搭穿舉，每副成全共重四十五斤至五十斤，通融造作，庶幾功料易爲趁辦。」詔：「依，不得過五十斤。」

十九年，辛執言：「春秋教使臣效用踏射克敵弓，乞依格推恩。」上曰：「克敵效最爲强勁，雖被重甲，亦須洞徹。若得萬人習熟，何可當也。」

淳熙間，淮東總領朱佺言：「鎮江一軍，係韓世忠部曲。世忠造克敵弓，以當虜騎之衝突，其發則可以洞重甲，最爲利器。前後屢以此取勝，虜至今畏之。今久不經用，損失廢弛，取會見管弩手八千八百四十二人，每人合用兩張，内一張日逐上教，一張準備出戰，共用一萬七千六百八十四張，乞行下做造，湊及元額。」從之。

淳熙六年，建康府留守陳俊卿言：「聞殿前司及諸路都統司自隆興二年以後，諸軍所管軍匠逐時造甲，至今十五六年，想亦稍備。兼聞御前軍器所有工匠三千五百人，若以百工造一甲，日可得三十五甲，歲可得萬副。以十五年計之，今不啻十四五萬甲矣。及建康行宫見樁管精甲數萬副，又諸州新造甲至年終計之，亦可得二三萬副。除三司及諸路都統司外，乞令有司實加檢括，總計所造之數，若稍足用，宜候將來諸州造甲數足日，於常年合納甲葉鐵炭之類，間歲量與裁減，此亦寬民力之一事也。」

校勘記

〔一〕以節聲樂　「聲樂」二字原倒，據周禮地官司徒鼓人乙正。

〔二〕夜半三通爲晨戒　「三」原作「一」，據馮本、周禮地官司徒鼓人注改。

〔三〕旦明五通爲發昫　「明」原作「鳴」，據周禮地官司徒鼓人注改。

〔四〕動旦行　「旦」，周禮地官司徒鼓人注作「且」。

〔五〕熊虎爲旗　「虎」原作「皮」，據馮本、周禮春官宗伯司常改。

〔六〕從周正色　「從」原作「後」，據周禮春官宗伯司常注改。

〔七〕象天明也　「明」原作「地」，據周禮春官宗伯司常注改。

〔八〕六鄉六遂大夫也　「鄉」原作「卿」，據元本、慎本、馮本及周禮春官宗伯司常注改。

〔九〕州里縣鄙鄉遂之官　「縣」原作「鄉」，據周禮春官宗伯司常注改。

〔一〇〕王乘戎路　「戎」原作「木」，據元本、慎本、馮本及周禮春官宗伯司常注改。

〔一一〕功謂善爲上等　「功謂」二字原脱，據周禮夏官司馬司兵注補。

〔一二〕王弧恒服紘　「王弧」二字原脱，據周禮夏官司馬司弓矢注補。

〔一三〕弗用則更　「弗」原作「敕」，據周禮夏官司馬司弓矢改。

〔一四〕若檡棘　「檡」原作「釋」，據周禮夏官司馬繕人注改。

〔一五〕則天子用象骨與韘扞著左臂裏　「左」原作「在」，據周禮夏官司馬繕人注改。

〔一六〕亡敗多少　「亡」原作「士」，據周禮夏官司馬繕人注改。

〔一七〕長四寸　「寸」原作「尺」，據周禮考工記冶氏注改。

〔一八〕直刃也　「也」上原衍「物」字，據周禮考工記冶氏注删。

〔一九〕古侯反　「古」，周禮考工記冶氏注作「古」。

〔二〇〕讀爲刷　「刷」原作「剮」，據馮本、周禮考工記冶氏注改。下同。

〔二一〕三鋒者　「鋒」原作「鋝」，據周禮考工記冶氏注改。

〔二二〕胡直中矩　「矩」原作「短」，據馮本、周禮考工記冶氏注改。
〔二三〕如鐏者也　「鐏」原作「蹲」，據馮本、周禮考工記冶氏注改。
〔二四〕秦晉間謂之孑　「孑」原作「子」，據元本、慎本、馮本及周禮考工記冶氏注改。
〔二五〕謂劍脊兩面殺趨鍔　「劍」原作「兩」，據馮本、周禮考工記桃氏注改。
〔二六〕中制　「中」字原脱，據周禮考工記桃氏注補。
〔二七〕長二尺　「二」字原脱，據元本、慎本、馮本及周禮考工記桃氏注補。
〔二八〕謂國勇力之士　「力」原作「士」，據周禮考工記桃氏注改。
〔二九〕及注同　按周禮考工記函人注「及」上有「下」字。
〔三〇〕謂象式　「式」原作「武」，據周禮考工記函人注改。
〔三一〕櫜甲而見子南　「見」原重文，據周禮考工記函人注删一。
〔三二〕乃以長中央圍之一匝　「乃」、「央」二字原脱，據周禮考工記函人疏補。
〔三三〕比謂括也　「比」原作「此」，據元本、慎本、馮本及周禮考工記矢人注改。
〔三四〕中弱則紆　「紆」原作「紓」，據周禮考工記矢人改。下同。
〔三五〕慈有反　「慈」原作「懸」，據元本、慎本、馮本及周禮考工記廬人注改。
〔三六〕過三其身弗能用也　「過三其身」四字原脱，據周禮考工記廬人補。
〔三七〕謂掉也　「掉」原作「棹」，據馮本、周禮考工記廬人注改。下同。
〔三八〕殳上鐏也　「鐏」原作「蹲」，據周禮考工記廬人注改。

〔三九〕鄭司農云　「云」字原脱，據馮本、周禮考工記弓人注補。下同。
〔四〇〕白也者　「也」字原脱，據周禮考工記弓人補。
〔四一〕故書畏　「故」原作「考」，據元本、慎本、馮本及周禮考工記弓人注改。
〔四二〕凡昵之類不能方　「昵」原作「眤」，據周禮考工記弓人改。
〔四三〕讀爲醳　「醳」原作「驛」，據周禮考工記弓人注改。
〔四四〕於挺臂中有柎焉　「挺」原作「梃」，據周禮考工記弓人改。下同。
〔四五〕峻謂簫也　「簫」原作「肅」，據元本、慎本、馮本及周禮考工記弓人注改。
〔四六〕接中　「中」原作「下」，據周禮考工記弓人注改。
〔四七〕綬簫應絃　「綬」原作「簫」，據元本、慎本、馮本及周禮考工記弓人注改。
〔四八〕筋三而又與榦等也　「三」字原脱，據周禮考工記弓人注補。
〔四九〕三石張三尺　「尺」原作「石」，據馮本及上下文義改。
〔五〇〕夾庾反張　「庾」原作「庚」，據周禮考工記弓人疏改。
〔五一〕筋角皆有灂而深　「角」原作「力」，據周禮考工記弓人改。
〔五二〕謂灂在中央　「央」原作「决」，據周禮考工記弓人注改。
〔五三〕若三者全善　「三」原作「二」，據馮本、周禮考工記弓人疏改。
〔五四〕具藺石　「具」原作「且」，據元本、慎本、馮本及漢書卷四九鼂錯傳改。
〔五五〕輕車突騎　「車」原作「重」，據漢書卷四九鼂錯傳改。

〔五六〕鴻嘉三年　「鴻嘉」原作「陽嘉」，據漢書卷一〇成帝紀鴻嘉三年改。

〔五七〕遂作兵器　「遂」原作「逐」，據漢書卷五三江都易王傳改。

〔五八〕得領庫兵　按漢書卷六三燕王旦傳、資治通鑑卷二三昭帝始元元年均作「得職吏事」。

〔五九〕成則傳執金吾入武庫　「執」字原脱，據後漢書百官二補。

〔六〇〕夏主赫連勃勃以叱于阿利領將作大匠　「于」，晉書卷一三〇載記作「干」。

〔六一〕有所征行則給之　「有所」二字原倒，據群書考索後集卷四三乙正。

〔六二〕貞觀六年廢　唐會要卷六六軍器監作「貞觀元年三月十日廢」。

〔六三〕置北京軍器庫　「北」，唐會要卷六六西京軍器庫作「西」。

〔六四〕二十六年廢　「六」，唐會要卷六六西京軍器庫作「五」。

〔六五〕股慄不能受甲　「受」原作「授」，據新唐書卷五〇兵志改。

〔六六〕則陳牒以請　「則」字原脱，據宋史卷一九七兵志十一補。

〔六七〕弓弩院歲造角色弓　「色」，宋史卷一九七兵志十一作「弝」。

〔六八〕箭鏃等凡六百二十餘萬　「二」字原脱，據宋史卷一九七兵志十一、群書考索後集卷四三補。

〔六九〕又詔作坊造錐槍一萬五千　「錐」，宋史卷一九七兵志十一作「鐵」。

〔七〇〕給陝西坊域弓手　「坊域」，宋史卷一九七兵志十一作「防城」。

〔七一〕嘉祐八年　「嘉祐」，宋史卷一九七兵志十一作「慶曆」。

〔七二〕命入内副都知張若水等料簡弓弩而增修之　「而增修之」四字原脱，據宋史卷一九七兵志十一補。

〔七三〕以橜爲身　「橜」下原衍「木」字，據宋史卷一九七兵志十一、宋會要輯稿兵二六之二八删。

〔七四〕凡天下知軍器利害者　「器」下原衍「監」字，據宋史卷一九七兵志十一、長編卷二四五熙寧六年六月戊戌條删。

〔七五〕至有兵匠乏少　「乏」原作「之」，據元本、宋史卷一九七兵志十一改。

〔七六〕於是詔不以常制選官馳往州縣　「不」原作「下」，據元本、慎本、馮本及宋史卷一九七兵志十一改。

〔七七〕根括牛皮角筋　「括」字原脱，據宋史卷一九七兵志十一補。

〔七八〕其器甲各送官即收之　「官」原重文，據宋史卷一九七兵志十一及文意删一。

〔七九〕並權住勿造　「住」原作「任」，據元本、慎本、馮本及宋史卷一九七兵志十一改。

〔八〇〕高宗建炎初　「建炎」，宋史卷一九七兵志十一、建炎以來朝野雜記甲集卷十八均作「紹興」。

〔八一〕御前軍器所役兵有萬　宋史卷一九七兵志十一「前」下有「軍器監」三字。

〔八二〕眉子共重二斤一兩　「二斤一兩」，宋史卷一九七兵志十一作「一斤一兩」，建炎以來朝野雜記甲集卷十八作「二斤十二兩」。

卷一百六十二　刑考一

刑制

虞舜「象以典刑，象，法也。法用常刑，用不越法。流宥五刑，宥，寬也。以流放之法寬五刑。鞭作官刑，以鞭爲治官事之刑。扑作教刑，扑，榎楚也。不勤道業則撻之〔一〕。金作贖刑。眚災肆赦，怙終賊刑。注見贖及詳讞門。『欽哉，欽哉，惟刑之恤哉！』」流共工於幽州，放驩兜於崇山，竄三苗於三危，殛鯀於羽山，注見徒流門。四罪而天下咸服。

帝曰：「皋陶，蠻夷猾夏，寇賊姦宄，猾，亂也。群行攻劫曰寇，殺人曰賊，在外曰姦，在內曰宄。汝作士，五刑有服。士，理官也。五刑：墨、劓、剕、宮、大辟。服，從也。言得輕重之中正。五服三就，既從五刑，謂服罪也。行刑當就三處：大罪於原野，大夫於朝，士於市。五流有宅，五宅三居；注見徒流門。惟明克允。」

帝曰：「皋陶，惟兹臣庶，罔或干予正。或，有也。無有干我正言順命。汝作士，明於五刑，以弼五教，期於予治，刑期於無刑，民協於中，合於大中之道。時乃功，懋哉！」皋陶曰：「帝德罔愆，臨下以簡，御衆以寬；罰弗及嗣，賞延於世；嗣，亦世，俱謂子。延，及也。父子罪不相及，而及其賞，道德之政。宥過無大，刑故無小；罪疑惟輕，功疑惟重。見詳讞門。與其殺不辜，寧失不經。好生之德洽於民心，茲用不犯於有司。」

呂刑：「苗民弗用靈，制以刑，惟作五虐之刑曰法。三苗之君，習蚩尤之惡，不用善化民，而制以重刑，惟爲五虐之刑，自謂得法。殺戮無辜，爰始淫爲劓、刵、椓、黥。三苗之主頑凶若民〔二〕，敢行虐刑以殺戮無辜，於是始大爲截人耳鼻、椓陰、黥面以加無辜，故曰五虐。越兹麗刑并制，罔差有辭。苗民於此施刑，并制無罪，無差有直辭者。言淫濫也。民興胥漸，泯泯棼棼，罔中於信，以覆詛盟。三苗之民瀆於亂政，起相漸化，泯泯爲亂，棼棼同惡，皆無中於信義，以反背詛盟之約。虐威庶戮，方告無辜於上。上帝監民，罔有馨香，德刑發聞惟腥。三苗虐政作威，衆被戮者方方各告無罪於天〔三〕；天視苗民無有馨香之行，其所以爲德刑，發聞惟乃腥臭〔四〕。皇帝哀矜庶戮之不辜，報虐以威，遏絶苗民，無世在下。」皇帝，帝堯也。哀矜衆被戮者之不辜，乃報爲虐者以威誅，遏絶苗民，使無世位在下國也。

丁謐論曰：「堯典曰：『象以典刑，流宥五刑，鞭作官刑，扑作教刑，金作贖刑。怙終賊刑。』咎繇曰：『天討有罪，五刑五用哉。』呂刑曰：『蚩尤惟始作亂，延及於平民，罔不寇賊，鴟義姦宄，寇攘矯虔。苗民弗用靈〔五〕，惟作五虐之刑曰法，殺戮無辜，爰始淫爲劓、刵、椓、黥。』按此則肉刑在於蚩尤之世，而堯、舜以流放代之，故黥劓之文不載唐、虞之籍，而五刑之數亦不具於聖人之旨也〔六〕。禹承舜禪，與堯同治，必不釋二聖而遠則凶頑，固可知矣。湯、武之王，獨將奚取！呂刑之云，即叔向所謂『三辟之興，皆叔世也』，此則近君子有徵之言矣。」

夏作禹刑。

殷湯制官刑儆於有位，曰：「敢有恒舞於宮，酣歌於室，時謂巫風；敢有殉於貨色，恒於遊畋，時謂淫風；敢有侮聖言，逆忠直，遠耆德，比頑童，時謂亂風。惟兹三風十愆，卿士有一於身，家必喪；邦君有一於身，國必亡。臣下不匡，其刑墨。具訓於蒙士。」邦君卿士，則以争臣自匡正〔七〕。臣不正君，服墨刑，鑿其額，涅以墨。蒙士，例謂下士。士以争友，僕隸自匡正。

紂無道，罪人以族，焚炙忠良，刳剔孕婦，又爲炮烙之刑，膏銅柱，加之以炭，令有罪者行焉，命曰炮烙之刑。醢九侯〔八〕，脯鄂侯。周西伯獻洛西之地，以請除炮烙之刑，紂許之。

周官：大司寇之職，掌建邦之三典，以佐王刑邦國，詰四方。一曰刑新國，用輕典。新國者，新辟地立君之國。民未習於教，故用輕法。二曰刑平國，用中典。平國，承平守成之國也。用中典者，常行之法。三曰刑亂國，用重典。亂國，篡弑叛逆之國。用重典者，以其化惡，伐滅之。以五刑糾萬民：刑，亦法也。糾，猶察異也。一曰野刑，上功糾力；功，農功。力，勤力。二曰軍刑，上命糾守；命，將命也。守，不失部伍。守，劉音狩，注同。將，子匠反。三曰鄉刑，上德糾孝；德，六德也。善父母爲孝。四曰官刑，上能糾職；能，能其事也。職，職事修理。五曰國刑，上愿糾暴。愿，慤慎也。暴，當爲「恭」，字之誤也。愿，音願，劉又音原。依注，「暴」作「恭」。慤，苦角反。以圜土聚教罷民。圜土，獄城也。聚罷民其中，困苦以教之爲善也。民不愍作勞，有似於罷。凡害人者，寘之圜土而施職事焉，以明刑恥之。害人，謂爲邪惡，已有過失麗於法者。以其不故犯法，寘之圜土繫教之，庶其困悔而能改也。寘，置也。施職事，以所能役使之。明刑，書其罪惡於大方版，著其背。其能改者，反於中國，不齒三年。反於中國，謂舍之，還於故鄉里也。司圜職曰：「上罪三年而舍，中罪二年而舍，下罪一年而舍。」不齒者，不得以年次列於平民。其不能改而出圜土者，殺。出，謂逃亡。以兩造禁民訟，入束矢於朝，然後聽之。訟，謂以其財貨相告者。造，至也。使訟者兩至，既兩至，使入束矢乃治之也。不至、不入束矢，則是自服不直者也。必入矢者，取其直也。詩曰：「其直如矢。」古者一弓百矢，束矢，其百箇與？造，七報反，注同。箇，古賀反。與，音餘。以兩劑禁民獄，入鈞金，三日，乃致於朝，然後聽之。獄，謂相告以罪名者。劑，今券書也。使獄者各齎券書。既兩券書，使入鈞金，又三日乃治之，重刑也。不券書、不入金，則是亦自服不直者也。必入金者，取其堅也。三十斤曰鈞。兩劑，子隨反。以嘉石平罷民。嘉石，文石也，樹之外朝門左。平，成也，成之使善。文石，如字〔九〕，劉音問。樹，音樹。凡萬民之有罪過而未麗於法而害於州里者，桎梏而坐諸嘉石，役諸司空。重罪，旬有三日坐，期役〔一〇〕。其次九日坐，九月役。其次七日坐，七月役。其次五日坐，五月役。其下罪三日坐，三月役。使州里任之，則宥而舍之。有罪過，謂邪惡之人所罪過者也。麗，附也。未附於法，未著於法也。木在足曰桎，在手曰梏。役諸司空：坐日訖，使給百工之役也。役月訖，使其州里之人任之，乃赦之。宥，寬也。桎，音質。梏，古毒反。著，直略反，下「附猶著」皆同。以肺石達窮民，肺石，赤石也。窮民，天民之窮而無告者。肺，芳廢反。凡遠近惸獨老幼之欲有復於上而其長弗達者，立於肺石三日，士聽其辭，以告於上而罪其長。無兄弟曰惸，無子孫曰獨。復，猶報也。上，謂王與六卿也。報之者，若上書詣公府言事矣。長，謂諸侯若鄉遂大夫〔一一〕。正月之吉，始和布刑於邦國都鄙，乃縣刑象之法於象魏，使萬民觀刑象，挾日而斂之。正月朔日，布王刑於天下。正歲，又縣其書，重之。縣，音玄，注及下同。挾，子協反。凡邦之大盟約，涖其盟書而登之於天府，涖，臨也。天府，祖廟之藏。約，於妙反。藏，才浪反。太史、内史、司會及六官，皆受其貳而藏之。六官，六卿之官也。貳，副也。會，古外反，下「司會」皆同〔一二〕。凡諸侯之獄訟，以邦典定之。邦典，六典也。以六典待邦國之治。治，直吏反，下同。凡卿大夫之獄訟，以邦法斷之。邦法，八法也。以八法待官府之治。斷，丁亂反，下注皆同。凡庶民之獄訟，以邦成弊之。邦成，八成也。以官成待萬民之治。故書「弊」爲「憋」，鄭司農云：「『憋』，當爲『弊』。邦成，謂若今時決事比也。弊之，斷其獄訟也。故春秋傳曰：『弊獄邢侯。』」

小司寇以五刑聽萬民之獄訟，附於刑，用情訊之。至於旬，乃弊之。讀書則用法。附，猶著也。訊，言也。用情理言之，冀有可以出之者。十日乃斷之。讀書則用法〔一三〕，如今時讀鞫已乃論之。凡命夫命婦，不躬坐獄訟〔一四〕。爲治獄吏褻尊者也。不身坐者，必使其屬若子弟也。凡王之同族有罪，不即市。鄭司農云：「刑諸甸師氏。禮記曰：『刑於隱者，不與國人慮兄弟。』」以五聲聽獄訟，求民情：一曰辭聽，觀其出言，不直則煩。二曰色聽，觀其顏色，不直則赧然〔一五〕。三曰氣聽，觀其氣息，不直則喘。四曰耳聽，觀其聽聆，不直則惑。五曰目聽，觀其眸子視，不直則眊然。以八辟麗邦法，附刑罰；以三刺斷庶民獄訟之中。詳見注，並見詳讞門。歲終，則令群士計獄弊訟，登中於天府。上其所斷獄訟之數。正歲，帥其屬而觀刑象，令以木鐸曰：「不用法者，國有常刑。」令群士，遂士以下。乃宣布於四方，憲刑禁。宣，徧也。憲，表也，謂縣之也。刑禁，士師之五禁。

士師之職，掌國之五禁之法，以左右刑罰：一曰宮禁，二曰官禁，三曰國禁，四曰野禁，五曰軍禁。皆以木鐸徇之於朝，書而縣於門閭。左右，助也。助刑罰者，助其禁民爲非也。宮，王宮也。官，官府也。國，城中也。古之禁書亡矣，今宮門有符籍，官府有無故擅入，城門有離載下帷〔一六〕，野有田律，軍有囂讙夜行之禁，其觕可言者。疏曰：「古者之禁書，在儀禮三千條內而在亡中，故舉漢法以況之。離載下帷者，謂在車離耦，耦載而下帷，恐是姦非，故禁之。古之設刑者，以刑止刑，以殺止殺，是欲不使犯罪，故於刑外豫設禁，禁民使不犯刑，是左右助刑罰，使民無麗於罪也。書而縣於門閭者〔一七〕，爾雅云『巷門謂之閭』，則縣於處處巷門使知之〔一八〕。」以五戒先後刑罰，毋使罪麗於民：一曰誓，用之於軍旅；二曰誥，用之於會同；三曰禁，用諸田役〔一九〕；四曰糾，用諸國中；五曰憲，用諸都鄙。先後，猶左右也。誓、誥，於書則甘誓、大誥之屬。禁則軍禮曰「無干車，無自後射」，此其類也。糾、憲未聞。掌官中之政令，大司寇之官府中也。察獄訟之辭，以詔司寇斷獄弊訟，致邦令。詔司寇，若今白聽正法解也。致邦令者，以法報之。掌士之八成：八成者，行事有八篇，若今時決事比矣。一曰邦汋，汋，讀如酌。邦汋者，斟酌盜取國家密事，若今時刺探尚書事。二曰邦賊，爲逆亂者。三曰邦諜，爲異國反間。四曰犯邦令，干冒王教令者。五曰撟邦令〔二〇〕，稱詐以有爲者。撟，音矯。六曰爲邦盜，竊取國之寶藏者。七曰爲邦朋，朋黨相阿，使政不平者。八曰爲邦誣，誣罔君臣，使事失實。若邦凶荒，則以荒辯之法治之，玄謂：「辯」，當爲「貶」，聲之誤也。遭飢荒則刑罰國事有所貶損，作權時法也。朝士職曰：「若邦凶荒、札喪、寇戎之故，則令邦國、都家、縣鄙慮刑貶。」令移民、通財、糾守、緩刑。移民，就賤救困也。通財，補不足也。糾守，衛盜賊也。緩刑，舒民心也。凡以財獄訟者，正之以傅別、約劑〔二一〕。傅別，中別手書也。約劑，各所持券也。若今時市買爲券書以別之，各得其一，訟則按券以正之也。

鄉士掌國中。謂六鄉之獄在國中。各掌其鄉之民數而糾戒之。鄉士八人，言各者，四人而分主三鄉。聽其獄訟，察其辭，辯其獄訟，異其死刑之罪而要之，旬而職聽於朝。辯、異，謂殊其文書也。要之，爲其罪法之要辭，如今劾矣。十日乃以職事治之於外朝，容其自反覆。司寇聽之，斷其獄、弊其訟於朝。群士、司刑皆在，各麗其法，以議獄訟。麗，附也，各附致其法以成議也。獄訟成，士師受中。協日刑殺，肆之三日。受中，謂受獄訟之成也。鄭司農云：「若今二千石受其獄也。中者，刑罰之中也。協，合也，和也，和合支幹善日，若今時望後利日也。肆之三日，春秋傳曰『三日，棄疾請尸』，論語曰『肆諸市朝。』」玄謂：士師既受獄訟之成，鄉士則擇可刑殺之日，至其時往涖之〔二二〕，尸之三日乃反也。若欲免之，則王會其期。免，猶赦也。期，謂鄉士職聽于朝〔二三〕，司寇聽之日，王欲赦之，則用此時親往議之。

遂士掌四郊。六遂之獄在四郊。各掌其遂之民數，糾其戒令，遂士十二人，言各者，二人分主一遂〔二四〕。聽其獄訟。以下同鄉士。二旬而職聽於朝〔二五〕。以下同鄉士。協日就郊而刑殺，各於其遂，肆之三日。若欲免之，則王命三公會其期。

縣士掌野。鄭司農云：「掌二百里至四百里，大夫所食。」玄謂：地距王城二百里以外至三百里曰野，三百里以外至四百里曰縣，四百里以外至五百里曰都。都縣野之地，其邑非王子弟、公卿大夫之采地，則皆公邑也，謂之縣，縣士掌其獄焉〔二六〕。言掌野者，郊外曰野，大總言之也。獄居近：野之縣獄，在二百里上；縣之縣獄，在三百里上；都之縣獄，在四百里上。各掌其縣之民數，糾其戒令而聽其獄訟。以下同鄉士。三旬而職聽於朝〔二七〕。以下同鄉士。刑殺各就其縣，肆之三日。若欲免之，則王命六卿會其期。

方士掌都家。鄭司農云：「掌四百里至五百里，公所食。」玄謂：都，王子弟及公卿之采地。家，大夫之采地。大都在畺地〔二八〕，小都在縣地，家邑在稍地。不言掌其民數，民之不純屬王也。聽其獄訟之辭，辯其死刑之罪而要之，三月而上獄訟於國。三月乃上要者，又變朝言國，以其自有君，異之。司寇聽其成於朝，群士、司刑皆在，各麗其法，以議獄訟。成，平也。獄訟成，士師受中，書其刑殺之成與其聽獄訟者。都家之吏自協日刑殺，但書其成與治獄之吏姓名，備反覆有失實者。

訝士掌四方之獄訟，謂諸侯之獄訟。諭罪刑於邦國。告曉以麗罪及制刑之本意。凡四方之有治於士者，造焉。謂讞疑辨事，先來詣，乃通之於士師也，如今郡國亦時遣主者吏詣廷尉議者。四方有亂獄，則往而成之。亂獄，謂若君臣宣淫〔二九〕，上下相虐者也。往而成之，猶呂步舒往治淮南獄。

朝士：凡士之治，有期日：國中一旬，郊二旬，野三旬，都三月，邦國期。期內之治聽，期外不聽。在期內者聽，期外者不聽〔三〇〕，若今時徒論決，滿三月不得乞鞫。凡有責者，有判書以治則聽。判，半分而合者，謂若今時辭訟有券書者爲治之。凡民同貨財者〔三一〕，令以國法行之。犯令者，刑罰之。鄭司農云：「同貨財，謂合錢共賈者也〔三二〕。」玄謂：「富人畜積者，多時收斂之，乏時以國服之法出之，雖有騰踴，其贏不得過此。以利出者與取者，過此則罰之，若今時加貴取息坐贓也〔三三〕。凡屬責者，以其地傅而聽其辭〔三四〕。鄭司農云：「謂訟地畔界者，田地町畔相比屬，故謂之屬責。以地傅而聽其辭，以其比畔爲證也。」玄謂：「屬責，轉責使人歸之，而本主死亡，歸受之數相抵冒者也〔三五〕。以其地之人相比近，能爲證者來，乃受其辭爲治之也。凡盜賊軍鄉邑及家人，殺之無罪。謂盜賊群輩若軍共攻盜鄉邑及家人者，殺之無罪。若今時無故入人室宅廬舍，上人車船，牽引人欲犯法者，其時格殺之，無罪。凡報仇讎者，書於士，殺之無罪。謂同國不相辟者，將報之，必先言之於士。若邦凶荒、札喪、寇戎之故，則令邦國、都家、縣鄙慮刑貶。慮，謀也。貶，猶減也。謂當圖謀緩刑，且減國用，爲民困也。

司刑掌五刑之法，以麗萬民之罪〔三六〕。墨罪五百，劓罪五百，宮罪五百，刖罪五百，殺罪五百。墨，黥也，先刻其面，以墨窒之。劓，截其鼻也。今東西夷或以墨劓爲俗，古刑人亡逃者之世類與？宮者，丈夫則割其勢，女子閉於宮，中若今宦男女也〔三七〕。刖，斷足也。周改臏作刖。殺，死刑也。書傳曰：「決關梁、踰城郭而略盜者，其刑臏。男女不以義交者，其刑宮。觸易君命，革輿服制度，姦軌盜攘傷人者，其刑劓。非事而事之，出入不以道義，而誦不祥之辭者，其刑墨。降畔、寇賊、劫掠、奪攘、撟虔者，其刑死。」此二千五百罪之目略也，其刑書則亡。夏刑大辟二百，臏辟三百，宮辟五百，劓墨各千，周則變焉，所謂「刑罰世輕世重」者也。鄭司農云：「漢孝文帝十三年除肉刑。」若司寇斷獄弊訟，則以五刑之法詔刑罰，而以辨罪之輕重。詔刑罰者，處其所應不，如今律家所署法。

司刺掌三刺、三宥、三赦之法。

司盟：凡民之有約劑者，其貳在司盟。貳之者，檢其自相違約。有獄訟者，則使之盟詛。不信則不敢聽，此盟詛所以省獄訟。

司厲　司圜。並見徒流門。

掌囚掌守盜賊，凡囚者，上罪梏拲而桎，中罪桎梏，下罪梏；王之同族拲，有爵者桎，以待弊罪。凡囚者，謂非盜賊，自以他罪拘者也。鄭司農云：「拲者，兩手共一木也。桎梏者，兩手各一木也。」玄謂在手曰梏，在足曰桎。中罪不拲〔三八〕，手足各一木耳。下罪又去桎。王同族及命士以上，雖有上罪，或拲或桎而已。弊，猶斷也。梏，古毒反。張揖云：「參著曰梏，偏著曰桎。」說文云：「梏，手械也，所以告天。桎，足械也，所以質地。」拲，劉云：「三家姜奉反，一家居辱反。」漢書音義韋昭音拱，云兩手共一木曰拲，兩手各一木曰梏。李奇音恐。桎，之實反。上，時掌反。及刑殺，告刑於王，奉而適朝。士加明梏，以適市而刑殺之。告刑於王，告王以今日當行刑及所刑姓名也〔三九〕。其死罪則曰「某之罪在大辟」，其刑罪則曰「某之罪在小辟」。奉而適朝者，重刑，爲王欲有所赦，且當以付士。士，鄉士也。鄉士加明梏者，謂書其姓名及其罪於梏而著之也。囚時雖有無梏者，至於刑殺，皆設之。以適市，就衆也。庶姓、無爵者，皆刑殺於市。爲，於僞反。著，丁略反，徐張慮反。凡有爵者與王之同族，奉而適甸師氏，以待刑殺。適甸師氏，亦由朝乃往也。待刑殺者，掌戮將自市來也。文王世子曰：「雖親不以犯有司，正術也，所以體異姓也〔四〇〕。」刑於隱者，不與國人慮兄弟也。」

掌戮掌斬殺賊諜而搏之。斬以鈇鉞〔四一〕，若今要斬也。殺以刀刃，若今棄市也。諜，謂姦寇反間者。賊與諜，罪大者斬之，小者殺之。搏，當爲「膊諸城上」之膊，字之誤也。膊，謂去衣磔之。諜，音牒。搏，注作「膊」，同普博反，磔也。鈇，音斧。要，一遙反。間，間厠之間。去，起吕反。凡殺其親者焚之，殺王之親者辜之。親，緦服以內也。焚，燒也。易曰：「焚如死如棄如。」辜之言枯也，謂磔之。凡殺人者，踣諸市，肆之三日。刑盜於市。踣，僵尸也。肆，猶申也，陳也。凡言刑盜，罪惡莫大焉。踣，皮北反。僵，音居良反。凡罪之麗於法者亦如之。唯王之同族與有爵者，殺之於甸師氏。罪二千五百條，上附下附，刑五而已。於刑同科者，其刑殺之一也。凡軍旅、田役，斬殺刑戮亦如之。戮，謂膊、焚、辜、肆。墨者使守門，黥者無妨於禁御。御，音禦。劓者使守關，截鼻亦無妨，以貌醜遠之。遠，于萬反。宮者使守内，以其人道絶也。今世或然。刖者使守囿，斷足，驅衛禽獸無急行。囿，音又。斷，丁管反。髡者使守積。鄭司農云：「髡當爲『完』，謂但居作三年〔四二〕，不虧體者也。」玄謂此出五刑之中而髡者，必王之同族。不宮者，宮之爲翦其類，髡頭而已。守積，積在隱者，宜也。髡，苦門反。積，子賜反，注同。

布憲掌憲邦之刑禁。正月之吉，執旌節以宣布於四方，而憲邦之刑禁，以詰四方邦國及其都鄙，達於四海。憲，表也，謂縣之也。刑禁者，國之五禁，所以左右刑罰者。司寇正月布刑於天下，正歲又縣其書於象魏。布憲於司寇布刑，則以旌節出宣令之，於司寇縣書，則亦縣之於門閭及都鄙邦國。刑者，王政所重，故屢丁寧焉。詰，謹也，使四方謹行之。凡邦之大事，合衆庶，則以刑禁號令。

禁殺戮掌司斬殺戮者、凡傷人見血而不以告者、攘獄者、遏訟者，以告而誅之。司，猶察也。察此四者，告於司寇，罪之也。斬殺戮，謂吏民相斬相殺相戮者。傷人見血，見血乃爲傷人耳〔四三〕。鄭司農云：「攘獄者，距當獄者也。遏訟者，遏止欲訟者也。」玄謂：攘，猶郤也。郤獄者，言不受也。禁暴氏掌庶民之亂暴力正者、撟誣犯禁者、作言語而不信者，以告而誅之。民之好爲侵陵、稱詐、謾誕，此三者亦刑所禁也。力正，以力强得正也。撟，居表反。好爲，呼報反，下文「則爲」、下注「皆爲」同〔四四〕。謾誕，武諫反，一音亡半反，又免仙反，徐望山反，本或作「慢」。誕，音但。凡國聚衆庶，則戮其犯禁者以徇。凡奚隸聚而出入者，則司牧之，戮其犯禁者。奚隸，女奴男奴也。其聚出入，有所使。

王制：司寇正刑明辟，以聽獄訟。司寇，秋官卿，掌刑者。辟，罪也。辟，婢亦反，注同。必三刺。以求民情，斷其獄訟之中。一曰訊群臣，二曰訊群吏，三曰訊萬民。刺，七智反，殺也。有旨無簡，不聽。簡，誠也。有其意，無其誠者，不論以爲罪。附從輕，附，施刑也。求出之，使從輕。赦從重。雖是罪可重〔四五〕，猶赦之。凡制五刑，必即天論。制，斷也。即，就也。必即天論，言與天意合。閔子曰：「古之道，不即人心。」即，或爲「則」。論，或爲「倫」。 論，音倫，理也，注同。 郵罰麗於事〔四六〕。郵，過也。麗，附也。過人罰人，當各附於其事，不可假他以喜怒也。 凡聽五刑之訟，必原父子之親，立君臣之義以權之；權，平也。 意論輕重之序，愼測淺深之量以別之；意，思念也。淺深，謂俱有罪，本心有善惡。 悉其聰明，致其忠愛以盡之。盡其情。 疑獄，氾與衆共之；衆疑，赦之。 必察小大之比以成之。小大，猶輕重。已行故事曰比。 成獄辭，史以獄成告於正，正聽之。史，司寇吏也。正，於周鄉、師之屬。今漢有正、平、丞，秦所置。 平，皮命反〔四七〕。 正以獄成告於大司寇，大司寇聽之棘木之下。周禮鄉、師之屬，辨其獄訟，異其死刑之罪而要之，職聽於朝，司寇聽之。朝，王之外朝也。左九棘，孤、卿、大夫位焉；右九棘，公侯伯子男位焉；面三槐，三公位焉。 大司寇以獄之成告於王，王命三公參聽之。王使三公復與司寇及正共平之，重刑也。周禮，王欲免之，乃命公會其期。 三公以獄之成告於王，王三又，然後制刑。又，當作「宥」。宥，寬也。一宥曰不識，再宥曰過失，三宥曰遺忘。 凡作刑罰，輕無赦。法，雖輕不赦之，爲人易犯。 刑者，侀也。 侀者，成也，一成而不可變，故君子盡心焉。變，更也。 侀，音刑。 析言破律，亂名改作，執左道以亂政，殺。析言破律，巧賣法令者也。亂名改作，謂變易官與物之名，更造法度。左道，若巫蠱及俗禁。 作淫聲、異服、奇技、奇器以疑衆〔四八〕，殺。淫聲，鄭、衛之屬也。異服，若聚鷸冠、瓊弁也。奇技、奇器，若公輸般請以機窆。 鷸，伊必反，徐音述。弁，皮戀反。般，百間反。 行僞而堅，言僞而辯，學非而博，順非而澤，以疑衆，殺。皆謂虛華捷給，無誠者也。 假於鬼神、時日、卜筮以疑衆，殺。今時持喪葬、築蓋、嫁娶卜數文書，使民倍禮違制。 此四誅者，不以聽。爲其爲害大而辭不可明。

文王世子：公族其有死罪，則磬於甸人。 公族之罪，雖親不以犯有司，正術也，所以體百姓也。犯，猶干也。術，法也。 百姓，或作「異姓」，非。 刑於隱者，不與國人慮兄弟也。 弗弔，弗爲服，哭於異姓之廟，爲忝祖，遠之也。素服居外，不聽樂，私喪之也，骨肉之親無絶也。公族無宮刑，不翦其類也。詳見帝系考皇族門。

康誥：王曰〔四九〕：「嗚呼，封，敬明乃罰。凡行刑罰，必敬明之，欲其謹重。人有小罪，非眚，乃惟終，自作不典，式爾，小罪，非過誤，而故爲亂常之事。用意如此，罪雖小而不可赦。有厥罪小，乃不可不殺。乃有大罪，非終，乃惟眚災，適爾，既道極厥辜，時乃不可殺。有大罪而非故犯，乃其過誤，偶爾如此。既自稱道，盡輸其情，不敢隱匿，罪雖大，乃不可殺。非汝封刑人殺人，無或刑人殺人；非汝封又曰劓刵人，無或劓刵人。」刑殺劓刵，天所以討有罪者，非汝封得私用之，無或以爲可以己施之而妄刑人也。王曰：「外事，汝陳時臬，司師茲殷罰有倫。」外事，有司之事也。臬，法也。言汝於外事，但陳列是法，使有司師此殷罰之有叙者用之爾。又曰：「要囚，服念五六日，至於旬時，丕蔽要囚。」要囚，獄辭之要者也。服念，服膺而念之。旬，十日。時，三月。爲囚求生道也。蔽，斷也。王曰：「汝陳時臬事，罰蔽殷彝，用其義刑義殺。勿庸以次汝封。乃汝盡遜，曰時叙，惟曰未有遜事。義，宜也。次，次舍之次。遜，順也。申言敷陳是法與事，罰斷以殷之常法矣，又慮其泥古而不通，又謂其刑其殺，必察其宜於時者而後用之。既又慮其趍時而循已，又謂刑殺不可以就汝封之意。既又慮其刑殺雖已當罪，而矜喜之心乘之。又謂使汝刑殺盡順於義，雖曰是有次叙，汝當惟謂未有順義之事。蓋矜喜之心生，乃怠惰之心起，刑殺之所由不中也，可不戒哉。已，汝惟小子，未其有若汝封之心。朕心朕德，惟乃知。已者，語辭之不能已也。小子，幼小之稱，言年雖少而心獨善也。爾心之善，固朕知之；朕心朕德，亦惟爾知之。將言用罰之事，故先發其良心焉。凡民自得罪，寇攘姦宄，殺越人於貨，暋不畏死，罔弗憝。」越，顛越也。盤庚云：「顛越不恭。」暋，强。憝，惡也。自得罪，非爲人誘陷以得罪也。凡民自犯罪，爲盜賊、姦宄、殺人、顛越人以取財貨强狠亡命者，人無不憎惡之也。用罰而加是人，則人無不服，以其出乎人之同惡，而非即乎吾之私心也。特舉此以明用罰之當罪。王曰：「封，元惡大憝，矧惟不孝不友？子弗祇服厥父事，大傷厥考心。於父不能字厥子，乃疾厥子。

於弟弗念天顯，乃弗克恭厥兄。兄亦不念鞠子哀，大不友于弟〔五〇〕。惟弔茲，不於我政人得罪，天惟與我民彝大泯亂。曰，乃其速由文王作罰，刑茲無赦。大憝，即上文之「罔弗憝」。言寇攘姦宄固爲大惡而大可惡矣，況不孝不友之人而尤爲可惡者〔五一〕。當商之季，禮義不明，人紀廢壞，子不敬事其父，大傷父心；父不能愛子，乃疾惡其子，是父子相夷也。天顯，猶孝經所謂天明尊卑，顯然之序也。弟不念尊卑之序而不能敬其兄，兄亦不念父母鞠養之勞而大不友其弟，是兄弟相賊也。父子兄弟至於如此，苟不於我爲政之人而得罪焉，則天之與我民彝必大泯滅而紊亂矣。曰者言如此，則汝其速由文王作罰，刑此無赦，而懲戒之不可緩也。不率大戛，矧惟外庶子訓人？惟厥正人，越小臣諸節。乃別播敷，造民大譽，弗念弗庸，瘝厥君，時乃引惡惟朕憝。已，汝乃其速由茲義率殺。」戛，法也。言民之不率教者，固可大寘之法矣，況外庶子以訓人爲職，與庶官之長及小臣之有符節者，乃別布條教，違道干譽，弗念其君，弗用其法，以病君上。是乃長惡於下，我之所深惡。人臣之不忠如此，刑其可已乎！汝其速由此義而率以誅戮之可也。按：上言民不孝不友，則速由文王作罰，刑茲無赦。此言外庶子、正人、小臣背上立私，則速由茲義率殺〔五二〕。其曰刑曰殺，若用法峻急者，蓋殷之臣民，化紂之惡，父子兄弟之無其親，君臣上下之無其義，非繩之以法，示之以威，殷人孰知不孝不義之不可干哉！周禮所謂「刑亂國用重典」者是也。然曰「速由文王」，曰「速由茲義」，則其刑其罰，亦仁厚而已矣。

君陳：王曰：「君陳，爾惟弘周公丕訓，無依勢作威，無倚法以削，無乘勢位，作威於上。無倚法制，行刻削之政。寬而有制，從容以和。殷民在辟，予曰辟，爾惟勿辟；予曰宥，爾惟勿宥；惟厥中。有弗若於汝政，弗化於汝訓，辟以止辟，乃辟。狃於姦宄，敗常亂俗，三細不宥。」罪雖小，三犯不赦，所以絶惡源也。

穆王作呂刑，王曰：「嗟！四方司政典獄，非爾惟作天牧？司政典獄〔五三〕，謂諸侯也。非汝惟爲天牧民乎？言任重是汝也。爲，於僞反。今爾何監？非時伯夷播刑之迪？言當視是伯夷布刑之道而法之。其今爾何懲？惟時苗民匪察於獄之麗。其今汝何懲戒乎？所懲戒惟是苗民非察於獄之施刑以取滅亡。麗，力馳反。罔擇吉人，觀於五刑之中，惟時庶威奪貨，言苗民無肯選擇善人使觀視五刑之中正，惟是衆爲威虐者，任之以奪取人貨，所以爲亂。斷制五刑，以亂無辜。上帝不蠲，降咎於苗。苗民任奪貨，姦人斷制五刑，以亂加無罪。天不潔其所爲，故下咎罪，謂誅之。蠲，吉緣反。咎，其久反。苗民無辭於罰，乃絶厥世。」言苗無以辭於天罰，故堯絶其世。申言爲至戒。王曰：「嗚呼，念之哉！念以伯夷爲法，苗民爲戒。伯父、伯兄、仲叔、季弟、幼子、童孫，皆聽朕言，庶有格命。皆王同姓，有父兄弟子孫列者。伯仲叔季，順少長也。舉同姓，包異姓，言不殊也。聽從我言，庶幾有至命。今爾罔不由慰日勤，爾罔或戒不勤。今汝無不用安自居，日當勤之，汝無有徒念戒而不勤。日勤，上人實反，一音曰〔五四〕。天齊於民，俾我。一日非終，惟終在人。天整齊於下民，使我爲之。一日所行非爲天所終，惟爲天所終，在人所行。天齊於民，絶句。馬云：「齊，中也。」俾我，絶句，上必爾反，馬本作「矜」。矜，哀也。爾尚敬逆天命，以奉我一人。雖畏勿畏，雖休勿休，汝當庶幾敬逆天命，以奉我一人之戒行事。雖見畏，勿自謂可敬畏；雖見美，勿自謂有德美。惟敬五刑，以成三德。一人有慶，兆民賴之，其寧惟永。」先戒以勞謙之德，次教以惟敬五刑，所以成剛、柔、正直之三德也。天子有善，則兆民賴之，其乃安寧長久之道。王曰：「吁，來！有邦有土，告爾祥刑。吁，嘆也。有國土諸侯，告汝以善用刑之道。吁，况于反，馬作于。于，於也〔五五〕。在今爾安百姓，何擇？非人！何敬？非刑！何度？非及！在今爾安百姓兆民之道，當何所擇？非惟吉人乎！當何所敬？非惟五刑乎！當何所度，非惟及世輕重所宜乎！度，待洛反，注同，馬云造謀也〔五六〕。兩造具備，師聽五辭。兩，謂囚證。造，至也。兩至具備，則衆獄官共聽其入五刑之辭。造，七報反，注同。五辭簡孚，正於五刑。五辭簡核，信有罪驗，則正之於五刑。五刑不簡，正於五罰。不簡核，謂不應五刑，當正五罰，出金贖罪。核，幸格反。五罰不服，正於五過。不服，不應罰也。正於五過，從赦免。應，應對之應，下同。五過之疵，惟官，惟反，惟内，惟貨，惟來。五過之所病，或嘗同官位，或詐反囚辭〔五七〕，或内親用事，或行貨枉法，或舊相與往來，皆病所在。來，馬本作「求」，云「有求，請賕也」。其罪惟鈞，其審克之。以病所在，出入人罪，使在五過，罪與犯法者同。其當清察，能使之不行。五刑之疑有赦，五罰之疑有赦，其審克之。刑疑赦從罰，罰疑赦從免。其當清察，能得其理。簡孚有衆，惟貌有稽。簡核誠信，有合衆心。惟察其貌，有所考合〔五八〕。重刑之至。無簡不聽，具嚴天威。無簡核誠信，不聽理其獄，皆當嚴敬天威，無輕用刑。墨辟疑赦，其罰百鍰，閱實其罪。刻其顙而涅之曰墨刑。疑則赦從罰。六兩曰鍰。鍰，黄鐵也。閱實其罪，使與罰名相當。辟，婢亦反。鍰，徐户關反，六兩也。鄭及爾雅同〔五九〕。說文云：「鋝也〔六〇〕。鋝，十一銖二十五分銖之十三也。」馬同。又云：「賈逵說，俗儒以鋝重六兩，周官劍重九鋝〔六一〕，俗儒近是。」閱，音悦。顙，素黨反。涅，乃結反。劓辟疑赦，其罰惟倍，閱實其罪。截鼻曰劓刑。倍百爲二百鍰。剕辟疑赦，其罰倍差，閱實其罪。刖足曰剕。倍差，謂倍之又半，爲五百鍰。剕，扶謂反。倍差，測加反，傳云「五百鍰」也，馬云：「倍二百爲四百，差者，又加四百之三分之一，凡五百三十三鍰三分鍰之一也。」宮辟疑赦，其罰六百鍰，閱實其罪。宮，淫刑也。男子割勢，婦人幽閉，次死之刑。序五刑，先輕，轉至重者，事之宜。大辟疑赦，其罰千鍰，閱實其罪。死刑也。五刑疑各入罰〔六二〕，不降相因，古之制也。墨罰之屬千，劓罰之屬千，剕罰之屬五百，宮罰之屬三百，大辟之罰其屬二百。五刑之屬三千。别言罰屬，合言刑屬，明刑罰同屬，互見其義以相備。見，賢遍反。上下比罪，無僭亂辭，勿用不行。上下比方其罪，無聽僭亂之辭以自疑，勿用折獄，不可行。僭，子念反。惟察惟法，其審克之。惟當清察罪人之辭，附以法理〔六三〕，其當詳審能之。上刑適輕，下服。重刑有可以虧減則之輕，服下罪。下刑適重，上服。輕重諸罰有權。一人有二罪，則之重而輕並數。輕重諸刑罰，各有權宜。并，必政反。數，色住反。刑罰世輕世重，惟齊非齊，有倫有要。言刑罰隨世輕重也。刑新國用輕典，刑亂國用重典，刑平國用中典。凡刑，所以齊非齊，各有倫理，有要義。罰懲非死，人極於病。刑罰所以懲過，非殺人，欲使惡人極於病苦，莫敢犯者。非佞折獄，惟良折獄，罔非在中。非口才可以斷獄，惟平良可以斷獄，無不在中正。察辭於差，非從惟從。察囚辭，其難在於差錯，非從其僞辭，惟從其本情。哀敬折獄，明啓刑書，胥占，咸庶中正。當憐下人之犯法，敬斷獄之害人，明開刑書，相與占之，使刑當其罪，皆庶幾必得中正之道。當，丁浪反。其刑其罰，其審克之。其所刑，其所罰，其當詳審能之〔六四〕，無失中正。獄成而孚，輸而孚。斷獄成，辭而信，當輸汝信於王，謂上其鞫劾文辭〔六五〕。上，時掌反，下注同。鞫，九六反。劾，亥代反，玉篇胡得反。其刑上備，有并兩刑。」其斷刑文書上王府，皆當備具〔六六〕。有并兩刑，亦具上之。王曰：「嗚呼，敬之哉！官伯、族姓，朕言多懼。敬之哉，告使敬刑。官，長，諸侯。族，同族。姓，異姓也。我言多可戒懼，以儆之。儆，音景。朕敬於刑，有德惟刑。我敬於刑，當使有德者惟典刑。今天相民，作配在下，明清於單辭。今天治民，人君爲配天在下，當承天意，聽訟當清審單辭。單辭特難聽，故言之。相，如字，馬息亮反，助也。治，直吏反。民之亂，罔不中聽獄之兩辭，民之所以治，由典獄之無不以中正聽獄之兩辭。兩辭棄虛從實，刑獄清則民治。無或私家於獄之兩辭。典獄無敢有受貨聽詐〔六七〕，成私家於獄之兩辭。獄貨非寶，惟府辜功，報以庶尤。受獄貨，非家寶也。惟聚罪之事，其報則以衆人見罪。永畏惟罰，非天不中，惟人在命。當長畏懼惟爲天所罰，非天道不中，惟人在教命，使不中，不中則天罰之。天罰不極，庶民罔有令政在於天下。」天道罰不中，令衆民無有善政在於天下〔六八〕，由人主不中，將亦罰之。令，力呈反。王曰：「嗚呼，嗣孫！今往何監？非德於民之中！尚明聽之哉！嗣孫，諸侯嗣世子孫，非一世。自今已往，當何監視？非當立德於民爲之中正乎〔六九〕？庶幾明聽我言而行之哉！哲人惟刑，無疆之辭，屬於五極，咸中有慶。言智人惟用刑，乃有無窮之善辭，名聞於後世。以其折獄屬五常之中正，皆中有善，所以然也。屬，音燭。受王嘉師，監於茲祥刑。」有邦有土，受王之善衆而治之者，視於此善刑。欲其勤而法之，爲無疆之辭。

吕刑一書，先儒蔡九峰以爲：「舜典所謂贖刑者，官府學校鞭扑之刑耳，若五刑，則固未嘗贖也。今穆王贖法，雖大辟亦許其贖免矣。蓋王巡遊無度，財匱民勞，至其末年，無以爲計，乃爲此一切權宜之術，以斂民財。夫子録之，亦以示戒。」愚以爲未然。蓋熟讀此書，哀矜惻怛之意，千載之下，猶使人爲之感動，且拳拳乎訖富惟貨之戒，則其不爲聚斂征求設也審矣。鬻獄取貨，末世暴君汙吏之所爲，而謂穆王爲之，夫子取之乎？且其所謂贖者，意自有在，學者不能詳味經意而深考之耳。其曰「墨辟疑赦，其罰百鍰」，蓋謂犯墨法之中疑其可赦者，不遽赦之，而姑取其百鍰以示罰耳。繼之曰「閱實其罪」，蓋言罪之無疑則刑，可疑則贖，皆當閱其實也。其所謂疑者何也？蓋唐、虞之時，刑清律簡，是以贖金之法，止及鞭扑，而五刑無贖法。至於周，而律之繁極矣。五刑之屬，至於三千。若一按之律，盡從而刑之，則何莫非投機觸罟者？天下之人，無完膚矣。是以穆王哀之，而五刑之疑，各以贖論。姑以大辟一條言之。夫所犯者死罪而聽其贖金以免，誠不可以訓也。然大辟之屬二百，則豈無疑赦而在可議之列者？有如殺人、反逆之類，則是不可不殺，雖萬鍰亦難貰死矣。而二百之屬，其罪不皆至此也。以經傳考之，其在周，則王制之析言破律、行僞學非，酒誥之群飲；其在漢，則列侯坐酎金不敬，將帥出師失期之類，於律皆死罪也。而其情則可矜，其法則可議，豈必盡殺之乎？此則死罪之疑赦者也。意周所以斷斯獄，必在「其罰千鍰」之科，而漢制則不過或除其國，或贖爲庶人，亦其遺意也。蓋哀矜庶獄，乃此書之大旨，贖特其一事。序者專以訓夏贖刑言之，已失其義；而此書之首，又止言「耄荒度，作刑以詰四方」。夫曰「作刑以詰四方」者，主於用刑之意也。而此書所言，大概哀民之罹於法而不忍刑之，懼有司之不能審克而輕用之，其意蓋「期於無刑」而非作刑也。故愚疑篇首或有脱簡，如「耄荒度」之語，亦難通。二序既不得書之意，而後之儒者，復因穆王有巡遊之事，遂於此書肆爲譏評，而不復味其辭，亦已疏矣。以愚觀之，一篇之中，察獄情之隱痛，鑒天道之神明，而示勸戒於報應之間，咨嗟惻怛，諄複詳練，老者之言也。其作於既聞祈招之後乎？是豈復有侈心之可議哉！或曰：「罪疑則降等施刑可矣，何必贖乎？」曰：「古之議疑罪者，降殺，一法也。虞書所謂『罪疑惟輕』，此書所謂『上下比罪，上刑適輕，下服』是也。罰贖，一法也。虞書所謂『金作贖刑』，此書所謂『五刑之贖』是也，固竝行而不悖也。且其言曰：『罰懲非死，人極於病。』蓋財者，人之所甚欲，故奪其欲以病之，使其不爲惡耳，豈利其貨乎？至又以爲所言皋陶不與三后之列，遂使後世以刑官爲輕。後漢楊賜拜廷尉，自以代非法家，言曰：『三后成功，皋陶不與，蓋吝之也。』亦此書立言之疵啟之。陋哉，俗儒之論也！夫刑以齊民，古人重之謹之而非所先也。故夫子以政刑不若德禮。而此書曰：『三后成功，惟殷於民。士制百姓於刑之中，以教祇德。』蓋曰必居以安之，食以養之，禮以教之，然後及於刑耳。豈以皋陶爲劣於禹、稷而後之乎？然即此章先後輕重之意觀之，益可以明此書之不爲『作刑以詰四方』而作矣〔七〇〕。」

鄭人鑄刑書，鑄刑書於鼎，以爲國之常法。叔向使詒子產書曰：「始吾有虞於子，虞，度也。言準度子產，以爲己法。度，待落反，下同。今則已矣。已，止也。昔先王議事以制，不爲刑辟，懼民之有爭心也。臨事制刑，不豫設法也。法豫設則民知爭端。猶不可禁禦，是故閑之以義，糾之以政，糾，舉也。行之以禮，守之以信，奉之以仁；奉，養也。制爲禄位，以勸其從；勸從教。嚴斷刑罰，以威其淫。淫，放也。懼其未也，故誨之以忠，聳之以行，聳，懼也。聳，息勇反。行，下孟反。教之以務，時所急。使之以和，説以使民。説，音悦。臨之以敬，涖之以彊，施之於事爲涖。涖，音利，又音類。斷之以剛。義斷恩。猶求聖哲之上、明察之官、上，公、王者。官，卿大夫也。忠信之長、慈惠之師，民於是乎可任使也，而不生禍亂。民知有辟〔七一〕，則不忌於上。權移於法，故民不畏上。長，丁丈反〔七二〕。竝有争心，以徵於書〔七三〕，而徼幸以成之，因危文以生争，緣徼幸以成其巧僞。徼，本又作「邀」，古堯反。巧，如字，又苦孝反。弗可爲矣。爲，治也。夏有亂政，而作禹刑；商有亂政，而作湯刑；夏、商之亂，著禹、湯之法，言不能議事以制。夏，户雅反，注同。周有亂政，而作九刑。周之衰，亦爲刑書，謂之九刑。三辟之興，皆叔世也。言刑書不起於始盛之世。今吾子相鄭國，作封洫，在襄三十年。相，息亮反。洫，况域反。立謗政，作丘賦，在四年。謗，布浪反。制參辟，鑄刑書，制參辟，謂用三代之末法。參，七南反，一音三。將以靖民，不亦難乎？詩曰：『儀式刑文王之德，日靖四方。』詩頌言文王以德爲儀式，故能日有安靖四方之功。刑，法也。靖，音静。又曰：『儀刑文王，萬邦作孚。』詩大雅言文王作儀法爲天下所信。孚，信也。如是，何辟之有？言詩唯以德與信，不以刑也。民知争端矣，將棄禮而徵於書，以刑書爲徵。錐刀之末，將盡争之。錐刀之末，喻小事。錐，音隹。盡争，如字。亂獄滋豐，賄賂並行。終子之世，鄭其敗乎？肸聞之：『國將亡，必多制。』數改法。數，所角反。其此之謂乎？」復書曰：若吾子之言，復，報也。僑不才，不能及子孫，吾以救世也。既不承命，敢忘大惠！以見箴戒爲惠。

晉趙鞅、荀寅帥師城汝濱，趙鞅，趙武孫也。荀寅，中行荀吴之子。汝濱，晉所取陸渾地。濱，音賓。行，户郎反。遂賦晉國一鼓鐵，以鑄刑鼎，令晉國各出功力共鼓石爲鐵，計令一鼓而足。因軍役而爲之，故言遂。鑄，之樹反。令，力呈反。著范宣子所爲刑書焉。仲尼曰：「晉其亡乎！失其度矣。夫晉國將守唐叔之所受法度，以經緯其民，卿大夫以序守之，序，位次也。民是以能尊其貴，貴是以能守其業〔七四〕。貴賤不愆，所謂度也。文公是以作執秩之官，爲被廬之法，僖二十七年文公蒐被廬，修唐叔之法。被，皮義反。廬，力居反。蒐，本又作「搜」，所求反。以爲盟主。今棄是度也，而爲刑鼎，民在鼎矣，何以尊貴？棄禮徵書，故不尊貴。貴何業之守〔七五〕？民不奉上，則上失業。貴賤無序，何以爲國？且夫宣子之刑，夷之蒐也，晉國之亂制也，范宣子所用刑乃夷蒐之法也。夷蒐，在文六年。一蒐而三易中軍帥，賈季、箕鄭之徒遂作亂，故曰亂制。帥，所類反。若之何以爲法？」蔡史墨曰：「范氏、中行氏其亡乎！蔡史墨，即蔡墨。中行寅爲下卿而干上令，擅作刑器，以爲國法，是法姦也。又加范氏焉，易之，亡也。范宣子刑書中既廢矣，今復興之，是成其咎。擅，市戰反。復，扶又反。咎，其九反。其及趙氏，趙孟與焉。然不得已，若德，可以免。」鑄刑鼎本非趙鞅意，不得已而從之。若能修德，可以免禍。爲定十三年荀寅、士吉射入朝歌以叛傳〔七六〕。

杜氏通典議曰：「按虞舜立法，曰『象以典刑，流宥五刑，鞭作官刑，扑作教刑，金作贖刑。眚災肆赦，怙終賊刑。欽哉，欽哉〔七七〕，惟刑之恤哉！』孔安國注曰：「陳典刑之義，敕天下敬之，憂不得其中。」又按周官，司寇建三典，正月之吉，懸於象魏，使萬人觀之，浹日而斂。漢宣帝患決獄失中，置廷尉平。時鄭昌上疏曰：『聖王立法明刑者，救衰亂之起也。不若刪定律令，愚人知所避，姦吏無所弄。』後之論者，即云上古議事，不爲刑辟。夫有血氣，必有争心。群居勝物之始，三皇無爲之代，既有君長焉，則有刑罰焉。其俗至淳，其事至簡，人犯者至少，何必先定刑名？所以因事立制，叔向之言可矣。自五帝以降，法教益繁。虞舜聖哲之君，後賢祖述其道，刑章輕重，亦以素設。周氏三典，懸諸象魏。皆先防抵陷，令避罪辜。是故鄭昌獻疏，蓋以發明其義〔七八〕。當子産相鄭，在東周衰時，王室已卑，諸侯力政，區區鄭國，介於晉、楚，法弛民怠，政隳俗訛，觀時之宜，設救之術，外抗大國，内安疲甿。仲尼兄事，聞死出涕，稱之『遺愛』，非盛德歟！」

又按：孔穎達正義云：「子産鑄刑書而叔向責之，趙鞅鑄刑鼎而仲尼譏之，則刑之輕重，不可使人知也。」聖王雖制刑法，舉其大綱，但共犯一法，情有淺深，臨至時事，議其輕重也。孔議附會叔向之書，然詳左氏所載夫子之説，第令守晉國舊法，以爲范宣子所爲非善政耳，非謂聖王制法不可令人知也。

秦文公二十年，法初有三族罪。張晏曰：「父母、兄弟、妻子。」如淳曰：「父族、母族、妻族。」武公三年，誅三父等而夷三族以其殺出子。寧公子三人，長武公爲太子，次德，次出子。寧公卒，大庶長弗忌、威壘、三父廢太子而立出子爲君。後三父等復共殺出子，立武公。孝公初，衛鞅請變法令。令民爲什伍，而相牧司連坐〔七九〕。不告姦者腰斬，告姦者與斬敵首同賞，不告姦者與降敵同罰。人有二男以上不分異者，倍其賦。有軍功者，各以率受上爵〔八〇〕；爲私鬬者，各以輕重被刑大小〔八一〕。事末利及怠而貧者，舉以爲收孥。於是太子犯法。鞅曰：「法之不行，自上犯之。」太子，君嗣，不可施刑，刑其傅公子虔，黥其師公孫賈。令之初作，一日臨渭論囚，刑七百餘人，渭水盡赤。又增加肉刑、大辟有鑿顛、抽脅、鑊烹之刑。始皇即位，遣將成蟜擊趙，反，死屯留，軍吏皆斬，及戮其屍。已死者戮其尸。其後嫪毐作亂，敗，其徒二十人皆梟首。懸首於竿曰梟。車裂以徇〔八二〕，滅其宗。輕者爲鬼薪。取薪給宗廟爲鬼薪。律説鬼薪作三歲〔八三〕。始皇兼吞戰國，遂毀先王之法，滅禮誼之官，專任刑罰，躬操文墨〔八四〕，晝斷獄，夜理書，自程決事，日縣石之一。縣，稱也。石，百二十斤。始皇省讀文書，日以百二十斤爲程。而姦邪並生，赭衣塞路，囹圄成市，天下愁怨，潰而叛之。

三十四年，謫治獄吏不直及覆獄故失者。丞相李斯請燒詩、書、百家語，有敢偶語詩、書者棄市。以古非今者族。吏見知不舉與同罪。令下三十日不燒，黥爲城旦。制曰可。

三十五年，始皇以盧生等誹謗，使御史悉按問諸生〔八五〕，諸生傳相告引，乃自除犯禁者四百六十餘人，皆阬之咸陽，使天下知之，以懲後。

二世即位，以趙高爲郎中令。更法律，令有罪者相坐收族。群臣諸公子有罪，令高治之。殺大臣蒙毅等〔八六〕，公子十二人戮死於市〔八七〕，十公主磔死於杜〔八八〕，財物没入縣官，餘相連坐者不可勝數。時山東群盜大起，不能禁。胡亥責李斯，斯懼，乃阿意以書對曰：「夫賢主必能行督責術，則人不犯。故韓子曰：『慈父有敗子〔八九〕，而嚴家無格虜』。」胡亥悦，行督責益嚴，刑者相半於道〔九〇〕，死人成積於市，以殺人多者爲忠臣。丞相去疾及李斯與將軍馮劫諫胡亥，以寇盜竝啓，皆苦於轉戍，且止阿房作者。胡亥曰：「君不能禁盜，又欲罷先帝所爲，何以在位？」遂下之吏。去疾、劫曰：「將相不辱。」皆自殺。高因譖李斯子由爲三川守，與盜通，令高按問斯。高詐爲御史十輩往訊斯，斯以實對，輒令搒掠。斯急，上書，高令棄之不奏。後胡亥使人驗斯，斯懼如前使者，乃誣伏。遂具斯五刑，腰斬咸陽市，夷三族。

校勘記

〔一〕不勤道業則撻之　「撻」原作「櫝楚」，據尚書舜典傳、通典卷一六三刑法典一改。

〔二〕三苗之主頑凶若民　「若」原作「苦」，據尚書呂刑傳改。

〔三〕梟被戮者方方各告無罪於天　上「方」字原作「萬」，據尚書呂刑傳改。

〔四〕發聞惟乃腥臭　「惟乃」二字原倒，據尚書呂刑傳、疏乙正。

〔五〕鴟義姦宄寇攘矯虔苗民弗用靈　十三字原脱，據尚書呂刑、通典卷一六八刑法典六補。

〔六〕而五刑之數亦不具於聖人之旨也　「五」原作「立」，據通典卷一六八刑法典六改。

〔七〕則以争臣自匡正　「正」字原脱，據尚書伊訓傳補。

〔八〕醢九侯　「侯」原作「族」，據元本、慎本、馮本及史記卷三殷本紀改。

〔九〕文石如字　「如」原作「之」，據經典釋文卷九改。

〔一〇〕重罪旬有三日坐期役　按王引之經義述聞卷九旬有三日坐：「三，當爲二，因下文『三日坐』而誤也。期役者，十二月，役以十二月，則坐當以十二日，猶下文九日坐九月役，七日坐七月役，五日坐五月役，三日坐三月役也。」按王説是也，孫詒讓周禮正義即采王説。

〔一一〕謂諸侯若鄉遂大夫　「鄉」原作「卿」，據周禮大司寇注改。

〔一二〕下司會皆同　「司」原作「同」，據經典釋文卷九周禮音義下改。
〔一三〕讀書則用法　按周禮小司寇本句上有「鄭司農云」四字。
〔一四〕不躬坐獄訟　「訟」字原脱，據局本及周禮小司寇補。
〔一五〕不直則赧然　「然」字原脱，據周禮小司寇注補。
〔一六〕城門有離載下帷　「門」下原衍「者」字，據周禮士師注删。
〔一七〕書而懸於門閭者　「門閭」二字原倒，據周禮士師疏乙正。
〔一八〕則懸於處處巷門使知之　「門」原作「閭」，據周禮士師疏改。
〔一九〕用諸田役　「田」原作「四」，據元本、慎本、馮本及周禮士師改。
〔二〇〕五曰撟邦令　「撟」原作「橋」，據周禮士師改。注同。
〔二一〕正之以傅別約劑　「傅」原作「傳」，據元本、慎本、馮本及周禮士師改。注同。
〔二二〕鄉士則擇可刑殺之日至其時往涖之　「其」原舛在「擇」下，據周禮鄉士注改。
〔二三〕期謂鄉士職聽于朝　「于」原作「王」，據周禮鄉士注改。
〔二四〕二人分主一遂　「主」字原脱，據周禮遂士注補。
〔二五〕二旬而職聽於朝　「職」字原脱，據周禮遂士補。
〔二六〕縣士掌其獄焉　「縣士」二字原脱，據周禮縣士注補。
〔二七〕三旬而職聽於朝　「職」字原脱，據周禮縣士補。
〔二八〕大都在畺地　「畺」原作「量」，據周禮方士改。

〔二九〕謂若君臣宣淫　「若」字原脱，據周禮訝士注補。

〔三〇〕期外者不聽　「期」原作「其」，據馮本及周禮朝士注改。

〔三一〕凡民同貨財者　「貨」字原脱，據局本及周禮朝士補。

〔三二〕同貨財謂合錢共賈者也　「貨」、「合」二字原脱，據局本及周禮朝士注補。

〔三三〕若今時加貴取息坐贓也　按孫詒讓周禮正義卷六八朝士疏：「黄丕烈校，改『加貴』爲『加責』，云司厲注：『盜賊贓，加責没入縣官。』今據正。按黄校是也。加責取息，謂責取加倍之息也。惠棟云：『漢書王子侯表云：旁光侯殷坐取息過律免，陵鄉侯訢坐貸穀息過律免。息有程限，過律則坐臧也。』」

〔三四〕以其地傅而聽其辭　「傅」原作「傳」，據周禮朝士改。注同。

〔三五〕歸受之數相抵冒者也　「歸」上原衍「受之」二字，據周禮朝士注删。

〔三六〕司刑掌五刑之法以麗萬民之罪　「以」字原脱，據周禮司刑補。

〔三七〕中若今宦男女也　「宦」原作「官」，周禮司刑亦作「官」，據阮元周禮注疏校勘記改。

〔三八〕中罪不拲　「不」原作「曰」，據周禮掌囚注改。

〔三九〕告王以今日當行刑及所刑姓名也　「告王」二字原脱，據周禮掌囚注補。

〔四〇〕所以體異姓也　禮記文王世子作「所以體百姓也」。注：「百姓，本或作『異姓』，非。」

〔四一〕斬以鈇鉞　「鈇」原作「鐵」，據元本、慎本、馮本及周禮掌戮改。

〔四二〕謂但居作三年　「謂」原作「請」，據元本、慎本、馮本及周禮掌戮改。

〔四三〕見血乃爲傷人耳　「見血」二字原脱，據周禮禁殺戮補。

〔四四〕下文則爲下注皆爲同　經典釋文卷九周禮音義下作「下于僞反下則爲注皆爲同」。

〔四五〕雖是罪可重　「是」原作「有」，據禮記王制注改。

〔四六〕郵罰麗於事　「罰」原作「罪」，據禮記王制改。

〔四七〕平皮命反　「皮」原作「彼」，據經典釋文卷一一禮記音義一改。

〔四八〕奇器以疑衆　「奇」字原脱，據禮記王制補。

〔四九〕王曰　「王」字原脱，據尚書康誥補。

〔五〇〕大不友于弟　「于」原作「於」，據尚書康誥改。

〔五一〕况不孝不友之人而尤爲可惡者　「不友」二字原脱，據蔡沈書集傳補。

〔五二〕則速由兹義率殺　「速」原作「率」，「義」字原脱，據蔡沈書集傳改補。

〔五三〕司政典獄　「司政」原作「主正」，據尚書呂刑傳改。

〔五四〕一音曰　「曰」原作「日」，據經典釋文卷四尚書音義下改。

〔五五〕于於也　「也」原作「反」，據經典釋文卷四尚書音義下改。

〔五六〕馬云造謀也　「造謀」二字原倒，據經典釋文卷四尚書音義下乙正。

〔五七〕或詐反囚辭　「詐」原作「許」，據尚書呂刑傳改。

〔五八〕有所考合　「合」原作「今」，據尚書呂刑傳改。

〔五九〕鄭及爾雅同　盧文弨經典釋文考證謂：「『爾雅』當本是『小雅』，謂小爾雅也。」

〔六〇〕説文云鋝也　「鋝」上原衍「六」字，據盧文弨經典釋文考證删。按説文金部：「鍰，鋝也。」

〔六一〕周官劍重九鋝　「周」原作「用」，據元本、慎本、馮本改。
〔六二〕五刑疑各入罰　「疑」原作「宜」，據尚書呂刑傳改。
〔六三〕附以法理　「附」原作「刑」，據尚書呂刑傳改。
〔六四〕其當詳審能之　「能」下原衍「行」字，據尚書呂刑傳刪。
〔六五〕謂上其鞫劾文辭　「辭」原作「辟」，據馮本及尚書呂刑傳改。
〔六六〕其斷刑文書上王府皆當備具　「備」字原脱，據尚書呂刑傳補。
〔六七〕典獄無敢有受貨聽詐　「敢」原作「取」，據尚書呂刑傳改。
〔六八〕令衆民無有善政在於天下　「令」原作「之」，據尚書呂刑傳改。
〔六九〕非當立德於民爲之中正乎　「民爲」二字原倒，據尚書呂刑傳乙正。
〔七〇〕益可以明此書之不爲作刑以詰四方而作矣　「益」原作「蓋」，據元本、慎本、馮本改。
〔七一〕民知有辟　「知」原作「之」，據局本及左傳昭公六年改。
〔七二〕長丁丈反　「丈」原作「交」，據元本、馮本、局本及經典釋文卷一九改。
〔七三〕以徵於書　「徵」原作「懲」，據馮本、局本及左傳昭公六年改。
〔七四〕貴是以能守其業　「貴」原作「用」，據元本、慎本、馮本、局本及左傳昭公二十九年改。
〔七五〕貴何業之守　「守」原作「有」，據左傳昭公二十九年改。
〔七六〕爲定十三年荀寅士吉射入朝歌以叛傳　「定」原作「鄭」，據左傳昭公二十九年注改。「傳」字原脱，據楊伯峻春秋左傳注昭公二十九年補。

〔七七〕欽哉　原脱，據通典卷一六六刑法典四補。
〔七八〕蓋以發明其義　「發」原作「後」，據通典卷一六六刑法典四改。
〔七九〕而相牧司連坐　「牧」原作「收」，據史記卷六八商君列傳改。
〔八〇〕各以率受上爵　「率」原作「律」，「爵」原作「賞」，據史記卷六八商君列傳改。
〔八一〕各以輕重被刑大小　「大小」二字原脱，據史記卷六八商君列傳、通典卷一六三刑法典一補。
〔八二〕車裂以徇　「以」字原脱，「徇」原作「殉」，據史記卷六秦始皇本紀補改。
〔八三〕律説鬼薪作三歲　「説」原作「曰」，據史記卷六秦始皇本紀集解改。
〔八四〕躬操文墨　「操」原作「標」，據漢書卷二三刑法志改。
〔八五〕使御史悉按問諸生　「諸生」二字原脱，據史記卷六秦始皇本紀補。
〔八六〕殺大臣蒙毅等　「蒙毅」原作「蒙敖」，據史記卷八七李斯列傳改。
〔八七〕公子十二人戮死於市　「公子」二字原脱，據史記卷八七李斯列傳補。
〔八八〕十公主磔死於杜　「杜」原作「社」，據史記卷八七李斯列傳改。
〔八九〕慈父有敗子　「父」，史記卷八七李斯列傳作「母」。
〔九〇〕刑者相半於道　「於道」二字原脱，據史記卷八七李斯列傳補。

卷一百六十三　刑考二

刑制

漢高祖初入咸陽，與父老約法三章曰：「殺人者死，傷人及盜抵罪。」傷人有曲直，盜臧有多少〔一〕，故言抵。抵，至也，當也。餘悉除秦苛法，兆民大悦。然大辟尚有三族之誅，先黥、劓、斬左右趾，笞殺之〔二〕，梟其首，菹其骨肉於市。菹爲醢也。其誹謗詈詛，又先斷舌，故謂之具五刑。彭越、韓信之屬皆受此戮。其後又制曰：「有耐罪以上，請之。」應劭曰：「此輕罪，不髡其耏鬢，曰耐。杜林以爲法度之字當從寸，故改耏爲耐。言耐罪以上，皆當先請也。」顏師古曰：「耐，頰傍毛也，音而。」後以三章之法不足以禦姦，遂令蕭何攈摭秦法，謂收拾也。取其宜於時者，作律九章。漢承秦制，蕭何定律，除參夷連坐之罪，增部主見知之條，益事律興、廄、户三篇〔三〕，合爲九篇。叔孫通益律所不及，傍章十八篇。又制：「獄疑者各讞所屬官長，皆移廷尉。廷尉不能決，具爲奏，附所當比律令以聞。」

孝惠即位，制爵五大夫、吏六百石以上及宦皇帝而知名者有罪當盜械者，皆頌繫。宦皇帝而知名者〔四〕，謂雖非五大夫爵、六百石吏〔五〕，而早事惠帝，特爲所知，故亦優之。盜者，逃也，恐其逃亡，故著械也。頌者，容也，言見寬容，但處曹吏舍，不入狴牢也。上造以上及内外公孫耳孫，有罪當刑及當爲城旦舂者，皆耐爲鬼薪白粲。上造，爵滿十六者也。內外公孫，謂王侯內外孫也。耳孫，玄孫之子也。今以上造有功勞，內外孫有骨肉屬，施德布惠，故事從其輕也。城旦者，旦起治城；舂者，婦人不預外徭，但舂作米，皆四歲刑也。今皆就鬼薪白粲，取薪給宗廟爲鬼薪，坐擇米使正白爲白粲，皆三歲刑也。民年七十以上若不滿十歲有罪當刑者，皆完之。不加肉刑髡鬄也。

先公曰：「古者刑不上大夫，漢之待公卿大夫與士庶無等級，皆習秦氣象。蕭、曹秦吏，習見不知改，而何亦身自當之。惠帝雖差立條式，然特以爲恩惠，不著法令。文帝時，絳侯下獄，賈生極言以諫，然終不能變也。」

高后元年，詔曰：「前日孝惠皇帝言欲除三族罪、妖言令，議未決而崩，今除之。」

孝文元年，盡除收帑相坐律令。

詔丞相、太尉、御史：「法者，治之正，所以禁暴而衛善人也。今犯法者已論，而使無罪之父母妻子同產坐之及收，朕甚勿取，其議。」左右丞相周勃、陳平奏言：「父母妻子同產相坐及收，所以累其心，使重犯法。收之之道，所由來久矣。臣之愚計，以爲如其故便〔六〕。」帝曰：「法正則民慤，罪當則民從。牧民而道之以善者，吏也；既不能道，又以不正之法罪之，是法反害於民，爲暴者也。朕未見其便，宜熟計之。」平、勃乃曰：「陛下幸加大惠於天下，使有罪不收，無罪不相坐，甚盛德，臣等所不及也。臣等謹奉詔，盡除收律、相坐法〔七〕。」其後，新垣平謀爲逆，復行三族之誅。

容齋洪氏隨筆曰：「漢族誅之法，每輕用之。袁盎陷鼂錯，但云：『方今計，獨有斬錯耳。』而景帝使丞相以下劾奏，遂至父母妻子同產無少長皆棄市。主父偃陷齊王於死，武帝欲勿誅，公孫丞相争之，遂族偃。郭解客殺人，吏奏解無罪，公孫大夫議，遂族解〔八〕。且偃、解二人本不死，因議者之言，殺之足矣，何遽至族乎？用刑之濫如此！」

孝文所行，獨新垣平一事，爲盛德之玷。然此事所關甚重，蓋其寵新垣平也，惑於求仙希福之說，而淫諂之祀，訖漢世而未能正者以此。其誅新垣平也，復行收孥相坐之律，而濫酷之刑，訖漢世而未能除者，亦以此。帝恭儉仁賢之主，而此二事失禮失刑，遂令後嗣遵而守之，以爲漢家制度，不敢革正。惜哉！

二年，詔曰：「古之治天下者，朝有進善之旌，誹謗之木，所以通治道而來諫者也。今法有誹謗妖言之罪，師古曰：「高后元年詔除妖言令，今又有之，則是中間曾重設此條也。」是使衆臣不敢盡情，而上無由聞過失也。將何以來遠方之賢良？其除之。民或祝詛上，以相約而後相謾，師古曰：「謾，欺也。初爲要約，共行祝詛；後相欺誑，中道而止，無實事也。謾，音慢。」吏以爲大逆。劉曰：「祝詛上以相約，漢俗如此。猶後漢傳云『不直者不敢祝少賓』也〔九〕，故謂大逆。」其有他言，吏又以爲誹謗。此細民之愚，無知抵死，朕甚不取。自今以來，有犯此者，勿聽治。」

致堂胡氏曰：「妖言令之始設也，必謂其搖民惑衆，有姦宄賊亂之意者。及其失也，則暴君權臣假此名以警懼中外，塞言路也。故賈誼論秦曰〔一〇〕：『忠諫者謂之誹謗，深計者謂之妖言。』夫忠臣爲上盡忠深計，必剴切君身，探未然之事，陳危亡之戒，不止於近在目前者。自小人觀之，曰『是特揚君過以賣直，未然之事，危亡之形，汝安得知之？殆誹謗妖言耳。』此策既行，使中外之人鉗口結舌，人君不聞其過，淪於危亡而不悟。然則其所謂謗者，乃天下之忠，而其自爲者，乃天下之妖也。夫既以忠諫深計爲誹謗妖言，則指鹿爲馬，指野鳥爲鸞，指菌爲芝，指氛祲爲慶雲，指雹曰『不爲災也』，指彗曰『所以除舊而布新也』，蝗生則曰『不食嘉穀也』，日食則曰『陰雲蔽之也』，地震則曰『官府無傷也』，霖雨則曰『秋稼自茂也』，水涌泛溢則曰『民無流死者也』，歲饑則曰『路未嘗有餓者也』。凡賢否是非，治亂得失，一切反理詭道，倒言而逆説之，欺惑世主，使淪於危亡，其罪豈特誹謗之比？其爲妖也，不亦大乎！嗚呼！文帝除此令，其享國長世，宜哉！」

按：古者庶人謗，商旅議。夫子曰：「天下有道，則庶人不議。」則誹謗，古所有也。周公曰：「小人怨汝詈汝。」又曰：「否則厥口詛祝。」晏子曰：「人民苦病，夫婦皆詛，雖其善祝，豈能勝億萬人之詛？」則祝詛亦古所有也，然未嘗以此罪人。至秦之立法，則犯此二者，皆坐以大逆而誅夷之。漢高帝入關，約法三章，除秦苛嬈，而首及誹謗偶語之酷，則當亟除之矣，而卒不曾除。至高后元年，有詔除其法矣，而又不克除。文帝之時，復有此詔。然自景、武而後，則一用秦法，凡張湯、趙禹、江充、息夫躬之徒，所爲誣害忠鯁，傾陷骨肉，坐以深文，中以危法者，不曰「誹謗不道」，則曰「詛祝上，有惡言」。蓋此二法者，終漢之世，未嘗除也。

四年，絳侯周勃有罪，逮詣廷尉詔獄。時人告勃反，勃下吏，恐，不知置辭。吏稍侵辱之。勃以千金與獄吏，吏書牘背示曰「以公主爲證」。公主，孝文女，勃子勝之尚之，故獄吏教引爲證。薄太后爲言，帝乃使使持節赦勃〔一〕，復爵邑。勃既出，曰：「吾嘗將百萬軍，安知獄吏之貴也！」

賈誼上疏曰：「古者廉耻節禮以治君子，故有賜死而無戮辱，是以黥劓之罪不及大夫。今自王侯三公之貴，皆天子之所改容而禮之也〔三〕，而令與衆庶同黥、劓、髡、刖、笞傌、棄市之法，被僇辱者，不太迫乎！夫嘗已在貴寵之位，今而有過，廢之可也，退之可也，賜之死可也，滅之可也；若夫束縛之，係緤之，輸之司寇，編之徒官，司寇小吏詈罵而榜笞之，殆非所以令衆庶見也。」是時丞相周勃免就國，人有告勃謀反，逮繫長安獄治，卒無事，故誼以此譏上。上深納其言，養臣下有節。是後大臣有罪，皆自殺，不受刑。至武帝時，稍復入獄，自甯成始。

十三年，詔除肉刑。

太倉令淳于公有罪當刑，詔獄逮繫長安。師古曰：「逮，及也。辭之所及，則追捕之，故謂之逮。一曰逮者，在道將送，防禦不絕，若今之傳送囚也。」淳于公無男，有五女。當行會逮，罵其女曰：「生子不生男，緩急非有益。」其少女緹縈自傷悲泣，師古曰：「緹縈，女名也。緹，音他弟反。」迺隨其父至長安，上書曰：「妾父爲吏，齊中皆稱其廉平。今坐法當刑。妾傷夫死者不可復生，刑者不可復屬，師古曰：「屬，聯也，音之欲反。」雖後欲改過自新，其道亡繇也。妾願没入爲官婢，以贖父刑罪，使得自新。」書奏天子，天子憐悲其意，遂下令曰：「制詔御史：蓋聞有虞氏之時，畫衣冠、異章服以爲戮，而民弗犯，何治之至也！今法有肉刑三，孟康曰：「黥、劓二，刖左右趾合一，凡三也。」而姦不止，其咎安在？非乃朕德之薄而教不明與？吾甚自愧。故夫訓道不純而愚民陷焉。詩曰：『愷弟君子，民之父母。』言君子有和樂簡易之德，則其下尊之如父，親之如母也。今人有過，教未施而刑已加焉，或欲改行爲善，而道亡繇至，朕甚憐之。夫刑至斷支體，刻肌膚，終身不息，師古曰：「息，生也。」何其刑之痛而不德也！豈稱爲民父母之意哉〔三〕？其除肉刑，有以易之；及令罪人各以輕重，不亡逃，有年而免。孟康曰：「其不亡逃者，滿其年數，得免爲庶人。」具爲令。師古曰：「使更爲條制。」丞相張蒼、御史大夫馮敬奏言：「肉刑所以禁姦，所由來者久矣。陛下下明詔，憐萬民之一有過被刑者終身不息，及罪人欲改行爲善而道亡繇至，甚盛德，臣等所不及也。臣謹議請定律曰：諸當完者，完爲城旦舂；臣瓚曰：「文帝除肉刑，皆有以易之，故以完易髡，以笞代劓，以釱左右趾代刖。今既曰完矣，不復云以完代完也。此當言髡者完也。」當黥者，髡鉗爲城旦舂；當劓者，笞三百；當斬左趾者，笞五百；當斬右趾及殺人先自告、及吏坐受賕枉法、守縣官財物而即盜之，已論命復有笞罪者〔一四〕，皆棄市。李奇曰：「命，逃亡也。復於論命中有罪也。」晉灼曰：「命者，名也，成其罪也。」師古曰：「趾，足也。當斬右足者，以其罪次重，故從棄市也。殺人先自告，謂殺人而自首，得免罪者也。吏受賕枉法〔一五〕，謂曲公法而受賂者也。守縣官財物而即盜之，即今律所謂主守自盜者也。殺人害重，受贓盜物，贓汙之身，故此三罪已被論名而又犯笞，亦皆棄市也。今流俗書本『笞三百』、『笞五百』之上及『劓者』之下，有『籍笞』字，『復有笞罪』，亦云『復有籍笞罪』，皆後人妄加耳，舊本無也。」罪人獄已決，完爲城旦舂，滿三歲爲鬼薪白粲〔一六〕。鬼薪白粲一歲，爲隸臣妾。隸臣妾一歲，免爲庶人。師古曰：「男子爲隸臣，女子爲隸妾。鬼薪白粲滿一歲爲隸臣〔一七〕，隸臣一歲免爲庶人。隸妾亦然也。」隸臣妾滿二歲，爲司寇。司寇一歲，及作如司寇二歲，皆免爲庶人。如淳曰：「罪降爲司寇，故一歲。正司寇，故二歲也。」其亡逃及有罪耐以上〔一八〕，不用此令。師古曰：「於本罪中又重犯者也。」前令之刑城旦舂歲而非禁錮者，完爲城旦舂歲數以免。李奇曰：「謂文帝作此令之前有刑者。」臣昧死請。」制曰：「可。」

按：古者五刑，皆肉刑也。孝文詔謂「今有肉刑三而姦不止」，注謂「黥、劓、斬趾三者」，遂以髡鉗代黥，笞三百代劓，笞五百代斬趾，獨不及宮刑。至景帝元年，詔言：「孝文皇帝除宮刑，出美人，重絶人之世也。」則知文帝并宮刑除之。至景帝中元年〔一九〕，赦徒作陽陵者，死罪欲腐者許之。而武帝時，李延年、司馬遷、張安世兄賀皆坐腐刑，則是因景帝中元年之後宮刑復用，而以施之死罪之情輕者，不常用也。

孝文時，禁網疏闊，選張釋之爲廷尉，罪疑者予民，是以刑罰大省，至於斷獄四百，有刑措之風焉。孝景元年，下詔曰：「加笞與重罪無異，重罪，謂死刑。幸而不死，不可爲人。謂不能自起居也。其定律：笞五百者曰三百，笞三百者曰二百。」

孝文既除肉刑，外有輕刑之名，内實殺人。斬右趾者又當死。斬左趾者笞五百，當劓者笞三百〔二〇〕，率多死。師古曰：「斬右趾棄市，故入於死〔二一〕。以笞五百代斬左趾，笞三百代劓，笞數既多，亦不活也。」故下是詔。七月，詔曰：「吏受所監臨，以飲食免，重；受財物，賤買貴賣，論輕。師古曰：「帝以爲當時律條，吏受所監臨賂遺飲食，即坐免官爵，於法太重〔二二〕，而受所監臨財物及賤買貴賣者，論決太輕，故令更議改之。」廷尉與丞相更議著令。」廷尉信謹與丞相議曰：「時丞相申屠嘉。吏及諸有秩受其官屬所監、所治、所行、所將，師古曰：「行，謂按察也，音下更反。」其與飲食計償費，勿論。師古曰：「計其所費而償其直，勿論罪也。」他物，若買故賤，賣故貴，皆坐贓爲盜，没入贓縣官。他物，謂非飲食。吏遷徙罷免，受其故官屬所將監治送財物〔二三〕，奪爵爲士伍，免之。李奇曰：「有爵者奪之，使爲士伍，有位者免官也。」師古曰：「此説非也。謂奪其爵，令爲士伍，又免其官職，即今律所謂除名。士伍，從士卒之伍也。」無爵，罰金二斤，令没入所受。有能捕告，畀其所受贓。」

中二年，改磔曰棄市，應劭曰：「先此，諸死刑皆磔於市。今改曰棄市〔二四〕，自非妖逆，不復磔也。」勿復磔。

四年〔二五〕，詔曰：「長老，人所尊敬也。鰥寡，人所哀矜也。其著令：年八十以上，八歲以下，孕者未乳，乳，產。師、侏儒樂師，瞽者，侏儒，短人，不能走。當鞠繫者，頌繫之。頌，讀曰容。容，寬，不桎梏。死罪欲腐者，許之。」腐，宮刑也。丈夫割勢，不能復生子，如腐木不生實。

中六年，下詔曰：「加笞者，或至死而笞未畢，朕甚憐之。其減笞三百曰二百，笞二百曰一百。」又曰：「笞者，所以教之也，其定箠令。」箠，策也，所以擊也。丞相劉舍、御史大夫衛綰請：「笞者，箠長五尺，其本大一寸〔二六〕，其竹也，末薄半寸，皆平其節。當笞者笞臀，如淳曰：「然則先時笞背也。」毋得更人。謂行笞者，不更易人也。畢一罪乃更人。」自是笞者得全，然酷吏猶以爲威。死刑既重，而生刑又輕，民易犯之。

孝武即位，外事四夷之功，內盛耳目之好，徵發煩數，百姓貧耗，窮民犯法，酷吏擊斷，姦宄不勝。於是招進張湯、趙禹之屬，條定法令，作見知故縱、監臨部主之法，師古曰：「見知人犯法不舉告爲故縱，而所監臨部主有罪并連坐也。」緩深故之罪，孟康曰：「孝武欲急刑，吏深害及故入人罪者皆寬緩。」急縱出之誅。師古曰：「吏釋罪人，疑以爲縱出，則急誅之。亦言尚酷。」其後，姦猾巧法，轉相比況，禁網寖密。師古曰：「寖，漸也。其下亦同。」律令凡三百五十九章，大辟四百九條，千八百八十二事，死罪決事比萬三千四百七十二事。師古曰：「比，以例相比況也。」文書盈於几閣，典者不能徧睹。是以郡國承用者駮，師古曰：「不曉其指，用意不同也。」或罪同而論異，姦吏因緣爲市，師古曰：「弄法而受財，若市買之交易。」所欲活則傅生議，所欲陷則予死比，師古曰：「傅，讀曰附。」議者咸冤傷之。

自公孫弘以春秋之義繩下，張湯以峻文決理，於是見知之法生，而廢格沮誹窮治之獄用。湯奏顏異九卿，見令不便，不入言而腹非，論死。是後有腹誹之法比〔二七〕。又作沈命法，沈，匿也。敢蔽匿盜賊者，没其命也。曰：「群盗起不發覺，發覺而弗捕滿品，二千石以下至小吏主者皆死。」天下歲斷獄以千萬數。

張湯爲廷尉，所治，即上意所欲罪，予監吏深刻者〔二八〕；上意所欲釋，予監吏輕平者。所治即豪，必舞文巧詆。即下户羸弱，時口言「雖文致法，上裁察」，於是往往釋湯所言。下户羸弱，湯欲佐助，雖具文奏之，又口奏，言雖律令之文合致此罪，聽上裁察，蓋爲此人希恩宥。上往往釋其人，蓋未奏之前，口預言之。杜周爲廷尉，大抵倣湯，善伺上意。所惡者，因而陷之；所欲陷者，久繫待問，微見冤狀。客謂周曰：「君爲天下決平，不循三尺法，專以人主意指爲獄，獄者固如是乎？」周曰：「三尺安出哉〔二九〕？前主所是著爲律，後主所是疏爲令，當時爲是，何古之法乎！」義縱以鷹擊毛摯爲治，言如鷹隼之擊，奮毛羽執取飛鳥也。爲定襄太守，縱至，掩定襄獄中重罪二百餘人〔三〇〕，及賓客昆弟私入相視者亦二百餘人，縱一切捕鞫，曰「爲死罪解脱」。一切皆捕之也。以爲解脱死罪，盡殺之。是日，皆報殺四百餘人，奏請得報而論殺。郡中不寒而慄。竟坐事誅。嚴延年爲河南太守，其治務在摧折豪强，扶助貧弱。貧弱雖陷法，曲文以出之。其豪傑侵小民者，以文内之。飾文而入之爲罪。衆人所謂當死者，一朝出之；所謂當生者，詭殺之。詭違正理而殺之。吏民莫能測其意深淺，戰慄不敢犯禁。按其獄，皆文致不可得反。致，至密也。言其文案整密也。反，音幡。吏忠盡節者，厚遇之如骨肉，皆親嚮之，出身不顧，以是治下無隱情。然疾惡太甚，中傷者多，尤巧爲獄文，善史書，所欲誅殺，奏成於手，中主簿親近史不得聞知。奏可論死，奄忽如神。冬月，傳屬縣囚，會論府上，總集郡府而論殺。流血數里，河南號曰「屠伯」，竟以政治不道棄市。

容齋洪氏隨筆曰：「漢武帝建元六年，遼東高廟、長陵高園殿災，董仲舒居家推説其意。草稾未上，主父偃竊其書奏之。上召視諸儒，仲舒弟子吕步舒不知其師書，以爲大愚。於是下仲舒吏，當死，詔赦之，仲舒遂不敢復言災異。此本傳所書。而五行志載其對曰：『漢當亡秦大敝之後，承其下流，又多兄弟親戚骨肉之連，驕揚奢侈，恣睢者衆，故天災若語陛下：非以太平至公，不能治也。視親戚貴屬在諸侯遠正最甚者，忍而誅之，如吾燔遼東高廟迺可；視近臣在國中處旁仄及貴而不正者，忍而誅之〔三二〕，如吾燔高園殿迺可云爾。在外而不正者，雖貴如高廟，猶災燔之，况諸侯乎？在内不正者，雖貴如高園殿，猶燔災之，况大臣乎？此天意也。』其後，淮南、衡山王謀反，上思仲舒前言，使吕步舒持斧鉞治淮南獄，以春秋誼顓斷於外，不請。既還奏事，上皆是之。凡與王謀反列侯、二千石、豪傑，皆以罪輕重受誅〔三三〕，二獄死者數萬人。嗚呼！以武帝之嗜殺，時臨御方數歲，可與爲善，廟殿之災，豈無他説，而仲舒首勸其殺骨肉大臣，與平生學術大爲乖剌，馴致數萬人之禍，皆此書啓之也。然則下吏幾死，蓋天所以激步舒云，使其就戮，非不幸也。」

按：漢儒如賈誼、董仲舒，最爲醇正，然至其論諸侯王，則皆主於誅殺。仲舒此對，與天人三策議論迥别。真西山亦謂太史公言「賈誼明申、韓」，今讀政事書，藹然有洙、泗典刑，未見其爲申、韓之學；至「諸侯王皆衆髖髀」等語，然後知太史公之説不繆。孟子曰：「子以爲有王者作，將比今之諸侯而誅之乎？其教之不改而後誅之乎？」聖賢處事，固不同也。蓋諸侯王雖漢初之深患，然根連株逮而誅鋤之於後，固不若建法立制而閑防之於初也。孝文時，淮南、濟北亦嘗構逆，討而戮之，罪止其身，未嘗深竟黨與，亦不聞復有後患，何必誅及二萬餘人哉！

孝宣本始四年〔三三〕，詔郡國律令可蠲除以安百姓者，條奏。詔曰：「間者，吏用法，巧文寖深，是朕之不德也。夫決獄不當，使有罪興邪，不辜蒙戮，當重而輕，使有罪者起邪惡之心〔三四〕，無辜者反陷罪辟，決獄不平也。父子悲恨，朕甚傷之。今遣廷史與郡鞫獄，任輕祿薄，廷史，廷尉史也。以因辭決獄事爲鞫〔三五〕，謂疑獄也。其爲置廷平，秩六百石，員四人。其務平之，以稱朕意。」於是選于定國爲廷尉，求明察寬恕黃霸等以爲廷平，季秋後請讞。時上常幸宣室，齋居而決事，宣室在前殿之側，布政教之地。重用刑，故齋戒以決之。獄刑號爲平矣。

時廷尉史路溫舒上言：「臣聞秦有十失，其一尚存，治獄之吏是也。秦之時，羞文學，好武勇，賤仁義之士，貴治獄之吏。正言者謂之誹謗，遏過者謂之妖言。師古曰：「遏，止也，音一曷反。」故盛服先生不用於世〔三六〕，忠良切言皆鬱於胸，師古曰：「鬱，積也。」譽諛之聲，日滿於耳，虛美熏心，實禍蔽塞。師古曰：「熏，氣烝也，音勳。」此乃秦之所以亡天下也。方今天下，賴陛下恩厚，亡金革之危，饑寒之患，父子夫妻，戮力安家，然太平未洽者，獄亂之也。夫獄者，天下之大命也，死者不可復生，𢇍者不可復屬。師古曰：「𢇍，古絕字。屬，連也，音之欲反。」書曰：『與其殺不辜，寧失不經。』師古曰：「虞書大禹謨載咎繇之言。辜，罪也。經，常也。言人命至重，治獄宜慎，寧失不常之過，不濫無罪之人，所以崇寬恕也。」今治獄吏則不然，上下相歐，以刻爲明。師古曰：「歐，與驅同。」深者獲公名，平者多後患。故治獄之吏，皆欲人死，非憎人也，自安之道，在人之死。是以死人之血流離於市，被刑之徒比肩而立，大辟之計歲以萬數，此仁聖之所以傷也。太平之未洽，凡以此也。夫人情安則樂生，痛則思死，棰楚之下，何求而不得？故囚人不勝痛，則飾辭以視之。師古曰：「視，讀曰示。」吏治者利其然，則指道以明之；上奏畏卻，則鍛鍊而周內之。晉灼曰：「精熟周悉，致之法中也。」

師古曰：「郤，退也。畏爲上所郤退。郤，音邱略反。」蓋奏當之成，師古曰：「當，謂處其罪也。」雖咎繇聽之，猶以爲死有餘辜。師古曰：「咎繇作士，善聽獄訟，故以爲喻也。」何則？成鍊者衆，文致之罪明也。是以獄吏專爲深刻，殘賊而亡極，媮爲一切，如淳曰：「媮，苟且也。一切，權時也。」不顧國患，此世之大賊也。故俗語曰：『畫地爲獄議不入，刻木爲吏期不對。』師古曰：「畫獄、木吏尚不入對，況真實乎！期猶必也。議必不入對。」此皆疾吏之風，悲痛之辭也。故天下之患，莫深於獄。敗法亂正，離親塞道，莫甚乎治獄之吏。此所謂一尚存者也。臣聞烏鳶之卵不毀，而後鳳凰集；師古曰：「鳶，鴟也。音弋全反。」誹謗之罪不誅，而後良言進。故古人有言：『山藪藏疾，川澤納汙，瑾瑜匿惡，國君含詬。』師古曰：「春秋左氏傳載晉大夫伯宗之辭。詬，恥也。言山藪之有草木，則毒害者居之；川澤之形廣大，則能受於汙濁；人君之善御下，亦當忍恥病也。詬，音垢。」唯陛下除誹謗以招切言，開天下之口，廣箴諫之路，掃亡秦之失，尊文、武之德，省法制，寬刑罰，以廢治獄，則太平之風可興於世，永履和樂，與天亡極，天下幸甚。」師古曰：「與天長久，無窮極也。」上善其言，乃有是詔。

涿郡太守鄭昌上疏言：「聖王立法明刑者，非以爲治，救衰亂之起也。今明主躬垂明聽〔三七〕，雖不置廷平，獄將自正。若開後嗣，不若删定律令。律令一定，愚民知所避，姦吏無所弄矣。今不正其本而置廷平以理，其末也。政衰聽怠，則廷平將招權而爲亂首矣。」

致堂胡氏曰：「楊惲之死以兩言，曰『南山蕪穢，縣官不足爲盡力』，如此而已。人君行事不當於人心，天下得以議之，豈有戮一夫鉗一喙而能沮弭者？以兩言狂易而殺廉潔剛直之士，若刈草菅，曾無顧惜之意，宣帝於是乎失君道矣。方是時，執天下之平，民自以爲不冤者，于定國也。趙、蓋、韓、楊之死，定國以爲當乎？不當乎？以爲當，則此四臣者皆良臣也，後世評者謂其罪皆應司寇之議，雖有死罪尚不可殺也〔三八〕；以爲不當，則定國嘗奏惲『爲妖惡言，大逆不道』，則廣漢、寬饒、延壽之戮，亦必經廷尉之當矣。然則四臣死非其罪，不特宣帝之過，丞相、御史、執金吾皆有責，而廷尉則負責之尤者也。」

地節四年，詔曰：「父子之親，夫婦之道，天性也。雖有禍患，猶蒙死而存之〔三九〕，誠愛結於心，仁厚之至也。自今子首匿父母，妻匿夫，孫匿大父母，皆勿坐。其父母匿子，夫匿婦，大父母匿孫，罪殊死，皆上請廷尉以聞。」九月，詔曰：「令甲，死者不可生，文穎曰：「蕭何承秦法所作爲律令〔四〇〕，律經是也〔四一〕。天子詔所增損，不在律上者，則爲令。令甲者，前帝第一令也。」如淳曰：「令有先後，故有令甲乙丙。」刑者不可息。息，滅也。若黥劓創瘢不可滅也。」此先帝所重，而吏未稱。今繫者或以掠辜若饑寒瘐死獄中〔四二〕，瘐，病也。囚徒病，律名爲瘐。瘐，音庾。何用心逆人道也，朕甚痛之。其令郡國歲上繫囚以掠笞若瘐死者所坐名、縣、爵、里，名，其人名也。縣，其屬縣也。爵，其身之官爵。里，其所居之邑里也。丞相、御史課殿最以聞。」元康四年，詔曰：「朕念夫耆老之人，髮齒墮落，血氣既衰，亦無逆亂之心，今或罹於文法，執於囹圄，不得終其年命，朕甚憐之。自今以來，諸年八十以上非誣告、殺傷人〔四三〕，他皆勿坐。」

黃龍元年，詔吏六百石位大夫，有罪先請。

武帝時，吏二千石有罪先請。

元帝初，下詔曰：「夫法令者〔四四〕，所以抑暴扶弱，欲其難犯而易避也。今律令煩多而不約〔四五〕，自典文者不能分明，而欲羅元元之不逮，不逮，言意識所不及。豈刑中之意哉！其議律令可蠲除輕減者條奏〔四六〕，惟是便安百姓而已〔四七〕。」

初元五年〔四八〕，省刑罰七十餘事。除光祿大夫以下至郎中保父母同産之令。

成帝河平中，詔曰：「甫刑云『五刑之屬三千，大辟之罰其屬二百』。今大辟之刑千有餘條，律令煩多，百有餘萬言，奇請他比，日以益滋。師古曰：「奇請，謂常文之外主者別有所請以定罪也。他比，謂引他類以比附之，稍增律條也〔四九〕。」其與中二千石、二千石、博士及明習律令者〔五〇〕，議減死刑及可蠲除約省者，令較然易知條奏。書不云乎：『惟刑之恤哉！』其審核之，務準古法，朕將盡心覽焉。」有司無仲山父將明之材，不能因時廣宣主恩，建立明制，爲一代之法，而徒鉤摭微細，毛舉數事，以塞詔而已〔五一〕。

鴻嘉元年，定律令：年未滿七歲，賊鬭殺人及犯殊死者，上請廷尉以聞，得減死。

哀帝即位，除誹謗抵欺法。

平帝元始元年，令公、列侯嗣子有罪，耐以上先請。

四年，敕：「婦女非身犯法及男子年八十以上七歲以下，家非坐不道，詔所名捕，他皆無得繫。其當驗者，即驗問。」師古曰：「就其所居而問。」

班固西漢刑法志論曰：「漢道至盛，歷今二百餘載。師古曰：「今，謂撰志時。」考自昭、宣、元、成、哀、平六世之間，斷獄殊死，率歲千餘口而一人，如淳曰：「率天下犯律者，千口而有一人死。」耐罪上至右趾，三倍有餘。李奇曰：「耐從司寇以上至右趾，爲千口三人刑。」古人有言曰：『滿堂而飲酒，有一人鄉隅而悲泣，師古曰：「鄉，讀曰嚮。」則一堂皆爲之不樂。』王者之於天下，譬猶一堂之上也。故一人不得其平，爲之悽愴於心〔五二〕。今郡國被刑而死者，歲以萬數。天下獄二千餘所，其冤死者多少相覆，獄不減一人，此和氣所以未洽者也。原獄刑所以蕃若此者，禮教不立，刑法不明，民多貧窮，豪傑務私，姦不輒得，獄犴不平之所致也。服虔曰：「鄉亭之獄曰犴。」臣瓚曰：「獄岸，獄訟也。」師古曰：「小雅小宛之詩云：『宜岸宜獄。』瓚說是也。」書云：『伯夷降典，悊民惟刑。』師古曰：「周書甫刑之辭也。悊，知也。言伯夷下禮法以道人，人習知禮，然後用刑也。」言制禮以止刑，猶隄之防溢水也。今隄防陵遲，禮制未立，死刑過制，生刑易犯，饑寒並至，窮斯濫溢，豪傑擅私，爲之囊橐，師古曰：「有底曰囊，無底曰橐。言容隱姦邪，若囊橐之盛物。」姦有所隱，則狃而寖廣。師古曰：「狃，串習也〔五三〕。寖，漸也。狃，音女救反。」此刑之所以蕃也。孔子曰：『古之知法者，能省刑，本也；今之知法者，不失有罪，末矣。』師古曰：「省，謂減除之，絕於未然，故曰本也。不失有罪，事止聽訟，所以爲末。」又曰：『今之聽獄者，求所以殺之；古之聽獄者，求所以生之。』與其殺不辜，寧失有罪。今之獄吏，上下相驅，以刻爲明，深者獲功名，平者多後患〔五四〕。諺曰：『鬻棺者欲歲之疫。』非憎人欲殺之，利在於人死也。今治獄吏欲陷害人，亦猶此矣。凡此五疾，獄刑所以尤多者也。自建武、永平，民亦新免兵革之禍，人有樂生之慮，與高、惠之間同，而政在抑彊扶弱，朝無威福之臣，邑無豪傑之俠。以口率計，斷獄少於成、哀之間什八，可謂清矣。師古曰：「十少其八也。」然而未能稱意比隆於古者〔五五〕，以其疾未盡除，而刑本不正。善乎，孫卿之論刑也，曰：『世俗之爲說，以爲治古者無肉刑，師古曰：「治古，謂上古至治之時也。治，音丈吏反。」有象刑墨黥之屬，菲履赭衣而不純。師古曰：「菲，草履也。純，緣也。衣不加緣，示有耻也。菲，音扶味反。純，音之允反。」是不然矣。以爲治古，則人莫觸罪邪，豈獨無肉刑哉，亦不待象刑矣。師古曰：「人不犯法，則象刑無所施也。」以爲人或觸罪戾，而直輕其刑，是殺人者不死，而傷人者不刑也。罪至重而刑至輕，民無所畏，亂莫大焉。凡制刑之本，將以禁暴惡，且懲其未也〔五六〕。師古曰：「懲，止也。」殺人者不死，傷人者不刑，是惠暴而寬惡也。故象刑非生於治古，方起於亂今也。如淳曰：「古無象刑也，所有象刑之言者，近起今人惡刑之重，故遂推言古之聖君但以象刑，天下自治。」夫征暴誅悖，治之威也。殺人者死，傷人者刑，是百王之所同也，未有知其所由來者也。故治則刑重，亂則刑輕。李奇曰：「世所以治者，乃刑重也；所以亂者，乃刑輕也。」犯治之罪固重，犯亂之罪固輕也。書云『刑罰世重世輕』，此之謂也。師古曰：「周書甫刑之辭也。言刑罰輕重〔五七〕，各隨其時。」所謂『象刑惟明』者，言象天道而作刑，師古曰：「虞書益稷曰：『咎繇方祗厥叙，方施象刑惟明。』言敬其次叙，施其法刑，皆明白也。」安有菲履赭衣者哉！

孫卿之言既然，又因俗説而論之曰：禹承堯、舜之後，自以德衰而制肉刑，湯、武順而行之者，以俗薄於唐、虞故也。今漢承衰周暴秦極敝之流，俗已薄於三代，而行堯、舜之刑，是猶以鞿而御馯突，孟康曰：「以繩縛馬口謂之鞿。」晉灼曰：「鞿，古羈字也。」如淳曰：「馯，音捍。突，惡馬也。」師古曰：「馬絡頭曰羈也。」違救時之宜矣。且除肉刑者，本欲以全民也，今去髡鉗一等，轉而入於大辟。以死罔民，失本惠矣。師古曰：「罔，謂羅網也。」故死者歲以萬數，刑重之所致也。至乎穿窬之盜，忿怒傷人，男女淫佚，吏爲姦贓，師古曰：「佚，讀與逸同。」若此之惡，髡鉗之罰又不足以懲也。故刑者歲十萬數，民既不畏，又曾不耻，刑輕之所生也。故俗之能吏，公以殺盜爲威，專殺者勝任，奉法者不治，亂名傷制〔五八〕，不可勝條。是以罔密而姦不塞，刑蕃而民愈嫚。師古曰：「塞，止也。蕃，多也，音扶元反。嫚，與慢同〔五九〕。」必世而未仁，百年而不勝殘，誠以禮樂闕而刑不正也。豈宜惟思所以清原正本之論〔六〇〕，刪定律令，篹二百章，以應大辟。孟康曰：「篹，音撰。」其餘罪次，於古當生，今觸死者，皆可募行肉刑。李奇曰：「欲死邪？欲腐邪？」及傷人與盜，吏受賕枉法，男女淫亂，皆復古刑，爲三千章。詆欺文致微細之法，悉蠲除。師古曰：「詆，謂誣也，音丁禮反。」如此，則刑可畏而禁易避，吏不專殺，法無二門，輕重當罪，民命得全，合刑罰之中，殷天人之和，李奇曰：「殷，亦中。」順稽古之制，成時雍之化，成、康刑錯雖未可致，孝文斷獄庶幾可及矣。」

容齋洪氏隨筆曰：「虞書：『象刑惟明』，象者，法也。漢文帝詔始云：『有虞氏之時，畫衣冠、異章服以爲戮，而民弗犯。』武帝詔亦云：『唐、虞畫象而民不犯。』白虎通云：『畫象者，其衣服象五刑也：犯墨者蒙巾，犯劓者赭著其衣，犯髕者以墨蒙其髕〔六一〕，犯宮者屝，屝，草屨也。大辟者，布衣無領。』其説雖未必，然揚雄法言『唐、虞象刑惟明』，説者引前詔以證。然則唐、虞之所以齊民，禮義榮辱而已，不專於刑也。秦之末年，赭衣半道而姦不息。國朝之制，減死一等及胥吏兵卒配徙者，涅其面而刺之。本以示辱，且使人望而識之耳。久而益多，每郡牢城營，其額常溢，殆至十餘萬，兇盜處之恬然，蓋習熟而無所恥也。羅隱讒書云：『九人冠而一人髽，髽者慕而冠者勝；九人髽而一人冠，則冠者慕而髽者勝。』正謂是歟？老子曰：『民常不畏死，奈何以死懼之。』若使民常畏死，則爲惡者吾得執而殺之，孰敢？』可謂至言。荀卿謂象刑爲治古不然，亦正論也。」

按：古者五刑，大辟至重，墨至輕。孝文除肉刑，以髡鉗代墨，以笞代劓、剕。其後復減笞數，定箠令，則刑制益寬矣。然景、武以後，習爲嚴酷，死刑至多。甯成傳稱「成抵罪髡鉗。是時，九卿死即死，少被刑，而成刑極，自以爲不復收。」又王吉、龔遂、王式，皆坐輔導昌邑王無狀，減死，鉗爲城旦舂〔六二〕。何並傳，並爲潁川太守，時鍾元爲尚書令，元弟威爲郡掾，臧千金。並過辭元，元免冠爲弟請一等之罪，如淳曰：「減死罪一等。」蚤就髡鉗，並不許，卒論殺威。以是觀之，則知當時死刑至多，而生刑反少。髡鉗本以代墨，乃刑之至輕者，然減死一等，即止於髡鉗，進髡鉗一等〔六三〕，即入於死。而笞箠所以代劓剕者，不聞施用矣。

王莽居攝，翟義、劉信起兵討莽，莽敗之，夷其三族，誅及種嗣，至皆同坑，以棘五毒并葬之。其後，陳良、終帶叛入匈奴，莽求得，行焚如之刑，燒殺之。及天下兵起，董忠反，莽敗之，莽令剉忠，收其家族，以醇醯、毒藥、白刃、叢棘埋之。

西漢獄名

中都官獄、宣紀。徐氏曰：「按後漢百官志云：『孝武以下，置中都官獄二十六所，各令長名。』」　廷尉詔獄、周勃詣廷尉詔獄。　上林詔獄、成紀「罷上林詔獄」，師古曰：「漢舊儀云上林詔獄主治苑中禽獸宫館事。」　郡邸獄、宣紀「曾孫坐收郡邸獄」，注云：「漢舊儀：郡邸獄治天下郡國上計者。」　掖庭秘獄、劉輔繫掖庭秘獄。三輔黄圖云：「武帝改永巷爲掖庭，置獄焉。」　共工獄、劉輔傳：「徙繫共工獄。」注：「考工也。」　若盧詔獄、王商詣若盧詔獄。　都船獄、王嘉致都船獄。　都司空獄、竇嬰「劾繫都司空獄」〔六四〕，又伍被傳「爲左右都司空詔獄書」。　居室、灌夫傳：「劾灌夫，繫居室。」注云：「後改爲保宫。」　保宫、蘇武傳〔六五〕，李陵母繫保宫。　内官、東方朔傳：「昭平君獄繫内官。」　請室、袁盎傳：「絳侯反，繫請室。」注：「獄也。」　導官、張湯傳：「廷尉史謁居弟繫導官〔六六〕。」　暴室、宣紀注云：「暴室，宫人獄。」　水司空。伍被傳注云：「上林有水司空，主囚徒官。」

容齋洪氏隨筆曰：「漢以廷尉主刑獄，而中都他獄亦不一。宗正屬官有左右都司空，鴻臚有別火令丞，郡邸獄，少府有若盧獄令、考工共工獄，執金吾有寺互、都船獄。又有上林詔獄、水司空、掖庭祕獄、暴室、請室、居室、徒官之名。張湯傳蘇林曰：『漢儀注獄二十六所。』東漢志云：『孝武帝所置，世祖皆省之。』東漢洎唐，雖鞫囚非一所，然不至如是其多。國朝但有大理及臺獄。元豐、紹聖間，蔡確、章惇起同文館獄之類，非故事也。」

後漢世祖建武二年，詔曰：「頃獄多冤人，用刑深刻，朕甚愍之。孔子云：『刑罰不中，則民無所措手足。』其與中二千石、諸大夫、博士、議郎議省刑罰。」

桓譚上疏曰：「今法令決事，輕重不齊，或一事殊法，同罪異論，姦吏得因緣爲市，所欲活則傅生議，所欲陷則予死比〔六七〕，是爲刑開二門也。今可令通義理、明習法律者校定科比，一其法度，班下郡國，蠲除故條。如此，天下知方，而獄無冤濫矣。」

三年七月，詔曰：「吏不滿六百石，下至墨綬長、相〔六八〕，有罪先請。男子八十以上十歲以下，及婦人從坐者，自非不道、詔所名捕，皆不得繫。當驗問者，即就驗。女徒雇山歸家。」前書音義曰：「令甲：女子犯徒遣歸家，每月出錢雇人於山伐木，名曰雇山。」

七年，詔中都官、三輔、郡國出繫囚，非犯殊死，皆一切勿按其罪。見徒免爲庶人。耐罪亡命，吏以文除之〔六九〕。

十一年，詔曰：「天地之性，人爲貴。其殺奴婢，不得減罪。」

十二年，高山侯梁統上疏請嚴刑，不報。

統疏曰：「臣竊見元帝初元五年，輕殊死刑三十四事；哀帝建平元年，輕殊死刑八十一事，其四十二事手殺人者減死一等。二帝共輕殊死刑一百二十三事〔七〇〕，自後人輕犯法，吏易殺人。臣愚以爲刑罰不苟務輕，務其中也。是以五帝有流、殛、放、殺之誅，三王有大辟、刻肌之刑，所以爲除殘去亂也。高帝定法，傳之後代。文帝遭世康平，因時施恩，省去肉刑、相坐之法，天下幾平。武帝值中國全盛，征伐遠方，百姓罷弊，豪强犯禁，姦吏弄法，故重首匿之科，著知縱之律。凡首匿者，爲謀首藏匿罪人。至宣帝時，除子匿父母、妻匿夫、孫匿大父母罪，餘至殊死上請。知縱，謂見知故縱。武帝時，立見知故縱之罪，使張湯等置律，並見前書。宣帝履道要以御海内，臣下奉憲，不失繩墨，天下稱安。孝元、孝哀，即位日淺，丞相王嘉，輕爲穿鑿〔七一〕，虧除先帝舊約成律，嘉傳及刑法志並無其事，統與嘉時代相接，所引當不妄，但班書略耳。凡百餘事。臣取其尤妨政者條奏，伏請擇其善者而從之，定不易之典。」時廷尉議以爲崇刑峻法，非明主急務，遂罷之。

十四年，群臣請增科禁，不許。

群臣上言：「古者肉刑嚴重，則人畏法令；今憲律輕薄，故姦宄不勝。宜增科禁，以防其源。」詔下公卿。杜林奏曰：「古之明王，深識遠慮，動居其厚，不務多辟。周之五刑，不過三千。大漢初興，詳覽失得，破矩爲圜，斲雕爲樸，蠲除苛政，更立疏網，海内歡欣，人懷寬德。及至其後，漸以滋章，吹毛索疵，詆欺無限。果桃菜茹之饋，集以成贓。小事無妨於義，以爲大戮。故國無廉士，家無全行，至於法不能禁，令不能止，上下相遁，爲敝彌深。臣愚以爲宜如舊制，不合翻移。」帝從之。

十八年，詔曰：「今邊郡盜穀五十斛，罪至於死，開殘吏妄殺之路。其蠲除此法，同之内郡。」

二十八年，詔死罪繫囚皆一切募下蠶室〔七二〕，女子宮。蠶室，宮刑獄名。宮刑者畏風，須煖，作窨室，蓄火如蠶室，因以名焉。女子宮，謂幽閉也〔七三〕。

三十一年，復有是詔。

二十九年，詔令天下繫囚自殊死以下及徒各減本罪一等，其餘贖罪，輸作各有差〔七四〕。袁紀注云〔七五〕：「不孝、不道者，不在此限。」

東漢有中都官獄二十六所，唯廷尉及洛陽有詔獄〔七六〕。立春之日，下寬大書曰：「制詔三公：方春東作，敬始謹微，動作從之。罪非殊死，且勿案驗，皆須麥秋。」

明帝即位，詔施刑及郡國囚徒在中元元年四月己卯赦前所犯而後捕繫者，悉免其刑。中二千石下至黄綬，貶秩贖論者，悉皆復秩還贖。赦隴西囚徒，減罪一等。十二月甲寅，詔：「天下亡命，殊死以下，聽得贖論：死罪入縑二十疋，右趾至髡鉗城旦舂十疋，完城旦舂至司寇作三疋。其未發覺，詔書到先自告者，半入贖。」

永平三年正月，詔：「有司詳刑謹罰，明察單辭，夙夜匪懈，以稱朕意。」

八年，詔三公募郡國、中都官死罪繫囚，減罪一等，勿笞，屯朔方、五原之邊縣。其大逆無道殊死者，一切募下蠶室。亡命者，令贖罪各有差。

十五年，詔亡命自殊死以下贖罪各有差。見贖刑門。

明帝善刑理，法令分明，日晏坐朝，幽枉必達，斷獄得情，號居前代十二。十斷其二，言少刑也。

楚王英以謀逆死，窮治楚獄累年，坐死徒者甚衆。寒朗言其冤〔七七〕，帝自幸洛陽獄録囚徒，理出千餘人。時天旱，即大雨。馬后亦以爲言，帝惻然感悟，夜起彷徨，由是多所降宥。詳見詳讞門。

帝性褊察，好以耳目隱發爲明，近臣尚書以下至見提曳。常以事怒郎藥崧〔七八〕，以杖撞之。崧走入牀下，帝怒甚，疾言曰：「郎出。」崧乃曰：「『天子穆穆，諸侯皇皇。』未聞人君，自起撞郎。」帝乃赦之。是時朝廷莫不悚慄，爭爲嚴切，以避誅責。

順帝時〔七九〕，大司農劉據以職事被譴，召詣尚書，傳呼促步，又加以捶撲。左雄上言：「九卿位亞三事，班在大臣，行有珮玉之節，動有庠序之儀。孝明皇帝始有撲罰，皆非古典。」帝納之。是後，九卿無復捶撲者。

肅宗初，詔有司絶鉆鑽諸慘酷之科，鉆，持也，説文曰「鐵銸也」，其炎反。鑽，臏刑，謂鑽去其臏骨也。鑽，音作喚反。解妖惡之禁，除文致之請讞五十餘事，定著於令。文致，謂前人無罪，文飾致於法中也。

時承永平故事，吏尚嚴切，尚書決事，率近於重。陳寵上疏曰：「陛下即位，數詔群僚，弘崇晏晏〔八〇〕。而有司執事，未悉奉承，典刑用法，猶尚深刻。斷獄者急於篣格酷烈之痛，執憲者煩於詆欺放濫之文。或因公行私，逞縱威福。今宜蕩滌煩苛之法，輕薄箠楚，以濟群生，全廣至德，以奉天心」。

帝納寵言，每事務厚，乃有是詔。

建初五年二月，詔二千石理冤獄，録輕繫。三月，詔曰：「孔子曰：『刑罰不中，則民無所措手足。』今吏多不良，擅行喜怒，或案不以罪，迫脅無辜，致令自殺者一歲且多於斷獄，甚非爲人父母之意也。有司其議糾舉之。」

七年，詔天下繫囚減死一等，勿笞，詣邊戍；妻子自隨，占著所在〔八一〕。犯殊死，一切募下蠶室，其女子宫。繫囚鬼薪、白粲已上，皆減本罪各一等〔八二〕，輸司寇作。亡命贖，死罪入縑有差。見贖罪門。

元和二年正月，詔曰：「方春生養，萬物莩甲，宜助萌陽〔八三〕，以育時物。其令有司，罪非殊死，且勿案驗；及吏人條書相告，不得聽受，冀以息事寧人，聽順天氣。立秋如故。」七月，詔曰：「律，十二月立春，不以報囚。月令冬至之後，有順陽助生之文，而無鞫獄斷刑之政。朕咨訪儒者，稽之典則，以爲王者生殺，宜順時氣。其定律：毋以十一月、十二月報囚。」

漢舊事，斷獄報重，常盡三冬之月，是時帝始改用冬初十月而已。元和二年，旱，長水校尉賈宗等上言，以爲「斷獄不盡三冬，故陰氣微弱，陽氣發泄，招致災旱，事在於此」。帝以其言下公卿議。陳寵奏曰：「夫冬至之節，陽氣始萌，故十一月有蘭、射干、芸、荔之應。時令曰：『諸生蕩，安形體。』天以爲正，周以爲春。十二月陽氣上通，雉雊鷄乳，地以爲正，殷以爲春。十三月陽氣已至，天地以交，萬物皆出，蟄蟲始振，人以爲正，夏以爲春。三微成著，以通三統。周以天元，殷以地元，夏以人元。若以此時行刑，則殷、周歲首，皆當流血，不合人心，不稽天意。月令曰：『孟冬之月，趣獄刑，無留罪。』明大刑畢在立冬也。又：『仲冬之月，身欲寧，事欲静。』若以降威怒〔八四〕，不可謂寧；若以行大刑，不可謂静。議者咸曰：『旱之所由，咎在改律。』臣以爲殷、周斷獄，不以三微，而化致康平，無有災害。自元和以前，皆用三冬，而水旱之異，往往爲患。由此言之，災害自爲他應，不以改律。秦爲虐政，四時行刑。聖漢初興，改從簡易。蕭何草律，季秋論囚，俱避立春之月，而不計天地之正，二王之春〔八五〕，實頗有違。陛下探幽析微，允執其中，革百載之失，建永年之功，上有迎承之敬，下有奉微之惠，稽春秋之文，當月令之意，聖功美業，不宜中疑。」書奏，帝納之，遂不復改。

三年，廷尉郭躬條諸重文可從輕者四十一事奏之，事皆施行。七月，詔曰〔八六〕：「律云：『掠者唯得榜、笞、立。』掠，問也。榜，擊也，音彭。説文曰：「笞，擊也。」立，謂立而考訊之。又令丙〔八七〕：『箠長短有數。』箠長短，見景帝時。自往者大獄以來，掠拷多酷，鉆鑽之屬，大獄，謂楚王英等事。鉆，鑷也。國語曰：「中刑用鑽鑿。」皆謂慘酷其肌膚也。慘苦無極，念其痛毒，怵然動心。書曰『鞭作官刑』，豈云若此？宜及秋冬理獄，明爲其禁。」

按：自建武以來，雖屢有省刑薄罰之詔，然上下相胥，以苛酷爲能，而拷囚之際，尤極殘忍。獨行傳載楚王英坐反誅，其所疏天下名士，有會稽太守尹興名，乃徵興詣廷尉獄。其功曹陸續、主簿梁宏、駟勳等及掾史五百餘人詣洛陽詔獄就拷，諸吏不堪楚痛，死者大半，唯續、宏、勳掠拷五毒，肌肉消爛，終無異詞。戴就仕郡倉曹掾，刺史歐陽參奏太守成公浮臧罪，遣部從事按之，收就於錢塘縣獄，幽囚拷掠，五毒參至。又燒鋘使就挾於肘腋。每上彭考，彭即榜也。因止飯食不肯下，肉焦毁墮地者，掇而食之。又令卧覆船下，以馬通薰之，馬通，馬矢也。一夜一日，不死，又復燒地，以大鍼刺指爪中，使以杷土，爪悉墮落。訖明公浮之誣乃舍之。且興不過以姓名罥罣，反形未具；公浮爲人誣以贓罪，陸續、戴就所坐不過以郡功曹不肯證成太守之罪，及非同謀之人，而乃窮極慘酷如此，則罪情稍重而不肯誣服者，拷死於狴犴之下，蓋不可勝計矣。

又詔：「郡國、中都官繫囚，減死一等，勿笞，詣邊縣，妻子自隨。」餘如七年詔。十二月，詔曰：「書云：『父不慈，子不孝；兄不友，弟不恭，不相及也。』往者妖言大獄，所及廣遠，一人犯罪，禁至三屬，莫得垂纓，仕宦王朝，如有賢才，而没齒無用，朕甚憐之，非所謂與之更始也。諸以前妖惡禁錮者，一皆蠲除之，以明棄咎之路，但不得宿衛而已。」

章和元年，詔：「郡國、中都官繫囚減死罪一等，詣金城；犯殊死者，一切募下蠶室；其女子宮；繫囚鬼薪、白粲以上，減罪一等，輸作。贖縑有差。」

校勘記

〔一〕盜臧有多少　「臧」原作「賊」，據史記卷八高祖紀集解改。

〔二〕笞殺之　「之」字原脱，據漢書卷二三刑法志補。

〔三〕益事律興厩戸三篇　「興」上原衍「擅」字，據晉書卷三刑法志、唐律疏義卷一、唐六典卷六注删。

〔四〕宦皇帝而知名者　「者」字原脱，據漢書卷二惠帝紀注補。

〔五〕謂雖非五大夫爵六百石吏　「吏」字原脱，據漢書卷二惠帝紀師古注、册府元龜卷六〇九刑法部定律令一補。
〔六〕以爲如其故便　「其」字原脱，據漢書卷二三刑法志、册府元龜卷六〇九刑法部定律令一補。
〔七〕盡除收律相坐法　「盡」字原脱，據漢書卷二三刑法志、册府元龜卷六〇九刑法部定律令一補。
〔八〕遂族解　「遂」原作「欲」，據容齋隨筆卷二漢輕族人改。
〔九〕猶後漢傳云不直者不敢祝少賓也　「賓」原作「實」，據後漢書卷六六賈逵傳改。
〔一〇〕故賈誼論秦曰　「誼」字原脱，據讀史管見卷一補。
〔一一〕帝乃使使持節赦勃　原脱一「使」字，據史記卷五七絳侯世家、漢書卷四〇周勃傳補。
〔一二〕皆天子之所改容而禮之也　上「之」字原脱，據漢書卷四八賈誼傳補。
〔一三〕豈稱爲民父母之意哉　「稱」字原脱，據漢書卷二三刑法志、通典卷一六八刑法典六補。
〔一四〕已論命復有笞罪者　「者」字原脱，據元本、慎本、馮本補。
〔一五〕吏受賕枉法　「賕」原作「贓」，據元本、慎本、馮本及漢書卷二三刑法志師古注改。下同。
〔一六〕滿三歲爲鬼薪白粲　「三」原作「二」，據馮本及漢書卷二三刑法志、册府元龜卷六〇九刑法部定律令一改。
〔一七〕鬼薪白粲滿一歲爲隸臣　「一」原作「三」，漢書卷二三刑法志同，據王先謙漢書補注改。
〔一八〕其亡逃及有罪耐以上　「罪耐」二字原倒，據漢書卷二三刑法志、通典卷一六三刑法典一乙正。
〔一九〕至景帝中元年　漢書卷五景帝紀：中四年「秋，赦徒作陽陵者，死罪欲腐者許之」。史記卷一一景帝紀亦記中四年秋，赦徒作陽陵者。疑此處紀年有誤。
〔二〇〕當劓者笞三百　「三」原作「二」，據漢書卷二三刑法志、通典卷一六三刑法典一改。

〔二一〕故入於死　「入於」原作「入多」，據漢書卷二三刑法志師古注、通典卷一六三刑法典一改。

〔二二〕於法太重　「太」原作「爲」，據漢書卷五景帝紀師古注、册府元龜卷六〇九刑法部定律令一改。

〔二三〕受其故官屬所將監治送財物　「送」字原脱，據漢書卷五景帝紀、通典卷一六三刑法典一、册府元龜卷六〇九刑法部定律令一補。

〔二四〕今改曰棄市　「今」字原脱，據漢書卷五景帝紀應劭注、册府元龜卷六〇九刑法部定律令一補。

〔二五〕四年　漢書卷二三刑法志、册府元龜卷六〇九刑法部定律令一俱繫下詔於後三年，疑此處有誤。

〔二六〕其本大一寸　「一」字原脱，據漢書卷二三刑法志、通典卷一六三刑法典一、册府元龜卷六〇九刑法部定律令一補。

〔二七〕是後有腹誹之法比　「比」字原脱，據史記卷三〇平準書、漢書卷二四下食貨志下補。

〔二八〕予監吏深刻者　「吏」原作「史」，據漢書卷五九張湯傳改。下同。

〔二九〕三尺安出哉　「出」原作「在」，據史記卷一二二酷吏傳、漢書卷六〇杜周傳、通典卷一七〇刑法典八改。

〔三〇〕掩定襄獄中重罪二百餘人　「二」原作「三」，據史記卷一二二酷吏傳、漢書卷九〇酷吏傳改。

〔三一〕如吾燔遼東高廟迺可視近臣在國中處旁仄及貴而不正者忍而誅之　以上二十八字原脱，據容齋續筆卷七董仲舒災異對、漢書卷二七上五行志上補。

〔三二〕皆以罪輕重受誅　「輕」字原脱，據容齋續筆卷七董仲舒災異對、漢書卷四四淮南王傳補。

〔三三〕孝宣本始四年　漢書卷八宣帝紀載，地節三年，「十二月，初置廷尉平四人，秩六百石」，與下詔文置廷平事合。資治通鑑卷二五繫下詔語於地節三年，疑此處有誤。

〔三四〕使有罪者起邪惡之心　「惡」字原脱，據漢書卷二三刑法志晉灼注補。

〔三五〕以囚辭決獄事爲鞫　「辭」原作「辟」，據漢書卷二三刑法志如淳注改。

〔三六〕故盛服先生不用於世　「生」原作「王」，據漢書卷五一路温舒傳改。

〔三七〕今明主躬垂明聽　「主」原作「王」，據漢書卷二三刑法志、通典卷一六六刑法典四改。

〔三八〕雖有死罪尚不可殺也　「可」字原脱，據元本、慎本、馮本及讀史管見卷二補。

〔三九〕猶蒙死而存之　「猶」字原脱，據漢書卷八宣帝紀、册府元龜卷六〇九刑法部定律令一補。

〔四〇〕蕭何承秦法所作爲律令　「令」原作「今」，據漢書卷八宣帝紀文穎注改。

〔四一〕律經是也　「律經」二字原倒，據漢書卷八宣帝紀文穎注乙正。

〔四二〕今繫者或以掠辜若饑寒瘐死獄中　「瘐」原作「瘦」，據局本改。注同。

〔四三〕諸年八十以上非誣告殺傷人　「以上」二字原脱，據漢書卷八宣帝紀、册府元龜卷六〇九刑法部定律令一補。

〔四四〕夫法令者　「法」原作「律」，據漢書卷二三刑法志、通典卷一七〇刑法典八、册府元龜卷六〇九刑法部定律令一改。

〔四五〕今律令煩多而不約　「令」字原脱，據漢書卷二三刑法志、通典卷一七〇刑法典八補。

〔四六〕其議律令可蠲除輕減者條奏　「令」字原脱，據漢書卷二三刑法志、通典卷一七〇刑法典八、册府元龜卷六〇九刑法部定律令一補。

〔四七〕惟是便安百姓而已　「是」，漢書卷二三刑法志、册府元龜卷六〇九刑法部定律令一作「在」，「百」，同上二書作「萬」。

〔四八〕初元五年　「五」原作「元」，據漢書卷九元帝紀、册府元龜卷六〇九刑法部定律令一改。

〔四九〕稍增律條也　「律條」二字原倒，據漢書卷二三刑法志師古注乙正。

〔五〇〕其與中二千石二千石博士及明習律令者　下「二千石」原脱，據漢書卷二三刑法志、册府元龜卷六〇九刑法部定律令一補。

〔五一〕以塞詔而已　「詔」原作「責」，據漢書卷二三刑法志、通典卷一七〇刑法典八改。

〔五二〕爲之悽愴於心　「之」字原脱，據漢書卷二三刑法志、通典卷一六六刑法典四補。

〔五三〕串習也　「串」原作「患」，據元本、慎本、馮本改。

〔五四〕深者獲功名平者多後患　「功」原作「公」，據漢書卷二三刑法志改。「後患」原作「患害」，據同上書及通典卷一六六刑法典四改。

〔五五〕然而未能稱意比隆於古者　「意」字原脱，據漢書卷二三刑法志補。

〔五六〕且懲其未也　「未」原作「末」，據慎本改。

〔五七〕言刑罰輕重　「罰」字原脱，據漢書卷二三刑法志、通典卷一六八刑法典六補。

〔五八〕亂名傷制　「制」原作「刑」，據漢書卷二三刑法志、通典卷一六八刑法典六改。

〔五九〕嫚與慢同　「同」原作「别」，據漢書卷二三刑法志師古注改。

〔六〇〕豈宜惟思所以清原正本之論　「豈」原作「是」，據元本、慎本、馮本及漢書卷二三刑法志改。

〔六一〕犯髕者以墨蒙其髕　「蒙」字原脱，據容齋續筆卷五唐虞象刑、白虎通卷四上五刑補。

〔六二〕鉗爲城旦舂　按漢書卷七二王吉傳、卷八九龔遂傳俱云「髡爲城旦」，卷八八王式傳言式「衣博士衣而不冠，曰：「刑餘之人，何宜復充禮官」，是式亦曾髡，故疑此處「鉗」上脱「髡」字。

〔六三〕進髡鉗一等　「進髡鉗」三字原脱，據元本、慎本、馮本補。

〔六四〕竇嬰劾繫都司空獄　「獄」字原脱，據西漢會要卷六三獄補。

〔六五〕蘇武傳　三字原脱，據西漢會要卷六三獄補。

〔六六〕廷尉史謁居弟繫導官　「史」字原脱。按漢書卷五九張湯傳，湯有所愛史魯謁居，謁居嘗按趙王，趙王怨之，並上書告：「湯大臣也，史謁居有病，湯至爲摩足，疑與爲大奸。」事下廷尉。謁居病死，事連其弟，弟繫導官。史記卷一二二酷吏傳同。從知謁居非廷尉而爲廷尉史，據補。

〔六七〕所欲陷則予死比　「則」字原脱，據後漢書卷二八上桓譚傳補。

〔六八〕下至墨綬長相　「下」字原脱，據後漢書卷一上光武帝紀上、册府元龜卷六〇九刑法部定律令一補。

〔六九〕吏以文除之　「吏以文」原作「以上」，據後漢書卷一下光武帝紀下改。

〔七〇〕二帝共輕殊死刑一百二十三事　按總計上文三十四事與八十一事，凡一百一十五事。

〔七一〕孝元孝哀即位日淺丞相王嘉輕爲穿鑿　「孝元孝哀」，晉書刑法志作「孝成孝哀」，而後漢書卷六四梁統傳作「哀平繼體」。按漢書王嘉傳，王嘉於哀帝建平三年爲丞相，則作「哀平」近是。

〔七二〕詔死罪繫囚皆一切募下蠶室　「繫」字原脱，據後漢書卷一下光武帝紀下補。

〔七三〕謂幽閉也　「閉」原作「閑」，據元本、慎本、馮本、局本改。

〔七四〕其餘贖罪輸作各有差　「各」字原脱，據後漢書卷一下光武帝紀下補。

〔七五〕哀紀注云　「紀」原作「純」，據元本、慎本、馮本改。

〔七六〕東漢有中都官獄二十六所唯廷尉及洛陽有詔獄　按續漢書百官志二廷尉：「孝武帝以下，置中都官獄二十六所，各令長名。世祖中興皆省，唯廷尉及洛陽有詔獄。」疑此處有脱誤。

〔七七〕寒朗言其冤　「寒」原作「韓」，據元本、慎本、馮本及後漢書卷四一寒朗傳改。

〔七八〕常以事怒郎藥崧　後漢書卷四一鍾離意傳同。黄山後漢書校補謂「常」當作「嘗」，諸本皆失正。

〔七九〕順帝時　「順帝」原作「安帝」。後漢書卷六一左雄傳載本節事在順帝陽嘉時，資治通鑑卷五一繫本節事於順帝陽嘉三年，此處「安帝」顯爲「順帝」之誤，據改。

〔八〇〕弘崇晏晏　下「晏」字原作「安」，據元本、慎本、馮本及後漢書卷四六陳寵傳改。

〔八一〕占著所在　「著所在」三字原脱，據後漢書卷三章帝紀補。

〔八二〕皆減本罪各一等　「各一等」三字原脱，據後漢書卷三章帝紀補。

〔八三〕宜助萌陽　「萌」字原脱，據後漢書卷三章帝紀補。

〔八四〕若以降威怒　「降」字原脱，據元本、慎本、馮本及後漢書卷四六陳寵傳補。

〔八五〕二王之春　「二」原作「三」，據元本、慎本、馮本及後漢書卷四六陳寵傳改。

〔八六〕七月詔曰　按後漢書卷三章帝紀，此七月詔繫元和元年，下文之「又詔」、「十二月詔」，亦並在是年，疑此處有誤。

〔八七〕又令丙　「丙」原作「兩」，據元本、慎本、馮本改。

卷一百六十四　刑考三

刑制

和帝永元三年，帝加元服，令郡國、中都官繫囚死罪贖縑，至司寇及亡命，各有差。

六年，以旱，詔中都官徒各除半刑，謫其未竟，五月以下皆免遣。幸洛陽寺，録囚徒，舉冤獄。

時廷尉陳寵鉤校律令條法溢於甫刑者除之，曰：「臣聞禮經三百，威儀三千，故甫刑大辟二百，五刑之屬三千。禮之所去，刑之所取，失禮則入刑，相爲表裏者也。今律令死刑六百一十，耐罪千六百九十八，贖罪以下二千六百八十一，溢於甫刑者千九百八十九，其四百一十大辟，千五百耐罪，七十九贖罪。春秋保乾圖曰：『王者三百年一蠲法。』漢興以來，三百二年，憲令稍增，科條無限。又律有三家，其說各異。宜令三公、廷尉平定律令，應經合義者，可使大辟二百，而耐罪、贖罪二千八百，并爲三千。悉删除其餘令，與禮相應，以易萬人視聽，以致刑措之美，傳之無窮。」未及施行，及寵免，後遂寢。

而苛法稍繁，人不堪之。寵子忠，略依寵意，奏上二十三條，爲決事比，以省請讞之弊。又上除蠶室刑；解贓吏三世禁錮；狂易殺人，得減重論；母子兄弟相代死，聽，赦所代者。事皆施行。

建初中，有人侮辱人父者，其子殺之。肅宗貰其死刑而降宥之，自後因以爲比，有輕侮法。張敏駮議以爲「開相殺之路，又輕侮之比寖繁，至有四五百科，難以垂訓，請除其弊。」詳見詳讞門。

九年，復置若盧獄官。若盧獄，屬少府，主鞫將相大臣。

是後，又有黄門北寺、若盧、都内諸獄。都内，主藏官名。前書有都内令丞，屬大司農。

十一年，詔郡國、中都官徒及篤癃老小女徒各除半刑；未竟三月者，免歸田里。

十五年，有司奏，以爲夏至微陰起，靡草死，可以決小事。是歲，初令郡國以日北至按薄刑〔一〕。

安帝永初二年，旱，皇太后幸洛陽寺及若盧獄，録囚徒，賜河南尹、廷尉卿及官屬各有差，即日降雨。

和帝末，下令麥秋案驗薄刑，而州郡好以苛察爲政，因此遂盛夏斷獄。魯恭上疏諫曰：「臣伏見詔書，敬若天時，憂念萬民，爲崇和氣，罪非殊死，且勿案驗。所以助仁德，順昊天，致和氣，利黎民者也。舊制至立秋迺行薄刑。自永元十五年以來，改用孟夏，而刺史、太守不深惟憂民息事之原，進良退殘之化，因以盛夏追召農人，拘對考驗，連滯無已。司隸典司京師，四方是則，而近於春月，分行諸部，託言勞來貧人，而無隱惻之實，煩擾郡縣，廉考非急，逮捕一人之罪，根連十數。上逆時氣，下傷農業。按易，五月遇用事，經曰『后以施令誥四方』，言君以夏至之日，施命令止四方行者，所以助微陰也〔二〕。行者尚止之，況於逮召考掠奪其時哉！月令：『孟夏，斷薄刑，出輕繫。』夫斷薄刑者，謂其輕罪已正〔三〕，不欲令久繫，故時斷之也。臣愚以爲，今孟夏之制，可從此令。其決獄案考，皆以立秋爲斷。以順時節，育成萬物，則天地以和，刑罰以清矣。」

肅宗時，斷獄皆以冬至之前，自後論者互多駮異。鄧太后詔公卿以下會議。魯恭議曰：「夫陰陽之氣，相扶而行，發動用事，各有時節。若不當其時，則物隨而傷。王者雖質文不同，而茲道無變，四時之政，行之若一。月令周世所造，而所據皆夏之時也。其變者，唯正朔、服色、犧牲、徽號、器械而已。故曰：『殷因於夏禮，周因於殷禮，所損益可知也。』易曰：『潛龍勿用。』言十一月、十二月陽氣潛藏，未得用事。雖煦嘘萬物〔四〕，養其根荄，猶盛陰在上，地凍水冰，陽氣否隔，閉而成冬。故曰『履霜堅冰，陰始凝也。馴致其道，至堅冰也。』言五月微陰始起，至十一月，堅冰至也。夫王者之作，因時爲法，孝章皇帝深惟古人之道，助三正之微，定律著令〔五〕，冀承天心，順物性命，以致時雍。然從變改以來，年歲不熟，穀價常貴，人不寧安。小吏不與國同心者，率入十一月得死罪賊，不問曲直，便即格殺，雖有疑罪，不復讞正。一夫吁嗟，王道爲虧，況於衆乎！易十一月『君子以議獄緩死』，可令疑罪，使詳其法，大辟之科，盡冬月乃斷。其立春在十二月中者，勿以報囚如故事。」後卒施行。

元初二年，詔中都官繫囚減死一等，勿笞，詣馮翊、扶風屯，妻子自隨，占著所在。女子勿輸。亡命死罪以下贖，各有差。其吏人聚爲盜賊，有悔過者，除其罪。

順帝永建元年，詔減死罪以下徙邊；其亡命贖，各有差。永和五年、漢安二年，各有此令。

冲帝即位，令郡國、中都官繫囚減死一等，徙邊。謀反大逆不用此令。

桓帝建和元年，詔郡國繫囚減死一等，勿笞。唯謀反大逆，不用此書。

三年及和平元年，永興元年、二年，俱有減死罪及贖罪之令。

靈帝建寧元年，令天下繫囚未決入縑贖各有差。

三年〔六〕，熹平四年〔七〕、六年，光和三年，中平四年〔八〕，各有此令。

桓帝延熹九年，中常侍侯覽等令牢脩上書告李膺等養太學遊士，交結諸郡生徒，更相驅馳，共爲部黨，誹訕朝廷，疑亂風俗。帝怒，下郡國，捕黨人，布告天下，使同忿疾。案經三府，太尉陳蕃卻之，曰：「今所按者，皆海内人譽，憂國忠公之臣。此等猶將十世宥之，豈有罪不彰而致收掠乎？」不肯平署。帝愈怒，遂下膺等於黄門北寺獄。其辭所連及，杜密、陳翔、陳寔〔九〕、范滂之徒二百餘人。或逃遁不獲，皆懸金購募，使者四出相望。陳蕃上言極諫，帝怒，策免之，自後無敢復爲黨人言者。竇武、霍諝等復以爲言，帝意稍解，乃詔黨人二百餘人皆歸田里，書名三府，禁錮終身。初，詔書下舉鉤黨〔一〇〕，郡國所奏相連及者多至數百，唯平原相史弼獨無所上。詔書前後迫切州郡，髡笞掾史。從事坐傳舍責曰：「詔書疾惡黨人，旨意懇惻。青州六郡，其五有黨，平原何治而得獨無？」弼曰：「先王疆理天下，畫界分境，水土異齊，風俗不同。他郡自有，平原自無，胡可相比！若承望上司，誣陷善良，淫刑濫罰，以逞非理，則平原之人，户可爲黨。相有死而已，所不能也。」從事大怒，即收郡僚職送獄，遂舉奏弼。會黨禁解，所脱甚衆。靈帝初即位時，李膺等雖廢錮，天下士大夫皆高尚其道而汙穢朝廷，希之者唯恐不及，更共相標榜，爲之稱號，有「三君」、「八俊」、「八顧」、「八厨」之號。及陳、竇用事，復舉拔膺等。陳、竇誅，膺等復廢。宦官疾惡膺等，每下詔書，輒申黨人之禁。侯覽怨張儉尤甚，乃令朱並上書告儉與同鄉二十四人別相署號，共爲部黨，圖危社稷，而儉爲之魁。詔刊章捕儉等。曹節因諷有司奏諸鉤黨者虞放、李膺、杜密、朱寓、荀昱、翟超、劉儒、范滂等，請下郡縣考治。時上年十四，問節等曰：「何以爲鈎黨？」對曰：「即黨人也。」上曰：「黨人何用爲惡而欲誅之邪？」對曰：「皆相舉群輩，欲爲不軌。」上曰：「不軌者何？」對曰：「欲危社稷。」上乃可其奏。凡黨人死者百餘人，妻子皆徙邊。天下豪傑及儒學有行義者，宦官一切指爲黨人。有怨隙者，因相陷害。州縣承旨，或有未嘗交關，亦罹禍毒，其死徙廢禁又六七百人。張儉亡命困迫，望門投止，莫不重其名行，破家相容。其所經歷，伏重誅者以十數，連引收考，布遍天下，宗親並皆殘滅，郡縣爲之殘破。

按：黨錮之獄，出於宦官之惡直醜正。然欲加之罪，則必從而爲之辭。靈帝之問曹節曰：「黨人何用爲惡而欲誅之邪？」善哉，問也！帝時年方童幼，未知姦佞容悦之可親，忠賢鯁直之可惡，故發此問。至對以「謀不軌，危社稷」，則不復能窮詰其所以謀之説，所以危之狀，而遽可其奏矣。自昔昏暴之君，誅諍臣，戮直士，若龍逄、比干之儔，皆以諫諍於朝而嬰禍，而竊議於野者則未嘗罪之也。至李斯始有偶語之禁，張湯始有腹誹之律，皆處以死罪。今觀黨錮諸賢所坐，即偶語、腹誹之罪；而曹節、王甫輩所爲，蓋襲斯、湯之故智也。至於根連株逮坐死者，不可勝計。雖曰主昏政亂，凶璫得以肆其威虐，然亦有由來矣。蓋漢家之法，以殊死爲輕典，而治獄之吏，則以深竟黨與爲能事。羲縱爲定襄太守，定襄獄中重罪二百餘人，及賓客昆弟私入相視者亦二百餘人，縱一切捕鞫，曰「爲死罪解脱」，是日皆報殺四百餘人。成瑨爲南陽太守，宛富賈張汎倚恃後宮中官之勢，縱横里中。功曹岑晊等勸瑨收捕汎等。既而遇赦，瑨竟誅之，并收其宗族賓客，殺二百餘人，後乃奏聞。夫重囚之罪可殺也，張汎之罪可殺也，至其宗黨賓客數百人，豈皆有可死之罪乎？而一概殺之。義縱酷吏，所爲固不足道。成瑨、岑晊，名士也，亦復若此，雖曰其心出於嫉惡，然淫酷亦太甚。則夫張儉亡命，其所經歷，伏重誅者數十家，至於宗親殲殄，郡縣殘破，蓋亦漢世之法耳。夫子曰：「始作俑者，其無後乎！」傳曰：「作法於貪，敝將若之何？」信哉！

崔寔政論曰：「凡爲天下者，自非上德，嚴之則治，寬之則亂。何以明其然也？近孝宣皇帝明於君人之道，審爲政之理，故嚴刑峻法，破姦宄之膽，海内清肅，天下密如，算計見效，優於孝文。及元帝即位，多行寬政，卒以墮損，威權始奪，遂爲漢室基禍之主。政道得失，於此可監。夫刑罰者，治亂之藥石；德教者〔二〕，興平之粱肉也。夫以德教除殘，是以粱肉治疾也；以刑罰治平，是以藥石供養也。方今承百王之敝，值厄運之會，自數世以來，政多恩貸，馭委其轡，馬駘其銜，四牡横奔，皇路險傾。方將拑勒鞬輈以救之，豈暇鳴和鑾、諧節奏哉？昔文帝除肉刑，當斬右趾者棄市，笞者往往致死。是文帝以嚴致平，非以寬致平也。」

司馬公曰：「漢家之法已嚴矣，而崔寔猶病其寬，何哉？蓋衰世之君，率多柔懦；凡愚之佐，唯務姑息。是以權幸之臣，有罪不坐；豪猾之民，犯法不誅。仁恩所施，止於目前，姦宄得志，紀綱不立。故崔寔之論，以矯一時之枉，非百世之通義也。」

按：崔寔政論主於嚴刑，而其論發於桓帝之初年，司馬温公亦以爲矯一時之枉。然愚嘗考之，漢自沖、質而後，政日以圮，其敝蓋原於人主昏庸，戚閹相繼秉政，紀綱日亂，刑罰不中，而國隨以亡，其咎不在於刑輕也。且二帝之時，屢有詔書輕減死罪，或止於髡鉗，或徙邊，或贖縑，唯謀反大逆不用此令。然坐忤梁冀而亡命者死，坐張儉親知及所經過者死。此二者所誅甚衆，豈亦反逆乎？蓋牧守皆戚閹之黨，故於其所疾惡者，公違詔書而誅殲之。且當時姦凶得志，忠賢受禍，民不見德，亡形已具。猶幸刑制稍寬於西都，時有寬恤之詔，故其所誅殄，及於黨錮之清流，而不及於無辜之百姓。若使一用武、宣之法，則狼牧虎冠之徒，其作威殺戮，毒痛四海，必又有不可勝言者。自古人主之淫刑嗜殺者，如漢之孝武，唐之則天，寵用張湯、義縱、王温舒、周興、來俊臣之徒，恣爲威酷然不旋踵而以法誅滅之。蓋二主亦知人之不可多殺，特不能勝其好殺之心，而至於用此曹。旋覺其非而誅之，以謝天下。張而能弛，故不至於亡其國。桓、靈之昏庸，豈足以語此。以昏庸之主而復欲其行嚴酷之法，則土崩瓦解之勢當如亡秦，亦不待建安之末而漢鼎始移矣。

獻帝建安元年，應劭删定律令，爲漢儀，奏之。

劭奏曰：「故膠西相董仲舒〔三〕，老病致仕，朝廷每有政議，數遣廷尉張湯問其得失，於是作春秋決獄二百三十二事，動以經對，言之詳矣。逆臣董卓蕩覆王室，典憲焚燎，靡有孑遺。臣不自揆，輒撰具律本章句、尚書舊事、廷尉板令、決事比例、司徒都目、五曹詔書及春秋斷獄，凡二百五十篇。蠲去複重，爲之節文。又集駮議三十篇，以類相從，凡八十二事：其見漢書二十五，漢記四，皆删叙潤色，以全本體；其二十六，博採古今瓌偉之士，文章煥炳，德義可觀；其二十七，臣所創造。雖未足綱紀國體，宣洽時雍，庶幾觀察，增闡聖聽。」帝善之。

建安中，議者欲復肉刑。孔融建議不可，從之。

融議曰：「古者淳龐，善否不別，吏端刑清，政無過失，百姓有罪，皆自取之。末世陵遲，風化壞亂，政撓其俗，法害其人。故曰：『上失其道，民散久矣。』而欲繩之以古刑，投之以殘棄，非所謂與時消息者也。紂斮朝涉之脛，天下謂爲無道。夫九牧之地，千八百君，若各刖一人，是下常有千八百紂也。求俗休和，弗可得已。且被刑之人，慮不念生，志在思死，類多趨惡，莫復歸正。夙沙亂齊，伊戾禍宋，趙高、英布，爲世大患。不能止人遂爲非也，適足絶人還爲善耳。雖忠如鬻拳，信如卞和，智如孫臏，冤如巷伯，才如史遷，達如子政，一離刀鋸，没世不齒。是太甲之思庸，穆公之霸秦，南睢之骨立，衛武之初筵，陳湯之都賴，魏尚之守邊，無所復施也。漢開改惡之路，凡爲此也。故明德之君，遠度深惟，棄短就長，不苟革其政者也。」朝廷善之，卒不改焉。

其後，魏公曹操復欲行肉刑，令曰：「昔陳鴻臚以爲死刑有可加於仁恩者，御史中丞能申其父之論乎？」陳群對曰：「臣父紀以爲漢除肉刑而增加於笞，本興仁惻而死者更衆，所謂名輕而實重也。名輕則易犯，實重則傷民。且殺人償死，合於古制。至於傷人，或殘毁其體而裁翦毛髮，非其理也。若用古刑，使淫者下蠶室，盗者刖其足，則永無淫放穿窬之姦矣。夫三千之屬，雖未可悉復，若斯數者，時之所患，宜先施用。漢律所殺殊死之罪，仁所不及也，其餘逮死者，可易以肉刑。如此，則所刑之與所生足以相貿矣。今以笞死之法易不殺之刑，是重人肢體而輕人軀命也。」當時議者，唯鍾繇與群議同，餘皆以爲未可行。操以軍事未罷，顧衆議而止。

按：是時肉刑之不用，已三百餘年，而卒欲復之，誠非篤論。然陳群所謂「傷人或殘毁其體而裁翦毛髮」，是當時傷人者，不過坐髠鉗之罪。又言「以笞死之法，易不殺之刑，是重人肢體而輕人軀命」。蓋自孝文立法，以笞代劓、剕，而笞數太多，反以殺人。後雖減笞數，定箠令，然笞者猶不免於死。於是遂以笞爲死刑，其不當死者，則并不復笞之。如孝章以來，屢有寬刑之詔，俱言「減死一等者，勿笞，徙邊」，蓋懼其笞則必至於死也。然鬬狠傷人與姦盜不法之徒，若抵以死則太酷；免死而止於髠鉗，則裁翦其毛髮，而略不罹箠楚之毒，又太輕矣。則曷若斟酌笞數，使其可以懲姦而毋至於殺人，乃合中道，而肉刑固不必議復矣。

魏武帝既建魏國，乃定甲子科，犯釱音弟，又音大。左右趾者，易以木械〔一三〕。是時乏鐵，故易以木焉。又嫌漢律太重，故令依律論者〔一四〕，聽得科半，使從半減也。

討袁譚時，民憚役而亡，令不得降。頃之，亡民有詣門自首者，公謂之曰：「聽汝則違令，殺汝則誅首。歸深自藏，毋爲吏所得。」民垂泣而去。

文帝受禪，又議肉刑。詳議未定，會有軍事，復寢。下怨毒殺人減死之令。詳見詳讞。又令：謀反大逆，乃得相告。其餘皆勿聽治，敢妄相告，以其罪罪之。

明帝改士庶罰金之令，男聽以罰代金，婦人加笞還從鞭督之例，以其刑體裸露故也。

時宮室盛興，而期會迫急。帝親召問，言猶在口，身首已分。王肅抗疏曰：「陛下所行刑，皆宜死之人也。然衆庶不知，將爲倉卒。願下之於吏而暴其罪。均之死也，不污宮闕，不爲縉紳驚惋，不爲遠近所疑。人命至重，難生易殺，是以聖王重之。孟軻云：『殺一不辜而得天下，仁者不爲也。』」

青龍二年，詔曰：「『鞭作官刑』，所以糾慢怠也，而頃多以無辜死。其減鞭杖之制，著於令。」又令有司删定大辟，減死罪。

四年，詔曰：「有虞氏畫象而民弗犯，周人刑錯而不用。朕從百王之末，追望上世之風，邈乎何相去之遠！法令滋章，犯者彌多。刑罰愈衆，而姦不可止。往者按大辟之條，多所蠲除，思濟生民之命，此朕之至意也。而郡國斃獄，一歲之中，尚過數百，豈朕訓導不醇，俾民輕罪？將苛法猶存，爲之陷阱乎？有司其議獄緩死，務從寛簡。及乞恩者，或辭未出而獄已報斷，非所以究理盡情也。其令廷尉及天下獄官，諸有死罪具獄已定，非謀反、手殺人，亟語其親治。有乞恩者，使與奏當文書俱上，朕將思所以全之。布告天下，使明朕意。」詔更定魏法，制新律十八篇，州郡令四十五篇，尚書官令、軍中令，合百八十餘篇。

時承用秦漢舊律〔一五〕，其文起自魏文侯師李悝。音恢。悝撰次諸國法，著法經。以爲王者之政，莫急於盜賊，故其律始於盜、賊。盜賊須劾捕，故著囚、捕二篇〔一六〕。其輕狡、越城、博戲、借假不廉、淫侈踰制，以爲雜律一篇。又以具律具其加減〔一七〕。是故所著六篇而已，然皆罪名之制也。商君受之以相秦。漢承秦制，蕭何定律，除參夷連坐之罪，增部主見知之條，益事律興、廐、户三篇〔一八〕，合爲九篇。叔孫通益律所不及，傍章十八篇；張湯越宫律二十七篇，趙禹朝律六篇，合六十篇。又漢時決事，集爲令甲以下三百餘篇，及司徒鮑公撰嫁娶辭訟決爲法比都目，凡九百六卷。世有增損，率皆集類爲篇，結事爲章。一章之中，或事過數十，事類雖同〔一九〕，輕重乖異。而通條連句，上下相蒙，雖大體異篇，實相採入。盜律有賊傷之例〔二〇〕，賊律有盜章之文，興律有上獄之法，廐律有逮捕之事。若此之比，錯糅人又反，又女救反。無常。後人生意，各爲章句。叔孫宣〔二〕、郭令卿、馬融、鄭玄諸儒章句，十有餘家，家數十萬言。凡斷罪所當由用者，合二萬六千二百七十二條，七百七十三萬二千二百餘言。言數益繁，覽者益難。天子於是下詔，但得用鄭氏章句，不得雜用餘家。衛覬又奏曰：「刑法者，國家之所貴重，而私議之所輕賤。獄吏者，百姓之所懸命，而選用者之所卑下〔二三〕。王政之弊，未必不由此也。請置律博士〔二三〕，轉相教授。」事遂施行。然而律文煩廣，事比衆多，離本依末，決獄之吏如廷尉獄吏范洪受囚絹二丈，附輕法論之，獄吏劉象受屬偏考囚張茂物故，附重法論之。洪、象雖皆棄市，而輕枉者相繼。是時太傅鍾繇又上疏求復肉刑，詔下其奏，司徒王朗議又不同。時議者百餘人，與朗同者多。帝以吳、蜀未平，又寢。其後，天子又下詔改定刑制，命司空陳群、散騎常侍劉劭、給事黄門侍郎韓遜、議郎庾嶷、中郎黄休、荀詵等删約舊科，傍采漢律，定爲魏法。

其序略曰：「舊律所以難知者，由於六篇篇少故也。篇少則文荒，文荒則事寡，事寡則罪漏。是以後人稍增，更與本體相離。今制新律，宜都總事類，多其篇條。舊律因秦法經，就增三篇，而具律不移，因在第六。罪條例既不在始，又不在終，非篇章之義。故集罪例以爲刑名，冠於律首。盜律有劫掠、恐喝、許葛反，相恐也。和賣買人，科有持質，皆非盜事，故分以爲劫掠律。賊律有欺謾、武安反。詐僞、踰封、矯制，囚律有詐僞生死，令丙有詐自復免〔二四〕，事類衆多，故分爲詐律。賊律有賊伐樹木、殺傷人畜産及諸亡印，金布律有毁傷亡失縣官財物，故分爲毁亡律。囚律有告劾、傳覆，厩律有告反逮受，科有登聞道辭，故分爲告劾律。囚律有繫囚、鞫獄、斷獄之法，興律有上獄之事，科有考事報讞，宜别爲篇，故分爲繫訊、斷獄律。盗律有受所監、受財枉法，雜律有假借不廉，令乙有呵。呼回反。人受錢，科有使者驗賂，其事相類，故分爲請賕律。盗律有劫辱强賊，興律有擅興徭役，具律有出賣呈，科有擅作修舍事，故分爲興擅律。興律有乏徭、稽留，賊律有儲峙不辦，廄律有乏軍之興，及舊典有奉詔不謹、不承用詔書，漢氏施行有小愆乏反不如令〔二五〕，輒劾以不承用詔書、乏軍要斬〔二六〕，又減以丁酉詔書。丁酉詔書，漢文所下，不宜復以爲法，故别爲之留律。秦世舊有廄置、乘傳、副車、食廚，漢初承秦不改，後以費廣稍省，故後漢但設騎置，無車馬，而律猶著其文，則爲虚設，故除廄律，取其可用合科者，以爲郵音尤。驛令〔二七〕。其告反逮驗，别入告劾律。上言變事，以爲變事令。以驚事告急，與興律烽燧峰遂二音。及科令者〔二八〕，以爲警事律。盗律有還贓畀主，金布律有罰贖入責以呈黄金爲價〔二九〕，科有平庸坐贓事，以爲償贓律。律之初制，無免坐之文，張湯、趙禹始作監臨部主、見知故縱之例。其見知而故不舉劾，各與同罪。失不舉劾，各以贖論。其不見不知，不坐也。是以文約而例通。科之爲制，每條有違科，不覺不知，從坐之免，不復分别，而免坐繁多〔三〇〕，宜總爲免例，以省科文，故更制定其由例，以爲免坐律。諸律令中有其教制，本條無從坐之文者，皆從此取法也。凡所定，增十三篇，就故五篇，合十八篇，於正律九篇爲增，於旁章科令爲省矣。改漢舊律不行於魏者皆除之，更依古義制爲五刑。其死刑有三〔三一〕，髡苦昆反。刑有四，完刑、作刑各三，贖刑十一，罰金六，雜抵罪七，凡三十七名，以爲律首。又改賊律，但以言語及犯宗廟園陵，謂之大逆無道，要斬，家屬從坐，不及祖父母、孫。至於謀反大逆，臨時捕之，或汙瀦，或梟葅，側疏反。夷其三族，不在律令，所以嚴絶惡迹也。賊鬬殺人，以劾而亡〔三〕，許依古義，聽子弟得追殺之。會赦及過誤相殺，不得報讎，所以止殺害也。正殺繼母，與親母同，防繼假之隙也。除異子之科，使父子無異財也。毆一口反。兄姊加至五歲刑，以明教化也。囚徒誣告人反，罪及親屬，異於善人，所以累之，使省刑息誣也。改投書棄市之科，所以輕刑也。正篡囚棄市之罪，斷凶强爲義之蹤也。二歲刑以上，除家人乞鞫之制，以省所煩獄也〔三〕。改諸郡不得自擇伏日，所以齊風俗也。斯皆魏世所改，其大略如此。

致堂胡氏曰：「懷天下當以仁，理天下當以義。律令者，聊以記刑名之數耳，豈所恃以爲治也。惟明於經訓者，乃能用法。徒貴習法之熟，而無保國化民之本，是李斯所以亡秦者矣。夫業儒之侮經者，尚多有之，況習法而不知仁義之道，其侮法將十人而二五。苟如是，曷若付百官有司於胥吏哉！自後世觀魏之所以存，豈係於有律博士？而其所以亡者，豈係於律令之繁省乎？衛覬之言，非經邦之令猷也。」

齊王時，司馬師輔政，坐毌丘儉以大逆之罪，誅夷之。乃改出適女從死之律。見詳讞門。

晉武帝泰始三年，賈充等修律令成，帝親自臨講，使裴楷執讀。四年，大赦天下，乃頒新律。

初，文王秉魏政，患前代律令煩雜，陳群、劉劭雖經改革，而科網太密。於是命賈充等定法令，就漢九章增十一篇，仍其族類，正其體號。改舊律爲刑名、法例，辯囚律爲告劾、繫訊、斷獄，分盜律爲請賕、詐僞、水火、毀亡，因事類爲衛宮、違制，撰周官爲諸侯律，合二十篇，六百三十條，二萬七千六百五十七言。蠲其苛穢，歸於益時〔三〕。其餘未宜除之者，若軍事、田農、酤酒，未得皆從人心，權設其法，太平當除，故不入律，悉以爲令。施行制度，以此設教，違令有罪則入律也。其常事品式章程，各還其府，爲故事。減梟斬、族誅、從坐之條，除謀反適養母出女嫁皆不復還坐父母棄市，省禁錮相告之條，去捕亡没爲官奴婢之制。輕過誤老小女人，當罰金杖者，皆令半之。重姦伯叔母之令，棄市。淫寡女，三歲刑。崇嫁娶之要，一以下聘爲正，不治私約。峻禮教之防，准五服以制罪也。凡律令合二千九百二十六條，十二萬六千二百言〔三五〕，六十卷，故事三十卷。其後，明法掾張斐又注律〔三六〕，表上之。其要曰：律始於刑名者，所以定罪制也。終於諸侯者，所以畢其政也。刑名所以經略罪法之輕重〔三七〕，正加減之等差，明發衆篇之多義，補其章條之不足，較舉上下綱領。其犯盜賊、詐僞、請賕者，則求罪於此。作役、水火、畜養、守備之細事，皆求之作本名。告訊爲之心舌，捕繫爲之手足，斷獄爲之定罪，名例齊其法制。自始及終，往而不窮，變動無常，周流四極，上下無方，不離於法律之中。其知而犯之謂之故，意以爲然謂之失，違忠欺上謂之謾，背信藏巧謂之詐，虧禮廢節謂之不敬，兩訟相趣謂之鬭，兩和相害謂之戲，無變斬擊謂之賊，不意誤犯謂之過〔三八〕，逆節絶理謂之不道，陵上僭貴謂之惡逆，將害未發謂之戕，唱首先言謂之造意，二人對議謂之謀，制衆建計謂之率，不和謂之强，攻惡謂之略，三人謂之群，取非其物謂之盜，貨財之利謂之贓：凡二十者，律義之較名也。夫律者，當慎其變，審其理。若不承用詔書，無故失之刑，當從贖。謀反之同伍，實不知情，當從刑。此故失之變也。卑與尊鬭，皆爲賊。鬭之加兵刃水火中，不得爲戲，戲之重也。向人室廬道逕射，不得爲過，失之禁也。都城人衆中走馬殺人，當爲賊〔三九〕，賊之似也。過失似賊，戲似鬭，鬭而殺傷傍人，又似誤，盜傷縛守似强盜，呵人取財似受賕，因辭所連似告劾〔四〇〕，諸勿聽治似故縱，持質似恐喝。如此之比，皆爲無常之格也〔四一〕。五刑不簡，正於五罰。五罰不服，正於五過。意善功惡，以金贖之。故律制，生罰不過十四等〔四二〕，死刑不過三，徒加不過六，囚加不過五，累作不過十一歲，累笞不過千二百，刑等不過一歲，金等不過四兩。月贖不計日，日作不拘月，歲數不疑閏。不以加至死，并死不復加。不可累者，故有并數；不可并數，乃累其加。以加論者，但得其加；與加同者，連得其本。不在次者，不以通論。以人得罪與人同，以法得罪與法同。侵生害死，不可齊其防；親疏公私，不可常其教〔四三〕。禮樂崇於上，故降其刑；刑法閑於下〔四四〕，故全其法。是故尊卑叙，仁義明，九族親，王道平也。律有事狀相似而罪名相涉者，若加威勢下手取財爲强盜，不自知亡爲縛守，將中有惡言爲恐喝，不以罪名呵爲呵人，以罪名呵爲受賕，劫召其財爲持質。此六者，以威勢得財而名殊者也。即不求自與爲受求，所監求而後取爲盜贓，輸入呵受爲留難，斂人財物積藏於官爲擅賦，加毆擊之爲戮辱。諸如此類，皆爲以威勢得財而罪相似者也。夫刑者，司理之官。理者，求情之機。情者，心神之使。心感則情動於中，而形於言，暢於四支，發於事業。是故姦人心愧而面赤，内怖而色奪。論罪者務本其心，審其情，精其事，近取諸身，遠取諸物，然後乃可以正刑。仰手似乞，俯手似奪，捧手似謝，擬手似訴，拱臂似自首，攘臂似格鬬，矜莊似威，怡悦似福，喜怒憂懼〔四五〕，貌在聲色。姦貞猛弱，候在視息。出口有言當爲告，下手有禁當爲賊。喜子殺怒子當爲戲，怒子殺喜子當爲賊。諸如此類，自非至精，不能極其理也。律之名例，非正文而分明也。若八十，非殺傷人，他皆勿論，即誣告謀反者反坐。十歲，不得告言人。即奴婢捍主，主得謁殺之〔四六〕。賊燔人廬舍積聚〔四七〕，盜贓五疋以上，棄市；即燔官府積聚盜，亦當與同。毆人教令者與同罪，即令人毆其父母，不可與行者同得重也。若得遺物强取强乞之類〔四八〕，無還贓法隨例畀之文。法律中諸不敬，違儀失式，及犯罪爲公爲私，贓入身不入身，皆隨事輕重取法，以例求其名也。夫理者，精玄之妙，不可以一方行也。律者，幽理之奥，不可一體守也。或計過以配罪，或化略以循常〔四九〕，或隨事以盡情，或取舍以從時，或推重以立防，或引輕以就下。公私廢避之宜，除削重輕之變，皆所以臨時觀釁，使用法執詮者〔五〇〕，幽於未制之中，采其根芽之微，致之機格之上〔五一〕，稱輕重於毫銖，考輩類於參伍，然後乃可以理直刑正。夫奉聖典者若操刀執繩〔五二〕，刀妄加則傷物，繩妄彈則侵直。梟首者，惡之長；斬刑者，罪之大；棄市者，死之下；髡作者，刑之威；贖罰者，誤之誡。王者立此五刑，所以寶君子而逼小人也，故爲敕慎之經，皆擬周易有變通之體焉。夫形而上者謂之道，形而下者謂之器，推而行之謂之通，舉而錯之謂之格。刑殺者是冬震曜之象，髡罪者是秋凋落之變，贖失者是春陽悔吝之疵也。五刑成章，輒相依准，法律之義也。

劉頌爲廷尉，頻表宜復肉刑，不見省。

頌上言曰：「臣昔上行肉刑，從來積年，遂寢不論。臣竊以爲議者拘孝文之小仁，而輕違聖王之典刑，未詳之甚，莫過於此。今死刑重，故非命者衆；生刑輕，故罪不禁姦。所以然者，肉刑不用之所致也。今爲徒者，類性元惡不軌之族也，去家懸遠，作役山谷，饑寒切身，志不聊生，雖有廉士介者〔五三〕，苟慮不首死，則皆爲盜賊矣，况本性姦凶無賴之徒乎！又令徒富者輸財〔五四〕，解日歸家〔五五〕，乃無役之人也。貧者起爲姦盜，又不制之虜也。不刑，則罪無所禁；不制，則群惡橫肆。爲法若此，道不盡善也〔五六〕。是以徒亡日屬，賊盜日煩。亡之數者至有十數，得輒加刑，日益一歲，此爲終身之徒也。自顧反善無期，而災困逼身，其志亡思盜，勢不得息，事使之然也。古者用刑以止刑，今反於此。諸重犯亡者，髮過三寸輒重髡之，此以刑生刑；加作一歲，此以徒生徒也。亡者積多，繫囚猥畜。議者曰囚不可不赦，復從而赦之，此爲刑不制罪，法不勝姦。下知法之不勝，相聚而謀爲不軌，月異而歲不同。故自頃年以來〔五七〕，姦惡陵暴，所在充斥。議者不深思此故，而曰肉刑於名忤聽，忤聽孰與賊盜不禁？聖王之制肉刑，遠有深理，其事可得而言：非徒懲其畏剝割之痛而不爲也，乃去其爲惡之具，使夫姦人無用復肆其志，止姦絶本，理之盡也。亡者刖足，無所用復亡。盜者截手，無所用復盜。淫者割其勢，其理亦如之。除惡塞源，莫善於此，非徒然也。此等已刑之後，便各歸家，父母妻子，共相養恤，不流離於塗路。有今之困，創愈可役，上准古制，隨宜業作，雖已刑殘，不爲虛棄〔五八〕，而所患都塞，又生育繁阜之道自若也。今宜取死刑之限輕，及三犯逃亡淫盜，悉以肉刑代之。其三歲刑以下，已自杖罰遣，又宜制其罰數，使有常限，不得減此。其有宜重者，又任之官長。應四五歲刑者，皆髡笞，笞至一百，稍行，使各有差，悉不復居作。然後刑不復生刑，徒不復生徒，而殘體爲戮，終身作誡。人見其痛，畏而不犯，必數倍於今。且爲惡者隨發被刑，去其爲惡之具，此爲諸已刑者皆良士也，豈與全其爲姦之手足，而蹴取育反。居必死之窮地同哉！而猶曰肉刑不可用，臣竊以爲不識務之甚也。」疏上，又不見省。

惠帝之世，政出群下，每有疑獄，各出私情，刑法不定，獄訟繁滋。尚書裴頠、劉頌上疏論之。

頌疏曰〔五九〕：「自近代以來，法漸多門，令甚不一。臣今備掌刑斷，職思其憂，謹具啓聞。臣竊伏惟陛下爲政，每盡善。故事求曲當，則例不得直；盡善，故法不得全。何則？夫法者〔六〇〕，固以盡理爲法，而上求盡善，則諸下牽文就意，以赴主之所許，是以法不得全。刑書徵文，徵文必有乖於情聽之斷，而上安於曲當，故執平者因文可引，則生二端。是法多門，令不一，則吏不知所守，下不知所避。姦僞者因法之多門，以售其情，所欲淺深，苟斷不一，則居上者難以檢下，於是事同議異，獄犴不平，有傷於法。古人有言：『人主詳，其政荒；人主期，其事理。』詳匪他，盡善則法傷，故其政荒也。期者輕重之當，雖不厭情，苟入於文，則循而行之〔六一〕，故其事理也。又君臣之分，各有所司。法欲必奉，故令主者守文〔六二〕；理有窮塞，故使大臣釋滯；事有時宜，故人主權斷。主者守文，若釋之執犯蹕之平也；大臣釋滯，若公孫弘斷郭解之獄也；人主權斷，若漢祖戮丁公之爲也。天下萬事，自非斯格重爲，故不近似此類，不得出以意妄議，其餘皆以律令從事。然後法信於下，人聽不惑，吏不容姦，可以言政。人主軌斯格以責群下，大臣小吏各守其局〔六三〕，則法一矣。古人有言：『善爲政者，看人設教。』看人設教，制法之謂也。又曰『隨時之宜』，當務之謂也。然則看人隨時，在大量也，而制其法。法軌既定則行之，行之信如四時，執之堅如金石，群吏豈得在成制之內，復稱『隨時之宜』，傍引看人設教，以亂政典哉！何則？始制之初，固已看人而隨時矣。今若設法未盡當，則宜改之。若謂已善，不得盡以爲制，而使奉用之司公得出入以差輕重也。夫人君所與天下共者，法也。已令四海，不可以不信以爲教，方求天下之不慢，不可繩以不信之法。且先識有言，人至愚而不可欺也。不謂平時背法意斷，不勝百姓願也。上古議事以制，不爲刑辟。夏、殷及周，書法象魏。三代之君齊聖，然咸棄曲當之妙鑒，而任徵文之直準，非聖有殊，所遇異也。今論時敦朴〔六四〕，不及中古，而執平者欲適情之所安，自託於議事以制。臣竊以爲聽言則美，論理則違。然天下至大，事務衆雜，時有不得悉循文如令。故臣謂宜立格爲限，使主者守文，死生以之，不敢錯思於成制之外，以差輕重，則法常全。事無正據，名例不及，大臣論當，以釋不滯，則事無閡。至於非常之斷，出法賞罰，若漢祖戮楚臣之私已，封趙氏之無功，唯人主專之，非奉職之臣所得擬議。然後情求傍請之迹絶，似是而非之奏塞。此蓋齊法之大準也。夫出法權制，指施一事，厭情合聽，可適耳目，誠有臨時當意之快，勝於徵文不允人心也。然起爲經制，終年施用，恒得一而失十。故小有所得者，必大有所失；近有所漏者，必遠有所苞。故諳事識體者，善權輕重，不以小害大，不以近妨遠。忍曲當之近適，以全簡直之大準。不牽於凡聽之所安，必守徵文以正例。每臨其事，恒御此心以決斷，此又法之大概也。又律法斷罪，皆當以律法令正文，若無正文，依附名例斷之。其正文名例所不及，皆勿論。法吏以上，所執不同，得爲異議。如律之文，守法之官，唯當奉用律令。至於法律之內，所見不同，乃得爲異議也。今限法曹郎令史，意有不同爲駁，唯得論釋法律，以正所斷，不得援求諸外，論隨時之宜，以明法官守局之分。」詔下其事，侍中、太宰、汝南王亮奏〔六五〕，以爲：「夫禮以訓世，而法以整俗，理化之本，事實由之。若斷不斷，常輕重隨意，則王憲不一，人無所錯矣。故觀人設教，在上之舉；守文直法，臣吏之節也。臣以去太康八年〔六六〕，隨事異議。周懸象魏之書，漢詠畫一之法，誠以法與時共，義不可二。今法素定，而法爲議，則有所開長，以爲宜如頌所啓，爲永久之制。」於是門下屬三公曰：「昔先王議事以制，自中古以來，執法斷事，既以立法，誠不宜復求法外小善也。若常以善奪法，則人逐善而不忌法，其害甚於無法也。按啓事，欲令法令斷一，事無二門，郎令史已下，應復出法駁按，隨事以聞也。」

懷帝永嘉元年，除三族刑。

東晉元帝爲丞相，在江東承制。時百度草創，議斷不循法律，人立異議，高下無狀。主簿熊遠奏曰：「禮以崇善，法以閑非，故禮有常典，法有常防，人知惡而無邪心。是以周建象魏之制，漢創畫一之法，故能闡弘大道，以至刑厝。律令之作，由來尚矣。經賢智，歷夷險，隨時斟酌，最爲周備。自軍興以來，法度陵替，至於處事不用律令，競作屬命〔六七〕，人立異議，曲適物情，虧傷大例。府立節度〔六八〕，復不奉用，臨事改制，朝作夕改，至於主者不敢任法，每輒關諮，委之大官，非爲政之體。若本曹處事不合法令，監司當以法彈違，不得動用開塞，以壞成事。案法蓋麤術，非妙道也，矯割物情，以成法耳。若每隨物情，輒改法制，此爲以情壞法。法之不一〔六九〕，是謂多門，開人事之路，廣私請之端，非先王立法之本意也。凡爲駁議者，若違律令節度，當合經傳及前比故事〔七〇〕，不得任情以破成法。愚謂宜令録事更立條制，諸立議者皆當引律令經傳，不得直以情言，無所依準，以虧舊典也。若開塞隨宜，權道制物，此是人君之所得行，非臣子所宜專用。主者唯當徵文據法，以事爲斷耳。」是時，帝以權宜從事，尚未能從。而河東衛展爲晉王大理，考摘故事有不合情者，又上書曰：「今施行詔書，有考子正父死刑，或鞭父母問子所在。近主者所稱庚寅詔書，舉家逃亡家長斬。若長是逃亡之主〔七一〕，斬之雖重猶可。設子孫犯事，將考祖父逃亡，逃亡是子孫，而父祖嬰其酷。傷順破教，如此者衆。相隱之道離，則君臣之義廢；君臣之義廢，則犯上之姦著矣〔七二〕。秦網密文峻，漢興，掃除煩苛，風移俗易，幾於刑厝。大人革命，不得不蕩其穢匿，通其圮符鄙反。滯。今詔書宜除者多，有便於當今，著爲正條，則法差簡易。」元帝令曰：「禮樂不興，則刑罰不中。是以明罰敕法，先王所慎。自元康以來，事故荐臻，法禁滋蔓。大理所上，宜朝堂會議，蠲除詔書不可用者，此孤所虛心者也〔七三〕。」

帝即位，衛展爲廷尉，上言：「古者肉刑，事經前聖，漢文除之，增加大辟。今人户彫荒，百不遺一，而刑法峻重，非句踐養胎之義〔七四〕。愚謂宜復古施行，以隆太平之化。」詔内外通議。

王導、賀循等議：「今盜者竊人之財，淫者好人之色〔七五〕，亡者避叛之役，皆無殺害也，則加之以刑〔七六〕。刑之則止，而加之斬戮，戮過其罪，死不可生，縱虐於此，歲以巨計。此乃仁人君子所不忍聞，而况行之於政乎！或者乃曰〔七七〕，死猶不懲，而况於刑？然甿者冥也，其至愚矣，雖加斬戮，忽爲灰土，死事日往，生欲日存，未以爲改。若刑諸市朝，朝夕鑒戒，刑者咏爲惡之永痛〔七八〕，惡者睹殘刖之長廢，故足懼也。然後知先王之輕刑以御物，明誡以懲愚，其理遠矣。」尚書令刁協等議，以爲〔七九〕：「今中興祚崇，大命惟新，誠宜設肉刑，寬法以育人。然懼群小愚弊，習翫所見而忽異聞，或未能咸服。愚謂行刑之時〔八〇〕，先明申法令，樂刑者刖，甘死者殺，則心服矣。古典刑不上大夫，今士人有犯者，謂宜如舊，不在刑例，則進退惟允。」尚書周顗等議，以爲：「復肉刑以代死，誠是聖王之至德，哀矜之弘覆〔八一〕。然竊以爲刑罰輕重，隨時而作。時人少罪而易威〔八二〕，則從輕而寬之；時人多罪而難威，則宜死刑而濟之〔八三〕。肉刑平代所應立，非救弊之宜也。方今聖化草創，人有餘姦，習惡之徒，爲非未已，截頭絞頸，尚不能禁〔八四〕，而乃更斷足劓鼻，輕其刑罰，使欲爲惡者輕犯官刑〔八五〕，蹈罪更衆，是爲輕其刑以誘其人於罪〔八六〕，殘其身以加楚毒也〔八七〕。昔之畏死刑以爲善人者，今皆犯輕刑而殘其身，畏重之常人，反爲犯輕而致困，此皆何異斷刖常人以爲恩仁也！恐受刑者轉廣，而爲非者日多，踴貴屨賤，有鼻者醜也。徒有輕刑之名，而實開長惡之源。不如殺以止殺，重以全輕，權小停之。須聖化漸著，兆庶易威之日〔八八〕，徐施行也。」議奏，元帝猶欲從展所上，大將軍王敦以爲：「百姓習俗日久，忽復肉刑，必駭遠近。且逆寇未殄，不宜有慘酷之聲，以聞天下。」於是乃止。

大興四年，著作佐郎郭璞以帝用刑過差，上疏，以爲：「陰陽錯繆，皆煩刑所致。赦不欲數，然子產知鑄刑書非政之善不得不作者，須以救弊也。今之宜赦，理亦如之。」

庾翼言：「大較江東之政，以嫗煦豪强，常爲民蠹，時有行法，輒施之寒劣。」按：史稱元帝好刑名，郭璞復有繁刑之諫。璞傳載全疏數百言，然指陳實事，不過言建興四年督運令史淳于伯刑於市而血逆上流，以爲冤酷之異。蓋自江左中興以來，姑息立國，北征大事，以乏興殺一督運，未爲過也。而當時冤之，史氏書之，以爲淫刑。嗣時之後，習爲寬弛。劉隗、刁協、庾亮稍欲濟以綜核，而召變稔禍矣。

明帝太寧三年，復三族刑，惟不及婦人。

咸康之時，庾冰好爲糾察，近於繁細，後益矯違，復從寬縱，疏密自由，律令無用矣。

石勒既稱趙王，以世亂，律令煩多，命法曹令史貫志采集其要，作辛亥制五千文，施行十餘年，乃用律令。以理曹參軍上黨續咸爲律學祭酒。咸用法詳平，國人稱之。

安帝元興末，桓玄輔政，又議欲復肉刑、斬左右趾之法，以輕死刑，命百官議。

蔡廓上議，以爲：「肉刑之設，肇自哲王。蓋由曩代風淳，人多惇謹，圖像既陳，則機心直戢，刑人在塗，則不逞改操，故能勝殘去殺，化崇無爲。季末澆僞，設網彌密，利巧之懷日滋，恥畏之情轉寡。終身劇役，不足止姦，況乎黥劓，豈能反善？徒有酸慘之聲，而無濟俗之益。至於棄市之條，實非不赦之罪，事非手殺，考律同歸，輕重均科，減降路塞。鍾、陳以之抗言，元皇所爲留愍。今英輔翼贊〔八九〕，道邈伊、周，誠宜明慎用刑，愛人弘育，申哀矜以革濫，移大辟於支體，全性命之至重，恢繁息於將來。」而孔琳之議不同。時議多與琳之同〔九〇〕，遂不行。

校勘記

〔一〕初令郡國以日北至按薄刑　「北」原作「短」，據後漢書卷四和帝紀、册府元龜卷六一〇刑法部定律令二改。

〔二〕所以助微陰也　「所」下原衍「所」字，據後漢書卷二五魯恭傳删。

〔三〕謂其輕罪已正　「已」原作「也」，據後漢書卷二五魯恭傳改。

〔四〕雖煦嘘萬物　「煦」原作「吹」，據後漢書卷二五魯恭傳、册府元龜卷六一〇刑法部定律令二改。

〔五〕定律著令　「定律」二字原脱，據後漢書卷二五魯恭傳、册府元龜卷六一〇刑法部定律令二補。

〔六〕三年　按後漢書卷八靈帝紀，建寧三年無此令而熹平三年有，此「三年」宜與其下「熹平」互倒。

〔七〕熹平四年　「四」原作「五」。按後漢書卷八靈帝紀，此令不在五年而在四年，據改。

〔八〕中平四年　「平」原作「和」，據後漢書卷八靈帝紀改。

〔九〕陳寔　「寔」原作「實」，據元本、慎本、馮本改。下文「崔寔」同。

〔一〇〕詔書下舉鈎黨　「舉」字原脱，據元本、慎本、馮本補。

〔一一〕德教者　「教」原作「政」，據後漢書卷五二崔寔傳改。

〔一二〕膠西相董仲舒　「西」原作「東」，據後漢書卷四八應劭傳改。

〔一三〕易以木械　「木」原作「斗」，據晉書卷三〇刑法志、通典卷一六三刑法典一改。

〔一四〕故令依律論者　「者」字原脱，據晉書卷三〇刑法志、通典卷一六三刑法典一、册府元龜卷六一〇刑法部定律令二補。

〔一五〕時承用秦漢舊律　「律」原作「制」，據晉書卷三〇刑法志、通典卷一六三刑法典一改。

〔一六〕故著囚捕二篇　「囚」原作「網」。按唐律疏義卷一名例：「魏文侯師于李悝，集諸國刑典，造法經六篇，一盗法，二賊法，三囚法，四捕法，五雜法，六具法。」唐六典卷六注同。太平御覽卷六三八引唐書作「故著囚、捕二篇」。此處「網」顯爲「囚」之誤，據改。

〔一七〕又以具律具其加減　上「具」字原作「其」，據晉書卷三〇刑法志改。

〔一八〕益事律興廐户三篇　「興」上原衍「擅」字，據元本、慎本、馮本及晉書卷三〇刑法志刪。
〔一九〕事類雖同　「事」字原脱，據晉書卷三〇刑法志、册府元龜卷六一〇刑法部定律令二補。
〔二〇〕盜律有賊傷之例　「賊」原作「殘」，據晉書卷三〇刑法志、通典卷一六三刑法典一、册府元龜卷六一〇刑法部定律令二改。
〔二一〕叔孫宣　「叔孫」二字原倒，據晉書卷三〇刑法志、通典卷一六三刑法典一、册府元龜卷六一〇刑法部定律令二乙正。
〔二二〕而選用者之所卑下　「之」字原脱，據三國志卷二一衛覬傳、晉書卷三〇刑法志、通典卷一六三刑法典一補。
〔二三〕請置律博士　「律」字原脱，據三國志卷二一衛覬傳、晉書卷三〇刑法志、通典卷一六三刑法典一補。
〔二四〕令丙有詐自復免　「丙」原作「景」，據晉書卷三〇刑法志、册府元龜卷六一〇刑法部定律令二改。按「景」，通典避唐高祖父李昞諱改，通考沿用通典之文，未曾回改。
〔二五〕漢氏施行有小愆乏反不如令　「乏」，晉書卷三〇刑法志、册府元龜卷六一〇刑法部定律令二作「之」；「反」，通典卷一六三刑法典一作「及」。
〔二六〕輒劾以不承用詔書乏軍要斬　「乏軍」，通典卷一六三刑法典一作「之罪」。
〔二七〕以爲郵音尤驛令　「驛」字原脱，據元本、慎本、馮本補。
〔二八〕與興律烽燧峰遂二音及科令者　沈家本律目考疑「令」爲「合」之訛。
〔二九〕金布律有罰贖入責以呈黄金爲價　「價」，通典卷一六三刑法典一作「償」。
〔三〇〕不復分别而免坐繁多　「不復分别而免」六字原脱，據晉書卷三〇刑法志、通典卷一六三刑法典一、册府元龜卷六一〇刑法部定律令二補。

〔三一〕其死刑有三　「死刑」二字原倒，據晉書卷三〇刑法志、通典卷一六三刑法典一乙正。

〔三二〕以劾而亡　「劾」原作「劫」，據元本、慎本、馮本改。

〔三三〕除家人乞鞫之制以省所煩獄也　「以」字原舛在「除」下，據通典卷一六三刑法典一改。

〔三四〕歸於益時　「歸」原作「存」，據局本改。

〔三五〕十二萬六千二百言　「二百」，晉書卷三〇刑法志作「三百」。

〔三六〕明法掾張斐又注律　「張斐」原作「張裴」，據南齊書卷四八孔稚珪傳、隋書卷三三經籍志二、新唐書卷五八藝文志二、北堂書鈔卷四五、太平御覽卷六三八改。下同。

〔三七〕刑名所以經略罪法之輕重　「刑名所」三字原作「是」，據晉書卷三〇刑法志、册府元龜卷六一〇刑法部定律令二改。

〔三八〕不意誤犯謂之過　晉書卷三〇刑法志、册府元龜卷六一〇刑法部定律令二「過」下有「失」字。

〔三九〕當爲賊　「爲」下原衍「之」字，據晉書卷三〇刑法志、册府元龜卷六一〇刑法部定律令二删。

〔四〇〕囚辭所連似告劾　「囚」原作「因」，據晉書卷三〇刑法志改。

〔四一〕皆爲無常之格也　「皆」字原脱，據晉書卷三〇刑法志、册府元龜卷六一〇刑法部定律令二補。

〔四二〕生罰不過十四等　「罰」，晉書卷三〇刑法志、册府元龜卷六一〇刑法部定律令二作「罪」。

〔四三〕不可常其教　「可」字原脱，據晉書卷三〇刑法志、通典卷一六四刑法典二補。

〔四四〕刑法閑於下　「法」字原脱，據晉書卷三〇刑法志、册府元龜卷六一〇刑法部定律令二補。

〔四五〕喜怒憂懼　「懼」，晉書卷三〇刑法志、册府元龜卷六一〇刑法部定律令二作「歡」。

〔四六〕主得謁殺之　「謁」原作「喝」，據晉書卷三〇刑法志、册府元龜卷六一〇刑法部定律令二改。

〔四七〕賊燔人廬舍積聚　「人」下原衍「室」字，據晉書卷三〇刑法志、通典卷一六四刑法典二、册府元龜卷六一〇刑法部定律令二删。

〔四八〕若得遺物强取强乞之類　「遺」原作「違」，據晉書卷三〇刑法志、通典卷一六四刑法典二、册府元龜卷六一〇刑法部定律令二改。

〔四九〕或化略以循常　「略」原作「俗」，據晉書卷三〇刑法志、册府元龜卷六一〇刑法部定律令二改。

〔五〇〕使用法執詮者　「使」原作「者」，據晉書卷三〇刑法志改。

〔五一〕致之機格之上　「格」原作「略」，據晉書卷三〇刑法志、通典卷一六四刑法典二、册府元龜卷六一〇刑法部定律令二改。

〔五二〕夫奉聖典者若操刀執繩　「聖」下原衍「謨」字，「若」字原脱，據晉書卷三〇刑法志、通典卷一六四刑法典二、册府元龜卷六一〇刑法部定律令二删補。

〔五三〕雖有廉士介者　「雖」原作「又」，據晉書卷三〇刑法志、通典卷一六四刑法典二改。

〔五四〕又令徒富者輸財　「令」原作「今」，據晉書卷三〇刑法志改。

〔五五〕解日歸家　「解」原作「計」，據晉書卷三〇刑法志改。

〔五六〕道不盡善也　「道」，晉書卷三〇刑法志作「近」。

〔五七〕故自頃年以來　「年」字原脱，據晉書卷三〇刑法志、通典卷一六八刑法典六補。

〔五八〕不爲虚棄　「虚」，藝文類聚卷五四作「虐」。

〔五九〕頌疏曰　「頌」原作「訟」，據元本、慎本、馮本、局本改。

〔六〇〕夫法者　「夫」原作「失」，據晉書卷三〇刑法志、通典卷一六六刑法典四改。

〔六一〕則循而行之　「循」原作「得」，據晉書卷三〇刑法志改。

〔六二〕故令主者守文　「守」原作「平」，據晉書卷三〇刑法志改。

〔六三〕大臣小吏各守其局　「小」原作「官」，據元本、慎本、馮本改。

〔六四〕今論時敦朴　「朴」原作「弊」，據通典卷一六六刑法典四改。

〔六五〕侍中太宰汝南王亮奏　按通鑑考異卷四：「刑法志敘頌奏，續頠表之下，而云『侍中太宰汝南王亮』。按頠表引元康八年事，時亮死已久，蓋志誤也。」據資治通鑑所載，汝南王亮死于元康元年，劉頌上疏在元康九年，亮勢不得預頌疏之議。疑此處有誤。

〔六六〕臣以去太康八年　「去」原作「爲」，據晉書卷三〇刑法志、通典卷一六六刑法典四改。

〔六七〕競作屬命　「屬」原作「厲」，據元本、慎本、馮本及晉書卷三〇刑法志改。

〔六八〕府立節度　「府」字原脱，據晉書卷三〇刑法志補。

〔六九〕法之不一　「一」原作「以」，據晉書卷三〇刑法志、通典卷一六四刑法典二改。

〔七〇〕當合經傳及前比故事　「比」原作「此」，據晉書卷三〇刑法志改。

〔七一〕若長是逃亡之主　「長」字原脱，據晉書卷三〇刑法志補。「長」，通典卷一六四刑法典二作「家長」。

〔七二〕則犯上之姦著矣　「著」，晉書卷三〇刑法志、通典卷一六四刑法典二作「生」。

〔七三〕此孤所虛心者也　「者」字原脱，據晉書卷三〇刑法志、通典卷一六四刑法典二補。

〔七四〕非勾踐養胎之義　「義」原作「議」，據晉書卷三〇刑法志、通典卷一六八刑法典六改。

〔七五〕淫者好人之色　「好」原作「奸」，據晉書卷三〇刑法志、通典卷一六八刑法典六改。

〔七六〕則加之以刑　「則加」原作「刖」，據晉書卷三〇刑法志改。

〔七七〕或者乃曰　「或」，晉書卷三〇刑法志作「惑」。

〔七八〕刑者咏爲惡之永痛　「咏」原作「誠」，據元本、慎本、馮本及晉書卷三〇刑法志改。

〔七九〕以爲　「爲」原闕，依本書下文文例補。

〔八〇〕愚謂行刑之時　「刑」原作「刖」，據元本、慎本、馮本及晉書卷三〇刑法志改。

〔八一〕哀矜之弘覆　「覆」，晉書卷三〇刑法志作「私」。

〔八二〕時人少罪而易威　「罪」原作「死」，據晉書卷三〇刑法志、通典卷一六八刑法典六改。

〔八三〕則宜死刑而濟之　「死刑」，晉書卷三〇刑法志作「化刑」，册府元龜卷六一四作「化行」。

〔八四〕尚不能禁　「能」原作「刑」，據局本及晉書卷三〇刑法志、通典卷一六八刑法典六改。

〔八五〕使欲爲惡者輕犯官刑　「官」，晉書卷三〇刑法志、册府元龜卷六一四作「寬」。

〔八六〕是爲輕其刑以誘其人於罪　「以」字原脱，據晉書卷三〇刑法志、册府元龜卷六一四補。

〔八七〕殘其身以加楚毒也　「毒」，晉書卷三〇刑法志、册府元龜卷六一四作「酷」。

〔八八〕兆庶易威之日　「威」原作「感」，據晉書卷三〇刑法志改。

〔八九〕今英輔翼贊　「輔」原作「辟」，據晉書卷三〇刑法志改。

〔九〇〕時議多與琳之同　「之」字原脱，據晉書卷三〇刑法志補。

卷一百六十五　刑考四

刑制

宋文帝時，侍中蔡廓建議，以爲：「鞫獄不宜令子孫下辭明言父祖之罪，虧教傷情〔一〕，莫此爲大。自今但令家人與囚相見，無乞鞫之訴〔二〕，便足以明伏罪，不須責家人下辭。」朝議咸以爲允，從之。

衛將軍王弘言：「主守偷五疋，常偷四十疋，並加大辟，其法太重。宜進主守偷十疋，常偷五十疋死〔三〕，四十疋降以補兵。既得小寬人命，亦足以爲懲戒。」從之。

明帝太始四年，詔定黥、刖之制。有司奏：「自今凡劫竊執官仗〔四〕，拒戰邏司，攻剽亭寺及傷害吏人，并監司將吏自爲劫，皆不限人數，悉依舊制斬刑。若遇赦，黥及兩頰『劫』字，斷去兩脚筋，徙付交、梁、寧州。五人以下止相逼奪者〔五〕，亦依黥作『劫』字，斷去兩脚筋，徙付遠州。若遇赦，原斷徙猶黥面，依舊補冶士。家口應及坐，悉依舊結讁。」及帝崩，其例乃寢。

齊高祖時，丹陽尹王僧虔上言：「郡縣獄相承有上湯殺囚，名曰救疾，實行冤暴。豈有死生大命，而潛制下邑。愚謂囚病必先刺郡，求職司與醫對共診驗；遠縣，家人省視，然後處治。」上從之。

武帝永明九年，令删定郎王植之集注張、杜舊律，合爲一書，凡千五百三十二條〔六〕。事未施行，其文殆滅〔七〕。

初，晉張斐、杜預共注律三十卷〔八〕，自泰始以來用之。律文簡約，或一章之中，兩家所處，生殺頓異，臨時斟酌，吏得爲姦。上留心法令，詔獄官詳正舊注。七年，尚書删定郎王植乃集定二注，表奏之。詔公卿、八座參議考正〔九〕，竟陵王子良總其事。衆議異同，不能壹者〔一〇〕，制旨平決。是歲書成。廷尉山陰孔稚珪上表，以爲：「律文雖定，苟用失其平，則法書徒明於帙裏〔一一〕，冤魂猶結於獄中。竊尋古之名流，多有法學；今之士子，莫肯爲業，縱有習者，世議所輕，將恐此書永淪走吏之手矣。今若置律助教〔一二〕，依五經例，國子生有欲讀者，策試高第，即加擢用，以補内外之官，庶幾士流有所勸慕。」崔祖思言〔一三〕：「漢時習律有家〔一四〕，子孫並傳其業。今廷尉律生，乃令史門户，刑之不厝，乃此之由。」詔從其請，事竟不行。

梁武帝制，依周、漢故事，有罪者贖。其科，凡在官身犯，罰金；鞭杖杖督之罪〔一五〕，悉入贖停罰；其臺省令史士卒欲贖者，聽之。時齊時舊郎蔡法度能言齊王植之律，於是使損益舊本，以爲梁律。天監初，又令王亮等定爲二十篇，一曰刑名，二曰法例，三曰盜劫，四曰賊叛，五曰詐僞，六曰受賕，七曰告劾，八曰討捕，九曰繫訊，十曰斷獄，十一曰雜，十二曰户，十三曰擅興，十四曰毁亡，十五曰衛宫，十六曰水火，十七曰倉庫，十八曰廐，十九曰關市，二十曰違制。制刑爲十五等之差。棄市以上爲死罪，大罪梟其首，次棄市。刑二歲以上爲耐罪，言各隨伎能而任使之也。有髡鉗五歲刑，笞二百〔一六〕，收贖絹，男子六十疋。又有四歲刑，男子四十八疋。又有三歲刑，男子三十六疋。又有二歲刑，男子二十四疋。罰金一兩以上爲贖罪。贖死者金二斤，男子十六疋。贖髡鉗五歲刑笞二百者，金一斤十二兩，男子十四疋。贖四歲刑者，金一斤八兩，男子十二疋。贖三歲刑者，金一斤四兩，男子十疋。贖二歲刑者[一七]，金一斤，男子八疋。罰金十二兩者，男子六疋。罰金八兩者，男子四疋。罰金四兩者，男子二疋。罰金二兩者，男子一疋。罰金一兩者[一八]，男子二丈。女子各半之。五刑不簡，正於五罰。五罰不服，正於五過，以贖論。故爲此十五等之差[一九]。又制九等之差[二〇]：有一歲刑[二一]，半歲刑，百日刑，鞭杖一百[二二]，鞭杖五十，鞭杖四十，鞭杖三十，鞭杖二十，鞭杖十。又有八等之差[二三]：一曰免官，加杖督一百；二曰免官；三曰奪勞百日，杖督一百；四曰杖督一百；五曰杖督五十；六曰杖督四十[二四]；七曰杖督二十；八曰杖督十。論加者上就次，當減者下就次。凡繫獄者，不即答款，應加測罰，不得以人士爲隔。若人士犯罰，違扞不款，宜測罰者，先參議牒啓，然後科行。斷食三日，聽家人進粥二升；女及老小，百五十刻乃與粥，滿千刻而止。囚有械、杻、斗械及鉗，並立輕重大小之差，而爲定制。其鞭，有制鞭、法鞭、常鞭，凡三等之差。制鞭，生革廉成；法鞭，生革去廉；常鞭，熟靼之友反。不去廉[二五]。皆作鶴頭紐，長尺一寸[二六]，梢長二尺七寸，廣三分[二七]，靶長二尺五寸[二八]。杖皆用生荆，長六尺。有大杖、法杖、小杖三等之差。大杖，大頭圍寸三分[二九]，小頭圍八分半[三〇]。法杖，圍寸三分[三一]，小頭五分。小杖，圍寸一分，小頭極杪。諸督罰，大罪無過五十、三十，小者二十。當笞二百以上者，笞半，餘半後決，中分鞭杖。老小於律令當行鞭杖罰者，皆半之；其應得法鞭、杖者[三二]，以熟靼鞭、小杖。過五十者，稍行之。將吏以上及女人應有罰者，以罰金代之。其以職員應罰[三三]，及律令指名制罰者，不用此令。其問事諸罰，皆用熟靼鞭、小杖。其制鞭、制杖、法杖、法鞭〔三四〕，自非特詔，皆不得用。詔鞭杖在京師者，皆於雲龍門行。女子懷孕者，勿得決罰。其反、叛、大逆以上，皆斬。父子同産，男無少長，皆棄市。母、妻、姊妹及應從坐棄市者，妻子女妾同補奚官爲奴婢，資財没官。劫身皆斬，妻子補兵。遇赦降死者〔三五〕，黵面爲「劫」字，黵，音都感反。髡鉗，補冶，鎖士終身。其下又謫運配材官冶士〔三六〕、尚方鎖士，皆以輕重差其年數。其重者或終身。士人有禁錮之科，亦以輕重爲差。其犯清議，則終身不齒。耐罪囚八十以上、十歲以下，及孕者、盲者、侏儒當械繫者，及郡國太守、相、都尉、關中侯以下，亭侯以上之父母妻子，及所坐非死罪除名之罪，二千石以上非檻徵者，並頌繫之〔三七〕。丹陽尹月一詣建康縣，令三官參共録獄，察斷枉直。其尚書當録人之月者〔三八〕，並與尚書參共録之。凡定罪二千五百二十九條，又有令三十卷。

天監十一年，詔：「自今逋謫之家，及罪應質作，若年有老小，可停將送。」上敦睦九族，優借朝士，有犯罪者，皆屈法申之。百姓有罪，則案之如法。其緣坐，則老幼不免，一人亡逃，舉家質作。民既窮窘，姦宄益深。嘗因郊祀，有秣陵老人遮車駕言曰：「陛下爲法，急於黎庶，緩於權貴，非長久之道。」上乃思所以寬之。

十四年，制除黵面之刑。

帝篤尚文雅，疏簡刑法，自公卿大臣，咸不以鞫獄爲意〔三九〕。姦吏柄權弄法，賄賂成市，枉濫者多。大率二歲刑以上，歲至五千人。徒居作者具五任，其無任者著斗械〔四〇〕。若疾病，權解之。是後囚徒或有優劇。時王侯子弟多驕淫不法。上年老，厭於萬機，又專精佛戒，每斷重罪，則終日不懌。

或謀反逆，事覺，亦泣而宥之。由是王侯益横，或白晝殺人於都街，或暮夜公行剽掠。有罪亡命，匿於王家，有司不敢搜捕。上深知其弊，而溺於慈愛，不能禁也。

中大同元年，詔：「自今犯罪，非大逆，父母、祖父母勿坐。」自是禁網漸疏，百姓安之，而貴戚之家，不法甚矣。

陳武帝令尚書删定郎范泉參定律令〔四一〕，又令徐陵等知其事，制律三十卷，科三十卷〔四二〕。其制唯重清議、禁錮之科〔四三〕。若縉紳之族，犯虧名教，不孝及内亂者，終身不齒。先與士人爲婚者〔四四〕，許妻家奪之。其獲賊帥，士人惡逆，雖經赦免死，付治〔四五〕，聽將妻入役，不爲年數。又存贖罪之律，復父母緣坐之刑。自餘一用梁法。其有贓驗昭然而不款伏，則上測立。立測者，以土爲垛，高一尺，上員，劣容囚兩足立；鞭二十，笞三十訖，着兩械及杻，上垛。一上測七刻，日再上。三七日上測，七日一行鞭。凡經鞭杖，合一百五十，得度不承者，免死。其髡鞭五歲刑，降死一等，鎖二重〔四六〕。其五歲刑已下〔四七〕，並鎖一重。五歲、四歲刑〔四八〕，若有官，准當二年，餘並居作。其三歲刑，若有官，准當二年，餘一年贖。若公坐過誤〔四九〕，罰金。其二歲刑〔五〇〕，若有官者，贖論〔五一〕。一歲刑，無官亦贖論。寒庶人，准決鞭杖。囚並着械，徒並着鎖，亦不計階品〔五二〕。死罪將決，乘露車，着三械，加拲手。至市，脱手械及拲手焉〔五三〕。拲，音拱。兩手曰拲。當刑於市者，夜須明，雨須晴。朔日〔五四〕，八節、六齋日，月在張、心日，並不得行刑。廷尉寺爲北獄，建康縣爲南獄，並置正、監、平一〔五五〕。又制，常以三月，侍中、吏部尚書、三公郎、部都令史、三公録冤屈〔五六〕，御史中丞、侍御史、蘭臺令史親行京師諸獄及冶署，理察囚徒冤枉。

後魏昭成帝始制法令：反逆者族，其餘當死者，聽入金、馬贖罪。殺人者，聽與死家馬、牛、葬具以平之。盜官物，一備五；私物，一備十。四部大人共坐王庭決詞訟，無繫訊連逮之苦，境内安之。太道武既平定中原，患舊制太峻，命三公郎王德除其酷法，約定科令。季年被疾，刑罰濫酷〔五七〕。太宗承之，吏文亦深。太武帝神䴥中，詔崔浩定律令。除五歲、四歲刑，增一年刑。大逆不道，腰斬，誅其同籍；年十四以下腐刑，女子没縣官。害其親者轘之。爲蠱毒者，男女皆斬而焚其家〔五八〕。巫蠱者，負羖羊抱犬沈諸泉。當刑者贖，貧則加鞭二百〔五九〕。畿内人富者燒炭於山，貧者役於圊溷，女子入舂稾；其痼疾不逮於人，守苑囿。王官階九品，得以官爵除刑。婦人當刑而孕，産後百日乃決。年十四以下〔六〇〕，降刑之半；八十及九十〔六一〕，非殺人不坐。拷訊不踰四十九〔六二〕。論刑者，部主具狀〔六三〕，公車鞫辭，而三都決之。當死者，定案奏聞，帝親臨問，無異辭怨言，乃刑之。諸州國大辟〔六四〕，皆先讞報乃施行。其後因官吏黷貨，太延中，詔吏人得舉告牧守之不法。於是兇悖者求得牧宰之失，乃貪暴於閭閻。真君中，以有司斷法不平，詔諸疑獄皆付中書，依經義論決。初，盜律贓四十疋致大辟，人多慢政，乃減至三疋。

太平真君十一年，誅司徒崔浩，清河崔氏無遠近，及范陽盧氏、太原郭氏、河東柳氏，皆浩之親黨，盡夷其族。

浩修國史，標立石銘刊國記，書事備而不典。既列在衢路，往來行者以爲言。浩及祕書郎吏以下並死。浩之將誅也，幽縶置之檻内，送於平城南，使衛士數十人溲其上，呼聲嗷嗷，聞於行路。自宰司之被害，未有如浩之酷者。

正平中，又命太子少傅游雅、中書侍郎胡方回等改定律制，凡三百七十條〔六五〕。門房之誅四，大辟百四十五，刑二百二十一。

文成帝太安中〔六六〕，以士民多因酒致鬬及議國政，乃設酒禁，釀、酤、飲者，皆斬之。吉凶之會，聽開禁，有日程〔六七〕。增置内外候官，伺察諸曹及州鎮；或微服雜亂於府寺間，以求百官過失。有司窮治，訊掠取服。百官贓滿二丈皆斬。又增律七十九章，門房之誅十有三，大辟三十五，刑六十二。

獻文除口誤〔六八〕，開酒禁。故事，斬皆裸形伏質〔六九〕，太和初〔七〇〕，制不令裸形。又令高閭修改舊文〔七一〕，隨例增減，凡八百三十二章，門房之誅十有六，大辟之罪二百三十五，刑三百七十七。除群行剽劫首謀門誅，律重者止梟首。

太和五年，沙門法秀謀反誅。詔曰：「法秀妖詐亂常，妄説符瑞。蘭臺御史張求等一百餘人，招結奴隸，謀爲大逆，有司科以族誅，誠合刑憲。但矜愚重命，猶所不忍。其五族者，降止同祖；三族，止一門；門誅，止身。」

帝勤於爲政，尤重刑罰，大刑多令覆鞫，或囚繫積年，群臣頗以爲言。帝曰：「滯獄誠非善治，不猶愈於倉猝而濫乎！夫人幽苦則思善，故智者以囹圄爲福堂。朕特苦之，欲其改悔而加矜恕耳。」由是囚繫雖滯，而所刑皆得其宜。

時法官及州縣多爲重枷，復以縋石懸於囚頸，傷肉至骨〔七二〕，勒以誣服。帝傷之，乃詔非大逆有明證而不疑辭者〔七三〕，不得大枷。

太和八年，始班俸禄，以十月爲始，季别受之。舊律，枉法十疋，義贓二十疋〔七四〕，罪死；至是，義贓一疋〔七五〕，枉法無多少，皆死。仍分命使者，糾察守宰之貪者。秦、益二州刺史恒農李洪之以外戚貴顯，爲治貪暴，班禄之後，洪之首以贓敗。帝命鎖赴平城，集百官親臨數之，猶以其大臣，聽在家自裁。自餘守宰坐贓死者四十餘人。受禄者無不跼蹐，賕賂殆絶〔七六〕。然吏民犯他法者，帝率寬之。疑罪奏讞，多減死徙邊，歲以千計。都下决大辟，歲不過五六人，州鎮亦簡。

十二年〔七七〕，詔：「犯死罪，若父母、祖父母年老，更無成丁子孫，又無周親者，仰按後列奏以待報。著之令〔七八〕。」

宣武帝正始初〔七九〕，尚書令高肇等奏曰：「杖之小大，鞭之長短，令有定式。但枷之輕重，先無成制。請造大枷，長丈三尺，喉下長丈，通頰木各方五寸，以擬大逆外叛。」自是枷杖之制，頗有定準。法例律：「五等爵及在官品令從第五以上〔八〇〕，階當刑二歲〔八一〕；免官者，三歲之後聽仕，降先階一等。」邢巒奏：「官人若有罪本除名〔八二〕，以職當刑，猶有餘資，得降階而叙。至於五等封爵，除刑若盡，永即甄削〔八三〕，便同之除名，於例實爽。愚謂自王公以下，有封邑，罪除名，三年之後，宜各降本爵一等，王及郡公降爲縣公，公爲侯，侯爲伯，伯爲子，子爲男，至於縣男〔八四〕，則降爲鄉男。五等爵者，并依此而降，至於散男。其鄉男、散男無可降授者，三年之後，聽依其本品之資出身。」從之。

文帝大統十三年，詔：「自今應宫刑者，直没官，勿刑。亡奴婢應黥者，止科亡罪〔八五〕。」

北齊神武秉魏政，遷都於鄴，群盜頗起，遂嚴立制：諸强盜殺人者，首從皆斬，妻子同籍，配爲樂户；其不殺人及贓不滿五疋，魁首斬，從者死，妻子亦爲樂户；小盜贓滿十疋以上，魁首死，妻子配驛，從者流。

文宣受禪後，命群官刊定魏朝麟趾格，又議造齊律，積年不成，其決獄猶依魏舊式。

自六年以後，帝遂以功業自矜，恣行酷暴，昏狂酗醟，任情喜怒。爲大鑊、長鋸、剉、碓之屬，並陳於庭，意有不快，則手自屠裂，或命左右臠噉，以逞其意。時僕射楊遵彦乃令憲司先定死罪囚置於仗衞之中，帝欲殺人，則執以應命，謂之「供御囚」。經三月不殺者〔八六〕，則免其死。帝嘗幸金鳳臺受佛戒，多召死囚，編蘧蒢爲翅，命之飛下，謂之「放生」，墜皆致死，帝視以爲歡笑。時有司折獄，又皆酷法。訊囚則用車輻獨杖，夾指壓踝，又立之燒犁耳上，或使以臂貫燒車釭。既不勝其苦，皆致誣伏。七年，豫州檢使白檦爲左丞盧斐所劾，乃於獄中誣告斐受金。文宣知其姦罔，詔令按之，果無其事。乃勑八座議立按劾格，負罪不得告人事。於是挾姦者畏糾，乃先加誣訟，以擬當格，吏不能斷，又妄相引，大獄動至千人，多移歲月。然帝猶委政輔臣楊遵彦，彌縫其闕，故時議者竊云：「主昏於上，政清於下。」

武成帝河清三年，尚書令趙郡王叡等奏上齊律十二篇：一曰名例，二曰禁衞，三曰婚户〔八七〕，四曰擅興，五曰違制，六曰詐僞〔八八〕，七曰鬬訟，八曰賊盜，九曰捕斷，十曰毁損，十一曰廄牧，十二曰雜。其定罪九百四十九條。又上新令三十卷〔八九〕，大抵採魏、晉故事。其制：刑名五，一曰死。重者轘之，轘，音患。其次梟首，並陳屍三日。無市者，列於鄉亭顯處〔九〇〕。其次斬刑，殊身首。其次絞刑，死而不殊。凡四等。二曰流刑。謂論犯可死，原情可降，鞭、笞百，髡之，投於邊裔，以爲兵卒。未有道里之差。其有不合遠配者，男子長徒，女子配舂，並六年。三曰刑罪，即耐罪也。有五歲、四歲、三歲、二歲、一歲之差，凡五等，各加鞭百〔九一〕。其五歲者〔九二〕，又加笞八十，四歲者六十，三歲者四十，二歲者二十，一歲者無笞。並鎖輸作左校而不髡，無保者鉗之。婦人配舂及掖庭織。四曰鞭。有百、八十、六十、五十、四十之差，凡五等。五曰杖。有三十、二十、一十之差，凡三等。當加者上就次，當減者下就次。贖罪舊以金〔九三〕，皆代以中絹。死百疋，流九十二疋，刑五歲七十八疋，四歲六十四疋，三歲五十疋，二歲三十六疋。各通鞭、笞論。一歲無笞，則通鞭二十四疋。鞭、杖每十，贖絹一疋；至鞭百，則絹十疋。無絹之鄉，皆準絹收錢。自贖笞十以上至死，又爲十五等之差。當加減次，如正決法。合贖者，謂流内官及爵秩比視、老小閹癡并過失之屬。犯罰絹一疋及杖十以上〔九四〕，皆名爲罪人。盜及殺人而亡者，即懸名注籍，甄其一房配驛户。宗室則不注盜，不入奚官，不加宫刑。自犯流罪以下合贖者，及婦人犯刑以下，侏儒、篤疾、殘廢非犯死罪，皆頌繫之。罪刑年者鎖，無鎖以枷。流罪以上加杻械〔九五〕。死罪者桁之。桁，户郎反。決流刑鞭笞者，鞭其背；五十，一易執鞭人。鞭鞘皆用熟皮，削去廉稜。鞭瘡長一尺。笞者笞臀，而不中易人。杖長三尺五寸，大頭逕二分半，小頭逕一分半。決三十以下者，杖長四尺，大頭逕三分，小頭逕二分。在官犯罪，鞭杖十爲一負。閑局六負爲一殿，平局八負爲一殿，繁局十負爲一殿。加於殿者，復計爲負焉。又列重罪十條：一曰反逆，二曰大逆，三曰叛，四曰降，五曰惡逆，六曰不道，七曰不敬，八曰不孝，九曰不義，十曰内亂。其犯此十者〔九六〕，不在八議論贖之限。是後法令明審，科條簡要，又敕仕門子弟常講習之，故齊人多曉法律。其不可爲定法者，別制權令二卷，與之並行。

後平秦王高歸彦謀反，須有約罪，律無正條，於是遂有別條權格，與律並行。大理明法，上下比附，欲出則附依輕議，欲入則附從重法，姦吏因之，舞文出没。至於後主，權幸用事，有不附者，陰中以法。綱紀紊亂，卒至於亡。

周武帝保定三年，司憲大夫拓拔迪奏新律，謂之大律，凡二十五篇：一曰刑名，二曰法例，三曰祀享，四曰朝會，五曰婚姻，六曰户禁，七曰水火，八曰興繕，九曰衛宫，十曰市廛，十一曰鬬競，十二曰劫盜，十三曰賊叛，十四曰毁亡，十五曰違制，十六曰關津，十七曰諸侯，十八曰廄牧，十九曰雜犯，二十曰詐僞，二十一曰請求，二十二曰告言，二十三曰逃亡，二十四曰繫訊，二十五曰斷獄。大凡定罪千五百三十七條〔九七〕。其制罪：一曰杖刑五，自十至五十〔九八〕。二曰鞭刑五，自六十至於百。三曰徒刑五。徒一年者鞭六十，笞十。徒二年者鞭七十，笞二十。徒三年者鞭八十，笞三十。徒四年者鞭九十，笞四十。徒五年者鞭百，笞五十。四曰流刑五〔九九〕。流衛服，去皇畿二千五百里者，鞭百，笞六十。流要服，去皇畿三千里者，鞭百，笞七十。流荒服，去皇畿三千五百里者，鞭百，笞八十。流鎮服，去皇畿四千里者，鞭百，笞九十。流藩服，去皇畿四千五百里者，鞭百，笞百。死刑五：一曰磬，二曰絞，三曰斬，四曰梟，五曰裂。五刑之屬各有五，合二十五等。不立十惡之目，而重惡逆、不道、大不敬、不孝、不義、内亂之罪也。凡惡逆，肆之三日。盜賊群攻鄉邑及入人家者，殺之無罪。若報讎者，造於法造，七報反。而自殺之，不坐。經爲盜者，注其籍。唯皇宗則否。凡死罪枷而拲，流罪枷而梏，徒罪枷，鞭罪桎，杖罪散以待斷。皇族及有爵者，死罪以下鎖之，徒以下散之。獄成將殺者，書其姓名及其罪於拲，而殺之市。唯皇族與有爵者隱獄。其贖杖刑五，金一兩至五兩。贖鞭刑五，金六兩至十兩。贖徒刑，一年金十二兩，二年十五兩，三年一觔二兩，四年一觔五兩，五年一觔八兩。贖流刑，一觔十二兩，俱役六年，不以遠近爲差等。贖死刑，金二觔。鞭者以百爲限。加笞者，合二百止。應加鞭笞者，皆先笞後鞭。婦人當笞者，聽以贖論。徒輸作者，皆任其所能而役使之。杖十以上，當加者上就次，數滿乃坐。當減者，死罪流藩服，藩服以下俱至徒五年。五年以下各以一等爲差〔一〇〇〕。爲盜賊者及謀反、大逆、降叛、惡逆罪當流者，皆甄一房配爲雜户。其爲盜賊事發逃亡者，懸名注配。若再犯徒、三犯鞭者，一身永配下役。應贖金者，鞭、杖十，收中絹一疋。流、徒者，依限歲收絹十二疋。死罪者百疋。其贖刑，死罪五旬，流刑四旬，徒刑三旬，鞭刑二旬〔一〇一〕。杖刑一旬〔一〇二〕。限外不輸者，歸於法。貧者請而免之。大凡定法千五百三十七條。其大略滋章，條流苛密，比於齊法，煩而不要。又初除復讎之法，犯者以殺論。帝又以齊之舊俗，未改昏政，賊盜姦宄，頗乖憲章。其年〔一〇三〕，又爲刑書要制以督之。其大抵持杖群盜一疋以上，不持杖群盜五疋以上，監臨主掌自盜二十疋以上，盜及詐請官物三十疋以上，正長隱五户及丁五以上及地頃以上〔一〇四〕，皆死。自餘依大律。由是澆詐頗息焉。

宣帝性殘忍暴戾，自在儲貳，惡其叔父齊王憲及王軌、宇文孝伯等。及即位，並先誅戮，由是外内不安，俱懷危懼。其後荒淫日甚，惡聞其過，誅戮無度，疏斥大臣。又數行肆赦，爲姦者皆輕犯法，政令否塞，下無適從。於是又廣刑書要制，而更峻其法，謂之刑經聖制。宿衛之官，一日不直，罪至削除。逃亡者皆死，而家口籍没。上書字誤者，科其罪。又作礔礰車，以威婦人。其決人罪〔一〇五〕，云與杖者，即百二十；云多打者，即二百四十，名曰「天杖」。帝既酣飲過度，有下士楊文祐因歌曰：「朝亦醉，暮亦醉。日日恒常醉，政事日無次。」鄭譯奏之，帝怒，命賜杖二百四十而致死。後更命中士皇甫猛歌〔一〇六〕，又諷諫〔一〇七〕，鄭譯又奏之，又賜猛杖百二十。是時下自公卿，内及妃后，咸加捶楚，上下愁怨。

隋文帝初令高熲等更定新律，其刑名有五：一曰死刑二，有絞，有斬。二曰流刑三，有千里、千五百里、二千里。應配者，千里居作二年，千五百里居作二年半，二千里居作三年〔一〇八〕。三曰徒刑五，有一年、一年半、二年、二年半、三年。四曰杖刑五，自六十至於百。五曰笞刑五，自十至於五十。而蠲除前代鞭刑及梟首轘裂之法。其流、徒之罪，皆減從輕。流役六年改爲五年，徒刑五年改爲三年。唯大逆、謀反叛者，父子兄弟皆斬，家口没官。又置十惡之條，多採齊之制，而頗有損益：一曰謀反，二曰謀大逆，三曰謀叛，四曰惡逆，五曰不道，六曰大不敬，七曰不孝，八曰不睦，九曰不義，十曰内亂。犯十惡及故殺人〔一〇九〕，獄成者，雖會赦，猶除名。其在八議之科，及官品第七以上犯罪，皆例減一等。其品第九以上犯者，聽贖。應贖者，皆以銅代絹。銅一觔爲負，負十爲殿。笞十者銅一觔，加至杖百則十觔。徒一年，贖銅二十觔，每等則加銅十觔，三年則六十觔矣。流千里，贖銅八十觔，每等則加銅十觔，二千里則百觔矣〔一一〇〕。二死皆贖銅百二十觔。犯私罪以官當徒者〔一一一〕，五品以上，一官當徒二年；九品以上，一官當徒一年；當流者，三流同，皆比徒三年。若犯公罪者，徒各加一年〔一一二〕，當流者各加一等。其累徒過九年者，流二千里。自前代相承，有司訊考，皆以法外。或有用大棒束杖，車輻鞵底，壓踝杖桄之屬，盡除之。訊囚不得過二百，枷杖大小，咸爲之程品〔一三〕，而行杖者不得易人。又敕四方，敦理辭訟〔一四〕，有枉屈縣不治者，令以次經郡及州，至省仍不治，乃詣闕申訴。有所未愜，聽撾登聞鼓，有司録狀奏之。帝又每季親録囚徒〔一五〕。常以秋分之前，省閲諸州申奏罪狀。後因覽刑部奏，斷獄數猶至萬條，以爲律尚嚴密，故人多陷罪。又敕蘇威、牛弘等，更定新律。除死罪八十一條，流罪百五十四條，徒杖等千餘條〔一六〕，定留唯五百條。凡十二卷：一曰名例，二曰衛禁，三曰職制，四曰户婚，五曰厩庫，六曰擅興，七曰賊盜，八曰鬬訟，九曰詐僞，十曰雜律，十一曰捕亡，十二曰斷獄。自是刑網簡要，疏而不失。於是置律博士弟子員。斷決大獄，皆先牒明法，定其罪名，然後依斷。其後帝以用律者多致踳駁，罪同論異。詔諸州死罪不得便決，悉移大理按覆〔一七〕，事盡然後上奏取裁。

帝性猜忌，素不悦學。既任智而獲大位，因以文法自矜，明察臨下。恒令左右覘内外，小有過失，則加以重罪。又患令史贓汙，因私使人以錢帛遺之，得犯立斬。每於殿廷打人，一日之中，或至數四。嘗怒問事揮楚不甚〔一八〕，即令斬之。十年〔一九〕，尚書左僕射高熲、理書侍御史柳彧等諫，以爲朝堂非殺人之處，闕廷非決罰之地。帝不納。熲等乃盡詣朝堂請罪，曰：「陛下子育群生，務在去弊，而百姓無知，犯者不息〔二〇〕，致陛下決罰過嚴，皆臣等不能有所裨益，乞自退屏，以避賢路。」帝於是顧謂領左右都督田元曰：「吾杖重乎？」元曰：「重。」問其狀，元舉手曰：「陛下杖大如指，捶楚人三十者，比常杖數百〔二一〕，故多致死。」帝不懌，乃令殿内去杖，欲有決罰，各委所由。後楚州行參軍李君才上言帝寵高熲過甚，上大怒，命杖之，而殿內無杖，遂以馬鞭笞殺之。自是殿內復置杖。未幾，怒甚，又於殿廷殺人。兵部侍郎馮基固諫，帝不從，竟於殿廷行決。帝亦尋悔，宣慰馮基，而怒群寮之不諫者也。

開皇十三年，改徒及流，並爲配防。

十五年，制死罪三奏而後決。

十六年，有司奏合川倉粟少七千石，命斛律孝卿鞫問其事，以爲主典所竊。復令孝卿馳驛斬之〔二二〕，没其家爲奴婢，鬻粟以填之。是後盜邊糧者，一斗以上皆死〔二三〕，家口没官。十七年，詔又以所在官人〔二四〕，不相敬憚，多自寬縱，事難克舉。諸有殿失，雖備科條，或據律乃輕，論情則重，不即決罪，無以懲肅。其諸司屬官，若有愆犯，聽於律外斟酌決杖。於是上下相驅，迭行捶楚，以殘暴爲幹能，以守法爲懦弱。

時帝意每尚慘急，而姦回不止。又定盜一錢棄市法，聞見不告者，坐至死。自此四人共盜一榱桶，三人共竊一瓜，事發即時行決。有數人劫執事而謂之曰：「吾豈求財者耶？但爲枉人來耳。而爲我奏至尊，自古以來，體國立法，未有盜一錢而死也。而不爲我以聞，吾更來，而屬無類矣。」帝聞之，爲停盜取一錢棄市之法。帝常發怒，六月棒殺人。大理少卿趙綽固争曰：「季夏之月，天地成長庶類，不可以此時誅殺。」帝報曰：「六月雖曰生長，此時必有雷霆。天道既於炎陽之時震其威怒，則天而行，有何不可？」遂殺之。帝猜忌益甚，臣寮用法尤峻〔二五〕。御史以元正日不劾武官衣劍之不齊者，或以白帝，帝謂之曰：「爾爲御史，何縱捨自由？」命殺之。諫議大夫毛思祖諫，又殺之。左領軍府長史考校不平，將作寺丞以課麥䴵遲晚〔一二六〕，武庫令以署庭荒蕪，獨孤師以私受蕃客鸚鵡〔一二七〕，帝察知之〔一二八〕，並親臨斬决。仁壽中，用法益峻。帝既喜怒不常，不復依準科條〔一二九〕。時楊素正被委任，素又禀性高下，公卿股慄，不敢措言〔一三〇〕。素於鴻臚少卿陳延不平，蕃客館庭中有馬屎，又庶僕氈上樗蒲，旋以白帝，主客令與掌故皆坐棒殺，而搒捶陳延，殆至於斃。大理寺丞楊遠、劉子通等，性愛深文，每隨衙奏獄，能順帝旨。帝大悦，並遣於殿廷三品行中供奉，每有詔獄，專使主之。候帝之所不快，則按以重抵，無殊罪而死者，不可勝計。遠又能附楊素，每於途中接候，而以囚名目白之〔一三一〕，皆隨素所爲輕重。其臨刑赴市者，莫不途中呼枉，仰天而哭。

煬帝即位，以高祖禁網深刻，乃敕修律令，除十惡之條。開皇舊制，釁門子弟〔一三二〕，不得居宿衛近侍之官。先時蕭巖以叛誅，崔君綽坐連庶人勇事，家口籍没。巖以中宫故，君綽緣女入宫愛幸，帝乃下詔，革前制，令諸犯罪被戮之門〔一三三〕，周以下親，仍令合仕，聽預宿衛近侍之官。大業三年，新律成。凡五百條，爲十八篇，詔施行之，謂之大業律：一曰名例，二曰衛宫，三曰違制，四曰請求，五曰户，六曰婚，七曰擅興，八曰告劾，九曰賊，十曰盜，十一曰鬭，十二曰捕亡，十三曰倉庫，十四曰廐牧，十五曰關市，十六曰雜，十七曰詐僞，十八曰斷獄。其五刑之内，降從輕典者，二百餘條。其枷杖决罰訊囚之制，並輕於舊。是時百姓久厭嚴刑，喜於寬刑。後帝乃外征四夷，内窮嗜欲，兵革歲動，賦斂滋繁。有司皆臨時迫脅，苟求濟事〔一三四〕，憲章遐棄，賄賂公行，窮人無告，聚爲盜賊。帝乃更立嚴刑，敕天下竊盜已上，罪無輕重，不待聞奏，皆斬。百姓轉相群聚，攻剽城邑，誅罰不能禁。帝以盜賊不息，乃益肆淫刑。又詔爲盜者籍没其家。自是群盜大起，郡縣官人，又各專威福，生殺任情矣。及楊玄感反，帝誅之，罪及九族。其尤重者，行轘裂梟首之刑。或磔而射之，命公卿以下臠噉其肉。百姓怨嗟，天下大潰。

校勘記

〔一〕虧教傷情　「情」下原衍「義」字，據宋書卷五七蔡廓傳、册府元龜卷六一〇刑法部定律令二删。

〔二〕無乞鞫之訴　「鞫」原作「獄」，「訴」原作「詞」，據元本、慎本、馮本及宋書卷五七蔡廓傳、册府元龜卷六一〇刑法部定律令二改。

〔三〕宜進主守偷十疋常偷五十疋死　「偷十疋常」四字原脱，據宋書卷四二王弘傳、南史卷二一王弘傳、册府元龜卷六一〇刑法部定律令二補。

〔四〕自今凡劫竊執官仗　「仗」原作「伏」，據元本、慎本、馮本及宋書卷八明帝紀、南史卷三明帝紀、册府元龜卷六一〇刑法部定律令二改。

〔五〕五人以下止相逼奪者　「逼」原作「通」，據宋書卷八明帝紀、南史卷三明帝紀、册府元龜卷六一〇刑法部定律令二改。

〔六〕凡千五百三十二條　「二」字原脱，據南齊書卷四八孔稚珪傳、南史卷四九孔珪傳、册府元龜卷六一〇刑法部定律令二補。

〔七〕其文殆滅　「殆」原作「殄」，據隋書卷二五刑法志、通典卷一六四刑法典二改。
〔八〕晉張斐杜預共注律三十卷　「張斐」原作「張裴」，據南齊書卷四八孔稚珪傳、南史卷四九孔珪傳改。又同上二書「三」均作「二」。
〔九〕詔公卿八座參議考正　「考」字原脱，據元本、慎本、馮本及南齊書卷四八孔稚珪傳、南史卷四九孔珪傳補。
〔一〇〕衆議異同不能壹者　「壹」原作「宜」，據元本、慎本、馮本及資治通鑑卷一三七齊紀三武帝永明九年十二月乙酉條改。
〔一一〕則法書徒明於帙裏　「帙」原作「表」，據元本、慎本及資治通鑑卷一三七齊紀三武帝永明九年十二月乙酉條改。按「帙」，資治通鑑作「袠」，注：「袠」與「帙」同。
〔一二〕今若置律助教　「置」原作「直」，據元本、慎本、馮本及資治通鑑卷一三七齊紀三武帝永明九年十二月乙酉條改。
〔一三〕崔祖思言　「崔祖思」原作「崔祖恩」，據南齊書卷二八崔祖思傳、南史卷四七崔祖思傳改。
〔一四〕漢時習律有家　「家」原作「官」，據南齊書卷二八崔祖思傳、南史卷四七崔祖思傳改。
〔一五〕鞭杖杖督之罪　原脱一「杖」字，據隋書卷二五刑法志、通典卷一六四刑法典二補。
〔一六〕笞二百　「二」原作「一」，據元本、慎本、馮本及通典卷一六四刑法典二、册府元龜卷六一〇刑法部定律令二改。
〔一七〕贖二歲刑者　「刑者」二字原脱，據本書卷一七一上刑考十上、通典卷一六四刑法典二、册府元龜卷六一〇刑法部定律令二補。
〔一八〕罰金一兩者　「者」字原脱，據本書卷一七一上刑考十上、通典卷一六四刑法典二、册府元龜卷六一〇刑法部定律令二補。

〔一九〕故爲此十五等之差　「差」原作「制」，據上文及本書卷一七一上刑考十上、隋書卷二五刑法志、册府元龜卷六一〇刑法部定律令二改。又「五」，元本、慎本、馮本及本書卷一七一上刑考十上、通典卷一六四刑法典二皆作「四」。

〔二〇〕又制九等之差　「制」字原脱，據隋書卷二五刑法志、册府元龜卷六一〇刑法部定律令二補。

〔二一〕有一歲刑　「刑」字原脱，據隋書卷二五刑法志、册府元龜卷六一〇刑法部定律令二補。

〔二二〕鞭杖一百　隋書卷二五刑法志、册府元龜卷六一〇刑法部定律令二，此上有「鞭杖二百」四字。

〔二三〕又有八等之差　「有」字原脱，據隋書卷二五刑法志、通典卷一六四刑法典二、册府元龜卷六一〇刑法部定律令二補。

〔二四〕六曰杖督四十　「四」，隋書卷二五刑法志、册府元龜卷六一〇刑法部定律令二作「三」。

〔二五〕熟靼不去廉　「靼」原作「靻」，據唐六典卷六注、孫奭律音義改。下同。

〔二六〕長尺一寸　「一」原作「二」，據隋書卷二五刑法志、册府元龜卷六一〇刑法部定律令二改。

〔二七〕廣三分　「分」原作「寸」，據隋書卷二五刑法志改。

〔二八〕靶長二尺五寸　「二」字原脱，據隋書卷二五刑法志、册府元龜卷六一〇刑法部定律令二補。

〔二九〕大頭圍寸三分　「大」字原脱，據隋書卷二五刑法志、册府元龜卷六一〇刑法部定律令二補。

〔三〇〕小頭圍八分半　「圍」字原脱，據隋書卷二五刑法志、册府元龜卷六一〇刑法部定律令二補。

〔三一〕法杖圍寸三分　「三」原作「二」，據隋書卷二五刑法志、册府元龜卷六一〇刑法部定律令二改。

〔三二〕其應得法鞭杖者　「者」字原脱，據隋書卷二五刑法志、通典卷一六四刑法典二、册府元龜卷六一〇刑法部定律令二補。

〔三三〕其以職員應罰　「員」疑爲「負」之誤，謂有過犯罪。後漢書卷三八度尚傳：「尚見胡蘭餘黨南走蒼梧，懼爲己負，乃僞上言蒼梧賊入荆州界。」三國志卷四七吴主傳：「長吏無廢職之負，孝子無犯重之刑。」隋書卷二五刑法志、唐律疏議卷九職制、唐六典卷六注亦屢見「負」字，意皆爲以不能盡職爲罪。

〔三四〕其制鞭制杖法杖法鞭　隋書卷二五刑法志、册府元龜卷六一〇刑法部定律令二「法鞭」在「法杖」上。

〔三五〕遇赦降死者　「者」字原脱，據隋書卷二五刑法志、册府元龜卷六一〇刑法部定律令二補。

〔三六〕其下又謫運配材官冶士　「運」字原脱，「材」原作「財」，據元本、慎本、馮本及隋書卷二五刑法志、册府元龜卷六一〇刑法部定律令二補改。

〔三七〕並頌繫之　「頌」原作「訟」，據元本、慎本、馮本改。下同。

〔三八〕其尚書當録人之月者　「當」字原脱，據元本、慎本、馮本及隋書卷二五刑法志、通典卷一六四刑法典二、册府元龜卷六一〇刑法部定律令二補。

〔三九〕咸不以鞫獄爲意　「咸」字原脱，據元本、慎本、馮本及隋書卷二五刑法志、通典卷一七〇刑法典八補。

〔四〇〕其無任者著斗械　「斗」原作「升」，據隋書卷二五刑法志改。

〔四一〕陳武帝令尚書删定郎范泉參定律令　「范泉」原作「范杲」，據隋書卷二五刑法志、隋書卷三三經籍志二、唐六典卷六、册府元龜卷六一一刑法部定律令三改。

〔四二〕制律三十卷科三十卷　隋書卷二五刑法志作「制律三十卷令律四十卷」，唐六典卷六作「律三十卷令三十卷科三十卷」，册府元龜卷六一一刑法部定律令三作「制律三十卷令科四十卷」。

〔四三〕其制唯重清議禁錮之科　「唯」原作「維」，據元本、慎本、馮本改。

〔四四〕先與士人爲婚者　「士」字原脱，據隋書卷二五刑法志、册府元龜卷六一一刑法部定律令三補。

〔四五〕付治　「治」原作「治」，據隋書卷二五刑法志改。

〔四六〕鎖二重　「二」原作「三」，據隋書卷二五刑法志、册府元龜卷六一一刑法部定律令三改。

〔四七〕其五歲刑已下　「已」字原脱，據隋書卷二五刑法志、册府元龜卷六一一刑法部定律令三補。

〔四八〕五歲四歲刑　「四歲」二字原脱，據隋書卷二五刑法志、通典卷一六四刑法典二、册府元龜卷六一一刑法部定律令三補。

〔四九〕若公坐過誤　「公坐」二字原脱，據隋書卷二五刑法志、册府元龜卷六一一刑法部定律令三補。

〔五〇〕其二歲刑　「刑」下原衍「者」字，據隋書卷二五刑法志、通典卷一六四刑法典二、册府元龜卷六一一刑法部定律令三删。

〔五一〕贖論　「論」字原脱，據隋書卷二五刑法志、册府元龜卷六一一刑法部定律令三補。

〔五二〕亦不計階品　册府元龜卷六一一刑法部定律令三作「亦許階品」。

〔五三〕脱手械及拲手焉　「拲」，隋書卷二五刑法志、册府元龜卷六一一刑法部定律令三作「壺」。注同。

〔五四〕朔日　隋書卷二五刑法志作「晦朔」。

〔五五〕並置正監平一　「正」原作「立」，據隋書卷二五刑法志、通典卷一六四刑法典二、册府元龜卷六一一刑法部定律令三改。

〔五六〕三公録冤屈　「屈」，隋書卷二五刑法志作「局」。

〔五七〕刑罰濫酷　「罰」原作「法」，據元本、慎本、馮本及魏書卷一一一刑罰志改。

〔五八〕男女皆斬而焚其家　「而」原作「女」，據魏書卷一一一刑罰志、通典卷一六四刑法典二、册府元龜卷六一一刑法部定律令三改。

〔五九〕貧則加鞭二百　「貧」原作「負」，據魏書卷一一一刑罰志、通典卷一六四刑法典二改。

〔六〇〕年十四以下　「下」字原脱，據魏書卷一一一刑罰志、册府元龜卷六一一刑法部定律令三補。

〔六一〕八十及九十　下「十」字，魏書卷一一一刑罰志作「歲」。

〔六二〕拷訊不踰四十九　「九」原作「凡」，據元本、慎本、馮本改。

〔六三〕部主具狀　「具」原作「言」，據魏書卷一一一刑罰志、册府元龜卷六一一刑法部定律令三改。

〔六四〕諸州國大辟　「國」原作「囚」，據魏書卷一一一刑罰志，册府元龜卷六一一刑法部定律令三改。

〔六五〕凡三百七十條　魏書卷一一一刑罰志作「凡三百九十一條」。

〔六六〕文成帝太安中　「文成」原作「獻文」，據通典卷一六四刑法典二改。按魏書卷五高宗紀、卷一一一刑罰志俱繫設酒禁事在太安四年。文成爲高宗謚號。

〔六七〕有日程　「日程」二字原倒，據魏書卷一一一刑罰志、通典卷一七〇刑法典八乙正。

〔六八〕獻文除口誤　「獻文」原作「孝文」，據魏書卷一一一刑罰志、册府元龜卷六一一刑法部定律令三改。

〔六九〕斬皆裸形伏質　「斬皆」二字原倒，據元本、慎本、馮本乙正。

〔七〇〕太和初　依本書文例，本句上當有「孝文」或「高祖」字樣，此下所叙乃孝文帝時事，見魏書卷一一一刑罰志。

〔七一〕又令高閭修改舊文　「改」字原脱，據魏書卷一一一刑罰志、通典卷一六四刑法典二補。

〔七二〕傷肉至骨　「肉」，魏書卷一一一刑罰志作「内」，册府元龜卷六一一刑法部定律令三作「害」。

〔七三〕乃詔非大逆有明證而不疑辭者　「疑」，通典卷一六四刑法典二作「款」。「辭」，魏書卷一一一刑罰志、册府元龜卷六一一刑法部定律令三作「辟」。

〔七四〕義贓二十疋　「二十」，魏書卷一一一刑罰志作「二百」，册府元龜卷六一一刑法部定律令三作「三百」。

〔七五〕義贓一疋　「一疋」，册府元龜卷六一一刑法部定律令三作「一百疋」。

〔七六〕賕賂殆絶　「殆」原作「殄」，據魏書卷一一一刑罰志、通典卷一六四刑法典二、資治通鑑卷一三六齊紀二武帝永明二年九月條改。

〔七七〕十二年　「二」原作「五」，據魏書卷七下高祖紀、資治通鑑卷一三六齊紀二武帝永明二年九月條、册府元龜卷六一一刑法部定律令三改。

〔七八〕著之令　按魏書卷一一一刑罰志，「令」下有「格」字。

〔七九〕宣武帝正始初　按魏書卷八世宗紀、卷一一一刑罰志、册府元龜卷六一一刑法部定律令三俱記高肇事在永平元年七月。

〔八〇〕五等爵及在官品令從第五以上　下「五」字原脱，據魏書卷一一一刑罰志、通典卷一六四刑法典二、册府元龜卷六一一刑法部定律令三補。

〔八一〕階當刑二歲　「階」原作「皆」，據魏書卷一一一刑罰志改。

〔八二〕邢巒奏官人若有罪本除名　按此處無紀年，易使人誤爲正始初事，實則魏書卷一一一刑罰志、册府元龜卷六一一刑法部定律令三俱記延昌二年邢巒上奏後，「詔議律之制，與八座、門下參論，皆以爲官人若有罪本除名」

云云，則此處所載内容非邢巒一人獨奏，而邢巒先之上奏亦非正始初，乃延昌二年也。

〔八三〕永即甄削　「即」原作「既」，據魏書卷一一一刑罰志、通典卷一六四刑法典二、册府元龜卷六一一刑法部定律令三改。

〔八四〕至於縣男　「男」字原脱，據魏書卷一一一刑罰志、通典卷一六四刑法典二、册府元龜卷六一一刑法部定律令三補。

〔八五〕止科亡罪　「科」字原脱，據北史卷五四西魏文帝紀、册府元龜卷六一一刑法部定律令三補。

〔八六〕經三月不殺者　「經」原作「應」，據元本、慎本、馮本改。

〔八七〕三曰婚户　「婚户」二字原倒，據隋書卷二五刑法志、唐六典卷六乙正。

〔八八〕六曰詐僞　「僞」原作「欺」，據隋書卷二五刑法志、唐六典卷六改。

〔八九〕又上新令三十卷　「三」，隋書卷二五刑法志、册府元龜卷六一一刑法部定律令三作「四」。

〔九〇〕列於鄉亭顯處　「顯處」二字原脱，據隋書卷二五刑法志、册府元龜卷六一一刑法部定律令三補。

〔九一〕各加鞭百　「百」字原脱，據隋書卷二五刑法志、通典卷一六四刑法典二補。

〔九二〕其五歲者　本句上原有「六歲者加笞百」六字，據隋書卷二五刑法志、通典卷一六四刑法典二删。

〔九三〕贖罪舊以金　「以」原作「有」，據隋書卷二五刑法志、册府元龜卷六一一刑法部定律令三改。

〔九四〕犯罰絹一疋及杖十以上　「上」原作「下」，據隋書卷二五刑法志、通典卷一六四刑法典二、册府元龜卷六一一刑法部定律令三改。

〔九五〕流罪以上加杻械　「加」原作「枷」，據隋書卷二五刑法志、通典卷一六四刑法典二、册府元龜卷六一一刑法部定律令三改。
〔九六〕其犯此十者　「此」字原脱，據隋書卷二五刑法志、册府元龜卷六一一刑法部定律令三補。
〔九七〕大凡定罪千五百三十七條　「七」字原脱，據下文及隋書卷二五刑法志、册府元龜卷六一一刑法部定律令三補。
〔九八〕自十至五十　上「十」下原衍「五」字，據慎本、馮本及通典卷一六四刑法典二、册府元龜卷六一一刑法部定律令三删。
〔九九〕四曰流刑五　「五」字原脱，據隋書卷二五刑法志、通典卷一六四刑法典二、册府元龜卷六一一刑法部定律令三補。
〔一〇〇〕五年以下各以一等爲差　「五年」二字原脱，據隋書卷二五刑法志、通典卷一六四刑法典二、册府元龜卷六一一刑法部定律令三補。
〔一〇一〕鞭刑二旬　「二」原作「一」，據隋書卷二五刑法志、通典卷一六四刑法典二、册府元龜卷六一一刑法部定律令三改。
〔一〇二〕杖刑一旬　原脱，據隋書卷二五刑法志、通典卷一六四刑法典二、册府元龜卷六一一刑法部定律令三補。
〔一〇三〕其年　承上文，「其年」當指保定三年，據隋書卷二五刑法志，「又爲刑書要制以督之」乃建德六年事。
〔一〇四〕正長隱五户及丁五以上及地頃以上　「正」原作「主」，據隋書卷二五刑法志、周書卷六武帝紀、通典卷一六四刑法典二改。「丁五」、「地頃」，隋書卷二五刑法志、周書卷六武帝紀作「十丁」、「地三頃」。
〔一〇五〕其決人罪　「罪」字原脱，據隋書卷二五刑法志補。

〔一〇六〕後更命中士皇甫猛歌　「歌」字原脱，據隋書卷二五刑法志、通典卷一七〇刑法典八補。

〔一〇七〕又諷諫　隋書卷二五刑法志「又」上有「猛歌」二字，通典卷一七〇刑法典八有「猛」字。

〔一〇八〕二千里居作三年　隋書卷二五刑法志、册府元龜卷六一一刑法部定律令三，本句下有「應住居作者，三流俱役三年」句。

〔一〇九〕犯十惡及故殺人　「犯」字原脱，據隋書卷二五刑法志、册府元龜卷六一一刑法部定律令三補。

〔一一〇〕二千里則百觔矣　「二」原作「三」，據隋書卷二五刑法志、通典卷一六四刑法典二改。

〔一一一〕犯私罪以官當徒者　「犯」下原衍「法」字，據隋書卷二五刑法志、通典卷一六四刑法典二、册府元龜卷六一一刑法部定律令三删。

〔一一二〕徒各加一年　「徒各」二字原脱，據隋書卷二五刑法志、通典卷一六四刑法典二、册府元龜卷六一一刑法部定律令三補。

〔一一三〕咸爲之程品　「品」字原脱，據隋書卷二五刑法志、通典卷一六四刑法典二、册府元龜卷六一一刑法部定律令三補。

〔一一四〕敦理辭訟　「敦理」二字原脱，據隋書卷二五刑法志、册府元龜卷六一一刑法部定律令三補。

〔一一五〕帝又每季親録囚徒　「親」原作「觀」，據元本、慎本、馮本改。

〔一一六〕徒杖等千餘條　「杖」字原脱，據隋書卷二五刑法志、册府元龜卷六一一刑法部定律令三補。

〔一一七〕悉移大理按覆　「大理」二字原脱，據元本、慎本、馮本補。

〔一一八〕嘗怒問事揮楚不甚　「揮」原作「捶」，據隋書卷二五刑法志、通典卷一七〇刑法典八改。

〔一一九〕十年　「十」下原衍「四」字，據隋書卷二五刑法志、通典卷一七〇刑法典八删。

〔一二〇〕犯者不息　「者」原作「法」，據隋書卷二五刑法志改。

〔一二一〕比常杖數百　「杖」字原脱，據隋書卷二五刑法志補。

〔一二二〕復令孝卿馳驛斬之　「復」字原脱，據隋書卷二五刑法志、通典卷一七〇刑法典八補。

〔一二三〕一斗以上皆死　「斗」，隋書卷二五刑法志作「升」。

〔一二四〕詔又以所在官人　「又以」二字原脱，據隋書卷二五刑法志、通典卷一七〇刑法典八補。

〔一二五〕帝猜忌益甚臣寮用法尤峻　「益甚」，隋書卷二五刑法志作「二朝」，義長。

〔一二六〕將作寺丞以課麥麵遲晚　「麵」字原脱，據隋書卷二五刑法志補。「遲」原作「迴」，據元本、慎本、馮本改。

〔一二七〕獨孤師以私受蕃客鸚鵡　「獨孤師」原作「獨孤時」，據元本、慎本、馮本及通典卷一七〇刑法典八改。

〔一二八〕帝察知之　「知之」二字原倒，據通典卷一七〇刑法典八乙正。

〔一二九〕不復依準科條　「條」，隋書卷二五刑法志作「律」。

〔一三〇〕不敢措言　「措」原作「指」，據隋書卷二五刑法志、通典卷一七〇刑法典八改。

〔一三一〕而以囚名目白之　「之」字原脱，據元本、慎本、馮本補。

〔一三二〕釁門子弟　「釁」原作「亹」，據通典卷一六四刑法典二改。

〔一三三〕令諸犯罪被戮之門　「諸」下原衍「州」字，據隋書卷二五刑法志、通典卷一六四刑法典二、册府元龜卷六一一刑法部定律令三删。

〔一三四〕苟求濟事　「事」原作「凶」，據元本、慎本、馮本改。

卷一百六十六　刑考五

刑制

唐高祖入關，除苛政，約法十二條，唯制殺人、劫、盜、背軍、叛逆者死〔一〕，餘悉蠲之。

武德二年，頒新格五十三條，唯吏受贓、詐冒盜府庫物，赦不原。凡斷屠日及正月、五月、九月不行刑。

四年，高祖躬録囚徒。以人因亂冒法者衆，盜非劫傷其主及征人逃亡、官吏枉法，皆原之。已而又詔僕射裴寂等十五人更撰律令，大略以開皇爲準，凡律五百，麗以五十三條。

唐之刑書有四，曰律、令、格、式。令者〔二〕，尊卑貴賤之等數，國家之制度也。格者，百官有司之所常行之事也。式者，其所常守之法也。凡邦國之政，必從事於此三者。其有所違及人之爲惡而入於罪戾者，一斷以律。律之爲書，因隋之舊，爲十有二篇：一曰名例，二曰衛禁，三曰職制，四曰户婚，五曰厩庫，六曰擅興，七曰賊盜，八曰鬭訟，九曰詐僞，十曰雜律，十一曰捕亡，十二曰斷獄。其用刑有五：一曰笞。笞之爲言耻也，凡過之小者，捶撻以耻之。漢用竹，後世更以楚。書曰「扑作教刑」是也。二曰杖。杖者，持也，可持以擊也。書曰「鞭作官刑」是也。三曰徒。徒者，奴也，蓋奴辱之。周禮曰：其奴，男子入於罪隸，任之以事，寘之圜土而教之，量其罪之輕重，有年數而捨。四曰流，書云「流有五刑」，謂不忍刑殺，宥之於遠也。五曰死，乃古大辟之刑也。自隋以前，死刑有五，曰磬、絞、斬、梟、裂。而流、徒之刑，鞭笞兼用，數皆踰百。至隋始定爲：笞刑五，自十至於五十；杖刑五，自六十至於百；徒刑五，自一年至於三年；流刑三，自一千里至於二千里；死刑二，絞、斬。除其鞭刑及梟首、轘裂之酷。又有議、請、減、贖、當、免之法，唐皆因之。諸枷長五尺以上、六尺以下，頰長二尺五寸以上、六寸以下，共闊尺四寸以上、六寸以下，徑三寸以上、四寸以下。杻長六寸以上、二尺以下〔三〕，廣三寸，厚一寸。鉗重八兩以上、一斤以下，長一尺以上、一尺五寸以下。鎖長八尺以上、丈二尺以下〔四〕。

諸杖皆削去節目，長三尺五寸。訊囚杖，大頭徑三分二釐〔五〕，小頭二分二釐〔六〕。常行杖，大頭二分七釐，小頭一分七釐。笞杖，大頭二分，小頭一分半。其決笞者，腿臀分受〔七〕，決杖者，背、腿、臀分受。須數等栲訊者亦同。笞以下，願背、腿均受者，聽。即殿庭決者，皆背受。

太宗即位，以爲古者斷獄，必訊於三槐九棘之官〔八〕，今三公九卿，即其職也。乃詔：「死罪，中書、門下五品以上及尚書平議之。」

帝嘗覽明堂針灸圖，見人之五臟皆近背，針灸失所，則其害致死，嘆曰：「夫箠者，五刑之輕；死者，人之所重。安得犯至輕之刑而或至死？」乃詔罪人毋鞭背。

詔：「三品以上，犯公罪流、私罪徒，皆不追身。」時引囚至岐州刺史鄭善果，上曰：「善果雖有罪，官品不卑，豈可與諸囚爲伍？」乃詔：「自今三品以上犯罪，不須引過，聽於朝堂俟進止。」

致堂胡氏曰：「三品以上，貴近之臣也。太宗不使與諸囚同引〔九〕，得待臣以耻之道矣。然諸囚蒙引，而貴近之臣反不見引，設有誣陷冤抑，欲面訴於君而止於朝堂，無由自進，其所失又多矣。隋史萬歲實在朝堂，而楊素以往謁東宮譖之。朝堂雖近天子之居，至是遠於萬里。故太宗不欲使三品以上與囚同引者，別引可也。」

二年，詔長孫無忌、房玄齡等復定律令，議絞刑之屬五十，皆免死而斷右趾。其後蜀王府法曹參軍裴弘獻又駁律令不便者四十餘事，遂除斷趾法爲加役流三千里居作二年〔一〇〕，比古死刑，殆除其半〔一一〕。據有司定律五百條，分爲十二卷，於隋代舊律，減大辟入流九十二條，減流入徒七十一條〔一二〕。

既定免死斷右趾法，帝又哀其斷毀支體，謂侍臣曰：「肉刑，前代除之久矣，今復斷人趾，吾不忍也。」王珪、蕭瑀、陳叔達對曰：「受刑者當死而復生，豈憚斷一趾？去趾，所以使見者知懼〔一三〕。今以死刑爲斷趾，蓋寬之也。」其後，裴弘獻駁律令，房玄齡等又以爲：「古者五刑，刖居其一。今肉刑既廢，以笞、杖、徒、流、死爲五刑，而又刖足，是六刑也。」於是除之。

五年，帝以大理丞張蘊古奏罪不以實，斬之。既而大悔，詔：「死罪，雖令即決，皆三覆奏。」見詳讞門。

六年，帝親録囚徒，縱死罪三百九十人歸家，期以明年秋即刑。如期皆來，乃赦之。見赦門。

十一年，頒新格於天下。凡律五百條，分爲十二卷。定令一千五百四十六條〔一四〕，爲三十卷。又刪武德以來敕三千餘條爲七百條，以爲格。又取尚書省列曹及諸寺監、十六衛計帳以爲式。

凡州縣皆有獄，而京兆、河南獄治京師。其諸司有罪及金吾捕者，又有大理獄。京師之囚，刑部月一奏，御史巡行之。每歲立春至秋分，及大祭祀、致齋、朔望、上下絃、二十四氣、雨及夜未明、假日、斷屠日月及假日〔一五〕，皆停死刑。京師決死，涖以御史、金吾，在外則上佐，餘皆判官涖之。五品以上罪論死，乘車就刑，大理正涖之。或賜死於家。凡囚已刑，無親屬者，將作給棺，瘞於京城七里外，壙有磚銘，上揭以榜，家人得取以葬。諸獄之長官，五日一慮囚。夏置漿飲，月一沐之，疾病給醫藥，重者釋械，其家一人入侍。職事、散官三品以上，婦女子孫二人入侍〔一六〕。天下疑獄讞，大理寺不能決者，尚書省衆議之，録可以爲法者送祕書省。奏報不馳驛。經覆而決者，刑部歲以正月遣使巡覆，所至，閱獄囚杻校糧餉，治不如法者。

十六年，詔：「盜賊之作，爲害最深。州縣官人，多求虛譽，苟有盜發，不欲陳告。〔一七〕鄉村長正，知其此情，遞相勸止，十不言一。假有披論，先劾物主，爰及鄰伍，久嬰縲紲。有一於斯，實虧正化。自今以後，勿使更然。」

十七年，刑部以反逆連坐律，兄弟没官爲輕，請改從死。敕八座議之。議者以爲：「秦、漢、魏、晉之法，反者皆夷三族。今宜如刑部所請。」給事中崔仁師駁曰：「古者父子兄弟，罪不相及，奈何以亡秦酷法，變隆周中典？且誅其父子，足累其心。此而不顧，何愛兄弟？」上從之。

高宗即位，詔律學之士撰律疏。又詔長孫無忌等增損格敕〔一八〕，其曹司常務曰留司格，頒之天下曰散頒格。龍朔、儀鳳中，司刑太常伯李敬玄、左僕射劉仁軌相繼又加刊正。

趙冬曦上書言：「臣聞夫今之律者，昔乃有千餘條。近者隋之姦臣將弄其法，故著律曰：『犯罪而律無正條者，應出罪則舉重以明輕，應入罪則舉輕以明重。』立夫一言而廢其數百條。自是迄今，竟無刊革，遂使死生罔由乎法律，輕重必因乎愛憎。受罰者不知其然，舉事者不知其犯，臣恐賈誼見之，必爲之慟哭矣。立法者，貴乎下人盡知，則天下不敢犯耳，何必飾其文義，簡其科條哉！夫科條省則下人難知，文義深則法吏得便。下人難知，則暗陷機阱矣，安得無犯法之人哉！法吏得便，則比附而用之矣，安得無弄法之臣哉！臣請律、令、格、式，復更刊定其科條，言罪直書其事，無假文飾。其以準、加減、比附、量情及舉輕以明重、不應爲而爲之類，皆勿用之。使愚夫愚婦，聞之必悟，則相率而遠之矣，亦安肯知而故犯哉！苟有犯者，雖貴必坐，則宇宙之內，肅肅然咸服矣。故曰法明則人信，法一則主尊。書曰：『刑期於無刑。』誠哉是言！」

永徽以後，武氏得志而刑濫。當時大獄，以尚書刑部、御史臺〔一九〕、大理寺雜按，謂之「三司」。而法吏以慘酷爲能，至不釋枷而笞捶以死者，皆不禁。律有杖百，凡五十九條，犯者或至死而杖未畢〔二〇〕。乃詔：「內有盜竊及蠱害尤甚者，量留一十二條，自餘四十七條，並宜停。」然無益也。

武后時，內史裴居道、鳳閣侍郎韋方質等，又刪武德以後至於垂拱詔敕爲新格，藏於有司，曰垂拱留司格。中書令韋安石又續其後至於神龍，爲散頒格。后自徐敬業之反，疑天下人多圖己。又自以久專國事，且內行不正，知宗室大臣怨望不服，欲大誅殺以威之。乃盛開告密之門。時有飛騎十餘人飲於坊曲，一人言：「向知別無勳賞，不若奉廬陵。」一人起出，詣北門，告之。座未散，皆捕得，繫羽林獄，言者斬，餘以知而不告皆絞；告者除五品官。有告密者，臣下不得問，皆給驛馬，供五品食，使詣行在。雖農夫樵人，皆得召見，廩於客館。所言或稱旨，則不次除官，無實者不問。於是四方告密者蜂起，人皆重足屏息。有胡人索元禮，知太后意，因告密召見，擢爲遊擊將軍，令按制獄。元禮性殘忍，推一人必令引數十百人。太后數召見賞賜，以張其權。於是尚書都事長安周興、萬年人來俊臣之徒效之，紛紛繼起。興累遷至秋官侍郎，俊臣累遷至御史中丞。相與私畜無賴數百人，專以告密爲事。欲陷一人，輒令數處俱告，事狀如一。俊臣與司刑評事洛陽萬國俊共撰羅織經數千言，教其徒網羅無辜，織成反狀，構造布置，皆有支節。太后得告密者，輒令元禮等推之。競爲訊囚酷法，作大枷，有「定百脉」、「突地吼」、「死猪愁」、「求破家」、「反是實」等名字。或以椽關手足而轉之，謂之「鳳皇曬翅」；或以物絆其腰，引枷向前，謂之「驢駒拔橛」；或使跪捧枷，累甓其上，謂之「仙人獻果」；或使立高木之上，引枷尾向後，謂之「玉女登梯」；或倒懸，石縋其首；或以醋灌鼻，或以鐵圈轂其首而加楔，至有腦裂髓出者。每得囚，輒先陳其械具以示之，皆戰栗流汗，望風自誣。每有赦令，俊臣輒令獄卒先殺重囚，然後宣示。太后以爲忠，益寵任之。中外畏此數人，甚於虎狼。又置制獄於麗景門内，入是獄者，非死不出，人戲呼爲「例竟門」。時法官競爲深酷，唯司刑丞徐有功、杜景儉獨存平恕。被告者皆曰：「遇來、侯必死，遇徐、杜必生。」

致堂胡氏曰：「自古酷刑，未有甚於武后之時。其技與其具，皆非人理，蓋出於佛氏所說地獄之事也〔二〕。佛之意，本以怖愚人使之信也。然其說自南北朝瀾漫至唐，未有用以治獄者，何獨言武后之時效之也？佛之言在册，知之者少；形於繪畫，則人人得見。而慘刻之吏，智巧由是滋矣。

閻立本圖地獄變相，至今尚有之，況當時群僧得志，繪事偶像之盛，從可知矣。是故惟仁人之言，其利溥。佛本以善言之，謂治鬼罪於幽陰間耳，不虞其弊使人真受此苦也。吁，亦不仁之甚矣！」

長壽元年，左臺中丞來俊臣羅告同平章事任知古、狄仁傑、裴行本、司農卿裴宣禮、前文昌左丞盧獻、御史中丞魏元忠、潞州刺史李嗣真謀反。先是，來俊臣奏請降敕，一問即承反者，得減死。及知古等下獄，俊臣以此誘之。仁傑對曰：「大周革命，萬物惟新。唐室舊臣，甘從誅戮。反是實。」俊臣乃少寬之。仁傑密裂衾帛，書冤狀，令其子持之稱變，得召見。則天覽之，以問俊臣，對曰：「仁傑等下獄，臣未嘗褫其巾帶，寢處安甚，苟無事實，安肯承反？」太后使通事舍人周綝往視之。俊臣暫假仁傑等巾帶，羅立於西，使綝視之。綝不敢視，唯東顧唯諾而已。俊臣詐爲仁傑等謝死表，使綝奏之。樂思晦男未十歲〔三〕，没入司農，上變，得召見。太后問狀，對曰：「臣父已死，臣家已破，但惜陛下法爲俊臣等所弄。陛下不信臣言，可擇朝臣之忠清、陛下素所信任者，爲反狀以付俊臣，無不承反矣。」太后意稍悟，召見仁傑曰：「卿承反何也？」對曰：「不承則已死於拷掠矣。」太后曰：「何爲作謝死表？」對曰：「無之。」出表示之，乃知其詐。於是出此七族，俱坐流貶。

太后自垂拱以來，任用酷吏，先誅唐宗室貴戚數百人，次及大臣數百家，其刺史、郎將以下不可勝數。每除一官，户婢竊相謂曰：「鬼朴又來矣！」不旬月，輒遭掩捕族誅。監察御史朝邑嚴善思公直敢言〔三〕。時告密者不可勝數，皆誘人奴婢告其主，以希功賞。太后亦厭其煩，命善思按問，引虛伏罪者八百五十餘人。羅織之黨爲之不振，乃相與構陷善思，坐流貶。

右補闕新鄭朱敬則以太后本任威刑以禁異議，今既革命，衆心已定，宜省刑尚寬。乃上疏，以爲：「李斯相秦，用刻薄變詐以屠諸侯，不知易之以寬和，卒至土崩。此不知變之禍也。漢高祖定天下，陸賈、叔孫通説之以禮義，傳世十二，此知變之善也。自文明草昧，天地屯蒙，三叔流言，四凶構難，不設鈎距，無以應天順人，不切刑名，不可摧姦息暴。故置神器，開告端，曲直之影必呈，包藏之心盡露。神道助直，無罪不除，蒼生晏然，紫宸易主。然而急趨無善迹，促柱少和聲。向時之妙策，乃當今之芻狗也。伏願覽秦、漢之得失，考時事之合宜，審糟粕之可遺，覺蘧廬之須毁，去萋菲之牙角，頓姦險之鋒芒，窒羅織之原，掃朋黨之迹，使天下蒼生，坦然大悦，豈不樂哉！」太后善之，賜帛三百段。

侍御史周矩上疏曰：「推劾之吏，皆相矜以虐：泥耳籠頭，枷研楔轂，摺膺籤爪，懸髮薰耳，號曰『獄持』；或累日節食，連宵緩問，晝夜摇撼，使不得眠，號曰『宿囚』。此等既非木石，且救目前，苟求賒死。臣竊聽輿議，皆稱天下太平，何苦須反！豈被告者盡是英雄，欲求帝王邪？但不勝楚毒自誣耳。願陛下察之。今滿朝側息不安，皆以爲陛下朝與之密，夕與之讎，不可保也。周用仁而昌，秦用刑而亡。願陛下緩刑用仁，天下幸甚。」太后頗采其言，制獄稍衰。

太后謂侍臣曰：「頃者周興、來俊臣按獄，多連引朝臣，云其謀反。國有常法，朕安敢違。中間疑其不實，使近臣就獄引問，得其手狀，皆自承服，朕不以爲疑。自興、俊臣死，不復聞有反者。然則，前死者不有冤邪？」夏官侍郎姚元崇對曰：「自垂拱以來，坐謀反死者，率皆興等羅織，自以爲功。陛下使近臣問之，近臣亦不自保，何敢動摇！所問者若有翻覆，懼遭慘毒，不若速死。賴天啓聖心，興等伏誅。臣以百口爲陛下保，自今内外之臣，無復反者。若微有實狀，臣請受知而不告之罪。」太后悦，曰：「曏時宰相，皆順成其事，陷朕爲淫刑之主。聞卿所言，深合朕心。」賜元崇錢千緡。時人多爲魏元忠訟冤者，太后復召爲肅政中丞。元忠前後坐棄市、流竄者四。嘗侍宴，太后問曰：「卿往者數負謗何也？」對曰：「臣猶鹿耳。羅織之徒，欲得臣肉爲羹，臣安所避之？」

玄宗開元三年，黄門監盧懷慎等著開元格。其後，李林甫又著新格，凡所損益數千條；宋璟著後格，皆以開元名書。天寶初，又詔刑部尚書蕭炅稍增損之。

十年，前廣州都督裴伷先下獄〔二四〕，中書令張嘉貞奏請決杖，兵部侍郎張説進曰：「臣聞『刑不上大夫』，以其近於君也。故曰：『士可殺，不可辱。』臣今秋巡邊，中途聞姜皎朝堂決杖流。皎三品，亦有微功，不宜決杖廷辱，以卒伍待之。且律有八議，勳貴在焉。今伷先亦不可輕，不宜決罰。」上然其言。嘉貞不悦，退謂説曰：「何言事之深也！」説曰：「宰臣，時來則爲。若貴臣盡當受杖，但恐吾輩行當及之。此言非爲伷先，乃爲天下士君子也。」

容齋洪氏隨筆曰：「唐太宗自臨治兵，以部陳不整，命大將軍張士貴杖中郎將等。怒其杖輕，下士貴吏。魏徵諫曰：『將軍之職，爲國爪牙〔二五〕，使之執杖，已非治法，况以杖輕下吏乎？』上亟釋之。明皇開元三年，御史大夫宋璟坐監朝堂杖人杖輕，貶睦州刺史。姚崇爲宰相，弗能止；盧懷慎亦爲相，疾亟，表言『璟明時重器，所坐者小，望垂矜録。』上深納之。太宗、明皇，有唐賢君也，而以杖人輕之故，加罪大將軍、御史大夫，可謂失政刑矣。」

吴氏能改齋漫録曰：「陳政敏遯齋閑覽言：杜子美『脱身簿尉中，始與箠楚辭』，韓退之『判司卑官不堪説，未免箠楚塵埃間』，杜牧之『參軍與簿尉，塵土驚劻勷〔二六〕。一語不中治，鞭笞身滿瘡』，謂唐時參軍、簿尉，有過不免受杖。鮑彪謂：『詳考杜、韓所言，捶有罪者也。牧之亦言驚見有罪者如此，非身受杖也。退之江陵途中云：「栖栖法曹掾，何處事卑陬。何况親犴獄，敲榜發姦偷。」此豈身受杖者邪？』然太平廣記載李遜決包尉臀杖十下，及舊唐書于頔爲湖州刺史，改蘇州，追憾湖州舊尉，封杖以計强决之，則鮑論亦未當。」

按：以裴伷先之事觀之，則唐三品官固有受杖者。又張士貴、宋璟所監涖者，其受刑必皆伷先之流，則捶楚非特簿尉末僚而已。

十六年，御史中丞李林甫奏：「天下定贓估，互有高下。如山南絹賤，河南絹貴，賤處計贓不至三百即入死刑，貴處至七百以上方至死刑。即輕重不侔，刑典安寄？請天下定贓估，絹每疋計五百五十價爲限。」敕依。其應徵贓入公私，依常式。至上元時，敕：「先準格例，每例五百五十價估當絹一疋。自今以後，應定贓數宜約當時絹估，並準實錢，庶叶從寬，俾在不易。」

十八年，刑部奏天下死罪止二十四人。

致堂胡氏曰：「以文觀之，四海九州之大，一歲死罪止有二十四人，幾於刑措矣。以實論之，玄宗方以奢汰逸樂教有邦〔二七〕，則獄訟安得一一伸理？曲直安得一一辨白？無乃慕刑措之名，飾太平之盛，有當死而蒙宥者乎？官吏之慘舒，一視上之好惡。君好之則臣爲之，上行之則下從之。故詩云：『誘民孔易。』苟欲措刑不用，雖囹圄常空可也。然訟獄曲直不得其分，姦猾逋誅，蠹害脱死，而平人冤抑者衆矣。是故善爲治者，必去華而務實，則不爲人所罔也。」

二十三年〔二八〕，殿中侍御史楊汪爲張瑝等所殺〔二九〕。先時，瑝父張審素爲巂州都督，人告其贓污，制遣汪按之。總管董元禮將兵七百圍汪，殺告者，謂汪曰：「善奏審素則生，不然則死。」會救兵至，擊斬之。汪奏審素謀反，審素坐斬，籍没其家。時瑝及弟琇俱幼，坐流嶺表，尋逃歸，謀伺便復讎。三月，手殺萬頃於都城，繫表於斧，言父冤狀。欲之江外，殺與萬頃同謀陷其父者，至汜水，爲有司所得。議者多言二子父死非罪，穉年孝烈，能復父讎，宜加矜宥。張九齡亦欲活之。裴耀卿、李林甫以爲如此壞國法，上亦以爲然，謂九齡曰：「孝子之情，義不顧死。然殺人而赦之，此塗不可啓也。」乃下敕曰：「國家設法，期於止殺。各伸爲子之志，誰非徇孝之人？展轉相讎，何有限極！咎繇作士，法在必行。曾參殺人，亦不可恕。宜付河南府杖殺。」士民皆憐之。

致堂胡氏曰：「復讎，因人之至情，以立臣子之大義也。讎而不復，則人道滅絶，天理淪亡。故曰：『父之讎，不與共戴天。君之讎視父。』張審素未嘗反，爲人妄告。楊汪受命往按，遽以反聞，審素坐斬，此汪之罪也。瑝與琇忿其父死之冤，亡命報之，其失在不訟於司寇，其志亦可矜矣。張九齡欲宥之，豈非爲此乎？而裴、李降敕之言，何其戾哉！設法之意，固欲止殺。然子志不伸，豈所以爲教？且曰『曾參殺人，亦不可恕』，是有見於殺人者死，而無見於復讎之義也。楊汪非理殺張審素，而瑝、琇殺汪，事適均等，但以非司寇而擅殺當之，仍矜其志，則免死而流放之可耳。若直殺之，是楊氏以一人而當張氏三人之命，不亦頗乎！」

二十五年，夷州刺史楊濬坐贓當死，上命杖之六十，流古州。左丞相裴耀卿上疏，以爲：「決杖贖死，恩則甚優。解體受笞，事頗爲辱，止可施之徒隸，不當及於士人。」上從之。

大理少卿徐嶠奏：「今歲天下斷死刑五十八人。大理獄院由來相傳殺氣太盛，烏雀不栖。今有鵲巢其樹。」於是百官以爲幾致刑措，上表稱賀。

按：通鑑紀此事於開元之二十五年，然當時李林甫方用事，崇獎姦邪，屏斥忠直。監察御史周子諒以彈牛仙客杖死殿廬，太子瑛、鄂王瑤、光王琚以失寵被讒，無罪同日賜死。皆是年事也。其爲濫刑也大矣，而方以理院鵲巢爲刑措之祥，何邪？

天寶初，李林甫爲相，起大獄以誣陷異己者，寵任吉温、羅希奭爲御史。二人皆隨林甫所欲深淺，鍛鍊成獄，無能自脱者，時人謂之「羅鉗吉網」。所殺數十百人。

六載，敕：「自今以後所斷絞、斬刑者，宜削除此條，仍令法官約近例詳定處分。」又詔曰：「徒非重刑，而役者寒暑不釋械繫；杖，古以代肉刑，或犯非巨蠹而捶以至死。其皆免，以配諸軍自效。民年八十以上及重疾有罪，皆勿坐。侍丁犯法，原之，俾終養。」

肅宗至德二載，廣平王俶克復東京，百官受安禄山父子官者陳希烈等三百餘人，皆素服悲泣請罪。俶以上旨釋之，尋勒赴西京。崔器令詣朝堂請罪，如西京百官之儀，然後收繫大理、京兆獄。其府縣所由、祗承人等，受賊驅使追捕者，皆收繫之〔三〇〕。上御丹鳳樓，下制：「士庶受賊官禄爲賊用者〔三一〕，令三司條件聞奏。其因戰被虜，或所居密近，因與賊往來者，皆聽自首除罪。其子女爲賊所污者，勿問。」以禮部尚書李峴、兵部侍郎吕諲爲詳理使，與御史大夫崔器共按陳希烈等獄。峴以殿中侍御史李栖筠爲詳理判官，栖筠多務平恕，故人皆怨諲、器之刻深，而峴獨得美譽。器、諲上言：「諸陷賊官，背國從僞，準律皆應處死。」上欲從之。峴以爲：「賊陷兩京，天子南巡，人自逃生，此屬皆陛下親戚或勳舊子孫，今一概以叛法處死，恐乖仁恕之道。且河北未平，群臣陷賊者尚多。若寬之，足開自新之路；若盡誅之，是堅其附賊之心也。書曰：『殲厥渠魁，脅從罔治。』諲、器守文，不達大體，惟陛下圖之。」爭之累日，上從峴議，以六等定罪：重者刑之於市，次賜自盡，次重杖一百，次三等流、貶。斬達奚珣等十八人於城西南獨柳樹下〔三三〕，陳希烈等七人賜自盡於大理寺，應受杖者於京兆府門。

代宗寶應元年，詔：「制敕與一頓杖者，其數止四十；至到與一頓及重杖一頓、痛杖一頓者，皆至六十。並不至死。」

帝性仁恕，河、洛平，詔河北、河南吏民任僞官者〔三三〕，一切不問。得史朝義將士妻子四百餘人，皆赦之。僕固懷恩反，免其家，不緣坐。諫者常諷帝政寬，故朝廷不肅〔三四〕。帝笑曰：「艱難時無以逮下，顧刑法峻急，有威無恩，朕不忍也。」即位五年，府縣寺獄無重囚。故時，別敕決人，捶無數。有司言：「應決重杖之人，令式先無分別。京城知是蠹害，決者多死；外州見流嶺南，決不至死。決有兩種，法開二門。請詳處分。」故有是詔。

德宗建中三年，刑部侍郎班宏奏：「其十惡中，謀反、大逆、叛、惡逆四等，請準律用刑。其餘犯別罪合處斬者〔三五〕，今後並請重杖一頓處死，以代極法。重杖既是死刑，諸司便不在奏請決重杖限〔三六〕。」敕旨依。

貞元八年，敕：「比來所司斷罪〔三七〕，拘守科條。或至死刑，猶先決杖，處之極法，更此傷殘。惻隱之懷，實所不忍。今後罪至死者，先決杖宜停。」

按：鞭、扑在有虞爲至輕之刑，在五刑之下。至漢文帝除肉刑，始以笞代斬趾。而笞數既多，反以殺人。其後，以爲笞者多死，其罪不至死者，遂不復笞，而止於徒、流。魏、晉以下，笞數皆多，笞法皆重。至唐而後，復有重杖、痛杖之律。只曰「一頓」，而不爲之數，行罰之人，得以輕重其手，欲活則活之，欲斃則斃之。夫生之與死，箠楚之與刀鋸，亦大有間矣。今重杖、痛杖之法，乃出入乎生死之間，而使姦吏因緣爲市，是何理也？至於當絞斬者，皆先決杖，或百或六十，則與秦之具五刑何異？建中時〔三八〕，始定重杖爲死刑；貞元時，始令死刑不先決杖，蓋革累朝弊法云。

憲宗時，刑部侍郎許孟容等删天寶以後敕爲開元格後敕。

時李吉甫、李絳爲相。吉甫言：「治天下必任賞罰，陛下頻降赦令，蠲逋賑饑，恩德至矣。然典刑未舉，中外有懈怠心。」絳曰：「今天下雖未大治，亦未甚亂，乃古平國用中典之時。自古欲治之君，必先德化。至暴亂之世，始專任刑法。吉甫之言過矣。」帝以爲然。司空于頔亦諷帝用刑以收威柄，帝謂宰相曰：「頔懷姦謀，欲朕失人心也。」

元和八年，詔：「兩京、關内、河東、河北、淮南、山南東西道死罪十惡、殺人、鑄錢、造印，若强盜持杖劫京兆界中及他盜贓踰三疋者，論如故。其餘死罪，皆流天德五城，父祖子孫欲隨者，勿禁。」

唐史刑法志論曰：「刑者，政之輔也。政得其道，仁義興行，而禮讓成俗。然猶不敢廢刑，所以爲民防也。寬之而已。今不隆其本，顧風俗謂何而廢常刑，是弛民之禁，啓其姦，猶積水而决其防。故自玄宗廢徒杖刑，至是又廢死刑，民未知德，而徒以爲幸也。」

穆宗時，每有司斷大獄，令中書舍人一人參酌而輕重之，號「參酌院」。其後罷之。

大理少卿崔杞奏曰：「國家法度，高祖、太宗定制二百餘年矣。周禮正月布刑，張之門閭及都鄙邦國，所以屢丁寧，使四方謹行之。大理寺，陛下守法之司也。今別設參酌之官，有司定罪，乃議其出入，是予奪係於人情，而法官不得守其職。昔子路問政，孔子曰：『必也正名乎。』臣以爲『參酌』之名不正，宜廢。」乃罷之。

文宗時，命尚書省郎官各删本司敕，而丞與侍郎覆視，中書、門下參其可否而奏之，爲太和格後敕。

太和九年，李訓、鄭注謀誅宦官不克，仇士良等擒宰相王涯、舒元輿等入左軍〔三九〕，被以桎梏，掠拷不勝苦，自誣服：稱與李訓謀行大逆，尊立鄭注。於是以左神策出兵三百人，以李訓首引王涯、王璠、羅立言、郭行餘，右神策出兵三百人，擁賈餗、舒元輿、李孝本，獻於廟社，徇於兩市。命百官臨視，腰斬於獨柳之下，梟其首於興安門外。親屬無問親疏皆死，孩穉無遺，妻女不死者没爲官婢〔四〇〕。

昭義軍節度使劉從諫上表請王涯等罪名，且言：「涯等儒生，荷國榮寵，咸欲保身全族，安肯構逆？訓等實欲討除内臣，兩中尉自爲救死之謀，遂致相殺。誣以反逆，誠恐非辜。設若宰相實有異圖，當委之有司，正其典刑，豈有内臣擅領甲兵，恣行剽劫，延及士庶，横被殺傷，流血千門，僵屍萬計，搜羅枝蔓，中外恫疑。臣欲身詣闕庭，面陳臧否，恐并陷孥戮，事亦無成。謹當修飭封疆，訓練士卒，内爲陛下心腹，外爲陛下藩垣。如姦臣難制，誓以死清君側。」士良等甚憚之。

武宗時，詔：「竊盜贓滿千錢者死。」

故時，竊盜無死，所以原民情迫於饑寒也。武宗有此令，宣宗立，乃罷之。

會昌五年制節文：「據律，已去任者，公罪流以下，勿論。公罪之條，情有輕重，苟涉欺詐，豈得勿論？向後公罪有情狀難恕，並不在勿論之限。」

宣宗時，左衛率府倉曹參軍張戣以刑律分類爲門而附以格敕，爲大中刑法統類〔四一〕，詔刑部頒行之。

大中五年，敕：「今後有官典犯贓及諸色取受，但是全未發覺以前能經官陳首，即准律文與減等；如知事發，已有萌肇，雖未被追捕勘問，亦不許陳首之限。」

七年，敕：「法司斷罪，每脊杖一下，折法杖十下；臀杖一下，折笞杖五下，則吏無逾制〔四二〕，法守常規。」

八年，敕：「估絹結贓，天下一例。依上都以一千一百九十文爲陌，計贓絹一疋。」

僖宗乾符四年，敕：「法律有去任勿論之條，頗爲僥倖。今後應州縣官吏所犯諸罪〔四三〕，五年之後去任，勿論；五年内，同見任官例追收，據事定刑〔四四〕。」

梁太祖開平四年，中書門下奏：「新删定令三十卷，式二十卷，格一十卷，律并目録十三卷，律疏三十卷，共一百三卷，請目爲大梁新定格式律令，頒下施行。」從之。

後唐莊宗同光二年〔四五〕，刑部及御史臺奏廢僞梁新格，行本朝舊章。今集衆商量，開元格多是條流公事，開成格關於刑獄。今欲且請行開成格。從之。

三年，大理寺奏：「準斷獄律，諸立春後秋分以前，不得奏決死刑，違者徒一年。今寺司相次有案牘，若準律文，候秋分後申奏，必慮刑獄遲滯者。」詔曰：「刑以秋冬〔四六〕，雖關惻隱；罪多連累，翻慮淹延。若或十人之中止於一夫抵罪，豈可以輕附重，禁錮逾時！言念哀矜，又難全廢。其諸司囚徒，罪無輕重，並宜各委本司據罪詳斷，輕者即時疏理，重者候過立春，至秋分然後行法。如是事繫軍機，須行嚴令，或謀爲逆惡，或藴蓄姦邪，或行劫殺人，難於留滯，並不在此限。」

明宗天成二年，大理寺奏：「按斷獄律：『諸死罪，不待覆奏報下而決者〔四七〕，流二千里。即奏報應決者，聽三日乃行刑，若限未滿而行刑者，徒一年。』伏以人命至重，死不再生。近年以來，全不覆奏。或蒙赦宥，已被誅夷。乞敕所司，應在京有犯極刑者，令決前、決日各一覆奏，聽進止；有凶逆犯軍令者，亦許臨時一覆奏。」奉敕依。

容齋洪氏隨筆曰：「五代之際，時君以殺爲嬉，視人命如草芥。唐明宗頗有仁心，獨能斟酌㑺救。天成三年，京師巡檢軍使渾公兒口奏，有百姓二人，以竹竿習戰鬭之事。帝即傳宣，令付石敬塘處置。敬塘殺之。次日，樞密使安重誨敷奏，方知悉是幼童爲戲。下詔自咎，以爲失刑。減常膳十日，以謝幽冤。罰敬塘一月俸，渾公兒削官，杖脊配流登州。小兒骨肉，賜絹五十疋，粟麥各百石。便令如法埋葬。仍戒諸道州府，凡有極刑，並須子細裁遣。此事見舊五代史，新書去之。」長興四年，大理正張仁瑑奏：「伏見諸道州府刑殺罪人，雖有骨肉尋時，不容收瘞，皆給喪葬行人載於城外〔四八〕，或殘害尸髮，多致邀求。準獄官令：『諸大辟罪，並官給酒食，聽親故辭訣，宣告犯狀，日未後行刑。』注云：『決之經宿，所司即爲埋瘞。若有親故，亦任收葬。』又條：『諸囚死無親戚者，官給棺，於官地埋瘞，置磚銘，於壙内立牌，於冢上書其姓名〔四九〕。』請依令指揮。」從之。

閩主曦欲杖御史中丞，諫議大夫鄭元弼諫曰：「古者刑不上大夫。中丞儀刑百辟，豈宜加之箠楚？」乃釋之。

致堂胡氏曰：「庶人貧賤，不能備禮，故不責以行禮。大夫尊貴，不可加刑，故不使之受刑。非固欲然，因其勢也。賈誼得聖人之意，故引投鼠忌器之喻，二世見當以重法之禍以警文帝〔五〇〕。自是漢不加刑於大臣，大臣有罪皆自殺。而臨川王氏反此義爲之説曰：『禮不可以庶人爲下而不用，刑不可以大夫爲上而不施。』其意非爲化民成俗而興禮教也，直欲殺戮故老以制異己耳，豈非邪説害義之大乎！以區區之閩，無道之曦，猶能爲鄭元弼正論而自屈。談經佐王，乃祖韓非、商鞅之術，曾元弼之不若，而世猶尊信之，何哉？」

晉天福十二年，敕：「應天下凡關强盗，捉獲不計贓物多少，按驗不虚，並宜處死。」時四方盗賊多，朝廷患之，故重其法，仍分命使者逐捕〔五一〕。蘇逢吉自草詔意云：「應賊盗及四鄰同保〔五二〕，皆全族處斬。」衆以爲盜猶不可族，況鄰保乎？逢吉固爭，不得已，但省去「全族」字。由是捕賊使者張令柔殺平陰十七村民。逢吉爲人，文深好殺，在河東幕府，帝嘗令靜獄祈福〔五三〕，逢吉盡殺獄囚還報。

漢法既嚴，而侍衛都指揮使史弘肇尤殘忍，寵任孔目官解暉，凡入軍獄者，使之隨意鍛鍊，無不自誣。及三叛連兵，民間震動驚訛，弘肇掌部禁兵，巡邏京城，得罪人，不問輕重〔五四〕，於法如何，皆專殺不請。或決口、斷舌、斮筋、折脛，無虛日。雖姦盜屏息，而冤死者甚衆。

周太祖廣順二年，敕：「民有訴訟，必先歷縣州及觀察使處決；不直，乃聽詣臺省。或自不能書牒，倩人書者〔五五〕，必書所倩姓名、居處。若無可倩，聽執素紙。所訴必須已事，無得挾私妄訴〔五六〕。」

世宗顯德四年，中書門下奏：「准宣，法書行用多時，文意古質，條目繁細，使人難會。兼前後敕格，差繆重疊，亦難詳究。宜令中書門下並行删定，務從簡要，所貴天下易爲頒行者。伏以今奉制旨，删律令之書，求政理之本，經聖賢之損益，爲今古之章程，歷代以來，謂之彝典。朝廷之所行用者，律一十二卷，律疏三十卷，式二十卷，令三十卷，開成格一十卷，大中統類一十二卷〔五七〕，及皇朝制敕等。折獄定刑，無出於此。律令則文辭古質，看覽者難以詳明。格敕則條目繁多，檢閱者或有疑誤。加以邊遠之地，貪猾之徒，緣此爲姦，寖以成弊。方屬盛明之運，宜伸畫一之規，所冀民不陷刑，吏知所守。臣等商量，望准聖旨施行，仍差侍御史知雜事張湜等十人編集新格，勒成部帙。律令之有難解者，就文訓釋。格敕之有繁雜者，隨事删除。止要諧理省文〔五八〕，兼且直書易會。其中有重輕未當，便於古而不便於今，矛楯相攻，可於此而不可於彼，盡宜改正，無或牽拘〔五九〕。候編集畢日，委御史臺、尚書省四品以上官及兩省五品以上官參詳可否，送中書門下議定，奏取進止。」從之。至五年七月七日，中書門下及兵部尚書張昭遠等奏：「其所編集，勒成一部，别有目録，凡二十一卷，目之爲大周刑統，伏請頒行天下，與律疏、令、式通行。其刑法統類、開成格〔六〇〕、編敕等，採掇既盡，不在法司行使之限。自來有宣命、指揮公事及三司臨時條法，州縣見今施行，不在編集之數。應該京百司公事，逐司各有見行條件，望令本司删集，送中書門下詳議聞奏者。」奉敕宜依。

五年，敕：「州縣自長官以下，因公事行責情杖，量情狀輕重，用不得過臀杖十五。因責情杖致死者，具事由聞奏。」又敕：「諸盜經斷後仍更行盜，前後三犯，並曾經官司推問伏罪者，不問赦前後、贓少多，並決殺。」

容齋洪氏隨筆曰：「周世宗英毅雄傑，以衰亂之世，區區五六年間，威武之聲，震懾夷夏，可謂一時賢主。而享年不及四十，身没半歲，國隨以亡。固天方授宋，使之驅除。然考其行事，失於好殺。用法太嚴〔六一〕，群臣職事，小有不舉，往往寘之極刑。雖素有才幹聲名，無所開宥。此其所短也。薛居正舊史紀載翰林醫官馬道元進狀，訴壽州界被賊殺其子，獲正賊見在宿州，本州不爲勘斷。帝大怒，遣竇儀乘驛往按之。及獄成，坐族死者二十四人〔六二〕。儀奉辭之日，帝旨甚峻，故儀之用刑，傷於深刻。知州趙礪坐除名。此事本只馬氏子一人遭殺，何至於族誅二十四家？其他可以類推矣。」見竇儀傳。

又曰：「周世宗用法太嚴，予既書於續筆矣。薛居正舊史記載其事甚備，而歐陽公多芟去，今略記於此。樊愛能、何徽以用兵先潰，軍法當誅，無可言者。其他如宋州巡檢供奉官竹奉璘以捕盜不獲，左羽林大將軍孟漢卿以監納取耗，刑部員外郎陳渥以檢田失實，濟州馬軍都指揮使康儼以橋道不謹，内供奉官孫延希以督修永福殿而役夫有就瓦中噉飯者，密州防禦副使侯希進以不奉使者命檢視夏苗，左藏庫使符令光以造軍士袍襦不辦〔六三〕，楚州防禦使張順以隱落稅錢，皆抵極刑，而其罪有不至死者。」

宋太祖皇帝建隆三年，定大辟詳覆法。

上懲五代藩鎮專殺之弊，初令諸州奏大辟案，委刑部詳覆。既又令諸州録參與司法掾同斷獄。

二月，詔曰：「王者禁人爲非，乃設法令。臨下以簡，必務哀矜。世屬亂離，則糾之以猛；人知耻格，則濟之以寬。竊盜之生，本非巨蠹，近朝立制，重於律文，甚非愛人之旨。自今竊盜贓滿五貫足陌者死。」

唐建中定令，竊盜滿三疋者死。會昌之後，竊盜贓錢一貫以上抵極法。大中初，以其太重，復遵建中之制。漢乾祐以來，用法嚴急，民盜一錢者死。周太祖深懲其弊，定令竊盜贓滿三疋棄市。建隆二年，增爲錢三千，陌以八十爲限。至是，又有是詔，法益寬矣。

容齋洪氏隨筆曰：「國朝削併僭僞，救民水火之中。然亦有因仍舊弊，未暇更張者，故須賴於賢士大夫昌言之。江左初平，太宗選張齊賢爲江南西路轉運使，諭以民間不便事，令一一條奏。先是，諸州罪人多錮送闕下，緣路非理而死者，常十五六。齊賢至蘄州，見南劍州吏送罪人，索得州帖視之，二人皆逢販私鹽者，爲苟鹽籠，得鹽二斤；又六人，皆嘗見販鹽而不告者，並黥決傳送，而五人已死於路。江州司理院，自正月至二月，經過寄禁罪人，計三百二十四人。建州民二人，本田家客户，嘗於主家塘内以錐刺得魚一斤半，並杖脊〔六四〕、黥面送闕下。齊賢上言：『乞俟至京，擇官慮問。如顯有負屈者，本州官吏量加懲罰。自今只令發遣正身。』及虔州，送三囚，嘗市得牛肉，并家屬十二人悉詣闕，而殺牛賊不獲。齊賢憫之，即遣其妻子還。自是江南送罪人者減大半。是皆相循習所致也。齊賢改爲〔六五〕，其利民如此。」

三年，定折杖法。凡流刑四：加役流，脊杖二十，配役三年；流三千里，脊杖二十；二千五百里，脊杖十八；二千里，脊杖十七，並配役一年。徒刑五：徒三年，脊杖二十；二年半，脊杖十八；二年，脊杖十七；一年半，脊杖十五；一年，脊杖十三。杖刑五：杖一百，臀杖二十；九十，臀杖十八；八十，臀杖十七；七十，臀杖十五；六十，臀杖十三。笞刑五：笞五十，臀杖十下；四十、三十，臀杖八下；二十、十，臀杖七下〔六六〕。常行官杖，如周顯德五年制：長三尺五寸，大頭闊不過二寸，厚及小頭徑不得過九分。徒、流、笞通用常行杖，徒罪決而不役。

四年，判大理寺竇儀上重定刑統三十卷，削去令、式、宣、敕一百九條〔六七〕，增入制敕十五。又録律内「餘條准此」者凡四十四條〔六八〕，附於名例之次。後别取格令宣敕之削出及後來續降要用者，凡一百六條，編爲四卷，曰新編敕。其釐革一司、一務、一州、一縣之類不在焉〔六九〕。詔與刑統並刊行。儀等酌參輕重，尤爲詳備，世稱其平允。是後，削平諸國，州府皆頒下之。

開寶二年五月，上以暑氣方盛，深念縲繫之苦，乃下手詔：「兩京、諸州，令長吏督掌獄掾五日一檢視〔七〇〕，灑掃獄户，洗滌杻械。貧不自存者，給飲食，病者給醫藥。輕繫小罪，即時決遣，無得淹滯。」自是，每歲仲夏，必申明是詔，以誡官吏。

八年三月，有司言：「自三年至今〔七一〕，詔所貸死罪凡四千一百八人。」上注意刑辟，哀矜無辜。嘗讀虞書，嘆曰：「堯、舜之時，四凶之罪，止從投竄，何近代憲綱之密邪！」蓋有意於措刑也。故自開寶以來，犯大辟非情理深害者，多貸其死云。

太宗太平興國三年〔七二〕，改司寇參軍爲司理參軍，以司寇院爲司理院。令於選部中選歷任清白、能折獄辨訟者爲之，秩滿，免選赴集。又置判官一員，委諸州於牙校中擇有幹局曉法律高貲者爲之〔七三〕，給以月俸，秩滿，上其殿最，以定黜陟。有踰濫者，坐長吏以下。其後，又詔諸州察司理參軍有不明推鞫，致刑獄淹滯，具名以聞；蔽匿不舉者，罪之。是歲，命有司取國初以來敕條，纂爲太平興國編敕十五卷，行於世。太平興國時〔七四〕，始用士人爲司理判官。

六年，詔：「自今長吏每五日一慮囚，情得者即決之。」詔：「自今繫囚如證左明白而捍拒不伏合訊掠者，集官屬同訊問之，勿令胥吏拷決。」上頗慮天下有滯獄，復建三限之制：大事四十日，中事二十日，小事十日。有不須追捕而易決者，不過三日。

九年三月，令諸州十日一具囚帳及所犯罪名〔七五〕、禁繫日數以聞，刑部專加糾察。

時上閲諸州所奏囚簿，有禁繫至三百人者，乃下詔申嚴淹獄之戒。令今後門留、寄禁、取保在外并邸店養疾人等，並準禁囚例件析以聞。其鞫獄違限，及可斷不斷、事小禁繫者，有司奏駁之。

六月，詔遣殿中侍御史李範等四十人分往江南、兩浙、西川、荆湖、嶺南等道按問刑獄〔七六〕，情得者，即決之。若須證逮者，並具獄，論如律。吏之弛怠者，劾其罪以聞。其臨事强明，刑獄無滯者，亦以名來上。

十年五月〔七七〕，令竊盗滿十貫者，奏裁；七貫，決杖、黥面、隸本城；五貫，配役三年；三貫，二年；一貫，一年。他如舊制。

九月，詔：「自今京朝、幕職、州縣官〔七八〕，並須習讀律令格式。秩滿至京者，當加試問。其全不明習者，量加殿罰。」

淳化元年，令刑部定置詳覆官五員〔七九〕，專閲天下所上案牘，勿復公遣鞫獄〔八〇〕。置御史臺推勘官二十人，並以京朝官充。若諸州有大獄，則乘傳就鞫獄。辭日，上必臨遣諭旨曰：「無滋蔓，無留滯。」咸賜以裝錢〔八一〕。還必召見，問以所推事狀，著爲彝式。

二年二月，判司天監苗守信等請正月一日及每月八日，太歲、三元、天赦日及上慶誕日，皆不斷極刑。事下有司。有司言：「晉天福七年詔書：應大辟罪，遇大祠、冬正、寒食〔八二〕、立春、立夏及大雨雪，並不論決。自今請太歲、三元及上慶誕日，兩京、諸州不決死罰，餘如故。」從之。五月，置諸路提點刑獄司，常命參官主之〔八三〕，管内州府，十日一具囚帳供報，有疑獄之未決者，即馳傳以視之。州郡敢積稽留大獄，久而不改，及以偏辭按讞，情不得實，并官吏用情者，悉以聞。八月，始置審刑院於禁中，以樞密直學士李昌齡知院事。兼置詳議官六員。凡獄具上奏，先申審刑院印訖〔八四〕，以付大理寺、刑部斷覆以聞，乃下審刑詳議，中覆裁決訖，以付中書。當者即下之。其未允者，宰相復以聞，始命論決〔八五〕。令左右巡使五日一案視開封司録司、左右軍巡及四推司繫囚，因督促之，有寃滯者以聞。

三年，令諸州決死刑有號呼不伏及親屬稱寃者，即以白長吏，移司推鞫。

是年春〔八六〕，京西〔八七〕、江、浙大饑，民多相率持杵棒投券富家，取其粟，坐强盗棄市者甚衆。蔡州民張緒等二百一十八人〔八八〕，皆當死。知州張策〔八九〕，推官江嗣宗共議，取其爲首者杖脊，餘悉論杖罪。以其事上聞，上感悟，下詔褒之，令本州大發廩以賑饑民。遂遣使分詣諸道巡撫，自臨遣而謂之曰：「彼皆平民，因艱食强取餱糧以圖活命爾。若其情非巨蠹，悉爲末減其法，不可從强盗之科。其兇狠難制爲患閭里者，固便宜從事，務於除惡。」繇是獲全活者殆千計。

十月〔九〇〕，詔曰：「比者申命使臣分聽獄訟，徒終歲序〔九一〕，蔑有平反，曷助哀矜，祇增煩擾。其諸路提點刑獄司宜罷，以其事歸轉運司。」

至道二年，敕：「大理寺所決天下案牘，大事限二十五日，中事二十日，小事十日。審刑院詳覆，大事十五日，中事十日，小事五日。」

真宗咸平三年〔九二〕，判大理寺王欽若言：「本寺公案常有五七道，今者踰月之内，絶無案牘。足彰恥格之化，式漸太和之風。請付史館〔九三〕，用昭聖政。」從之。

四年，知黄州王禹偁奏：「令諸路置病囚院，持杖劫賊徒流以上有疾者處之，餘悉責保於外。」是年，天下斷死罪八百人〔九四〕。

上覽囚簿，憮然動容，語宰執曰：「雜犯死罪，條目至多，官吏倘不盡心，豈無枉濫？故事，死罪獄具，三覆奏，蓋甚重慎，何代罷之？」遂命檢討沿革。終慮淹繫，不克行。

六年，詔：「有盜主財者，五貫以上，杖脊、黥面、配牢城；十貫以上，奏裁。勿得私黥涅。」

舊制，士庶家僮僕有犯，或私黥其面。上以今之僮僕，本傭雇良民，故有是詔。

景德元年，詔：「諸道州軍斷獄，內有宣敕不定刑名，止言當行極斷者，所在即寘大辟，頗乖平允。自今凡言『處斷』、『重斷』、『極斷』、『決配』、『朝典』之類，未得論决，具獄以聞。」

二年，詔：「大理寺、刑部所舉詳斷、詳覆官，止試斷獄案五道，差官與二司互考。」又詔：「刑部、大理寺、三司法直官、副法直官，令吏部銓選流内官一任三考以上，謹幹無過，工書判者〔九五〕，具名引對。試斷案五道，中格者授之。三司、大理寺一年，刑部三年，無私罪者，授京官。」先是，悉自令史遞補。端拱中，寇準典選，奏用士人。至是，復舉前詔。

三年四月，樞密院直學士劉綜等詣三司、開封府、御史臺、殿前侍衛司編叙繫囚〔九六〕。翌日上御崇政殿臨決，殺人者論如律；雜犯死罪、流、徒，遞降一等。杖以下釋之。日旰既罷，令軍頭引見司覆奏所決刑名，審視訖，乃施行〔九七〕。是後，每歲暑月，上必親臨慮問，率以爲常。

四年，復置諸路提點刑獄司官。所在專察視囚禁，審詳案牘。州郡不得迎送，相與聚會。内出御前印紙爲歷〔九八〕，書其績效；中書、樞密院籍其名，代還考課，議功行賞。如刑獄枉濫不能摘舉，官吏曠弛不能彈奏，務從畏避者，寘以深罪。

知審刑院朱巽上言：「官吏因公事受財，許爲曲法，決遣之際，依法科行，規避枉法之罪。證左明白者，望以枉法論；至死者，加役流。」從之。

河北提點刑獄陳綱上言：「杖罪械繫者，其枷未有定制。望令特置〔九九〕，以十五斤爲準。」從之。

大中祥符二年，詔御史臺、開封府及在京凡有刑按之處，今特置司糾察，令金部員外郎、知制誥周起等充。凡徒以上罪，即時具收禁移報，内未盡理及淹延者，追取款詞，詳閱駁奏。

尉衛卿、權判刑部慎從吉言：「準淳化三年敕，諸州所奏獄空〔一〇〇〕，須是司理院、州司、倚郭縣俱無繫囚。又準後敕，諸路自今獄空，更不降詔獎諭；奏至，委刑部以逐處旬奏禁狀點勘不謬，即具以聞。伏見提點刑獄司所奏獄空，本司比對，多不應舊敕。外州妄覬獎諭，沽市虛名。近者邠、滄二州勘鞫大辟囚，干詿數人，裁一夕即行斬決。伏見前代京師決獄尚五覆奏，蓋欲慎重大辟，豈宜一日之内，便決死刑？朝廷比務審詳，恐有冤濫，非有求於急速。其間州府，不體朝旨，邀爲己功，但務獄空，必無所益。欲望依準前詔，不行獎諭。其諸州府軍監〔一〇一〕，以公事多少分爲三等：第一等，公事多處，五日；其次，十日；其次，二十日。並須州司、司理院、倚郭縣全無禁囚及責保、寄店之類，方爲獄空。委提點刑獄司據等第日數勘驗詣實〔一〇二〕，書於印歷〔一〇三〕。」從之。

四年，詔：「自今決杖令衆者，舊十日，減爲三日；半月以上，勿過五日。暑月免之。」

七年，殿中侍御史曹定上言：「諸州長吏有罪，恐爲訟訴，即投牒自首，雖情狀至重，亦以例免。」詔：「自今如實未有顯露，即以狀報轉運使；如格當原免，亦書於歷。」十月，御史臺鞫殺人賊，獄具，知雜王隨請臠割之〔一〇四〕，上曰：「五刑自有常制，何必爲此？况此賊本情已見，一死足矣。」入内供奉官楊守珍使陝西督捕盜賊〔一〇五〕，因請擒獲强盜至死者，望以付臣凌遲，用戒後來。詔：「所捕賊送所屬，依法論決，毋爲慘毒。」

按：以此二則觀之，則知法外凌遲之刑，祖宗時未嘗用也。

天禧二年，上封者言：「今斷天下之獄，皆在大理；詳天下之法，總在審刑。二者，海内之準繩也。且今之律令則具有明文，制敕則常有更改。凡定罪之要，言赦，則多指故、失；言罪，則皆坐公、私。四者定刑，重輕殊邈。犯情輕而法重，則近舞文；按狀重而處條輕，則爲失實。此之審克，尤在盡心。入私則犯徒追官，爲公則贖金記過，稱故則不得末減，稱失則例有降差。承前斷公、私、故、失之名，止是法官臨時裁處，既無著定，深慮差殊。欲望令經應歷刑法司定公私罪名，參詳畫一。其違制稱失者，亦須審詳。失錯情輕者，明件條奏。使不能因緣爲奸，輕重其法。杜其萌漸，實在於斯。」詔審刑院、大理寺、刑部、開封府同議定以聞。既而法官參詳：「自今捕盜掌獄官，不稟長吏而捶囚，不甚傷而得情者，止以違制失公坐；過差而不得情，挾私拷決，有所規求者，以違制私坐。又捕盜官承前有捕捉稽時不即聞州者，咸以違制論，罪涉太重，望令犯者以違制失論。又律分公、私罪，云私，謂不緣公事私自犯者。雖緣公，不吐實情，心挾隱欺，亦同私罪。公，謂緣公事致罪而無私者。雖私曲，相須公事，得正違法，猶以公坐。望令斷獄，並以上文審定。又律有『被制書有所施行而違者，徒二年；失錯者，杖一百』。今請法官斷罪，除海行條貫元敕指定違制外〔一〇六〕，自餘情輕失錯者，止從違制失論。其公私相半而私情重者，奏裁。」從之。四月，敕：「命官犯贓，不以輕重，並劾舉之。私罪，杖以下勿論。」

四年，詔：「自今天下犯十惡、劫殺、謀殺、故殺、鬬殺、放火、强劫、正枉法贓、僞造符印、厭魅咒詛、造妖書妖言、傳授妖術、合造毒藥、禁軍諸軍逃亡、爲盗罪至死者，每遇十二月，權住區斷。過天慶節，即決之。餘犯至死者，十二月及春夏，未得區遣，禁錮奏裁。」

咸平中，殿中侍御史趙湘上言：「聖王行法，必順天道。漢制，大辟之科，盡冬月乃斷。臣竊以爲古之善政，亦有當於今，舉而行之，無虧大體。伏見十二月，陛下聖誕之月，萬方祝頌之時，而大辟罪人，決斷如故。又十一月，一陽始出，其氣尚微，以至微之陽，處重陰之下，蓋議獄緩刑，所以助陽抑陰也。伏望特降明詔，以十一月、十二月内，天下大辟未結正者〔一〇七〕，更令詳覆。已結正者，未令決斷。所在州府，厚加矜恤，掃除獄房，供給飲食、薪炭之屬，而嚴防護，無致他故。情可憫者，奏聽敕裁。合依法者，盡冬月乃斷。在京大辟人，既當春孟之月，亦行慶施惠之時。伏望萬機之暇，臨軒躬覽，情可憫者，特從末減，亦所以布聖澤於無窮。况愚民之抵罪〔一〇八〕，且未斷兩月，亦未至淹延。如此則議獄詳刑，助順生氣。若用刑順於陰陽，則四時之氣和，氣和則百穀豐實，水旱不作矣。」上覽之，曰：「此誠嘉事。然古今異制，沿革不同，行之則慮有淹滯，或因緣爲姦矣。」至是，乃有是詔。

校勘記

〔一〕唯制殺人劫盜背軍叛逆者死　「者死」二字原脱，據舊唐書卷五〇刑法志、新唐書卷五六刑法志、唐會要卷三九定格令補。

〔二〕令者　「令」上原衍「律」字，據元本、慎本、馮本删。

〔三〕杻長六寸以上二尺以下　唐六典卷六注、宋刑統卷二九斷獄引獄官令、宋會要刑法六之七七引獄官令「長」下有「一尺」二字。

〔四〕鎖長八尺以上丈二尺以下　「鎖」原作「鎌」。按「鎌」非刑具，宋會要刑法六之七七引獄官令作「鎖」，據改。

〔五〕大頭徑三分二釐　「徑」字原脱，據唐六典卷六注、舊唐書卷五〇刑法志、新唐書卷五六刑法志補。

〔六〕小頭二分二釐　下「二」字原作「三」，據唐六典卷六注、舊唐書卷五〇刑法志、新唐書卷五六刑法志、通典卷一六八刑法典六改。

〔七〕腿臀分受　「臀」字原脱，據唐律疏義卷二九斷獄引獄官令、唐六典卷六注補。

〔八〕必訊於三槐九棘之官　「官」原作「下」，據舊唐書卷五〇刑法志、唐會要卷四〇君上慎恤改。

〔九〕太宗不使與諸囚同引　「太宗」原作「大臣」，「使」原作「欲」，據讀史管見卷一七改。

〔一〇〕居作二年　「二年」二字原脱，據舊唐書卷五〇刑法志、新唐書卷五六刑法志、唐會要卷三九議刑輕重、册府元龜卷六一二刑法部定律令四補。「二」，唐律疏義卷三名例、唐六典卷六注作「三」。

〔一一〕殆除其半　「殆」原作「殄」，據舊唐書卷五〇刑法志、通典卷一六五刑法典三、册府元龜卷六一二刑法部定律令四改。

〔一二〕減流入徒七十一條　「流」字原脱，據舊唐書卷五〇刑法志、新唐書卷五六刑法志、唐會要卷三九定格令補。

〔一三〕所以使見者知懼　「使」字原脱，據馮本補。

〔一四〕定令一千五百四十六條　「令」原作「律」，據舊唐書卷五〇刑法志、新唐書卷五六刑法志、通典卷一六五刑法典三、册府元龜卷六一二刑法部定律令四改。

〔一五〕斷屠日月及假日　「月及假日」四字原脱，據唐律疏義卷三〇引獄官令、舊唐書卷五〇刑法志補。

〔一六〕婦女子孫二人入侍　「二人」二字原脱，據新唐書卷五六刑法志補。

〔一七〕不欲陳告　「欲」原作「煩」，據唐會要卷四一雜記改。

〔一八〕又詔長孫無忌等增損格敕　「詔」字原脱，據新唐書卷五六刑法志補。

〔一九〕御史臺　「御」原作「衛」，「臺」字原脱，據新唐書卷五六刑法志改補。

〔二〇〕犯者或至死而杖未畢　「或」原作「皆」，據新唐書卷五六刑法志改。

〔二一〕蓋出於佛氏所説地獄之事也　「所説」二字原脱，據元本、慎本、馮本及讀史管見卷一八補。

〔二二〕樂思晦男未十歲　「樂思晦」原作「樂恩晦」，據舊唐書卷一八六上來俊臣傳、新唐書卷二〇九來俊臣傳改。

〔二三〕監察御史朝邑嚴善思公直敢言　「嚴善思」原作「嚴善恩」，據資治通鑑卷二〇五則天后長壽元年五月辛亥條改。下同。

〔二四〕前廣州都督裴伷先下獄　「裴伷先」原作「裴伸先」，據局本及新唐書卷一一七裴伷先傳、通典卷一六七刑法典五改。

〔二五〕爲國爪牙　「爪牙」二字原倒，據元本、慎本、馮本乙正。

〔二六〕塵土驚劻勷　「劻」原作「羌」，據能改齋漫録卷四唐參軍簿尉不免杖、杜牧樊川文集卷一冬至日寄小侄阿宜詩改。

〔二七〕玄宗方以奢汰逸樂教有邦　「方」字原脱，據元本、慎本、馮本及讀史管見卷二〇補。

〔二八〕二十三年　「二」原作「三」，據資治通鑑卷二一四唐紀三十開元二十三年正月乙亥條改。

〔二九〕殿中侍御史楊汪爲張瑝等所殺　「史」字原脱，據資治通鑑卷二一四唐紀三十開元二十三年正月乙亥條補。

〔三〇〕皆收繫之　「收」字原脱，據資治通鑑卷二二〇唐紀三十六至德二載十月己巳條補。

〔三一〕士庶受賊官禄爲賊用者　「賊」字原脱，據資治通鑑卷二二〇唐紀三十六至德二載十月壬申條補。

〔三二〕斬達奚珣等十八人於城西南獨柳樹下　「西」字原脱，據舊唐書卷一〇肅宗紀、資治通鑑卷二二〇唐紀三十六至德二載十二月壬申條補。

〔三三〕詔河北河南吏民任僞官者　「河南」原作「河東」，據新唐書卷五六刑法志改。

〔三四〕故朝廷不肅　「故」字原脱，據新唐書卷五六刑法志補。

〔三五〕其餘犯别罪合處斬者　新唐書卷五六刑法志、宋刑統卷一名例載唐建中三年敕在「斬」下有「絞」字。

〔三六〕諸司便不在奏請决重杖限　「便」原作「使」，據唐會要卷三九議刑輕重改。

〔三七〕比來所司斷罪　「司」字原脱，據唐會要卷四〇君上慎恤、唐大詔令集卷八三罪至死者勿決先杖敕補。

〔三八〕建中時　「建中」原作「建元」，據上文改。

〔三九〕仇士良等擒宰相王涯舒元輿等入左軍　「軍」原作「庫」，據舊唐書卷一六九舒元輿傳、資治通鑑卷二四五唐紀六十一太和九年十一月壬戌條改。

〔四〇〕妻女不死者没爲官婢　「女」原作「子」，據資治通鑑卷二四五太和九年十一月乙丑條改。

〔四一〕爲大中刑法統類　「法」原作「律」，據舊唐書卷五〇刑法志、唐會要卷三九定格令改。

〔四二〕則吏無逾制　「制」原作「判」，據唐會要卷四一雜記改。

〔四三〕今後應州縣官吏所犯諸罪　「吏」原作「更」，據唐會要卷三九議刑輕重改。

〔四四〕據事定刑　「刑」原作「例」，據唐會要卷三九議刑輕重改。

〔四五〕後唐莊宗同光二年　五代會要卷九定格令、册府元龜卷六一三刑法部定律令五俱繫下述事在明宗天成元年。

〔四六〕刑以秋冬　「冬」原作「分」，據舊五代史卷一四七刑法志、五代會要卷一〇刑法雜録、册府元龜卷六一三刑法部定律令五改。

〔四七〕諸死罪不待覆奏報下而决者　「下」字原脱，據五代會要卷一〇刑法雜録、唐律疏義卷三〇斷獄補。

〔四八〕皆給喪葬行人載於城外　「載」原作「皆」，據元本、慎本、馮本、局本改。

〔四九〕於家上書其姓名　「其」字原脱，據五代會要卷一〇刑法雜録補。

〔五〇〕二世見當以重法之禍以警文帝　十三字原脱，據元本、慎本、馮本及讀史管見卷二九補。

〔五一〕仍分命使者逐捕　「逐捕」二字原倒，據資治通鑑卷二八七後漢紀二天福十二年八月乙未條乙正。

〔五二〕應賊盜及四鄰同保　「盜」字原脱，據舊五代史卷一〇八蘇逢吉傳、資治通鑑卷二八七後漢紀二天福十二年八月乙未條補。

〔五三〕帝嘗令静獄祈福　「帝」原舛在「令」下，據資治通鑑卷二八七後漢紀二天福十二年八月乙未條乙正。

〔五四〕不問輕重　「問」下原衍「情」字，據資治通鑑卷二八八後漢紀三乾祐元年十月己亥條删。

〔五五〕倩人書者　「書」字原脱，據資治通鑑卷二九一後周紀二廣順二年十月辛亥條補。

〔五六〕無得挾私妄訴　「妄」，資治通鑑卷二九一後周紀二廣順二年十月辛亥條作「客」，注：「事不干己，妄興詞訴，謂之客訴。」

〔五七〕大中統類一十二卷　舊五代史卷一四七刑法志、册府元龜卷六一三刑法部定律令五皆在本句下有「後唐以來至漢末編敕三十二卷」十三字。

〔五八〕止要諧理省文　「諧」原作「詣」，據舊五代史卷一四七刑法志改。

〔五九〕無或牽拘　「牽」原作「率」，據舊五代史卷一四七刑法志、五代會要卷九定格令改。

〔六〇〕開成格　「格」字原脱，據舊五代史卷一四七刑法志、册府元龜卷六一三刑法部定律令五補。

〔六一〕用法太嚴　「用」原作「周」，據元本、慎本、馮本及容齋續筆卷四周世宗改。

〔六二〕坐族死者二十四人　「人」原作「家」，據元本、慎本、馮本及容齋續筆卷四周世宗改。

〔六三〕左藏庫使符令光以造軍士袍襦不辦　「袍」原作「複」，據容齋三筆卷九周世宗好殺、舊五代史卷一一七世宗紀四改。

〔六四〕並杖脊　「杖脊」二字原倒，據元本、慎本、馮本及容齋四筆卷一三國初救弊乙正。

〔六五〕齊賢改爲　「齊」原作「一」，據容齋四筆卷一三國初救弊改。

〔六六〕二十十臀杖七下　下「十」字原脱，據編年綱目卷一、宋刑統卷一名例補。

〔六七〕削去令式宣敕一百九條　「條」原作「十」，據宋會要刑法一之一、宋文鑑卷六三進刑統表改。

〔六八〕又録律内餘條准此者凡四十四條　上「條」字原作「律」，據宋會要刑法一之一、宋文鑑卷六三進刑統表改。

〔六九〕其釐革一司一務一州一縣之類不在焉　「之」下原衍「内」字，據宋會要刑法一之一、宋文鑑卷六三進刑統表删。

〔七〇〕令長吏督掌獄掾五日一檢視　「吏」原作「史」，據宋會要刑法六之五一、長編卷一〇開寶二年五月癸卯條改。

〔七一〕自三年至今　「三」，編年綱目卷一作「二」。

〔七二〕太宗太平興國三年　長編卷二〇、皇宋十朝綱要卷二、宋史全文卷三上俱繫下文改司寇參軍爲司理參軍一事于太平興國四年十二月丁卯。

〔七三〕委諸州於牙校中擇有幹局曉法律高貲者爲之　「有」字原脱，據長編卷二〇太平興國四年十二月丁卯條補。

〔七四〕太平興國時　宋史卷一九九刑法志一、長編卷二七均繫以士人爲司理判官事于雍熙三年。

〔七五〕令諸州十日一具囚帳及所犯罪名　「名」字原脱，據宋史卷一九九刑法志一補。

〔七六〕詔遣殿中侍御史李範等四十人分往江南兩浙西川荆湖嶺南等道按問刑獄　「四十」，太宗實録卷三〇、宋會要刑法五之一六、編年綱目卷三均作「八」。「兩」原作「江」，據太宗實録卷三〇、宋會要刑法五之一六、宋史卷四太宗紀一改。

〔七七〕十年五月　宋史卷一九九刑法志一繫此下令於雍熙二年。按太平興國九年十一月丁巳改元，太平興國無十年，見宋史卷四太宗紀一。

〔七八〕自今京朝幕職州縣官　「官」字原脱，據宋大詔令集卷二〇〇令幕職州縣官習讀法書知通幕職州縣官秩滿試法書詔補。又，同上書與玉海卷一一六雍熙明法科俱繫此詔於雍熙三年九月。

〔七九〕令刑部定置詳覆官五員　「五」，長編卷三一淳化元年五月辛卯條、編年綱目卷四作「六」。

〔八〇〕勿復公遣鞫獄　「公」，馮本作「分」。

〔八一〕咸賜以裝錢　「咸」原作「或」，據長編卷三一淳化元年五月辛卯條、宋史全文卷四上改。

〔八二〕寒食　原作「受朝」，據宋刑統卷三〇斷獄決死罪、五代會要卷一〇刑法雜録、册府元龜卷六一三刑法部定律令五改。

〔八三〕常命參官主之　宋有常參官而無「參官」，疑此處「常命」爲「命常」之誤。

〔八四〕先申審刑院印訖　「申」原作「由」，據宋史卷二八七李昌齡傳、通鑑長編紀事本末卷一四聽斷、編年綱目卷四改。

〔八五〕始命論決　「始」原作「如」，據長編卷三二淳化元年八月己卯條、編年綱目卷四改。

〔八六〕是年春　宋史卷五太宗紀二、編年綱目卷五繫此事於淳化五年。

〔八七〕京西　「西」字原脱，據編年綱目卷五補。

〔八八〕蔡州民張緒等二百一十八人　編年綱目卷五「緒」作「諸」，「二」作「三」。

〔八九〕知州張策　「策」，宋史卷二〇〇刑法志二、編年綱目卷五作「榮」。

〔九〇〕十月　宋史卷五太宗紀二、長編卷三四、宋大詔令集卷一六〇罷提刑司詔俱繫淳化四年十月，疑此處失書紀年。

〔九一〕徒終歲序　「終」，宋大詔令集卷一六〇罷提刑司詔作「經」。

〔九二〕真宗咸平三年　宋會要刑法一之六二、宋史全文卷五上、長編卷四五咸平二年八月癸亥條俱繫王欽若上言于咸平二年。

〔九三〕請付史館　「館」原作「書」，據宋史全文卷五上改。

〔九四〕是年天下斷死罪八百人　「是年」，長編卷四八咸平四年五月甲申條作「自正月至三月」。

〔九五〕工書判者　「者」原作「官」，據宋會要刑法一之六三、長編卷六〇景德二年六月己卯條改。

〔九六〕殿前侍衛司編叙繫囚　「繫囚」二字原倒，據宋會要刑法五之五、長編卷六二景德三年四月丙戌條乙正。

〔九七〕乃施行　「施」字原脱，據宋會要刑法五之六、長編卷六二景德三年四月丙戌條補。

〔九八〕内出御前印紙爲歷　「前」原作「齎」，據長編卷六六景德四年七月癸巳條、宋大詔令集卷一六一置諸路提刑詔改。

〔九九〕望令特置　「令」原作「今」，據馮本改。

〔一〇〇〕諸州所奏獄空　「州」原作「路」，據元本、慎本、馮本及宋會要刑法四之八五、長編卷七二大中祥符二年十一月壬子條改。

〔一〇一〕其諸州府軍監　「軍」字原脱，據宋會要刑法四之八五、長編卷七二大中祥符二年十一月壬子條補。

〔一〇二〕委提點刑獄司據等第日數勘驗詣實　「日」原作「目」，據宋會要刑法四之八五、長編卷七二大中祥符二年十一月壬子條改。

〔一〇三〕書於印歷　「印」原作「卯」，據長編卷七二大中祥符二年十一月壬子條改。

〔一〇四〕知雜王隨請孿割之　「王隨」原作「王隋」，據宋史卷一九九刑法志一改。

〔一〇五〕入内供奉官楊守珍使陝西督捕盗賊　「入」原作「又」，據元本、慎本、馮本改。「盗」字原脱，據宋史卷一九九刑法志一補。又，長編卷八五、宋大詔令集卷二〇二不許楊守珍等乞淩遲合死强盜詔俱繫此事在大中祥符八年九月己未。

〔一〇六〕除海行條貫元敕指定違制外　「海」原作「每」，據元本、慎本、馮本改。

〔一〇七〕天下大辟未結正者　「未結」二字原脱，據宋史卷一九九刑法志一補。

〔一〇八〕況愚民之抵罪　「況愚」原作「極遇」，據宋史卷一九九刑法志一改。

卷一百六十七　刑考六

刑制

仁宗天聖四年，有司言：「敕增至六千餘條，請命官删定。」從之。

建隆初，編敕四卷，纔百有六條。太平興國中，增至十五卷；淳化中，倍之。咸平中，增至萬八千五百五十有五條，芟其繁亂，定其可爲敕者二百八十有六條，總十一卷。又别爲儀制令一卷。當時便其簡易。大中祥符七年，又增三十卷，千三百七十四條。又有景德農田敕五卷，與敕兼行。至是後增至六千餘條，命官删定。帝謂輔臣曰：「或謂先朝詔令不輕易改，信乎？」王曾曰：「此憸人惑上之言也。咸平中，删太宗朝詔令，十存一二〔一〕，蓋去其繁密之文以便於民，何爲不可！」帝然之。於是下詔中外，使得言敕之得失。時以唐令有與本朝事異者，亦命官脩定。有司乃取咸平儀制令及制度約束之〔二〕，在敕者五百餘條，悉附令後，號曰附令敕。七年，令成，頒之。是歲，編敕成，合農田敕爲一書，視祥符敕損百有餘條。其麗於法者，大辟之屬十有七，流之屬三十有四，徒之屬百有六，杖之屬二百五十八，笞之屬七十有六。又配隸之屬六十有三，大辟而下奏聽旨者七十有一。凡此，皆在律令外者也。詔下諸路閱視，聽言其未便者。既而又詔須一年無改易，然後鏤版。至明道元年，乃頒焉。

刑部侍郎燕肅奏：「唐貞觀四年斷死罪二十九，開元二十五年才五十八。今天下生齒未加於唐，而天聖三年斷大辟二千四百三十六，視唐幾至百倍，蓋以奏讞之法廢，失朝廷欽恤之意。」詳見詳讞門。

三年〔三〕，陝西旱災，因詔：「民持杖劫人倉庫，非傷主者減死，刺隸他州，非首謀者又減一等。」且諭長吏密以詔書從事。自是諸路災傷即降下有司敕〔四〕，而民饑盜取穀食多蒙矜減，賴以全活。

知諫院司馬光言〔五〕：「臣竊聞降敕下京東、京西災傷州軍，如人户委是家貧偷盜斛斗因而盜財者，與減等斷放，未知虛的。若果如此，深爲不便。臣聞周禮『荒政十有二，散利、薄征、緩刑、弛力、舍禁、去幾』，率皆推寬大之恩以利於民，獨於盜賊，愈更嚴急。所以然者，蓋以饑饉之歲，盜賊必多，殘害良民，不可不除也。頃年嘗見州縣官吏，有不知治體，務爲小仁者。或遇凶年有劫盜斛斗者，小加寬縱，則盜賊公行，更相劫奪，鄉村大擾，不免廣有收捕，重加刑辟，或死或流，然後稍定。今若朝廷明降敕文，豫言偷盜斛斗因而盜財者與減等斷放，是勸民爲盜也。百姓乏食，官中當輕徭薄賦，開倉賑貸，以救其死，不當使之自相劫奪也。今歲府界、京東、京西水災極多，嚴刑峻法以除盜賊，猶恐春冬之交，饑民嘯聚，不可禁禦，又況降敕以勸之。臣恐國家始於寬仁，而終於酷暴，意在活人，而殺人更多也。」

六年，集賢校理聶冠卿請罷覆杖、笞，而徒以上雖不繫獄，皆附奏。從之。

先是，天下旬奏獄狀，雖杖、笞皆申覆，而徒、流罪非繫不以聞〔六〕。又自定折杖之法，杖之長短廣狹，皆有尺度，而輕重無準，官吏得以任情。至是，有司以爲言，詔毋過十五兩。是歲〔七〕，改强盜法：不持杖，不得財，徒二年；得財爲錢萬及傷人者死。持杖而不得財，流三千里；得財爲錢五千者，死；傷人者，殊死。不持杖得財爲錢六千，若持杖罪不至死者，仍刺隸千里外牢城。又詔：「告群盜劫殺人者第賞之，及十人者予錢十萬。」既而有司言：「竊盜不用威力，得財爲錢五千，即刺爲兵〔八〕，反重於强盜。請竊盜罪亦第減之，至十千刺爲兵。」詔可。

又詔：「京城持杖竊盜，得財爲錢四千亦刺爲兵。」自是，盜法惟京城加重，餘視舊益寬矣。又詔〔九〕：「如聞荆湖殺人祭鬼，自今首謀若加功者，凌遲、斬；募告者，悉畀犯人家資；捕獲者〔一〇〕，重其賞。」

先時，江、淮捕盜官奏覆，劫盜六人皆凌遲，朝廷以非有司所得專，因詔：「獲劫盜，雖情巨蠹〔一一〕，毋得擅凌遲。」凌遲者，先斷斵其支體，次絶其吭，國朝之極法也。

詔京師正旦、四立分至、庚戌、己巳日，毋决大辟。

故事，天慶等五節，有司不奏大辟具獄者十日。天聖初，詔止三日，餘罪一日而已。開封府舊禁刑人，正旦、冬至三日，端午節一日，亦詔罷之。國忌日舊亦禁刑，至是，詔聽决杖罪。

容齋洪氏隨筆曰：「刑統載唐太和七年敕：『準令〔一二〕，國忌日惟禁飲酒舉樂，至於科罰人吏，都無明文。但緣其日不合釐務，官曹即不得决斷刑獄，其小小笞責，在禮律固無所妨。從今以後，縱有此類，臺府更不要舉奏。』舊唐書載此事，因御史臺奏均王傅王堪兒國忌日於私第科决杖人，故降此詔。蓋唐世國忌日休務，正與私忌義等，雖刑獄亦不决斷，謂之『不合釐務』者此也。今在京百司，唯雙忌作假，以其拜跪多，又晝漏已數刻，若單忌獨三省歸休耳，百司坐曹決獄與常日亡異，視古誼爲不同。元微之詩云：『縛遣推囚名御史，狼籍囚徒滿田地，明日不推緣國忌。』又可證也。」

嘉祐五年，判刑部李綖言：「一歲之中，死刑無慮二千五百六十。其殺父母、叔父母、兄弟、兄弟之妻，夫殺妻、殺妻之父母，妻殺夫，凡百四十。故、謀、鬭殺，千有三百。劫、盜九百七十，姦、亡命一百十。夫風俗之薄，無甚於骨肉相殘；衣食之窮，莫急於盜賊。今犯法者衆〔一三〕，豈刑罰不足以止姦，而教化未能導而爲善歟？願詔刑部類次天下所斷大辟，歲上朝廷，以助觀省。」從之。

七年，斷大辟千六百八十三人。

帝慎恤用刑，廣州司理參軍陳仲約誤入人死，有司當仲約公罪，應贖〔一四〕。帝曰：「死者不可復生，而獄吏雖蹔廢，他日復得敘官，何可不重其罰？」命特停之，會赦未許敘用。尚書比部員外郎師仲說請老，自言恩得任子孫。帝以仲說嘗失入人死罪，不予。其重人命如此。

英宗治平二年〔一五〕，斷大辟千八百三十二人。

四年十二月，時神宗已即位〔一六〕。令：「應諸州軍巡、司理院所禁罪人，一歲在獄病死及二人者，推吏、獄卒皆杖六十；增一人者加一等，罪止杖一百。如五縣以上州歲死三人，開封府司、軍巡歲死七人〔一七〕，如死二人法，加等亦如之。典獄之官，如推獄經兩犯，即坐，仍從違制。大縣三萬户以上，依五縣以上州法。提點刑獄司歲終會死者之數以聞〔一八〕，委中書檢察，或死者過多，官吏雖已行罰，當更黜責。」

神宗熙寧三年〔一九〕，開封府請以京朝官分治左右廂，凡鬬訟，杖六十已下情輕者，得專決。從之。

二年，知金州張仲宣坐受贓論罪。時金州金坑發，仲宣發檄巡檢體究，無甚利。土人憚興作，以金八兩求仲宣不差官比較。法官坐仲宣枉法贓抵死，援前比貸死，杖脊、黥配海島。知審刑院蘇頌言：「仲宣所犯，可比恐喝條。且古者刑不上大夫，仲宣官五品，有罪得乘車，今刑爲徒隸，恐污辱衣冠耳，其人則無足矜也。」仲宣繇是免杖、黥，止流海外。自是，命官無杖黥者。

三年〔二〇〕，命尚書都官郎中沈衡鞫前知杭州祖無擇於秀州，遣内侍乘驛追逮。監察御史張戩言：「無擇，三朝近侍，而驟繫囹圄，非朝廷以廉耻風厲臣下之意。請免其就獄，止就行審問。」不從，詔責戩等。又命權御史臺推直官張景直鞫前知明州、光禄卿苗振於越州〔二一〕。獄成，無擇坐貸官錢及借公使酒，責檢校工部尚書、忠正軍節度副使〔二二〕；振坐故入裴士堯罪及所爲不法，責復州團練副使。獄半年乃決〔二三〕，詞所連逮官吏，坐勒停、衝替、編管又十餘人。蓋王安石以私怨諷御史王子韶誣其過。自後多興詔獄矣。

凡因事置推，已事而罷者，詔獄謂之「制勘院」，非詔獄謂之「推勘院」。其體大者則下御史臺獄，或即開封府、大理寺究治〔二四〕。

三年，編脩中書條例所請委逐路提點刑獄司，歲於冬夏上旬檢舉，牒州長吏躬留獄，牒訖奏聞。祖宗故事，每歲冬夏降詔恤刑，帝遵行之，既委各路提點刑獄，自是不復降詔。八月，詔曰：「在京班直諸軍請糧，斗斛不足，出戍之家尤甚，倉吏自以在官無禄，恣爲侵漁，非朕所以愛養將士之意也。」於是三司始立諸倉丐取法。已而中書請「主典役人，歲增祿至一萬八千九百餘緡。丐取不滿百錢，徒一年，每百錢則加一等，千錢則流二千里。每千錢則加一等，罪止流三千里。其行貨及過致者〔二五〕，減首罪二等。徒者皆配五百里，其賞百千；流者皆配千里，賞二百千；滿十千，爲首者配沙門島，賞三百千；自首者除其罪。」凡更定約束十條行之。其後，内則政府，外則監司，多倣此法。内外歲增吏祿至百餘萬緡，皆取於坊場、河渡、市利、免行、役剩、息錢。久之，議臣欲稍緩倉法，編敕所脩立告捕獲倉法給賞條，自一百千分等至三百千〔二六〕，而按問者減半給之。中書請依所定，詔仍舊給全賞，雖係按問，亦全給。中書上刑名未安者五條：其一，歲斷死刑幾二千，比前代殊多。如强劫盜並有死法，其間情狀輕重，有絶相遠者，使一例抵死〔二七〕，良亦可哀。若據爲從情輕之人別立刑等〔二八〕，如前代斬右趾之比，足以止惡而除害。禁軍非在邊防屯戍而逃者，亦可更寬首限，以收其勇力之效。其二，徒、流折杖之法，禁網加密，良民偶有抵冒，致傷肌體，爲終身之辱。愚頑之徒，雖一時創痛，而終無愧耻。若使情理輕者復古居作之法，遇赦第減月日，使良善者知改過自新〔二九〕，兇頑者有所拘繫焉。其三，刺配之法，二百餘條，其間情理輕者，亦可復古徒流移鄉之法，俟其再犯，然後決刺充軍。其配隸並減就本處，或與近地。兇頑之徒，自從舊法，編管之人，亦迭送他所，量立役作時限，無得髡鉗。其四，令州縣考察士民，有能孝悌力田爲衆所知者，給付身帖〔三〇〕。偶有犯令，情輕可恕者，特議贖罰；其不悛者，科決。其五，奏裁條目繁多，致淹刑禁，亦宜删定。詔付編敕所詳議立法。

韓絳、曾布請用肉刑。布上議曰：「先王之制刑罰，未嘗不本於仁，然而有斷支體、刻肌膚，以至於殺戮，非得已也。蓋人之有罪，贖刑不足以懲之，故不得已而加之以墨、劓、剕、宮、大辟。然審適輕重，則又有流宥之法。至漢文帝除肉刑而定笞箠之令，後世因之，以爲律令。大辟之次，處以流刑，代墨、劓、剕、宮之法〔三一〕，不惟非先王流宥之意，而又失輕重之差。古者鄉田同井，人皆安土重遷。流之遠方，無所資給，徒隸困辱，以至終身。近世之民〔三二〕，輕去鄉土，轉徙四方，固不爲患〔三三〕，而居作一年，即聽附籍，比於古亦輕矣。況折杖之法，於古爲鞭扑之刑。刑輕不能止惡，故犯法日益衆，其終必至於殺戮，是欲輕而反重也。今大辟之目至多，取其情可貸者，處之以肉刑，則人之獲生者必衆。若軍士亡去應斬，盜賊贓滿應絞，則刖其足；良人於法應死而情輕者，則處以宮刑。至於劓、墨，則用刺配之法。降此而後，爲流、徒、杖、笞之罪，則制刑有差等。」議既上，帝問可否於執政，王安石、馮京互有論辯，迄不果行。

樞密使文彦博言：「臣聞『刑亂國，用重典；刑平國，用中典』。唐末、五代，刑用重典，以救時弊，故法律之外，徒、流或加至於死。國家承平百年，當用中典，然猶因循，有重於舊律者。若僞造官文書〔三四〕，律止流二千里，今斷從絞。近臣僚奏請，凡僞造印記，再犯不至死者，亦從絞坐。若責其不悛，則持杖强盜再犯贓不滿者不死，則用刑甚異於律文矣。請檢詳見用刑名有重於舊律者，以敕律參考，裁定其當。」詔送編敕所。

四年，令：「盜賊、囊橐停宿之家立重法。凡劫盜罪當死者，籍其家貲以賞告人，妻子編置千里；遇赦若災傷减等者，配遠惡地。罪當徒、流者，配嶺表；流罪會降者，配三千里，籍其家貲之半爲賞，妻子遞降等有差。應編配者，雖會赦，不移不釋。囊橐之家，劫盜死罪，情重者斬，餘皆配遠惡地，籍其家貲之半爲賞；盜罪當徒、流者，配五百里，籍其家貲三之一爲賞；竊盜三犯，杖配五百里或鄰州。雖非重法之地〔三五〕，而囊橐重法之人，並以重法論。其知縣、捕盜官皆用舉者，或以武臣爲縣尉。盜發十人以上者，限内捕不獲半，劾罪取旨。若復殺官吏及累殺三人，焚舍屋百間，或群行於州縣之内，掠劫於江海船栰之中，非重法之地，亦以從重法論。」

嘉祐中，始於開封府諸縣，後稍及曹、濮、澶、滑等州。是年，以開封府東明、考城、長垣縣，京西滑州，淮南宿州，河北澶州，京東應天府，濮、齊、徐、濟、單、兖、鄆、沂州，淮陽軍，亦立重法，著爲令。至元豐時，河北、京東、淮南、福建等路，用重法郡縣，寖益廣矣〔三六〕。

七年，詔：「品官犯罪〔三七〕，按察之官並奏劾聽旨，毋得擅捕繫、罷其職俸。」四月〔三八〕，設置律學，設教授四員。公試，習律令生員，義三道，習斷案生員一道，刑名五事至七事。私試，義一道〔三九〕，案一道，刑名三事至五事〔四〇〕。先時已置刑法科，詔法寺主判官、諸路監司奏舉京朝官、選人兩考者，上等進秩補法官，餘減磨勘，循資，免選射闕，推恩有差。法官闕員，亦以次補之。其考試關防，如諸科法。

元祐中，司馬光論之曰：「律、令、敕、式，皆當官者所須，何必置明法一科，使爲士者豫習之。夫禮之所去，刑之所取。爲士者果能知道，又自與法律冥合；若其不知，但日誦徒流絞斬之書，習鍛煉文致之事，爲士已成刻薄，從政豈有循良？非所以長育人材、敦厚風俗也。」

八年，沂州民朱唐告前越州餘姚縣主簿李逢有逆謀，提點刑獄王庭筠等言其無迹〔四一〕，但謗讟朝政，語涉指斥，及妄説休咎，請法外編配，仍治告人之妄。帝疑之，遣權御史臺推直官蹇周輔劾治〔四二〕。中書以庭筠等所奏不當，并劾之。庭筠懼，自縊死〔四三〕。逢辭連右羽林大將軍、秀州團練使世居、醫官劉育等。詔捕繫御史臺獄，令范百禄、徐禧雜治，差官即世居及育家索圖讖簡牘。獄具，世居賜死，逢、育及河中府觀察推官徐革並凌遲處死，將作監主簿張靖〔四四〕、武舉進士郝士宣皆腰斬，司天監學生秦彪、百姓李士寧杖脊，湖南編管。

按：凌遲之法，昭陵以前，雖兇强殺人之盜，亦未嘗輕用。自詔獄既興，而以口語狂悖者，皆麗此刑矣。詔獄盛於熙、豐之間，蓋柄國之權臣，藉此以威縉紳。祖無擇之獄，王安石私怨所誣也；鄭俠、蘇軾之獄，杜絶忠言也；世居之獄，則吕惠卿欲文致李士寧以傾王安石；陳世儒之獄，則賈種民欲文致世儒妻母吕以傾吕公著。至王安石欲報吕惠卿而特勘張若濟之獄，蔡確欲撼吴充而特勘潘開之獄，其事皆起於纖微，而根連株逮，坐累者甚衆。蓋其置獄之本意，自有所謂，故非深竟黨與，不能以逞其私憾，而非中以危法，則不能以深竟黨與，此所以濫酷之刑至於輕施也。

元豐元年，帝以國初廢大理獄非是，乃詔曰：「大理有獄尚矣。今中都官有所劾治，皆寓繫開封諸獄，囚既猥多，難於隔訊，盛夏疾疫，傳致瘐死，或主者異見，輒淹歲時不決，朕甚愍焉。其復大理獄，置卿一人，少卿二人，丞四人，專主鞫訊；檢法官二人，主簿一人〔四五〕。應三司、諸寺監吏犯杖笞不俟追究者，聽即決，餘悉送大理獄。其應奏者，並令刑部、審刑院詳斷。應天下奏案亦上之。」遷寺於馳道之西。

國朝舊制，刑部、審刑院、大理寺主斷内外所上刑獄與凡法律之事，又有糾察在京刑獄司以參稽審覆。官制既行，審刑院、糾察司皆省，而歸其職於刑部。四方之獄，非奏讞者，則提點刑獄主焉。官司之有獄者，在開封則有府司、左右軍巡院，在諸司則有殿前、馬步軍司及四排岸，外則三京府司、左右軍巡院，諸州軍院、司理院，下至諸縣皆有之〔四六〕。時官制既行，斷讞還大理，於是左斷刑，右治獄，以分寺事。斷刑則評事、檢法詳斷，丞議，正審；治獄則丞專推劾。主簿掌案籍。少卿分領其事，而卿總焉。

二年，編敕所上新脩敕式，始分敕、令、格、式爲四。

帝熙寧初置局脩敕，詔中外集議，擇其可采者用之，有未便於事理而應脩改者上之尚書省議奏。即面得旨，若一時處分〔四七〕，應著爲令，及應衝改者，隨所屬上二府奏審。至是上之。熙寧敕令視嘉祐則有減，元豐敕令視熙寧則有增，而格、式不與焉。

容齋洪氏隨筆曰：「法令之書，其別有四，敕、令、格、式是也。神宗聖訓曰：『禁於已然之謂敕，禁於未然之謂令〔四八〕，設於此以待彼之至謂之格，設於此使彼效之謂之式。』凡入笞、杖、徒、流、死，自名例以下至斷獄十有二門〔四九〕，麗刑名輕重者，皆爲敕。自品官以下至斷獄三十五門，約束禁止者，皆爲令。命官、庶人之等，倍、全、分、釐之給，有等級高下者，皆爲格。表奏、帳籍、關牒、符檄之類，有體制模楷者，皆爲式。元豐編敕用此，後來雖數有脩定，然大體悉循用之。今假寧一門，嘗載於格，而公私文書行移〔五〇〕，並名爲『式假』則非也。」

成都府、利州路鈐轄司申〔五一〕：「往時川峽絹疋爲錢二千六百，以此編敕估贓，兩鐵錢得銅錢之一。

近歲絹疋不過千三百，估贓二疋乃得一疋之罪，多不至重法〔五二〕。」法寺請以一錢半當銅錢之一。從之。

三年正月，詔：「審刑院、刑部斷議官，自今歲終具嘗失入徒流罪五人以上或失入死罪者取旨〔五三〕，連名者二人當一人，京朝官展磨勘年，幕職、州縣官展考，或不與任滿指射差遣，或罷，本年斷絕支賜。去官不免。」先是，嘗詔歲終比較取旨，而法未備，故有是詔。

七年七月，御史黄降言：「朝廷修立敕令，多用舊文損益，其去取意義，則具載看詳卷，藏之有司，以備參照。比者議法之官，於敕令文意有疑，或不取看詳舊卷參照，多以臆見裁決。請申飭攸司，自今申明敕令及定奪疑議，並須參以看詳舊卷，考其意義所歸，庶幾法定於一，無敢輕重，本臺亦得據文考察。」從之。八月，詔舉故事，大暑大寒，或雨雪稍愆，録囚決獄〔五四〕。十月，牛羊典吏李偉坐贓抵罪〔五五〕，光禄卿吕嘉問言：「朝廷捐數十萬緡，行一重法於天下，而無忌憚之吏，已漸弛於法行之初。蓋由本法予錢之人纔減取錢之人二等。請定丐倉法斷遣刑名，自陳告首之賞與引領過度，一切如舊。」下刑部，刑部議如嘉問所定。又詔：「自今應諸州鞫訊强盗，情理無可愍，刑名無疑慮而輒奏，並令刑部舉駁，重行朝典，毋得用例破條。」從司馬光之請也。詳見詳讞門。

哲宗元祐元年，詔御史中丞劉摯、右正言王覿等刊修元豐敕令格式。

先是，摯言：「元豐中，命有司編修敕令〔五六〕，凡舊載於敕者〔五七〕，多移之於令。蓋違敕之法重〔五八〕，違令之罪輕，此足以見神宗仁厚之德。而有司不能廣，乃增多條目，離析舊制，用一言而立一法，因一事而生一條，意苛文晦，不足以該事物之情。行之幾時，蓋已屢變。今所續降者，半歲一頒，無慮數帙。宜選經術儒臣明於治體、練達民情者，取慶曆、嘉祐以來新舊敕，參照去取，略行删正，以成一代之典。」右諫議大夫孫覺亦言：「元豐編敕，細碎煩多，難以檢用，甚爲今日之患。朝廷立法簡易，當使人人通曉。宜特置局，擇通經義、明法律者爲脩敕官，命大臣典領，則朝廷仁厚之意可以宣布四方矣。」帝從其請，故有是命。至紹聖以後，詔並用熙寧、元豐舊例。元符中，復參用元祐、元豐條目。崇寧元年，乃詔編敕所並依元豐敕令格式，勿復編脩；其元祐以後所脩者，並毁版。

三年，詔罷大理寺右治獄，户部如三司故事，置推勘檢法官〔五九〕，治在京錢穀事。尋詔：「大理獄既廢，開封府軍巡院事衆，其復置判官一員，府司妨礙公事體小者，送户部取勘。」

先是，元豐初，置大理獄，本以懲革囚繫淹滯，事有所統，而崔台符等不能奉承德意，士大夫小有連逮，輒捕繫，雖命婦亦不免追攝。邏者所探報，下之於獄，傅會鍛煉，無不誣服，人皆惕息。至是，台符等皆得罪，獄亦罷。

五年，詔：「諸路兵官及使臣有罪，自樞密院以下所屬鞫治者，奏案申樞密院取旨。」又詔刑部：「命官犯罪，事干邊防軍政，文臣申尚書省，武臣申樞密院。」

刑部言：「佃客犯主，加凡人一等〔六〇〕。主犯之，杖以下勿論，徒以上減凡人一等。謀殺盜詐及有所規求避免而犯者，不減。因毆致死者，不刺面，配鄰州，情重者奏裁。」從之。

七年，臣僚言：「法寺斷獄，大辟失入有罰，失出不坐。常人之情，自擇利害，誰肯公心正法者。請自今失出死罪五人，比失入一人；失出徒、流罪三人，比失入一人者。著爲法。」從之。

八年，中書省言：「往詔内外，歲終具諸獄囚死之數。初無禁繫多寡之限，至元祐七年，諸路所上刑部獄死之數，遂以禁繫二十而死一則不具，即是歲繫二百人許以十人獄死。恐州縣弛意獄事，甚非欽恤之意。」詔刑部自今不許輒分禁繫之數。

紹聖四年，治同文館獄。

章惇、蔡卞用事，既再追貶吕公著、司馬光及謫吕大防等過嶺，意猶未快，仍用黄履疏、高士京狀追貶王珪，皆誣以圖危上躬，其言寖及宣仁，上頗惑之。最後，起同文館獄，將悉誅元祐舊臣。時太府寺主簿蔡渭奏：「臣叔父碩，嘗於邢恕處見文及甫元祐中所寄恕書，具述姦臣大逆不道之謀。及甫，彦博子也，必知姦狀。」詔翰林承旨蔡京、中丞安惇同究問。初，及甫與恕書，自謂：「畢禫當求外，入朝之計未可必，聞已逆爲機阱，以榛塞其塗。」又謂：「司馬昭之心，路人所知。」又云：「濟之以粉昆，朋類錯立[61]，欲以眇躬爲甘心快意之地。」及甫嘗語蔡碩，謂司馬昭指劉摯，粉昆指韓忠彦，眇躬，及甫自謂。蓋俗稱駙馬都尉爲「粉侯」，人以王師約故，呼其父克臣爲「粉父」[62]。忠彦，乃嘉彦之兄也。及甫除都司，爲劉摯論列[63]，又摯嘗論彦博不可除三省長官[64]，故止爲平章重事。及彦博致仕，及甫自權侍郎以脩撰守郡，母喪除，與恕書請補外，因爲躁忿詆毁之辭。及置對，則以昭比摯如舊，眇躬乃以指上，而粉昆乃謂指王岩叟面如傅粉，故曰「粉」，燾字况之，以「况」爲兄[65]，故曰「昆」。斥摯將謀廢立，不利於上躬。京、惇言：「事涉不順，及甫止聞其父言，無他證佐，望別差官審問。」詔中書舍人蹇序辰審問，仍差内侍一員同往。蔡京、安惇等共治之，將大有誅戮，然卒不得其要領。會星變，上怒稍息，然京、惇極力鍛煉不少置。既而梁燾卒於化州，劉摯卒於新州，衆皆疑二人不得其死。明年五月，詔：「摯、燾據文及甫等所供言語，偶逐人皆亡，不及考驗，明正典刑。摯、燾諸子並勒停，永不收叙。」先時，三省進呈，帝曰：「摯等已謫遐方，朕遵祖宗遺志，未嘗殺戮大臣，其釋勿治。」

元符元年，置看詳元祐訴理局。

元祐初，嘗置訴理所，申理冤濫。至是，中丞安惇言：「陛下未親政時，姦臣置訴理所，凡得罪於熙、豐之間者，咸爲除雪，歸怨先朝，收恩私室。乞取公案，看詳從初加罪之意，復依元斷施行。」時章惇猶豫未應，蔡卞即以「相公二心」之言迫之。惇懼，即日置局，命蹇序辰同安惇看詳案内文狀陳述，及訴理所看詳於先朝言語不順者，具名以聞。自是，申雪復改正或重得罪者八百三十家〔六八〕。

三年，詔：「强盜計贓應絞者，贓數並增一倍。贓滿不傷人及雖傷人而情輕者〔六七〕，奏裁。其用兵仗湯火之類傷人〔六八〕，及殘虐主家情狀酷毒，或污辱良家，或入州縣鎮寨行劫，不在奏裁之限。若驅虜官吏巡防人等，罪不至死，仍奏裁。」

先是，曾布建議：「爲盜之罪，情有輕重，贓有多少。若劫貧家，情理雖重，偶以贓少而減免；劫富室，情理雖輕，偶以贓重而論死。是盜之生死，係於主家之貧富也。至於傷人，情狀輕重亦殊。其以手足毆人，偶傷肌體，與夫兵刃湯火，固有間矣，而均謂之傷殘。朝廷雖許奏裁，州郡之吏，或奏或否，死生之分，特幸與不幸爾。不若一變舊法，凡以贓定罪及傷人情狀不至切害者，皆聽從罪止之法。其用兵刃湯火之類，情狀酷毒，及污辱良家，或入州縣鎮寨行劫，若驅虜官吏巡防人等，不以傷與不傷，凡情不可貸者皆處以死刑。如此，則輕重不失其當。」王古、徐彥孚、鍾正甫亦以爲請。及是，布爲相，遂申前議改焉。侍御史陳次升言：「祖宗仁政，加於天下者甚廣〔六九〕。刑罰之重，改而從輕者至多。惟是强盜之法特加重者，蓋以禁姦宄而惠良民也。近者朝廷改法，以强盜計贓應絞者，並增一倍；贓滿不傷人及雖傷人而情輕者〔七〇〕，奏裁。如聞法行之後，民受其弊。被苦之家，以盜無必死之理，不敢告官，而鄰里亦不爲之擒捕，恐怨仇報復，故賊徒益逞，重法地方尤甚。竊恐養成大寇，以貽國家之患。請復行强盜舊法。」又言：「朝廷取諸郡所申盜賊之數，比較新法未行之前爲少，遂以爲賊盜衰息，刑罰可減，此正與臣之論相反也。夫有盜必申，則刑部之數多；懼有報復，不敢以聞，則刑部之數少。臣恐自此盜賊充斥而朝廷不知也。從官臺臣，亦嘗論列，非獨臣區區之私見也。」曾布罷相，翰林學士徐勣復言其不便，乃詔：「强盜應絞者，計贓如舊法，前詔勿行。」

刑部言：「祖宗以來，重失入之罪，所以恤刑。紹聖之法，以失出三人比失入一人，則是一歲之中偶失出死罪三人，即抵重譴。夫失出，臣下之小過；好生，聖人之大德。請罷理官失出之責，使有司讞議之間，務盡忠恕。」從之。

徽宗建中靖國元年五月，大理卿周鼎言：「律，鬭殺人者絞，故殺人者斬。蓋兩相爭競者謂之鬭，不因爭競者謂之故〔七一〕，義理甚明。今法寺斷案，每於故、鬭之際，議論不一，蓋泥刑統所謂『非因鬭爭，無事而殺，是名故殺。』殊不知所謂『無事而殺』者，以言無彼此爭鬭之事而殺人者，是名故殺。若謂不必鬭爭，但緣他事而殺者，不當爲故，則律之立文，奚不曰『有事殺人絞』，而曰『鬭殺人絞』；不曰『無事殺人斬』，而云『故殺人斬』。以此質之，法意可見。請自今凡斷奏故、鬬案，並令有司指定兩相鬬爭是否，若止辯説往復，即非忿競，則故、鬬情狀判然矣。」刑部亦是鼎議，詔申明行下。

崇寧元年，臣僚言：「三省六曹，所守者法，法所不載，然後用例。今顧引例而破法，此何理哉？請取前後所用例，以類編脩，與法妨者去之。」詔從之。

三年，宰臣蔡京請倣周官司圜之法，令諸州築圜土以居强盗貸死者。詳見徒流門。

大觀元年，詔：「計贓之律，以絹論罪。絹價有貴賤，故論罪有輕重。今四方絹價增貴〔七二〕，而計絹之數猶循舊制，以一貫三百足爲率〔七三〕，計價既低，抵罪太重，非仁民恤獄之意。可以一貫五百足定罪〔七四〕。」

二年，更定笞法。自今並以小杖行決，笞十爲五，二十爲七，三十爲八，四十爲十五，五十爲二十，不以大杖比折。永爲定制。

八年〔七五〕，大理少卿任良弼言：「州縣推勘盗賊，多以止宿林野爲詞，不究囊橐之家。請自今應推强盗而不究囊橐及所止之地名，各徒二年；不盡者，減二等。爲令。」從之。

四年，詔：「河北、河東群賊所經歷縣及十次以上，知縣降一官，衝替；縣尉降一官，勒停；不及十次，知縣衝替，縣尉勒停。」

政和二年，臣僚言：「比來大理迎合觀望，曲法用情，例使倖免。有犯在開封而願移大理者，至號法寺爲『休和所』，甚非廷尉持平之義。」詔大理少卿罷免〔七六〕。

四年，詔立聚問審録之限：死囚五日，流罪三日，杖、笞一日。

五年〔七七〕，詔〔七八〕：「今後不法官吏已爲按察官所劾而輒論告按察官者，雖指斥等事，亦俟結勘斷罪畢再推勘。如不實，誣告人特於法外別行重斷。」

七年，詔：「品官犯罪〔七九〕，三問不承，即奏請追攝。若果情理重害而拒隱者，方許枷訊，所以示別也。邇來有司廢法，不候三問追攝，不原輕重枷訊，與常人無異，將使人有輕視爵禄之心。可申明條令，以稱欽恤庶獄之意。」又詔：「宗室犯罪，與常人同法，有司承例奏請，不候三問未承，即加訊問，非朕所以篤親親之恩也。自今有犯，除涉情理重害別被處分外，餘止以衆證爲定，仍取伏辯，無得輒加捶拷。若罪至徒以上，方許依條置勘。其合庭訓者，並送大宗正司，以副朕敦睦九族之意。」

中書省言：「律：『在官犯罪，去官勿論。』蓋爲命官立文。其後敕文相因脩立，掌典解役，亦用去官免罪例，而有犯則解役歸農，幸免重罪。」詔：「政和敕内掌典解役者聽從去官法勿行〔八〇〕。」

重和元年二月，河北西路提點刑獄虞奕言：「州縣虐吏，輒借杖爲溜筒，用鐵鉗項，以竹實沙而貫之，非理慘酷。」詔悉禁止，犯者以違制論。四月，詔：「肉刑廢而爲杖、笞，折杖之數，多寡不倫，民抵憲禁〔八一〕，傷及肌膚，宜約其數，以善天下。自今徒二年半杖九十者，折十七；徒二年杖八十者，十五；徒一年半杖七十者，十三；徒一年杖六十者，十二；笞五十者，十；笞四十者，八；笞三十者，七；笞二十者，六；笞十者，五。」

宣和元年，詔：「虔州近斷大辟二人，其元犯人乃於斷後首獲。人命至重，失刑如此，深可惻傷。其令本路提點、根勘官吏，並先勒停，不以赦原。誤斷之家，優加存恤。」

二年，右司員外郎翁彦深言：「陛下欽恤庶獄，無所不至，而州郡不能審克，吏得以並緣爲姦，刑及貧民，而富者規免，寖失天下之平。今奏牘之首，纖悉畢載，而略其户等。請自今奏案〔八二〕，並列其户之高下，察其吏姦而懲之，使寡弱之民不見淩暴。」從之。

臣僚言：「比年官吏希求恩賞，治獄者務作獄空，輒不受辭。又寄留囚徒於他所，致有逃逸。斷刑者務作斷絶，滅裂鹵莽，用刑失當，有以婦人配隸千里者。昨詔大理寺、開封府不得輒奏獄空，近復有旨，不許妄作斷絶。然開封府復有斷絶獄官吏冒賞者。」詔令御史臺覺察彈奏。

故事，法司斷絶，必宣付史館獄空，降詔奬諭，或加秩賜章服。後以冒賞者多，熙寧初，以斷絶乃常事，不足書，罷宣付史館，仍不降詔奬諭。

都曹翁彦深上言：「伏見淮東十一州軍，政和六年、七年坐殺人而死者纔十有二人，刑幾措矣。然計二年之獄，蓋一百三十二人，而獨此十二人者死。問之有司，則曰：『不死者，有情理者也。』自五帝、三代至於漢、唐，未有殺人不死之法。在律，詈人者笞四十。借如以一詈之故即遭毆殺，是殺人者不死，詈人者顧當死。輕重倒置，莫此爲甚。且百有二十人，皆大辟也，州郡奏而免之，可謂仁心矣。彼其遭殺者，受無辜之虐，而銜不報之寃，反不足恤乎！廷尉，天下之平，乃仁於强暴，使寡弱者不保其生，烏在其爲平也！以一路二年計之已如此，天下復當幾何！所謂好生者，將以省刑而召和氣也。今舍止殺之具，致被殺者滋多，非所以省刑也。寬殺人之人，使銜寃者益衆，非所以召和氣也。

朝廷見歲斷大辟之少，以爲刑將措矣，盍亦并奏案而計之乎！致治，猶元氣也。刑之禁民爲非，猶藥疾也。慕措刑之虚名，而忘失刑之實患，是猶慕治古之無札瘥而但去其藥，民知擠於溝壑矣。今之官吏，外希雪活之賞，内冀陰德之報，遞相驅煽，遂成風俗，一作奏案，無敢異議。胥吏乘之，姦弊萬態，文致情理，莫可究詰。讞狀徑上，不由憲司。其就東市者，大抵貧民耳。」

詔：「州縣官不親聽囚而使吏鞫訊者，徒二年。」

高宗中興，著令：「諸獄具，當職官依式檢校。枷以乾木爲之，長者以輕重刻識其上，不得留節目，亦不得釘飾及加筋膠之類，仍用火印，從官給。杻、鉗、鎖、杖，制各如律，不得微有增損。暑月每五日一濯枷杻，禁囚因得少休。刑、寺遇浣濯之日，輪官一員，躬親監視。州縣獄犴，不得輒爲非法之具，違者論如律。制詔諸獄司，並旬申禁狀。品官命婦在禁，别具單狀。合奏案，具情款招伏案奏聞，法司朱書檢坐條，列推司、録問、檢法官吏姓名於後。各路提點刑獄司，每年具本路州軍斷過大辟申刑部。諸州每年開收編配羈管奴婢人，各置籍；本州斷過編配之數，亦如之。各州每年具本路州軍斷過大辟申刑部。諸州倣此，申提點刑獄司。其獄事，應書禁歷而不書，應申所屬而不申，奏案不依式，檢坐開具違令，若回報不圓致妨詳覆，與提點刑獄司詳覆大辟而稽留，失覆大辟致罪有出入者，各抵罪。」

建炎元年，大理正、權刑部郎官朱端友言：「舊例，以絹計贓者，千三百爲一疋。今所在絹直高，合議增估。」乃詔：「自今以絹定罪者，並以二千爲準。」

三年，詔：「自今並遵用嘉祐條法内擬斷刑名。嘉祐與見行條法輕重不等，並從輕，賞格即從重。

其官制所掌事務格目及役法等〔八三〕，有引用窒礙或該載未盡者〔八四〕，並令有司條具以聞。」

熙寧中，神宗厲精爲治，議置局修敕。蓋謂律不足以周盡事情，凡邦國沿革之政與人之爲惡入於罪戾而律所不載者，一斷以敕，乃更其目曰敕、令、格、式，而律存乎敕之外。自元祐變熙寧之法，紹聖復熙寧之制〔八五〕，以後衝前，以新改舊，各自爲書，而刑書寖繁。至是，乃有此詔。又詔重脩敕令所，應仁宗法度，理合舉行，自今遵奉嘉祐條法，將嘉祐敕與政和敕對脩。紹興初，張守等上對脩嘉祐政和敕令格式一百二十卷〔八六〕，及看詳六百四卷，詔以紹興重修敕令格式爲名頒行。於是熙寧、元祐、紹聖法制，無所偏循，善者從之。

自渡江以來，有司圖籍散失，凡所施行，多出百司省記，胥吏因得予奪。至是，監察御史劉一止奏曰：「伏見尚書六曹，下逮百司，凡所用法令，初無畫一之論，類以人吏省記，便爲予奪。蓋法令具存，姦吏猶得而舞之，今乃一切聽其省記，顧欺弊何所不有！陛下聖明，灼見此弊，嘗見處分，令左右司郎官以其省記之文刊定頒行。然左右司職事，號爲最繁，竊恐於此不能專一，無由速成。伏望改差詳定一司敕令所，立限刊定，鏤版頒降施行。」詔如其請。

四年二月，詔：「靖康元年正月一日以前所降御筆，多出於法令之外，奉行抵牾，甚非恤刑之意。自今除靖康元年正月一日以前御筆有出於法之外者，依累降指揮施行，其餘減杖恤刑之類，並合遵守。」

自蔡京當國，請降御筆手詔以快己私，自畔法令，有司莫知適從。至是，釐正之。

八月，詔：「祖宗雖崇好生之德，而贓吏死、徙未嘗末減。自今官吏犯贓，雖未欲誅戮，若杖脊流配，決不可貸。」又詔贓罪至死者，籍其家。

上宣諭欲極治贓吏，仍欲檢舉祖宗舊法，詳悉告諭，使行之不暴，毋駭聞聽。其後，三省進呈臣僚論列贓吏棄市事，上曰：「不必至此，但杖遣足矣。」自後贓吏皆杖脊流配。

紹興二年，詔：「知州兼統兵去處，非出師臨陣，自今無得輕用重刑。」

先是，祕書少監傅崧卿言：「軍國異容，刑亦殊制，不可概以軍法從事。比聞州軍有捕獲軍兵劫盜殺人者，至族其家。望加戒飭。」故有是詔。

三年，詔：「自今犯私鹽，並依紹興赦斷。其去年十二月甲午赦旨，及今年六月辛丑尚書省批狀指揮〔八七〕，更不施行。」

先是，殿中侍御史常同入對，論私販刑名大重，其略曰：「紹興赦：『私有鹽一斤，徒一年〔八八〕；三百斤，配本城。煎煉者，一兩比二兩。』刑名不爲不重。後來復降指揮，又因官司申請，不以赦原減，雖遇特恩不原，爲法可謂盡矣。去年之冬，因大軍所屯，嘗有軍卒私販，百姓因之，故有亭户不以多寡杖脊配廣南指揮，蓋一時禁止，非通行天下永久之法也〔八九〕。昨因榷貨務看詳，以爲諸路亦合一體施行，遂批狀行之〔九〇〕。提領官張純，一堂吏耳，但欲附會去相之意。朝廷不謀之近臣〔九一〕，不付之户部，不稟之聖旨，遂以批狀行之，何其易哉！自此法之行，州郡斷配，日日有之，破家蕩產，不可勝計。主議之臣但曰『刑不峻不足以致厚利』，夫峻刑章而不恤民害，此蔡京、王黼之術也，奈何今遂用之！自古及今，刑之所施〔九二〕，必稱罪之輕重，豈有罪無等降，一用重刑之理！今私鹽一斤至杖脊配廣南，則孰不相率而爲百千斤之多哉？祖宗仁德在人，猶人之有元氣。今天下之勢可爲病矣，奈何遂欲傷元氣乎？法令之行，繫乎國本，不使有識縉紳之士議之，而使刀筆之吏弄其文墨，非國之福也。望付三省熟議。」故有是詔。

詔：「捕獲强盜，雖無被主姓名，贓滿已經論決者，許推賞。」

太常少卿唐恕言：「舊法，獲盜不知被主姓名，則不該賞。故江湖間有舉舟盡遭屠戮，蹤迹絕滅，官司雖知，終亦掩蔽。蓋既知無激勸之方〔九三〕，又欲逃捕盜之責。法久姦生，望賜更改。」故有是詔。

五年，尚書省言：「州縣治獄之吏，專事慘酷，待其垂死，皆托之疫患殺之，未嘗依條醫治。乞舉行歲終比較計分斷罪法。」是年比較，得宣州、衢州、福州無病死囚，當職官各轉一官；舒州病死者及一分，惠州病死者二分六釐，當職官各特降一官。

十年，詔：「諸獄並一更三點下鎖，五更五點開鎖。定牢違者，杖八十。獄官令佐不親臨，及縣令輒分輪餘官，並徒一年。知、通、監司覺察按劾。著爲令。」

十八年，撫州、泉州誤決重囚，官吏各置重憲。

大理寺丞石邦哲上疏曰：「伏睹紹興令，決大辟皆於市，先給酒食，聽親戚辭訣，示以犯狀，不得窒塞口耳，蒙蔽面目，及喧呼奔逼。而有司不以舉行，視爲文具〔九四〕，無辜之民，至有强置之法〔九五〕。如近年撫州獄案已成，陳四閑合斷放，陳四合依軍法；又如泉州獄案已成，陳翁進合決配，陳進哥合決重杖。姓名略同，而罪犯迥别，臨決遣之日，乃誤以陳四閑爲陳四，以陳翁進爲陳進哥，皆已決而事方發〔九六〕。倘使不窒塞蒙蔽其面目口耳，而舉行給酒辭訣之令，是二人者，豈不能呼冤以警官吏之失哉！欲望申嚴法禁，否則以違制論。」從之。

臣僚言〔九七〕：「比年諸路推究翻異公事，或朝廷委之鞫勘，例差初官。蔭補子弟及新第進士〔九八〕，於法令實未暇習，其勢必委之於下，老胥猾吏，得以爲姦。請行下諸路，應有鞫勘公事，並須擇曾經歷任人。」從之。

二十六年〔九九〕，吏部尚書周麟之言：「臣聞之，傳曰：『非天子不制度，不議禮，不考文。』竊見吏部續降申明條册，乃有頃年都省批狀指揮參於其間。向之脩書官有所畏忌，至與成法並立，以理推之，誠爲未允。望令選具紹興二十五年以前批狀指揮，令敕令所看詳，可削則削，毋令與三尺混淆。」麟之所言，蓋指秦檜也。詔依。

秦檜自得政以來，動興大獄，脅制天下。岳飛獄死，檜勢焰愈熾。賢士大夫，時繫詔獄，死徙相繼，天下冤之。又置察事卒數百遊市間，聞言其姦者，即送大理獄殺之，大開告訐之門。至檜老病日深，忌娼愈甚，將除異己者，乃令殿中侍御史徐嘉、右正言張扶論趙汾、張祁交結事〔一〇〇〕。先捕汾下大理，考掠無完膚，令汾自誣與張浚、李光、胡寅謀大逆，凡一時賢士大夫五十三人，檜所惡者皆與。獄上，而檜已病不能書，事乃寢。

詔刑部郎官依元豐法〔一〇一〕，分左右廳治事。

先是，右司郎中汪應辰言：「國家謹重用刑，是以參酌古誼，並建官師。在京之獄，曰開封，曰御史，又置糾察司以幾其失。斷其刑者〔一〇二〕，曰大理，曰刑部，又置審刑院以決其平。鞫之與讞，各司其局，初不相關，是非可否，有以相濟。及赦令之行，有罪者許之叙復，無辜者爲之湔洗〔一〇三〕，内則命侍從館閣之臣置司詳定，而昔之鞫與讞者，皆無預焉。外之川、陝〔一〇四〕，去朝廷遠，則委之轉運、鈐轄司，而提點刑獄之官亦無預焉。及元豐更定官制，始以大理兼獄事而刑部如故。然而大理少卿二人，一以治獄，一以斷刑；刑部郎官四人，分爲左右，或以詳覆，或以叙雪，同僚而異事，猶不失祖宗分職之意。本朝比之前世，刑獄號爲平治〔一〇五〕，蓋其並建官師，所以防閑考覈，有此具也。中興以來，務從簡省，大理少卿，止於一員，而刑部郎中，初無分異，則獄之不得其情，法之不當於理者，又將使誰平反而追改之乎？今雖未能盡復祖宗之舊，亦當遵用元豐舊制，庶幾官各有守，人各有見，反覆詳盡，以稱欽恤之意。」上善其言，故有是旨。

孝宗乾道二年，刑部侍郎方滋上乾道新編特旨斷例七十卷。

四年正月，臣僚言：「杖笞之制，著令具存，輕重大小之制，不得以私意易也。比年以來，吏務酷虐，浸乖仁恕之意。凡訊囚合用荆子，一次不得過三十，共不得過二百。此法意也。今州縣不用荆子，而用藤條，或用雙荆，合而爲一，或鞭股鞭足至三五百，刑罰冤濫，莫此爲甚。願戒有司，申嚴行下。凡守令與掌行刑獄之官，並令依法製大小杖，當官封押，乃得行用，不得增添、換易、過數訊囚，恣爲慘酷。」從之。五月，臣僚言：「民命莫重於大辟，方鍛煉時，何可盡察。獨在聚録之際，官吏聚於一堂，引囚而讀示之。死生之分，決於頃刻，而獄吏憚於平反，摘紙疾讀，離絶其文，嘈囋其語，故爲不可曉解之音，造次而畢，呼囚書字，茫然引去，指日聽刑。人命所干，輕忽若此。臣竊照聚録之法有曰：『人吏依句宣讀，無得隱瞞，令囚自通重情，以合其款。』此法意蓋不止於只讀成案而已。臣謂當稽參『自通重情，以合其款』之文，於聚録時，委長貳點無干礙吏人先附囚口責狀一通，覆視獄案，果無差殊，然後亦點無干礙吏人依句宣讀，務要詳明，令囚通曉〔一〇六〕，庶幾伏辜者無憾，冤枉者獲伸。」從之。

六年，祕書少監、權刑部侍郎汪大猷等重脩敕令格式百二十二卷，存留照用指揮二卷，詔以乾道重脩敕令格式爲名。

淳熙元年五月，詔頒浙西提刑鄭興裔檢驗格目於諸路提刑司。

初，興裔言諸州縣檢驗之弊，遂措置格目，行下所屬州縣。每一次檢驗，依立定字號用格目三本：一申所屬州縣，一付被害之家，一申本司。照會州縣，受詞差官，檢官受牒起發，皆注日時於上。關防詳密，州縣不得爲欺。朝廷善之，乃行於諸路。

十月，詔：「六部除刑部許用乾道所脩刑名斷例，及司勳許用編類獲盜推賞例、并乾道元年四月十八日措置脩例弊事指揮内立定合引例外〔一〇七〕，其餘並依成法，不許用例。」

先是，臣僚言：「今之有司，既問法之當否，又問例之有無。法既當然而例或無之，則事皆沮而不行。夫法之當否，人所共知，而例之有無，多出吏手，往往隱匿其例，以沮壞良法，甚者賄賂既行，乃爲具例，爲患不一。請詔有司，應事有在法，灼然可行，而未有此例者，不得以無例廢法。」事下六部看詳，至是來上，乃有是詔。

六年，知湖州長興縣茹驤坐贓免真決，編管台州，仍籍没家財。參知政事錢良臣奏：「臣昨任淮東總領日，失舉茹驤改官，今以贓敗，法當同坐。」詔：「覽良臣所奏，乃欲以身行法。國有常憲，朕不敢私，勉從所請，可鐫三官。」於是陳峴、張宗元、趙磻老、徐本中並坐舉驤，各降三官。

八年，詔：「自今强盗抵死特貸命之人，並於額上刺『强盗』二字，餘字分刺兩頰。」

十六年，臣僚言：「在律，鞫獄者皆須依所告狀鞫，若於本狀之外别求他罪者，以故入人罪論。比年中外之獄，閫於狀外求罪，推尋愆咎，鞫勘平生，旁及他人，干連禁繫，豈無冤濫。乞申明法令，自今獄事無得於狀外求罪，如有違戾，重寘於法。」從之。

光宗紹熙五年，臣僚言：「廣東一路，十有四州，惟英德府烟瘴最甚，有『人間生地獄』之號。諸司分在廣、韶二州置司，英德府界乎廣、韶之間，故諸司凡以公事送獄者，多送英德。人一聞『生地獄』之名則已心懼，凡罪不至死與未必有罪之人，每至獄則皆引伏。其意以爲，久繫於獄，未必辯明，而不免於死，不若亟就刑責，猶得一生。由是獄之欲速成者，必之英德，而英德之吏，以善治獄名。今一路之中，東有潮、惠，西有二廣，北有南雄、連州，皆風土之不甚惡者。請行下本路諸司，應今後公事合送别州根勘者，不許送英德府，庶獄無冤濫，人獲生全。」從之。

寧宗嘉泰二年〔一〇八〕，臣僚言：「近日大辟行兇之人，鄰保逼令自盡，或使之説誘被死家，賂之財物，不令到官。嘗求其故：始則保甲憚檢驗之費，避證佐之勞；次則巡尉憚於檢覆；又次則縣道憚於鞫勘結解。上下蒙蔽，只欲省事，不知置立官府，本何所爲？今若縱而不問，則是被殺人者，反爲妻子親戚乞錢之資，甚可痛也。請明降指揮，凡有殺傷人處，如都保不曾申官，州縣不差官檢覆，及家屬受財私和，許諸色人告首，並合從條究治。其行財受和會之人，更合計贓論罪。」從之。

二年，刑部侍郎林栗言〔一〇九〕：「嘉泰改元，一年天下所上死案共一千八百一十一人，而斷死者纔一百八十一人，餘皆貸放。夫有司以具獄來上，必皆可論刑之人，陛下貸其罪辜者，凡一千六百三十人〔一一〇〕，豈爲細事。請詔祕書省脩入日曆，上以示陛下好生之德，下以戒有司用刑之濫。」從之。

嘉定四年〔一一一〕，詔頒湖南、廣西刊印檢驗正背人形圖於諸路提刑司。

先是，江西提刑徐似道言：「推鞫大辟之獄，自檢驗始。其間有因檢驗官司指輕作重，以有爲無，差訛交互，以故姦吏出入人罪，弊倖不一。伏見湖南、廣西見行刊印正背人形隨格目給下檢驗官司，令於傷損去處，依樣朱紅書畫橫斜曲直，仍於檢驗之時，唱喝傷痕，令衆人同共觀看〔一一二〕。所畫圖本，衆無異詞，然後署押〔一一三〕，則吏姦難行，愚民易曉。」於是詔行之。

臣僚言：「切見縣獄苦無囚糧，而城下之邑尤甚。法許於運司錢內支，往往縣道不敢支破，例多陪辦於推獄，私取於役户，分甘於同禁之人。簞食入獄，攫拏紛然，極可憐憫。乞從諸縣申州，就於常平米內支撥。」從之。

十三年，詔：「凡在官財物不應用而用之依律科坐贓罪之人，自今私自入己者，爲贓罪；私自饋遺者，爲私罪；用充公用者，爲之公罪。創始者爲首，坐以全罪；循例者爲從，與減一等。」

校勘記

〔一〕十存一二　「存」原作「有」，據宋史卷一九九刑法志一、長編卷一〇四天聖四年九月壬申條改。

〔二〕有司乃取咸平儀制令及制度約束之　「令」字原脱，據上文及宋史卷一九九刑法志一、長編卷一〇八天聖七年五月己巳條補。

〔三〕三年　「三」原作「五」，據宋史卷九仁宗紀一、長編卷一〇三天聖三年三月戊寅條改。

〔四〕自是諸路災傷即降下有司敕　「降」下原衍「不」字，「有」字原脱，據長編卷一〇三天聖三年三月戊寅條删補。宋史卷二〇〇刑法志二作「自是諸路災傷即降敕」。

〔五〕知諫院司馬光言　按趙汝愚國朝諸臣奏議卷一〇六題司馬光此疏爲上英宗論災傷除盜疏，注「治平元年十月上，時知諫院」。又按司馬光知諫院始於嘉祐六年六月丙子，見宋史卷一二仁宗紀四，英宗治平二年十月免諫職，見長編卷二〇六，與國朝諸臣奏議所注時間、官職一致，本書附此疏于仁宗天聖中，編次失當。

〔六〕而徒流罪非繫不以聞　「非」字原脱，據宋史卷一九九刑法志一、長編卷一〇六天聖六年十一月癸丑條補。

〔七〕是歲　下文改强盜法事，宋史卷一〇仁宗紀二、長編卷一一七、宋大詔令集卷二〇二定强盜刑詔俱繫于景祐二年八月壬子。

〔八〕即刺爲兵　「刺」下原衍「軍」字，據長編卷一一七景祐二年八月壬子條删。

〔九〕又詔　長編卷一一〇繫此詔於天聖九年四月壬子。

〔一〇〕捕獲者　「獲」原作「殺」，據長編卷一一〇天聖四年九月壬子條改。

〔一一〕雖情巨蠹　疑「情」下脱「理」字。按「情理巨蠹」爲當時常語，如本書卷一六八熙寧六年之吴充建請、卷一七〇宣和六年之臣僚言皆有此語。

〔一二〕準令　「準」字原脱，據容齋隨筆卷三國忌休務、宋刑統卷二六雜律、舊唐書卷一七下文宗紀補。

〔一三〕今犯法者衆　「今」原作「及」，據宋史卷一九九刑法志一、長編卷一九一嘉祐五年四月庚申條改。

〔一四〕應贖　「應」字原脱，據宋史卷二〇〇刑法志二、長編卷一七八至和二年二月壬辰條補。

〔一五〕英宗治平二年　「治平」原作「始平」，據宋史卷一三英宗紀改。

〔一六〕時神宗已即位　「神宗」原作「仁宗」，據元本、慎本、馮本改。

〔一七〕開封府司軍巡歲死七人　「七」原作「十」，據元本、慎本、馮本及宋史卷二〇一刑法志三、宋會要刑法六之五六改。

〔一八〕提點刑獄司歲終會死者之數以聞　「歲終」二字原倒，據元本、慎本、馮本及宋史卷二〇一刑法志三、宋會要刑法六之五六乙正。

〔一九〕神宗熙寧三年　「三」原作「元」，據宋會要職官三七之九、長編卷二一一熙寧三年五月庚戌條、宋史卷三一五韓維傳改。

〔二〇〕三年　宋史卷二〇〇刑法志二、宋會要刑法三之六五作「二年」。

〔二一〕又命權御史臺推直官張景直鞫前知明州光禄卿苗振於越州　按宋史卷二〇〇刑法志二、宋會要刑法三之六五、宋史卷三一九王子韶傳，鞫苗振獄者爲崇文院校書張載而非張景直，此處記述有誤。

〔二二〕忠正軍節度副使　「度」原作「使」，據宋史卷二〇〇刑法志二、卷三三一祖無擇傳改。

〔二三〕獄半年乃決　「乃」原作「及」，據宋史卷二〇〇刑法志二改。

〔二四〕或即開封府大理寺究治　「或」原作「成」，據元本、慎本、馮本改。

〔二五〕其行貨及過致者　「致」原作「制」，據元本、慎本、馮本及長編卷二一四熙寧三年八月癸未條改。

〔二六〕自一百千分等至三百千　「自」原作「目」，據宋史卷一九九刑法志一、宋會要刑法一之二二改。

〔二七〕使一例抵死　「一」字原脱，據宋會要刑法一之七、長編卷二一四熙寧三年八月戊寅條補。

〔二八〕若據爲從情輕之人別立刑等　「爲」字原脱，據宋會要刑法一之七、長編卷二一四熙寧三年八月戊寅條補。

〔二九〕使良善者知改過自新　「者」字原脱，據元本、慎本、馮本及宋史卷二〇一刑法志三補。

〔三〇〕給付身帖　「付身」與「帖」原互倒，「帖」原作「貼」，據宋史卷二〇一刑法志三、長編卷二一四熙寧三年八月戊寅條乙改。

〔三一〕代墨劓剕宫之法　「墨劓」二字原倒，據元本、慎本、馮本乙正。

〔三二〕近世之民　「之」原作「人」，據宋史卷二〇一刑法志三、長編卷二一四熙寧三年八月戊寅條改。

〔三三〕固不爲患　「固不」原作「因而」，據宋史卷二〇一刑法志三、長編卷二一四熙寧三年八月戊寅條改。

〔三四〕若僞造官文書　「官」字原脱，據宋會要刑法一之八、長編卷二一七熙寧三年十一月戊申條、宋刑統卷二五詐僞補。

〔三五〕雖非重法之地　「法」原作「犯」，據元本、慎本、馮本及宋史卷一九九刑法志一改。

〔三六〕寖益廣矣　「益」原作「亦」，據元本、慎本、馮本及長編卷三四四元豐七年三月乙巳條改。

〔三七〕品官犯罪　「犯罪」二字原倒，據宋史卷一九九刑法志一乙正。

〔三八〕四月　按本書卷四二學校考三、宋史卷一五神宗紀二、宋史卷一五七選舉志三、長編卷二四四、玉海卷一一二熙寧律學俱繫置律學事在熙寧六年之四月。

〔三九〕義二道　「二」，長編卷二四四熙寧六年四月乙亥條作「三」。

〔四〇〕刑名三事至五事　「三」與「五」原互倒，據宋會要崇儒三之八、通鑑長編紀事本末卷七五試刑法乙正。

〔四一〕提點刑獄王庭筠等言其無迹　「庭」原作「廷」，據元本、慎本、馮本及宋史卷二〇〇刑法志二改。下同。

〔四二〕遣權御史臺推直官蹇周輔劾治　「臺」字原脫，「直」下原衍「言」字，據元本、慎本、馮本及宋史卷二〇〇刑法志二、長編卷二五九熙寧八年正月庚戌條補刪。

〔四三〕自縊死　「自」字原脫，據宋史卷二〇〇刑法志二補。

〔四四〕將作監主簿張靖　「主」字原脫，據宋史卷二〇〇刑法志二補。

〔四五〕主簿一人　按宋史卷一六五職官志五，元豐官制行，大理寺置主簿二人，疑此處有誤。

〔四六〕下至諸縣皆有之　「縣」原作「院」，據宋史卷二〇一刑法志三改。

〔四七〕若一時處分　「處」原作「巡」，據宋會要刑法一之一二改。

〔四八〕禁於已然之謂敕禁於未然之謂令　「已」原作「未」，「未」原作「已」，據宋會要刑法一之一二、長編卷三四四元豐七年三月乙巳條、朱子語類卷一二八法制、玉海卷六六元豐諸司敕式編敕改。

〔四九〕自名例以下至斷獄十有二門　「名」字原脫，據宋史卷一九九刑法志一、長編卷三四四元豐七年三月乙巳條補。

〔五〇〕而公私文書行移　「公」字原脫，據容齋三筆卷一六敕令格式補。

〔五一〕利州路鈴轄司申　「利州路」原作「和州路」，據宋會要刑法三之三、長編卷三〇一元豐二年十一月癸巳條改。

〔五二〕多不至重法　「多不至」原作「至多」，據宋會要刑法三之三、長編卷三〇一元豐二年十一月癸巳條改。

〔五三〕自今歲終具嘗失入徒流罪五人以上或失入死罪者取旨　「流」字原脱，據長編卷三〇二元豐三年正月戊子條及卷四四五元祐五年七月己丑條補。

〔五四〕録囚決獄　「録」上原衍「停」字，據元本、慎本、馮本删。

〔五五〕牛羊典吏李偉坐贓抵罪　「李偉」，長編卷三四九元豐七年十月丁丑條作「李璋」。

〔五六〕命有司編脩敕令　「敕」字原脱，據忠肅集卷六乞修敕令疏、長編卷三七三元祐元年三月己卯條補。

〔五七〕凡舊載於敕者　「舊」下原衍「制」字，據長編卷三七三元祐元年三月己卯條删。

〔五八〕蓋違敕之法重　「違」下原衍「法」字，據忠肅集卷六乞修敕令疏、長編卷三七三元祐元年三月己卯條删。

〔五九〕置推勘檢法官　「檢」字原脱，據宋史卷一六三職官志三、宋會要職官二四之一〇補。

〔六〇〕加凡人一等　「人」字原脱，據元本、慎本、馮本、局本補。

〔六一〕朋類錯立　「朋」原作「平」，據長編卷四九〇紹聖四年八月丙申條、編年綱目卷二四改。

〔六二〕呼其父克臣爲粉父　「克臣」原作「堯臣」，據長編卷四九〇紹聖四年八月丙申條、編年綱目卷二四改。

〔六三〕爲劉摯論列　「論列」二字原脱，據長編卷四九〇紹聖四年八月丙申條、編年綱目卷二四補。

〔六四〕又摯嘗論彦博不可除三省長官　「又摯」二字原脱，據長編卷四九〇紹聖四年八月丙申條、編年綱目卷二四補。

〔六五〕以况爲兄　「况」字原脱，據長編卷四九〇紹聖四年八月丙申條、編年綱目卷二四補。

〔六六〕申雪復改正或重得罪者八百三十家　原作「八十三家」，據元本、慎本、馮本及編年綱目卷二五、宋史卷四七二蔡卞傳改。

〔六七〕贓滿不傷人及雖傷人而情輕者　「及雖傷人」四字原脱，據元本、慎本、馮本及宋會要刑法三之四補。

〔六八〕其用兵仗湯火之類傷人　「仗」原作「杖」，據宋會要刑法三之四改。

〔六九〕加於天下者甚廣　「甚」字原脱，據宋史卷一九九刑法志一補。

〔七〇〕贓滿不傷人及雖傷人而情輕者　「及雖傷人」四字原脱，據陳次升讜論集卷三上徽宗奏論强盗法第一狀、第二狀補。

〔七一〕蓋兩相争競者謂之鬭不因争競者謂之故　「鬭」原作「故」，「不因争競者謂之故」八字原脱，據元本、慎本、馮本改補。

〔七二〕今四方絹價增貴　宋會要刑法三之四在「貴」下有「至兩貫以上」五字。

〔七三〕以一貫三百足爲率　「以」下原衍「定」字，「足」字原脱，據宋會要刑法三之四删補。

〔七四〕可以一貫五百足定罪　「足」字原脱，據宋會要刑法三之四補。

〔七五〕八年　宋會要刑法三之六八載任良弼言在大觀元年。按大觀只四年，無八年。

〔七六〕詔大理少卿罷免　元本、慎本、馮本俱作「大理卿少並罷免」，疑是。

〔七七〕五年　宋會要刑法三之七〇繫此詔於政和六年。

〔七八〕詔　此下原衍「令」字，據元本、慎本、馮本删。

〔七九〕品官犯罪　「罪」字原脱，據元本、慎本、馮本補。

〔八〇〕政和敕内掌典解役者聽從去官法勿行　「内」字原脱，據宋會要刑法一之三〇補。
〔八一〕民抵憲禁　「憲」原作「慮」，據宋大詔令集卷二〇二除徒三年杖一百外立到杖數詔改。
〔八二〕請自今奏案　「請」字原脱，據元本、慎本、馮本補。
〔八三〕其官制所掌事務格目及役法等　「役」原作「設」，據元本、慎本、馮本及宋會要刑法一之三三改。
〔八四〕有引用窒礙或該載未盡者　「或」原作「各」，據宋會要刑法一之三三改。
〔八五〕紹聖復熙寧之制　「聖」原作「興」，據宋史卷一九九刑法志一改。
〔八六〕張守等上對脩嘉祐政和敕令格式一百二十卷　宋會要刑法一之三五、皇宋中興兩朝聖政卷一〇、郡齋讀書志卷二下刑法類俱作一百二十二卷。
〔八七〕及今年六月辛丑尚書省批狀指揮　「狀」原作「送」，據繫年要録卷六九紹興三年十月壬辰條改。
〔八八〕私有鹽一斤徒一年　宋會要食貨二六之一九、慶元條法事類卷二八茶鹽礬俱作「諸私有鹽一兩，笞四十，二斤加一等，二十斤徒一年」，疑是。
〔八九〕非通行天下永久之法也　「行」字原脱，據宋會要食貨二六之一八、繫年要録卷六九紹興三年十月壬辰條補。
〔九〇〕遂批狀行之　「之」字原脱，據宋會要食貨二六之一八、繫年要録卷六九紹興三年十月壬辰條補。
〔九一〕朝廷不謀之近臣　「近」原作「廷」，據宋會要食貨二六之一八、繫年要録卷六九紹興三年十月壬辰條改。
〔九二〕刑之所施　「施」原作「犯」，據繫年要録卷六九紹興三年十月壬辰條改。
〔九三〕蓋既知無激勸之方　「知」字原脱，據繫年要録卷六九紹興三年十月壬辰條補。
〔九四〕視爲文具　「視」，宋會要刑法四之八三作「殆」。

〔九五〕至有强置之法　「有」原作「是」，據宋會要刑法四之八三改。

〔九六〕皆已决而事方發　「决」原作「配」，據宋會要刑法四之八三改。

〔九七〕臣僚言　宋會要刑法三之八〇繫此事於紹興十二年二月二十三日。

〔九八〕蔭補子弟及新第進士　「弟」字原脱，據宋會要刑法三之八〇補。

〔九九〕二十六年　繫年要録卷一八五繫周麟之言於紹興三十年七月乙未。

〔一〇〇〕乃令殿中侍御史徐嚞右正言張扶論趙汾張祁交結事　「徐嚞」原作「徐嘉」，據繫年要録卷一六九紹興二十五年八月己亥條、宋史卷四七三秦檜傳改。「張祁」原作「張初」，據繫年要録卷一六九紹興二十五年八月己亥條、宋史卷三七三張邵傳改。

〔一〇一〕詔刑部郎官依元豐法　「官」原作「中」，據繫年要録卷一七五紹興二十六年十月辛亥條改。

〔一〇二〕斷其刑者　「其刑」二字原脱，據繫年要録卷一七五紹興二十六年十月辛亥條補。

〔一〇三〕無辜者爲之湔洗　「爲」原作「謂」，據繫年要録卷一七五紹興二十六年十月辛亥條改。

〔一〇四〕外之川陝　「外」下原衍「人」字，據元本、慎本、馮本及繫年要録卷一七五紹興二十六年十月辛亥條删。

〔一〇五〕刑獄號爲平治　「治」，繫年要録卷一七五紹興二十六年十月辛亥條作「者」。

〔一〇六〕令囚通曉　「曉」原作「流」，據馮本改。

〔一〇七〕并乾道元年四月十八日措置脩例弊事指揮内立定合引例外　「措」原作「輕」，「弊」原作「敝」，據宋會要刑法一之四九改。

〔一〇八〕寧宗嘉泰二年　宋會要刑法六之六繫此下臣僚言于嘉泰元年。

〔一〇九〕刑部侍郎林栗言　「林栗」原作「林粟」，據宋史卷三九四林栗傳改。

〔一一〇〕凡一千六百三十人　「六」原作「三」，「三」原作「六」，據上文及宋會要刑法六之四四改。

〔一一一〕嘉定四年　「嘉定」二字原脱，據宋史卷二〇〇刑法志二、宋會要刑法六之七補。

〔一一二〕令衆人同共觀看　「衆」原作「罪」，據宋會要刑法六之七改。

〔一一三〕然後署押　「署」原作「著」，據宋史卷二〇〇刑法志二改。

卷一百六十八　刑考七

徒流 配没

虞舜「流宥五刑。宥，寬也。以流放之法寬五刑。流共工於幽州，幽州，北裔。水中可居者曰洲〔一〕。放驩兜於崇山，崇山，南裔。竄三苗於三危，三苗，國名。三危，西裔。殛鯀於羽山：羽山，東裔，在海中。四罪而天下咸服。五流有宅，五宅三居。」謂不忍加刑，則流放之〔二〕，若四凶者。五刑之流，各有所居。五居之差〔三〕，有三等之居：大罪四裔，次九州之外，次千里之外。

周官大司寇之職：「凡萬民之有罪過而未麗於灋而害於州里者，桎梏而坐諸嘉石，役諸司空。重罪，旬有三日坐〔四〕，期役；其次九日坐，九月役；其次，七日坐，七月役；其次五日坐，五月役；其下罪三日坐，三月役；使州里任之，則宥而舍之。」役諸司空，坐日訖，使給百工之役；役月訖，使其州里之人任之；乃赦。

司厲：「掌盜賊之任器、貨賄〔五〕。辨其物，皆有數量，賈而揭之，入於司兵。任器、貨賄，謂盜賊所用傷人兵器及所盜財物也。入於司兵，若今時傷殺人所用兵器、盜賊贓，加責没入縣官〔六〕。其奴，男子入於罪隸，女子入於舂稾。鄭司農云：「謂坐爲盜賊而爲奴者，輸於罪隸、舂人、稾人之官也。今之爲奴婢，古之罪人也〔七〕。故書曰：『予則奴戮汝。』論語曰：『箕子爲之奴。』罪隸之奴也。春秋傳：『斐豹〔八〕，隸也，著於丹書，豹耻爲奴，欲除其籍，然後殺督戎。』」玄謂奴從坐而没入縣官者，男女同名。

凡有爵者與七十者與未齓者，皆不爲奴。」有爵，命士以上。齓，毁齒也。男八歲、女七歲毁齒。

司圜：「掌收教罷民。凡害人者弗使冠飾，而加明刑焉，任之以事而收教之。能改者，上罪三年而舍，中罪二年而舍，下罪一年而舍。其不能改而出圜土者〔九〕，殺；雖出，三年不齒。弗使冠飾者，著墨幪，若古之象刑與〔一〇〕？舍，釋之也。鄭司農云：「罷民，謂惡人不從化，爲百姓所患苦，而未入五刑者。」凡圜土之刑人也，不虧體；其罰人也，不虧財。」言其刑人，但加以明刑；罰人，但任之以事耳。鄭司農云：「以此知其爲民所苦，而未入刑者也。故大司寇職曰：『凡萬民之有罪過而未麗於法而害於州里者，桎梏而坐諸嘉石，役諸司空。』又曰：『以嘉石平罷民。』國語曰：『罷士無伍，罷女無家。』言爲惡無所容入也。」玄謂圜土所收教者，過失害人已麗於法者。

掌戮：「墨者使守門，劓者使守關，宫者使守内，刖者使守囿，髡者使守積。」注見刑制門。

司隸：「掌五隸之法，辨其物而掌其政令。五隸，謂罪隸、四翟之隸也。物，謂衣服、兵器之屬也。帥其民而搏盗賊，役國中之辱事，爲百官積任器〔一一〕，凡囚執人之事。民，五隸之民也。鄭司農云：「百官所當任持之器物，此官主爲積聚之也。」玄謂：任，猶用也。邦有祭祀、賓客、喪紀之事，則役其煩辱之事。煩，猶劇也。士喪禮下篇曰：「隸人涅厠。」掌帥四翟之隸，使之皆服其邦之服，執其邦之兵，守王宫與野舍之厲禁。」野舍，王行所止舍也。厲，遮列也。

罪隸：「掌役百官府與凡有守者，掌使令之小事。役給其小役。凡封國若家，牛助，爲牽傍。鄭司農云：「凡封國若家，謂建諸侯、立大夫家也。牛助爲牽傍，此官主爲送致之也。」玄謂：「牛助，國以牛助轉徙也。罪隸牽傍之，在前曰牽，在旁曰傍。」疏：「國家以官牛助諸侯及大夫家運物往致任所。」其守王宫與其厲禁者，如蠻隸之事。」罪隸，盗賊之家爲奴者。蠻隸，征南夷所獲。閩隸，南蠻之別。夷隸，征東夷所獲。貉隸，征東北夷所獲。疏：「古者，身有大罪，身既從戮，男女緣坐〔一二〕。男子入於罪隸，女子入於舂稾。五隸各百二十人者，謂隸中選取善者，以爲役之員數爲限〔一三〕，其餘衆以爲隸民。罪隸，則中國之以罪爲隸者；餘四隸，征伐所獲。」

秦始皇時，嫪毐作亂，討誅之。其徒皆梟首、車裂，輕者爲鬼薪。取薪給宗廟爲鬼薪。律說「鬼薪作三歲」〔一四〕。

三十四年，燒詩、書、百家語，令下三十日不燒，黥爲城旦。城旦者，旦起行治城，四歲刑也。

漢文帝詔除肉刑，定律曰：諸當完者，完爲城旦舂；城旦，注見上。舂者，婦不預外徭，但舂作米，皆四歲刑也。臣瓚曰：「文帝除肉刑，皆有以易之，故以完代髡，以笞代劓〔一五〕，以釱左右趾代刖。令既曰完矣，不復云以完代完，此當言髡者完也。」當黥者，髡鉗爲城旦舂。罪人獄已決，完爲城旦舂，滿三歲爲鬼薪、白粲。坐擇米使正白爲白粲者，三歲刑。鬼薪、白粲一歲，爲隸臣妾。隸臣妾一歲，免爲庶人。師古曰：「男子爲隸臣，女子爲隸妾。鬼薪、白粲滿一歲爲隸臣〔一六〕，隸臣一歲免爲庶人。隸妾亦然也。」隸臣妾滿二歲，爲司寇。司寇一歲，及作如司寇二歲，皆免爲庶人。如淳曰：「罪降爲司寇，故一歲，正司寇，故二歲也。」其亡逃及有罪耐以上〔一七〕，不用此令。於本罪中又重犯也。前令之刑城旦舂歲而非禁錮者，如完爲城旦舂歲數以免〔一八〕。李奇曰：「謂文帝作此令之前有刑者。」

武帝建元元年，赦吳、楚七國帑輸在官者。吳、楚七國反時，其首事者妻子沒入爲官奴婢。帝即位，哀而赦之。

平帝元始元年〔一九〕，令天下女徒已論，歸家，僱山錢月三百。如淳曰：「已論者，罪已定也〔二〇〕。令甲：女子犯罪〔二一〕，作如徒六月，僱山遣歸。說以爲當於山伐木，聽使入錢僱功直，故謂之僱山。」應劭曰：「舊刑鬼薪，取薪於山以給宗廟，今使女徒出錢僱薪，故曰僱山也。」師古曰：「如説近之〔二二〕。謂女徒論罪已定，並放歸家，不親役之，但令一月出錢三百，以僱人也。爲此恩者〔二三〕，所以行太皇太后之德，施惠政於婦人〔二四〕。」

後漢光武建武三年，詔令女徒僱山歸家。注見上。

七年，詔罪囚非犯殊死，勿按其罪。見徒免爲庶人。

二十九年，詔罪囚各減本罪一等，其餘贖罪輸作有差。

輸作司寇，前書謂之罰作一歲刑也。輸作左校，韋彪傳注云：「左校，署名〔二五〕，屬將作。」輸作右校，屬將作。輸作若盧，龐參爲左校令，犯法，輸作若盧。耐，光紀注云：「一歲刑爲罰作，二歲已上爲耐，音乃代反，前書又音而〔二六〕。」施刑。光紀注云：「施，讀曰弛，謂有赦令去其鉗釱赭衣。」

明帝即位，詔施刑及郡國徒在中元元年四月己卯赦前所犯而後捕繫者，悉免其刑。

八年，詔郡國中都官死罪繫囚減罪一等，勿笞，屯朔方、五原之邊縣。

肅宗建初七年，詔天下繫囚減死一等，勿笞，詣邊戍〔二七〕，妻子自隨，占著所在〔二八〕。犯殊死，一切募下蠶室，其女子宮。繫囚鬼薪白粲已上，皆減本罪各一等，輸司寇作。

元和元年〔二九〕，令如前。

和帝永元六年〔三〇〕，詔中都官徒各除半刑〔三一〕，謫其未竟，五月以下皆免遣。

八年，詔郡國中都官繫囚減死一等，詣燉煌戍〔三二〕。

十一年，詔郡國中都官徒及篤癃老小女徒各除半刑，其未竟三月者，皆免歸田里。

元初二年，詔郡國中都官繫囚減死一等〔三三〕，勿笞，詣馮翊、扶風屯，妻子自隨。

延光三年，詔死罪繫囚減死一等〔三四〕，詣燉煌、隴西及度遼營。

順帝漢安二年，令繫囚殊死以下入贖。其不能入贖者，遣詣臨羌縣居作二歲〔三五〕。

冲帝即位，令郡國中都官繫囚減死一等徙邊。謀反大逆，不用此令。

魏明帝定律，髡刑有四，完刑、作刑各三。

晉武帝制新律，累作不過十一歲，月贖不計日，日作不拘月，歲數不疑閏。

劉頌爲廷尉，請復肉刑，疏曰：「今爲徒者，類性元惡不軌之族也，去家縣遠，作役山谷，饑寒切身，志不聊生，雖有廉士介者〔三六〕，苟慮不首死，則皆爲盜賊，況本性姦凶無賴之徒乎！又令徒富者輸財〔三七〕，解日歸家，乃無役之人也。貧者起爲姦盜，又不制之虜也。不刑，則罪無所禁；不制，則群惡橫肆。若是〔三八〕，近不盡善也。是以徒亡曰屬，賊盜曰煩。亡之數者，至有十數，得輒加刑，日益一歲，此爲終身之徒也。自顧反善無期，而災困逼身，其志亡思盜，勢不得息，事使之然也。」

成帝時，邵廣盜官幔二帳〔三九〕，坐死。其子宗、雲乞自没爲奚官奴，以贖父命。事見詳讞門。

宋制，爲劫者身斬，家人棄市，同籍周親謫補兵。見詳讞門。

梁制，謀反、降叛、大逆已上，皆斬。父子同産男〔四〇〕，無少長，皆棄市。母妻姊妹及應從坐棄市者，妻子女妾同補奚官爲奴婢。貲財没官。劫身皆斬，妻子補兵。遇赦降死者，黵面爲「劫」字，髡鉗，補冶、鎖士終身。其下又讁運配財官冶士、尚方鎖士，皆以輕重差其年數〔四一〕，其重者或終身。

梁天監十一年，詔自今捕謫之家，及罪應質作，若年有老小者，可停將送。

時百姓有罪緣坐，則老幼不免，一人亡逃，則舉家質作，人既窮急，姦宄益深。帝思所以寬之，乃下是詔。時徒居作者具五任，其無任者，著升械〔四二〕。若病疾，權解之。是後，因徒或有優劇。大同中，皇太子在春宮視事，見而愍之，乃上疏曰：「臣以比時奉敕，權視京師雜事。切見南北郊壇、材官、車府、太官下省、左裝等處上啟，並請四五歲以下輕囚助充使役。自有刑均罪等，愆目不異，而甲付錢署，乙配郊壇。錢署三所，於事爲劇〔四三〕；郊壇六處，在役則優。今聽獄官詳其可否，舞文之路，自此而生。公平難遇其人，流泉易啟其齒。將恐玉科重輕，全關墨綬；金書去取，更由丹筆。愚謂其詳立條制，以爲永准。」帝手敕報曰：「頃年以來，處處之役，唯資徒謫，逐急充配。若科制繁細〔四四〕，義同簡絲〔四五〕，切須之處，終不可得。引例興訟，紛紜方始，防杜姦巧，自是爲難。更當別思，取其便也。」竟弗之從。

陳制，獲賊帥及士人惡逆，免死付冶，聽將妻入役，不爲年數。其髡鞭五歲刑，降死一等，鎖二重。其五歲刑以下，並鎖一重。五歲、四歲刑，若有官，準當二年，餘並居作。

後魏太武定律令，當刑者贖，貧則加鞭二百〔四六〕。畿內人富者燒炭於山，貧者役於圊溷，女子入舂藁。其癘疾不逮于人者〔四七〕，守苑囿。

孝文時，以有罪徙邊者多逋亡，乃制：一人逋亡，合門充役。崔挺上書諫曰：「天下善人少，惡人多，若一人有罪，延及闔門，則司馬牛受桓魋之罪，柳下惠嬰盜跖之誅，豈不哀哉！」帝善之，乃除其制。

齊神武秉政改制，諸强盜殺人者斬，妻子同籍，配爲樂户。小盜贓滿十疋以上，魁首死，妻子配驛，從者流。武成時制齊律：一曰流刑，謂論犯可死〔四八〕，原情可降，鞭、笞百，髡之，投於邊裔，以爲兵卒，未有道里之差。其不合遠配者，男子長徒，女子配舂，並六年。二曰刑罪，即耐罪也。有五歲、四歲、三歲、二歲、一歲之差，凡五等，各加鞭一百〔四九〕。其五歲者〔五〇〕，又加笞八十，四歲者六十，三歲者四十，二歲者二十，一歲者無笞。並鎖輸作左校而不髡。無保者鉗之。婦人配舂及掖庭織。盜及殺人而亡者，即懸名注籍，甄其一房配驛户。

周制，徒刑五：徒一年者，鞭六十，笞十；徒二年者，鞭七十，笞二十；徒三年者，鞭八十，笞三十；徒四年者，鞭九十，笞四十；徒五年者，鞭一百，笞五十。流刑五〔五一〕：流衛服，去皇畿二千五百里者，鞭一百，笞六十；流要服，去皇畿三千里者，鞭一百，笞七十；流荒服，去皇畿三千五百里者，鞭一百，笞八十；流鎮服，去皇畿四千里者，鞭一百，笞九十；流藩服，去皇畿四千五百里者，鞭一百，笞一百。徒輸作者，皆任其所能而役使之。爲盜賊及謀反、大逆、降叛、惡逆，罪當流者，皆甄一房，配爲雜户。其爲盜賊事發逃亡者〔五二〕，懸名注配。若再犯徒、三犯鞭者，一身永配下役。自魏、晉相承，死罪其重者，妻子皆以補兵。魏虜西凉之人，没入名爲隸户。孝武入關，隸户皆在東魏，後齊因之，仍供厮役。建德六年，齊平後，帝欲施輕典於新國，乃詔凡諸雜户〔五三〕，悉放爲百姓。自是，無復雜户。

隋文帝令高熲定新律，流刑三：有千里、千五百里、二千里。應配者，千里居作二年，千五百里居作二年半，二千里居作三年。徒刑五：有一年、一年半、二年、二年半、三年。其流、徒之罪，皆減從輕。流役六年改爲五年，徒刑五年改爲三年。犯私罪以官當徒者〔五四〕，五品以上，一官當徒二年；九品以上，一官當徒一年；當流者，三流同，皆比徒三年。若犯公罪者，徒各加一年〔五五〕，當流者各加一等。其累徒過九年者，流二千里〔五六〕。其後改徒及流並爲配防。

唐初，徒流之刑皆因隋制。武德四年，詔裴寂等更定律令。流罪三，皆加千里，居作三歲至二歲半者悉爲一歲〔五七〕。居作者着鉗若校，京師隸將作，女子隸少府縫作。旬給假一日，臘、寒食一日〔五八〕，毋出役院。病者釋鉗校，給假，疾差陪役〔五九〕。謀反者男女奴婢沒爲官奴婢，隸司農，七十者免之。凡役，男子入於蔬圃，女子入於厨膳。流移人在道疾病，婦人免乳，祖父母、父母喪，男女奴婢死，皆給假，授程糧。非反逆緣坐，六歲縱之，特流者三歲縱之，有官者得復仕。

太宗初，議絞刑之屬五十，皆免死而斷右趾。既又哀其毁傷支體，乃除斷趾法爲加役流三千里，居作二年〔六〇〕。又比隋舊律減大辟入流九十二條，減流入徒七十一條〔六一〕。貞觀二年，詔三品以上犯公罪流、私罪徒，皆不追身。

十四年，制流罪三等，不限以里數，量配邊要之州。

十五年，敕犯反逆免死配流者，六歲之後，仍不聽仕。

武后長壽元年，有人上封事言嶺南流人有陰謀逆者，乃遣司刑評事萬國俊攝監察御史就案之〔六二〕，若得反狀，便許斬决。國俊至廣州，徧召流人，擁之水次，以次加戮，三百餘人，一時併命，然後鍛煉，曲成反狀。仍誣奏云：「諸道流人，咸有怨望，若不推究，爲變不遥。」后然其奏，又命攝監察御史劉光業、王德壽、鮑思恭、王處貞、屈貞筠等〔六三〕，分往劍南、黔中、安南、嶺南等六道，案鞫流人。於是光業誅七百人，德壽五百人〔六四〕，其餘少者不減數百人。

玄宗開元十年，敕：「自今以後，准格敕合應決杖人，若有便流移左貶之色〔六五〕，決訖，許一月內將息，然後發遣〔六六〕。其緣惡逆、指斥乘輿者，臨時發遣。」

天寶五載，敕：「流貶人多在道逗留，自今左降官情罪稍重者，日馳十驛以上。」自是，流貶者多不全矣。

肅宗乾元元年，敕：「左降官非反逆緣坐，及犯惡逆、名教、枉法、强盜贓，如有親年八十以上，及患在牀枕，不堪扶持，更無兄弟者，許停官終養。其流移人亦準此。」

德宗建中三年，敕：「諸色貶流人及左降官身死，並許親屬收之，本貫殯葬。其造蠱毒移鄉人，不在此限。」

憲宗元和八年，刑部侍郎王播奏〔六七〕：「天德軍五城及諸邊城配流人等，臣切見諸處配流人，每逢恩赦，悉得歸還，唯前件流人，皆被本道重奏，稱要防邊，遂令没身，終無歸日。臣又見比年邊城犯流者，多是胥徒小吏，或是鬬打輕刑，據罪可原，在邊無益。請自今流人，准格例滿六年後並許放還〔六八〕，所冀抵法者足以悛懲，滿歲者絶其愁怨。」從之。

穆宗長慶元年，制：「應亡官失爵及放還流人，如先有莊田，不經没官，被人請射作主，如本主及子孫已歸，並委州府却還，務令安業。」

武宗會昌六年赦書節文：「應徒流人在天德、振武者，官中量借糧種，俾令耕田，以爲生業。」

僖宗乾符三年〔六九〕，赦流徒之人，殘疾者徵贖〔七〇〕。見贖刑門。

後唐清泰三年，尚書刑部郎中李元龜奏：「准開成格，應斷天下徒流人到所流處，本管晝時申御史臺，候年月滿日申奏，方得放還本貫。近年凡徒流人，所管雖奏，不申御史臺，報大理寺，所以不知放還年月。望依律格處分。」從之。

宋太祖皇帝開寶時定刑制，凡流刑四，徒刑五。詳見刑制門。

流配，舊制止於遠徙，不刺面〔七一〕。晉天福中始創刺面之法，遂爲戢姦重典，宋因其法。

開寶五年〔七二〕，御史臺上言：「伏見大理寺斷徒罪人，非有官當贖銅之外，送將作監役者，其將作監舊兼充内作，又有左校、右校、中校署。比來工役，並在此司。今雖有其名，無復役使，或遇祠祭，供具水火，乏人使令〔七三〕。欲望令大理寺依格斷遣徒罪人後，並送作坊應役。」從之。

太宗以國初諸方割據，沿五代之制，罪人率配隸西北邊，然多亡投塞外，誘羌、戎爲患。乃詔：「自今當徙者，勿復隸秦州、靈武、通遠軍及緣邊諸州。」時江南、湖廣已平，於是罪人皆流南方。

太平興國五年，詔配役者分隸鹽亭役使。

先是，國初以來，犯死罪獲貸者，多配隸登州沙門島、通州海島，皆有屯兵使者領護〔七四〕。而通州島中凡兩處，豪强難制者隸崇明鎮，懦弱者隸東布州〔七五〕，兩處悉官煮鹽。是歲，始令配役者分隸鹽亭役使之，而沙門如故。

端拱二年〔七六〕，詔免嶺南流配人荷校執役，又令婦人有罪至流者免配役。

真宗咸平四年〔七七〕。先是，江浙、荆湖、廣南遠地，應强盜及持仗不至死者〔七八〕，并部其屬至京師，多殞於道路。乃詔：「自今止决杖、黥面，配所在五百里外牢城。」

仁宗景祐中，以罪人貸死者舊多配沙門島，在登州海中，至者多死。乃詔當配沙門島者，第配廣南、遠惡地牢城。廣南罪人〔七九〕，乃配嶺北。然其後亦有配沙門島者。

神宗熙寧三年，詔：「决配强盜，無以全黨置之一路。」

删定編敕官曾布請復肉刑，略曰：「今大辟之次，處以流刑，代墨、劓、剕、宫之法，不惟非先王流宥之意，而又失重輕之差。古者鄉田同井，人皆安土重遷。流之遠方，無所資給，徒隸困辱，以至終身。近世之民，輕去鄉土，轉徙四方，固不爲患。而居作一年，即聽附籍，比於古亦輕矣。况折杖之法，於古爲鞭朴之刑，刑輕不能止惡，故犯法日衆，其終必至於殺戮，是欲輕反重也。

六年，審刑院言：「登州沙門島寨配隸，以二百人爲額，餘則移置海外，非禁姦之意。」詔自今以三百人爲額。

吴充建請〔八〇〕，流人冬寒被創，上道多凍死。請自今非情理巨蠹，遇冬月聽留役本處〔八一〕，至春月遣之〔八二〕。」奏可。

九年，詔以交趾犯順，應配廣南東西路罪人，並權配三千里外。

元豐八年，罷就配法，並如舊制行。

初，帝以流人去鄉邑，疾死於道，而護送禁卒，往來勞費。用張誠一之議，隨所在配諸軍重役。至是，中丞黃履言其報仇，非便。罷之。

詔：「犯盜，刺環於耳後：徒、流以方，杖以圓；三犯杖，移於面。徑不得過五分。」

元祐六年[八三]，刑部言：「諸配隸沙門島[八四]，强盜殺人縱火，贓滿五萬錢、强姦毆傷兩犯至死，累贓至二十萬錢、謀殺致死，及十惡至死罪，造蠱已殺人者[八五]，不移配。强盜徒黨殺人不同謀，贓滿二十五萬，遇赦移配廣南，溢額者配隸遠惡。餘犯遇赦移配荆湖南北、福建路諸州，溢額者配隸廣南。在沙門島滿五年，遇赦不該移配與不許縱還而年及六十以上者，移配廣南；在島十年者，依餘犯格移配。篤疾在身、年及七十、在島三年以上，移配近鄉州軍。犯狀應移而老病者同。其永不放還者，各加二年移配。」從之。

紹聖三年，詔：「配沙門島人已溢額者，並配瓊州、萬安軍、昌化、朱崖軍[八六]，定爲令。」

徽宗崇寧三年，宰臣蔡京請倣周官司圜之法，令諸州築圜土以居强盜貸死者。晝則役作，夜則拘之，視罪之輕重，以爲久近之限。許出圜土日充軍[八七]，無過者縱釋。詔從其請。五年罷之。大觀元年復行，四年復罷。

石林葉氏曰：「前世常患加役流法太重，官有監驅之勞，而配隸者有道路奔亡困踣之患。蘇子容元豐中建議，請依古置圜土[八八]，取當流者治罪訖，髡首鉗足，晝則居作[八九]，夜則置之圜土。滿三歲而後釋，未滿歲而遇赦者不原。既釋，仍送本鄉，稽察出入，又三歲不犯，乃聽自如。崇寧中〔九〇〕，蔡魯公始行之，人不以爲善也。」

高宗建炎二年，以盜賊竊發，所在道梗，乃詔諸州罪人斷配訖，權送本處重役，俟盜息路通日遣行。

紹興四年〔九一〕，詔：「臨安府四至州郡，犯罪合配之人，毋得配本府，候回鑾日如舊。」

十九年，刑部看詳：「捕獲沿海劫盜，並係持杖兇徒，理宜措置關防。今欲將合該刺配廣南及三千里之人斷訖〔九二〕，權行刺配鄂州都統制軍下；二千五百里以下之人斷訖，量地里遠近，權行刺配池州、太平州、建康府都統制軍下，並收管重役。其刺字〔九三〕，欲以配州府屯駐軍重役字爲文，候盜賊衰息日，依舊例。」從之。

二十四年，詔：「諸路州軍，有編管之人願充厢軍者，聽。」

上因宣諭大臣曰：「朕昨在元帥府，見河、朔州軍將編管人穿鎖傳送旅店，三五相聯，乞丐於市，蓋緣不給口食乃至於此〔九四〕。真可憫惻，可申嚴約束行下。」

孝宗隆興元年，臣僚言：「諸州斷配海賊，例送廣南、遠惡州軍。緣瀕海之郡，多爲賊船嘯聚，慮長姦惡，請自今並分隸兩淮水軍收管。」從之。

淳熙十一年，校書郎羅點言：「比年以來，所在流配人甚衆，强盜之獄，每案必有逃卒，積此不已，爲害不細。臣嘗推原其端，蓋由配法太繁。本朝折杖之制，視前代用刑爲輕，而刺配之法，視前代用刑爲重。國初敕令尚簡，入配者少。承平既久，防禁益密。在仁宗朝，張方平極陳其弊，建議減除。迨今百有餘年，有增無損。切謂欲戢盜賊，不可不銷逃亡之卒；欲銷逃亡之卒，不可不減刺配之法。望詔有司，將見行刺配情輕者從寬減降，別定居役或編管之令。其應配者，檢會淳熙元年五月指揮〔九五〕，擇其强壯，刺充屯駐大軍，庶幾州郡黥配之卒自此漸少〔九六〕。」上曰：「近歲配隸稍多，久後當如何？」王準等奏〔九七〕：「如雜犯死罪，猶可從輕，至如劫盜六項指揮之行，爲盜者莫不曉得，將欲爲盜，必先虛立爲首之名，殺人姦濫之罪皆歸之，以故爲首者不獲而犯者免死，盜何由懲？」上曰：「可令刑、寺集議奏聞。」

既而刑部、大理寺奏言：「『象以典刑』，墨居其一。流放之法，用宥五刑。是墨刑不施而後宥以流也。『鞭作官刑』，說者曰『鞭以爲治官事之刑』，是流、墨不施而後及於鞭也。蓋曰墨、曰流、曰鞭，三者俱爲九刑之一，自帝舜以迄三王，未聞有兼施並用者。漢文帝除肉刑，當黥者，髡鉗爲城旦舂；惟劓與刖，方及於笞；則黥之與笞，漢時亦不兼用也。歷代遵尚，鞭笞度數雖有不同，止用其一，無復他法。隋文始改百王之制而用其二，然亦不兼施，今簡册可考也。流刑徒之遠方，則在千里、千五百里、二千里之外，止於離其鄉井。徒刑役於當處，則有一年、一年半、二年、二年半、三年之限，止役作其身。凡是二者，皆不笞決。惟杖刑自六十至百，笞刑自十至五十〔九八〕，是二者笞決其身〔九九〕，隨即縱遣。至唐高祖，加千里之流。太宗申加役之制，餘因隋舊而已。晉天福始創刺配，合用其二，仍役而不決。逮我藝祖，一洗五代之苛，猶以隋制爲重。於是悉易以決，爲流、徒、杖、笞之法，名存實改。自加役流至流二千里，其刑有五，四，並決脊杖、配役有差。所謂配役，非今之所謂配，古所謂徒役是也。自徒三年至徒一年，其刑有五，並決脊杖有差，而盡免其徒役之年。自杖一百至六十，自笞五十至十，其刑各五，悉易以臀杖而減其數，如杖一百，止決二十，減其八十之數是也。由杖九十以下至於笞十，悉從末減。於是帝舜三居之法，至此始不用，流罪得免遠徙〔一〇〇〕，徒罪得免役年，笞杖得減決數，而省刑之意，遂冠百王。其後坐特貸者，方決杖、黥面、配遠州牢城，而舜之九刑，始併用其三：黥爲墨，配即流，杖廼鞭，三者始萃於一夫之身。蓋其制將以宥死罪，合三爲一，猶爲生刑，端未爲過。至太宗皇帝，始詔竊盜贓滿五貫者，決杖、黥面、配役，其意亦以宥死。蓋國初之制，竊盜三貫棄市故也。累聖相承，固未嘗有慘於用刑之意。而人情狃於見聞，法令易以滋彰。據張方平所奏，祥符、天聖、慶曆，其數至倍是也。今以刑書考之，其麗於配者幾五百條，中間有數項，比之慶曆，又復數倍。積少成多，殆非一朝一夕之故，然回視藝祖創法之始特以宥死者，固已遠矣。又有罪不至配而用情重決配者，亦有泛言決配而因以決配者。嘗推原其故，爰自建隆，以及淳熙，二百餘年之間〔一〇一〕，決配既多，視以爲常，不復知有前代之遺制與夫祖宗之美意。臣僚奏請，動以決配爲言；有司建立，亦以決配爲可：而配法始滋矣。近者李椿嘗建此議，陛下特詔近臣各述所見，其間亦有爲陛下略言及此者，而講之不詳，亦卒以廢格，良可惜也。竊謂今罪之麗於大辟者，宥其一死，俯從決配，乃藝祖之遺制，固不容輕議；自餘流罪以下，情理重害，未可遽去者，且仍舊；其次重者，當如方平之請，代以役年；其輕者，並行刊削。如此，既不失藝祖創法之本意，亦稍復前代沿襲之舊章，非細故也。但方平之請，止具四等，而今世配法，乃至十四等。今欲推廣方平之意：永不放還者，役終身；海外者，役八年；遠惡、廣南者，役七年；三千里、二千五百里者，並役六年；二千里、一千五百里者，並役五年；千五百里者，並役四年；特旨配鄰州者，役三年；本州、本城者，並役二年，不刺面者，役一年。免其文面，並役當處，雖累會恩，不許原免。則方平之意得矣。」上尋謂輔臣曰：「朕思之配法，雜犯死罪〔一〇二〕，只配本州牢城；犯私茶、鹽之類，不必遠配，只刺充本州厢軍，令著役；若是劫盜已經三次，便可置之死。可諭刑、寺，熟議奏來。」

十四年八月，臣僚言：「刺配之法，始於晉天福間。國初加杖，用貸死罪。其後科禁寖密，刺配日增。考之祥符編敕，止四十六條，至於慶曆，已一百七十餘條。今淳熙配法，凡五百七十條。配法既多，犯者日衆〔一〇三〕，黥配之人〔一〇四〕，所至充斥。近臣僚建請，改定居役之法，已降指揮看詳，至今未見定論。蓋緣刺配，情理稍輕，既欲降居役，則編管乃爲從坐，不應却令徙鄉。輕重不倫，議乃中格。竊謂前後創立配條，不爲無説。若止令居役，不離鄉井，則幾於惠姦，不足以懲惡；若盡用配法，不恤黥刺，則面目一壞，誰復顧藉。强民適長威力，有過無由自新。檢照元豐刑部格，諸編配人〔一〇五〕，自有不移不放及移放條限；政和編配格又有情重、稍重、情輕、稍輕四等色目。莫若依倣舊格，稍加參訂，將犯配法人，如入情重，則依舊刺面，用不移不放之格；其次稍重，則止刺額角，用配及十年之格；其次稍輕，則與免黥刺面放還之格〔一〇六〕；其次最輕，則降爲居役，别立年限縱免之格。倘使居役本條或有從坐編管，則置之本城，減其放限。如此，則於見行條法並無抵牾，且使刺面之法，專處情犯兇蠹，而其他偶麗於罪，皆得全其面目，知有顧藉，可以自新。省黥徒，銷姦黨，誠天下之切務，惟陛下留神，速詔有司裁定施行。」後迄如舊制。

光宗紹熙二年，知瓊州黄㧑言：「今中外之姦民以罪抵死而獲貸者，必盡投之海外以爲兵，是聚千百虎狼而共置之一丘也。今日積者已多，而累累遞送者方來未已，一旦稔惡積釁，潰裂四出，臣恐偏州之民，項背不能帖席而卧也。請自今凡兇惡貸死而隸於流籍者，許分之沿江諸屯及其他遠惡之地，無專指海外以爲兇藪，庶幾陰消潛削，不至滋蔓流毒偏方。」從之。

三年，臣僚言：「配法自有年限，方許放停。近來更不照應，一二年間，隨即放便，是致人皆玩法，以配爲常。請行下諸路，應犯法刺配人如至本州，須依條限，方許放停。如限内再有所犯，乞撥入屯駐軍中重役，永不放便。」從之。寧宗嘉泰四年正月，臣僚言：「後世衣食之路日蹙，犯法者衆，配隸之人，中路多逸。及到配所，州郡憚於贍養，往往故縱不捕。此徒雖幸脱免，而其身實無所容於天地間，饑寒切身，若非群衆販買私商，即是聚爲强盜。配隸之人蓋有兩等：其間鄉民一時鬭毆殺傷，及胥吏犯贓貸命流配等人，設使逃逸，未必皆是强勇，能爲大過，欲止徒配本州牢城重役，立爲條限，限滿給據，復爲良民；至於累犯强盜，及聚衆販賣私商，曾經殺傷捕獲之人，皆能跳梁山溪，運動兵仗，非村民胥吏之比，欲並配屯駐軍，立爲年限，限滿改刺，從正軍衣糧，誠爲利便。」從之。

開禧元年閏八月，臣僚言：「國朝品式條章，燦然備具。謂人之難於離鄉井也，於是有配隸、羈管、編管之條，然非姦贓、强盜、殺人貸命與夫鬭傷情重者，不以是罪之。今世酷吏，曾不是思，於配隸、編管、羈管之外，自創爲『押出外界』之條，使之蕩析離居，浮遊失所，未免有客死異鄉之嘆。欲嚴飭中外，自配隸、編管、羈管之外，惟他郡作過之人，許勒歸本貫，其餘悉從本條科罪，不得輒將土著之家人屬押出外界。」從之。

校勘記

〔一〕水中可居者曰洲　「者」字原脱，據尚書舜典傳補。

〔二〕則流放之　「流放」二字原倒，據尚書舜典傳乙正。

〔三〕五居之差　「差」原作「等」，據尚書舜典傳改。

〔四〕旬有三日坐　按王引之經義述聞卷九旬有三日坐：「『三』當爲『二』，因下文『三日坐』而誤也。期役者，十二月，役以十二月，則坐當以十二日，猶下文九日坐九月役，七日坐七月役，五日坐五月役，三日坐三月役也。」按王説是也，孫詒讓周禮正義即采王説。

〔五〕掌盜賊之任器貨賄　「貨賄」二字原倒，據周禮司厲乙正。

〔六〕加責没入縣官　「没」原作「役」，據周禮司厲注改。

〔七〕今之爲奴婢古之罪人也　上「之」字原作「曰」，「人」字原脱，據周禮司厲注改補。

〔八〕斐豹　原作「裴豹」，據局本及左傳襄公二十三年改。

〔九〕其不能改而出圜土者　「改」字原脱，據周禮司圜補。

〔一〇〕若古之象刑與　「古」下原衍「人」字，據周禮司圜删。

〔一一〕爲百官積任器　「官」原作「門」，據周禮司隸改。

〔一二〕男女緣坐　「女」原作「子」，據周禮秋官序疏改。

〔一三〕以爲役之員數爲限　「役之員」原作「之員役」，據周禮秋官序疏乙正。

〔一四〕律説鬼薪作三歲　「説」原作「曰」，據史記卷六秦始皇本紀集解引如淳曰改。

〔一五〕以笞代劓　「笞」原作「宫」，據漢書卷二三刑法志臣瓚注改。

〔一六〕鬼薪白粲滿一歲爲隸臣　「一」原作「三」，據漢書卷二三刑法志師古注改。

〔一七〕其亡逃及有罪耐以上　「罪耐」二字原倒，據漢書卷二三刑法志乙正。

〔一八〕如完爲城旦舂歲數以免　「如」字原脱，據漢書卷二三刑法志補。

〔一九〕平帝元始元年　「元年」原作「二年」，據漢書卷一二平帝紀改。

〔二〇〕罪已定也　「也」原作「已」，據漢書卷一二平帝紀如淳注改。

〔二一〕女子犯罪　「女」上原衍「如」字，據漢書卷一二平帝紀如淳注删。

〔二二〕如説近之　「如」上原衍「古」字，「如説」二字原倒，據漢書卷一二平帝紀師古注删乙。

〔二三〕爲此恩者　「爲」上原衍「况」字，據漢書卷一二平帝紀師古注删。

〔二四〕施惠政於婦人　「政」字原脱，據漢書卷一二平帝紀師古注補。

〔二五〕署名　「署」原作「曹」，據後漢書卷二六韋彪傳改。

〔二六〕前書又音而　「音」原作「作」，據東漢會要卷三五刑制改。

〔二七〕詣邊戍　「戍」字原脱，據後漢書卷三肅宗紀補。

〔二八〕占著所在　「著所在」三字原脱，據後漢書卷三肅宗紀補。

〔二九〕元和元年　「元年」原作「七年」，據後漢書卷三肅宗紀改。按元和僅三年，無七年。

〔三〇〕和帝永元六年　「六」原作「三」，據後漢書卷四和帝紀改。

〔三一〕詔中都官徒各除半刑 「都」原作「書」，據後漢書卷四和帝紀改。

〔三二〕詣燉煌戍 「戍」原作「屯」，據後漢書卷四和帝紀改。

〔三三〕詔郡國中都官繫囚減死一等 「郡國」二字原脱，「中」下原衍「書」字，據後漢書卷五安帝紀補删。按本書文例，上句「元初二年」上當冠以「安帝」二字。

〔三四〕詔死罪繫囚減死一等 「繫囚」二字原倒，據後漢書卷五安帝紀乙正。

〔三五〕遣詣臨羌縣居作二歲 「羌」原作「光」，據後漢書卷六順帝紀改。按：續漢書郡國志五，金城郡所屬有臨羌縣。

〔三六〕雖有廉士介者 「雖」原作「又」，據晉書卷三〇刑法志、通典卷一六八刑法典六改。

〔三七〕又令徒富者輸財 「令」原作「今」，據晉書卷三〇刑法志、通典卷一六八刑法典六改。

〔三八〕若是 本書卷一六四刑考三、晉書卷三〇刑法志、通典卷一六八刑法典六俱作「爲法若此」。

〔三九〕邵廣盜官幔二帳 「二」，晉書卷七五范堅傳作「三」。

〔四〇〕父子同産男 「男」下原衍「女」字，據本書卷一六五刑考四、隋書卷二五刑法志删。

〔四一〕皆以輕重差其年數 「以」字原脱，據本書卷一六五刑考四、隋書卷二五刑法志補。

〔四二〕著升械 「升」，隋書卷二五刑法志、册府元龜卷六一一儲宫部忠諫作「斗」。

〔四三〕於事爲劇 「事」原作「辛」，據册府元龜卷六一一儲宫部忠諫改。

〔四四〕若科制繁細 「制」字原脱，據隋書卷二五刑法志、册府元龜卷六一一儲宫部忠諫補。

〔四五〕義同簡絲 「簡」原作「繭」，據隋書卷二五刑罰志、册府元龜卷六一一儲宫部忠諫改。

〔四六〕貧則加鞭二百 「貧」原作「負」，據魏書卷一一一刑罰志改。

〔四七〕其痼疾不逮于人者　「于」原作「平」，據本書卷一六五刑考四、魏書卷一一一刑罰志、通典卷一六四刑法典二改。
〔四八〕謂論犯可死　「死」原作「罪」，據隋書卷二五刑法志、册府元龜卷六一一刑法部定律令三改。
〔四九〕各加鞭一百　「一百」二字原脱，據隋書卷二五刑法志、册府元龜卷六一一刑法部定律令三補。
〔五〇〕其五歲者　「其」上原衍「六歲者加笞百」六字，據上文及隋書卷二五刑法志、册府元龜卷六一一刑法部定律令三删。
〔五一〕流刑五　「五」字原脱，據隋書卷二五刑法志、册府元龜卷六一一刑法部定律令三補。
〔五二〕其爲盜賊事發逃亡者　「事」字原脱，據本書卷一六五刑考四、隋書卷二五刑法志、册府元龜卷六一一刑法部定律令三補。
〔五三〕乃詔凡諸雜户　「雜」原作「新」，據隋書卷二五刑法志、周書卷六武帝紀改。下同。
〔五四〕犯私罪以官當徒者　「犯」下原衍「法」字，據隋書卷二五刑法志、册府元龜卷六一一刑法部定律令三删。
〔五五〕徒各加一年　「徒各」二字原脱，據隋書卷二五刑法志、册府元龜卷六一一刑法部定律令三補。
〔五六〕其累徒過九年者流二千里　「累」原作「追」，「流」原作「徒」，據隋書卷二五刑法志、通典卷一六四刑法典二改。
〔五七〕居作三歲至二歲半者悉爲一歲　「者」字原脱，據新唐書卷五六刑法志補。
〔五八〕臘寒食一日　「一」，新唐書卷五六刑法志作「二」。
〔五九〕疾差陪役　「陪」原作「倍」，據元本、慎本、馮本及新唐書卷五六刑法志改。
〔六〇〕乃除斷趾法爲加役流三千里居作二年　「法」原作「流」，據舊唐書卷五〇刑法志、新唐書卷五六刑法志改。

二年」二字原脱，據舊唐書卷五〇刑法志、新唐書卷五六刑法志、通典卷一六五刑法典三、唐律疏義卷三名例、唐六典卷六注補。

〔六一〕減流入徒七十一條　「流」字原脱，據舊唐書卷五〇刑法志、新唐書卷五六刑法志補。

〔六二〕乃遣司刑評事萬國俊攝監察御史就案之　「就」字原脱，據元本、慎本、馮本及舊唐書卷五〇刑法志、通典卷一七〇刑法典八補。

〔六三〕王處貞屈貞筠等　「處貞」原作「大正」，據舊唐書卷一八六來俊臣傳、唐會要卷四一酷吏、通典卷一七〇刑法典八改。

〔六四〕於是光業誅七百人德壽五百人　「七」，舊唐書卷五〇刑法志、唐會要卷四一酷吏、通典卷一七〇刑法典八作「九」；「五」，同上諸書作「七」。

〔六五〕若有便流移左貶之色　「色」原作「邑」，據通典卷一七〇刑法典八、唐會要卷四一左降官及流人改。

〔六六〕然後發遣　「然後」二字原脱，據通典卷一七〇刑法典八、唐會要卷四一左降官及流人補。

〔六七〕刑部侍郎王播奏　「播」原作「璠」，據舊唐書卷一六四王播傳、册府元龜卷六一六刑法部議讞三改。

〔六八〕准格例滿六年後並許放還　「滿」下原衍「日」字，據唐會要卷四一左降官及流人、册府元龜卷六一六刑法部議讞三删。

〔六九〕僖宗乾符三年　「三年」，唐會要卷四一左降官及流人作「元年」。

〔七〇〕殘疾者徵贖　「徵」原作「懲」，據本書卷一七一上刑考十上、唐會要卷四一左降官及流人改。

〔七一〕不刺面　「面」原作「而」，據下文改。

〔七二〕開寶五年　宋會要刑法四之一、長編卷八繫御史臺上言於乾德五年。

〔七三〕乏人使令　宋會要刑法四之一、長編卷八乾德五年二月癸酉條俱作「則有本司供官」，疑是。

〔七四〕皆有屯兵使者領護　「有」字原脱，據宋史卷二〇一刑法志三、長編卷二一太平興國五年十二月條補。

〔七五〕懦弱者隸東布州　「東布州」，宋史卷二〇一刑法志三作「東州市」，長編卷二一太平興國五年十二月條作「東北州」。

〔七六〕端拱二年　宋會要刑法四之三繫免嶺南流配人荷校執役詔於淳化三年，繫婦人有罪至流者免配役令在淳化四年。

〔七七〕真宗咸平四年　「四」原作「三」，據宋會要刑法四之三、長編卷四九咸平四年七月己亥條改。

〔七八〕應强盗及持仗不至死者　「至」字原脱，據宋會要刑法四之三補。

〔七九〕廣南罪人　「廣」上原衍「廣南遠惡地牢城」七字，據宋會要刑法四之一九删。

〔八〇〕吴充建請　宋史卷一五神宗紀二、長編卷二二七俱繫此事于熙寧四年。

〔八一〕遇冬月聽留役本處　「遇」原作「過」，據長編卷二二七熙寧四年十月丙子條改。

〔八二〕至春月遣之　「月」字原脱，據宋史卷二〇一刑法志三、長編卷二二七熙寧四年十月丙子條補。

〔八三〕元祐六年　依本書文例，此上當有「哲宗」二字。

〔八四〕諸配隸沙門島　「諸配」二字原倒，據宋史卷二〇一刑法志三乙正。

〔八五〕造蠱已殺人者　「造」原作「過」，據宋會要刑法四之三一、長編卷四六八元祐六年十一月癸卯條改。

〔八六〕朱崖軍　「朱崖」原作「珠崖」，據元本、慎本、馮本及宋史卷二〇一刑法志三改。

〔八七〕許出圜土日充軍　「日」字原脱，據宋會要刑法四之三二補。
〔八八〕請依古置圜土　「置」字原脱，據石林燕語卷二補。
〔八九〕晝則居作　「則」原作「夜」，據蘇頌蘇魏公文集卷一八請重議加役流法改。
〔九〇〕崇寧中　「中」原作「初」，據石林燕語卷二改。
〔九一〕紹興四年　「紹興」二字原脱，據宋會要刑法四之四四補。依文例，删去下條「紹興十九年」之「紹興」二字。
〔九二〕今欲將合該刺配廣南及三千里之人斷訖　「欲」字原脱，據宋會要刑法四之四七補。
〔九三〕其刺字　「刺」原作「配」，據宋會要刑法四之四七改。
〔九四〕蓋緣不給口食乃至於此　「口」原作「之」，「乃」字原脱，據繫年要録卷一六七紹興二十四年十二月壬寅條改補。
〔九五〕檢會淳熙元年五月指揮　「揮」原作「陳」，據元本、慎本、馮本改。
〔九六〕庶幾州郡黥配之卒自此漸少　「郡」字原脱，據元本、慎本、馮本補。
〔九七〕王準等奏　「王」字原脱，據皇宋中興兩朝聖政卷六一、宋史全文卷二七上補。
〔九八〕笞刑自十至五十　「至」上原衍「五」字，據隋書卷二五刑法志删。
〔九九〕是二者笞决其身　疑「笞」爲「止」之誤。
〔一〇〇〕流罪得免遠徒　疑「徒」爲「徙」之誤。
〔一〇一〕二百餘年之間　「餘」字原脱，據元本、慎本、馮本補。
〔一〇二〕雜犯死罪　「死」原作「配」，據皇宋中興兩朝聖政卷六一、宋史全文卷二七上改。

〔一〇三〕犯者日衆　「日」原作「自」，據宋史卷二〇一刑法志三改。

〔一〇四〕黥配之人　「配」原作「隸」，據宋史卷二〇一刑法志三改。

〔一〇五〕諸編配人　「配」原作「記」，據元本、慎本、馮本及宋史卷二〇一刑法志三改。

〔一〇六〕則與免黥刺面放還之格　宋史卷二〇一刑法志三作「則與免黥刺，用不刺面、役滿放還之格」。皇宋中興兩朝聖政卷六三作「則與免黥刺，用不刺面放還之格」。

卷一百六十九　刑考八

詳讞平反

虞舜「眚災肆赦，怙終賊刑」。眚，過也。災，害也。肆，緩。賊，殺也。過而有害，當緩赦之。怙奸自終，當刑殺之。「宥過無大，刑故無小，罪疑惟輕，功疑惟重。與其殺不辜，寧失不經」。辜，罪也。經，常也。

周官小司寇：「以八辟麗邦法，附刑罰：辟，法也。麗，附也。故書「附」作「付」〔一〕，附猶著也。一曰議親之辟，鄭司農云：「若今時宗室有罪先請是也。」二曰議故之辟，故，謂舊知也。三曰議賢之辟，鄭司農云：「若今時廉吏有罪先請是也。」玄謂：賢，有德行者。四曰議能之辟，能，謂有道藝者。春秋傳曰：「夫謀而鮮過，惠訓不倦者〔二〕，叔向有焉。社稷之固也，猶將十世宥之，以勸能者；今一不免其身，以棄社稷，不亦惑乎！」五曰議功之辟，謂有大勳勞立功者〔三〕。六曰議貴之辟，鄭司農云：「若今時吏墨綬有罪先請是也。」七曰議勤之辟，謂憔悴以事國。八曰議賓之辟。謂所不臣者，三恪二代之後歟？以三刺斷庶民獄訟之中〔四〕：中，謂罪正所定。一曰訊群臣，二曰訊群吏，三曰訊萬民。刺，殺也。三訊罪定則殺之。訊，言也〔五〕。疏曰：「群臣，士以上。群吏，府、史、胥、徒，庶人在官者。萬民，民間有德行不仕者。」聽民之所刺宥，以施上服、下服之刑。」宥，寬也。民言殺，殺之；言寬，寬之。上服，劓、墨也。下服，宮、刖也。

王制：「司寇正刑明辟以聽獄訟，必三刺，以求民情，斷其獄訟之中也。三刺，注見前。有旨無簡不聽。簡，誠也。

有其意無其誠者，不論以爲罪。附從輕，附，施刑也。求出之，使從輕。赦從重。雖是罪可重，猶赦之。疑獄，汜與衆共之，衆疑赦之，必察小大之比以成之。小大，猶輕重也〔六〕。已行故事曰比〔七〕。

君陳：「王曰：『君陳，殷民在辟，予曰辟，爾惟勿辟；予曰宥，爾惟勿宥；惟厥中。』」

穆王呂刑：「上刑適輕下服，下刑適重上服，輕重諸罰有權，刑罰世輕世重，惟齊非齊，有倫有要。」事在上刑而情適輕，則服下刑，舜之「宥過無大」，康誥所謂「大罪非終」是也。事在下刑而情適重，則服上刑，舜之「刑故無小」，康誥所謂「小罪非眚」是也。若諸罰之輕重，亦皆有權焉。權者，進退推移，以求其輕重之宜也。刑罰世輕世重者，周禮「刑新國，用輕典；刑亂國，用重典，刑平國，用中典」，隨時而爲輕重者也。輕重諸罰有權者，權一人之輕重也；刑罰世輕世重者，權一世之輕重也。惟齊非齊者，法之權也。有倫有要者，法之經也。言刑罰雖惟權變是適，而齊之以不齊焉，至其倫要所在，蓋有截然而不可紊者矣。此兩句總結上意也。

大戴禮：「刑法者，御人之銜勒也。吏者，轡也。刑者，策也。天子，御者。内史、太史，左右手也。古者以法爲銜勒〔八〕，以官爲轡，以刑爲策，以人爲手，而御天下。公家不畜刑人，大夫不養，士遇之途，不與之言，屏諸四方，唯其所如，不及以政，不欲生之故也。」又曰：「刑不上大夫者，古之大夫有坐不廉污穢者，則曰『簠簋不飾』；淫亂男女無別者，則曰『帷薄不修』；罔上不忠者，則曰『臣節未著』；罷軟不勝任者，則曰『下官不職』；干國之紀者，則曰『行事不請』。此五者，大夫定罪名矣，不忍斥然，以正呼之。是故大夫之罪，其在五刑之域者，聞有譴發，則白冠氂纓〔九〕，盤水加劍，造乎闕而自請罪，君不使有司執縛牽而加之也。其有大罪者，聞命則北面跪而自裁，君不使人捽引而刑殺之也，曰：『子大夫自取之耳，吾遇子有禮矣。』是曰刑不上大夫。」

漢高帝七年，制詔御史：「獄之疑者，吏或不敢決，有罪者久而不論，無罪者久繫不決。自今以來，縣道官獄疑者，各讞所屬二千石官，二千石官以其罪名當報之〔一〇〕。謂處斷也。所不能決者，皆移廷尉，廷尉亦當報之〔一一〕。廷尉所不能決，謹具爲奏，傅所當比律令以聞〔一二〕。」

文帝時，張釋之爲廷尉，罪疑者予民。

時上行出中渭橋，有一人從橋下走，乘輿馬驚。於是使騎捕之，屬廷尉。釋之奏當：「此人犯蹕，當罰金。」上怒曰：「此人親驚吾馬，馬賴和柔，令他馬，固不敗傷我乎？而廷尉乃當之罰金！」釋之曰：「法者，天下公共之也〔一三〕。今法如是，更重之，是法不信於民也。且方其時，上使誅之則已〔一四〕。今已下廷尉，廷尉，天下之平也，一傾，天下皆用法爲之輕重〔一五〕，民安所措其手足？唯陛下察之。」上良久曰：「廷尉當是也。」其後，人有盜高廟座前玉環，得，帝怒，下廷尉治。釋之按盜宗廟服御物者爲奏，當棄市。上大怒曰：「人無道，乃盜先帝器！吾屬廷尉者，欲置之族，而君以法奏之，非吾所以共承宗廟意也。」釋之免冠頓首謝曰：「法如是足也。且罪等，然逆順爲基〔一六〕，今盜宗廟器而族之，假令愚民取長陵一抔土，陛下且何以加其法乎？」帝乃白太后，許之。

孝景中五年，詔：「諸獄疑，若雖文致於法而於人心不厭者，輒讞之。」

後元年，詔曰：「獄，重事也。人有智愚，官有上下。獄疑者讞有司，有司所不能決〔一七〕，移廷尉。有令讞而後不當，讞者不爲失。師古曰：「假令讞訖，其理不當，所讞之人，不爲罪失。」欲令治獄者務先寬。」

時廷尉上因防年繼母陳論殺防年父，防年因殺陳，依律，殺母以大逆論，帝疑之。武帝時年十二，爲太子，在旁，帝命問之。太子答曰：「夫繼母如母，明不及母，緣父之故，比之於母。今繼母無狀，手殺其父，則下手之日，母恩絶矣。宜與殺人者同，不宜與大逆論。」從之。

文帝時，詔除收孥相坐法。

景帝時，詔：「高年、鰥寡、幼弱、孕婦、師、侏儒有罪當鞫繫者，頌繫之。」並詳見刑制門。

武帝時兒寬爲廷尉史，以古法義決疑獄，張湯甚重之。時上方向文學，湯決大獄，欲傅古義，乃請博士弟子治尚書、春秋，補廷尉史〔一八〕。湯雖文深意忌不專平，然得此聲譽。而深刻吏多爲爪牙用者，依於文學之士。

宣帝時，置廷平，季秋後請讞。時上常幸宣室，齋居而決事。詳見刑制門。

成帝詔：「中二千石、二千石、博士及明習律令者，議減死刑及可蠲除約省者，令較然易知，條奏。」詳見刑制門。

沛縣有富家翁，貲三千餘萬。小婦子年纔數歲，頃失其母。父無親近，其女不賢。翁病困，思念恐争其財，兒必不全，因呼族人爲遺書，令悉以財屬女，但遺一劍，云兒年十五，以還付之。其後果不肯與。兒詣郡自言求劍，時太守何武得其條辭，因録女及婿，省其手書，顧謂掾史曰：「女性强梁，婿復貪鄙，畏殘害其兒，又計小兒得此財不能全護，故且與女，實寄之耳，不當以劍與之。夫劍者，所以決斷限，年十五者，智力足以自居。度此女、婿必不復還其劍，當聞縣官〔一九〕，縣官或能證察，得見申展。此凡庸何能思慮弘遠如是哉！悉取財以與子，曰：「敝女惡婿，溫飽十歲，亦以幸矣。」論者大服武。

薛宣爲丞相時，弟修爲臨菑令〔二〇〕，後母常隨修居官。宣迎後母，修不遣。後母病死，修去官持服。宣謂修三年服少能行之者，兄弟相駮不可。駮者，執意不同，猶如色之間雜。修遂竟服，繇是兄弟不和。後宣免丞相，加特進。久之，哀帝即位，博士申咸給事中，亦東海人，毀宣不供養行喪服，薄於骨肉，前以不忠孝免，不宜復封列侯在朝省。宣子況爲右曹侍郎，數聞其語，賕客楊明，欲令創咸面目〔二一〕，使不居位。創，謂傷之。會司隸缺，況恐咸爲之，遂令明遮斫咸宮門外〔二二〕，斷鼻脣，身八創。事下有司議。御史中丞衆等議史失衆姓。奏曰：「況朝臣，父故宰相，封列侯，不相敕承教化，而骨肉相疑，疑咸受修言以謗毀宣〔二三〕。咸所言皆宣行迹，衆人所共見，公家所宜聞。況知咸給事中，恐爲司隸舉奏宣，而公令明等迫切宮闕，要遮創戮近臣於大道人衆中，欲以鬲塞聰明，杜絕論議之端。鬲，與隔同，杜，塞也。桀黠無所畏忌，萬衆讙嘩，流聞四方，不與凡人忿怒爭鬭同。臣聞敬近臣，爲近主也。禮，下公門，式路馬，過公門則下車，見路馬則撫式，蓋崇敬也。式，車前橫木。君畜産且猶敬之〔二四〕。春秋之義，意惡功遂，不免於誅，遂，成也。言舉意不善，雖成功，猶加誅。上浸之原，不可長也。浸，近也。傷戮大臣，有所逼近也。浸，亦作侵，犯也。其義兩通。長，音竹兩反。況首爲惡，明手傷，功意俱惡，手傷人爲功，使人傷人爲意。皆大不敬，明當以重論，及況皆棄市。」廷尉直駮議曰：「律曰：『鬭以刃傷人〔二五〕，完爲城旦，其賊加罪一等，與謀者同罪。』詔書無以詆欺成罪。詆，毀也，丁禮反。傳曰：『遇人不以義而見疻者，與痏人之罪鈞〔二六〕，惡不直也。』以杖手毆擊，破其皮，腫起青黑，傷無創瘢者，律謂之疻痏。遇人不以義爲不直，雖見毆，罪同毆也。疻音枳。痏，音鮪。咸厚善修，而數稱宣過惡，流聞不誼〔二七〕，不可謂直。言咸爲修而毀宣，是不義而不直〔二八〕。況以故謀傷咸，計謀已定，後聞置司隸，因前謀而趣明，趣，讀曰促。非以恐咸爲司隸故造謀也。本争私變，雖於掖門外傷咸道中，與凡人争鬬無異。殺人者死，傷人者刑，古今之通道，三代所不易也。孔子曰：『必也正名乎！名不正則言不順，至於刑罰不中，而人無所措手足。』措，置也。今以況爲首惡，明手傷爲大不敬，公私無差。春秋之義，原心定罪。原，謂尋其本。原況以父見謗發忿怒，無他大惡。加詆欺，輯小過成大辟，陷死刑，違明詔，恐非法意，不可施行。聖王不以怒增刑。明當以賊傷人不直，以其受財。況與謀者，皆爵減完爲城旦。』以其身有爵級，故得減罪而爲完也。況身及同謀之人，皆從此科。帝以問公卿。丞相孔光、大司空師丹以中丞議是，自將軍以下至博士、議郎皆是廷尉，況竟減死罪一等，徙燉煌。宣坐免爲庶人，歸故鄉。

定陵侯淳于長坐大逆誅，小妻乃始等六人皆以事未發覺時棄去，或更嫁。及長事發，丞相方進、大司空何武議曰：「令，犯法者各以法時律令論之〔二九〕。此其引令條之文也。法時，謂始犯法之時〔三〇〕。明有所訖也。訖，止〔三一〕。長犯大逆時，乃始等見爲妻，已有當坐之罪，與身犯法無異，後乃棄去，於法無以解。解，免也。請論。」廷尉孔光駮議，以爲：「大逆無道，父母、妻子、同産無少長皆棄市，欲懲後犯法者也。懲，創止之。夫婦之道，有義則合，無義則離。長未自知當坐大逆之法，而棄去乃始等〔三二〕，或更嫁，義已絶，而欲以爲長妻論殺之，名不正，不當坐。」有詔光議是。

王尊爲美陽令，美陽女子告：「假子以我爲妻，妒笞我。」尊驗問，辭伏。曰：「律無妻母之法，聖人所不忍書，此經所謂『造獄』者也。」言非常刑名，造殺戮之法。乃使騎吏五人射殺之。

哀帝時，廷尉梁相與丞相長史〔三〕、御史中丞及五二千石雜治東平王雲獄，雲爲息夫躬等誣告不道事。時冬月未盡二旬，而相心疑雲冤，獄有飾辭，奏欲傳之長安傳，謂移其事也。更下公卿覆治。天子以爲相等皆見上體不平，外内顧望，操持兩心，幸雲踰冬，無討賊疾惡主讎之意，制詔免相等皆爲庶人。後數月大赦，丞相王嘉薦相等明習治獄，又封還益董賢户事。上發怒，召嘉詣尚書責問。光禄大夫孔光等希旨，劾嘉迷國罔上不道，請召嘉詣廷尉詔獄。嘉竟死獄中。

永信少府猛等十人以爲：「聖王斷獄，必先原心定罪，探意立情，故死者不抱恨而入地，生者不銜怨而受罪。明主躬聖德，重大臣刑辟，廣延有司議，欲使海内咸服。嘉罪名雖應法，聖王之於大臣，在輿爲下，御坐則起，師古曰：「解在翟方進傳。」疾病視之無數，死則臨弔之，廢宗廟之祭，進之以禮，退之以義，誄之以行。師古曰：「言大臣之死，積累其行而爲誄也。誄者，累德行之文。」按嘉本以相等爲罪，罪惡雖著，大臣括髮關械，裸躬就笞，師古曰：「括，結也。關，貫也。裸，露也。」非所以重國褒宗廟也。今春月寒氣錯繆，露霜數降，宜示天下以寬和。臣等不知大義，唯陛下察焉。」有詔假謁者節，召丞相入廷尉詔獄。使者既到府，掾史涕泣，共和藥進嘉，嘉不肯服。主簿曰：「將相不對理陳冤，相踵以爲故事，師古曰：「踵由躡也。」君侯宜引決。」師古曰：「令自裁也。」使者危坐府門上。師古曰：「以逼促嘉也。」主簿復前進藥，嘉引藥杯以擊地，謂官屬曰：「丞相幸得備位三公，奉職負國，當伏刑都市以示萬衆。丞相豈兒女子邪，何謂咀藥而死！」師古曰：「咀，嚼也，音才汝反。」嘉遂裝出，見使者再拜受詔，乘吏小車，去蓋不冠，隨使者詣廷尉。廷尉收嘉丞相、新甫侯印綬，縛嘉載致都舡詔獄。上聞嘉生自詣吏，大怒，使將軍以下與五二千石雜治〔三四〕。吏詰問嘉，嘉對曰：「按事者思得實。竊見相等前治東平王獄，不以雲爲不當死，欲關公卿，示重慎，置驛馬傳囚，執不得踰冬月，誠不見其外内顧望阿附爲雲驗。復幸得蒙大赦，相等皆良善吏，臣竊爲國惜賢，不私此三人。」獄吏曰：「苟如此，則君何以爲罪猶當？有以負國，不空入獄矣。」吏稍侵辱嘉，嘉喟然卬天嘆曰：「師古曰：「卬，讀作仰。」幸得充備宰相，不能進賢退不肖，以是負國，死有餘責。」吏問賢不肖主名，嘉曰：「賢，故丞相孔光、故大司空何武，不能進；惡，高安侯董賢父子，佞邪亂朝，而不能退。罪當死，死無所恨。」嘉繫獄二十餘日，不食歐血而死。

後漢制，治書侍御史二人，選明法律者爲之。凡天下諸讞疑事，掌以法律當其是非。

明帝永平十四年，楚王英以謀逆廢徙自殺。時窮治楚獄，遂至累年。其辭語相連，自京師親戚、諸侯、州郡豪傑及考案吏，阿附坐死、徙者以千數，而繫獄者尚數千人。顏忠、王平辭引隧鄉侯耿建、朗陵侯臧信、濩澤侯鄧鯉、曲成侯劉建。建等辭未嘗與忠、平相見。是時，上怒甚，吏皆惶恐，諸所連及，率一切陷入，無敢以情恕者。侍御史寒朗心傷其冤，試以建等物色獨問忠、平，而二人錯愕不能對。朗知其詐，乃上言：「建等無姦，專爲忠、平所誣，疑天下無辜，類多如此。」帝曰：「即如是，忠、平何故引之？」對曰：「忠、平自知所犯不道，故多有虛引，冀以自明。」帝曰：「即如是，何不早奏？」對曰：「臣恐海内別有發其姦者。」帝怒曰：「吏持兩端，促提下〔三五〕！」左右方引去，朗曰：「願一言而死。」帝曰：「誰與共爲章？」對曰：「臣獨作之。」上曰：「何以不與三府議？」對曰：「臣自知當必族滅，不敢多污染人。」上曰：「何故族滅？」對曰：「臣考事一年，不能窮盡姦狀，反爲罪人訟冤，故知當族滅。然臣所以言者，誠冀陛下一覺悟而已。臣見考囚在事者，咸共言妖惡大故，臣子所宜同疾，今出之不如入之，可無後責。是以考一連十，考十連百。又公卿朝會，陛下問以得失，皆長跪言：『舊制，大罪禍及九族。陛下大恩，裁止於身，天下幸甚！』及其歸舍，口雖不言，而仰屋竊嘆，莫不知其多冤，無敢牾陛下言者〔三六〕。臣今所陳，誠死無悔。」帝意解，詔遣朗出。後二日，車駕自幸洛陽獄録囚徒，理出千餘人。時天旱，即大雨。馬后亦以楚獄多濫，乘間爲帝言之。帝惻然感悟，夜起彷徨，由是多所降宥。任城令汝南袁安遷楚郡太守，到郡不入府，先往案楚王英獄事，理其無明驗者，條上出之。府丞、掾史皆叩頭争，以爲「阿附反虜，法與同罪，不可」。安曰：「如有不合，太守自當坐之，不以相及也。」遂分別具奏。帝感悟，即報許，得出者四百餘家。

肅宗初，陳寵爲尚書。寵以帝新即位，宜改前世苛俗，迺上疏言：「宜隆先王之道，蕩滌煩苛之法，輕薄箠楚，以奉天心。」帝納寵言，詔有司絶鉆鑽諸慘酷之科，解妖惡之禁，除文致之請讞五十餘事，定著於令。

寵曾祖父咸，成、哀間以律令爲尚書，性仁恕，常戒子孫曰：「爲人議法，當依於輕，雖有百金之利，慎無予人重比。」王莽時謝病，收斂其家律令書文，壁藏之。寵明習法家，少爲郡吏，辟司徒鮑昱府，轉爲辭曹，掌天下獄訟。其所平決，無不厭服衆心。撰辭訟比七卷，決事科條，皆以事類相從。寵子忠爲廷尉正，司徒劉凱舉忠明習法律，擢拜尚書。忠自以世典刑法，用心務在寬詳。初，父寵在廷尉，上除漢法溢於甫刑者，未施行。忠略依寵意爲二十三條，爲決事比，以省請讞之敝。

元和三年，廷尉郭躬條諸重文可從輕者四十一事奏之，事皆施行，著於令。

明帝時，奉車都尉竇固出擊匈奴，騎都尉秦彭爲副。彭在別屯而輒以法斬人，固奏彭專擅，請誅之。帝問郭躬曰：「軍征，校尉一統於督。督，謂大將。彭無斧鉞，何得殺人？」躬曰：「一統於督，謂在部曲也。前漢書音義曰：「大將軍行有五部，部有曲。」今彭專軍別將，有異於此。兵事呼吸，不容先關督帥。且漢制棨戟即爲斧鉞。」有衣之戟曰棨。帝從躬議。又有兄弟共殺人者，帝以兄不訓弟，故報兄重，報，論也。重，死刑。而減弟死。中常侍孫章宣詔，誤言兩報重〔三七〕。尚書奏章矯制，罪當腰斬。帝問郭躬，躬曰：「法令有故、誤，章傳令之謬，於事爲誤。誤者於文則輕，當罰金。」帝曰：「章與囚同縣，疑其故也。」躬曰：「『周道如砥，其直如矢，』詩小雅。如砥，貢賦平。如矢，賞罰均。『君子不逆詐』。君王法天〔三八〕，刑不可以委曲生意。」帝善之。

躬父弘，習小杜律。前書：杜周斷獄深刻，子延年亦明法律，對父故言小也。太守寇恂以弘爲決曹掾，斷獄至三十年，用法平。諸爲弘所決者，退無怨情，郡內比之東海于公。躬少傳父業，講授徒衆，常數百人。後爲郡吏，辟公府。元和初，爲廷尉。躬家世掌法，務在寬平，及典理官，決獄斷刑，多依矜恕。

梁人取後妻，後妻殺夫，其子又殺之。孔季彦返魯過梁，梁相曰：「此子當以大逆論。禮：『繼母如母。』是殺母也。」季彦曰：「言『如母』〔三九〕，則與親母不等，欲以義督之也。昔文姜與殺魯桓，春秋去其姜氏，傳曰：『絶不爲親，禮也。』絶不爲親，即凡人爾。且夫手殺，重於知情，知情猶不得爲親，則此下手之時，母名絶矣。方之古義，是子宜以非司寇而擅殺當之，不得爲殺母而論以逆也。」梁相從其言。

和帝即位。初，建初中，有人侮辱人父者，而其子殺之，肅宗貰其死刑而降宥之，自後因以爲比。是時遂定其議，以爲輕侮法。張敏駮議曰：「夫輕侮之法，先帝一切之恩，不有成科，班之律令也。夫春秋之義，子不報讎，非子也。而法令不爲之減者，以相殺之路不可開故也〔四〇〕。今托義者得減，妄殺者有差，使執憲之吏，得設巧詐，非所以遵『在醜不争』之義〔四一〕。又輕侮之比，寖以繁滋，至有四五百科，轉相顧望，彌復增甚，難以垂之萬載。可下三公、廷尉，蠲除其弊。」議寢不省。敏復上疏曰：「臣伏見孔子垂經典，皋陶造法律，原其本意，皆欲禁民爲非也。未曉輕侮之法將以何禁？必不能使不相輕侮，而更開相殺之路，執憲之吏復容其姦枉。願陛下考尋利害，廣令平議。」和帝從之。永元十六年，詔一切囚徒於法疑者勿决，以奉秋令〔四二〕。

安帝即位，鄧太后臨朝。初，肅宗時，斷獄皆以冬至之前，自後論者互多駮異。太后詔公卿以下會議。魯恭議曰：「夫王者之作，因時爲法。孝章皇帝深惟古人之道，助三正之微，定律著令〔四三〕，冀承天心，順物性命，以致時雍。然從變改以來〔四四〕，年歲不熟，穀價常貴，人不寧安。小吏不與國同心者，率入十一月得死罪賊，不問曲直，便即格殺，雖有疑罪，不復讞正。一夫吁嗟，王道爲虧，况於衆乎？易十一月『君子以議獄緩死』。可令疑罪使詳其法，大辟之科，盡冬月乃斷。其立春在十二月中者〔四五〕，勿以報囚如故事。」後卒施行。

吳祐爲膠東太守，安丘男子毋丘長與母俱行市，道遇醉客辱其母，長殺之而亡。捕得之，祐呼長謂曰：「子母見辱，人情所耻。然孝子忿必慮難，動不累親。今若背親逞怒，白日殺人，赦若非義，刑若不忍，將如之何？」長以械自繫，在手曰械。曰：「國家制法，囚身犯之。明府雖加哀矜，恩無所施。」祐問長：「有妻子乎？」對曰：「有妻，未有子。」即移安丘逮長妻。妻到，解其桎梏，使同宿獄中，妻遂懷孕。至冬盡行刑，長泣謂母曰：「負母應死，當何以報吳君乎？」乃齧指而吞之，含血言曰：「妻若生子，名之『吳生。』」因投繯而死〔四六〕。謂以繩爲繯，投之而縊。

按：此即所謂遭侮辱而殺人者，肅宗時貰其死刑，和帝時除之，故吳祐疑此獄，且容其投繯以死而不明正典刑，蓋猶在可議之列也。

獻帝建安時，應劭删定律令。見刑制門。初，安帝時，河間人尹次、潁川人史玉皆坐殺人當死，次兄初及玉母軍並詣官曹求代其命，因縊而物故。尚書陳忠以爲罪疑從輕，議活次、玉。劭後追駮之，曰：「夫時化則刑重，時亂則刑輕。書曰『刑罰世輕世重』。此之謂也。今次、玉以清時逞其私憾〔四七〕，阻兵安忍，僵屍道路。朝恩在寬，幸至冬獄，而初、軍愚狷，妄自投斃。昔召忽親死子糾之難，而孔子曰『經於溝瀆，人莫之知』。鼂氏之父，非錯刻峻，自隕其命，班固亦云『不如趙母指括以全其宗』。傳曰：『僕妾感慨而致死者，非能義勇，顧無慮耳。』言無計慮。夫刑罰威獄，以類天之震燿殺戮也；溫慈和惠，以放天之生殖長育也。是故春一草枯則爲災〔四八〕，秋一木華亦爲異。今殺無罪之初、軍而活當死之次、玉，其爲枯華，不亦然乎？陳忠不詳制刑之本，而信一時之仁〔四九〕，遂廣引八議求生之端。夫親、故、賢、能、功、貴、勤、賓，豈有次、玉當罪之科哉？若乃小大以情，原心定罪，此爲求生，非謂代死可以生也。敗法亂政，悔其可追。」凡有駮議三十篇，皆此類。

魏文帝時，有大女劉朱，撾陟瓜反。子婦酷暴，前後三婦自殺，論朱減死，輸作尚方，因是下怨毒殺人減死之令。

按：所謂怨毒殺人者，蓋行兇之人遭被殺之人苦毒，故不勝其怨憤，起而殺之。今劉朱之事，史不言子婦有悖逆其姑之迹，則非怨毒殺人也。要之，姑撾其婦，婦因撾而自殺，非姑手殺之，則自可以免死〔五〇〕。但以爲怨毒，則史文不明，未見其可坐以此律耳。

齊王時，司馬師輔政，犯大逆者誅及已出之女。毌丘儉之誅，其子甸妻荀氏應坐死，族兄顗通表乞其命，詔聽離婚。荀氏所生女芝爲潁川太守劉子元妻，亦坐死，以懷妊繫獄。荀氏辭詣司隸校尉何曾，乞没爲官婢，以贖芝命。曾哀之，使主簿程咸上議曰：「臣以爲女人有三從之義，無自專之道，出適他族，降父母之服，所以明外成之節也。而父母有罪則追刑，夫黨見誅又隨戮，一人之身，内外受辟。女既産育，則他族之母，無辜受戮，傷孝子之心。且男既不得罪於他族，而女獨嬰戮於二門。臣以爲在室宜從父之誅，既醮可隨夫之罰。」於是詔改定律令。

晉惠帝之時，政出群下〔五一〕，每有疑獄，各出私情，刑法不定，獄訟繁滋。尚書裴頠、劉頌上疏論之。見刑制門。

元帝承制江左，時主簿熊遠上書，以爲：「軍興以來，處事不用律令，競作新意，臨事立制，朝作夕改，至於主者不敢任法，每輒關諮〔五二〕，非爲政之體也。愚謂凡爲駮議者，皆當引律令經傳，不得直以情言，無所依準，以虧舊典。若開塞隨宜，權道制物，此是人君之所得行，非臣子所宜專用也。」

成帝時，廷尉奏殿中帳施吏邵廣盜官幔三帳〔五三〕，合布三十疋，有司正刑棄市。廣二子，宗年十三，雲年十一，黃幡撾登聞鼓乞恩，辭求自沒爲奚官奴，以贖父命。尚書郎朱暎議以爲〔五四〕：「天下之人，無子者少，一事遂行〔五五〕，便成永制，懼死罪之刑，於此而弛。」時議者以廣爲鉗徒，二兒没入，既足以懲，又使百姓知父子之道〔五六〕，聖朝有垂恩之仁。可特聽減廣死罪爲五歲刑，宗等付奚官爲奴，而不爲永制。」尚書右丞范堅駮之曰：「自淳朴澆散，刑辟乃作，刑之所以止刑，殺之所以止殺。雖時有赦過宥罪，議獄緩死，未有行不忍而輕易典刑者也。且既許宗等，宥廣死罪，若復有宗比而不求贖父者〔五七〕，豈得不擯絶人倫，同之禽獸邪！按主者今奏云，唯特聽宗等而不爲永制〔五八〕。臣以爲，王者之作，動關盛衰，嚬笑之間，尚慎所加。今之所以宥廣，正以宗等耳。人之愛父，誰不如宗？今既許宗之請，將來訴者，何獨匪人！特聽之意，未見其益，不以爲例，交興怨讟。此爲施一恩於今，而開萬怨於後也。」從之。

宋文帝元嘉七年，剡縣人黃初妻趙打息載妻王死，後遇赦，王有父母及息男稱〔五九〕，依法徙趙二千里外〔六〇〕。司徒左長史傅隆議曰：「禮律之興，蓋本自然，求之情理，非從天墮，非從地出。父子至親，分形同氣。稱之於載，即載之於趙，雖云三代，合之一體〔六一〕，未有分者也。稱雖創巨痛深，固無讎祖之義，故古人不以父命辭王父命也。若云稱可殺趙，趙當何以處載〔六二〕？若父子孫祖互相殘戮，懼非先王明罰、皋陶立法之本旨也。向使石厚之子、日磾之孫，砥鋒挺鍔，不與二祖同戴天日，則石碏、秺侯何得純臣於國，孝義於家矣。舊令云：『殺人父母，徙二千里外。』不施父子孫祖明矣。趙當避王周功千里外耳。令云：『凡流徙者，同籍親近欲相隨，聽之。』此又大通情禮[六三]，因親以教愛者也。趙既流移，載爲人子，何得不從？載從而稱不行[六四]，豈名教所許？趙雖内愧終身，稱當沈痛没齒[六五]，孫祖之義不得絶，事理固然。」

孝武於元嘉中出鎮歷陽，沈亮行參征虜將軍事，人有盜發冢者，有罪所近村人[六六]，與符伍遭劫不赴救同坐。亮議曰：「尋發冢之情，事止竊盜，徒以侵亡犯死，故同之嚴科。夫穿掘之侣，必銜枚以晦其迹；劫掠之黨，必讙呼以威其事。故赴凶赫者易[六七]，應潛密者難[六八]。且山原爲無人之鄉，丘壠非常塗所踐，至於防救，不得比之村鄉[六九]。督實劾名，理與劫異，則符伍之坐，居宜降矣。又結罰之科，雖有同符伍之限[七〇]，而無遠近之斷[七一]。若不域之以界，則數步之内，與十里之外[七二]，便應同罹其責。防人之禁，不可不慎，夫止非之憲，宜當其律。愚謂相去百步内赴告不時者，一歲刑。自此以外，差不及咎。」

孔淵之大明中爲尚書比部郎。時安陸應城縣人張江陵與妻吴共駡母黄，黄忿恨自縊死，遇赦。律文：「子殺傷毆父母，梟首；駡詈，棄市；婦謀殺夫之父母，亦棄市。遇赦，免刑補冶[七三]。」江陵駡母，母以之自裁，重於傷毆。若同殺科則疑重，同毆傷及駡科則疑輕[七四]。准制，唯有打母遇赦猶梟首[七五]，無駡母致死遇赦之科。淵之議曰：「夫題里逆心，仁者不入，名且惡之，况乃人事。故毆傷咒詛，法所不原，詈之致盡，則理無可宥。罰有從輕[七六]，蓋疑失善，求之文旨，非此之謂。江陵雖遇赦恩，故合梟首。

婦本以義，愛非天屬〔七七〕，黄之所恨，情不在吴，原死補治，有允正法〔七八〕。」詔如淵之議。

吴興餘杭人薄道舉爲劫。劫制，同籍周親補兵。道舉從弟代公、道生等並爲大功親，非應在補謫之例〔七九〕，法以代公等母存爲周親，則子宜隨母補兵。何承天議曰：「尋劫制，同籍周親補兵，大功不在此例。婦人三從，既嫁從夫〔八〇〕，夫死從子。今道舉爲劫，若其叔尚在，制應補謫，妻子營居，固其宜也。但爲劫之時，叔父已殁，代公、道生，並是從弟大功之親，不合補謫。今若以叔母爲周親，令代公隨母補兵，既違大功不謫之制，又失婦人三從之道。由於主者守周親之文，不辨男女之異，遠嫌畏負，以至此疑〔八一〕，懼非聖朝恤刑之旨。謂代公等母子並宜見原。」

吴興武康縣人王延祖爲劫，父睦以告官。新制，凡劫身斬刑，家人棄市。睦既自告，於法有疑。時尚書何叔度議曰：「設法止姦，本於情理。非謂一人爲劫〔八二〕，闔門應刑。所以罪及同産，欲開其相告，以出造惡之身。睦父子之至，容可悉共逃亡〔八三〕，而割其天屬，還相縛送，螫毒在手，解腕求全，於情可愍，理亦宜宥。使凶人不容於家，逃刑無所，乃大絶根源也。睦既糺送，則餘人無應復告，並合赦之。」

沛郡相縣唐賜往比村朱起母彭家飲酒〔八四〕，還，得病，吐蠱蟲十餘枚。臨死，語妻張，死後刳腹出病。死後，張手自破視，五臟悉糜碎。郡縣以張忍行刳剖〔八五〕，賜子副又不禁止，事起赦前，法不能決。按律，傷死人，四歲刑；妻傷夫，五歲刑；子不孝父母，棄市。並非科例。三公郎劉勰議：「妻痛遵往言，兒識不及理，考事原心，非存忍害，謂宜哀矜。」吏部尚書顧覬之議曰〔八六〕：「法，移路尸猶爲不道〔八七〕，況在妻子，而忍行凡人所不行。不宜曲通小情，當以大理爲斷〔八八〕，謂副不孝，張同不道。」詔如覬之議也。

梁武帝天監三年，建康女子任提女，坐誘口當死。其子景慈對鞫辭云，母實行此。是時，法官虞僧虯啓稱：「按子之事親，有隱無犯。直躬證父，仲尼爲非。景慈素無防閑之道，死有明目之據，陷親極刑，傷和損俗。凡乞鞫不審，降罪一等，豈得避五歲之刑，忽死母之命！景慈宜加罪辟〔八九〕。」詔流於交州。

後魏太武制，論刑者，部主具狀〔九〇〕，公車鞫辭〔九一〕，而三都決之。當死者，定案奏聞。帝親臨問，無異辭怨言，乃刑之。諸州國之大辟〔九二〕，皆先讞報，乃施行。

真君中，以有司斷法不平，詔諸疑獄皆付中書，依經義論決。

孝文帝時，吏民犯他法者，帝率寬之。疑罪奏讞，多減死徙邊，歲以千計。

宣武帝景明中〔九三〕，冀州人費羊皮母亡〔九四〕，家貧無以葬，賣七歲女子與張迴爲婢。迴轉賣與梁定之而不言狀〔九五〕。按律，掠人、和賣爲奴婢者死。迴故買羊皮女，謀以轉賣，依律處絞刑。詔曰：「律稱『和賣人者死』，謂兩人詐取他財。羊皮賣女，告迴稱良，張迴利賤，知良公買。誠于律俱乖〔九六〕，而各非詐。然迴轉賣之日，應有遲疑，而決從真賣，於情不可處絞刑〔九七〕。」三公郎中崔鴻議曰：「按律：賣子，一歲刑，五服內親屬，在尊長者死，賣周親及妾與子婦者流。蓋以天性難奪，支屬易遺，又尊卑不同，故殊以死刑〔九八〕。且買者於彼，無天性支屬，罪應一例。明知是良，決便真賣，因此流漂，家人不知，追贖無蹤，永沈賤隸。按其罪狀，與掠無異。」太保高陽王雍議曰：「檢迴所買，保證明然，處以和掠，實爲乖當。律云：『謀殺人而發覺者流，從者五歲刑〔九九〕；已傷及殺而還蘇者死，從者流；已殺者斬，從而加功者死，不加者流。』詳沈賤之與身死，流漂之與腐骨，一存一亡，爲害孰甚？然賊律殺人，有首從之科，盜人、賣買，無唱和差等。謀殺之與和掠，同是良人，應爲准例。所以不引殺人減之，降從強盜之一科。縱令謀殺之與強盜，俱得爲例，而以從輕，其義安在？又云：『知人掠盜之物而故買者，以隨從論。』此明禁暴掠之源，遏姦盜之本，非謂買之於親尊之手，而同之於盜掠之愆。竊謂五服相賣，俱是良人，所以容有等差之罪者，明去掠盜理遠，故從親疏爲差級，尊卑爲輕重。依律：『諸共犯罪者，皆以發意爲首。』明賣買之元有由〔一〇〇〕，魁末之坐宜定。若羊皮不云賣，則迴無買心，則羊皮爲首，迴爲從可也。且既一爲婢，賣與不賣，俱非良人，何必以不賣爲可原〔一〇一〕，轉鬻爲難恕？張迴之愆，宜鞭一百。賣子葬親，孝誠可美，而表賞之議未加，刑罰之科已及，恐非敦風化之謂。」詔曰：「羊皮賣女葬母，孝誠可嘉，便可特原。張迴雖買之於父〔一〇二〕，不應轉賣，可刑五歲。」

河東郡人李憐坐行毒藥，按以死坐。其母訴稱：「一身年老〔一〇三〕，更無周親，例合上請。」檢籍不謬。及憐母身亡，州斷三年服終後乃行決。主簿李瑒駮曰〔一〇四〕：「按法例律：『諸犯死罪〔一〇五〕，若祖父母、父母年七十以上，無成人子孫，旁無周親者，具狀上請。流者鞭笞〔一〇六〕，留養其親，終則從流，不在原赦之例。』且憐既懷鴆毒之心〔一〇七〕，母在猶宜闔門投畀，况今已死，給假殯葬，足示仁寬，不合更延，可依律處斬，流其妻子。」詔從之。

神龜中，蘭陵公主駙馬都尉劉輝，坐與河陰縣人張智壽妹容妃、陳慶和妹惠猛姦亂〔一〇八〕，毆主傷胎，遂逃。門下處奏：「容妃、惠猛，各入死刑。智壽、慶和，並以知情不加防限，處以流坐。」詔曰：「容妃、惠猛恕死，髡鞭付宮，餘如奏。」崔纂執曰：「伏見旨募若獲輝者，職人賞二階，白身人聽出身進一階，廝役免役，奴婢爲良。按輝無叛逆之罪，未可募同反者。夫王者理天下，不爲喜怒增減，不由親疏改易。按鬬律：『祖父母、父母忿怒以兵刃殺子孫者，五歲刑；毆殺及愛憎而故殺者，各加一等〔一〇九〕。』雖王姬下降，貴殊常妻，然人婦之孕，不得非子。又依永平四年先朝舊格〔一一〇〕：『諸刑流及罪死者，皆首末判定，然後處決〔一一一〕。』且事必因本，若以輝逃避，便應懸處〔一一二〕，未有捨其首罪而成其末愆。按容妃等，罪止姦私，律處不越刑坐，何得同宮掖之罪〔一一三〕？齊奚官之役？按智壽口訴，妹適人，已生二女，是他家之母，他人之妻。昔魏、晉未除五族之刑〔一一四〕，有免子戮母之坐，何曾諍之〔一一五〕，謂：『在室之女，從父母之刑〔一一六〕；已醮之婦，從夫家之戮。』律許周親相隱，况姦私之醜〔一一七〕，豈得使同氣證之〔一一八〕？按律，姦罪無相緣之坐，不可借失輝之忿，加兄弟之刑。夫刑人於市，與衆棄之，爵人於朝，與衆共之，明不私於天下也。」右僕射游肇等奏如纂言。詔曰：「輝悖法亂理，罪不可縱，厚賞徵募，必冀擒獲。容妃、惠猛，與輝私亂，因此耽惑，主致非常，此而不誅，將何懲肅？智壽、慶和，初不防禁，招引劉輝，共成淫醜，敗風穢化，豈得同於常人？且古有詔獄〔一一九〕，寧復一歸大理。而尚書理本，納言所屬〔一二〇〕，弗究悖法之淺深，不詳損化之多少，有辜執憲〔一二一〕，殊乖任寄。崔纂可免郎〔一二二〕，都坐尚書，悉奪禄一時〔一二三〕。」

隋文帝以用律者多致䮞駮，罪同論異，詔諸州死罪不得便決，悉移大理按覆，事盡然後上奏取裁〔一二四〕。

開皇十五年〔一二五〕，制：「死罪者，三奏而後決。」

唐制，天下疑獄讞。大理寺不能決，尚書省衆議之，録可爲法者送祕書省。諸疑獄〔二六〕，法官執見不同者，得爲異議，不得過三。

太宗即位，其年九月，武德九年，未改元。盛開選舉，或有詐僞資蔭者〔二七〕，上令自首，不首者死。俄有詐僞事洩，大理少卿戴胄斷流。上曰：「朕下敕，不首者死。今斷流，是示天下以不信。卿欲賣獄乎？」胄曰：「陛下當即殺之，非臣所及。既付所司，臣不敢虧法。」上曰：「卿自守法，而令我失信邪？」胄曰：「法者，國之所以布大信於天下；言者，當時喜怒之所發耳。陛下發一朝之忿而許殺之，既知不可而寘之於流〔二八〕，此乃忍小忿而存大信。若順忿違信，臣竊爲陛下惜之。」上曰：「法有所失，公能正之，朕何憂也。」

貞觀元年，同州人房任統軍於岷州〔二九〕，以謀反伏誅，任兄强從坐當死。舊條，兄弟分後，蔭不相及，連坐俱死，祖孫配流〔三〇〕。帝令百官詳議。房玄齡等定議曰：「按禮：『孫爲王父尸。』按令，祖有蔭孫之義。然則，祖孫親重而兄弟屬輕。應重反流，合輕反死，據禮論情，深未爲愜。請定律：祖孫與兄弟緣坐，俱配流。其以惡言犯法不能爲害者，情狀稍輕，兄弟免死，配流爲允。」從之。

帝欲止姦貪，遣人以財物試之。有司門令史受饋絹一疋，上怒，將殺之。民部尚書裴矩諫曰：「此人受賂，誠合重誅。但陛下以物試之，即行極法〔三一〕，所謂陷人於罪，恐非導德齊禮之義。」上納其言。

二年，大理少卿胡演進每月囚帳，上覽焉，問曰：「其間罪亦有情可矜容者，皆以律斷？」對曰：「原情宥罪，非臣下所敢。」上謂侍臣曰：「古人云『鬻棺者欲歲之疫』，匪欲害人，利於售棺故爾。今法司覆理一獄，必求深刻，欲成其考。今作何法，得使平允？」王珪奏曰：「但選良善平恕人斷獄，允當者賞之，即姦僞自息。」上善之。

五年，河内人李好德坐妖言下獄，大理丞張蘊古以爲好德病狂瞀，法不當坐。治書侍御史權萬紀劾蘊古相州人，好德兄厚德方爲相州刺史，故蘊古奏不以實。太宗怒，遽斬蘊古，既而大悔，詔「死刑雖令即決，皆三覆奏。」久之，謂群臣曰：「死者不可復生。決囚雖三覆奏，而頃刻之間，何暇思慮？自今二日五覆奏。決日，尚食勿進酒肉，教坊、太常輟教習；諸州死罪三覆奏，其日亦蔬食，務合禮徹樂、減膳之意。」然自蘊古之死，法官以失出爲戒，有失入者，又不加罪，自是吏法稍密。帝以問大理卿劉德威，對曰：「律，失入減三等，失出減五等。今失入無辜，而失出爲大罪，故吏皆深文。」帝矍然，遂命失出入者皆如律。自此，吏亦持平。

十八年九月，茂州童子張仲文忽自稱天子，口署其流輩數人爲官司，大理以爲指斥乘輿，雖會赦猶斬。太常卿、攝刑部尚書韋挺奏：「仲文所犯，止當妖言，今既會赦，准法免死。」上怒挺曰：「去十五年，懷州人吴法至浪入先置鈎陳〔三〕，口稱天子，大理、刑部皆言指斥乘輿，咸斷處斬。今仲文稱妖，乃同罪異罰，卿作福於下而歸虐於上邪！」挺拜謝趨退，自是憲司不敢以聞。數日，刑部尚書張亮復奏：「仲文請依前以妖言論。」上謂亮曰：「韋挺不識刑典，以重爲輕，朕當時怪其所執，不爲處斷。卿今日復爲執奏，不過欲自取剛正之名耳。曲法要名，朕所不取。」亮默然就列。上因謂之曰：「爾無恨色，而我有猜心。夫人君含容，屈在於我。可申君所請，屈我所見，其仲文宜處以妖言。」

帝嘗因録囚謂侍臣曰：「反逆有二：興師動衆，一也；惡言犯法，二也。輕重固異，而鈞謂之反，連坐皆死，豈定法邪？」

校勘記

〔一〕故書附作付　「附」、「付」二字原倒，據元本、慎本、馮本及周禮小司寇注乙正。

〔二〕惠訓不倦者　「者」字原脱，據周禮小司寇注、左傳襄公二十一年補。

〔三〕謂有大勳勞立功者　「勞」，元本、慎本、馮本及周禮小司寇注作「力」。阮元校勘記謂：「大字本、錢抄本、嘉靖本、毛本同。閩、監本『力』改『勞』，非。」

〔四〕以三刺斷庶民獄訟之中　「之」原作「事」，據局本及周禮小司寇改。

〔五〕訊言也　「言」原作「告」，據元本、慎本、馮本及周禮小司寇注改。

〔六〕小大猶輕重也　「猶」字原脱，據禮記王制注補。

〔七〕已行故事曰比　「已」字原脱，「曰」原作「日」，據禮記王制注補改。

〔八〕古者以法爲銜勒　黄懷信大戴禮記彙校集注引王念孫説，以爲「法」上脱「德」字。

〔九〕則白冠氂纓　「白」原作「自」，據漢書卷四八賈誼傳改。

〔一〇〕二千石官以其罪名當報之　「之」字原脱，據漢書卷二三刑法志補。

〔一一〕廷尉亦當報之　「廷尉」二字原脱，據漢書卷二三刑法志補。

〔一二〕傅所當比律令以聞　「傅」原作「傳」，據漢書卷二三刑法志改。

〔一三〕天下公共之也　漢書卷五〇張釋之傳作「天子所與天下公共也」。

〔一四〕上使誅之則已　「使」字原重，據校點本通典卷一六九删。

〔一五〕天下皆用法爲之輕重　「之」字原脱，據漢書卷五〇張釋之傳補。

〔一六〕然逆順爲基　「基」原作「差」，據漢書卷五〇張釋之傳改。

〔一七〕有司所不能决　「有司」二字原脱，據漢書卷五景帝紀補。

〔一八〕乃請博士弟子治尚書春秋補廷尉史　「治」原作「於」，「史」字原脱，據漢書卷五九張湯傳改補。

〔一九〕當聞縣官　「聞」原作「關」，據通典卷一六八刑法典六改。

〔二〇〕弟修爲臨菑令　「修」原作「循」，據漢書卷八三薛宣傳改。下同。

〔二一〕欲令創咸面目　「欲」原作「欽」，據漢書卷八三薛宣傳改。

〔二二〕遂令明遮斫咸宫門外　「明」下原衍「欽」字，「斫」原作「研」，據漢書卷八三薛宣傳删改。

〔二三〕疑咸受修言以謗毁宣　「疑」字原脱，據漢書卷八三薛宣傳、通典卷一六六刑法典四補。

〔二四〕君畜産且猶敬之　「君」原作「居處」，據漢書卷八三薛宣傳、册府元龜卷六一四刑法部議讞一改。

〔二五〕鬬以刃傷人　「鬬」字原脱，據漢書卷八三薛宣傳補。

〔二六〕與痏人之罪鈞　「痏」原作「疻」，據漢書卷八三薛宣傳、通典卷一六六刑法典四改。

〔二七〕流聞不誼　「不誼」二字原脱，據漢書卷八三薛宣傳補。

〔二八〕是不義而不直　「直」原作「正」，據漢書卷八三薛宣傳師古注改。

〔二九〕犯法者各以法時律令論之　「法」原作「發」，據漢書卷八一孔光傳改。

〔三〇〕法時謂始犯法之時　「法」原作「發」，「始」原作「其」，據漢書卷八一孔光傳師古注改。

〔三一〕明有所訖也訖止　「訖」原作「記」，「訖止」原作「志記」，據漢書卷八一孔光傳及師古注改。

〔三二〕長未自知當坐大逆之法而棄去乃始等　「未自」二字原倒，「坐」原作「罪」，「乃始等」原在「而」下，據漢書卷八一孔光傳乙改。

〔三三〕廷尉梁相與丞相長史　「梁相」原作「梁祖」，據漢書卷八六王嘉傳改。下同。

〔三四〕使將軍以下與五二千石雜治　「五」字原脱，據漢書卷八六王嘉傳補。

〔三五〕促提下　「下」後原有「棰之」二字，據後漢書卷四一寒朗傳删。

〔三六〕無敢牾陛下言者　「牾」原作「爲」，據資治通鑑卷四五漢紀三十七永平十四年四月丁巳條改。

〔三七〕誤言兩報重　「誤」字原脱，據後漢書卷四六郭躬傳、册府元龜卷六一七刑法部守法補。

〔三八〕君王法天　「君」原作「且」，據後漢書卷四六郭躬傳、册府元龜卷六一七刑法部守法改。

〔三九〕言如母　「言」原作「若」，據孔叢子卷下改。

〔四〇〕以相殺之路不可開故也　「之」字原脱，據後漢書卷四四張敏傳、册府元龜卷六一四刑法部議讞一補。

〔四一〕非所以遵在醜不争之義　「遵」，後漢書卷四四張敏傳、册府元龜卷六一四刑法部議讞一作「導」。

〔四二〕以奉秋令　「秋」原作「敕」，據後漢書卷四和帝紀改。

〔四三〕定律著令　「定律」二字原脱，據局本及後漢書卷二五魯恭傳補。

〔四四〕然從變改以來　「從」原作「後」，據局本及後漢書卷二五魯恭傳改。

〔四五〕其立春在十二月中者　「者」原作「書」，據局本及後漢書卷二五魯恭傳改。

〔四六〕因投繯而死　「投」字原脫，據後漢書卷六四吳祐傳補。

〔四七〕今次玉以清時逞其私憾　「逞」，後漢書卷四八應劭傳、册府元龜卷六一四刑法部議讞一作「釋」。

〔四八〕是故春一草枯則爲災　「是」字原脫，據後漢書卷四八應劭傳、册府元龜卷六一四刑法部議讞一補。

〔四九〕而信一時之仁　「仁」原作「人」，據後漢書卷四八應劭傳、册府元龜卷六一四刑法部議讞一改。

〔五〇〕則自可以免死　「自」字原脫，據元本、慎本、馮本補。

〔五一〕政出群下　「下」原作「小」，據本書卷一六四刑考三、晉書卷三〇刑法志改。

〔五二〕每輒關諮　「關」原作「開」，據晉書卷三〇刑法志改。

〔五三〕廷尉奏殿中帳施吏邵廣盗官幔二帳　「二」，晉書卷七五范堅傳作「三」。

〔五四〕尚書郎朱暎議以爲　「郎」原作「官」，據晉書卷七五范堅傳改。

〔五五〕一事遂行　「一」下原衍「人」字，據晉書卷七五范堅傳、通典卷一六六刑法典四删。

〔五六〕又使百姓知父子之道　「又」原作「艾」，據晉書卷七五范堅傳改。

〔五七〕若復有宗比而不求贖父者　「求」字原脫，據晉書卷七五范堅傳、通典卷一六六刑法典四補。

〔五八〕唯特聽宗等而不爲永制　「特」字原脫，據晉書卷七五范堅傳、通典卷一六六刑法典四補。

〔五九〕王有父母及息男稱　宋書卷五五傅隆傳、册府元龜卷六一五刑法部議讞二「稱」下有「息女葉」三字，南史卷一五傅隆傳「稱」下有「女葉」二字。

〔六〇〕依法徙趙二千里外　「依」與「外」原脫，據宋書卷五五傅隆傳、南史卷一五傅隆傳、册府元龜卷六一五刑法部議讞二補。

〔六一〕合之一體　宋書卷五五傅隆傳、南史卷一五傅隆傳、册府元龜卷六一五刑法部議讞二作「爲體猶一」。
〔六二〕趙當何以處載　「趙」字原脱，據宋書卷五五傅隆傳補。
〔六三〕此又大通情禮　「禮」，宋書卷五五傅隆傳、南史卷一五傅隆傳、册府元龜卷六一五刑法部議讞二作「體」。
〔六四〕載從而稱不行　「從」原作「行」，據宋書卷五五傅隆傳、南史卷一五傅隆傳改。
〔六五〕稱當沈痛没齒　「稱當」二字原脱，據宋書卷五五傅隆傳補。
〔六六〕有罪所近村人　宋書卷一〇〇自序無「有」字。
〔六七〕故赴兇赫者易　「赴」原作「起」，據宋書卷一〇〇自序改。
〔六八〕應潛密者難　「潛」下原衍「深」字，「難」下原衍「知」字，據宋書卷一〇〇自序删。
〔六九〕不得比之村鄉　「鄉」，宋書卷一〇〇自序作「郭」。
〔七〇〕雖有同符伍之限　「伍」字原脱，據宋書卷一〇〇自序補。
〔七一〕而無遠近之斷　宋書卷一〇〇自序「斷」下有「大冢無村界，當以比近坐之」二句。
〔七二〕與十里之外　「十」原作「千」，據宋書卷一〇〇自序改。
〔七三〕免刑補冶　「冶」原作「兵」，據宋書卷五四孔淵之傳、南史卷二七孔深之傳改。下同。
〔七四〕同毆傷及罵科則疑輕　「科」原作「制」，據宋書卷五四孔淵之傳、南史卷二七孔深之傳改。
〔七五〕唯有打母遇赦猶梟首　「打」原作「於父」，據宋書卷五四孔淵之傳、南史卷二七孔深之傳改。
〔七六〕罰有從輕　「罰有」二字原脱，據宋書卷五四孔淵之傳、南史卷二七孔深之傳補。
〔七七〕愛非天屬　「天」原作「支」，據宋書卷五四孔淵之傳、南史卷二七孔深之傳改。

〔七八〕有允正法　「允」原作「枉」，據宋書卷五四孔淵之傳、南史卷二七孔深之傳、册府元龜卷六一五刑法部議讞二改。

〔七九〕非應在補謫之例　「非」原作「則」，據宋書卷六四何承天傳、南史卷三三何承天傳改。

〔八〇〕既嫁從夫　「既」原作「即」，據宋書卷六四何承天傳、南史卷三三何承天傳改。

〔八一〕以至此疑　「至」，宋書卷六四何承天傳、通典卷一六七刑法典五作「生」。

〔八二〕非謂一人爲劫　「非謂」二字原脱，「劫」原作「非」，據宋書卷六六何叔度傳、南史卷三〇何叔度傳補改。

〔八三〕容可悉共逃亡　「悉」原作「息」，據宋書卷六六何叔度傳、南史卷三〇何叔度傳改。

〔八四〕沛郡相縣唐賜往比村朱起母彭家飲酒　「比」原作「北」，據元本、慎本、馮本及宋書卷八一顧覬之傳、通典卷一六七刑法典五、册府元龜卷六一五刑法部議讞二改。

〔八五〕郡縣以張忍行刳剖　「刳」字原脱，據元本、慎本、馮本、局本及宋書卷八一顧覬之傳、通典卷一六七刑法典五補。

〔八六〕吏部尚書顧覬之議曰　「顧覬之」原作「顧凱之」，據宋書卷八一顧覬之傳改。下同。

〔八七〕移路尸猶爲不道　「路」原作「露」，據宋書卷八一顧覬之傳、册府元龜卷六一五刑法部議讞二改。

〔八八〕當以大理爲斷　「以」字原脱，據宋書卷八一顧覬之傳、册府元龜卷六一五刑法部議讞二補。

〔八九〕景慈宜加罪辟　「辟」字原脱，據隋書卷二五刑法志、通典卷一六七刑法典五、册府元龜卷六一五刑法部議讞二補。

〔九〇〕部主具狀　「具」原作「言」，據魏書卷一一一刑罰志、册府元龜卷六一一刑法部定律令三改。

〔九一〕公車鞫辭　「辭」字原脱，據本書卷一六五刑考四、魏書卷一一一刑罰志、册府元龜卷六一一刑法部定律令三補。

〔九二〕諸州國之大辟　「國」原作「囚」，據魏書卷一一一刑罰志、册府元龜卷六一一刑法部定律令三改。

〔九三〕宣武帝景明中　魏書卷一一一刑罰志、册府元龜卷六一五刑法部議讞二均繫費羊皮賣女事于宣武帝延昌三年。

〔九四〕冀州人費羊皮母亡　「羊」原作「羌」，據魏書卷一一一刑罰志、册府元龜卷六一五刑法部議讞二改。下同。

〔九五〕迴轉賣與梁定之而不言狀　「賣」字原脱，據局本與魏書卷一一一刑罰志、通典卷一六七刑法典五補。「定之」二字原倒，據魏書卷一一一刑罰志、册府元龜卷六一五刑法部議讞二乙正。

〔九六〕誠于律俱乖　「于」字原脱，據元本、慎本、馮本及魏書卷一一一刑罰志補。

〔九七〕於情不可處絞刑　「不」原作「固」，據册府元龜卷六一五刑法部議讞二改。

〔九八〕故殊以死刑　魏書卷一一一刑罰志、册府元龜卷六一五刑法部議讞二作「故罪有異」。

〔九九〕從者五歲刑　「者」字原脱，據魏書卷一一一刑罰志、册府元龜卷六一五刑法部議讞二補。

〔一〇〇〕明賣買之元有由　「元」原作「先」，據魏書卷一一一刑罰志、册府元龜卷六一五刑法部議讞二改。

〔一〇一〕何必以不賣爲可原　「爲」原作「而」，據魏書卷一一一刑罰志、通典卷一六七刑法典五、册府元龜卷六一五刑法部議讞二改。

〔一〇二〕張迴雖買之於父　「父」下原衍「母」字，據魏書卷一一一刑罰志、册府元龜卷六一五刑法部議讞二删。

〔一〇三〕一身年老　「年」字原脱，據魏書卷一一一刑罰志、通典卷一六七刑法典五、册府元龜卷六一五刑法部議讞二補。

〔一〇四〕主簿李瑒駮曰　「瑒」原作「陽」，據魏書卷一一一刑罰志、册府元龜卷六一五刑法部議讞二改。

〔一〇五〕諸犯死罪　「死」字原脱，據魏書卷一一一刑罰志、册府元龜卷六一五刑法部議讞二補。

〔一〇六〕流者鞭笞　「笞」原作「宫」，據魏書卷一一一刑罰志、通典卷一六七刑法典五、册府元龜卷六一五刑法部議讞二改。

〔一〇七〕且憐既懷鴆毒之心　「鴆」原作「酖」，據魏書卷一一一刑罰志、通典卷一六七刑法典五、册府元龜卷六一五刑法部議讞二改。

〔一〇八〕陳慶和妹惠猛姦亂　「惠」，魏書卷一一一刑罰志、册府元龜卷六一五刑法部議讞二作「慧」。下同。

〔一〇九〕毆殺及愛憎而故殺者各加一等　「加」原作「減」，據元本、慎本、馮本及通典卷一六七刑法典五改。

〔一一〇〕又依永平四年先朝舊格　「永」原作「初」，據魏書卷一一一刑罰志、册府元龜卷六一五刑法部議讞二改。

〔一一一〕皆首末判定然後處決　魏書卷一一一刑罰志、册府元龜卷六一五刑法部議讞二作「皆首罪判定，後決從者」。

〔一一二〕便應懸處　「便應」二字原倒，「處」原作「募」，據魏書卷一一一刑罰志、册府元龜卷六一五刑法部議讞二乙正。

〔一一三〕何得同宫掖之罪　「掖」原作「振」，據局本及魏書卷一一一刑罰志、册府元龜卷六一五刑法部議讞二改。

〔一一四〕昔魏晉未除五族之刑　「未」原作「末」，據元本、慎本、馮本改。

〔一一五〕何曾諍之　四字原脱，據魏書卷一一一刑罰志補。

〔一一六〕從父母之刑　「父母」二字原倒，據局本及魏書卷一一一刑罰志、册府元龜卷六一五刑法部議讞二乙正。

〔一一七〕况姦私之醜　「况」原作「法」，據局本及魏書卷一一一刑罰志、通典卷一六七刑法典五改。

〔一一八〕豈得使同氣證之　「豈得」二字原脱，據局本及魏書卷一一一刑罰志、通典卷一六七刑法典五補。

〔一一九〕且古有詔獄　「詔」原作「造」，據魏書卷一一一刑罰志、通典卷一六七刑法典五改。

〔一二〇〕納言所屬　「納」原作「約」，據魏書卷一一一刑罰志、通典卷一六七刑法典五改。

〔一二一〕有幸執憲　「幸」原作「孤」，據通典卷一六七刑法典五改。

〔一二二〕崔纂可免郎　「郎」原作「即」，據魏書卷一一一刑罰志、通典卷一六七刑法典五改。

〔一二三〕悉奪禄一時　「時」原作「秩」，據魏書卷一一一刑罰志改。

〔一二四〕事盡然後上奏取裁　「奏取」二字原倒，據本書卷一六五刑考四、隋書卷二五刑法志乙正。

〔一二五〕開皇十五年　「開皇」原作「仁壽」，據隋書卷二高祖紀下改。按仁壽只四年。

〔一二六〕諸疑獄　「諸」上原衍「奏報」二字，據通典卷一六七刑法典五删。

〔一二七〕或有詐僞資蔭者　「僞」原作「爲」，據舊唐書卷七〇戴冑傳、唐會要卷三九議刑輕重改。

〔一二八〕既知不可而寘之於流　「知」原作「而」，據通典卷一六九刑法典七、唐會要卷三九議刑輕重改。

〔一二九〕同州人房任統軍於岷州　「岷州」原作「泯州」，據馮本及舊唐書卷五〇刑法志、通典卷一七〇刑法典八改。

〔一三〇〕祖孫配流　「祖」下原衍「坐罪死」三字，據舊唐書卷五〇刑法志、唐會要卷三九議刑輕重删。

〔一三一〕即行極法　「極」原作「枉」，據舊唐書卷六三裴矩傳、通典卷一六九刑法典七、唐會要卷四〇臣下守法改。

〔一三二〕懷州人吴法至浪入先置鈎陳　「法」字原脱，據通典卷一七〇刑法典八、唐會要卷四〇臣下守法補。

卷一百七十　刑考九

詳讞平反

高宗上元三年，左威衛大將軍權善才〔一〕、右監門中郎將范懷義斫昭陵柏木，大理奏以官減死並除名〔二〕，上特令殺之。大理丞狄仁傑執奏稱罪不當死，上不從。仁傑執奏曰：「法懸象魏，徒罪、死罪，具有差等。古人云：『假使盜長陵一抔土，陛下何以加之？』今陛下以昭陵一株柏殺二將軍，千載之後謂何〔三〕？臣不敢奉詔。」上乃止。

武后謀革命，大開告密之門，以誅異議者。法官競爲深酷，唯司刑丞徐有功、杜景儉獨存平恕。被告者皆曰：「遇來、侯必死，遇徐、杜必生。」酷吏所誣構者，有功皆爲直之，前後所活，數十百家。嘗廷爭獄事，太后厲色詰之，左右爲戰栗，有功神色不撓，爭之彌切。太后雖好殺，知有功正直，甚敬憚之，嘗謂有功曰：「卿比按獄，失出何多？」對曰：「失出，人臣之小過；好生，聖人之大德。」后默然。司刑丞李日知亦尚平恕，少卿胡元禮欲殺一囚，日知以爲不可，往復數四。元禮怒曰：「元禮不離刑曹，此囚終無生理。」日知曰：「日知不離刑曹，此囚終無死法。」竟以兩狀列上，日知果直。

推事使奏：「瀛州人李仁恒等三十七人被告稱謀反，曹斷並處斬，父母、妻子流三千里。」有功執曰：「玄淑里正，元得户人，緣祖紛争，因相言告。或以反逆相唤，或將奔叛相牽。反逆須有同謀，奔叛寧無叶契？無謀無契，口語口陳，即以實論，頗亦苛酷。搶榦元無影響，星文本自參差，縱使實有反言，只恨换其宗姓〔四〕，因恨稱有，正是口陳，徒侣絶無，明非實反。賊盗律云：『口陳欲反之言，心無真實之計，流三千里〔五〕。』疏云：『口陳欲叛者，杖八十。』准依告狀，並是口陳之言；原究犯情，皆非心實之計。忝居商度，用此當宜。如不使推，請從鄙見；如將未允，終須重推。」録奏，敕依〔六〕。得宗君哲狀，稱：「無反可尋，請依徐丞見，流三千里。」奉敕依，會赦免。

魏元忠爲張易之等所譖，坐貶官，太子僕崔貞慎等八人餞元忠於郊外，易之詐爲告密人柴明狀，稱貞慎與元忠謀反。太后使監察御史馬懷素鞫之，曰：「兹事皆實，略問，速以聞。」中使督促數四，曰：「反狀皎然，何稽留如此？」懷素請柴明對質，太后曰：「我自不知柴明處，但據狀鞫之，安用告者？」懷素據實以聞，太后怒曰：「卿欲縱反者邪？」對曰：「臣不敢縱反者。元忠以宰相謫官，貞慎等以親故追送，若誣以爲反，臣實不敢。昔欒布奏事彭越頭下，漢祖不罪，况元忠之刑，未如彭越，而陛下欲誅其送者乎！且陛下操生殺之柄，欲加之罪，取決聖衷可矣。若命臣推鞫，臣不敢不以實聞。」太后曰：「汝欲全不罪邪？」對曰：「臣智識愚淺，實不見其罪。」太后意解，貞慎等由是獲免。

許州人楊元嗣告「張昌宗嘗召術士李弘泰占相，弘泰言昌宗有天子相，勸於定州造佛寺，則天下歸心」。太后命韋承慶及司刑卿崔神慶、御史中丞宋璟鞫之。神慶，神基之弟也。承慶、神慶奏言：「昌宗款稱『弘泰之語，尋已奏聞』，準法首原；弘泰妖言，請收行法。」璟與大理丞封全禎奏〔七〕：「昌宗寵榮如是，復召術士占相，志欲何求？弘泰稱筮得純乾，天子之卦。昌宗倘以弘泰爲妖妄，何不即執送有司？雖云奏聞，終是包藏禍心，法當處斬破家，請收付獄，窮理其罪。」太后久之不應，璟又曰：「倘不即收繫，恐其搖動衆心。」太后曰：「卿且停推，俟更檢詳文狀。」璟退，左拾遺江都李邕進曰：「向觀宋璟所奏，志安社稷，非爲身謀，願陛下可其奏。」太后不聽。尋敕璟揚州推按，又敕璟按幽州都督屈突仲翔贓汙，又敕璟副李嶠安撫隴、蜀，璟皆不肯行，奏曰：「故事，州縣官有罪，品高則侍御史、卑則監察御史按之。中丞，非軍國大事，不當出使。今隴、蜀無變，不識陛下遣臣出外何也。臣皆不敢奉制。」司刑少卿桓彥範上疏，以爲：「昌宗無功荷寵，而包藏禍心，自招其咎。此乃皇天降怒，陛下不忍加誅，則違天不祥。且昌宗既云奏訖，則不當更與弘泰往還，使之求福禳災。是則初無悔心，所以奏者，擬事發則云先已奏陳，不發則俟時爲逆。此乃姦臣詭計，若云可捨，誰爲可刑！况事已再發，陛下皆釋不問，使昌宗益自負得計，天下亦以爲天命不死，此乃陛下養成其亂也。苟逆臣不誅，社稷亡矣。請付鸞臺、鳳閣、三司，考竟其罪。」疏奏，不報。崔元暐亦屢以爲言，太后令法司議其罪。元暐弟司刑少卿昪處以大辟。宋璟復奏收昌宗下獄，太后曰：「昌宗已自奏聞。」對曰：「昌宗爲飛書所逼，窮而自陳，勢非得已。且謀反大逆，無容首免，若昌宗不伏大刑，安用國法？」太后温言解之，璟聲色逾厲，曰：「昌宗分外承恩，臣知言出禍從，然義激於心，雖死不恨。」太后不悅。楊再思恐其忤旨，遽宣敕令出。璟曰：「聖主在此，不煩宰相擅宣敕命。」太后乃可其奏，遣昌宗詣臺。璟廷立而按之，事未畢，太后遣中使召昌宗，持敕赦之。璟嘆曰：「不先擊小子腦裂，負此恨矣！」太后乃使昌宗詣璟謝，璟拒不見。

玄宗開元十年〔八〕，冀州武强縣令裴景僊犯乞取贓積五千疋，事發，上大怒，令集衆殺之。大理卿李朝隱奏曰：「景僊緣是乞贓，罪不至死。又景僊曾祖故司空寂，往屬締構，首參元勳。載初年中，家陷非罪，凡其兄弟，皆被誅夷，唯景僊獨存，今見承嫡。據贓未當死坐，准犯猶入議條。十世宥賢，功實宜録，一門絶祀，情或可哀。願寬暴市之刑，俾就投荒之役，則舊勳不棄，平典斯允。」手詔不許。朝隱又奏曰：「有斷自天，處之極法，生殺之柄，人主合專。輕重有條，臣下當守。枉法者，枉理而取，十五疋便抵死刑，乞取者，因乞爲贓，數千疋止當流坐。今若乞取得罪〔九〕，便處斬刑，後有枉法當科，欲加何辟？所以爲國惜法，期守律文，非敢以法隨人，曲矜僊命。射兔魏苑，驚馬漢橋，初震皇赫，竟從廷議，豈威不能制，而法貴有常。又景僊曾祖，定爲元勳，恩倍常數。若寂勳都棄，僊罪特加，則叔向之賢，何足稱者？若敖之鬼，不其餒而！捨罪念功，乞垂天聽。」遂決杖一百，配流。

張瑝爲父復讎殺楊汪事。見刑制門。

肅宗至德二年，將軍王去榮以私怨殺本縣令，當死。上以其善用礮，壬辰，敕免死，以白衣於陝郡效力。中書舍人賈至不即行下，上表以爲：「去榮無狀，殺本縣之君。易曰：『臣弑其君，子弑其父，非一朝一夕之故，其所由來者漸矣。』若縱去榮，可謂生漸矣。議者謂陝郡初復，非其人不可守。然則他無去榮者，何以亦能堅守乎？陛下若以礮石一能，即免誅死，今諸軍技藝絶倫者，其徒實繁。必恃其能，所在犯上，復何以止之！若止捨去榮而誅其餘者，則是法令不一而誘人觸罪也。今惜一去榮之材而不殺，必殺十如去榮之材者，不亦其傷益多乎！夫去榮，逆亂之人也，焉有逆於此而順於彼，亂於富平而治於陝郡，悖於縣君而不悖於大君歟？伏惟明主，全其遠者大者，則禍亂不日而定矣。」上下其事，令百官議之。太子太師韋見素等議，以爲：「法者，天地大典，帝王猶不敢擅殺，而小人得擅殺，是臣下之權過於人主也。去榮既殺人不死，則軍中凡有伎能者亦自謂無憂，所在暴横，爲郡縣者，不亦難乎！陛下爲天下主，愛無親疏，得一去榮而失萬姓，何利之有？於律，殺本縣令，列於十惡，而陛下寬之，王法不行，人倫道屈，臣等奉詔，不知所從。夫國以法理，軍以法勝，有恩無威，慈母不能使其子。陛下厚養戰士，而每戰少利，豈非無法邪！今陝郡雖要，不急於法也。有法則海内無憂不克，况陝郡乎！無法則陝郡亦不可治，得之何益！而去榮末技，陝郡不以之存亡；王法有無，國家乃爲之輕重〔一〇〕。此臣等所以區區願陛下守貞觀之法。」上竟捨之。

德宗時，詔中書門下選律學之士，取至德以來制、敕、奏讞，掇其可爲法者藏之，而不名書。

憲宗元和六年九月，富平縣人梁悦爲父報讎殺人，自投縣請罪。敕：「復讎殺人，固有彝典。以其申冤請罪，視死如歸，自詣公門，發於天性，志在徇節，本無求生。寧失不經，特減死，宜決一百，配流循州。」於是史官職方員外郎韓愈獻復讎議曰：「伏奉今月五日敕：『復讎，據禮經則義不同天，徵法令則殺人者死。禮法二事，皆王教大端，有此異同，固資論辯。宜令都省集議聞奏者。』伏以子復父讎，見於春秋，見於禮記，見於周官，見於子史，不可勝數，未有非而罪之者也。最宜詳於律〔一一〕，而律無其條。非闕文也，蓋以爲不許復讎，則傷孝子之心，而乖先王之訓；許復讎，則人將倚法專殺，無以禁止其端矣。夫律雖本於聖人，然執而行之者〔一二〕，有司也。經之所明者，制有司也。丁寧其義於經，而深没其文於律者，其意將使法吏一斷於法，而經術之士得引經而議也。周官曰：『凡殺人而義者，令勿讎，讎之則死。』義，宜也，明殺人而不得其宜者，子得復讎也〔一三〕。此百姓之相讎者也〔一四〕。公羊傳曰：『父不受誅，子復讎可也。』不受誅者，罪不當誅也。誅者，上施於下之辭〔一五〕，非百姓之相殺者也。又周官曰：『凡報讎者，書於士，殺之無罪。』言將復讎，必先言於官〔一六〕，則無罪也。今陛下垂意典章，思立定制，惜有司之守，憐孝子之心，示不自專，訪議群下。臣愚以爲，復讎之名雖同，而其事各異。或百姓相讎，如周官所稱，可議於今者；或爲官吏所誅，如公羊所稱，不可行於今者。又周禮所稱，將復讎，先告於士則無罪者，若孤稚羸弱，抱微志而伺敵人之便，恐不能自言於官，未可以爲斷於今也。然則殺之與赦，不可一例。宜定其制曰：凡有復父讎者，事發，具其事由，下尚書省集議奏聞，酌其宜而處之，則經律無失其旨矣。」

柳宗元爲柳州刺史，民莫誠救兄莫蕩，以竹刺莫果右臂，經十二日身死，其莫誠禁在龍城縣。準律，以他物毆傷，二十日保辜內死者〔一七〕，依殺人論〔一八〕。宗元上桂管觀察府狀：「右奉牒準律文處分者，竊以莫誠赴急而動，事出一時，解難爲心，豈思他物。救兄有急難之戚，中臂非必死之瘡，不幸致殂，揣非本意。按文固當恭守，撫事似可哀矜。斷手方迫於深衷〔一九〕，周身不遑於遠慮。律宜無赦，使司明至當之心；情或未安，守吏切惟輕之願。伏乞俯賜興哀，特從屈法，幸全微命〔二〇〕，以慰遠黎。」

穆宗長慶二年四月，刑部員外郎孫革奏：「准京兆府申，雲陽力人張泣欠羽林官騎康憲錢米，憲徵理之，泣乘醉拉憲，氣息將絶。憲男買得年十四，將救其父，以泣角觝力人，不敢揮解，遂持木鍤擊泣之首見血〔二二〕，後三日致死者〔二三〕。準律，父爲人所毆，子往救，擊其人折傷，減凡鬬三等；至死者，依常律。則買得合當死刑。伏以律令者用防兇暴，孝行者以開教化。今買得救父難是性孝，非暴；擊張涖是心切，非兇。以髫丱之歲，正父子之親，若非聖化所加，童子安能及此？王制稱五刑之理，必原父子之親；春秋之義，原心定罪；周書所訓〔二三〕，諸罰有權。今買得生被皇風，幼符至孝，哀矜之宥，伏在聖慈。職當讞刑，合申善惡〔二四〕。謹先具事由陳奏，伏冀下中書門下商量。」敕旨：「康買得尚在童年，能知子道，雖殺人當死，而爲父可哀。若從沈命之科，恐失原情之義。宜付法司，減死罪一等處分。」

長慶二年，白居易上言：「據刑部及大理寺所斷：『準律，非因鬬爭無事而殺者，名爲故殺。今姚文秀有事而殺者，則非故殺。』據大理司直崔元式所執〔二五〕：『準律，相爭爲鬬，相擊爲毆，交鬬致死，始名鬬殺。今阿王被打狼籍，以致於死；姚文秀檢驗身上，一無傷損，則不得名爲相擊。阿王當夜已死，何名相爭？既非鬬爭，又蓄怨怒，即是故殺者。』又按律疏云：『不因鬬爭，無事而殺，名爲故殺。』此言『事』者，謂鬬爭之事，非該他事。今大理、刑部所執，以姚文秀怒妻有過，即不是無事，既是有事，因而毆死，則非故殺者。此則唯用『無事』兩字，不引『爭鬬』上文。如此，是使天下之人，皆得因事殺人，殺人了，即曰：『我有事而殺，非故殺也。』如此可乎？且天下之人，豈有無事而殺人者？足明事謂爭鬬之事，非他事也。又凡言鬬毆死者，謂事素非憎嫌，偶相爭鬬，一毆一擊，不意而死。如此，則非故殺，以其本原無殺心。今姚文秀怒妻頗深，挾恨既久，毆打狼藉，當夜便死，察其情狀，不是偶然，此非故殺，孰爲故殺？若以先因爭罵，不是故殺，即如有謀殺人者，先引相罵，便是交爭，一爭之後，以物毆殺，即曰：『我因事而殺，非故殺也。』如此可乎？況阿王既死，無以辨明。姚文秀自云相争，有何憑據？伏以獄貴察情，法須可久，若崔元式所議不用，大理寺所執得行，實恐被毆死者自此長冤，故殺人者從今得計。」奉敕：「姚文秀殺妻，罪在十惡，若從宥免，是長兇愚。其律縱有互文，在理終須果斷。宜依白居易狀，委所在重杖一頓處死。」

敬宗寶曆三年，京兆府有姑鞭婦致死者，奏請斷以償死。刑部尚書柳公綽議曰：「尊毆卑，非鬭也。且其子在，以妻而戮其母，非教也。」遂減死論。

後唐明宗天成二年，御史臺、刑部、大理等奏：「准名例律〔二六〕：『諸斷罪而無正條者，其應出罪者，則舉重以明輕；其應入罪者，則舉輕以明重。』疏云：『斷罪無正條，謂一部律内，犯無罪名者。』准雜律：『不應得爲而爲者，笞四十，謂律令無條，理不可爲者，事理重者杖八十〔二七〕。』疏云：『雜犯輕罪〔二八〕，觸類弘多，金科玉條，包羅難盡。其有在律在令無有正條，若不輕重相明，無文可以比附。臨時處斷，量情爲罪，庶補遺闕，故立此條。其情輕者，笞四十；事理重者，杖八十。』奉敕宜依。」

其年七月，洺州平恩縣百姓高弘超，其父暉爲鄉人王感所殺，弘超挾刃殺感，攜其首自陳，大理寺以故殺論。尚書刑部員外郎李殷夢覆曰〔二九〕：「伏以挾刃殺人，按律處死；投獄自首，降罪垂文。高弘超既遂報讎，固不逃法，戴天罔愧，視死如歸，歷代以來，事多貸命。長慶二年，有康買得父憲爲力人張泣乘醉拉憲，氣息將絶，買得年十四，以木鍤擊泣，後三日致死。敕旨：『康買得尚在童年，能知子道，雖殺人當死，而爲父可哀。若從沈命之科，恐失度情之義，宜減死處分。』又元和六年，富平人梁悦殺父之讎，投縣請罪。敕旨：『復讎殺人，固有彝典。以其伸冤請罪，自詣公門，發於天性，本無求生，寧失不經，特宜減死。』方今明時，有此孝子。其高弘超若使須歸極法，實慮未契鴻慈。」奉敕：「可減死一等。」

長興二年四月，大理正劇可久奏：「准開成格：『應盗賊須得本贓，然後科決。如有推勘因而致死者，以故殺論。』臣請起今已後，若因而致死，無故，即請減一等。別增病患而死者，從辜限；正賊，減本罪五等。」中書門下覆奏：「今後凡關賊徒，若推勘因而致死者，有故，以故殺論；無故，減一等。如拷次因增疾患，候驗分明，如無他故，雖辜内致死，亦以減等論。」從之。至晉天福六年五月十五日，尚書刑部員外郎李象奏：「據刑法統類節文云：『盗賊未見本贓，推勘因而致死者，有故者〔三〇〕，以故殺論；無故者，減一等。』又云：『今後或有故者，以故殺論；無故者，或景迹顯然，支證不謬，堅恃姦惡，不招本情，以此致死，請減故殺罪三等；其或妄被攀引，終是平人，以此致死，請減故殺罪一等。』臣按上文云『有故者〔三一〕，以故殺論』，此即是矣。其無者，亦坐減一等罪〔三二〕，即恐未當。假如官司或有刑獄，未見本情，不可全不詰問。據言有故者，則是曾行拷捶及違令式，或麤枷大棒，彊相抑壓，以此致死者，並屬有故。無故者，則是推勘之司不曾拷掠，又不違法律，亦不堅有抑壓，此則並屬無故，不可坐刑。假若有犯事人，舊患疾病，推勘之際，卒暴身亡，不可亦坐推司減等之罪。又據斷獄律云：『若依法使杖，依數拷決，而邂逅致死者，勿論。』邂逅，謂不期致死而死。且彼言拷決，尚許勿論，此云無故，却令坐罪，事實相背，理有未通。請今後推勘之時，致死者，若實無故，請依邂逅無論之義。」詳定院奏：「臣等參詳，若違法拷掠及託法挾情以致其死，但有情故者，依故殺論。若雖不依法拷掠，却非託法挾情以致其死，而無情故者，請減故殺一等。若本無情故，又依法拷掠，或未拷掠，或詰問未詰問，及不抑壓，因他故致死，並屬邂逅勿論之義。」從之。

按：有罪者拘滯囹圄，官不時科決而令其瘐死〔三三〕，此誠有國者之所宜矜憫。然既曰盜賊，則大者可殺，小者可刑，其推勘淹時而不即引伏者，皆大猾巨蠹也。邂逅致死而以故殺論，過矣。

宋太祖皇帝建隆三年〔三四〕，詔：「諸道州府，應大辟罪決論，録其案，朱書格律、斷辭、禁儀月日〔三五〕、官典姓名以聞，委刑部覆視。」

五代用兵以來，藩侯跋扈，率多枉法殺人，朝廷務行姑息之政，多置不問，刑部按覆之制遂廢。至是，乃有是詔。又金州防禦使仇超等坐故入人死罪，除名流海島。自是，人知奉法矣。

五年，陝州言：「民范義超，周顯德中以私怨殺同里人常古真家十二口，古真小子留留脱走得免，至是長大，擒義超，訴於官，有司引赦當原。」上曰：「豈有殺一家十二口而可以赦論？」即命斬之。

太宗興國二年〔三六〕，涇州言：「定縣婦人怒夫前妻之子婦〔三七〕，斷其喉而殺之。」下詔曰：「刑憲之設，蓋厚於人倫，孝慈所生，實由乎天性。矧乃嫡繼之際，固有愛憎之殊。法貴原心，理難共貫。自今繼母殺傷夫前妻之子及其婦者〔三八〕，並以凡人論。」

九年，鳳翔司理楊鄩、許州司理張睿〔三九〕，並坐掠治平人及亡命卒致死，大理處鄩等公罪，刑部覆以私罪。詔曰：「法寺以鄩等本非用情，宜從公過議法；刑部以其擅行掠治，合以私罪定刑。雖所執不同，亦未爲乖當。國家方重惜人命，欽恤刑章，豈忍無辜之人死於酷吏之手，宜如刑部之議。自今諸道敢有擅掠因致死者，悉以私罪論。」

端拱元年，廣安軍民安崇緒録禁軍，訴繼母馮嘗與父知逸離，今來占奪父貲産，欲與己子。大理定崇緒訟母，罪死。太宗疑之，判大理寺張佖固執前斷，遂下臺省集議。徐鉉議曰：「伏詳安崇緒詞理雖繁，今但當定其母馮與父曾離與不離。如已離異，即須令馮歸宗；如不曾離，即崇緒准法訴母處死。今詳案内不曾離異，其證有四：崇緒所執父書，只言遂州公論後母馮自歸本家便爲離異，固非事實。又知逸在京，阿馮却來知逸之家，數年後知逸方死，豈可並無論訴遣斥？其證一也。本軍初勘，有族人安景泛證云『已曾離異，諸親具知』，及欲追尋諸親，景泛便自引退。其證二也。知逸有三處莊田，馮却後來，自占兩處，小妻高占一處。高來取馮莊課，曾經論訟，高即自引退。不曾離，其證三也。本軍曾收崇緒所生母蒲勘問，亦稱不知離絶，其證四也。又自知逸入京之後，阿馮却歸以來，凡經三度官司勘鞫，並無離異狀況。不孝之刑，教之大者，崇緒請依刑部、大理寺元斷處死。」右僕射李昉等四十三人議曰：「據法寺定斷，以安崇緒論嫡母馮罪便合處死，臣等深爲不當。若以五母皆同，即阿蒲雖賤，乃是安崇緒之親母。崇緒本以田業爲馮强占，親母衣食不充，所以論訴。若從法寺斷死，則知逸負何辜而絶嗣？阿蒲處何地而託身？臣等參詳，田業並合歸崇緒，馮亦合與蒲同居，終身供侍，不得有闕。馮不得擅自貨易莊田，并本家親族亦不得來主崇緒家務。如是，則男雖庶子，有父業可安，女雖出嫁，有本家可歸，阿馮終身，又不乏養。所有罪犯，並准赦原。」詔從昉等議，鉉、佖各奪一月俸。

真宗咸平四年〔四〇〕，天下斷死罪八百人〔四一〕，上覽囚簿，憮然動容，語宰執曰：「雜犯死罪，條目至多，官吏倘不用心，豈無枉濫邪！故事，死罪獄具，三覆奏。蓋其重慎，何代罷之？」遂命檢討沿革。終慮淹繫，不克行也。

仁宗天聖初，燕肅判刑部，上奏，言：「唐大理卿胡演進月囚帳，太宗曰：『其間有可矜者，豈宜一以律斷？』因詔：『凡大辟罪，令尚書、九卿讞之。』又詔：『凡決死刑，京師五覆奏，諸州三覆奏。』自是，全活甚衆。貞觀四年，斷死罪二十九。開元二十五年，財五十八。今天下生齒未加於唐，而天聖三年斷大辟二千四百三十六，視唐幾至百倍。京師大辟雖一覆奏，而州郡之獄，有疑及情可憫者，至上請，而法寺多所舉駁，官吏率得不應奏之罪，故皆增飾事狀，移情就法，失朝廷欽恤之意。望准唐故事，天下死罪皆得一覆奏。議者必曰『待報淹延』，臣則以爲，漢律皆以季秋論囚，又唐自立春至秋分不決死刑，未聞淹延以害漢、唐之治也。」下其章中書，王曾以謂：「天下皆一覆奏，則必死之人，徒充滿狴犴而久不得決。諸獄疑若情可矜者〔四二〕，聽上請。」遂下詔曰：「朕念生齒之蕃，抵冒者衆，法有高下，情有重輕，而有司巧避微文，一切致之重辟，豈稱朕好生之志哉！其令天下死罪情理可矜及刑名疑慮者，具案以聞，有司毋得舉駁。」時天聖四年也。其後，雖法不應奏、吏當坐罪者，審刑院貼奏草，率以恩釋，著爲例，名曰「貼放」。於是吏無所牽制，請讞者率多爲減死，賴以生者，蓋莫勝數焉。

慶曆間〔四三〕，寧州童子年九歲，毆殺人，當棄市。帝以童孺爭鬬，無殺心，止命罰金入死者家。開封民聚童子教之，有因榎楚死者，爲其父母所訟。府上具獄，當民死。宰相以爲可矜，帝曰：「情雖可矜，法亦難屈。」命杖脊，捨之。

神宗熙寧元年，詔：「謀殺已傷，按問欲舉，自首，從謀殺減二等論。」初，登州言：有婦阿云〔四四〕，於母服嫁韋，惡韋寢陋，謀殺不死，按問欲舉，自首，審刑、大理論死，用違律爲婚奏裁，貸之。知州許遵言：「當減謀殺罪二等，請論如敕律。」乃送刑部，刑部斷如審刑、大理。遵不服，請下兩制議。詔翰林學士司馬光、王安石同議。二人不同，遂各爲奏。光言：「凡議法者，當先原立法之意，然後可以斷獄。按律：『其於人損傷，不在自首之例。』釋謂『因犯殺傷而自首者〔四五〕，得免所因之罪，仍從故殺傷』者，蓋以與人損傷，既不在自首之例，而別因有犯，如爲盜、劫囚、略賣人之類，本無殺傷之意而致殺傷人者，慮有司執文，并不許首，故申明『因犯殺傷而自首者，得免所因之罪』。然殺傷之中，自有二等：其處心積慮，巧詐百端，掩人不備，則謂之謀；直情徑行，略無顧慮，公然殺害，則謂之故。謀者重，故者輕。今因犯他罪致殺傷人，他罪得首，殺傷不原，若從謀殺則太重，若從鬬殺則太輕，故參酌其中，從故殺傷法也。其直犯殺傷，更無他罪者，惟未傷可首，已傷不在首限。今許遵欲以謀與殺分爲兩事。按謀殺、故殺皆是殺人，若以謀與殺爲兩事，則故與殺亦爲兩事也。彼平居謀慮，不爲殺人，當有何罪而可首者？以此知『謀』字止因『殺』字生文，不得別爲所因之罪。若以劫、鬬與謀皆爲所因之罪，從故殺傷法，則是鬬傷自首反得加罪一等也。云獲貸死，已是寬恩，遵爲之請，欲天下引以爲例，開姦兇之路，長賊殺之源，非教之善者也。臣愚以爲，宜如大理寺所定。」安石言：「刑統殺傷罪名不一，有因謀，有因鬬，有因劫囚竊囚，有因略賣人，有因被囚禁拒捍官司而走，有因强姦，有因厭魅咒咀，此殺傷而有所因者也。惟有故殺傷則無所因，故刑統『因犯殺傷而自首，得免所因之罪，仍從故殺傷法』，其意以爲，於法得首，所因之罪既已原免，而法不許首殺傷，刑名未有所從，唯有故殺傷爲無所因而殺傷，故令從故殺傷法。至今因犯過失殺傷而自首，則所因之罪已免，唯有殺傷之罪未除〔四六〕。過失殺傷，非故殺傷，不可亦從故殺傷法，故刑統令過失者，從本過失法。至於鬭殺傷，則所因之罪常輕，殺傷之罪常重，則自首合從本法可知。此則刑統之意，唯過失與鬭當從本法，其餘殺傷，得免所因之罪，皆從故殺傷罪科之，則於法所得首之罪皆原，而於法所不得首之罪皆不免。其殺傷之情本輕者，自從本法，本重者，得以首原。今刑部以因犯殺傷者，謂別因有犯，遂致殺傷。竊以爲律但言『因犯』，不言『別因』，則謀殺何故不得爲殺傷所因之犯？又刑部以始謀專爲殺人，即無所因之罪。竊以爲，律：『謀殺人者徒三年，已傷者絞，已殺者斬。』謀殺與已傷、已殺，自爲三等刑名，因有謀殺徒三年之犯，然後有已傷、已殺絞斬之刑名，豈得稱別無所因之罪？今法寺、刑部乃以法得首免之謀殺，與法不得首免之已傷合爲一罪，其失律意明甚。臣以爲亡謀殺已傷〔四七〕，按問欲舉，自首，合從謀殺減二等論。然竊原法寺、刑部所以自來用例斷謀殺已傷不許首免者，蓋爲律疏但言『假有因盜殺傷，盜罪得免，故殺傷罪仍科』，遂引爲所因之罪，止謂因盜殺傷之類，盜與殺傷爲二事，與謀殺殺傷類例不同。臣以爲，律疏假設條例，其於出罪，則當舉重以包輕，因盜傷人者斬，尚得免所因之罪，謀殺傷人者絞，絞輕於斬，則其得免所因之罪可知也。然議者或謂：謀殺已傷，情理有甚重者，若開自首，則或啟姦。臣以爲，有司議罪，惟當守法，情理輕重，則敕許奏裁。若有司輒得捨法以論罪，則法亂於下，人無所措手足矣。」御史中丞滕甫猶請再選官定議，詔送翰林學士呂公著、韓維、知制誥錢公輔。於是公著等言：「安石、光所論，敕律悉已明備，所争者，惟謀爲傷因、不爲傷因而已。臣等以爲，律著不得自首者凡六科，而於人損傷，不在自首之例。釋謂『犯殺傷而自首者，得免所因之罪，仍從故殺傷法』。蓋自首者，但免所因之罪，而尚從故殺傷法，則所因之謀罪雖原免，而傷者還得傷之罪，殺者還得殺之刑也。且律於器物至不可備償則不許首，今於人損傷，尚有可當之刑，而必使償之以死，不已過乎！古初立法，殺人者死，傷人者抵罪。後世因劫殺而傷者，則增至於斬；因謀殺而傷者，則增入於絞。倘不因先謀〔四八〕，則不過徒、杖三等之科而已，豈深入於絞斬乎？若首其先謀，則傷罪仍在，是傷不可首，而因可首，則謀爲傷因，亦已明矣。律所以設首免之科者，非獨開改惡之路，恐犯者自知不可免死，則欲遂其惡心至於必殺。今若由此著爲定論，塞其原首之路，則後之首者，不擇輕重，有司一切按文殺之矣。朝廷雖欲寬宥，其可得乎！苟以爲謀殺情重，律意不通其首，則六科之中，當著謀殺已傷不在自首之例也。編敕所載，但意在致人於死並同，已傷及傷與不傷，情理兇惡不至死者，許奏裁。今令所因之謀，得用舊律而原免，已傷之情，復以後敕而奏決，則何爲而不可也。臣等以爲宜如安石所議便。」制曰：「可。」大理寺、審刑、刑部法官皆釋罪。於是法官齊恢、王師元、蔡冠卿等皆以公著等所議爲不當。又詔安石與法官集議。安石與師元、冠卿反覆論難，師元等益堅其說。明年二月庚子，詔：「自今謀殺人已死自首及按問欲舉，並奏取敕裁。」而判刑部劉述〔四九〕、丁諷奏庚子詔書未盡，封還中書。於是安石奏以爲：「律意，因犯殺傷而自首，得免所因之罪，仍從故殺傷法。若已殺，從故殺法，則爲首者必死，不須奏裁；爲從者，自有編敕奏裁之文，不須復立新制。」與唐介等數爭議於帝前，卒從安石議。是月甲寅，詔：「自今謀殺人自首及按問欲舉〔五〇〕，並以去年七月詔書從事。其謀殺人已死，爲從者雖當首減，依嘉祐敕：兇惡之人，情理巨蠹，及謀殺人傷與不傷，奏裁。」收還庚子詔書。劉述等又奏，以爲不當以敕頒御史臺、大理寺、審刑院及開封府而不頒之諸路，入誤引刑一司敕，請中書、樞密院合議。中丞呂誨、御史劉琦、錢顗皆請如述等奏，下之二府。帝以爲律文甚明，不須合議。而曾公亮等皆以博盡同異，厭塞言者爲無傷，乃以衆議付樞密院。文彦博以爲：「殺傷者，欲殺而傷也。即已殺者不可首。」呂公弼以爲：「殺傷於律不可首。請自今已後，殺傷依律；其從而加功自首，即奏裁。」陳升之、韓絳議與安石略同。時富弼入相，帝令弼與安石議。弼謂安石以「謀與殺分爲二事，以破析律文，盍從衆議」，安石不可，弼乃辭以病。八月，遂詔謀殺人自首及按問欲舉，並依今年二月甲寅敕施行。詔開封府推官王堯臣劾劉述、丁諷、王師元以聞，述等皆貶。司馬光言：「阿云之獄，中材之吏，皆能立斷。朝廷命兩制、兩府定奪者各再〔五一〕，敕出而復收者一，收而復出者一〔五二〕，爭論從横，至今未定。夫執條據例者，有司之職也。原情制義者，君相之事也。分争辨訟，非禮不决，禮之所去，刑之所取也。阿云之事，陛下試以禮觀之，豈難決之獄哉！彼謀殺爲一事爲二事，謀爲所因不爲所因，此苛察繳繞之論，乃文法俗吏之所爭〔五三〕，豈明君賢相所當留意邪！今議論歲餘，而後成法，終爲棄百代之常典，悖三綱之大義，使良善無告，姦兇得志，豈非徇其枝葉而忘其根本之所致邪！」不報。初，安石議行，司勳員外郎崔台符舉首加額曰：「數百年誤用刑名，今乃得正。」安石喜其附己，明年六月，擢判大理寺。

蘇州民張朝之同堂兄以槍戳死朝父逃去，朝執而殺之，審刑、大理當朝十惡不睦死罪。案既上，參知政事王安石言：「朝父爲從兄所殺，而朝報殺之，罪止加役流，會赦應原。」帝從安石議，特釋朝不問。

初，曾公亮以中書論正刑名爲非，安石曰：「有司用刑名不當，則審刑、大理當論正。審刑、大理用刑名不當，則差官定議。議既不當，即中書自宜論奏，取決人主。此乃所謂國體，豈有中書不可論正刑名之理。」

五年，洪州民有犯徒而斷杖者，其餘罪，會恩免。官吏失出，當劾。中書堂後官劉衮駁議，以爲：「律，因罪人以致罪，罪人遇恩者，準罪人原法。洪州官吏當原。」又請自今官司出入人罪者，皆用此令。而審刑院、大理寺以謂：「失入人罪〔五四〕，乃官司誤致罪於人，難用此令。其失出者，宜如衮議。」從之。

六年，御史臺言：「大理寺斷邵武軍、興元府奏案，刑部郎中杜紘議以爲不當。詔下御史臺審定，自侍郎崔台符以下三人皆無所可否，獨紘獻議。」詔台符等各罰金。初，邵武軍奏讞，婦與人姦，謀殺其夫，已定，夫因醉歸，姦者殺之。法寺當婦謀殺爲從，而紘議婦加功，罪應死。又興元府奏讞，梁懷吉往視出妻之病，因寄粟，其子輒取食之，懷吉毆其子死。法寺以盜粟論，而當懷吉雜犯死罪，引赦原。而紘議出妻受寄粟，而其子輒費用，不入捕法。議既上，御史臺論紘議不當，亦詔罰金，仍展年磨勘。

八年，尚書省言：「諸獲盜，有已經殺人，及元犯强姦、强盜貸命斷配之人再犯捕獲者，有司例用知人欲告或按問自首減免法。且律文『知人欲告』及『按問者欲舉自首』之類減等斷遣者，爲其情非巨蠹，有改過自新之心，故行寬貸。至於姦、盜，與餘犯不同，難以例減。請諸强盜已殺人，並强姦或元犯强盜貸命，若持杖三人以上，知人欲告、按問欲舉而自首，因人首告應減者，並不在減等之例。」從之。

元豐八年，詔：「自今應諸州鞫訊强盜，情理無可愍，刑名無疑慮，而輒奏請，並令刑部舉駁，重行朝典，無得用例破條。」從司馬光之請也。

光言：「殺人不死，傷人不刑，堯、舜不能以致治。近刑部奏鈔兖、懷、耀三州之民有鬭殺者，皆當論死，今乃妄作情理可憫或刑名疑慮奏裁，刑部即引舊例一切貸之。凡律、令、敕、式或不盡載，則有司引例以決。今鬭殺當死，自有正條，而刑部承例，不問可否，盡免死決配，作奏鈔施行，是殺人者不死，其鬭殺條律無所用也。請自今諸州所奏大辟，情理無可憫，刑名無疑慮，令刑部還之，使依法處斷。實有可憫、疑慮，令刑部具其實於奏鈔後，先擬處斷，令門下省審覆。如或不當，及用例破條，即令門下省駁奏，取旨勘之〔五五〕。」從之。

元祐元年閏二月〔五六〕，給事中范純仁言：「四方奏讞，去年未改法以前，歲奏大辟凡二百六十四，死者止二十五人，所活垂及九分。自去年改法至今，未及百日，所奏案凡一百五十四，死者乃五十七人，所活纔及六分已上。臣固知未改法前全活數多，其間必有曲貸，然猶不失『罪疑惟輕』之仁。自改法後，所活數少，其間必有濫刑，則深虧『寧失不經』之義。請自今四方奏大辟案，並令刑部、大理寺再行審覆，略具所犯及元奏因依，令執政取旨裁斷。或所奏不當，亦原其罪。如此，則無冤濫之獄。」詔：「大辟刑名疑慮，情理可憫，令刑部看詳，無得枉濫。」四月，尚書省言：「遠方奏讞待報，淹繫甚衆。請川、廣、福建、荆南路罪人，情輕法重當奏斷者，申安撫或鈐轄司酌情決斷訖奏。」從之。

門下侍郎韓維言：「天下奏案，必斷於大理，詳議於刑部，然後上之中書，決於人主。近歲有司，味於知法，便文自營，但因州郡所請，依違其言，即上中書貼例取旨，故四方奏讞，日多於前。欲望刑清事省，難矣。自今大理寺受天下奏案，其有刑名疑慮、情理可憫，須具情法輕重條律，否則，指所斷之法，令刑部詳審，次第上之。」詔刑部立法以聞。

紹聖元年，權刑部侍郎杜紘言：「諸州大辟，本非疑慮，其間有因奏裁，遂獲免死，而已決者，不得蒙宥。是因之生死，惟奏與否而已。」詔刑部、大理寺申明立法。

徽宗崇寧三年，大理寺言：「熙寧四年，詔：獄案不當奏而奏者，大辟疑慮、可憫，免劾，其餘並具官吏所坐刑法於案後，取旨原之。元祐初，流罪以下，不應奏而奏者勿坐，故有司皆知免戾，不復詳法用刑，率多奏上，是致奏牘滋多，有煩朝廷處斷。請自今並依熙寧法。」從之。

五年，詔：「民以罪麗法，情有重輕，則法有增損。故情重法輕，情輕法重，舊有取旨之令。今有司惟以情重法輕則請加罪，而法重情輕則不聞奏減，是樂於罪人而難於用恕，非所以爲欽恤也。自今宜遵舊法取旨，使情法輕重，各適其中，否則以違制論〔五七〕。」

宣和六年，臣僚言：「元豐舊法，有情輕法重，情重法輕，若入大辟〔五八〕，刑名疑慮，並許奏裁。比來諸路以大辟疑慮決於朝廷者，大理寺類以不當劾之。夫情理巨蠹，罪狀明白，奏裁以幸寬貸〔五九〕，固在所戒。然有疑而難決者，一切劾之，則官吏莫不便文自營，臣恐天下無復以疑獄奏矣。願詔大理寺並依元豐法。」從之。

高宗紹興元年，以道路不通，諸死囚應奏讞者，權令降等斷遣，慮滯獄也。

三年，詔諸路大辟應奏者，從提刑司具因依繳奏。

四年，詔宣州奏檀偕殺人疑慮獄案，令刑部重行擬斷，申尚書省。

初，宣州民葉全三者〔六〇〕，盜檀偕窖錢，偕令耕夫阮授、阮捷殺全三等五人，棄屍水中，當斬，屍不經驗，奏裁。詔：「授、捷並杖脊，流三千里；偕貸死，杖脊，配瓊州。」孫近爲中書舍人，駁之，命更擬。始，近之提點浙東刑獄也，紹興民俞富因捕盜而并殺盜妻〔六一〕，近奏富與盜別無私讐，願貸死。詔從之。法寺援以爲比，執前擬不變。近又言：「富執本縣判狀捕劫盜，殺拒捕之人，并及妻。偕乃私用威力，被殺者五人。所犯不同。」乃詔御史臺看詳。侍御史辛炳等言：「偕係故殺，衆證分明。以近降申明條法，不應奏裁〔六二〕。」輔臣進呈，朱勝非曰：「疑獄不當奏而輒奏者，法不論罪。」緣近以宣州有觀望，欲并罪之。上曰：「宣州可貸，今若加罪，則後來實有疑慮者亦不復奏陳矣。」乃詔：「偕論如律，法寺當職丞、評，刑部郎官，各贖金有差。」

二十六年，詔申嚴州郡妄奏出人死罪之禁。

右正言凌哲上疏曰：「臣聞高祖入關，悉除秦法，與民約法三章耳〔六三〕，所謂『殺人者死』，實居其首焉。司馬光有言：『殺人者不死，雖堯、舜不能致治。』斯言可謂至當矣。臣竊見諸路州軍勘到大辟，雖刑法相當者，類以爲可憫奏裁，遂獲貸配。前此，臣僚累曾論列〔六四〕，而比年尤甚。無他，居官者無失入坐累之虞，爲吏者有放意鬻獄之幸〔六五〕，上下相蒙，莫之悛革。貸死愈衆，殺人愈多，殆非以辟止辟之道也。臣嘗取會到自去歲郊祀後距今大辟奏裁者，無慮五十有餘人。姑摭其略而言之〔六六〕，汀州雷七、處州徐環兒、常州郭公彥〔六七〕、夔州冉皋，此四人者，情理凶惡，實犯故殺、鬭殺之條，蓋常赦所不原者，於法既無疑慮，於情又無可憫。今各州勘結，刑寺看詳，並皆奏裁貸減。彼殺人者可謂幸矣，顧被殺者銜恨九原，不知何時而已也。臣恐強暴之風，日益滋長，善良之人，莫能自保，其於刑政，爲害非細。欲望特降睿旨，應今後諸州軍大辟，若情犯委實疑慮，方得具奏；其情法相當，實無可憫者，自合依法申本路憲司詳覆施行，不得一例奏裁〔六八〕。當職官吏及刑寺，日後將別無疑慮、情非可憫奏案輒引例減貸以破正條，並許臺臣彈劾〔六九〕，嚴置典憲。庶使用刑平允，惡人重於犯法。」上覽奏曰：「但恐諸路滅裂，實有疑慮、情理可憫之人，一例不奏，有失欽恤之意。」令刑部坐條及前後指揮行下。

容齋洪氏隨筆曰：「州郡疑獄許奏讞，蓋朝廷之仁恩。然不問所犯重輕及情理蠹害，一切縱之，則爲壞法。耿延年提點江東刑獄，專務全活死囚，其用心固善。然南康婦人，謀殺其夫甚明，曲貸其命，累勘官翻以失入被罪。予守贛，一將兵逃至外邑，殺村民於深林，民兄後知之，畏申官之費，即焚其尸。事發繫獄。以殺時無證，尸不經驗，奏裁，刑、寺輒定爲斷配。予持敕不下，復奏論之，未下而此兵死於獄。因記元豐中，宣州民葉元〔七〇〕，以同居兄亂其妻而殺之，又殺兄子，而強其父與嫂約契不訟於官。鄰里發其事，州以情理可憫爲上請，審刑院奏欲貸。神宗曰：『罪人已前死，姦亂之事，特出於葉元之口，不足以定罪。且下民雖爲無知，抵冒法禁，固宜哀矜。然以妻子之愛，既殺其兄，仍戕其侄，又罔其父，背逆天理，傷敗人倫，宜以毆兄至死律論。』此旨可謂至明矣。」

二十七年十月，盗發烏江縣尉王公衮母冢〔七一〕，有司釋之。公衮手殺盗，事聞，其兄佐爲吏部員外郎，乞納官以贖公衮之罪。詔令給、舍議。時給、舍楊椿等大略謂：「發冢開棺者，律當絞。公衮始獲盗，不敢殺而歸之吏，獄成而吏出之，使揚揚出入閭巷，與齊民齒，則地下之辱，沉痛鬱結，終莫之伸，爲人子者，尚得自比於人！椿等謂公衮殺掘冢法應死之人爲無罪，納官贖弟之請當不許，故縱失刑，有司之罪，宜如律。」上是之。詔公衮降一官，佐依舊供職，紹興府當職官皆抵罪。

孝宗乾道六年，臣僚言：「國家立法，議罪最爲詳備。大抵共毆傷殺人，必有首有從。甲爲首，則乙以下皆從。甲於法合坐死罪，自乙而下，並當先次決遣。在外州郡，如甲情理可憫，方許奏裁。如駐蹕之地，凡罪應死者必奏，徒、流以下申御史臺取旨施行，此定制也。今有司不務遵行成法，纔事涉大辟，不問首從俱奏。又流、徒以下，多作情重看詳取旨，則合先次決遣之人，豈得不例遭禁繫。請今後大辟，只許以爲首坐應死罪者奏，爲從而不應坐死者，先次決遣，流、徒罪不許牽引，情重取旨。不然，則坐以不應奏而奏之罪。」從之。

淳熙十三年，臣僚言：「恭睹國朝法令，諸大辟情理昭然不應奏者，具奏款申提刑司詳覆論決。其有情輕法重、情重法輕、刑名疑慮應奏裁者，徑從本州申奏，録副本申提刑司。訪聞諸路憲臣，間有固執偏見，凡所部獄案，不問應奏，皆令申上，俟其看詳之後，方許聞奏。推其本心，固欲審克，力不逮志，竟成淹滯。至有一郡之獄凡十八案申上，累月不報，遂致一路之獄積四百餘件，終歲待報而不決。請令刑部檢坐慶元赦令〔七二〕，遍符諸路州軍，合應奏者，州郡徑自照條聞奏，不必俟憲司回報，庶使獄無淹滯。」

從之。

中書舍人葛邲言：「乾道六年指揮，强盜並依舊法。議者以爲，持杖脅人以盜財者亦死，是脅人與殺人等死，恐非所以爲良民地。後來遂立六項並依舊法處斷外，餘聽依刑名疑慮奏裁。自此指揮已行之後，非特刑名疑慮者不死，而在六項者亦爲不死。法出姦生，徒爲胥吏受贓之地。若犯强盜者，不別輕重，而一於死，則死者必多，又非所以示好生之德也。乞下有司詳議，立爲定法。」從之。其後，言者又謂：「强盜苟不犯六項，雖累行劫至十數次以上，並贓至百千貫，皆可以貸命。謂宜除六項指揮外，其間有累行劫至兩次以上，雖是爲從，亦合依舊法處斷。」乃詔：「自今應强盜除六項指揮外，其間有累行劫至兩次以上，雖是爲從，亦依舊法處斷。有情實可憫者，方行奏裁。」所謂「六項」者，謂爲首及下手傷人、下手放火、因而行姦、殺人加功、已曾貸命再犯之人也。

寧宗開禧元年八月，知衡州張訢言：「國家斷獄，備極詳審，苟有疑慮，奏裁別推。又有殺人無證一條，斷獄注云：『殺人屍不經驗與無證佐者，若勘鞫證佐逃、死，及雖有證而於法不許爲證者，同夫屍不經驗與證佐逃、死。』事固顯然〔七三〕。往往州郡引用失當，遂致抵牾。蓋謀殺、劫殺則有佐而必無證，鬭殺、故殺則有證必無佐。夫謂之證者，旁證之謂也；謂之佐者，助己之謂也。曰證曰佐，自是二事，苟有其一，皆可以表殺人之然否。至於不許爲證，正謂殺害人親屬等人，慮其私於黨與，法故不許。近日曲法者，凡是重囚，多作無證具奏。且行兇之時，相助協力，到官之後，自相供通，謂之有佐可也，何必更求有證。至如行兇之人，親屬旁援，到官固無由證之理，例拘親屬，不許爲證。承舛襲訛，寖失本意。請行下刑、寺及敕令所明施行。」刑、寺奏：「實如訢請，行下諸路，自今後不許將無證有佐、無佐有證之獄入疑慮之色奏裁。」從之。

三年三月，吴曦以反逆誅，族屬悉當連坐，詔付從官給、舍、刑部、法寺集議合得刑名。吏部尚書兼給事中陸峻等議曰：「竊詳反逆罪，父子年十六已上皆絞，伯叔父兄弟之子合流三千里，自有正條外，所有十五以下及母女妻妾、子妻妾、祖孫兄弟姊妹，敕無罪名，律止没官，比之伯叔父兄弟之子，服屬尤近，即顯没官重於流三千里。蓋緣坐没官，雖貸而不死，世爲奴婢，律比畜産。此法雖存而不見於用。其母女妻妾、子妻妾、祖孫兄弟姊妹，合於流罪以上議刑〔七四〕。竊緣上條所載，止爲謀反，疏文云：『臣下將圖逆節者。』今吴曦建號稱元〔七五〕，備極僭擬，反逆已成，上件條未足以盡其罪，請特出睿斷施行。」詔：「吴曦叛逆，族屬悉合誅戮。朕念其先世，不忍夷滅，除曦妻男並決重杖處死外，其男十五以下并女及生子之妾，並分送二廣、遠惡州軍編管，内女已出嫁者免，親兄弟有官人除名勒停。應吴璘位下子孫，並移徙出蜀，分往湖、廣諸州居住。吴玠位下子孫與免連坐，通主吴璘墳墓祭祀。令四川宣撫制置司取見服屬官職〔七六〕，照應施行訖聞奏。」

校勘記

〔一〕左威衛大將軍權善才　「衛」字原脱，據新唐書卷一一五狄仁傑傳、册府元龜卷六一七刑法部守法補。「威」，通典卷一六九刑法典七、舊唐書卷八九狄仁傑傳作「武」。
〔二〕大理奏以官減死並除名　「死」原作「外」，據唐會要卷四〇臣下守法改。
〔三〕千載之後謂何　通典卷一六九刑法典七作「千載之下謂陛下爲何主」，唐會要卷四〇臣下守法作「千載之後謂陛下爲何主」。
〔四〕只恨换其宗姓　「恨」原作「根」，據通典卷一六九刑法典七改。下同。
〔五〕流三千里　「三」，唐律疏義卷一七賊盜作「二」。
〔六〕敕依　「敕」原作「赦」，據通典卷一六九刑法典七改。
〔七〕璟與大理丞封全禎奏　「封全禎」原作「封全慎」，據資治通鑑卷二〇七唐紀二十三長安四年十二月辛未條改。
〔八〕玄宗開元十年　「十」下原衍「八」字，據唐書卷一〇〇李朝隱傳、通典卷一六九刑法典七、唐會要卷四〇臣下守法、資治通鑑卷二一二唐紀二十八開元十年八月癸卯條删。
〔九〕今若乞取得罪　「今若」原作「若令」，據舊唐書卷一〇〇李朝隱傳、通典卷一六九刑法典七、資治通鑑卷二一二唐紀二十八開元十年八月癸卯條改。
〔一〇〕國家乃爲之輕重　「國家」二字原倒，據資治通鑑卷二一九唐紀三十五至德二載六月壬辰條乙正。
〔一一〕最宜詳於律　「宜」字原脱，據舊唐書卷五〇刑法志、韓昌黎集卷三七復讎狀補。
〔一二〕然執而行之者　「執」字原脱，據舊唐書卷五〇刑法志、韓昌黎集卷三七復讎狀補。
〔一三〕子得復讎也　「復」字原脱，據舊唐書卷五〇刑法志、韓昌黎集卷三七復讎狀補。
〔一四〕此百姓之相讎者也　「此」原作「如」，「之」字原脱，據舊唐書卷五〇刑法志、韓昌黎集卷三七復讎狀改補。

〔一五〕上施於下之辭　「之」字原脱，據唐會要卷四〇臣下守法、韓昌黎集卷三七復讎狀補。
〔一六〕必先言於官　「先」字原脱，據舊唐書卷五〇刑法志、韓昌黎集卷三七復讎狀補。
〔一七〕二十日保辜内死者　「二十」原作「十二」，據唐律疏義卷二一鬥訟改。「保」原作「辜」，據唐律疏義卷二一鬥訟、柳河東集卷三九柳州上本府狀改。
〔一八〕依殺人論　「依」上原衍「各」字，據柳河東集卷三九柳州上本府狀删。
〔一九〕斷手方迫於深衷　「迫」原作「追」，據柳河東集卷三九柳州上本府狀改。
〔二〇〕幸全微命　「幸」原作「去」，據柳河東集卷三九柳州上本府狀改。
〔二一〕遂持木鍤擊洫之首見血　「洫」字原脱，據舊唐書卷五〇刑法志、唐會要卷三九議刑輕重補。
〔二二〕後三日致死者　「三」原作「二」，據元本、慎本、馮本及舊唐書卷五〇刑法志、唐會要卷三九議刑輕重改。
〔二三〕周書所訓　「所」下原衍「以」字，據舊唐書卷五〇刑法志删。
〔二四〕合申善惡　「申」，舊唐書卷五〇刑法志、册府元龜卷六一六刑法部議讞三作「分」。
〔二五〕據大理司直崔元式所執　「司」原作「寺」，據元本、慎本、馮本改。
〔二六〕准名例律　「名」原作「各」，據五代會要卷九議刑輕重改。
〔二七〕事理重者杖八十　「事理重者」四字原脱，據五代會要卷九議刑輕重、唐律疏義卷二七雜律補。
〔二八〕雜犯輕罪　「雜」原作「雖」，「罪」原作「重」，據唐律疏義卷二七雜律改。
〔二九〕尚書刑部員外郎李殷夢覆曰　「覆」原作「復」，據五代會要卷九議刑輕重改。
〔三〇〕有故者　「有」字原脱，據下文及五代會要卷九議刑輕重補。

〔三一〕臣按上文云有故者　「故」下原衍「殺」字，據上文刪。

〔三二〕亦坐減一等罪　「一等」二字原脱，據五代會要卷九議刑輕重補。

〔三三〕官不時科決而令其瘐死　「瘐」原作「瘦」，據元本改。

〔三四〕宋太祖皇帝建隆三年　「建隆」原作「開寶」，據本書卷一六六刑考五、長編卷三建隆三年三月丁卯條、稽古録卷一七改。

〔三五〕禁儀月日　「儀」疑爲「繫」之誤。

〔三六〕太宗興國二年　「二」原作「五」，據宋史卷四太宗紀一、長編卷一八太平興國二年五月丙寅條、宋大詔令集卷二〇〇繼母殺傷夫前妻子及婦以殺傷凡人論詔改。

〔三七〕定縣婦人怒夫前妻之子婦　定縣，太平寰宇記卷三二關西道涇州，領縣有保定、靈臺、良原，無「定縣」。疑此處「定」上脱「保」字。

〔三八〕自今繼母殺傷夫前妻之子及其婦者　「其」原作「姑殺」，據長編卷一八太平興國二年五月丙寅條、宋大詔令集卷二〇〇繼母殺傷夫前妻子及婦以殺傷凡人論詔改。

〔三九〕鳳翔司理楊鄴許州司理張睿　「楊鄴」，宋大詔令集卷二〇〇司理掠囚致死以私罪罪之詔作「楊燕」；「許州」，同書作「鄭州」。

〔四〇〕真宗咸平四年　「四」原作「三」，據本書卷一六六刑考五、長編卷四八咸平四年五月甲申條改。

〔四一〕天下斷死罪八百人　長編卷四八咸平四年五月甲申條記此事作「自正月至三月，天下斷死罪八百人」，與此有異。

〔四二〕諸獄疑若情可矜者　「諸」原作「請」，據宋史卷一九九刑法志一、國朝諸臣奏議卷九九燕肅上仁宗乞天下死罪皆得一覆奏改。

〔四三〕慶曆間　宋會要刑法六之一一載寧州童子事在天聖元年十一月十六日，開封童子事在天聖四年二月二十四日。

〔四四〕有婦阿云　「阿」字原脱，據局本及宋史卷二〇一刑法志三補。

〔四五〕因犯殺傷而自首者　「因」字原脱，據温國文正司馬公集卷三八議謀殺已傷案問欲舉自首狀補。

〔四六〕唯有殺傷之罪未除　「殺傷」二字原倒，據元本、慎本、馮本乙正。

〔四七〕臣以爲亡謀殺已傷　「亡」字疑衍。

〔四八〕倘不因先謀　「倘」下原衍「有」字，據元本、慎本、馮本刪。

〔四九〕而判刑部劉述　「刑」字原脱，據宋史卷二〇一刑法志三補。

〔五〇〕自今謀殺人自首及按問欲舉　「問」字原脱，據上文補。

〔五一〕朝廷命兩制兩府定奪者各再　「再」原作「一」，據温國文正司馬公集卷四〇論體要疏、宋文鑑卷四九應詔論體要改。

〔五二〕收而復出者一　「一」上原衍「各」字，據温國文正司馬公集卷四〇論體要疏、宋文鑑卷四九應詔論體要刪。

〔五三〕乃文法俗吏之所争　「争」，温國文正司馬公集卷四〇論體要疏、宋文鑑卷四九應詔論體要作「事」。

〔五四〕失入人罪　「失」原作「出」，據宋史卷二〇一刑法志三改。

〔五五〕取旨勘之　「之」字原脱，據宋史卷二〇一刑法志三補。

〔五六〕元祐元年閏二月　依本書文例，「元祐」上當有「哲宗」二字。

〔五七〕否則以違制論　「論」下原衍「從之」二字，據宋史卷二〇一刑法志三刪。

〔五八〕若入大辟　「入」字原脱，據宋史卷二〇一刑法志三補。

〔五九〕奏裁以幸寬貸　「奏裁」二字原倒，據元本、慎本、馮本乙正。

〔六〇〕宣州民葉全三者　「三」原作「二」，據繫年要録卷七二紹興四年正月戊午條改。下同。

〔六一〕紹興民俞富因捕盗而并殺盗妻　「因」字原脱，據繫年要録卷七二紹興四年正月戊午條補。

〔六二〕不應奏裁　「裁」字原脱，據繫年要録卷七二紹興四年正月戊午條補。

〔六三〕與民約法三章耳　「法」字原脱，據繫年要録卷一七二紹興二十六年四月戊戌條補。

〔六四〕臣僚累曾論列　「曾」原作「當」，據繫年要録卷一七二紹興二十六年四月戊戌條改。

〔六五〕爲吏者有放意鬻獄之幸　「幸」原作「事」，據繫年要録卷一七二紹興二十六年四月戊戌條改。

〔六六〕姑摭其略而言之　「摭」原作「撫」，據繫年要録卷一七二紹興二十六年四月戊戌條改。

〔六七〕常州郭公彦　「常州」二字原脱，據繫年要録卷一七二紹興二十六年四月戊戌條補。

〔六八〕不得一例奏裁　六字原脱，據繫年要録卷一七二紹興二十六年四月戊戌條補。

〔六九〕並許臺臣彈劾　「臣」，繫年要録卷一七二紹興二十六年四月戊戌條作「諫」。

〔七〇〕宣州民葉元　「葉元」，長編卷三〇三元豐三年四月庚戌條、宋會要刑法五之一〇作「葉元有」。

〔七一〕盗發烏江縣尉王公衮母冢　「尉」字原脱，據繫年要録卷一八〇紹興二十八年十月丁酉條、齊東野語卷九補。

〔七二〕請令刑部檢坐慶元敕令　按宋史卷一九九刑法志一、玉海卷六六慶元重修敕令格式、條法事類俱載慶元敕令於寧宗慶元四年，本節乃記孝宗淳熙十三年事，以前檢後，疑有失誤。

〔七三〕事固顯然　「固」原作「因」，據元本、慎本、馮本改。

〔七四〕合於流罪以上議刑　「以」字原脱，據宋會要刑法六之四五補。

〔七五〕今吴曦建號稱元　「元」字原脱，據宋會要刑法六之四五補。

〔七六〕令四川宣撫制置司取見服屬官職　「制」字原脱，據宋會要刑法六之四五補。

卷一百七十一上　刑考十上

贖刑

虞舜「金作贖刑」。金，黃金。誤而入刑，出金以贖罪。

周官職金：「掌受士之金罰、貨罰，入於司兵。」給治兵及工直也。貨，泉貝也。罰，贖也，書曰「金作贖刑」是也。

穆王呂刑：「墨辟疑赦，其罰百鍰，閱實其罪。劓辟疑赦，其罰惟倍，閱實其罪。剕辟疑赦，其罰倍差，閱實其罪。宮辟疑赦，其罰六百鍰，閱實其罪。大辟疑赦，其罰千鍰，閱實其罪。」注並見刑制門。

蔡氏曰：「舜典之『金作贖刑』，蓋官府、學校鞭扑之刑爾。夫刑莫輕於鞭扑，入於鞭扑之刑，而又情法猶有可議者，則是無法以治之，故使之贖，特不欲遽釋之也。五刑之寬，惟處以流；鞭扑之寬，方許其贖。今穆王贖法，則皆及五刑，雖大辟亦許其贖免矣。漢張敞以討羌，兵食不繼，建爲入穀贖罪之法，初亦未嘗及夫殺人及盜之罪。而蕭望之等猶以爲如此則富者得生，貧者獨死，恐開利路，以傷治化。曾謂唐虞之時而有是贖法哉？」

愚論見刑制門。

漢惠帝元年，令民有罪得買爵三十級以免死罪。應劭曰：「一級直錢二千，凡爲六萬，若今贖罪入三十疋縑矣〔一〕。」師古曰：「令出買爵之錢以贖罪。」

孝文時，納鼂錯之説，募民入粟塞下，得以除罪。

武帝天漢四年，令死罪入贖錢五十萬，減死一等。

時大司農陳藏錢經用，賦稅既竭，不足以奉戰士。有司請令民得買爵、贖禁錮、免減罪〔二〕。

宣帝時，西羌反，遣師征之。京兆尹張敞議：「國兵在外，吏民並給轉輸，田事頗廢，雖羌虜已破，來春民食必乏，縣官穀度不足以振之。願令各諸有罪，非盜、受財、殺人及犯法不得赦者，皆得以差入穀此八郡贖罪。差，次也。八郡者，隴西以北，安定以西。務益致穀，以豫備百姓之急。」事下有司，左馮翊蕭望之等以爲不可〔三〕，乃止。

望之等言：「今欲令民量粟以贖罪，如此則富者得生，貧者獨死，是貧富異刑而法不壹也。人情，貧窮父兄囚執，聞出財得以生活，爲人子弟者將不顧死亡之患，敗亂之行，以赴財利，求救親戚。一人得生，十人以喪。如此，伯夷之行壞，公綽之名滅。政教一傾，雖有周、召之佐，恐不能復〔四〕。古者藏富於民，不足則取，有餘則與。詩曰：『爰及矜人，哀此鰥寡。』上惠下也。又曰：『雨我公田，遂及我私。』下急上也。今有西邊之役，民失作業，雖户賦口斂以贍其困乏，師古曰：「率户而賦，計口而斂也。」古之通義，百姓莫以爲非，以死救生，恐未可也。師古曰：「子弟竭死以救父兄，令其生也。」陛下布德施教，教化既成，堯、舜亡以加也。今議開利路，以傷既成之化，臣竊痛之。」於是天子復下其議兩府〔五〕。丞相、御史以難問張敞。敞曰：「少府、左馮翊所言，常人之所守耳。昔先帝征四夷，兵行三十餘年，百姓猶不加賦而軍用給。今羌虜一隅小夷，跳梁於山谷間，漢但令皐人出財減罪以誅之，其名賢於煩擾良民橫興賦斂也。師古曰：「橫，音胡孟反。」又諸盜及殺人、犯不道者，百姓所疾苦也，皆不得贖。首匿、見知縱、所不當得爲之屬，議者或頗言其法可蠲除，師古曰：「以其罪輕而法重，故常欲除此科條〔六〕。」今因此令贖罪，其便明甚，何化之所亂？甫刑之罰，小過赦，薄罪贖，師古曰：「呂侯爲周穆王司寇，作贖刑之法，謂之呂刑。後改爲甫侯，故又稱甫刑。」有金選之品，應劭曰：「選，音刷，金銖兩名也。」師古曰：「音刷是也。字本作鋝，鋝即鍰也，其重十一銖二十五分銖之十三，一曰重六兩。呂刑曰：『墨辟疑赦，其罰百鍰；劓辟疑赦，其罰惟倍；剕辟疑赦，其罰倍差；宮辟疑赦，其罰六百鍰；大辟疑赦，其罰千鍰。』是其品也。」所從來久矣，何賊之所生？敞備皀衣二十餘年，如淳曰：「雖有五時服，至朝皆著皀衣。」嘗聞罪人贖矣，未聞盜賊起也。竊憐涼州被寇，方秋饒時，民尚有饑乏，病死於道路，況至來春將大困乎！不早慮所以振救之策，而引常經以難，恐後爲重責。常人可與守經，未可與權也。敞幸得備列卿，以輔兩府爲職，不敢不盡愚。」望之、彊復對曰〔七〕：「先帝聖德，賢良在位，作憲垂法，爲無窮之規，永惟邊竟之不贍，師古曰：「惟，思也。竟，讀曰境。其下亦同。」故金布令甲曰：師古曰：「金布者，令篇名也。其上有府庫、金錢、布帛之事，因以名篇。令甲者，其篇甲乙之次。」『邊郡數被兵，離饑寒，師古曰：「離，遭也。」夭絶天年，父子相失，令天下共給其費。』師古曰：「同共給之也〔八〕。自此以上，令甲之文。」固爲軍旅卒暴之事也。師古曰：「卒，讀曰猝。言此令文專爲軍旅猝暴而施設。」聞天漢四年，常使死罪人入五十萬錢減死罪一等，豪彊吏民請奪假貣，師古曰：「貣，音土得反。」至爲盜賊以贖罪。其後姦邪橫暴〔九〕，群盜並起，師古曰：「橫，音胡孟反。」至攻城邑，殺郡守，充滿山谷，吏不能禁，明詔遣繡衣使者以興兵擊之，師古曰：「軍興之法也。」誅者過半，然後衰止。愚以爲此使死罪贖之敗也，故曰不便。」時丞相魏相、御史大夫丙吉亦以爲羌虜且破，轉輸略足相給，遂不施敞議。

元帝時，貢禹上疏，請除贖罪之法。

禹言：「孝文皇帝時，貴廉潔，賤貪汙，賈人、贅婿及吏坐贓者，皆禁錮，不得爲吏，賞善罰惡，不阿親戚，罪白者伏其誅，師古曰：「白，明也。」疑者以與民，師古曰：「罪疑從輕也。」亡贖罪之法，故令行禁止，海内大化，天下斷獄四百，與刑措亡異。武帝始臨天下，尊賢用士，闢地廣境數千里，自見功大威行，遂從耆欲。師古曰：「從，讀曰縱。耆，讀曰嗜。」用度不足，乃行一切之變，使犯法者贖罪，入穀者補吏，是以天下奢侈，官亂民貧，盜賊並起，亡命者衆。郡國恐伏其誅，則擇便巧史書習於計簿能欺上府者，以爲右職；師古曰：「上府，謂所屬之府。右職，高職也。」姦軌不勝，則取勇猛能操切百姓者，以苛暴威服下者，使居大位。師古曰：「操，持也。切，刻也。操，音千高反。」故亡義而有財者顯於世，欺謾而善書者尊於朝，師古曰：「謾，誑也。謾，音慢，又武連反。」誖逆而勇猛者貴於官。師古曰：「誖，亂也，音布内反。」故俗皆曰：『何以孝弟爲？財多而光榮。何以禮義爲？史書而仕宦。何以謹慎爲？勇猛而臨官。』故黥劓而髡鉗者猶復攘臂爲政於世，行雖犬彘，家富勢足，目指氣使，是爲賢耳。師古曰：「動目以指物，出氣以使人。」故謂居官而置富者爲雄桀，處姦而得利者爲壯士，兄勸其弟，父勉其子，俗之壞敗，乃至於是。察其所以然者，皆以犯法得贖罪，求士不得真賢，相守崇財利，師古曰：「相，諸侯相也。守，郡守也。崇，尚也。」誅不行之所致也。今欲興至治，致太平，宜除贖罪之法。相守選舉不以實，及有贓者，輒行其誅，亡但免官，師古曰：「不止免官而已。」則争盡力爲善，貴孝弟，賤賈人，進真賢，舉實廉，而天下治矣。」

後漢光武建武二十九年，令天下繫囚自殊死以下及徒各減本罪一等〔一〇〕，其餘贖罪輸作各有差〔一一〕。

明帝即位，詔中二千石下至黄綬〔一二〕，貶秩贖論者，悉皆復秩還贖。又詔天下亡命殊死以下，聽得贖論：死罪入縑二十疋，右趾至髡鉗城旦舂十疋，完城旦舂至司寇作三疋。其未發覺，詔書到日先自告者，半入贖。

八年，詔犯罪亡命者，贖罪各有差。

十五年，詔亡命殊死以下贖：死罪縑四十疋，右趾至髡鉗城旦舂十疋〔一三〕，完城旦至司寇五疋〔一四〕。犯罪未發覺，詔書到日自告者，半入贖。

十八年，詔天下亡命自殊死以下贖：死罪縑三十疋，右趾、髡鉗以下各有差。

肅宗建初七年，詔亡命贖：死罪入縑二十疋，餘各有差。

永元六年〔一五〕，廷尉陳寵言：「今律令贖罪以下二千六百八十一，溢於甫刑者七十九事。」詳見刑制門。

順帝漢安二年，令罪囚殊死以下出縑贖，各有差；其不能入贖者，遣詣臨羌縣〔一六〕，居作二歲。

桓帝建和三年，詔死罪以下及亡命者贖〔一七〕，各有差。

靈帝建寧元年，令天下繫囚罪未決入縑贖〔一八〕，各有差。

熹平三年及六年〔一九〕、光和三年、中平四年〔二〇〕，俱有此令。

橋玄乞天下「凡有劫質，皆并殺之，不得贖以財寶〔二一〕，開張姦路」。詔下其章。

魏明帝改士庶罰金之令，男聽以罰代金。

太和四年〔二二〕，令罪非殊死，聽贖各有差。

魏律，贖刑十一，罰金六〔二三〕。

晉新律：「意善功惡，以金贖之。金等不過四兩。」

梁武帝依周、漢故事，有罪者贖。其科：凡在官身犯，罰金。鞭扑杖督之罪，悉入贖停罰。其臺省令史、士卒欲贖者，聽之。五歲刑笞二百，收贖絹，男子六十疋。又有四歲刑，男子四十八疋。又有三歲刑，男子三十六疋。又有二歲刑，男子二十四疋。罰金一兩以上爲贖罪。贖死者金二斤，男子十六疋。贖髡鉗五歲刑笞二百者，金一斤十二兩，男子十四疋。贖四歲刑者，金一斤八兩，男子十二疋。贖三歲刑者，金一斤四兩，男子十疋。贖二歲刑者〔二四〕，金一斤，男子八疋。罰金十二兩者，男子六疋〔二五〕。罰金八兩者，男子四疋。罰金四兩者，男子二疋。罰金二兩者，男子一疋。罰金一兩者，男子二丈。女子各半之。五刑不簡，正於五罰。五罰不服，正於五過，以贖論。故爲此十四等之差。將吏以上及女子應有罰者，以罰金代之。

致堂胡氏曰：「按舜典五刑之目，一曰『象以典刑』，二曰『鞭作官刑』，三曰『扑作教刑』，四曰『金作贖刑』，五曰『怙終賊刑』。何爲設贖？謂罪之疑者也。三代相承，至周穆王，其法尤密，乃有罰鍰之數，皆爲疑刑也。鞭施於官，蓋胥吏徒隸也。扑施於教，蓋學校夏楚也。是則鞭重而扑輕，鞭以痛懲，扑以愧耻而已。夫當官典教〔二六〕，臨時之用，有何可疑，而使贖乎？無疑而贖，則頑者肆，怠者縱，法不嚴而人易犯，其末流乃至於惟贖之利，變亂正刑，其弊有不可勝言者。且使士流與卒伍同條，豈『刑不上大夫』之義乎？」

案：虞書言「金作贖刑」而已，九峰蔡氏則以爲贖特爲鞭扑輕刑設，五刑本無贖法，而以穆王贖鍰之事爲非。致堂胡氏則以爲贖本爲五刑之疑者，而鞭扑輕刑，則無贖法。二論正相反，然以書之本文考之，固未見其專爲五刑設或專爲鞭扑設也。愚嘗論之，五刑，刑之大者，所以懲創其罪慝；鞭扑，刑之小者，所以課督其慵怠。五刑而許之論贖者，蓋矜其過誤之失，書所謂「罪疑惟輕」，所謂「五刑之疑有赦」是也。鞭扑而許其論贖者，蓋養其愧恥之心，記所謂「刑不上大夫」，東坡所謂「鞭撻一行，則豪傑不出於其間，故士之刑者不可用，用者不可刑」是也。二者皆聖人忠厚之意也。

天監三年，詔以金作權典，宜在蠲息，於是除贖罪之科。十一年，復開贖罪之科。

陳存贖罪之律。其三歲刑，若有官，准當二年，餘一年贖。若公坐過誤，罰金。其二歲刑，有官者，贖論。一歲刑，無官亦贖論。

後魏起自朔方，其初刑法甚峻，死罪致多，後乃令當死者，其家獻金、馬以贖。

北齊律，贖罪舊以金〔二七〕，皆代以中絹。死百疋，流九十二疋，刑五歲七十八疋，四歲六十四疋，三歲五十疋，二歲三十六疋。各通鞭笞論。一歲無笞，則通鞭二十四疋。鞭杖每十，贖絹一疋。無絹之鄉，皆準絹收錢。自贖笞十以上至死，又爲十五等之差。當加減次，如正決法。合贖者，謂流內官及爵秩比視、老小閹癡並過失之屬。犯罰絹一疋及杖十以上〔二八〕，皆名爲罪人。

後周制，其贖杖刑五，金一兩至五兩。贖鞭刑五，金六兩至十兩。贖徒刑五〔二九〕，一年金十二兩，二年十五兩，三年一斤二兩，四年一斤五兩，五年一斤八兩。贖流刑，一斤十二兩。贖死刑，金二斤。婦人當笞者，聽以贖論。應贖金者，鞭、杖十，收中絹一疋。流、徒者，依限歲收絹十二疋。死罪者百疋。其贖刑，死罪五旬，流刑四旬，徒刑三旬，鞭刑二旬〔三〇〕，杖刑一旬〔三一〕。限外不輸者，歸於法。貧者請而免之。

隋制，官品第九以上犯罪者，聽贖。應贖者，皆以銅代絹。銅一斤爲負，負十爲殿。笞十者銅一斤，加至杖百則十斤。徒一年，贖銅二十斤，每等加銅十斤，三年則六十斤。流千里，贖銅八十斤，每等則加銅十斤，二千里則百斤〔三二〕。絞、斬二死刑，皆贖銅百二十斤。

煬帝即位，以文帝禁網深刻，每加減降。然斗秤皆小舊二倍，其贖銅亦加二倍爲差，其實不異開皇舊制。

唐玄宗天寶六載敕節文：「其贖銅如情願納錢，每斤一百二十文。若久負官物、應徵正贓及贖物無財，以備官役折庸，其物雖多止限三年〔三三〕。一人一日，折絹四尺〔三四〕。若會恩旨〔三五〕，其物合免者，停役。」

僖宗乾符三年〔三六〕，敕：「應殘疾篤疾犯徒、流罪，或是連累，即許徵贖。如身犯罪，不在免限。其年十五以下者，准律文處分。」

晉天福六年，尚書刑部員外郎李象奏：「請今後凡是散官，不計高低，若犯罪不得當贖，亦不得上請詳定院覆奏。應内外文武官，有品官者自依品官法，無品官有散試官者，應内外帶職廷臣賓從、有功將校等，並請同九品官例。其京都軍巡使及諸道州府衙前職員、内外雜任鎮將等，並請準律，不得上請當贖。其巡司、馬步司判官，雖有曾歷品官者，亦請同流外職。準律，杖罪已下，依決罰例；徒罪已上，仍依當贖法。」

宋太祖皇帝乾德四年〔三七〕，大理正高繼申上言：「準刑統，三品、五品、七品以上官，親屬犯罪，各有等用蔭減贖。伏恐年代已深，子孫不肖，爲先祖曾有官品，不畏憲章。欲請自今犯罪人用祖、父親屬蔭減贖者，即須祖、父曾任皇朝官〔三八〕，據品秩得使；前代官，即須有功及國，有惠及民，爲時所推，官及三品，方得上請。」從之。

端拱二年〔三九〕，詔：「諸州民犯薄罪，或入金以贖，長吏得以任情而輕重。自今後並決杖遣之，不得以贖論。」

真宗景德二年，審刑院、大理寺上折杖贖金條：「犯加役流而下，一罪先發，已經論罰，餘罪後發，又計前杖科決。」上以細民膚革薦傷，殊非哀矜之意，詔申定其制，止贖金以滿餘數。若情理兇惡者，即復決杖。

仁宗慶曆三年，詔曰：「先王用法簡約，使人知禁而易從。後代設茶、鹽、酒稅之禁，奪民厚利，刑用滋章。今之編敕，皆出律外，又數改更，官吏且不能曉，百姓安得聞之？而一陷於理，身體髮膚以之毁傷，父母妻子以之離散，情雖可哀，法不得贖，豈禮樂之化未行，而專用刑罰之弊歟〔四〇〕？孔子曰：『禮樂不興，則刑罰不中；刑罰不中，則民無所措手足。』漢文帝使天下人入粟於邊，以受爵免罪，而幾於刑措。其後，京師之錢累百巨萬，太倉之粟陳陳相因。其議科條有非著以律者，或細民難知，或人情不免，或冒利犯禁，或奢侈違令，或過誤可閔之類，別爲贖法。鄉民以穀麥，市人以錢帛。使人重穀帛，免刑罰，則農桑自勸，富壽可期矣。」詔下，論者以爲富人皆得贖罪而貧者不能以自免，非朝廷用法之意。不果行。

至和初，詔：「前代帝王後，嘗仕本朝官不及七品者，祖父母、父母、妻子罪流以下，聽贖。雖不仕而嘗被賜予者，有罪，非巨蠹，亦如之。」

神宗熙寧四年，前單州碭山縣尉王存立言：「嘉祐中，同學究出身，以父坐事配隸，納官贖自便，而鄉縣不免丁役，願同舉人例。」詔復賜出身，仍注合入官。

中書言刑名未安者五條，其四，令州縣考察士民，有能孝悌力田爲衆所知者，給付身帖〔四一〕，偶有犯令，情輕可恕者，特議贖罰，其不悛者科決。後竟不行。

校勘記

〔一〕若今贖罪入三十疋縑矣　「今」原作「令」，據漢書卷二惠帝紀應劭注改。

〔二〕有司請令民得買爵贖禁錮免減罪　「減」原作「贓」，據史記卷三〇平準書改。

〔三〕左馮翊蕭望之等以爲不可　「左馮翊」原作「少府」。按漢書卷七八蕭望之傳載其議令民入粟贖罪時爲左馮翊，當時與之同議者爲少府李彊，前漢紀卷一九、西漢會要卷六二贖罪同漢書蕭望之傳，此處「少府」顯爲左馮翊之誤，據改。

〔四〕恐不能復　「復」原作「服」，據漢書卷七八蕭望之傳改。

〔五〕於是天子復下其議兩府　「其」字原脱，據漢書卷七八蕭望之傳補。

〔六〕故常欲除此科條　「科條」二字原倒，據漢書卷七八蕭望之傳師古注乙正。

〔七〕望之彊復對曰　「彊復」二字原倒，據漢書卷七八蕭望之傳乙正。

〔八〕同共給之也　「同」字原脱，據漢書卷七八蕭望之傳師古注補。

〔九〕其後姦邪横暴　「暴」原作「逆」，據漢書卷七八蕭望之傳改。

〔一〇〕令天下繫囚自殊死以下及徒各減本罪一等　「繫」原作「罪」，「自」字原脱，據後漢書卷一下光武帝紀下改補。

〔一一〕其餘贖罪輸作各有差　「各」字原脱，據後漢書卷一下光武帝紀下補。

〔一二〕詔中二千石下至黄綬　「詔」下原衍「罪囚」二字，據後漢書卷二明帝紀删。

〔一三〕右趾至髡鉗城旦舂十疋　「至」原作「及」，「鉗」字原脱，據後漢書卷二明帝紀改補。

〔一四〕全城旦至司寇五疋　「全」，後漢書卷二明帝紀作「完」。

〔一五〕永元六年　依本書文例，「永元」上當有「和帝」二字。

〔一六〕遣詣臨羌縣　「羌」原作「光」，據後漢書卷六順帝紀改。按臨羌縣屬金城郡，見續漢書郡國志五。

〔一七〕詔死罪以下及亡命者贖　「以下」原舛在「命」下，「者」字原脱，據後漢書卷七桓帝紀乙補。

〔一八〕令天下繫囚罪未決入縑贖　「罪」字原脱，據後漢書卷八靈帝紀補。

〔一九〕熹平三年及六年　「熹平」二字原舛在「及」下，據後漢書卷八靈帝紀乙正。

〔二〇〕中平四年　「中平」原作「中和」，據後漢書卷八靈帝紀改。按：漢靈帝無「中和」年號。

〔二一〕不得贖以財寶　「贖」字原脱，據後漢書卷五一橋玄傳補。

〔二二〕太和四年　「四」原作「五」，據三國志卷三魏明帝紀改。

〔二三〕罰金六　「罰」原作「贖」，據晉書卷三〇刑法志、通典卷一六三刑法典一改。

〔二四〕贖二歲刑者　「二」原作「六」，據隋書卷二五刑法志、通典卷一六四刑法典二改。

〔二五〕男子六疋　「六」原作「一」，據隋書卷二五刑法志、通典卷一六四刑法典二改。

〔二六〕夫當官典教　「典」下原衍「刑」字，據讀史管見卷一三删。

〔二七〕贖罪舊以金　「以」原作「有」，據隋書卷二五刑法志、册府元龜卷六一一刑法部定律令三改。

〔二八〕犯罰絹一疋及杖十以上　「上」原作「下」，據隋書卷二五刑法志、册府元龜卷六一一刑法部定律令三改。

〔二九〕贖徒刑五　「五」字原脱，據隋書卷二五刑法志補。

〔三〇〕鞭刑二旬　「二」原作「一」，據隋書卷二五刑法志、册府元龜卷六一一刑法部定律令三改。

〔三一〕杖刑一旬　四字原脱，據隋書卷二五刑法志、册府元龜卷六一一刑法部定律令三補。

〔三二〕二千里則百斤　「二」原作「三」，據隋書卷二五刑法志改。

〔三三〕其物雖多止限三年　「止」字原脱，據唐會要卷四〇定贓估補。

〔三四〕折絹四尺　「尺」原作「疋」，據唐會要卷四〇定贓估改。

〔三五〕若會恩旨　「旨」字原脫，據唐會要卷四〇定贓估補。

〔三六〕僖宗乾符三年　「三」，唐會要卷四一左降官及流人作「二」。

〔三七〕宋太祖皇帝乾德四年　「乾德」原作「開寶」，據宋史卷二〇一刑法志三、長編卷七乾德四年三月乙酉條、宋會要刑法一之一改。

〔三八〕即須祖父曾任皇朝官　「皇」原作「望」，據長編卷七乾德四年三月乙酉條、宋會要刑法一之一改。

〔三九〕端拱二年　依本書文例，「端拱」上當有「太宗」二字。

〔四〇〕而專用刑罰之弊歟　「弊」原作「敝」，據宋史卷二〇一刑法志三、宋大詔令集卷二〇二律外條貫別定贖法詔改。

〔四一〕給付身帖　「付身」原舛在「帖」下，據長編卷二一四熙寧三年八月戊寅條、宋會要刑法一之七乙正。

卷一百七十一下　刑考十下

敕宥 寬恤

虞舜「眚災肆赦」。眚，過。災，害也。肆，緩也。過而有害，當緩赦之。

周官司刺：「掌三刺、三宥、三赦之灋，以贊司寇聽獄訟。壹刺曰訊群臣，再刺曰訊群吏，三刺曰訊萬民。注見刑制門。壹宥曰不識，再宥曰過失，三宥曰遺亡。鄭司農云：「不識，謂愚民無所識則宥之。過失，若今律過失殺人，不坐死。」玄謂：「識，審也。不審，若今仇讎，當報甲，見乙，誠以爲甲而殺之者。過失，若舉刃欲斫伐，而軼中人者。遺亡，若間帷薄，忘有在焉〔一〕，而以兵矢投射之。壹赦曰幼弱，再赦曰老旄，三赦曰惷愚。惷愚，生而癡騃童昏者。鄭司農云：「幼弱、老旄，若今律令，年未滿八歲〔二〕、八十以上，非手殺人，他皆不坐。」以此三灋者求民情，斷民中，而施上服下服之罪，然後刑殺。」上服，殺與墨、劓；下服，宮、刖也。司約職曰：「其不信者，服墨刑。」凡行刑，必先規識所刑之處，乃後行之。

穆王呂刑：「五刑之疑有赦，五罰之疑有赦，其審克之。」詳見刑制及贖刑門。

王制：「疑獄，汎與衆共之。衆疑，赦之。」

管仲曰：「文有三侑〔三〕，武無一赦。赦者，先易而後難，久而不勝其禍；法者，先難而後易，久而不勝其福。故惠者，人之仇讎也；法者，人之父母也。凡赦者，小利而大害者也；無赦者，小害而大利者也。夫盜賊不勝則良人危，法禁不立則姦邪煩。故赦者，奔馬之委轡也。」

楚陶朱公中子殺人繫獄，乃令其長子賫千金遺楚王所信善莊生請之。莊生入見楚王，言：「某星宿某，獨以德爲可以除之。」王乃使使者封三錢之庫。楚人告朱公長男曰：「王且赦。」曰：「何以也？」曰：「每王且赦，常封三錢之府。昨暮王使使封之。」錢幣至重，慮人或逆知故盜竊之，故以封庫，備竊盜也。朱公長男以爲赦，弟固當出，重千金虛棄莊生，以爲殊無短長也。乃復見莊生，以爲王且赦。莊生乃還其金，羞爲所賣，復入言王曰：「臣前言某星，王言欲修德報之。今臣出，道路皆言陶之富人朱公之子殺人囚楚，其家多持金錢賂王左右，王非爲楚國而赦，乃以朱公子故也。」楚王大怒，令論殺朱公子，明日遂下赦令。

按：唐虞三代之所謂赦者，或以其情之可矜，或以其事之可疑，或以其在三赦、三宥、八議之列，然後赦之。蓋臨時隨事而爲之斟酌，所謂「議事以制」者也。至後世乃有大赦之法，不問情之淺深，罪之輕重，凡所犯在赦前，則殺人者不死，傷人者不刑，盜賊及作姦犯科者不詰。於是赦遂爲偏枯之物，長姦之門。今觀管仲所言及陶朱公之事，則知春秋、戰國時已有大赦之法矣。

秦二世元年，陳涉將周文兵至戲下，二世大驚，少府章邯曰：「盜已至，衆彊，今發近縣不及矣。驪山徒多，請赦之，授兵以擊之。」二世乃大赦天下，使章邯免驪山徒、人奴産子，悉發以擊楚軍，大破之。

漢高帝二年正月，赦罪人。六月，立太子，赦罪人。五年正月，兵事畢，赦天下殊死以下。六月，都長安，大赦天下。六年，以豪傑未習法令故犯法，其赦天下。九年正月丙寅，前有罪殊死以下，皆赦之。

十一年正月，立代王，大赦天下。七月，征英布〔四〕，赦天下死罪以下，令從軍。十二年，帝崩，發喪，大赦天下。

右高帝在位十二年，凡九赦。

惠帝四年，皇帝冠，赦天下。

右惠帝在位七年，唯此一赦。

呂太后臨朝稱制，大赦天下。六年，赦天下。八年，遺詔大赦天下。

右呂后臨朝八年，凡三赦。

文帝初即位，赦天下。七年，赦天下。十五年，郊見五帝，赦天下。後四年，日食，赦天下。

右文帝在位二十三年，凡四赦。

景帝元年，赦天下。四年，赦天下。中元年，赦天下。五年，赦天下。後元年，赦天下。

右景帝在位十六年，凡五赦。

武帝建元元年，赦天下。元光元年，赦天下。四年，地震，赦天下。元朔元年，赦天下，與民更始。三年，赦天下。六年，赦天下。元狩元年，赦天下。三年，赦天下。元鼎元年，赦天下。五年，赦天下。元封二年，甘泉產芝，赦天下。五年，修封禪，赦天下。天漢元年，赦天下。三年，修封禪，赦天下。太始元年，赦天下。四年，修封還，赦天下。征和三年，赦天下。後元元年，郊泰畤，赦天下。

右武帝在位五十五年，凡十八赦。

昭帝始即位，赦天下。始元元年，赦天下。四年，立皇后，赦天下。元鳳元年，赦天下。二年，赦天下。四年，赦天下。六年，赦天下。

右昭帝在位十三年，凡七赦。

宣帝即位，大赦天下。本始元年，鳳凰集，赦天下。四年，立皇后，赦天下。地節二年，鳳凰集，赦天下。三年，立皇太子，赦天下。元康二年，赦天下，與士大夫厲精更始。神爵二年，鳳凰、甘露降集，赦天下。四年，嘉瑞並見，赦天下。五鳳三年，婁蒙嘉瑞，赦殊死以下。甘露二年，赦天下。

右宣帝在位二十五年，凡十赦。

元帝初元元年，大赦天下。二年〔五〕，地動，赦天下。三年，白鶴館災，赦天下。永光元年，赦天下。二年二月，大赦天下。六月，赦天下。四年，赦天下。建昭二年，赦天下。四年，斬郅支，赦天下。五年，赦天下。

右元帝在位十五年，凡十赦。

元帝時，匡衡上疏曰：「陛下躬聖德，開太平之路，閔愚吏民觸法抵禁，比年大赦，使百姓得改行自新，天下幸甚。臣竊見大赦之後，姦邪不爲衰止，今日大赦，明日犯法，相隨入獄，此殆導之未得其務也〔六〕。蓋保民者，『陳之以德義』，『示之以好惡』，觀其失而制其宜，故動之而和，綏之而安。今天下俗貪財賤義，好聲色，上侈靡，廉耻之節薄，淫僻之意縱，綱紀失序，疏者踰内，親戚之恩薄，婚姻之黨隆，苟合徼幸，以身設利。不改其原，雖歲赦之，刑猶難使錯而不用也。」

成帝即位，大赦天下。建始元年，火災，大赦天下。河平元年，赦天下。陽朔二年，大赦天下。四年，赦天下。鴻嘉三年，赦天下。永始元年，赦天下。元延元年，赦天下。綏和元年，大赦天下。

右成帝在位二十六年，凡九赦。

成帝時，王尊劾奏「丞相衡、御史大夫譚、知中書謁者令顯等專權擅勢，皆不道，在赦令前。赦後，衡、譚舉奏顯」云云。天子下御史問狀。劾奏尊「妄詆欺非謗赦前事」，有詔左遷。

哀帝即位，大赦天下。建平元年，赦天下。二年六月，改元，赦天下。元壽元年，大赦天下。

右哀帝在位六年，凡四赦。

帝即位，詔有司無得舉赦前往事。

平帝即位，大赦天下。元始元年，日食，大赦天下。四年〔七〕，立皇后，大赦天下。五年，帝崩，大赦天下。

右平帝在位五年，凡四赦。

帝即位，詔曰：「夫赦令者，將與天下更始，誠欲令百姓改行潔己，全其性命也。往者有司多舉奏赦前事，累增罪過，誅陷亡辜，殆非重信審刑，灑心自新之意也。自今以來，有司毋得陳赦前事置奏上。有不如詔書，爲虧恩，以不道論。定著令，布告天下，使明知之。」

赦徒

文帝二年，民謫作縣官及貸種食未入、入未備者〔八〕，皆赦之。

景帝中四年，赦作陽陵者。死罪欲腐者許之。

武帝元封二年〔九〕，封泰山，赦所過徒。

宣帝元康元年，鳳凰集，赦天下徒。五鳳元年，赦徒作杜陵者。

元帝初元四年，祠后土，赦汾陰徒。永光元年，幸甘泉，赦雲陽徒。

成帝建始二年，祀南郊，赦奉郊縣及中都官耏罪徒。三年，赦天下徒。河平四年〔一〇〕，單于朝，赦天下徒。陽朔元年，赦天下徒。鴻嘉元年，幸初陵，赦作徒。

哀帝建平二年，赦天下徒。

平帝元始元年，赦天下徒。二年，赦天下徒。

別赦

漢高帝五年，遣使者赦田横。八年，吏有罪未發覺者，赦之。十年，太上皇崩，葬萬年，赦櫟陽囚死罪以下。臣瓚曰：「萬年陵在櫟陽縣界〔一一〕。」十二年，擊盧綰，與綰居〔一二〕，去來歸者，赦之。

惠帝六年八月，赦降。司馬氏大事記。

文帝三年七月，詔：濟北吏民兵未至先自定，及以軍城邑降者，皆赦之，復官爵。與王興居去來者，亦赦之〔一三〕。八月，赦諸與興居反者。

景帝三年，赦襄平侯及妻子當坐者。六月，詔：「吳王濞已滅，吏民當坐濞等及逋逃亡軍者，皆赦之。」

武帝建元元年，赦吳楚七國帑輸在官者。元光六年〔一四〕，赦鴈門、代郡軍吏不循法者。元封四年，祭后土，赦汾陰、夏陽、中都死罪以下。六年〔一五〕，益州、昆明反，赦京師亡命，令從軍。太初二年，用事介山，祭后土，赦汾陰、安邑殊死以下。

昭帝元鳳元年，赦燕王太子建、公主子文信及宗室子與燕王〔一六〕、上官桀等謀反父母同產當坐者，皆免爲庶人。其吏爲桀等所詿誤，未發覺在吏者，除其罪。

宣帝地節四年，諸爲霍氏所詿誤未發覺者，皆赦之。元康二年，諸觸諱在令前者，赦之。

後漢光武建武元年，大赦天下。即位。二年三月〔一七〕，大赦天下。六月戊戌，大赦天下。立太子。三年正月，大赦天下。六月壬戌，大赦天下。四年正月，大赦天下。五年正月，大赦天下。七年四月，大赦天下。日食。中元元年，大赦天下。封禪。

明帝永平二年，自殊死以下，謀反大逆，皆赦除之。祀明堂。十年四月，大赦天下。十五年四月，大赦天下，其謀反大逆及諸不應宥者，皆赦除之。

章帝建初三年，大赦天下。祀明堂。元和二年〔一八〕，大赦天下。祀明堂。

時赦天下繫囚在四月丙子以前減死罪一等〔一九〕，勿笞，詣金城，而文不及亡命未發覺者。郭躬上封事曰：「聖恩所以減死罪使戍邊者，重人命也。今死罪亡命無慮萬人，又自赦以來，捕得甚衆，而詔令不及，皆當重論。伏惟天恩莫不蕩宥，死罪已下並蒙更生，而亡命捕得獨不沾澤。臣以爲赦前犯死罪而繫在赦後者，可皆勿笞，詣金城，以全人命，有益於邊。」肅宗善之，即下詔赦焉。

和帝永元十一年，大赦天下。十四年三月，大赦天下。臨辟雍。元興元年，大赦天下。改元。

殤帝延平元年，大赦天下。

安帝永初元年，大赦天下。三年正月，大赦天下。加元服。四年四月，大赦天下。元初四年二月〔二〇〕，大赦天下。永寧元年，大赦天下。立太子。建光元年，大赦天下。延光元年，大赦天下。改元。四年六月，大赦天下。

順帝永建元年，大赦天下。四年正月，大赦天下。陽嘉元年，大赦天下。三年五月，大赦天下。永和四年四月〔二一〕，大赦天下。漢安元年，大赦天下。改元。建康元年，大赦天下。

質帝即位，大赦天下。本初元年六月，大赦天下。

桓帝建和元年，大赦天下。加元服。二年，大赦天下。和平元年，大赦天下。元嘉元年，大赦天下。永興元年，大赦天下。永壽元年正月，大赦天下。改元。三年正月，大赦天下。延熹元年六月，大赦天下。三年正月，大赦天下。四年六月，大赦天下。六年三月，大赦天下。八年三月，大赦天下。九年六月〔二二〕，大赦天下。

靈帝建寧元年，大赦天下。四年正月，大赦天下。熹平元年五月，大赦天下。二年二月，大赦天下。

三年二月，大赦天下。四年五月，大赦天下。五年四月，大赦天下。六年正月，大赦天下。光和元年三月，大赦天下。二年四月，大赦天下。三年正月，大赦天下。四年四月，大赦天下。五年正月，大赦天下。六年三月，大赦天下。中平元年十二月，大赦天下。三年二月，大赦天下。四年正月，大赦天下。六年四月，大赦天下。八月辛未，大赦天下。

獻帝初平元年，大赦天下。二年正月，大赦天下。三年正月，大赦天下。四年正月，大赦天下。興平元年正月，大赦天下。二年正月，大赦天下。建安元年正月，大赦天下。二年正月〔三〕，大赦天下。

光武時，吴漢言：「願陛下謹勿赦而已。」

安帝永初中，尚書陳忠上言：「母子兄弟相代死者，聽，赦所代者。」從之。

王符述赦篇曰：「凡療病者，必知脉之虚實，氣之所結，然後爲之方，故疾可愈而壽可長也。爲國者，必先知民之所苦，禍之所起，然後爲之禁，故姦可塞而國可安也。今日賊良民之甚者，莫大於數赦贖。赦贖數，則惡人昌而善人傷矣。何以明之哉？夫謹敕之人，身不蹈非，又有爲吏正直，不避彊禦，而姦猾之黨横加誣言者，皆知赦之不久故也。善人君子，被侵怨而能至闕庭自明者〔二四〕，萬無數人；數人之中得省問者，百不過一；既對尚書而空遣去者，復十六七矣。其輕薄姦宄，既陷罪法，怨毒之家冀其辜戮以解蓄憤，而反一概悉蒙赦釋，令惡人高會而誇咤，老盜服臧而過門，孝子見讎而不得討，遭盜者睹物而不敢取〔二五〕，痛莫甚焉！夫養稂莠者傷禾稼，惠姦宄者賊良民。書曰：『文王作罰，刑兹無赦。』先王之制刑法也，非好傷人肌膚，斷人壽命也；貴威姦懲惡，除人害也。

故經稱『天命有德，五服五章哉，天討有罪，五刑五用哉』；詩刺『彼宜有罪，汝反脱之』。古者惟始受命之君，承大亂之極，寇賊姦宄，難爲法禁，故不得不有一赦，與之更新，頤育萬民〔二六〕，以成大化。非以養姦活罪，放縱天賊也〔二七〕。夫性惡之民，民之豺狼，雖得放宥之澤，終無改悔之心。旦脱重梏，夕還囹圄，嚴明令尹，不能使其斷絶。何也？凡敢爲大姦者，才必有過於衆，而能自媚於上者也。多散誕得之財，奉以諂諛之辭，以轉相驅，非有第五公之廉直，孰不爲顧哉？論者多曰：『久不赦則姦宄熾而吏不制，宜數肆眚以解散之。』此未昭政亂之本源〔二八〕，不察禍福之所生也。」

昭烈章武元年，即皇帝位，大赦。

後主元年，即位，大赦。建興十二年，丞相亮北征，卒於軍中，師還，大赦。延熙元年，立皇后，大赦。九年秋，大赦。

大司農河南孟光責大將軍費禕曰：「夫赦者，偏枯之物，非明世所宜有也。衰敝窮極，必不得已，然後乃可權而行之耳。今主上仁賢，百僚稱職，何有旦夕之急而數施非常之恩，以惠姦宄之惡？」禕謝之。初，丞相亮時，有言公惜赦者，亮答曰：「治世以大德，不以小惠，故匡衡、吴漢不願爲赦。先帝亦言：『吾周旋陳元方、鄭康成間〔二九〕，每見啓告治亂之道悉矣，曾不語赦也。若劉景昇、季玉父子，歲歲赦宥，何益於治！』」由是蜀人稱亮之賢，知禕不及焉。

陳壽評曰：「諸葛亮爲政，軍旅數興而赦不妄下，不亦卓乎！」

致堂胡氏曰：「赦之無益於治道也，前賢言之多矣，而終不能革，至按以常典而行之於其間，有吉慶〔三〇〕、克捷、祥瑞、祈禱之事，則又赦焉。不信二帝三王之法而循後世之制是何也？其説多矣。始受命則赦，改年號則赦，獲珍禽奇獸則赦，河水清則赦，刻章璽則赦，立皇后則赦，建太子則赦，生皇孫則赦，平叛亂則赦，開境土則赦，遇災異則赦，有疾病則赦，郊祀天地則赦，行大典禮則赦。或三年一赦，或比歲一赦，或一歲再赦三赦。赦令之下也，有罪者除之，有負者蠲之，有滯者通之；或得以蔭補子孫，或得以封爵祖考：大概如是而已耳。明哲之君則赦希而實，昏亂之世則赦數而文。希者尚按故事而不能盡去也，數者則意在邀福而歸諸己也；實者有罪必除有負必蠲也，文者雖有是言而人不被其澤也。復有姦宄擅權者，以急征暴賦、多獄無罪歸之上，而施行寬宥，布宣惠心〔三一〕，自我請之。由是數者而論，赦爲有益乎？爲無益乎？人君誠以明哲自期而以昏亂爲戒，則所謂按故事而釋有罪者尚在所議，故事有是有非，豈可盡循？罪人若審有罪，豈可盡貸？有罪而貸，則善人奈何？甲殺乙而遇赦，乙已不可復生，而甲得不死，以赦爲偏枯者，此也。若曰乙已不幸而死矣，吾未知甲之果當殺之乎，抑疑似也，則援『寧失不經』之文而赦之，以爲從厚，而終不恤乙之無辜，以赦爲偏枯者，此也。百姓負租，或以旱，或以貧，或以已納而不爲之除籍，或爲官司所抑，代人而輸，其事非一。每下赦令，未嘗不蠲也，而百姓有『黄紙放，白紙催』之言，自古如此。則以著於令甲者曰〔三二〕：『凡蠲旱税，不得過若干分。』而赦令則曰：『歲大旱，其盡蠲之。』百姓喜於盡蠲之文，而不知令甲之有限也，則相與怨其上曰：『黄紙之放，特紿我耳！』此又偏枯之甚者也。姦宄亂賊之人，知赦之可擬也，則甫期而爲姦宄亂賊之事，僥倖貸釋，不可勝數矣。亦或病其然，則下令曰：『凡距赦若干日而殺人，是待赦也，不得以赦原。』先爲遠期焉。而姦宄亂賊之人，有財可行，有力可援，有反可恃，有來可使，一入囹圄，用是數者，遷延稽故，終以無事。而捕寇之吏，被傷之主，發覺之人，往往反坐。於是良善困於姦宄，閭里怵於亂賊，喑嗚飲氣，無路伸吐，此又偏枯之甚者也。靈帝行冠禮，大赦天下，而黨人不與焉。自是後凡五赦，而益增五族之錮，又五赦而黄巾起。不得已，乃赦黨人。黨人縱有罪，不輕於十赦之惡逆乎？況黨人無罪，而願忠於君，志除姦凶，以清天下者也；乃經十赦，不得已而後赦，此豈直偏枯而已！舉四肢皆廢矣。四肢盡廢，頭首兀然，其能不爲人所捽擊曳挽而仆乎？於是董卓角之，袁紹掎之，曹操靡之。獻帝爲所挾而不得赦，伏后爲所弑而不得赦，二皇子爲所弑而不得赦。語赦至此，無益明矣。明哲之君，監失而思得，舍非而從是，莫若兼用虞舜、大易、吕刑、周官之法，則雖曠歲而不一赦，一年而十百赦，無不可者。舜之法曰『眚災肆赦』，謂有目病而害加乎人者也。大易之法曰『君子以赦過宥罪』，過誤則直肆之，罪咎則稍寬之而已。吕刑之法曰『五刑五罰』之疑而不明者則赦，無疑則不赦矣。周公之法曰『赦幼弱、老耄、惷愚』，非此三者，則不赦矣。魯國肆大眚，春秋非之，以其無謂而盡赦也。取正乎孔子，略法乎虞、周、大易之訓，則刑罰盡道，可以代天之春生秋殺矣。夫吴漢，攻戰之士也，臨終獻言，勸光武以勿赦；陳壽，於孔明有憾者也，而稱譽不赦之卓。況爲天下國家者，可不如吴漢、陳壽之見乎！」十二年四月〔三〕，大赦。十四年冬，大赦。十七年春，大赦。十九年，大赦。二十年，大赦。景耀元年，大赦。改元。四年冬，大赦。六年，大赦。改元炎興。

校勘記

〔一〕忘有在焉　王應麟漢制考卷二「焉」下有「者」字。

〔二〕年未滿八歲　「歲」原作「年」，據周禮司刺注改。

〔三〕文有三侑　「侑」原作「情」，據管子卷六法法改。

〔四〕征英布　「英」原作「央」，據元本、慎本、馮本改。

〔五〕二年　「二」原作「三」，據漢書卷八元帝紀改。

〔六〕此殆導之未得其務也　「殆」原作「始」，據馮本及漢書卷八一匡衡傳改。

〔七〕四年　「四」原作「三」，據漢書卷一二平帝紀改。

〔八〕民謫作縣官及貸種食未入入未備者　「入未」二字原脱，據漢書卷四文帝紀補。

〔九〕武帝元封二年　「二」原作「元」，據漢書卷六武帝紀改。

〔一〇〕河平四年　「河平」二字原脱，據漢書卷一〇成帝紀補。

〔一一〕臣瓚曰萬年陵在櫟陽縣界　「臣」字原脱，「在」原作「有」，據漢書卷一下高帝紀下臣瓚注補改。

〔一二〕與綰居　「與綰」二字原脱，據漢書卷一下高帝紀下補。

〔一三〕亦赦之　「之」字原脱，據漢書卷四文帝紀補。

〔一四〕元光六年　「元光」二字原脱，據漢書卷六武帝紀補。

〔一五〕六年　二字原脱，據漢書卷六武帝紀補。

〔一六〕公主子文信及宗室子與燕王　「王」原作「主」，據漢書卷七昭帝紀改。

〔一七〕二年三月　「三」原作「二」，據後漢書卷一上光武帝紀上改。

〔一八〕元和二年　「和」原作「年」，據後漢書卷三章帝紀改。

〔一九〕時赦天下繫囚在四月丙子以前減死罪一等　「死」字原脱。按後漢書卷三章帝紀章和元年「夏四月丙子，令郡國、中都官繫囚減死一等，詣金城戍」，後漢書卷四六郭躬傳：「章和元年，赦天下繫囚在四月丙子以前減死罪一等」，此處顯脱「死」字，據補。

〔二〇〕元初四年二月　「初」原作「和」，「四」原作「三」，據後漢書卷五安帝紀改。

〔二一〕永和四年四月　「四年」原作「三年」，據後漢書卷六順帝紀改。

〔二二〕九年六月　按延熹九年六月，後漢書卷七桓帝紀無大赦之文，而永康元年「六月庚申，大赦天下」，資治通鑑卷六二所記全同，疑此處「九」當作「元」，其上又脱「永康」二字。

〔二三〕二年正月　按建安二年正月，後漢書卷九獻帝紀無大赦之文，而建安元年七月有「丁丑，郊祀上帝，大赦天下」之文，資治通鑑卷六二所載與此同，疑此處有誤。

〔二四〕被侵怨而能至闕庭自明者　「者」字原脱，據後漢書卷四九王符傳補。

〔二五〕遭盜者睹物而不敢取　「敢」原作「可」，據後漢書卷四九王符傳改。

〔二六〕頤育萬民　「民」原作「物」，據後漢書卷四九王符傳改。

〔二七〕放縱天賊也　「天」原作「大」，據後漢書卷四九王符傳改。

〔二八〕此未昭政亂之本源　「政」字原脱，據後漢書卷四九王符傳補。

〔二九〕吾周旋陳元方鄭康成間　「吾」字原脱，據三國志卷三三後主傳注引華陽國志補。

〔三〇〕有吉慶　「吉」，讀史管見卷六作「喜」。

〔三一〕布宣惠心　「心」原作「必」，據馮本及讀史管見卷六改。

〔三二〕則以著於令甲者曰　「令甲」二字原倒，據讀史管見卷六乙正。

〔三三〕十二年四月　「二」原作「一」，據元本、慎本、馮本及三國志卷三三後主傳改。

卷一百七十二　刑考十一

赦宥

魏文帝即位，改元黄初，大赦。五年，東巡，幸許昌宮。爲水軍，親御龍舟〔一〕，循蔡、潁，浮淮，幸壽春。揚州界將吏士民，犯五歲刑以下，皆原除之。至廣陵，赦青、徐二州。

明帝即位，大赦。二年，赦繫囚非殊死以下。五年，皇子生〔二〕，大赦。青龍二年，大赦。景初元年，大赦。二年，大赦。

齊王即位，正月大赦。八月，以帝親政，大赦。四年，立皇后，大赦。嘉平元年，誅曹爽，大赦。三年，大赦。四年，立皇后，大赦。六年二月，誅李豐、夏侯玄，大赦。四月，立皇后，大赦。

高貴鄉公即位，大赦。二年，誅毌丘儉、文欽〔三〕，特赦淮南士民爲儉、欽所詿誤者。又以隴右四郡及金城連年受敵，或亡叛投賊，其親留在本土不安者，特赦之。甘露二年五月，誅諸葛誕，赦淮南將吏士民爲誕所詿誤者。九月，大赦。

陳留王即位，大赦。景元四年，平蜀，特赦益州士民。咸熙元年，誅鍾會，特赦諸在益土者。二年，大赦。

晉武帝泰始元年，受禪即位，大赦。逋債負皆勿收，除舊嫌，解禁錮，亡官失爵者悉復之。四年，大赦。五年，曲赦交阯、九真、日南五歲刑。六年，赦五歲刑以下。七年，雍、梁、秦三州饑〔四〕，赦其境内殊死以下。又曲赦益州南中四郡殊死以下。八年，大赦。咸寧元年春，大赦，改元。二年二月，赦五歲刑以下。十月，立皇后，大赦。五年，大赦。太康元年，平吴，大赦。五年，大赦。十年，太廟成，袷祭，大赦。

惠帝即位，大赦。永平元年〔五〕，誅楊駿，大赦。二年，大赦。四年，赦壽春、上谷居庸、上庸地震被災者。六年，大赦。十月〔六〕，曲赦雍、凉二州。八年，大赦。永康元年正月，大赦。四月，趙王倫等廢賈后，大赦。八月，曲赦洛陽。十一月，立皇后，大赦。永寧元年四月，趙王倫誅，帝復位，大赦。六月，立皇太孫〔七〕，大赦。八月，大赦。泰安元年，赦司、冀、兖、豫四州。十二月，河間王顒表誅齊王冏，大赦。二年，赦五歲刑。九月〔八〕，張方入京師，大赦。十二月〔九〕，張方殺長沙王乂〔一〇〕，大赦。永興元年正月，大赦，改元。三月，立成都王穎爲皇太弟，大赦。七月戊戌，陳眕討穎，大赦。庚申，穎敗王師，大赦。八月，張方迎帝幸其營，大赦。十一月，方劫帝幸長安，大赦。十二月，立豫章王熾爲太弟，大赦。是歲大赦凡七。二年，大赦。光熙元年，大赦。

懷帝即位，大赦。永嘉元年正月，大赦，改元。三月，立皇太子，大赦。二年正月，大赦。十二月，大赦。三年，曲赦河南郡。四年正月，大赦。

愍帝永嘉六年，入長安爲皇太子，大赦。建興元年，即位，大赦。二年，大赦。三年四月，大赦。六月，大赦。

元帝建武元年，即晉王位，大赦。大興元年，即皇帝位，大赦。二年，大赦。永昌元年，大赦，改元。四月，王敦反，入石頭。大赦。

明帝即位，大赦。二年正月〔一〕，赦五歲刑以下。七月〔二〕，誅王敦，大赦；惟敦黨不原。三年，立皇太子，大赦。

成帝即位，大赦。咸和元年二月〔三〕，大赦，改元。十月，赦百里內五歲以下刑。三年二月，蘇峻反，入石頭，大赦。四年，誅蘇峻，大赦。五年正月，大赦。七年正月，大赦。八年正月，赦五歲刑以下。咸康元年，加元服，大赦。二年，立皇后，大赦。五年正月，大赦。六年三月，大赦。八年正月，大赦。

康帝即位，大赦。建元元年十一月，大赦。

穆帝即位，大赦。永和二年正月，大赦。三年，大赦。五年正月，大赦。九年正月，大赦。升平元年正月，帝加元服，大赦。八月，立皇后，大赦，逋租宿負皆勿收。五年正月，大赦。

哀帝即位，大赦。隆和元年正月，大赦。興寧元年二月，大赦。

廢帝即位，大赦。太和元年，曲赦梁、益二州。三年三月，大赦。六年四月，大赦。

簡文帝即位，大赦。

孝武帝即位，大赦。寧康二年正月，大赦。三年正月，大赦。太元元年正月，帝加元服，大赦。五月，以地震大赦。四年正月，大赦。五年四月，赦五歲刑以下。六月，以比歲荒歉，大赦，自太元三年以前逋租宿債蠲除之。六年〔一四〕，赦五歲刑以下。七年八月，大赦。八年三月，大赦。十二月〔一五〕，以破苻堅，大赦。九年十月，以玄象乖度，大赦。十一年三月，大赦。十二年正月，大赦。十五年三月，大赦。十七年正月，大赦，除逋租宿債。安帝即位，大赦。隆安二年十月，大赦。四年正月，大赦。七月，大赦。元興元年正月，大赦。十二月，桓玄擅政，曲赦廣陵、彭城大逆以下。三年三月〔一六〕，劉裕討桓玄，置留臺，承制大赦，惟桓玄一族不宥。五月，帝反政於江陵，大赦，凡諸畏逼屈事逆命者，一無所問。義熙元年，大赦，改元，唯桓玄、桓振一族及同黨不在原例。三年春，大赦。五年正月，大赦。六年五月，大赦。八年九月〔一七〕，大赦。十一年正月，大赦。九月，大赦。十二年，以伐姚泓，大赦。十四年正月，大赦。

恭帝即位，大赦。

宋武帝即位，大赦，改元。逋租宿債勿收。其犯鄉論清議、贓汙淫盜，一皆蕩滌，與之更始。長徒之身，特皆原遣。亡官失爵，禁錮奪勞，一依舊準。

裴子野論曰：「昔重華受終，四凶流放；武王克殷，頑民遷洛：天下之惡一也。鄉論清議，除之過矣。」

其年八月，立皇太子，赦見罪人。二年正月，祀南郊，大赦。

裴子野曰：「夫郊祀天地，修歲事也。赦彼有罪，夫何爲哉！」

三年，詔刑罰無輕重〔一八〕，悉原之。

少帝即位，大赦。景平元年正月，大赦，改元。二年五月，傅亮等以太后令廢帝。是日，赦死罪以下。

文帝即位，大赦，改元。元嘉二年，帝親政，祀南郊，大赦。三年正月，討謝晦，大赦。四年正月，曲赦建業百里內。六年，立皇太子，大赦。八年六月，大赦。十年正月，大赦。七月，曲赦梁、益、秦三州。十一年，曲赦梁、南秦二州劍閣以北。十二年正月，大赦。十三年三月，大赦。十四年正月，祀南郊，大赦。十六年，皇太子冠，大赦。十七年十月，大赦。十九年四月，大赦。二十一年，親耕籍田，大赦。二十三年四月，大赦。二十四年正月，大赦。二十六年三月，大赦。二十七年十一月，大赦。

孝武以元嘉三十年四月即位，大赦。五月〔一九〕，曲赦建業二百里內。孝建元年，大赦，改元。三年，皇太子納妃，大赦。大明元年，大赦，改元。三年，討誅竟陵王誕，大赦。七年二月，大赦。十一月，曲赦南豫州殊死以下。十二月，大赦。

前廢帝即位，大赦。景和元年正月，大赦，改元。十一月，大赦。

明帝即位，大赦。三年〔二〇〕，曲赦豫、南豫、青、冀四州。

後廢帝即位，大赦。元徽元年，大赦，改元。

順帝即位，大赦。

齊高帝受禪即位，大赦。弛逋債及犯鄉論清議、贓汙淫盜者，蕩滌如宋初。二年，大赦。

武帝即位，大赦。永明元年，祀南郊，大赦，改元。三年，祀南郊，赦三百里內，罪應入重者降一等，餘依赦制。四年，宥殊死以下。七年，祀南郊，大赦。八年，大赦。十一年，曲赦南兗、兗、豫、司、徐五州。

廢帝即位，大赦。隆昌元年，大赦，改元。

海陵王即位，大赦。

明帝即位，大赦，改元。建武四年，大赦。

東昏侯永元元年，大赦，改元。二年，曲赦都下及南徐、兖二州〔二〕。三年，祀南郊，大赦。

和帝即位，大赦。

梁武帝受禪即位，大赦一如宋、齊。天監二年，祀南郊，降死囚以下，曲赦益州〔三〕。三年，大赦。四年，祀南郊，大赦。五年，大赦。七年，以皇子繹生，赦大辟以下未結正者。八年，祀南郊，大赦。十年，祀南郊，大赦。十一年，曲赦揚、徐二州。十二年，祀南郊，赦大辟罪以下。十四年，皇太子冠，大赦。十六年，耕籍田，赦罪人。十七年，大赦。十八年，受佛戒，赦罪人。普通元年正月，大赦。二年，祀南郊，大赦。三年，大赦。四年，祀南郊，大赦。六年正月，祀南郊，大赦。七月，大赦。七年，赦死罪以下。大通元年，曲赦東豫州。中大通元年正月，祀南郊，大赦。十月，設無遮會，大赦。三年，祀南郊，大赦。五年，祀南郊，大赦。大同元年，大赦。三年正月，祀南郊，大赦。八月，設無礙食，大赦。四年，大赦。六年，曲赦司、豫、徐、兖四州及都下。十年，大赦。中大同元年，大赦。太清元年正月，祀南郊，大赦。四月，捨身，大赦。二年，曲赦交、愛、德三州及南豫州。

簡文帝即位，大赦。大寶元年，大赦，改元。

元帝即位，大赦。

敬帝即位，大赦。太平元年，大赦。

陳武帝受禪即位，大赦，一如宋、齊、梁故事。永定二年，祀南郊，大赦。

文帝即位，大赦。天嘉元年，大赦，改元。三年，大赦。四年九月，曲赦都下。十二月，大赦。五年，曲赦都下及建安、晉陽二郡。六年，曲赦都下。天康元年，大赦。廢帝即位，大赦。光大元年，大赦。改元。

宣帝太建元年即位，大赦。二年，大赦。三年，大赦。四年，大赦。六年，赦江右、淮北諸州。十年，大赦。十一年，大赦。

後主太建十四年正月即位，大赦。七月，大赦。至德元年，大赦，改元。二年十一月，大赦〔二三〕。三年，大赦。四年，大赦。禎明元年〔二四〕，大赦。

後魏道武帝天興元年，定國號爲魏，大赦，改元，遷都平城。二年，曲赦京師〔二五〕。天賜元年，大赦。

明元帝永興元年即位，大赦，改元。神瑞元年，大赦。泰常元年，大赦。

太武帝即位，大赦。神䴥元年，大赦。延和元年，大赦。二年，大赦。太延元年，大赦。四年，大赦。太平真君元年，皇孫生，大赦。九年，大赦。十一年，曲赦定、冀、相三州死罪以下。正平元年，大赦。

文成帝即位，大赦。興光元年二月，曲赦京師。七月，皇子生，大赦。太安元年，曲赦京師死囚以下。二年，立皇太子，大赦。四年，大赦。五年，赦京師死罪已下。和平元年，大赦，改元。六年，大赦。

獻文帝即位，大赦。天安元年，大赦，改元。皇興元年，皇子生，大赦，改元。四年，大赦。

孝文帝延興二年〔二六〕，曲赦京師及河西，秦、涇、枹罕、凉州及諸鎮〔二七〕。四年，曲赦仇池。五年，曲赦京師死罪。承明元年六月，大赦。九月，曲赦京師。太和元年，大赦。二年，曲赦京師。三年三月，曲赦京師。十月，大赦。四年，曲赦京師。五年，大赦。七年，皇子生，大赦。十年，大赦。十二年，大赦。十六年，頒新律令，大赦。十九年，曲赦徐、豫、梁、相四州。二十年，曲赦京師。二十三年，大赦。

宣武帝景明元年〔二八〕，大赦，改元。二年二月，大赦。七月，大赦。正始元年，大赦。三年正月，皇子生，大赦。八月，曲赦涇、秦、岐、凉、河五州。永平元年，大赦。三年，皇子生，大赦。延昌元年，大赦。

孝明帝即位，正月，大赦。八月，大赦。熙平元年，大赦，改元。二年，大赦。神龜二年，大赦。正光三年，大赦。五年，大赦。孝昌元年，大赦。二年，大赦。武泰元年，大赦。

敬宗即位，大赦，改元。二年七月，大赦〔二九〕。三年，誅爾朱榮，大赦。

節閔帝即位，大赦，改元。

廢帝即位，大赦，改元。

孝武帝即位，大赦，改元。永熙三年，入長安，大赦。

文帝即位，大赦，改元。大統三年，以獲神璽，大赦。四年，立皇后，大赦。九年，大赦。十三年，大赦。十四年，皇孫生，大赦。十六年，大赦。

孝静帝即位，大赦，改元。天平三年，大赦。四年，大赦。元象元年，大赦。興和元年五月，立皇后，大赦。十一月，新宫成，大赦。二年，大赦。武定元年，大赦。三年，大赦。五年，大赦。六年，以旱赦罪人有差。七年，大赦。

齊文宣帝天保元年五月，即位，大赦，改元。十月，曲赦并州〔三〇〕。

北齊赦日，武庫令設金鷄及鼓於閶闔門外之右，勒集囚徒於闕前，撾鼓千聲，脱枷鎖遣之。

九年四月，大赦。十一月，大赦。

廢帝即位，大赦。

孝昭帝即位，大赦。

武成帝即位，大赦。河清元年，立皇后、太子，大赦。四年，傳位太子，大赦。

後主天統三年二月，加元服，大赦。十一月，以大明殿成，大赦。四年，太上皇崩，大赦。武平元年，皇子生，大赦。三年，立皇后，大赦。五年，大赦。七年正月，大赦。十二月，大赦。

周孝閔帝即位，大赦。

孝明帝即位，大赦。二年，大赦。武成元年，大赦。

武帝即位，大赦。保定四年，大赦。天和三年，大赦。建德元年三月〔三一〕，大赦，改元。四月，立皇太子，大赦。三年，大赦。五年，以取齊并州，大赦。六年，平齊，詔去年大赦頒宣未及之處悉從赦例。

宣帝大成元年正月，大赦，改元。二月，傳位皇太子，大赦。

時帝以高祖刑書要制爲太重而除之，又數行赦宥。京兆郡丞樂運上疏，以爲：「虞書所稱『眚災肆赦』，謂過誤爲害，當緩赦之。呂刑云『五刑之疑有赦』，謂刑疑從罰，罰疑從免也。謹尋經典，未有罪無輕重，溥天大赦之文，豈可數施非常之惠，以肆姦宄之惡乎！」帝不納。

静帝二年，天元崩，大赦。

隋文帝受禪即位，大赦，改元。開皇三年正月，將遷新都，大赦。九月，大赦。六年，大赦。七年〔三〕，曲赦江陵及同州。八年，以伐陳，曲赦陳國。九年，以平陳，大赦。十五年正月〔三〕，大赦。四月，大赦。十九年，大赦。

開皇末，王伽爲齊州行參軍〔二四〕，被州使送流囚李參等七十餘人詣京師。時流人並枷鎖傳送，次滎陽，伽憫其辛苦，悉呼而謂之曰：「卿輩既犯國刑，虧損名教，身嬰縲紲，此其職也。今復重勞援卒，豈獨不愧於心哉！」參等辭謝。伽曰：「汝等雖犯憲法，枷鎖亦大辛苦〔二五〕。吾欲與汝等脱去，行至京師總集，能不違期不？」皆拜謝曰：「必不敢違。」伽於是悉脱其枷〔二六〕，停援卒，與期曰：「某日當至京師，如致前却，吾當爲汝受死。」舍之而去。流人感悦，依期而至，一無離叛。上聞而驚異，召見與語，稱善久之。於是悉召流人，並令攜負妻子俱入，賜宴於殿庭而赦之。乃下詔曰：「凡在有生，含靈禀性，咸知好惡，並識是非。若臨以至誠，明加勸導，則俗必從化，人皆遷善。往以海内亂離，德教廢絶，官人無慈愛之心，兆庶懷姦詐之意，所以獄訟不息，澆薄難理。朕受命上天，安養萬姓，思導聖法，以德化人，朝夕孜孜，意本如此。而伽深識朕意，誠心宣導。參等感悟，自赴憲司。明率土之人，非爲難教，良是官人不加示曉，致令陷罪，無由自新。若使官盡王伽之儔，人皆李參之輩，刑措不用，其何遠哉！」於是擢伽爲雍令，政有能名。

仁壽元年，大赦。二年，曲赦益州。

煬帝大業元年正月，大赦，改元。十月，赦江、淮以南。三年，頒律令，大赦。五年，大赦。九年，大赦。十年，大赦。十一年，曲赦太原、雁門死罪以下。

恭帝即位，大赦，改元。

唐制，赦日，武庫令設金鷄及鼓於宮城門外之右，勒集囚徒於闕前，撾鼓千聲訖，宣制放。其赦書頒諸州，用絹寫行下。律曰：「會赦及降者〔三七〕，盜、詐、枉法〔三八〕，猶徵正贓，餘贓非見在收贖之物，限内未送者，並從赦降原。諸赦前斷罪不當者〔三九〕，若處輕爲重，宜改從輕；處重爲輕，即依輕法。其常赦所不免者，依常律。常赦所不免，謂雖會大赦，猶處死及流，若除名、免所居官、移鄉者。赦書定罪名合從輕者，不得引律比附入重〔四〇〕，違者各以故、失論。諸以赦前事相告言者，以其罪罪之；官司受而爲理者，以故入人罪論；至死者，各加役流。若事須追究者，不用此律。」追究，謂婚姻良賤、赦限外蔽匿，應改正徵收及追見贓之類。

唐高祖武德元年五月，上受隋禪，即皇帝位，大赦，改元。

四年七月，以王世充、竇建德既平，天下略定，大赦。時赦令既下，而王、竇餘黨尚有遠徙者。治書侍御史孫伏伽請曰：「今兹大赦，既云『常赦不原者皆赦除』，非直赦其有罪，亦是與天下更新，因何既赦而復徙之？且世充尚蒙寬宥，況於餘黨，所宜縱釋。」上從之。

九年六月，秦王世民誅太子建成、齊王元吉，大赦天下。八月，太宗即皇帝位，赦天下。貞觀四年，以克突厥，赦天下。六年，上親録囚徒，放死罪三百九十人歸於家，令明年秋來就刑。其後應期畢至，乃詔悉赦之。

歐陽氏曰：「信義行於君子，而刑戮施於小人。刑入於死者乃罪大惡極，此又小人之尤甚者也。寧以義死，不苟幸生，而視死如歸，此又君子之尤難者也。方唐太宗之六年，録大辟囚三百餘人，縱使還家，約其自歸以就死，是以君子之難能期小人之尤者以必能也。其囚及期而卒自歸，無後者，是君子之所難，而小人之所易也。此豈近於人情？或曰：『罪大惡極，誠小人矣，及施恩德以臨之，可使變而爲君子。蓋恩德入人之深而移人之速有如是者矣。』曰：『太宗之爲此，所以求此名也。然安知夫縱之去也，不意其必來以冀免，所以縱之乎？又安知夫被縱而去也，不意其自歸而必獲免，所以復來乎？夫意其必來而縱之，是上賊下之情也；意其必免而復來，是下賊上之心也。吾見上下交相賊以成此名也，烏有所謂施恩德與夫知信義者哉！不然，太宗施德於天下，於兹六年矣，不能使小人不爲極惡大罪，而一日之恩，能使視死如歸而存信義，此又不通之論也。然則何爲而可？曰：縱而來歸，殺之無赦，而又縱之，而又來，則可知爲恩德之致爾。然此必無之事也。若夫縱而來歸而赦之，可偶一爲之爾。若屢爲之，則殺人者皆不死，是可爲天下之常法乎？不可爲常者，其聖人之法乎？是以堯、舜、三王之治，必本於人情，不立異以爲高，不逆情以干譽。」

九年，赦天下。十四年，赦雍州、長安繫囚大辟以下。十七年，立晉王治爲皇太子，赦天下。二十三年三月，赦天下。六月，上崩。高宗即位，赦天下。

上嘗謂侍臣曰：「凡赦，唯及不軌之輩。古語曰〔四一〕：『小人之幸，君子之不幸也。』『一歲再赦，善人喑啞』。凡養稂莠者傷禾稼，惠姦宄者賊良人。昔『文王作罰，刑茲無赦』。夫小仁者，大仁之賊。故我有天下以來，不甚放赦。今四海安静，禮義興行，數赦則愚人常冀僥倖〔四二〕，唯欲犯法，不能改過，當須慎赦。」

高宗永徽三年，立陳王忠爲皇太子，赦天下。六年，立武氏爲皇后，赦天下。顯慶元年，改元，赦天下。四年，太子加元服，赦天下。五年，平百濟，赦天下。龍朔二年，赦天下。乾封元年，封泰山，赦天下。咸亨元年，赦天下。上元元年，赦天下。二年，立雍王賢爲皇太子，赦天下。儀鳳元年，赦天下。三年，赦天下。調露元年，赦天下。永隆元年，立英王哲爲皇太子，赦天下。永淳元年，赦天下。弘道元年，赦天下。

武后光宅元年正月，改元，赦天下。二月，睿宗立，赦天下。九月，赦天下。垂拱元年，赦天下。二年〔四三〕，赦天下。四年，赦天下。天授元年十一月，赦天下。九月，改唐爲周，赦天下。是年用周正，以十一月爲歲首。長壽元年，赦天下。延載元年，赦天下。天冊萬歲元年正月，大赦。九月，加尊號，赦天下。

獲嘉縣主簿劉知幾上表言：「皇業權輿，天地開闢，嗣君即位，黎元更始，則時藉非常之慶，以申再造之恩。今六合清晏而赦令不息，近則一年再降，遠則每歲無遺，至於違法悖禮之徒，無賴不仁之輩，編户則寇攘爲業，當官則贓賄是求。而元日之朝，指期天澤，重陽之節，佇降皇恩，如其忖度〔四四〕，咸果釋免〔四五〕。或有名垂結正〔四六〕，罪當斷決，竊行貨賄，方便規求，故致稽延，畢霑寬宥。用使俗多頑悖，時罕廉隅，爲善者不預恩光，作惡者獨承徼幸。若乃方正直言之士，守善嫉惡之夫，每欲攪讐埋輪，效鷹鸇而報國；褰帷露冕，去蝥賊以安人。而遇赦無以效其功，閫恩無所施其巧。古語云：『小人之幸，君子之不幸。』斯之謂也。望今後頗節於赦，使黎民知禁，姦宄肅清。又海内具僚九品以上，每歲逢赦，必賜階勳，遂使緋服衆於青衣，象版多於木笏；皆榮非德舉，位罕才升〔四七〕。望稍息私恩，使有善者愈效忠勤，無才者咸知勉勵。」疏奏，太后頗嘉之。

萬歲通天元年，赦天下。神功元年，赦天下。聖曆元年正月，大赦天下。九月，復立廬陵王爲皇太子，赦天下。二年，赦天下。久視元年五月，赦天下。十月，赦天下。長安元年，赦天下。二年，祀南郊，赦天下。

中宗神龍元年正月壬午朔，赦天下。甲辰，太子監國，赦天下。丙午，中宗復位，赦天下。二月甲子，立皇后，赦天下〔四八〕。三年，赦天下。景龍元年，赦天下。二年二月，赦天下。十一月，赦天下。三年，祀南郊，赦天下。

睿宗即位，赦天下。二年，制太子監國，赦天下。三年正月，耕籍田，赦天下。五月，祭北郊，赦天下。

玄宗即位，八月，赦天下。即景雲三年改先天元年〔四九〕。十月，謁太廟，赦天下。開元元年，誅太平公主，赦天下。五年〔五〇〕，赦天下。九年，赦天下。十一年，祀南郊，赦天下。十三年，封泰山，赦天下。十七年，赦天下。二十年祀后土汾陰，赦天下。二十七年，赦天下。天寶元年正月，大赦，改元。二月，合祀天地南郊，赦。三載，祀九宫貴神，赦天下。六載，合祭南郊，赦天下。七載，上尊號，赦天下。十載，合祭南郊，赦天下。

肅宗即位於靈武，赦天下。二載〔五一〕，克復兩京，赦天下，惟與安禄山同反及李林甫、王鉷、楊國忠子孫在不免例。乾元元年二月，赦天下，改元。四月，新太廟成，享廟，赦天下。上元元年，赦天下，改元。二年，赦天下。寶應元年，上皇崩，赦天下。

代宗即位，赦天下。廣德元年，上尊號，改元，赦天下。二年，赦天下。永泰元年，改元，赦天下。大曆元年，赦天下，改元。五年，誅魚朝恩，赦京師囚繫。七年，赦天下。九年，赦天下。

德宗即位，赦天下。建中元年，改元，赦天下。興元元年正月，上在奉天，大赦。七月，平朱泚，復長安，大赦。貞元元年，赦天下，改元。四年〔五二〕，赦天下。九年，祀圜丘，赦天下。

順宗即位，赦天下。

德宗之末，十年無赦，群臣以微過譴逐者，皆不復敘用，至是，始得量移。

憲宗元和元年，赦天下，改元。二年，祀圜丘，赦天下。三年，受尊號，赦天下。十三年，赦天下。十四年，受尊號，赦天下。

穆宗長慶元年正月，赦天下，改元。七月，受尊號，赦天下。

敬宗即位，赦天下。寶曆元年，赦天下，改元。

文宗太和元年，赦天下，改元。三年，祀圜丘，赦天下。開成元年，赦天下，改元。

武宗即位，赦天下。會昌元年，祀圜丘，赦天下。二年，受尊號，赦天下。五年，赦天下。

宣宗即位，赦天下。大中元年，赦天下，改元。二年，受尊號，赦天下。四年，赦天下。七年，祀圜丘，赦天下。十三年，赦天下。

懿宗即位，赦天下。咸通元年，祀圜丘，赦天下。三年，受尊號，赦天下。四年，祀圜丘，赦天下。十一年，受尊號，赦天下。

僖宗即位，赦天下。乾符二年〔三〕，祀圜丘，赦天下。中和元年，上在成都，赦天下，改元。光啓元年，上還京，赦天下。文德元年，赦天下，改元。

昭宗龍紀元年，赦天下，改元。二年，赦天下〔四〕。景福元年，大赦，改元。乾寧元年，大赦天下。

光化元年五月，赦天下。天復元年，赦天下。

校勘記

〔一〕爲水軍親御龍舟　「爲」字與「親」字原脱，據三國志卷二文帝紀、册府元龜卷八二帝王部赦宥一補。

〔二〕皇子生　「皇」下原衍「太」字，據元本、慎本、馮本及三國志卷三明帝紀删。

〔三〕誅毌丘儉文欽　按三國志卷四三少帝紀：「破欽于樂嘉。欽遁走，遂奔吴。甲辰，安風津都尉斬儉。」同書卷二八毌丘儉傳亦稱「欽亡入吴」。是儉誅而欽逃，今俱云「誅」，于義未安。

〔四〕雍梁秦三州畿　「梁」，晉書卷三武帝紀作「凉」。

〔五〕永平元年　按資治通鑑卷八二晉紀四：「元康元年，春正月乙酉朔，改元永平。」胡注：「永平，楊駿執政時所改元也，駿誅，改元元康。」

〔六〕十月　「月」原作「年」，據晉書卷四惠帝紀改。

〔七〕立皇太孫　「孫」原作「子」，據晉書卷四惠帝紀改。

〔八〕九月　「九」原作「八」，據晉書卷四惠帝紀改。

〔九〕十二月　「二」字原脱，據晉書卷四惠帝紀補。

〔一〇〕張方殺長沙王乂　「乂」原作「義」，據慎本及晉書卷四惠帝紀改。

〔一一〕二年正月　依本書文例，「二年」上當有「太寧」二字，以與上文「永昌元年，大赦，改元」呼應，不至誤爲永昌二年正月。

〔一二〕七月　「七」原作「十」，據晉書卷六明帝紀改。

〔一三〕咸和元年二月　「二」原作「正」，據晉書卷七成帝紀改。

〔一四〕六年　「年」原作「月」，據晉書卷九孝武帝紀改。

〔一五〕十二月　「二」原作「一」，據晉書卷九孝武帝紀改。

〔一六〕三年三月　「三月」原作「二月」，據晉書卷一〇安帝紀改。

〔一七〕八年九月　「九」原作「八」，據晉書卷一〇安帝紀改。

〔一八〕詔刑罰無輕重　「罰」原作「罪」，據宋書卷三武帝紀下改。

〔一九〕五月　「五」原作「六」，據宋書卷六孝武帝紀、南史卷二宋孝武帝紀改。

〔二〇〕三年　依本書文例，「三」上當有「泰始」二字。宋明帝有泰始、泰豫二年號。
〔二一〕曲赦都下及南徐兗二州　「南」字原脱，據南齊書卷七東昏侯紀補。
〔二二〕降死囚以下曲赦益州　「降」字原脱，「降死囚以下」原在「曲赦益州」下，據元本、慎本、馮本及南史卷六梁武帝紀補乙。
〔二三〕二年十一月大赦　「二年」二字原脱，據陳書卷六後主紀、南史卷一〇陳後主紀補。
〔二四〕禎明元年　「禎明」原作「正明」，蓋避仁宗諱。據元本、慎本、馮本改。
〔二五〕曲赦京師　「曲」字原脱，據魏書卷二太祖紀補。
〔二六〕孝文帝延興二年　「延興」原作「元興」，據魏書卷七上高祖紀上、北史卷三高祖紀改。
〔二七〕曲赦京師及河西秦涇枹罕涼州及諸鎮　魏書卷七上高祖紀上、北史卷三高祖紀作「曲赦京師及河西，南至秦、涇，西至枹罕，北至涼州諸鎮」。
〔二八〕宣武帝景明元年　「帝」字原脱，據元本、慎本、馮本補。
〔二九〕二年七月大赦　依本書文例，「二」上當有「永安」年號，據魏書卷一〇孝莊帝紀，孝莊帝有建義、永安二年號，大赦事在永安二年，不書則不明。
〔三〇〕曲赦并州　北齊書卷四文宣帝紀、北史卷七文宣帝紀俱作「曲赦并州太原郡晉陽縣及相國府四獄囚」。
〔三一〕建德元年三月　「三」原作「正」，據周書卷五武帝紀改。
〔三二〕七年　「年」原作「月」，據隋書卷一高祖紀上改。
〔三三〕十五年正月　「正」原作「二」，據隋書卷二高祖紀下改。

〔三四〕王伽爲齊州行參軍　「行」字原脱，據隋書卷七三王伽傳補。

〔三五〕枷鎖亦大辛苦　「辛苦」二字原倒，據隋書卷七三王伽傳乙正。

〔三六〕伽於是悉脱其枷　「其」字原脱，據隋書卷七三王伽傳補。

〔三七〕會赦及降者　「會」原作「曾」，據通典卷一六九刑法典七、唐律疏義卷四名例改。

〔三八〕盗詐枉法　「盗」下原衍「者」字，「詐」原作「准」，據唐律疏義卷四名例删改。

〔三九〕諸赦前斷罪不當者　「斷」原作「當」，「當」原作「斷」，據唐律疏義卷三〇斷獄改。

〔四〇〕不得引律比附入重　「得」原作「待」，據唐律疏義卷三〇斷獄改。

〔四一〕古語曰　「語」原作「言」，據通典卷一六九刑法典七、唐會要卷四〇論赦宥改。

〔四二〕數赦則愚人常冀僥倖　「則」原作「即」，據通典卷一六九刑法典七、唐會要卷四〇論赦宥改。

〔四三〕二年　「二」原作「三」，據元本、慎本、馮本及舊唐書卷六則天皇后紀改。

〔四四〕如其忖度　「其」原作「期」，據唐會要卷四〇論赦宥改。

〔四五〕咸果釋免　「果」原作「樂」，據唐會要卷四〇論赦宥改。

〔四六〕或有名垂結正　「或有名」原作「成爲各」，據資治通鑑卷二〇五唐紀二十一則天后天册萬歲元年正月庚子條、全唐文卷二七四劉知幾應制表陳四事改。

〔四七〕位罕才升　「升」字原脱，據資治通鑑卷二〇五唐紀二十一則天后天册萬歲元年正月庚子條、全唐文卷二七四劉知幾應制表陳四事補。

〔四八〕二月甲子立皇后赦天下　「月」原作「年」，「甲子」原在「立皇后」下，據舊唐書卷七中宗紀、新唐書卷四中宗紀改。

〔四九〕即景雲三年改先天元年　「景雲」原作「神龍」。按神龍爲中宗年號，玄宗即位之先天元年即睿宗禪位之景雲三年，見舊唐書卷八玄宗紀，此處之「神龍」顯爲「景雲」之誤，故改。

〔五〇〕五年　「年」原作「月」，據舊唐書卷八玄宗紀、新唐書卷五玄宗紀改。

〔五一〕二載　依本書文例，「二」上當有「至德」二字。

〔五二〕四年　「年」原作「月」，據舊唐書卷一三德宗紀、新唐書卷七德宗紀改。

〔五三〕乾符二年　「二」原作「三」，據新唐書卷九僖宗紀改。

〔五四〕二年赦天下　按新唐書卷一〇昭宗紀，龍紀二年無赦而大順二年四月甲申曾大赦，據此，「二年」上當書「大順」二字。

卷一百七十三　刑考十二

赦宥

梁太祖開平元年即位，大赦，改元。開平三年正月，祀圜丘，大赦。十一月，告謝圜丘，大赦。乾化元年，大赦。郢王友珪即位，大赦。

郢王乾化三年〔一〕，祀圜丘，大赦。

唐莊宗同光元年即位，大赦。二年，祀南郊，大赦。

容齋洪氏隨筆曰：「赦過宥罪，自古不廢，然行之太頻，則惠姦長惡，引小人於大譴之域，其爲害固不勝言矣。唐莊宗同光二年大赦，前云：『罪無輕重，常赦所不原者，咸赦除之。』而又曰：『十惡、五逆、屠牛、鑄錢、故殺人、合造毒藥、持杖行劫、官典犯贓，不在此限。』此制正得其中。當亂離之朝，乃能如此，亦可取也，而今時或不然。」

明宗天成元年即位，大赦。長興元年，祀圜丘，大赦。

閔帝即位，大赦。

潞王清泰元年即位，大赦。

晉高祖天福元年十一月即位，大赦。十二月〔二〕，入洛陽，大赦。二年，至汴州，大赦。三年，大赦。

左散騎常侍張允進駁赦論曰：「竊觀自古帝王，皆以水旱，則降德音而宥過，開狴牢而放囚，冀感天心，以救其災者，非也。假有二人訟，一人有罪，一人無罪，遇赦則有罪者幸免，無罪者銜冤。銜冤者何疏，見赦者何親，冤氣升聞，乃所以致災，非弭災也。小民遇天災則喜，皆勸爲惡，曰：『國家好行赦，必赦我以救災。』如此，則赦者教民爲惡也。且天道福善禍淫，若以赦爲惡之人而變災爲福，是則天助惡民也。故曰天降之災〔三〕，警誡人主，豈以濫捨有罪而能救其災乎！」上嘉納之。中書舍人李詳上疏，以爲：「十年以來，赦令屢降，諸道職掌，皆許推恩，而藩方薦論，動踰數百，乃至藏典書吏，優伶奴僕，初命則至銀青階，被服皆紫袍象笏，名器潛濫，貴賤不分。請自今諸道主兵將校之外，節度州聽奏朱記大將以上十人〔四〕，他州止聽奏都押牙、都虞候、孔目官〔五〕，自餘但委本道量遷職名而已〔六〕。」

按：赦之爲言，宥有罪之謂也。後來之赦，非獨宥罪而已，又從而推恩焉。於是有罪者幸免，無功者超遷，刑賞俱失，皆由於赦，其無益而有害也明矣。

齊王即位，大赦。開運元年，大赦，改元。二年，大赦。四年，契丹主入汴，大赦。

漢高祖即位，大赦。乾佑元年，大赦，改元。

隱帝即位，大赦。二年，大赦。

周太祖廣順元年即位，大赦。顯德元年，祀圜丘，大赦。

世宗即位，大赦。二年克鳳州，曲赦秦、鳳、階、成境内。三年，赦淮南諸州繫囚。

恭帝即位，大赦。

宋朝赦宥之制，其非常覃慶，則常赦不原者咸除之，其次釋雜犯死罪以下，皆謂之大赦，或止謂之赦。雜犯死減等，而餘罪釋之；流以下減等，杖、笞釋之，皆謂之德音；亦有釋雜犯罪至死者。其恩霈之及，有止於京城、兩京、兩路、一路、數州、一州之地者，則謂之曲赦。

太祖皇帝建隆元年，受周禪，大赦，改元。二年，以皇太后疾，赦。乾德元年四月，平荆、湖，赦其地。十一月，郊，大赦。

詔〔七〕：「兩京、諸道，自後犯竊盜不得預郊祀之赦，所在長吏當告諭下民，毋令冒法。」是後，將祀郊丘，必申此詔。

三年，平蜀，赦其地。開寶元年，郊，大赦。四年二月，平廣南，赦其地。十一月，郊，大赦。八年，平江南，赦其地。九年，郊，大赦。

太宗即位，大赦，改元〔八〕。太平興國三年，郊，大赦。

詔：「自元年十月二十二日以後〔九〕，即登極赦。京朝幕府州縣官犯入已贓除名配諸州者，縱逢恩赦，不在放還之限。」

帝嘗因郊禮議赦，有秦恩者〔一〇〕，上書願勿赦，引諸葛亮佐劉備數十年不赦事。上頗疑之。時趙普對曰：「凡郊肆眚，聖朝彝典，其仁如天，堯舜之道也。若劉備區區一方，臣所不取。」上善其對，赦宥之文遂定。

四年，平河東，赦其地。六年五月〔二〕，以旱，大赦。十一月，郊，大赦。雍熙元年，郊，大赦。端拱元年，大赦。

少府監言：「犯贓配役人郭冕等九人皆嘗任京朝官，會赦，當叙用。」上曰：「冕等贓吏，不可復齒仕版。」止令釋遣之。

淳化四年，郊，大赦。五年，大赦。至道元年，立皇太子，大赦。二年，郊，大赦。

真宗即位，大赦。咸平二年，郊，大赦。

詔：「如聞小民知有恩赦故爲劫盜，自今不在原免之限。」

五年，郊，大赦。景德元年，大赦。二年正月，大赦。十一月，郊，大赦。

大理寺言：「郊禮在近，諸州奏按，多不精詳，冀於覆駁延留，以俟恩宥。請自今有侵損贓私，事狀明白，公然抗拒，當駁退者，即具情實定斷，以絶僥倖。」詔可。

大中祥符元年正月，以天書降，大赦。十月，封禪禮成，大赦。四年，祀后土脽上〔三〕，大赦。五年，聖祖降，大赦。七年，恭謝東郊，大赦。八年正月，上玉皇聖號，大赦。閏六月，以日食大赦。天禧元年，上玉皇聖祖寶册，大赦。

江南提點刑獄范應辰上言：「伏睹辛亥制書：『常赦不原者咸除之。』謹按吕刑云：『兩造具備，師聽五辭。五辭簡孚，正於五刑。五刑不簡，正於五罰。五罰不服，正於五過。』繇是，『五刑之疑有赦，五罰之疑有赦』，其來詳矣。臣今所部州軍，過誤而被宥者雖多，竊害而蒙釋者亦衆。蓋以姦凶之輩，密斷赦期，百計是爲，萬端斯起，發其夙憾，狃於忿心，單弱受辜，强梁肆暴。或舉家隕命，罄室虜財；或持刃殺人，肝腦塗地；或縱火焚舍，藴蓄蕩空。至有糾輕生之徒，爲强剽之盗，公行戕害，以奪資儲。巡警之官，上逼下逐，設謀緝捕，冒險鬭敵，科罰者伍，薄責令尉，以兹敗獲，合正典刑。逢此霈恩，亦蠲其罪，悉又配爲卒伍，咸給衣糧。今力耕之人有受其寒餒者，而此輩季賜以服，月賦以粟，又何異賞人爲盗者邪？與夫『疑則赦』之言殊矣！望自今應有知赦在近而固爲罪戾，若赦後彰顯、情理切害者，死罪以下，止遞減一等；赦前殺人剽財，赦後雖不復爲，若因事捕獲，決隸遠惡州軍；其殺人放火，虜劫財貨已依赦配本城者，如更配逃亡飲博之罪，依禁軍例科斷；其重罪該原而情理切害者，所在長吏籍其犯由，若再黷憲綱，不以罪之大小，禁錮奏裁；其州縣官吏侮刑受賂，望止原其罪，而削其官，以申警戒焉。」上覽之，頗嘉其盡心，然以赦數則不可，無之實難也。

二年七月，彗見，大赦。八月，立皇太子，大赦。三年八月，以天書再降，大赦。十一月，郊，赦。四年，大赦。五年，赦。乾興元年，大赦。

仁宗即位，大赦。天聖二年，郊，大赦。五年，郊，大赦。八年，郊，大赦。明道元年八月，大赦。十一月，大赦，改元。二年二月，躬耕籍田，大赦。三月，以皇太后不豫，大赦。景祐元年，以星變，大赦。二年，郊，大赦。寶元元年，郊，大赦。慶曆元年，郊，大赦。四年，郊，大赦。五年，大赦。皇祐二年，大享明堂，大赦。五年〔三〕，郊，大赦。至和二年八月，赦京輔。

先是，正月已降德音，知諫院范鎮言：「京輔歲一赦，而去歲再赦，今歲三赦；又在京諸軍歲再賜緡錢，姑息之政，無甚於此。夫歲一赦者，細民謂之『熱恩』，以其必在五六月間也。姦猾爲過，指以待免，況再赦三赦乎！今備塞之兵五六十萬，使聞京師端坐受賜者，能不動心哉！請自今罷所謂歲一赦〔一四〕，以摧姦猾而使善良得以立也；罷兵士之特賜，以均内外而使民得以寬也。」

嘉祐元年正月，大赦。七年〔一五〕，大享明堂，大赦。八年，上不豫，大赦。

帝在位久，明於人之情僞，尤惡訐人陰事〔一六〕，一時士大夫亦習爲惇厚。而小人乘間，密上書，疏人過失〔一七〕，又數按人赦前事。翰林學士張方平言：「中外官多發人積年罪狀及奏劾事，輒請不以赦原，咸快一時之小忿，失天下之大信，相沿敝迹，寖成險俗，棄瑕録善，義則不然。自今有類此者，請以故違制書坐之。」其後，御史吕誨復以爲言。詔曰：「比者中外多上章言人過失，暴揚難驗之罪，告案無證之辭，或外託公言，内緣私忿，詆欺曖昧，苟陷善良。又赦令者，所以與天下更始，而有司多舉按赦前事，殆非信命令，重刑罰，使人洒心自新之意也。自今有上章告人罪及言赦前事者，訊之。至於言事之官，宜務大體，非關朝政，自餘小過細故，勿須察舉。」

英宗即位，大赦。治平二年，郊，大赦。三年，大赦。

仁宗世，大赦二十二，曲赦五，德音十五，録繫囚五十八。英宗世，大赦二〔一八〕，德音三，録繫囚七。其赦常赦所不原罪，唯仁宗、英宗即位及明道中太后不豫行之。然明道所行，人以爲濫，既而詔殺人者雖會前赦皆刺隸千里外牢城。世或謂三歲一赦，於古未有。景祐中，言者以爲：「三王歲親祀圜丘，未嘗輒赦。自唐兵興以後，事天之禮不常行，因有大赦，以蕩亂獄。且有罪者宥之未必自新，被害者抑之未必無怨。不能自新，將復爲惡；不能無怨，將悔爲善。一赦而使民悔善長惡，政教之大患也。願罷三歲一赦，使良民懷惠，凶人知禁。或謂未可盡廢，即請命有司，前郊三日理罪人，有過誤者，引而赦之。州縣須詔到倣此。」疏奏，朝廷重其事，第詔：「自今罪人情重者，毋得一以赦免。」然亦未嘗行。

神宗即位，大赦。

詔曰：「夫赦令，國之大恩，所以蕩滌瑕穢，納於自新之地，是以聖王重焉。中外臣僚多以赦前事捃摭吏民，興起訟獄；苟有詿誤，咸不自安，甚非持心近厚之誼，使吾號令不信於天下。其申詔內外言事、按察官司，毋得依前舉劾，具按取旨，否則科違制之罪。」

知諫院司馬光上言：「竊惟按察之官以赦前事興起獄訟，枉繫平民，及以輕淺之罪奏乞不原，聖恩禁之，誠爲大善。至於言事之官，事體稍異，恐難以一例指揮。何則？御史之職，本以繩按百辟，糾擿隱伏〔一九〕。姦邪之狀，固非一日所爲。國家素尚寬仁，數下赦令，或一歲之間，至於再三，若赦前之事皆不得言，則其可言者無幾矣。萬一有姦邪之臣，朝廷不知，誤加進用，御史欲言，則違今日之詔，若其不言，則陛下何從知之？臣恐因此言者得以藉口偷安〔二〇〕，姦邪得以放心不懼。此乃人臣之至幸，非國家之長利也。請追改前詔，刊去『言事』兩字。」光論復數至再，帝諭以「言者好以赦前事誣人」，光曰：「若言之得實，誠所欲聞；若其不實，當罪言者。」帝命光送詔於中書。

熙寧元年，郊，大赦。四年，大享明堂，大赦。

七年，帝以旱，欲降赦。時已兩赦，王安石曰：「湯旱，以六事自責，曰：『政不節歟？』若一歲三赦，是政不節，非所以弭災也。」乃止。

七年，郊，赦。八年，彗出，大赦。十年，郊，赦。元豐三年，大享明堂，赦。五年，景靈宮成，大赦。六年，郊，赦。

大理少卿劉袞言：「赦書以赦降日昧爽以前爲限，非次恩霈，人難預期，請依德音例，以赦到日爲限。」從之。

八年，上不豫，大赦。立皇太子，大赦。

哲宗即位，大赦。元祐元年，大享明堂，赦。

門下省言：「當官以職事曠隳，雖去官不免，猶可言；至於赦降大恩，與物更始，雖劫盜殺人亦蒙寬宥，豈可以一事差失，負罪終身？今刑部所修，不以去官赦降原減條，所留尚多，所刪尚少，請更刪改存留。」從之。

四年，大享明堂，赦。七年，郊，大赦。八年，赦。

門下侍郎韓維言：「請自今每近郊赦，令刑部、大理寺、開封府並依當時決遣獄訟，不減日限。其情重難釋者，別爲一等奏斷。」從之。

紹聖二年，大享明堂，赦。四年四月，西邊進築，赦陝西、河東。九月，彗出氐，赦。元符元年，郊，赦。二年，以西邊進築畢功，赦陝西、河東。三年，上不豫，大赦。

中書省言：「元祐編敕惟傳習妖教、託幻變之術及故盜決河堤堰，不以赦降原減，餘犯一再遇非次赦，或兩經大禮者，聽從原免。元符新敕刪去，遂使犯法者無由自新。」詔依元祐法。

徽宗即位，大赦。元符三年正月。四月，皇長子生〔一一〕，大赦。建中靖國元年，郊，赦。崇寧二年，大赦。三年，郊，赦。五年，彗出西方，赦。大觀元年正月，大赦。九月，大享明堂，赦。二年，受八寶，赦。四年五月，星孛奎、婁，大赦。十一月，郊，赦。政和二年〔一二〕，受元圭，大赦。三年四月，赦梓夔路。十一月，郊，赦。四年，祭地，赦。五年，立皇太子，赦。

知興仁府夏鰭言：「諸路奏獄，有因祖父母爲人所毆而子孫毆之以致死者，並坐情理可憫奏裁，多免流配；若遇赦則不復奏裁，即作鬬殺情理減等流配。是不遇赦者爲幸，遇赦者爲不幸。請自今雖遇赦，亦令奏裁。」從之。

六年，上玉皇號，大赦。修京西大内成，赦京西路。十一月，郊，赦。七年，大享明堂，赦。重和元年，受定命寶，大赦。六月〔一三〕，赦四川及陝西、河東。九月，大享明堂，赦。十一月，改元，大赦。宣和元年，赦陝西、河東。三年，討方臘，大赦。方臘平，赦江、浙、淮南等路。四年，郊，赦。五年，入燕，赦兩河、燕、雲路。六年，大赦。七年五月，赦京東、河北〔一四〕。十一月，郊，赦。

欽宗即位，大赦。靖康元年五月，赦河北。

神宗大赦凡十一：即位覃恩一，南郊四，明堂二，星變一，景靈宮成，奉安一，帝不豫祈福一，立皇太子一。曲赦凡十一：兩京、鄭州、河陽以山陵畢功，河北諸州以水災、地震，西京以奉安二后神御，河東、陝西以師旅，熙河、秦鳳以恢復而熙河獨再，廣東、西、湖南以交趾平，潁昌府以帝藩邸受封，梓州路以夷人平。德音凡八：以冬無雪，以皇子生，以日食正陽之月者再，以奉安中太一，以慈聖光獻皇后弗豫，以山陵復土，以四后升祔。親録在京繫囚凡十五，及諸路者一，及四京者二〔二五〕。哲宗大赦凡八〔二六〕：即位覃恩一，南郊二，明堂三，太皇太后不豫一，星變一，帝不豫一。德音凡九：兩京、畿、河陽以永裕陵復土，西京以修奉應天禪院會聖宮影殿成，兩京、畿、河陽、鄭州以宣仁皇后山陵復土，陝西、河東兩路以西邊進築九城，以建西安州，而連雪久陰，上清儲祥宮成，受傳國寶，皇子生，皆及天下。徽宗大赦二十六：即位覃恩一，南郊八，明堂三，皇子生，親謁原廟，九鼎成，星變二，受八寶，受元圭，立皇子，上玉皇尊號，受定命寶，太一宫成，罷方田，收復燕雲。曲赦十四：荆湖北路以平荆湖猺賊，熙河、秦鳳、永興軍路以收復湟州，熙河蘭湟路以撫定鄯、廓，熙河、陝西、河東、京西路以興復解鹽池寶，廣西以夜郎〔二七〕、康居之屬納土，熙河蘭湟、秦鳳、永興軍路以闢陝西疆土，四川以平西南夷，淮南西路以平淮南賊，陝西、河東路以破西夏，陝西、河東路以夏人納款，河北、河東路以收復燕京、燕山府、雲中路。德音二十七：四京、畿内以日食〔二八〕，以皇太后罷同聽政，兩京、畿、河陽、鄭州以永泰陵復土，以陞端州爲肇慶府，以皇太后服藥，以日食正陽之月，兩京、畿、河陽以欽聖憲肅皇后園陵復土，四京、畿内以景靈西宮成〔二九〕，西京、畿内、河陽、鄭州以欽成皇后園陵復土，西京、畿以哲宗神御殿成，四京、畿内以延福宮火〔三〇〕，以陞澶州爲開德府，真、光、壽、舒、和、宿、泗、楚、揚、亳、蘇、常、湖、潤、杭、秀、越、潁、徐、拱州，高郵、無爲軍，江寧、潁昌府，河南、應天府及陳留縣管内以妖賊張懷素平，兩京、河陽、鄭州以帝疾康寧，以收復溱、播州赦梓夔路〔二〕，兩京、畿、河陽、鄭州管内以昭懷皇后園陵復土，河北、京西、京東路以修三山河橋成，兩浙、江東、福建、淮南路以方臘伏誅，京東、河北路以盜賊；而北郊凡三，以禁中神御成，以皇帝元命之月，以神霄宫成，皆及天下。欽宗大赦二：即位覃恩，金國講和。德音一：河北路以金人出境。

高宗建炎元年五月，即位於南京，大赦，改元。六月，以皇長子生，大赦。

右僕射李綱言：「登極赦獨遺河東、北而不及勤王之師。夫兩路爲朝廷堅守而赦令不及，勤王之師雖未嘗用，然在道半年，亦已勞矣，况疾病死亡者不可勝數，恩恤不及，後復有急，何以使人！」上嘉納。故此赦於二者特詳。

二年十一月，郊，赦。三年二月，上如杭州，大赦。三月，苗傅、劉正彦叛，請太后聽政，大赦。四月，上復位，大赦。四年二月〔三〕，以虜退，大赦。紹興元年正月，上在越州，大赦，改元。九月，大享明堂，大赦。二年九月，以彗出，大赦。四年，大享明堂，大赦。七年，大享明堂，大赦。九年正月，以大金講和，大赦。十年，大享明堂，大赦。十二年，以皇太后至臨安，大赦。十三年，郊，赦。十五年四月，以彗出東方，大赦。十六年，郊，赦。十九年，郊，赦。二十二年，郊，赦。二十五年，郊，赦。

右正言淩哲言：「陛下深念比年臣僚有緣誣告不測之罪，投竄遐裔，無路自明，廼因郊祀赦，曠然與之昭雪，或除罪籍，或復元官，冤憤既伸，萬物吐氣，甚盛德也。至於姦贓狼籍已經按治，蹟狀顯著，人所共知者，亦復巧飾詞理，公肆誕謾，咸以違忤權臣爲辭。今陛下方開公正之路，小人乃欲啟僥倖之門，此正清議之所不容也。又況此曹嗜利之人，與生俱生，未易悛革，倘復齒仕途，再臨民社，且益務掊剋以殘虐吾民，其害將有甚於前日矣。請特詔有司，應自今陳雪過名之人，並須檢會元犯事因，如係贓罪已經勘劾者，乞止依元斷條法施行。」詔刑部看詳。本部言：「命官犯罪，若元因論訴按發鞫勘贓證結録別無番異者，並欲具元斷因依告示，其餘特放罪。或因緣連坐之人，後來有司看詳，委有冤抑者，即行開具因依，申取朝廷指揮。」從之。

二十八年，郊，赦。二十九年，以太后不豫，大赦。三十一年，大享明堂，赦。十二月，以虜渝盟，上親征，赦新復州軍。

孝宗受内禪，即位，大赦。隆興二年十二月〔三三〕，赦沿邊諸州。乾道元年正月，郊，赦。八月，立皇太子，大赦。三年七月，以皇太子疾，大赦。十一月，郊，赦。六年十一月，郊，赦。七年二月，立皇太子，大赦。淳熙二年，行上皇慶壽禮，大赦。三年十一月，郊，赦。六年，大享明堂，赦。九年，大享明堂，赦。

大理卿王尚之言：「近以民間詞訴，官司按劾，多有連及赦前事者，復送有司根勘。如此則與不曾經大赦無以異，非所以示信也。請降指揮，應今後送所司推勘者，只合將大赦後罪犯依法結斷；若所犯在大赦前，苟非惡逆以上，並不許推究。」從之。

十年，行太上皇后慶壽禮〔三四〕，赦。十二年，郊，赦。十三年，行上皇慶壽禮〔三五〕，赦。十四年，上皇違豫，大赦。十五年，大享明堂，大赦。

光宗受內禪，大赦。紹熙二年，郊，赦。

殿中侍御史張釜言：「國家三歲一郊，霈曠蕩之澤以幸天下，德至渥也。然赦文與令甲牴牾者有失參考。乞預飭省、部，令將各按具到赦文內合行事件，逐一比照見行條法，法意寬而條或從窄，則改定赦文，令捨窄而就寬；赦文本寬而法或從窄，則明載赦書，令捨法而從赦。毋令引法以沮赦，毋令因赦以傷恩，如此，則國家曠蕩之澤不爲虛文。」從之。

容齋洪氏隨筆曰：「熙寧七年，旱，神宗欲降赦。時已兩赦矣，王安石曰：『湯旱，以六事自責，曰：「政不節與？」若一歲三赦，是政不節，非所以弭災也。』乃止。安石平生持論務與衆異，獨此說爲至公。近者六年之間，再行覃霈。婺州富人盧助教，以刻核起家，因至田僕之居，爲僕父子四人所執，投寘杵臼內，擣碎其軀爲肉泥，既鞫治成獄，而遇己酉赦恩獲免。至復登盧氏之門，笑侮之曰：『助教何不下莊收穀？』玆事可爲冤憤，而州郡失於奏論。紹熙甲寅歲至四赦，凶盜殺人一切不死，惠姦長惡，何補於治哉？」

又曰：「淳熙十六年二月登極赦：『凡民間所欠債負，不以久近多少，一切除放。』遂有方出錢旬日，未得一息，而并本盡失之者，人不以爲便。何澹爲諫大夫，嘗論其事，遂令只償本錢。小人無義，幾至喧譟。紹熙五年七月覃赦〔三六〕，乃只爲蠲三年以前者。按晉高祖天福六年八月赦云：『私下債負取利及倍者並放。』此最爲得。又云：『天福五年終已前，殘稅並放。』而今時所放官物，常是以前二年爲斷，則民已輸納，無及於惠矣。唯民間房賃欠負，則從一年以前皆免。比之區區五代，翻有所不若也。」

五年，壽皇不豫，赦天下。

寧宗七月即位，赦天下。九月，合祭天地於明堂，大赦。

是歲五月，以孝宗大漸，嘗肆赦。七月，上登極。九月，宗祀明堂。尚書省契勘：「一歲之間，三行赦放，恐有兇惡累犯之人指恩作過。內曾犯徒流罪已經登極赦恩免罪，後再犯徒流，以情理深重者未曾斷遣，別聽朝廷指揮。」其指揮與赦文同降，但以白紙連書於黃牒前云。蓋前所未有。

慶元三年十月，以冬雷〔三七〕，赦。十一月，郊，赦。六年八月，以太上皇違豫，赦。九月，祭明堂，赦。嘉泰三年十一月，郊，赦。開禧二年六月，以北伐，曲赦泗州。九月，祭明堂，赦。三年四月，以誅吳曦，曲赦四川。五月，以太皇太后違豫〔三八〕，赦天下。十一月，以立皇太子，赦天下。嘉定二年，祀明堂，赦天下。五年，郊，赦。八年，祀明堂，赦。十一年，祀明堂，赦。十四年，祀明堂，赦。十五年，受玉寶，大赦。十七年，上違豫，赦。

校勘記

〔一〕郢王乾化三年　「郢王」原作「均王」。按資治通鑑卷二六八後梁紀三乾化三年正月癸亥：「郢王友珪朝享太廟。甲子，祀圜丘，大赦，改元鳳曆。」新五代史卷一三友珪傳：「三年正月，友珪祀天於洛陽南郊，改元曰鳳曆。」此處「均」顯爲「鄆」之誤，據改。

〔二〕十二月　舊五代史卷七六晉高祖紀、新五代史卷八晉高祖紀、資治通鑑卷二八〇後晉紀一俱記晉高祖入洛陽大赦事在天福元年閏十一月，疑此處有誤。

〔三〕故曰天降之災　「故」原作「或」，據五代會要卷九論赦宥改。

〔四〕節度州聽奏朱記大將以上十人　「將」下原衍「軍」字，據資治通鑑卷二八一後晉紀二天福三年三月丁丑條删。

〔五〕他州止聽奏都押牙都虞候孔目官　「奏」字原脱，據資治通鑑卷二八一後晉紀二天福三年三月丁丑條補。

〔六〕自餘但委本道量遷職名而已　「量」字原脱，據資治通鑑卷二八一後晉紀二天福三年三月丁丑條補。

〔七〕詔　宋史卷二太祖紀、長編卷一二、古今合璧事類備要外集卷二五俱繫此詔在開寶四年十月。

〔八〕太宗即位大赦改元　按太宗即位時曾大赦而未改元，改元事在太平興國元年十二月甲寅，當時又赦，見宋史卷四太宗紀、長編卷一七、東都事略卷三太宗紀，此處合二赦爲一赦，語焉不詳。

〔九〕自元年十月二十二日以後　上「十」字下原衍「二」字，據宋史卷四太宗紀一、長編卷一九太平興國三年六月己巳條删。

〔一〇〕有秦恩者　宋史卷二〇一刑法志三、長編卷二二太平興國六年十一月辛亥條皆作「秦再恩」。

〔一一〕六年五月　「六」原作「二」，據宋史卷四太宗紀一、長編卷二二太平興國六年五月己未條改。

〔一二〕祀后土脽上　「脽」原作「睢」，據長編卷七五大中祥符四年二月壬戌條改。

〔一三〕五年　「五」原作「四」，據宋史卷一二仁宗紀四、長編卷一七五皇祐五年十一月己巳條、皇宋十朝綱要卷六改。

〔一四〕請自今罷所謂歲一赦　「謂」原作「請」，「歲」字原脱，據國朝諸臣奏議卷九九范鎮上仁宗論不可數赦改補。

〔一五〕七年　「七」原作「二」，據宋史卷一二仁宗紀四、長編卷一九七嘉祐七年九月辛亥條、皇宋十朝綱要卷六改。

〔一六〕尤惡訐人陰事　「訐人」二字原倒，據宋史卷二〇一刑法志三乙正。

〔一七〕疏人過失　「人」字原脱，據宋史卷二〇一刑法志三補。

〔一八〕英宗世大赦二　按總計上文英宗世大赦三。

〔一九〕糾擿隱伏　「隱伏」二字原脱，據宋史卷二〇一刑法志三補。

〔二〇〕臣恐因此言者得以藉口偷安　「藉」原作「箝」，據宋史卷二〇一刑法志三改。

〔二一〕皇長子生　「長」原作「太」，據東都事略卷一〇徽宗紀、皇宋十朝綱要卷一〇改。按立皇太子事在政和五年，見下文。

〔二二〕政和二年　「二」原作「元」，據宋史卷二一徽宗紀三、宋大詔令集卷一四九元珪赦改。

〔二三〕六月　「六」原作「三」，據宋史卷二一徽宗紀三、宋大詔令集卷二一九陝西河東曲赦、皇宋十朝綱要卷一八改。

〔二四〕赦京東河北　「京東」原作「山東」，據宋史卷二二徽宗紀四、宋大詔令集卷二一六曲赦京東河北路制改。

〔二五〕及四京者二　「四」原作「西」，據元本、慎本、馮本改。

〔二六〕哲宗大赦凡八　按總計下文大赦次數爲九。

〔二七〕廣西以夜郎　「夜」字原脱，據宋大詔令集卷二一九曲赦廣西詔補。

〔二八〕四京幾内以日食　「四」原作「西」，據元本、慎本、馮本改。

〔二九〕四京幾内以景靈西宫成　「四」原作「西」，據元本、慎本、馮本改。

〔三〇〕四京幾内以延福宫火　「四」原作「西」，據元本、慎本、馮本改。

〔三一〕以收復溱播州赦梓夔路　「赦」字原脱，據宋大詔令集卷二一九梓夔路曲赦補。

〔三二〕四年二月　「二」原作「三」，據宋史卷二六高宗紀三、熊克中興小紀卷八改。

〔三三〕隆興二年十二月　下「二」字原作「一」，據宋史卷三三孝宗紀一、宋史全文卷二四上改。

〔三四〕行太上皇后慶壽禮　「后」原作「帝」，據宋史卷三五孝宗紀三、皇宋中興兩朝聖政卷六〇改。

〔三五〕行上皇慶壽禮　「皇」下原衍「后」字，據皇宋中興兩朝聖政卷六三、續宋編年資治通鑑卷一〇删。

〔三六〕紹熙五年七月覃赦　「紹熙」原作「紹興」，據容齋三筆卷九赦放債負、宋史卷三七寧宗紀一改。

〔三七〕以冬雷　宋史卷三七寧宗紀一作「以太皇太后違豫」。按宋史卷二四三憲聖慈烈吴皇后傳、朝野雜記甲集卷一憲聖慈烈吴皇后、兩朝綱目備要卷五所記赦因與宋史寧宗紀略同，疑此處有誤。

〔三八〕以太皇太后違豫　上「太」字原脱，據宋史卷三八寧宗紀二、兩朝綱目備要卷一〇、宋史卷二四三成肅謝皇后傳補。